AtV

JÓZEF IGNACY KRASZEWSKI (1812–1887) wurde in Warschau als ältester Sohn einer wenig begüterten polnischen Adelsfamilie geboren. Er studierte in Wilna Medizin, dann Philosophie und war ein Anhänger der polnischen Unabhängigkeitsbewegung. Nach dem Januaraufstand 1863 entging er nur durch Flucht der Verbannung nach Sibirien. Mehr als 20 Jahre lebte er in Dresden im Exil. 1883 wegen angeblichem Landesverrat in Berlin verhaftet und eingekerkert, wurde er 1885 aus gesundheitlichen Gründen aus dem Gefängnis entlassen und verbrachte seine letzten Jahre in der Schweiz.

Kraszewski hinterließ etwa 240 Romane und Erzählungen. Mit seinen sechs zwischen 1873 und 1885 entstandenen Sachsen-Romanen – »August der Starke«, »Gräfin Cosel«, »Der Siebenjährige Krieg«, »Graf Brühl«, »Feldmarschall Flemming« und »Der Gouverneur von Warschau« – schuf er ein umfassendes und farbenprächtiges Zeitgemälde Kursachsens und Polens, dessen Wahlkönige von 1697 bis 1763 August der Starke und sein Sohn August III. waren.

Mit nur zwölf Jahren wird Alois, der Sohn des mächtigen Ministers am sächsischen Hof Graf Heinrich von Brühl, zum Gouverneur von Warschau ernannt. Alois von Brühl, vielseitig begabt und von angenehmem Äußeren, tritt aber nicht in die Fußstapfen seines Vaters, der aus politischem Kalkül das Lebensglück seiner Kinder zu opfern bereit ist. Dennoch bleibt er der gehorsame Sohn und widersetzt sich nicht einer Heirat mit der Tochter des einflußreichen Adligen Potocki, die die Beziehungen Sachsens zu den großen polnischen Magnaten festigen soll.

Als Sachsens Niederlage im Siebenjährigen Krieg besiegelt ist, kehrt August III. von Warschau in sein geliebtes Dresden zurück, stirbt jedoch bald darauf. Nachdem auch sein Minister, der alte Brühl, das Zeitliche gesegnet hat, bricht in Polen offen der Kampf um die Krone aus. Mit der Wahl von Stanisław August Poniatowski zum König geht schließlich die sächsische Herrschaft in Polen für immer zu Ende. Alois von Brühl, der eine tiefe innere Bindung zu seiner Wahlheimat hat, heiratet nach langen Jahren des Wartens und nach harten Schicksalsschlägen endlich seine Jugendliebe.

Józef Ignacy Kraszewski

Der Gouverneur
von Warschau

Historischer Roman

*Aus dem Polnischen
von Kristiane Lichtenfeld*

Aufbau Taschenbuch Verlag

Titel der Originalausgabe
Starosta Warszawski

Mit Anmerkungen von Kristiane Lichtenfeld

Die Arbeit der Übersetzerin am vorliegenden Buch wurde vom
Deutschen Übersetzerfonds e. V. gefördert.

ISBN 3-7466-1311-6

1. Auflage 2003
© Aufbau Taschenbuch Verlag GmbH, Berlin 2003
(deutsche Übersetzung)
Umschlaggestaltung Preuße & Hülpüsch Grafik Design
unter Verwendung des Gemäldes »Friedrich Aloysius Brühl. 1767«
von Per Kraft d. Älteren
Druck Clausen & Bosse, Leck
Printed in Germany

www.aufbau-taschenbuch.de

Alois von Brühl

PROLOG

I

Es war ein schöner Herbstabend, wenngleich Menschen, die aus den Wolken, dem Himmel, aus Vogelstimmen und mannigfachen, dem gewöhnlichen Auge gleichgültigen Zeichen lesen konnten, kopfschüttelnd nichts Gutes daraus verhießen.

Herr Kämmerer Laskowski, der in Haurs Schriften belesen war und auch mit anderen gelehrten Büchern umging, der die Zeichen am Himmel zu observieren und sie auf die Wirtschaft anzuwenden wußte – er prophezeite aus der übermäßigen Wärme am ersten Septembertag, aus den rotwangigen Wolken, der Richtung des Windes und manch anderen Signalen alsbaldigen Wetterwechsel, einen vermutlich frühen und, behüte Gott, strengen und langen Winter.

Beim Krakauer Tor, dem Schloß gegenüber, wo dazumal (man schrieb das Jahr des Herrn 1750) ein gewisser Peszel eine Weinstube unterhielt, hatten des warmen Abends wegen mehrere Herren, unter denen sich auch Herr Laskowski befand, den Schankburschen einen Tisch und eine Bank vors Haus auf die Straße stellen geheißen, und die frische Luft genießend, plauderten sie zu ihrem Vergnügen.

Mit Laskowski, der hier das Wort führte – ja, auch sonst überall, wo er hinkam, denn beredt war er, ein gescheiter Kopf und welterfahren –, hatten sich bei Peszel zu einem Gläschen Wein eingefunden: Ocieski, ein armer Edelmann aus dem Posenschen, Kostrzewa und Babiński.

»Das verspricht nichts Gutes, meine Herren, wenn die Natur mit ihren Gesetzen und Gewohnheiten bricht«, sagte, um sich schauend, Laskowski. »Zwar bin ich mir an diesem Warschauer Horizont nicht so sicher wie zu Hause in meinem Górka – dort nämlich weiß ich, was jedes Wölkchen bedeutet –, aber eine solche Wärme am ersten *septembris* läßt Übles erwarten. Die Zugvögel sind längst fort nach Süden, und die haben einen besseren Riecher als der gescheiteste Astronom. Plötzlich, meine Lieben, setzt Frost ein, und wir bekommen den Winter zu spüren!«

»Ach was«, widersprach Ocieski, einen Schluck nehmend. »Das ist nicht gesagt. Manchmal täuschen alle *omina*. Wenn der Herrgott Wärme schenkt, sollten wir uns drüber freuen und auf seine Gnade vertrauen, daß er uns nicht dafür zahlen läßt.«

»Ich halte es mit dem Herrn Kämmerer«, erklärte Kostrzewa, der es, um die Wahrheit zu sagen, stets mit demjenigen hielt, mit dem er trank, und irgendwie war er damit immer gut gefahren.

Babiński schwieg, er lüftete nur ein wenig die Mütze, wie um sein kahles Haupt zu kühlen, und seufzte. Das war seine Art zuzustimmen.

Noch immer betrachtete Laskowski den Himmel, obgleich von hier aus nicht viel davon zu sehen war, doch zeigten ihm die ziehenden Wolken, woher der Wind wehte, und ihre Farbe, was droben vorging.

»O ja, ja«, redete er gleichsam zu sich selbst. »Wir kriegen einen strengen Winter. Behüte Gott, daß die schon ein bißchen zu sehr aufgeschossene Saat der Frost packt, noch ehe Schnee drauffällt. Wir haben alle beizeiten gesät, und nun solch ein Herbst, da schießt das Korn fürchterlich.«

»Abweiden lassen und basta«, meinte Ocieski.

»Abweiden, ha! Das Vieh zertrampelt mehr, als es frißt«, wandte Kostrzewa ein. »Dafür muß man erst die Nachtfröste abwarten.«

Babiński kühlte erneut seine Stirn und seufzte, diesmal jedoch so, daß alle ihn anblickten, da sie spürten, daß er etwas sagen wollte.

»Was mich angeht, lieber Herr«, sagte er, »ich halte es stets so: Zu Bartholomäi, da säe ich, der Acker muß gründlich geeggt sein, wie sich's gehört, das Saatgut sauber, Hinterkorn lasse ich zur Aussaat nicht zu wie manch anderer – kurz, ich tue was ich kann, und sobald ich meine Schuldigkeit getan habe, schlage ich ein Kreuz über dem Acker, ziehe die Mütze und empfehle ihn dem Herrgott … Der Rest geht mich nichts an, ich wasche meine Hände in Unschuld.«

»Da tun Euer Liebden ganz wie der … oje, der Name fällt mir nicht ein, na, der im Prozeß um die Dreifaltigkeit unumschränkte Vollmacht gegeben und sich nicht mal einen Advokaten genommen hat.«

Alle lachten über Kostrzewas Bemerkung, und Herr Laskowski fuhr fort: »Ich gehöre ja nicht zu jenen, die den Herrgott vergessen, obwohl heutzutage derer immer mehr werden, doch ist es auch der Herrgott und kein anderer, der die himmlischen Zeichen malt, man muß sie nur deuten lernen.«

»*Tandem*«, bemerkte Babiński, »*ad vocem* Zeichen – was weissagt Ihr uns zu den anderen Vorgängen, Herr Kämmerer, insonderheit die Rzeczpospolita betreffend? Nämlich auch auf Erden sehen wir merkwürdige Symptomata der Zeiten … Wird es sich zum Schlechten wenden oder zum Guten? Das ist die Frage!«

Kostrzewa zuckte die Achseln.

»Neugier ist die erste Stufe zur Hölle! Den Winter vorherzusagen mag noch irgendwie gelingen, schon gar, wo die Kalender Auskunft geben, jedoch in Sachen der Politik ahnt der Teufel nicht, was morgen sein wird.«

»Ich prophezeie das Schlimmste«, fuhr Babiński, redselig werdend, fort. »Seit wir uns die Sachsen aufgehalst haben, geht's mit der Rzeczpospolita mehr und mehr bergab. Um ehrlich zu sein, schon als wir sie geholt haben, stand es nicht gut, aber was ist jetzt?«

Babiński winkte resigniert ab und verstummte.

Ocieski seufzte und blickte um sich.

Laskowski, die Hand im Gürtel, starrte noch immer zum Himmel, mit den Gedanken war er aber wohl schon auf der Erde, da er sogleich das Wort nahm.

»Daß es schlecht steht, leugne ich nicht«, versetzte er. »Daß indes allein die Sachsen dran schuld wären, *nego*. Schlagen wir uns an die Brust, einem klugen Kopf ist leicht predigen.«

Babiński räusperte sich. Das Gespräch, auf diese Weise eingeleitet, kam nicht in Fluß, alle sahen sich um, denn ständig lief jemand die Straße entlang, und wer langsamer schritt, konnte leicht das Gesagte hören. Was den Herren vor allem den Mund verschloß, war wohl der Umstand, daß eine unbekannte Gestalt, die sich gleichfalls hier vorbei auf das Schloß zu bewegte, innehielt und zu lauschen schien.

Es war dies ein sonderbar und altmodisch gekleideter Edelmann in kurzem Żupan und Kontusz, dazu trug er langschäftige Stiefel, eine pelzverbrämte Mütze und, vorn an einem abgewetzten Stoffgurt hängend, einen gewaltigen Säbel, in der Hand hielt er einen Stock mit einer kleinen Axt am Ende. Die Kleider aus nicht alltäglichem Material hatten offenbar lange Jahre in Truhen gelegen und durch diesen Schlaf mehr Schaden erlitten als durch Gebrauch. Der Mensch selbst sah aus wie einem Futteral entnommen: Sein Gesicht war gelb, welk, verdorrt, verrunzelt, die Wangen waren eingefallen, die Augen trübe, ungeachtet der Welkheit jedoch verrieten die lebhaften, ungeduldigen Bewegungen einen Menschen mit viel Phantasie und heißem Blut.

Er verharrte in einiger Entfernung vom Tisch, und es schien, als ob er nicht mit den Augen, sondern mit den Ohren etwas aufzuschnappen suchte, wie jemand, der schlecht sah. Wenn er aber auf eine Stimme wartete, wurde er enttäuscht, denn der Kämmerer und die anderen Herren schwiegen jetzt, während sie ihn betrachteten. Nachdem er eine Weile dagestanden hatte, ging er langsam auf Laskowski zu.

Der Kämmerer, der jetzt genauer hinsah, rief aus: »Großer Gott, Zagłoba!«

»Der bin ich«, erwiderte der so Angesprochene. »Ich habe Euer Liebden an der Stimme erkannt, zum Abend nämlich sehe ich nur so viel, um allenfalls einen Baum von einem Menschen zu unterscheiden und einen Deutschen von einem Polen. Aber auch das nicht immer.«

Die beiden Männer umarmten einander herzlich.

»Was macht Ihr hier, Schatzmeister, Ihr verschworener Stubenhocker? Was hat Euch aus dem Hause getrieben? Führt Ihr einen Prozeß? Bemüht Ihr Euch um ein Amt? Ist Euch die Ruhe lästig?«

»Nun, seht Ihr, falsch geraten«, erwiderte der Schatzmeister.

Der Ankömmling sprach scherzhaft, eigentümlich, gleichsam mit Spott in der Stimme, so daß alle weiterhin schwiegen und neugierig die Ohren spitzten, denn Stimme und Ton verraten den Menschen, und im Klang der Rede enthüllt sich der Verstand. Kostrzewa, Ocieski und Babiński spürten, daß der Bekannte des Kämmerers nicht irgendwer war und daß es lohnte, ihm ihr Ohr zu leihen.

»Zuerst einmal, Herr Schatzmeister – hier ist Platz auf der Bank«, unterbrach ihn Laskowski. »Bei Peszel ist die zweite Flasche bestellt, ein leeres, blitzsauberes Glas steht bereit, denn hier kennt man mich. Bei mir ist es üblich, noch von meinen Vorvätern her, daß in meinem Hause stets ein Gedeck mehr auf dem Tisch steht als Gäste da sind, und zu einer Flasche Wein ein Glas mehr als Mäuler.«

Mit diesen Worten schenkte er ein, und der Schatzmeister

sperrte sich nicht und nahm Platz, zuvor aber lüftete er die Mütze und machte sich den Herren bekannt, die ihm gleichfalls ihren Namen nannten.

»Da ich falsch geraten habe«, fuhr Laskowski fort, »sagt also: Was führt Euch her?«

Der Schatzmeister nippte vom Wein, als wollte er sich nur die Lippen befeuchten. Sein faltiges Gesicht, als er es hob, die blassen Augen, der eingesunkene Mund – alles erglühte auf einmal, wie von einem inneren Feuer erleuchtet.

»Was schon, barmherziger Gott, was!« rief er aus. »*Mirabilia fecit Deus.* Ich bin gekommen, die Wunder zu schauen. Seht Ihr etwa nicht, daß Wunder geschehen und daß es kein zweites solch gesegnetes Land gibt als unseres, welches der Allmächtige merklicher in seiner Obhut hätte?«

Alle sahen einander an, und der Schatzmeister fuhr, immer noch scherzhaft, fort, dabei den Blick auf seine Zuhörer gerichtet: »Was ich gesagt habe, will ich beweisen. Gibt es denn noch ein Land, das bei der Anarchie so vortrefflich dasteht wie unseres? In welchem es den Faulenzern besser ginge? Wo es mehr Wein gibt, dazu den erlesensten, obwohl wir keine Weingärten haben? Wo man mehr Seide abträgt, obwohl wir keine Seidenraupen züchten? Wo man freigebiger mit Gold um sich wirft, obwohl wir keines gewinnen? Und schließlich, wo zwölfjährige Knaben dank königlicher Gnade mit einem Tage die Volljährigkeit erlangen?«

Laskowski nickte beifällig, Babiński indessen sah sich ängstlich um. Er rutschte sogar leicht vor, und wäre nicht die Scham gewesen, hätte er sich womöglich aus dem Staube gemacht. Schweigen trat ein. Obgleich der Schatzmeister die Gesichter schlecht wahrnahm, spürte er doch und begriff, daß seine Worte die Zuhörer erschreckten.

»Wozu davon reden«, murmelte Laskowski. »Was soll's?«

»Wovon sonst? Von Frauen zu reden, wie bei uns üblich, zur Ermutigung, dazu bin ich zu alt, fromme Dinge pflege ich nicht zu erörtern, weil ich Respekt davor habe – wenn ein Schlacht-schitz nicht *de publicis* reden darf, was dann? Man kann ihm wohl das Maul polieren oder ein Schloß davorsetzen.«

»Ja, aber, lieber Schatzmeister«, flüsterte Laskowski, »Ihr wer-det doch in Sachsen von ... von der alten Burg da oben gehört ha-ben? Weiß der Henker, Königstein heißt sie ...«

»Diese Verwahranstalt für die Sachsen«, versetzte der Schatz-meister.

»Ja, aber ein paar von uns hat man dort auch schon konser-viert«, flüsterte Babiński.

Der Alte ließ sich nicht beirren, er nahm einen Schluck.

»Also, wenn mir die Zunge juckt, halt ich es nicht aus«, erklärte er. »Der Teufel ist nicht so schlimm, wie man ihn malt, und wenn man alle, die da lachen und stöhnen, dort hinbringen wollte, reichte der Platz nicht mehr.«

Er winkte ab, laut auflachend.

»Eine amüsante Geschichte, fürwahr«, fuhr er fort, ohne die Umsitzenden zu beachten. »Ihr, meine Herren, die Ihr öfters in der Stadt weilt, mit Damen Umgang pflegt, und ich, der Stuben-hocker, ich bewundere ...«

Plötzlich wandte er sich Ocieski zu, der tief über sein Weinglas gebeugt dasaß: »Meine Ohren haben mich doch nicht getäuscht, Euer Liebden Herr Ocieski?«

»Jawohl, zu Diensten.«

»Ein Jastrzębiec, mit dem Habicht im Wappen?«

»Es gibt nur solche mit diesem Wappen.«

»Von Ocieszyn?« bohrte der Schatzmeister beharrlich, ob-gleich die Antworten träge, unlustig kamen.

»So pflegen wir zu unterzeichnen, von Ocieszyn«, erwiderte der Angesprochene leise.

»Sieh da! Wer also könnte besser über die Wunder der heutigen Zeiten Bescheid wissen als Ihr, Euer Gnaden? Es ist das Wunder geschehen, daß Graf Brühl, der Premierminister Seiner Majestät, der irgendwo in Thüringen geboren wurde und in Sachsen gelebt hat, unversehens ein polnischer Adliger geworden ist, ein netter kleiner Jastrzębiec und ein Ocieski, so wie Euer Liebden! Sind das keine *mirabilia*?«

Ocieski nickte nur.

»Würde plötzlich die Eule, der Vogel der Minerva, zum Habicht«, fügte der Schatzmeister an, »kämen die Naturforscher aus aller Welt zusammengelaufen, nicht wahr? Nun ja, diese Familie ist irgendwie vom Herrgott privilegiert. Dieser selbe Brühl von Ocieszyn hat einen Sohn. Das Söhnchen ist zwölf Jahre alt, dem klebt noch die Milch unter der Nase. Unterdessen fehlen dem verwaisten Warschau, das durch den Rücktritt des ruthenischen Woiwoden seinen Burgvogt eingebüßt hat, Kopf und Hand. In ganz Polen findet sich kein Mensch für dieses Amt, Seine Majestät der König in seiner Gnade gibt einem zwölfjährigen Knaben ein Jahrzehnt drauf, der Bengel wacht auf und ist erwachsen, und so werden wir ihn morgen sehen, wie er feierlich in seiner Hauptstadt Einzug hält. Sind das keine Wunder? Keine *mirabilia*?«

Der Schatzmeister lachte erneut.

Kämmerer Laskowski betrachtete den Himmel.

»Wißt Ihr was, meine Herren?« sagte er. »Zwar war es warm, dennoch ist dies ein Septemberabend, und wer das Gliederreißen hat, sollte das nicht vergessen. Darum rege ich an, daß wir uns mitsamt Flasche und Gläsern unters Gewölbe begeben, in die Wirtsstube, wo es gemütlicher ist. Fallender Tau ist niemals gesund.«

Alle erhoben sich, gleichsam erfreut über den Vorschlag, und der Schatzmeister, wiederum auflachend, folgte dem Beispiel.

»Wes Wein ich trink, des Lied ich sing«, bemerkte er. »Mit dem Glase des Kämmerers folge ich meinem Spender. Ihr habt recht, unterm Dach ist es geschützter, und was, wenn es noch Regen gäbe?«

Durch das offene Fenster rief Laskowski den Schankburschen, der, mit Hemd und Schürze bekleidet, in der Wirtsstube umhereilte, und trug ihm auf, die Gläser hinüberzuschaffen. Sodann begaben sich die Herren *processionaliter*, wegen der ein wenig schmalen Tür, im Gänsemarsch hinein: voran der Schatzmeister, nach ihm Laskowski, Kostrzewa, Babiński, und nur Ocieski zögerte etwas.

»Nun, und Ihr?« fragte Babiński.

»Ich mag nicht recht«, flüsterte Ocieski. »Der ist solch ein mächtiger Konföderierter mit losem Mundwerk, hat gleich angefangen, mir am Zeuge zu flicken.«

»Ach, kommt, was soll das!« fauchte Babiński und stieß Ocieski voran. »Sonst denkt er noch, Ihr habt Angst vor ihm.«

»Stimmt wiederum«, sagte Ocieski.

So gingen sie hinein, jedoch ließen sie sich nicht in der ersten Stube nieder, worin mehrere Personen beim Damespiel saßen und in den Winkeln aus Humpen getrunken wurde. Der Kämmerer, der bei Peszel wie zu Hause war, führte seine Gesellschaft in einen leeren Nebenraum. Der Bursche wischte hier die Schemel rasch mit der Schürze ab, blies über die Tischplatte, stellte die Flasche hin und lief, eine Kerze zu holen, denn es war bereits schummrig drinnen.

»Ist es etwa kein Wunder?« setzte der Schatzmeister von neuem an, gleichsam von einer fixen Idee erfaßt. »Ist es kein Wunder, wenn die polnische Schlachta in der Hand des sächsischen Ministers so fügsam geworden ist, daß er sie wie Wachs kneten und mit ihr verfahren kann, wie immer es ihm beliebt?«

Ocieski, hier drinnen mutiger, setzte eine überhebliche Miene auf. Zagłoba hatte kaum zu Ende gesprochen, als er heftig auf ihn losfuhr.

»Der Herrgott sieht es«, platzte er heraus, »ich suche keinen Zank, ich bin ein ruhiger Mensch, aber ich kann es auch nicht dulden, wenn man gegen mich stichelt.«

Der Schatzmeister sah ihn höchst erstaunt an.

»Wie denn das?«

»Anscheinend verübelt Ihr mir ja wohl, daß ich ein Ocieski bin und dem Brühl Adelstitel und Wappen nicht in Abrede stelle.«

»Habe ich das gesagt?«

»Nein, aber es ergibt sich von selbst«, erwiderte Ocieski. »Und wenn es erst einmal so anklingt, *clara pacta*, muß man sich dazu äußern.«

Der Schatzmeister sah ihn groß an, Ocieski erhob sich und stemmte die Arme in die Hüften.

»Ich werde alles berichten«, sagte er, »denn ich fühle keine Scham und verhehle nicht, was ich getan habe. Ich war und bin ein Schlachtschitz, aber verschiedene *vicissitudines* hatten unseren Besitz bis zur Kümmerlichkeit geschmälert. Ich hatte fünfzehn Bauern und selber dabei fünf Kinder. Meine Angetraute und ich hatten schon Angst, uns zu lieben, wir fürchteten, der göttliche Segen könnte sich noch vermehren. Da erschien, *deus ex machina*, eines Tages ein Sechsspänner, und darin ein königlicher Beamter, dessen Namen ich nicht nennen will. Zum Tor hineinfahren konnte die Karosse nicht, denn das war nur für Mistfuhren und eine kleine Britschka gebaut. Auf dem Hof brach Panik aus, die Kinder flüchteten in den Garten, mein Großer verbrannte sich gar an den Brennesseln, und meine Frau kletterte auf den Dachboden. So stand ich ganz allein da, im Leinenkittel, und mußte Seiner Hochwohlgeboren – ha, ohne das Geheimnis zu lüften: Seiner Durchlaucht – entgegentreten.

Vor dem Tor stieg die Durchlaucht aus, befahl zwei Höflingen, die Hunde in Schach zu halten, und kam geradenwegs zu mir auf die Veranda zu. Ich war fest überzeugt, an der Kutsche sei ein Rad

geborsten oder eine Achse gebrochen, was sonst hätte solch ein
Würdenträger bei mir wollen können? Großer Gott, wahrhaftig,
ich dachte nur an einen Schmied. Der Herr begrüßte mich, ich
stellte mich vor. ›Mein Verehrter‹, sagt er, ›ich komme in dringender Angelegenheit, darum bitte ich Euch, mich an einen Ort
zu führen, wo wir ungestört miteinander reden können.‹ Da
dachte ich, gewiß eine Sache des Provinziallandtages, doch wieso
kommt er damit zu mir, einem Landmann und Hinterwäldler?
Wir gingen also hinein, am Türstock rammte er sich den Kopf,
aber lachend und sich die Stirn reibend, bemerkte er: ›Hoch die
Schwelle, vornehm das Haus.‹ Im Gästezimmer, worin die Kin-
derbande Scharmützel veranstaltet, herrschte wildeste Unordnung, aber die Durchlaucht achtete nicht drauf und nahm Platz.
Ich, nachdem ich meinen Kittel zugeknöpft, stand da und wartete, was nun kommen würde.

›Wie ich sehe, geht's bei Euch bescheiden zu‹, sagte er, ›recht
rückständig.‹

›So ist's, Herr Woiwode. Was der Bur schafft, das frät er wieder, es bleibt nichts über.‹

›Und hat Euch der Herrgott Kinder geschenkt?‹

›Fünfe‹, seufzte ich.

›Gott sei's gelobt! Das ist die größte Freude. Gedeihen sie
wohl?‹

›Nicht übel.‹

Ich wartete, daß er zur Sache käme, aber er machte noch immer Umschweife, schlich wie eine Katze um den heißen Brei. Ich
sah ihm ins Gesicht, er druckste, fühlte sich sichtlich unwohl. Er
fragte mich nach meinem Familienstamm, ich erzählte ihm vom
Großvater und Urgroßvater. Er hörte zu, erkundigte sich, ob wir
mehrere seien von unserm Geschlecht, und ich antwortete, daß
ich der einzige wäre.

So trieb er's eine halbe Stunde, schließlich sagte er: ›Manch seltsames Geschick kommt über die Menschen … Und will der Herrgott jemand Gunst erweisen, greift er zu besonderen Mitteln. Ich muß Euch etwas sagen, wovon Ihr vermutlich nichts wißt. Nämlich jener Jan Brühl zu Ocieszyn, Kämmerer von Posen zu Zeiten Kazimierz' des Jagiellonen, von welchem Ihr abstammt, hat einen allerleiblichsten Bruder gehabt, der sich nach Deutschland davonmachte.‹

›Um Himmels willen!‹ rief ich aus, aber die Durchlaucht gebot mir mit einem Wink zu schweigen und zuzuhören. Und er erzählte, daß die Grafen Brühl dessen Nachfahren seien und somit vom polnischen Adel abstammen wollten. Ich begriff noch gar nicht recht, was das bedeuten sollte, als er, die Stimme senkend, hinzufügte: ›Zehntausend Golddukaten habe ich bei mir. Wenn Ihr sie haben wollt, machen wir's kurz: Ihr nehmt den Grafen Brühl in Eure Familie und unter Euer Wappen auf.‹

Nun erst wurde mir alles klar. Ich verbeugte mich knietief vor der Durchlaucht und sagte: ›Früher, mein Wohltäter, da hat die Schlachta, ohne etwas dafür zu nehmen, mit Verlaub, Bauernkerle, die es verdient hatten, unter ihre Wappen aufgenommen, und ich sollte dem Grafen für zehntausend Golddukaten diese Freude versagen? Ich wäre doch dumm.‹

›Recht habt Ihr‹, entgegnete der herbeigereiste Würdenträger. ›Ihr werdet mir das Chirographum unterschreiben, ich überlasse Euch die Säckchen, und die Sache ist erledigt. Jetzt aber gebt mir etwas zu essen und die Kehle zu spülen, ich bin nämlich hungrig wie ein Wolf.‹

Nun denn«, Ocieski kam zum Ende seiner Geschichte, »da habe ich ihm Schnaps und Met bringen lassen, meine Frau hat flink Rühreier gemacht, und auch Bigos war noch vorrätig. Ich habe sogleich ein Dorf gekauft, und übers Jahr kam mein sechstes Kind zur Welt. Und wer meint, ich hätte schlecht gehandelt, der kann mich mal sonstwo.«

Beifallsrufe ertönten, Babiński gab Ocieski einen Kuß.

»Auch ohne, daß ich mal könnte«, meldete sich der Schatzmeister zu Wort, »würde ich Euer Tun loben. Aus so einem Deutschen einen polnischen Edelmann zu machen ist ein Kunststück
und ein Verdienst! Habt Ihr aber auch, mein Herr, bei der Messe
dafür beten lassen, daß ihm der Herrgott die *gratia status* herab-
sende und daß ihm mit dem Adelstitel die der *nobilitas* eigenen
Neigungen und Gefühle zuströmen?«

»Das ist nicht meine Sache«, erwiderte Ocieski. »Darum mag
er sich kümmmern.«

In einem Zuge leerte der Schlachtschitz sein Glas und füllte es
erneut.

»Da wären wir nun«, sagte der Schatzmeister, »und morgen
wird das zwölfjährige Söhnchen des neu ausgegrabenen polnischen Edelmannes in der Warschauer Burg Einzug halten.«

»Das ist nichts Löbliches«, brummte Ocieski. »Denn entweder
verspottet man uns damit oder die ganze Welt.«

»Oh, sagt dies nicht«, versetzte mit gespieltem Ernst der
Schatzmeister. »Um das zu beurteilen, muß man sicherlich tiefer
Einblick nehmen in die *misteria* und in jene soeben von mir erwähnte *gratia status*. Die Welt weiß, daß, wenn ein Minderjähri-
ger Dynast wird, man ihm Jahre hinzufügt und er so gut regieren wird, als ob er einen Schnurrbart hätte. Die Brühls stehen
dem Thron so nahe« – hier räusperte sich der Schatzmeister bedeutsam –, »daß die monarchischen Privilegien auf sie herab-
fließen werden.«

Die Herren antworteten nichts.

»Wozu müssen wir denn so heikle Dinge bereden!« äußerte
schließlich Laskowski. »Erzählt uns lieber, Herr Schatzmeister,
was es in der Provinz Neues gibt. Was für eine Ernte steht zu erwarten? Wie sind die Preise? Was hört man aus Danzig? Ist der
Weizen ergiebig?«

»Alles ist vortrefflich«, antwortete der Schatzmeister spöttisch. »Paradiesisch, ein Segen Gottes, iß, trink, mach den Gürtel locker! Denn, bitte sehr, Ihr wißt ja alle, daß es unserem Boden nur an Dung gefehlt hat. Seine Majestät der sächsische König hat uns mit Vorbedacht all die Truppen aus fremdländischer Aushebung geschickt, die haben uns die Felder derart vermistet, daß da, wo ein Kapuziner gesät wurde, ein Kosak aufgeht. In der Provinz sind alle dermaßen glücklich, daß es ihnen an Worten fehlt, das Glück zu beschreiben, und so schweigen sie. Aus Danzig hört man beste Nachrichten, es heißt gar, daß sie dort, damit die Preise im Hafen steigen, selbigen dem Preußen übergeben wollen. Der sei ein wirtschaftlicher Mann … und gleich würde der Weizen teurer. Was will man also? Bei uns herrscht eine so fröhliche Prasserei, die Schlachta tanzt in einem fort, daß der Bauer sich kaum die Nase herauszustecken getraut. Kurzum, *mirabilia*!«

Alle saßen stumm. Kämmerer Laskowski, ein gesetzter und seriöser Mann, spürte, daß es heikel gewesen wäre, den Schatzmeister weiter zu befragen, da dieser sich zu sehr hinreißen ließ. So sprach man noch über andere Dinge, und eine dritte Flasche gelangte auf den Tisch. Babiński jedoch war heimlich verschwunden, Kostrzewa saß in eine Ecke gedrückt und Ocieski, verwegen tuend, stützte sich auf die Ellenbogen und starrte dem Schatzmeister herausfordernd ins Gesicht. Der spielte die Unschuld, zuckte mit keiner Braue, und Laskowski lenkte das Gespräch erneut auf den Herbst und auf die Anzeichen des kommenden Winters.

Mit dem Schatzmeister aber hatte man es nicht leicht, denn selbst die Fröste wußte er auf seine Weise zu deuten und damit über das gegenwärtige Geschehen, über Menschen und Vorgänge zu spotten.

So ging es fast bis in die Nacht hinein, bis schließlich Ocieski, nachdem er gehört, welch späte Stunde die Uhr geschlagen, zur Heimkehr aufbrach. Nur Laskowski und Zagłoba blieben.

Der Kämmerer gab dem Freund einen Klaps aufs Knie.

»Ihr seid unverbesserlich, Euer Liebden«, sagte er leise. »Unter vier Augen ist gut stöhnen und wehklagen, aber dort, wo mehr Leute beisammen sitzen, sollte man besser schweigen. Alle sind ehrbare Männer, jedoch schnell juckt einen die Zunge. Wozu sich Feinde machen?«

»Tja, seht Ihr«, entgegnete flüsternd der Schatzmeister, »vor solchen, die zu meinen Feinden werden könnten, aber meine Freunde sein wollen, ist mir erst recht nicht geheuer. Gott mit ihnen! Ich bin ruhigen Gewissens, *non curo verba malorum*! Ich werde, was wahr ist, nicht leugnen. Das *verbum nobile* sollte nicht nur *stabile* sein, sondern auch Zeugnis der heiligen Überzeugung. Schweige ich, ertrage ich alles, sobald ich den Mund öffne, kommt mir keine Lüge über die Lippen, denn damit würde ich mir nicht nur den Mund, sondern auch die Seele besudeln.« Er winkte ab. »Gott sei mit Euch!« Damit ging auch er.

II

Alles Leben, alle Betriebsamkeit konzentrierte sich dazumal in der polnischen Hauptstadt nicht um das Schloß, welches nahezu leer stand und mit seinen weiten Gemächern nur zu einem Reichstag oder zu großen Feierlichkeiten dem Empfange zahlreicher Abordnungen diente, sondern um das Sächsische Palais, worin sich der König und sein allmächtiger, Sachsen und Polen beherrschender Minister aufhielten.

Die beiden letzten Könige hatten Warschau zwar dann und wann besucht und hier mitunter gezwungenermaßen einige Zeit verbracht, jedoch war das Verweilen in dieser Hauptstadt weit

weniger nach ihrem Geschmack als dasjenige in Dresden, wo sie
als Erbmonarchen unumschränkte Macht besaßen und alles zur
Hand hatten, was das Leben angenehm machte. Nach Polen
mußte man außer dem Wild, welches in den Wäldern reichlich
vorhanden, alles mitnehmen: dem Troß folgten Musikanten, und
Schauspieler und Theater fuhren hinterdrein, Kutschen beför-
derten schöne Frauen, die Leibgarde war mit im Zuge, Wein
wurde transportiert und Becher – kurz, die gesamte augustini-
sche Welt unternahm den einstweiligen Umzug an die Weichsel.

Hier ward das Regieren auf seltsame Weise gelenkt. Dem
Augenschein nach befaßte sich niemand damit, überließ man es
der göttlichen Gunst, dennoch geschah nur, was gewünscht war.
Freunde und Feinde trugen das Ihre dazu bei, die einen gern, die
anderen wider Willen. Die Fäden und die Hebel des Ganzen blieben tief verborgen; die Hände, die sie bedienten, kamen nicht
zum Vorschein, und doch tanzten die Marionetten, wie ihnen die
Musik aus dem Sächsischen Palais aufspielte. Der Kapellmeister
war vortrefflich. Seit Augusts II. letzten Regierungsjahren hatte
diesen wichtigen Posten Graf Brühl inne, welcher vom kleinsten
Pagen und unbemittelten Adligen zum allmächtigen Herrscher
emporgestiegen war. In Sachsen Protestant, in Polen Katholik,
stammte er dort aus Gangloffsömmern, hier aus Ocieszyn, und
an der Elbe regierte er mittels Königstein und der Pleißenburg,
an der Weichsel mittels der außerordentlichen Kunst, Menschen
für sich zu gewinnen, welche er zur Mitwirkung zuließ.

Unter König August dem Starken war er der erste Diener gewesen, unter dessen Nachfolger gelang es ihm, Herr in des Wortes voller Bedeutung zu sein, indem er den Schattenkönig streng
unter Aufsicht hielt: in einem angenehmen Gefängnis, worin die
Jägerei, das Theater, die schönen Künste und eine träge Ruhe am
unzugänglichen häuslichen Herd die Zerstreuungen bildeten.

Brühl war unstreitig einer der geschicktesten und kühnsten

Gaukler unter jenen, die seinerzeit unter der Bezeichnung eines Ministers mit den Geschicken Europas spielten. Er wußte, wen er in welchem Ton ansprechen mußte und wie man ein Gespinst anlegte, damit sich hernach das gewünschte Webmuster daraus ergab. Das Glück war ihm über die Maßen hold, und sooft ihn das Schicksal im Stich ließ, verlor er nicht den Kopf und die Geistesgegenwart. Im häuslichen Zusammenleben war er ebenso geschickt und verwegen, auch hier hatte er ein seltenes Glück, und die Menschen beneideten ihn, staunten und lächelten. Eine der schönsten Hofdamen der Königin, ein Sproß aus bester Familie, gab ihm ihre Hand, um mit ihm die Zukunft zu teilen. Ob dieselbe nun von Herzen gegeben ward oder nicht – die schöne Hand unterstützte den Minister stärker als augenscheinlich. Die Gräfin Brühl besaß Willen und Vorstellungskraft, der Minister, wenngleich er sie anbetete, machte kein Hehl aus anderen Liebesverhältnissen, man sah sich gegenseitig Schwächen nach, aber beide als Eltern, obgleich mit Staatsgeschäften befaßt, mit der Welt, mit Vergnügungen und Intrigen, vergaßen darüber nicht ihre Kinder.

Das innigstgeliebte Kind war ihr Erstgeborener. Wenn es auf der Welt Wunderwesen gab, so war Alois mit Gewißheit eines von ihnen. Mit einem Lächeln auf den Lippen kam er auf die Welt, mit weit offenen Augen, stark, gesund, schön und jenen zur Anbetung, die das Glück hatten, diesen Engel in der Wiege zu schauen.

Es schien, als habe er es eilig zu wachsen, um zu leben und zu genießen. Er hatte keine Zeit, Kind zu sein. Kaum hatte er laufen gelernt, kleidete man ihn in Atlas und Spitzen, schnallte ihm einen hölzernen Degen mit Porzellangriff um, zog ihm Schuhe mit Korkabsätzen an die Füße, setzte ihm eine Goldhaarperücke aufs Haupt und führte ihn so in die königlichen Gemächer. Der kleine Wicht klemmte sich sogleich den Dreispitz unter den Arm,

23

als ob er schon eine Ewigkeit damit umginge, und kein einziges Mal rutschte er auf dem gewachsten Parkett aus. Die Königin hob ihn auf ihren Schoß, auch Seine Majestät tat dies gern und blies dem Kind dann bisweilen zum Scherz den Pfeifenrauch in die Nase. Der kleine Alois gab seinem ehrwürdigen Paten dann einen Klaps, aber nie brach er in Tränen aus. Die beiden liebten einander sehr. August III. fertigte für ihn Scherenschnitte, schnitt Fische und Vögel aus Papier aus, und manches Mal bauten sie Kartenhäuser, beide voller Leidenschaft, nur mit dem Unterschied, daß sich der König feierlich der Architektur widmete, währenddessen der Knabe oftmals mit einem Handstreich die Pyramiden in Trümmer legte.

Der Knabe erhielt die verschiedensten Lehrer, seine erste Lehrerin aber war die Mutter. Ihr Blick, ihr Wort, ja, ihr Atem flößten dem Kind in wundersamer Weise Verstand, Wissen und Instinkte ein. Der Vater beschäftigte sich nicht mit dem Sohn, liebte ihn aber ebenso wie die Mutter. Alois wußte selbst nicht, wann, noch wie er lesen und schreiben gelernt hatte. Von der Wiege an sprach er deutsch, französisch, italienisch, ohne daß es deshalb in seinem Kopf zur Verwirrung kam. In freien Minuten malte er mit Kohle an der Wand oder mit Kreide an der Tafel Dinge, bei deren Ansicht die Erwachsenen den Kopf schüttelten. Das Cembalospiel brachte ihm ein wenig die Mutter bei, ein wenig ein Italiener, am meisten aber er sich selbst. Doch das genügte nicht, und es mußte eine Geige besorgt werden. In seinem zehnten Lebensjahr ritt und schwamm das Kind besser als seine Lehrmeister.

So, in ständiger Bewegung von Geist und Körper, entwickelte sich Alois zu einem kräftigen Sproß, dem kein Gleichaltriger gleichkam. Nichts war für ihn schwierig, alles lediglich interessant. Eine unstillbare Gier, zu lernen und mit Schwierigkeiten zu ringen, brannte von klein auf in ihm. In der Schmiede verlangte es ihn danach, den Schmiedehammer zu schwingen, sobald er eine

Kapelle spielen hörte, wollte er musizieren, und ein fremdsprachiges Buch ließ ihm nicht eher Ruhe, als bis er sich einen Lehrer dafür erbettelt hatte. Und da sein Vater allmächtig war und seine Mutter voller Liebe für dieses Wunder, ward schon am nächsten Tage ein Lehrer gefunden, eine Woche darauf radebrechte Alois, und nachdem er sich einmal durch die Anfangsschwierigkeiten gefressen, bewältigte er das Weitere schon allein, ohne nachzufragen.

Noch nie hatte man einen aufgeweckteren Verstand gesehen. Die ängstlichen Alten rieten, den jungen Tollkopf zu bremsen, aus Furcht, die so früh sich entwickelnden Fähigkeiten könnten das zarte Geschöpf zerstören. Wer aber hätte das längst schon verhätschelte, zügellose, überspannte Kind zur Ruhe zu zwingen vermocht?

Seltsam – die Küßchen und die Umarmungen, die Schmeicheleien der einen und die Liebe der anderen, die Bewunderung und der Beifall, kurz, all das, was Alois hätte verderben können, machten ihn nur vor der Zeit verständig. Er erfaßte einen Menschen, noch bevor er Zeit gehabt hatte, ihn näher zu betrachten. Der Brühlsche Hof wie auch der königliche lieferten ihm fertige Musterstücke aller Art, und alsbald schon verblüffte der Knabe alle durch seine außerordentlich treffsichere Menschenkenntnis.

Mit einem Wort, er war ein wahres Wunderkind. Am sächsischen Hof hatte man sich schon daran gewöhnt, in Warschau indessen kannte noch niemand den künftigen Herrn Burgvogt und wußte nichts von ihm. Man lachte über das Bübchen und stellte sich vor, wie es wohl mitsamt der Kinderfrau seine Residenz bezöge.

Alois war zwölf Jahre alt. Der König gab ihm per Erlaß an Jahren drauf, damit er sein Amt antreten konnte. Es war dies etwas dazumal Unübliches, von fern betrachtet auch Lächerliches, im Falle des jungen Brühl indessen schien es beinahe gerechtfertigt.

In der Tat, auf den ersten Blick wie auch bei näherem, prüfendem Hinsehen war der Knabe seinem Alter weit voraus.

Eben an jenem Abend, als Herr Kämmerer Laskowski seine Bekannten und Freunde bei Peszel bewirtete, fanden im Sächsischen Palais, in dem zum Garten hin gelegenen, hell erleuchteten Saal ein Empfang und eine Beratung beim Minister statt.

Zugegen war der ruthenische Woiwode, ein Mann von großer Autorität und kein geringerer Politiker – dem Posten des Gouverneurs von Warschau hatte er entsagt, um Brühl zufriedenzustellen, der dort beizeiten seinen Sohn unterzubringen wünschte, damit er sich in die Gunst der Bürger einkaufe –, auch der Woiwode von Masowien, Stanisław Poniatowski, ja, eine ganze Schar von Herren im Kontusz und im Frack, mit rasierten Häuptern und mit frisierten Perücken umringte den an diesem Abend mit dem ihm eigenen Geschmack herausgeputzten Minister. Der Saal, nach dem Vorbild der Gemächer im Dresdener Schloß, obgleich weit weniger prunkvoll ausgestattet, strahlte dank einer Vielzahl brennender Kerzen, die garbenweise in bronzenen Kandelabern an den Wänden entzündet worden waren. Die hell zitronenfarbene, in weiße und vergoldete Rahmen gefaßte Seidentapete reflektierte noch den üppig flutenden Glanz ringsum, der sich zudem in mehreren, zwischen den Fenstern angebrachten venezianischen Spiegeln brach. Zu beiden Seiten des Saales standen, in kunstvoll geschwungenen und mit goldenen Blumenkränzen durchflochtenen Rahmen, zwei große Bildnisse – August II. im Königsmantel, mit dem Hetmansstab in der Hand, und sein Sohn, dem der geliebte Mohrenknabe den Helm nachtrug, den er wohl niemals aufsetzte. Der Sohn fand eher an der Schlafmütze seinen Gefallen.

An einem Ende des Saales umstanden Brühl, die beiden Woiwoden, mehrere Sachsen und eine weitaus größere Zahl in einen Kontusz gekleidete Freunde des Ministers den jungen Herrn

Alois und unterwiesen ihn darin, wie er sich am folgenden Tage zu benehmen hatte. Der zwölfjährige Gouverneur, welcher anderntags kraft der ihm verliehenen Volljährigkeit den feierlichen Eid leisten sollte, bewegte sich, obgleich er nach seiner Körpergröße an keinen der ausgewachsenen, breitschultrigen Herren heranreichte, die voll Verblüffung zu ihm niederblickten, mit bemerkenswertester Ungezwungenheit.

Die hübsche Puppe stand kerzengerade da, das Köpfchen erhoben, mit hellen Augen und munterer Frische hielt es Umschau und lauschte auf das, was man ihm sagte, dabei lächelte es so gescheit, daß diejenigen, die es zum erstenmal sahen, vor Staunen gar nicht zu sich zu kommen vermochten. In dem Knaben schien Satanas zu sitzen. Der Vater blickte triumphierend zu ihm hin, manch anderer aber mit einiger Skepsis, so als traute er seinen Augen nicht und befürchtete, die eigentümliche Erscheinung könnte sich jeden Augenblick verflüchtigen. Es war ein Bild zum Malen, Silvestres Pinsels würdig.

Die den blutjungen Herrn Gouverneur umringende Gruppe, zur Hälfte bestehend aus den vor östlicher Pracht strahlenden Adelskostümen, zur anderen Hälfte aus französischen Moden, vereinte in sich gleichsam zwei Welten, die, hier aufeinandergestoßen, miteinander verschmolzen. Noch fand sich etwas Ritterlich-Herrenhaftes auf den schon gedunsenen und erschlafften Antlitzen der unter den letzten Regierungen träge gewordenen Schlachta Masowiens; in den Gesichtszügen der Brühls, Flemmings, Vitzthums spürte man die dank Luxus und Erlesenheit ausschweifende und verweichlichte Zivilisation. Auf den Stirnen der einen lag eine Art schläfriger Nachdenklichkeit, auf den Gesichtern der anderen spielten leichter Witz, ein flinkes, doch oberflächliches Denken, die Geringschätzung von allem.

Zwei Welten standen hier miteinander versöhnt und einträchtig, dennoch gleichsam bereit zum Kampf. Zwar sollte er dieses

Mal nicht mit üblicher Waffe ausgetragen werden, doch konnte er ebenso blutig werden wie ein mit Eisen geführter.

Brühls Lächeln und seinem Blick sah man die Gewißheit des Sieges an, zu welchem ihm Verstand und Durchtriebenheit verhelfen sollten, auf der Stirn des ruthenischen Woiwoden, der jene mächtigste Partei im Lande, die Familia, repräsentierte, hatte sich, so könnte man sagen, bei Ernst und Erhabenheit der Glaube ans Kalkül eingeschlichen, vorsätzlich getarnt durch Schlichtheit und Freimütigkeit. Niemand hätte erraten können, daß der Woiwode mit Brühl um den Vorrang stritt und sich bei Kräften fühlte, über den Minister zu siegen, immerhin war da bisweilen ein durchdringender Blick, der zustach wie ein unbemerkt schnellender Pfeil. Sobald die beiden Aug in Auge miteinander sprachen, war Brühl die Süße selber, und der Herr Woiwode eitel Einfachheit und Aufrichtigkeit. Ob sie einander vertrauten – wer weiß? An jenem Abend gingen sie so herzlich miteinander um, als wären sie als Brüder geboren und verlangten nach noch innigerer Verbrüderung. Der Minister schien keine Geheimnisse zu haben, und der Fürst-Woiwode erlaubte, daß man ihm scheinbar auf den Grund des Herzens blickte. Immer wieder drückte der Fürst den Grafen an sich, und der Graf warf sich dem Woiwoden in die Arme.

Es herrschten allgemeine Freude und Fröhlichkeit, man sprach offen miteinander. In den Räumen befanden sich ja nur Freunde des Ministers sowie Menschen, die ihm hier dienten.

Der Knabe bestand die Prüfungen des Vaters und seiner Freunde mit großem Applaus. Ihm ward aufgetragen, sich auf polnisch zu äußern – und obwohl er ein wenig ausländerhaft stotterte, begrüßte er ohne Verlegenheit die durchlauchtigen, wohlgeborenen und gnädigen Pans und Brüder.

Der masowische Woiwode küßte ihn gar, und Brühl belohnte Poniatowski sogleich für den Sohn und drückte ihn an seine

Brust. Im selben Augenblick öffneten zwei Kammerdiener in kanariengelber, silbern verzierter Livree die Tür zum angrenzenden Saal, die Musik auf der Galerie schmetterte einen Marsch, und die ganze Gesellschaft begab sich in den Speisesaal hinüber.

Der Empfang beim König war königlich, wenngleich der Monarch selbst nicht in Warschau zugegen war und die königliche rechte Hand ihn vertrat. Es war damals Sitte, dem Moment eines Gastmahls und dem Ort, an welchem das Festessen stattfand, größten Glanz und erlesenste Gestalt zu verleihen. Wer zum Speisen Platz nahm, weidete zuerst seine Augen an dem Anblick von Silber und Kristall, von Blumen und von Naschwerk, welches ihn als letzten Gang erwartete. Musik bezauberte das Ohr, Düfte tränkten den Geruchssinn, alle Sinne genossen, das Individuum ließ sich ganz von der Wonne beglücken und vergaß nahezu, daß es sterblich war.

Von einem solchen Festmahl brach einer auf – sofern er aus eigener Kraft gehen konnte –, erstaunt darüber, daß es auf der Welt schwarz war und traurig und kalt. So manch einer verlor inmitten des sardanapalischen Schlafes das Gedächtnis für Anfang und Ende und erinnerte sich allein an den beseligenden Eindruck jenes Paradieses, aus dem ihn die Heiducken hinaustrugen, zur Sänfte oder zur Karosse.

An jenem Abend waren keine Frauen dabei, Zauberinnen, die die Anmut des Festmahls mit schwarzen Augen gesteigert hätten, dafür herrschte eine um so größere Ungezwungenheit.

Da der Empfang gewissermaßen schon auf das Konto des künftigen Gouverneurs ging, setzte sich der junge Brühl nach polnischer Sitte nicht zu Tisch, sondern machte bei den Gästen die Runde und stellte sich nacheinander einem jeden vor, sprach jeden in einer anderen Sprache an und wußte allen ihre Höflichkeit mit seiner Artigkeit zu vergelten.

»Zugegeben«, flüsterte der Fürst-Woiwode dem Herrn Poniatowski ins Ohr, »der Knabe ist wahrhaft ungewöhnlich. Die Gattin des Ministers hat da einen neuen Mirandola zur Welt gebracht.
Wenn er lange lebt, wird er es weit bringen.«

Der masowische Woiwode wandte schweigend sein schönes
Antlitz dem Schwager zu, und mit einer Kopfbewegung schien
er ihm zuzustimmen, was aber die Augen sprachen, ließ sich
schwer ergründen.

Nach den ersten geleerten Kelchen hob fröhlicher Lärm an,
ähnlich dem Gebet der Bienen im Bienenstock, wenn sie mit
reichlicher Tracht heimkehren; nach der zweiten Runde schoß
hier und da Gelächter auf wie Freudensalven; bald erscholl ein
solches Brausen und Tosen, daß es die aufspielende Musik fast
übertönte. Schließlich, nach dem ersten Trinkspruch, begannen
die Kontusz-Bekleideten lauthals zu schreien.

Auf einmal wurde es mäuschenstill, und aller Augen gingen in
eine Richtung: die niedliche Puppe in Sammet und Spitzen
sprang, ein Glas in der Hand, behend auf einen Stuhl. Man hätte
ihm nur noch Flügel anzuheften brauchen, und es wäre einem jener Putten ähnlich gewesen, die man aus dem sächsischen Porzellan so kunstvoll formte.

»Ein Toast der Dankbarkeit!« rief der Knabe. »Für die überaus
huldvollen Herzen der Pans und Brüder, welche uns die Ehre zu
geben beliebten!«

Die weiteren Worte gingen gänzlich unter, so sehr donnerten
alle los – die Gläser hoch erhoben, riefen sie: »Unserem Gouverneur zur Gesundheit! Vivat! *Vivat in aeternum!*«

Ein hochgewachsener Schlachtschitz, ein Hüne von Gestalt,
trank seinen Wein aus, schmetterte den Kelch zu Boden, dann
packte er den kleinen Alois, der ihm sich zu entreißen suchte,
hob ihn empor und brüllte: »Vivat! Vivat!«

Und da er schon reichlich benebelt war, fürchtete der Minister, er könne seinen Sohn zu Boden schleudern. Indessen küßte der Bewunderer den Gouverneur nur ab und ließ ihn entgleiten, er hatte ihn lediglich ein wenig geknautscht.

Nach diesem Zwischenspiel näherte sich das Festmahl dem Ende, denn am andern Tage mußte man bei Kräften sein. Da sollte es erst recht eine prachtvolle Festlichkeit und ein lukullisches Gastmahl für die ganze Woiwodschaft Masowien geben. Nachdem denn das letzte »kochajmy się« getrunken ward, schickten sich die Gäste allmählich zum Aufbruch an. Die ehrwürdigeren unter ihnen geleitete der stets überaus liebenswürdige Minister bis zur Vorhalle und auf die Freitreppe hinaus.

Auch der Gouverneur, wie ein erprobter Gastgeber, zeigte sich aufmerksam gegen jedermann und war mit einem solchen Ernst bei der Sache, daß man nur staunen konnte.

Als dann auch der ruthenische Woiwode abgefahren war, begab sich der Minister geradenwegs aus der Eingangshalle in seine Gemächer. Alois küßte dem Vater die Hand, verbeugte sich und entschlüpfte zur anderen Seite, begleitet von seinem Mentor, den er derart befehligte, daß eher dieser als sein Schüler erscheinen mochte denn Herr Alois als sein Zögling.

Die Bediensteten löschten im gelben Saal das Licht und tranken die Neigen aus den Kelchen, die man auf der Tafel vergessen hatte, unterdessen lief der Minister rasch in sein Kabinett. Hier war alles zu seinem Empfang bereit; zwei Lakaien nahmen ihm Kleider und Schuhe ab, hüllten ihn in einen atlasseidenen Schlafrock, befreiten ihn von der Perücke, welche nunmehr ein leichtes Käppchen ersetzte, auch ein Sessel stand bereit, und Brühl, im Handumdrehen entkleidet, nahm an einem Tischchen Platz.

Ein stummer Wink mit der Hand, und es öffnete sich eine kleine Tür, darin sich eine von jenen Gestalten zeigte, die wie Fledermäuse erst nächtens in die Welt hinauskommen. Einem Fremden mochte unverständlich sein, wie das zusammenging – der vollendet elegante, charmante Minister und dieser verdorrte, unansehnlich gekleidete Mensch, von dem man nicht wußte, was für einer Welt er angehörte. Was hatte Brühl mit ihm gemein?

Der Eintretende war um die fünfzig Jahre alt oder auch nur Anfang dreißig. Das Alter war seinem Gesicht schwer abzulesen, diesem nicht frischen Gesicht, das womöglich nie jung gewesen war und darum nie altern konnte. Die eine Schulter des Menschen war höher als die andere und verdeckte auf der rechten Seite den Kopf. Aus dem blassen Antlitz, in dem sich nicht eben augenfällig Nase und Mund, Runzeln, Falten und Gallenflecken miteinander verflochten, traten allein die übergroßen, vorstehenden schwarzen Augen wirkungsvoll hervor. Es schien, als habe der Mensch nichts außer den Augen und lebte allein durch sie. Seine polnische Kleidung, grau und bescheiden, hielt die Mitte zwischen europäischer und nationaler Tracht. Weder Säbel noch Degen hingen ihm an der Seite. Nachdem er eingetreten, näherte er sich dem Tischchen so leise, so unmerklich, daß man ihn für ein Gespenst hätte halten können. Brühl sah zu ihm auf und lächelte – der Gast machte eine Verbeugung, jedoch ohne übermäßige Ergebenheit.

»Setzt Euch, Herr Starost«, sagte Brühl auf französisch. »Bitte sehr, wir müssen miteinander reden, obgleich ich vom heutigen Tage todmüde bin, obgleich ich noch die Post erledigen muß, obgleich mir der Kopf birst.«

Der als Starost Angesprochene nahm einen Stuhl, rückte ihn ein wenig zurück und hockte sich auf seinen Rand, tat aber nicht den Mund auf.

»Mein Freund«, sagte Brühl mit fiebernder Hast. »Mein Freund, denn diese Bezeichnung gebührt Euch, sprecht, sprecht offen mit mir. Ich weiß nicht, wie die Dinge stehen. Dem Augenschein nach läuft alles wie am Schnürchen, aber gerade wenn es so glatt geht, ist mir am meisten bange. Ich traue keinem … Die

Familia ist mir ganz und gar ergeben. Ihr wißt, was der Fürst-Woiwode für Alois getan hat, er und Poniatowski tragen ihn auf Händen, sie dienen mir … mit einem Wort …«

»Mit einem Wort«, ließ sich der Starost sehr leise, aber deutlich vernehmen, wobei er die Hand mit den dürren Fingern hob und in der Luft schweben ließ, »mit einem Wort, sie wollen Eure Exzellenz für sich einnehmen, gewinnen, durch Dankbarkeit an sich binden und in der Rzeczpospolita die Herrschaft ausüben. Die Familia ist mächtig, und jede Macht ist furchtbar.«

Brühl schwieg eine Weile, dann versetzte er: »Meint Ihr, ich würde das nicht sehen und begreifen? Wiederum, sie brauchen mich und ich sie, wir dienen einer dem anderen, wir müssen einer dem anderen beistehen, der Pakt ist beidseitig.«

»Ja doch«, erwiderte der Starost. »Nur mit dem Unterschied zuungunsten Eurer Exzellenz, daß sie zu Hause sind, während Ihr, Graf, immerhin ein Fremder und mit Sachsen befaßt, auf ihre Gnade angewiesen seid.«

»Vergeßt nicht, daß der König, mein allergnädigster Herr, und ich eins sind und daß ich, wenn ich zur Verteidigung meiner Rechte Verbündete benötigte, diese stets in den Feinden der Familia finden würde.«

»An denen ist kein Mangel«, flüsterte der Starost. »Nur, wer vereint sie unter einer Flagge? Eurer Exzellenz dürfte das schwerfallen. In diesem Land, dem ich als ein aus Preußen Stammender zugehörig bin und das ich darum das meine nennen muß, gibt es beinahe ebenso viele Lager wie Menschen. Wir nennen uns Brüder, aber wir sind gefräßig wie Wölfe.«

Brühl, schien es, hörte nicht sehr aufmerksam zu.

»Sagt mir doch, was der Adel sich über das erzählt, was morgen stattfinden wird.«

»Soll ich die Wahrheit sagen? Unangenehme Dinge. Sie geifern schrecklich, ist es doch ein unerhörtes Vorkommnis, daß zu einem Zeitpunkt, wo die heranwachsende Jugend noch von den Vätern Peitschenhiebe bezieht, ein zwölfjähriger Knabe die alte Schlachta befehligen soll. Das ist natürlich nicht nach ihrem Geschmack.«

Brühl erhob irgendwie stolz sein Haupt.

»Mein lieber Starost«, sagte er. »Eines kann ich zu meiner Entschuldigung vorbringen: Der Knabe ist reifer als irgendeiner von Euren heimischen Adligen. Ihr werdet ihn morgen sehen. Die Masuren werden ihn auf Händen tragen.«

»Und wenn sie wieder zu Hause sind, Wunderliches berichten und schimpfen.«

»Was macht mir das aus?« fuhr Brühl fort. »Der Knabe wird sich nach und nach die Liebe der Menschen erwerben. Er ist hinreichend gewitzt, ich werde ihn noch in die Welt hinausschicken, damit er etwas lernt und Schliff erhält, hier können ihn seine Stellvertreter und die Beamten vertreten. Immerhin muß ich die Stellung in Polen befestigen, aus Alois mache ich einen polnischen Schlachtschitz und Pan, meine Töchter verheirate ich an Magnaten. Schlimmstenfalls, sollten Sachsen zumindest zeitweilig schwere Schicksalsschläge treffen, finden wir hier Zuflucht und ein Vaterland.« Brühl sah den Starost an, der mit den Fingern einer Hand auf der Stuhllehne trommelte.

»Der Boden ist unsicher, ein Sumpfland«, ließ er sich leise vernehmen. »Ich rate zur Vorsicht und dazu, auf die Familia nicht zu bauen und sich ihr in nichts anzuvertrauen. Wenn ich mich nicht irre, und ich meine nicht, daß ich mich irren könnte, so zielen deren Pläne und Absichten weit, hoch hinaus. Wer weiß, vielleicht bis zum Thron. Die Familia braucht hier Zucht und Ordnung, die es nicht gibt. Mit Euren Händen wird sie die Anarchie begraben, aber wenn Ihr ihr auch dabei helft, wird sie Euch den Weg zu jeglichem Einfluß versperren. Sie wird es sein, die hier dann herrscht.«

Brühl lachte laut auf.

»Und Ihr glaubt, daß ich es zulasse, diese Ordnung in der
Rzeczpospolita herzustellen? Ihr begreift sehr gut, was die Familia will, und ich muß ihr einstweilen folgen und gemeinsam mit
ihr gehen, jedoch nur bis zu einer gewissen Grenze. Indessen wir
gemeinsam gehen, kenne ich den Weg.«

Der Starost blickte ironisch.

»Denkt Ihr, sie werden ihn Euch erkennen lassen oder so einfach geradeaus gehen, daß man ihn erraten könnte?«

»Mein lieber Starost«, versetzte Brühl, »eins sollt Ihr wissen:
ich traue keinem, ich glaube keinem, und ich binde mich durch
nichts. Nie lege ich mir Fesseln an; meine Politik – Ihr kennt sie –
ist so schlicht, wie sie nur sein kann. Ich schaue täglich, woher der
Wind weht, und jeden Tag ändere ich Steuer und Segel. Ich glaube
an keine Systeme.«

Bei diesen Worten erhob sich Brühl.

»Wie steht Ihr zur Familia?«

»Ich, ein kleines, unbedeutendes Menschlein? Ich? Mich be-
achtet dort keiner. Ich spiele den Einfältigen, so geht's mir am
besten. Die Familia aber kennt den gesamten Adel, auch den
preußischen und den livländischen, mit seinen Verschwägerungen
auswendig, so daß ich kein Fremder bin. Aus Tradition stehen
wir gut miteinander, in heutigen Zeiten neutral.«

»Vernachlässigt sie nicht!« flüsterte Brühl. »Und mit den Potockis und den Radziwiłłs ...«

»Ich schleiche mich überall ein, wo es nötig ist«, sagte der Starost.

Brühl gab ihm die Hand.

»Seid mir ein Freund, Ihr sollt es nicht bereuen«, versetzte er
leise. »Ich würde Euch ja schon jetzt dienen, wo bei Elbing die Va-
kanz ist, aber es geht nicht, es geht nicht! Ich würde, wenn Ihr
das Privilegium erhieltet, mich verraten und Euch, dabei dürfen
wir einander nicht kennen, damit Ihr mir nützlich seid.«

35

Die Augen des Starosten formulierten die deutliche Frage, wie denn der Minister seinerseits dem Freund nützlich sein wollte. Brühl verstand.

»Was mich betrifft«, versprach er, »so werde ich mich Euch nicht mit Ämtern und Würden dankbar erweisen, sondern mit klingender Münze. Anstelle des nicht verliehenen Starostenpostens werde ich zahlen.«

Der Gast machte eine recht tiefe Verbeugung.

»Nun denn«, sagte Brühl und trat auf ihn zu. »Morgen bemüht Euch, meinem Knaben zu helfen, sollte die Schlachta murren. Ihr wißt schon, wie. Ihr habt Verwandtschaft in Masuren, mischt Euch unter die Menge und beklagt Euch zunächst über eine solche Exorbitanz, über den Mißbrauch, über den Exzeß der Präpotenz. Nach und nach mag Euch dann der junge Knabe bekehren, für sich gewinnen. Andere werden Eurem Beispiel folgen ...« Brühl lachte auf. »Um die Sache gut zu machen, genügt es nicht, zu krakeelen, sondern man muß überzeugen, und wer könnte das besser als Ihr?«

»Hm«, flüsterte der Starost, »wißt Ihr, was am besten überzeugt? Ein guter Braten und Wein in Fülle, das sind Argumente, denen sich kaum einer zu versperren vermag. Bei uns führt der sicherste Weg zur Überzeugung über den Magen.«

»Oh, da seid ganz ruhig«, unterbrach ihn Brühl. »Für morgen sind Befehle erteilt. An Wein wird es nicht fehlen, wer will, wird darin baden können. Mein Junge besitzt genügend Stil, er versteht es, den Bürgern zu Herzen zu sprechen und ihre Sympathie zu erlangen. Ich sage Euch, Herr Starost, es gibt kein zweites solches Kind auf der Welt, und nicht, weil es meines ist, sondern in Wahrheit ein Wunderkind!«

»Der Herrgott schenke ihm ein langes Leben und Erfolg«, schloß, sich verbeugend, der verwachsene Starost. Brühl gab ihm die Hand.

Ein fast unhörbares Erzittern der Glocke rief einen Diener herbei, der dem Gast die Tür öffnete. Die seltsame Gestalt schlüpfte, wiederum leise tappend, durch die bereits dunklen Gemächer, zog sich im Vestibül einen ärmellosen Kapuzenmantel über, der Schweizer hielt die Eingangstür auf, und die Gestalt verschwand in der nächtlichen Finsternis, ward gleichsam von ihr verschlungen. Im selben Augenblick öffnete sich eine andere Tür des Brühlschen Kabinetts, und der sächsische Sekretär, mit einem Lächeln auf den Lippen und einer Mappe unter dem Arm, kam herein und brachte die aus Dresden eingetroffenen Briefe. Solcher Art Nachtvögel und unsichtbaren Freunde wie den Starosten hatte Brühl ganze Scharen zu seinen Diensten, niemand kannte sie außer ihm, in den offiziellen Empfangssälen jedoch nickte ihnen der Minister nur knapp von weitem zu, so als besinne er sich kaum an diese Menschen und ihre Namen.

III

Der zweite Septembertag des Jahres 1750 war noch so schön, sonnig und warm, daß sich die Freunde des Herrn Kämmerers Laskowski, denen er tags zuvor einen raschen Wetterwechsel prophezeit hatte, als sie nun am Morgen den von der Messe der Reformaten Heimkehrenden trafen, laut, jedoch höflich, über seine falsche Vorhersage lustig machten.

»Meine Herren, bitte warten Sie bis zum Mondwechsel«, erwiderte Laskowki ruhig. »Sie werden sehen, was der bringt ... *Tertia, quarta qualis, tota lunatio talis ...* Das ist sicher. *Tandem,* ich bitte um Geduld, die Zeit erweist es, wer obenauf sein wird!«

Die Stadt Warschau machte sich den schönen Tag zunutze, denn ein Festtag stand an, und der weckte nicht geringe Neugier. Seit dem Morgen wimmelte es auf den Straßen, besonders auf dem Wege vom Sächsischen Palais zum Königsschloß, über welchen der junge Gouverneur seinen Einzug halten sollte. Diese Zeremonie an sich war nichts Außergewöhnliches, schließlich, wer immer einen hohen Posten besetzte, zog stets mit Pomp in seine Hauptstadt ein. Solchen Einzug veranstalteten Woiwoden, Kastellane, Gouverneure, ebenso der Primas und die Bischöfe. Der Reiterzug und der Hof setzten sich nach Rang und Würden zusammen, mehr oder weniger zahlreich, prächtig, schmuckvoll und goldglänzend. Es ging nicht um den Prunk, an dem sich die Leute ergötzten, sondern um den ersten Fall – seit Menschengedenken hatte es so etwas nicht gegeben, noch nie hatte jemand davon gehört –, daß einem Bürschlein von zwölf Jahren, durch eine merkwürdige Fiktion für volljährig erkannt, ein so bedeutendes Amt, von welchem die Ernennung der Gouverneursbeamten abhing, eine so wichtige Funktion anvertraut werden sollte. Als erstmals die Rede davon aufgekommen war, hatte niemand die Nachricht glauben wollen, lachend war sie als Gerücht und Lästerung abgetan worden, bis sie sich gleichsam wie durch ein Wunder bewahrheitete. Die Freunde des Hofes und Brühls hatten ihre liebe Not, den Schritt zu erklären, sie fühlten sich einer Erprobung ihrer Geduld ausgesetzt und zum Gespött gemacht. An diesem Tage aber, da nun schon gewiß nach königlichem Erlaß der festliche Einzug stattfinden sollte, wollte alles, was Beine hatte, dabei Zeuge sein.

Wem es nicht glückte, sich in den Saal des Schlosses hineinzudrängen, denn dort gab es weder unten noch auf den Galerien freie Plätze, der war bemüht, wenigstens auf der Straße frühzeitig die vorderste Reihe einzunehmen, um mit eigenen Augen den privilegierten Knirps zu schauen. Diesen Spitznamen verlieh die lustlose Schlachta ihrem Gouverneur. Die Verständigeren und Vorsichtigeren wagten es nicht, den Mund aufzutun, die Dreisteren verteidigten geschickt den Minister, der größere Teil lachte und murrte, daß einem die Ohren weh taten.

Die Freunde des Ministers, mit Vorbedacht unter die Menschenmenge verstreut, damit sie die öffentliche Meinung sondieren könnten, standen bekümmert und verdrossen da, denn die Argumente zur Verteidigung wollten nicht greifen. Die Leute hatten, ähnlich dem Herrn Kämmerer, ausgezeichneten Stoff, um sich über die Sachsen und ihre Regierung lustig zu machen.

Der Tag war entgegen den Voraussagen schön, warm, sonnig, sogar der Himmel war dem Minister hold und zeigte sich in festlichem Gewand. An den Bäumen hielt sich, wenngleich ein wenig vergilbt, von den Nachtfrösten noch nicht geschädigtes Laub. So konnte man sich gleichsam der Illusion eines verlängerten Sommers hingeben.

Die Schlachta *de jure* aus der Woiwodschaft Masowien begab sich aufs Schloß, doch drängten auch viele üppiger Gekleidete aus den verschiedenen anderen Landesteilen herein. Die Innenhöfe waren gestopft voll, Treppen und Flure gefüllt, auf dem Vorplatz herrschte Gedränge. Die Bürgerschaft belagerte die Straßen, in den geöffneten Fenstern der Häuser sah man aufgeputzte Frauenköpfe und übereinandergetürmte Kindergesichter. Alle Welt blickte fröhlich drein, gleichsam zum Lachen geneigt.

Die Menge hielt bereits sämtliche Durchgänge besetzt, als von der Krakauer Vorstadt her, sich mühsam den Weg bahnend, eine sechsspännige Kutsche auftauchte. Wer das Zeremoniell kannte, erriet unschwer, daß die Kalesche nicht zum Gefolge des Gouverneurs gehörte, denn der war vom Sächsischen Palais noch nicht aufgebrochen. So ahnte man, daß wohl einer der Großen zum Schloß hinstrebte, um Zeuge des festlichen Aktes zu werden. Der Kutscher hatte seine Not, er ließ die Peitsche knallen und schrie: »Aus dem Weg!« Die dichten Menschenhaufen aber wollten nicht weichen.

Sie zeigten keinen Respekt vor dem großen Herrn, wenngleich die Kutsche, die Pferde und die Menschen in dem Gefährt prächtig aussahen. Die Kumte glänzten vor Silber, die Kutsche vor Vergoldung, die Livree vor Tressen. Durch die Glasscheiben der grellfarbenen Kutsche sah man drinnen einen noch jungen Mann mit kunstvoll frisierter Perücke und dem Orden des Weißen Adlers, eine schöne Frau mit hohem, von Perlenschnüren umwundenem Lockenkopf und zwischen ihnen beiden ein entzückendes Mädelchen mit lang über die Schulter fallendem Haar und mit einem holden, lächelnden, freudigen, engelgleichen Gesichtchen.

Das Mädchen mochte kaum acht Jahre alt sein, die elterliche Liebe aber hatte es bereits zu einer Dame herausgeputzt, und das Glück hatte es über sein Alter hinaus entwickelt. Die Ärmchen in Handschuhen, die bis zum Ellenbogen geknöpft waren, klatschte es vor Freude und wandte das Köpfchen in alle Richtungen. Wer aus der Menge des reizenden Antlitzes ansichtig wurde, lächelte ihm zu und verbeugte sich, und das Mädchen antwortete mit einem Lächeln, einem Kopfneigen und einem Kußhändchen. Gerührt betrachteten die Eltern ihren Liebling. Die Kutsche kam so langsam voran, daß das Mädchen zur Genüge umherschauen und den Kopf neigen konnte.

Auf den Schlägen der Kutsche und auf dem Zuggeschirr prangte das Kreuz der Potockis, jedoch unter den Bürgern erinnerte sich kaum jemand an das Wappen, obgleich man es auf der Livree von Primas Teodor hatte ausreichend betrachten können, und so fragte einer den anderen, wer die Herrschaften seien und zu wem das entzückende Kind gehöre.

Soeben passierte die Kutsche das Häuflein Schlachtschitzen, in welchem der Herr Schatzmeister Zagłoba das Wort führte und sich auf seine Art lustig machte, als ihm jemand ins Ohr brüllte: »Wer ist denn das?! Wer ist das?«

Der Schatzmeister, schnell zu scherzen bereit, rief laut, als er in der Kutsche das niedliche Kinderköpfchen sah: »Die Mützen hoch! Seht ihr nicht? Die Frau Gouverneurin von Warschau! Seid ihr blind? Der Gouverneur, den man zum Volljährigen gemacht hat, wird alsbald davon profitieren, denn da führt man ihm die Gattin zu, die seinem Alter entspricht. Rufen wir denn: Vivat!«

Als erster hob der alte Schatzmeister die Hand mit seiner pelzverbrämten Mütze empor und rief: »Ein Vivat der Frau Gouverneurin!«

Ihm nach schrien andere, obgleich sie nicht verstanden, warum und wozu: »Ein Vivat der Gouverneurin von Warschau!«

Die Rufe ertönten unter Gelächter. Die Insassen der Kutsche wunderten sich und waren verwirrt. Der Mann, bald errötend, bald erblassend, stürzte unruhig hin und her, und die Gattin suchte ihn festzuhalten, da er zum Wagenfenster drängte und sich womöglich auf ein Wortgefecht mit dem übermütigen Pöbel eingelassen hätte. Die Frau lehnte sich, um den Blicken zu entgehen, in den Wagenfond zurück, das Mädelchen aber klatschte amüsiert in die Händchen und dankte – höchst erfreut.

Die unangenehme Straßenszene hätte sich womöglich noch in die Länge gezogen, hätte der Kutscher den Pferden nicht die Peitsche gegeben und die Menschenmenge sich nicht breiter zerteilt, so daß der Wagen, rasch dem Schloß zueilend, den Augen der Gaffer entschwand. Jedoch verfolgten ihn noch immer die Rufe, und die Bürger, denen nach der Ernennung eines zwölfjährigen Gouverneurs dessen Vermählung mit einem achtjährigen Fräulein nicht mehr absonderlich vorkam, glaubten felsenfest, daß man den Gouverneur verheiraten würde.

»Eine Komödie, meine Herren!« riefen die einen. »Was für Geschichten!« meinten die anderen. »Ein Kuriosum!« schrien die dritten. Der Schatzmeister, nachdem er so gelungen gescherzt, verzog triumphierend den Mund.

»Herr Schatzmeister«, sprach Laskowski ihn an und berührte seinen Arm. »Ziemt es sich, den Herrn Kronmundschenk zum

41

Gespött zu machen? Wahrhaftig? Immerhin ist er Stefans und des Primas' Enkel!«

»Was ist ihm denn geschehen?« brummte der Schatzmeister. »Wir haben ihn mit solchen Ehren empfangen, wie er sie nicht erwartet hatte.«

»Euer spaßiger Einfall«, fuhr Laskowski fort, »wird von Mund zu Mund gehen und auch Potocki zu Ohren kommen, und er wird ihm nicht lieb sein, schon darum nicht, weil seine Gattin, die Ihr soeben gesehen habt, die Tochter Fürst Sułkowskis von Rydzyna ist, eben jenem, welchen Brühl aus der Gunst Seiner Majestät des Königs gedrängt hat.«

»Hab ich das etwa gewußt?« erwiderte der Schatzmeister halb scherzhaft, halb im Ernst. »Ihr müßt zugeben, daß hinter meiner Mutmaßung größte Wahrscheinlichkeit steckt. Für den Knirps von Gouverneur ist das genau die passende Frau. Ein entzückendes Mädelchen!«

»Es wird die Runde machen«, flüsterte Laskowski. »Und irgend jemand wird ausplaudern, daß Ihr es wart, der sich solchen Spott erlaubt hat.«

»Da werde ich auf meine alten Tage noch zum Witzbold!« Der Schatzmeister fuchtelte abwehrend mit der Hand, und das Gespräch beendend, setzte er hinzu: »Das ist fürwahr ein Unglück, denn die Leute werden noch mehr Witz von mir einfordern, dabei besaß ich davon nur wenig, und wie der Krebs habe ich den längst aus mir herausgeflüstert.«

An dieser Stelle brachen sämtliche Gespräche ab, ein Raunen ging durch die Menge, und alle Köpfe wandten sich zum Sächsischen Palais. Der Reiterzug des Gouverneurs bewegte sich soeben zu den Toren heraus. Hier gab es etwas zu sehen, um so mehr, als der Anblick kein polnischer war, sondern ein ganz und gar deutscher und wunderlicher.

Vorweg marschierte die königliche Musik, vor welcher ein

baumlanger Kerl einen riesigen Stock schwenkte; ihr folgten in geballter Schar die Höflinge, in betreßter Livree und mit Federbüschen an den Hüten, und erst danach begann die endlose Reihe der Kutschen des Hofes, der Pans, der Freunde, und eine Kutsche war darunter, ein ganz und gar vergoldeter, offener Wagen, darin fuhr der in Hellblau herausgeputzte, mit Perücke und Hut ausstaffierte Herr Gouverneur von Warschau. Diese Kutsche ward umringt von der neu formierten Gouverneurswache, welche Kanariengelb und Hellblau trug, dazu schwarze Hüte mit silbernen Borten, schwarze Patronentaschen, weiße Gürtel, und gerüstet war sie mit Säbeln, Reiterflinten und Bajonetten. Die Bürger am Wege erkannten in den derart verkleideten Gouverneurssoldaten ihre guten polnischen Kameraden und lachten ihnen ob ihres Aufzugs ins Gesicht. Die Soldaten mußten Ernst bewahren, unter Waffen stehend, durften sie nicht prusten, weil sie aber selbst gern über sich gespottet hätten, verzerrten sie, indem sie sich das Lachen verkniffen, komisch das Maul.

Die Gardeabteilung, in welcher der junge Brühl bereits Oberst war (außerdem war er Kammerherr seines Taufpaten), die Offiziere, Leibgardisten, Heiducken und allerlei sächsisches Gesindel zogen als langer Schweif dem jungen Herrn hinterdrein. Noch nie hatte man einen prächtigeren und zugleich wunderlicheren Einzug gesehen.

Der Herr Schatzmeister, auf einem Steinhaufen stehend, blickte *cum debita reverentia* auf all das, und da Laskowski ihm zu spotten untersagt hatte, bemerkte er ernst: »Jetzt glaube ich es bereits, daß die Brühls von Ocieszyn herstammen, man sieht es gleich an Art und Tracht. Da ist kein Zweifel. Man weiß schließlich, daß der polnische Edelmann stets bereitwillig seine Tracht wechselt, um sich lieb Kind zu machen. Unter Valois kleideten wir uns französisch, unter Báthory ungarisch, zu Zeiten der Kriege gegen Türken und Tataren gingen wir türkisch und

43

tatarisch, also ist es logisch, heute gelbe Fräcke anzulegen und sich Totenhaar auf den Kopf zu stülpen, wie die Sachsen das tun. Im übrigen sind Perücken gesund, besonders im Winter in der Kirche schützen sie vor Schnupfen.«

Während sich dies auf der Straße abspielte, wurde im Schloß der Herr Gouverneur begrüßt. Gern hätte man über den Gelbschnabel gelacht, doch das ging nicht an. Das wahnwitzige Bürschlein schritt so munter, mit solch kecker Miene in den überfüllten Saal und trat derart ungezwungen vor den Herrn Woiwoden von Masowien, Stanisław Poniatowski, hin, es ließ sich so wenig weder von dem ironischen Gesichtsausdruck der Umstehenden verwirren noch von dem zweideutigen Raunen, daß alle Anwesenden ernst wurden. Auf ihren Gesichtern malte sich Neugier.

Der Knabe stand bereit, den Eid zu leisten, doch zu damaliger Zeit ging nichts ohne Rede vonstatten, und der Woiwode übernahm es, den anwesenden Herren und Brüdern das Geheimnis der königlichen Gnade zu erläutern, durch welche der junge Brühl plötzlich zu einem Alter gekommen war, das er nicht hatte.

Die Ansprache des Herrn Woiwoden war ein Meisterstück, nichts davon ließ sich wirklich verstehen, außer daß die großen Verdienste des Vaters, welche auf den Sohn niederfielen wie Sonnenstrahlen, diesen zur Reife gebracht hätten, und daß es der Schlachta gut anstünde, sich hochgeehrt zu fühlen, wenn der Sohn eines solchen Mannes ihr beizeiten seine Dienste zu erweisen suche usw.

Stärkere Argumente gab es nicht, aber die Redekunst gründet sich nicht darauf. Logik ist nebensächlich, Vernunft zählt gering, alles liegt in der Vortragsart und im Enthusiasmus.

Freilich, sollte eine ebenso feurige und gekonnt deklamierte Replik folgen, läßt sich nicht dafür bürgen, daß nicht auch sie

Beifall erhält, ja, man kann gewiß sein, daß sie ihre Vorgängerin zu Grabe trägt, nur – eben reden muß man können!

Darum haben Cicero und Demosthenes solche Wunder vollbracht, ob sie nun recht hatten oder nicht, und darum legte man früher in den Schulen soviel Wert auf die Rhetorik. Der masowische Woiwode konnte sich nicht einen großen Redner nennen, aber es inspirierten ihn die Festlichkeit dieses Tages, die Liebe zu Brühl und die klaren Anweisungen der Familia. Niemand achtete sehr auf die Worte. Weiter hinten im Saal verbreitete sich ein solches Echo, so sehr wallte die Stimme, bald sich erhebend, bald dramatisch sich senkend, daß die Schlachta sich gleichsam wie von Ungarwein berauscht fühlte. Man applaudierte.

Der junge Gouverneur legte zunächst mit klarer und volltönender Stimme den Eid ab. Man staunte, wie glatt und hübsch er dies vollbrachte, sogar mit einer bei derlei Gelegenheiten noch nicht gesehenen Eleganz.

»Ein Kavalier, wie er im Buche steht!« flüsterten die Masuren.

Nach dem Eid aber erwartete ihn erst die Klippe, an der alles zerschellen konnte – und die Böswilligen meinten, genau das würde geschehen. Wem aber das Glück hold ist, dem gereicht alles zum Wohle.

Der Gouverneur nämlich mußte eine Dankesrede halten. Hier lag das Problem. Die Anwesenden spitzten die Ohren. Sie waren auf eine Rede wie aus dem Schulheft gefaßt, auf eine fremdländisch klingende ohne Hand und Fuß.

Die Feinde freuten sich im voraus. Die Eleganz bei der Eidleistung mochte angemessen sein, bei der Rede an die Schlachta hieß es, eine ihr verständliche Sprache gebrauchen, bestimmte Wendungen, nahezu traditionelle Redensarten – wie aber sollte dieses Herrchen das vermögen?

Ein Wunder geschah – Brühl wandte das Gesicht dem Publikum zu und legte los … Der Teufel wohl mußte ihm soufflieren, denn er sprach auswendig, mit größter Ungezwungenheit und mit Worten, die unmittelbar zu Herzen gingen. Er begann mit dem Dank an die Majestät, dankte hernach den Herren Woiwoden, weiter allen anwesenden gnädigen Herren und Brüdern und gewann so aller Liebe und Gunst.

Wie Mostrichtupfer bedeckte seine Rede Lateinisches, hier und da lugten bekannte und beliebte *dicta* hervor, die Weisheit der Jahrhunderte und die Traditionen der Adelsrepublik. Die Alten waren zu Tränen gerührt.

Dann kam es zur Ernennung der Burgbeamten, deren Auswahl glücklich war und geschickt.

In den Masuren wuchs die Liebe zu dem Herrn Gouverneur, und auch er selbst wuchs in ihren Augen. Was aber geschah erst, als er, mit einer glücklichen Wendung seine Ansprache schließend und der Schlachta bescheiden seine gehorsamen Dienste empfehlend – endlich die Einladung an alle Anwesenden richtete, an dem »Brot der Freundschaft« teilzuhaben, welches, woran niemand mehr zweifelte, nicht trocken sein würde.

Die Begeisterung war ohne Grenzen; Spötter und Feindselige mußten verstummen, und jedem, der jetzt noch Geringschätziges über den Herrn Gouverneur geäußert hätte, wäre dies schlecht bekommen.

Sogleich wurde er umringt und beglückwünscht, der Herr Woiwode Poniatowski umarmte ihn, es küßte ihn der ruthenische Woiwode, und nacheinander küßte und umarmte ihn, wer zu ihm vordringen konnte, so daß ihm die Spitzen zerknüllt, die Kleider zerknautscht wurden, die Frisur zerzaust war, und nur gut, daß man ihn nicht noch auf den Schultern zum Saal hinaustrug. Die Schlachta, welche wußte, daß es bei solchen Gelegenheiten kein leichtes war, an die Tafeln zu gelangen, stürzte augenblicklich zu den geöffneten Sälen, in denen sechs riesige Hufeisen auf sie warteten.

46

Die Honoratioren verweilten noch und umstanden den jungen und den alten Brühl. Da geschah es, daß jemand den Herrn Kronmundschenk Potocki mit seiner Familie auf der Galerie gewahrte und im Flüsterton jenen gar bis hierher gedrungenen Scherz über das Erscheinen der schönen Marynia ausplauderte. Die Blicke gingen zu ihr hinauf, und der Minister, der Potockis Gattin gegenüber, einer geborenen Sułkowska, so höflich sein wollte wie niemandem sonst gegenüber, da er einst auch ihrem Vater gegenüber so überaus höflich gewesen war, nahm den Scherz als Anregung und schickte den Gouverneur, damit er den Herrn Kronmundschenk nebst Familie zur Tafel bitte.

Der junge Brühl richtete seine Kleider, und mit der ihm eigenen Behendigkeit und Unbefangenheit lief er nach oben auf die Galerie, um den väterlichen Befehl auszuführen. Mit zwölf Jahren benahm er sich bereits so galant gegenüber den Frauen, als habe er sich von klein auf in dieser Kunst geübt. Die Familie des Kronmundschenks saß da und wartete darauf, daß sich das Gedränge zerstreute, als auf einmal der hübsche Knabe vor ihr stand.

Die Augen der kleinen Marynia, neugierig und kindlich keck, trafen sich mit seinem Blick.

Dieser kindliche Blick war von wundersamer Kraft, die Augen sprachen, und zwei Seelen verstanden einander.

Brühl lächelte Marynia zu, und die kleine Potocka begrüßte ihn mit einem Knicks wie eine Dame. Der Gouverneur vergaß sein hohes Amt und auch den Grund seines Kommens – erst nach einem Augenblick, als die Verzauberung verflogen war, wandte er sich an die Herrschaften Potocki.

Mit Herrn Ignacy Potocki wäre die Sache vielleicht leichter gewesen, die Sułkowska aber, erzogen im Haß auf die Brühls, verabscheute sie und konnte sie nicht ausstehen. Sie war nur hier, um die lächerliche Szene zu verhöhnen.

Beim Anblick des Knaben, der mit größter Ergebenheit und

französischen Komplimenten die Herrschaften einlud, ihm die
Ehre zu geben und am Festmahl teilzunehmen zu belieben, erbleichte die Dame, die Brauen zogen sich zusammen, die Lippen
schürzten sich, und weil die kleine Marynia noch immer den
Gouverneur anlächelte, griff die Mutter sie bei der Hand und
zwang sie, beiseite zu treten. In trockenem und kaltem Ton
dankte man und lehnte ab. Marynias Augen füllten sich mit Tränen. Brühl seufzte, legte die Hände auf die Brust und verbeugte
sich tief, er wagte nicht zu drängen. Ihm im Weg stand die betrübte Marynia, der Knabe ergriff ihr winziges Händchen und
küßte es. Die Mutter errötete. Der Gouverneur verschwand, die
Herrschaften Potocki fuhren auf der Stelle fort.

Es gibt im Leben Augenblicke, die sich dem Gedächtnis für
immer einprägen, es gibt Blicke, die in der Dunkelheit leuchten,
es gibt Sympathien, die die Jahre nicht zerreißen, und es gibt vielleicht Wesen, die füreinander geschaffen sind. Wer will das er-
forschen? Der kleine Brühl rannte mit dem Bild der Marynia die
Treppe hinunter, und das Mädchen versank seltsam in Nachsinnen, es dachte an den hübschen kleinen Gouverneur, der ihm so
reizend die Hand geküßt hatte.

Der Minister indes fühlte sich von der Absage der Potockis
peinlich berührt. Wer ihm in diesem Moment in die Seele geblickt
hätte, wäre dort vielleicht einem Gedanken begegnet, den er nur
sich selbst anvertraute: Ob er jemals Zugang zu den Sułkowskis
und Potockis fände?

Unterdessen ertönte in den Sälen des Schlosses die königliche
Musik, und die Schlachta besetzte zahlreich die Tafeln, gruppierte
sich nach Landschaften, Kreisen, nach Freundschaft, Verschwägerung, nach verschiedenartiger Verwandtschaft von Geist und
Leib. Der Empfang war ein königlicher und ein Brühlscher, mehr
braucht nicht gesagt zu werden, man zielte darauf, zu erstaunen,
Respekt einzuflößen, zu sättigen und zu tränken. Kammerdie-

48

ner in Zitronengelb, Violett, Sandfarbe, Karminrot, silbern und golden betreßt, Heiducken, alle Arten von Bediensteten, Mohren, Türken trugen, hoch über den Kopf erhoben, riesige Silberschüsseln, aus denen sich der Duft weithin verbreitete. Auf schneeweißen Tischtüchern glänzten Vasen aus Porzellan, Kristallgefäße, Spiegel, ganze Reihen silberner Figuren, die vor den Gästen, so schien es, Tänze vollführten. Kelche aller Größen füllten die Kredenzen, auf welchen silberne Weinfässer nur darauf warteten, den goldenen Nektar im Strahl ablassen zu dürfen. Der Pomp war unermeßlich, und mehrere Brühlsche Freunde und Hofschranzen, die Funktion von Vizegastgebern ausübend, begannen vom ersten Augenblick an ihre Pilgerschaft rings um die Tische, wiesen Plätze an, schenkten die Gläser voll, gaben Anregungen, auf daß ein jeder an sich dachte und den Nachbarn nicht vergaß.

Erst recht waren es die Brühls, Vater und Sohn, die sich nicht zu Tisch setzten, sondern sogleich bei den Festgästen die Runde machten. Alle paar Stühle weit hielten sie inne, schüttelten Hände, stellten sich vor, suchten mit Hilfe unendlicher Höflichkeit die Herzen der Bürger zu gewinnen.

Bei dem Empfang wurde überhaupt nicht darauf achtgegeben, wer zur Woiwodschaft gehörte, wer einer war und woher er stammte – wie zum Protestantenschmaus holte man die Leute gleichsam von der Straße herein, sofern sie nur nach Schlachtschitzen aussahen. Erst bei Tisch stellten sich viele Vater und Sohn vor.

Das Mahl war kunstvoll überlegt und mit großer Kenntnis des Nationalcharakters wie des nationalen Magens ausgerichtet. Den Herrschaften waren Semmelklößchen zu reichen, mit denen die einen nicht vertraut waren, deren Bekanntheit bei den anderen aber auch nicht Sticheleien auslösen durfte. Der Koch vermischte daher die Schüsseln der Schlachta mit denen der Magnaten,

Bigos mit Pasteten, Fleischklopse mit gehackter Leber, überseeische Delikatessen mit heimischer Kost. Darüber hinaus gab es auch gekochtes Rindfleisch, Kuttelflecke mit Ingwer, gebratene Fasane aus den königlichen Jagden, Hirsche und Haselhühner, Gurken und Orangen. Jedem Geschmack wurde Genüge getan, jeglicher Neugier und Phantasie.

Überdies wurde so aufmerksam eingeschenkt, daß kein Glas auch nur sekundenlang leer blieb. Nachdem der erste Toast auf die Gesundheit Seiner Majestät des Königs ausgebracht und danach auf das Wohl der Geistlichkeit und der Senatoren getrunken ward, hagelte es Vivatrufe, jedesmal begleitet jeweils von einem Trompetenstoß. Da die Tafeln nicht alle miteinander verbunden waren, brachte man hier und dort unterschiedliche Trinksprüche aus, ganz wie es den Menschen einfiel. Auf väterlichen Befehl schritt der junge Gouverneur mit einem Glas in der Hand – gefolgt vom Kellermeister, welcher das Glas stets wieder mit farbigem Wasser füllte – von einem Häuflein zum anderen, stieß mit allen Gästen an, umarmte sie, tauschte Höflichkeiten aus und trank mit Freuden.

Das ließ ihn wohl die meisten Herzen gewinnen.

»Ein Jüngling von großen Hoffnungen!« sprachen die Alten. »Schon heute vermag er sich so zu akkommodieren! Hoho, er wird hoch aufsteigen bei den Bürgern hierzulande!«

Herr Kämmerer Laskowski war von einem Masuren, einem Verwandten, zum Festmahl mitgezogen worden, und fast gewaltsam hatte er den Schatzmeister dazu gebracht, ihn zu begleiten. Anfangs hatte sich der Alte gesträubt, bis schließlich die boshafte Neugier obsiegte.

So saßen sie denn wieder alle beisammen: der Kämmerer, der Schatzmeister, Kostrzewa, Ocieski und Babiński.

Zagłoba begann leise zu spötteln, als er sich aber umsah und hörte, was die Leute sprachen, gab er bald Ruhe. Er aß fast nichts und rührte auch sein Glas nicht an, denn er mochte dieses Brot nicht essen und diesen Wein nicht trinken. Sein Gesicht drückte Mitleid aus und Trauer. Die Arme über der Brust verschränkt, betrachtete er seine Nachbarn, und sein Blick machte, wen er traf, frösteln.

Laskowski flüsterte ihm zu: »Ihr seid ein *turbator chori*, Ihr verderbt den anderen die Laune und den Appetit. Wer sich zu einem Gastmahl begibt, akzeptiert alle Konsequenzen desselben.«

»Hm, ich bin hier eher *spectator* denn Gast«, entgegnete Zagłoba. »Ich habe heute früh aus meinem Bigosfäßchen gegessen und dazu Wasser getrunken. Ich bin satt.«

»Was hat er denn?« fragten die anderen. »Solch ein Nörgler!«

»Er war schon immer so«, flüsterte der Kämmerer. »Laßt ihn in Frieden, mit der Zeit wird er abkühlen.«

Aber auch als das Festmahl seinen Höhepunkt erreichte, änderte der Herr Schatzmeister keineswegs seine Haltung; schließlich achtete niemand mehr auf ihn, da sich die Stimmung stetig hob und die Kelche geleert wurden. Zagłoba gehörte, wenn nicht nach dem Rang, so doch seinem Alter und dem Ernst seines Charakters nach zu den hervorragendsten Persönlichkeiten. Er zeigte sich nicht oft in der Hauptstadt, niemals erschien er bei Hofe, in den Gemächern der Mächtigen, wo um Gunst gebuhlt wurde, wenn es aber darum ging, jemanden zum Gesandten zu machen, die Gemüter einzustimmen, dann dienerten vor ihm auch die Magnaten und suchten ihn für sich zu gewinnen. So mancher der am oberen Tafelende Sitzenden kannte ihn.

Wie es geschah, ob per Zufall oder aus Berechnung, wer weiß – plötzlich stand der dem Schatzmeister wohlbekannte Herr Żebrzyński vor ihm, ein älterer Mann, großmütterlicherseits sogar mit ihm verschwägert, einstmals sein Vertrauter, jetzt zum Hof des neuen Gouverneurs gehörig dank einer merkwürdigen

Konjunktur. Er stand vor ihm, und nicht allein, sondern mit dem jungen Brühl, der ein gefülltes Glas in der Hand hielt.

»Herr Schatzmeister!« rief Żebrzyński und klopfte ihm auf die Schulter. »Das hier ist unser heutiger Anlaß zur Feier, die *spes magna*, der Jüngling, auf welchen das Vaterland zählt, der es versteht, Verdienste und den Wert von Charakteren zu achten, und wo sollte er beides besser ehren als in deiner Person, darum möchte er auf deine Gesundheit trinken. Zwar sehe ich, daß du nicht trinkst, aber es ihm heute abzuschlagen, ziemt sich nicht.«

Sofort ward auch dem Schatzmeister eingeschenkt. Wohl oder übel mußte der alte Mann mit zitternder Hand das Glas ergreifen, und Brühl rief wie ein alter Routinier, was in seltsamem Kontrast zu seinem jungen Gesicht stand: »Ich schätze mich glücklich, daß solch ein ob seiner Tugenden allseits geachteter und gerühmter Bürger mir die Ehre gibt und an meiner Freundschaftstafel Platz genommen hat. Gern verdiente ich seine Gunst, und um mich darein einzuschmeicheln, sei mir erlaubt, diesen Kelch auf die Gesundheit und den Erfolg, auf jegliches Wohlergehen von Euer Gnaden, Herr Schatzmeister, sowie Eurer Familie zu trinken.«

»Vivat!« erscholl es ringsum. »Vivat!« Brühl reichte die Hand, wacker den Kelch leerend, und der Schatzmeister wußte selbst nicht mehr, wie er den Dankestrunk bis zum Grunde bewältigt hatte.

»Bitte, seid gnädig zu mir«, fügte, sich verbeugend, der Gouverneur hinzu und entfernte sich.

Der Schatzmeister stand starr da.

»Oh, da hat man ihm einen Streich gespielt!« bemerkte Laskowski lachend. »Er müßte aus Stein sein, würde ihn das nicht rühren!«

In der Tat, wie diese Artigkeit auf ihn wirkte, schwer zu sagen, aber Zagłoba war bewegt, und als er das erneut gefüllte Glas vor sich stehen sah, trank er zerstreut auch dieses zweite aus. Soeben wurde Rehbraten aufgetragen, und vom Wein geweckt, regte sich der Appetit, Zagłoba nahm sich ein gutes Stück und langte noch einmal nach.

Von der üblen Laune war nur noch ein bekümmertes Schweigen übrig.

Da hat mir doch dieser Gauner Żebrzyński, der sich sein Leben lang von Herrengunst ernährt, was Schönes eingebrockt und mich in Verwirrung gebracht, dachte der Schatzmeister bei sich. Wenn ich den unter vier Augen erwische, kann er was erleben!

Darauf brauchte er nicht lange zu warten, denn nachdem Żebrzyński den jungen Brühl ein paar Schritte weitergeleitet hatte, drehte er um und drängte sich dem Schatzmeister von selbst auf.

»Hör mal, du Judas«, flüsterte der Alte. »Was treibst du für Possen mit mir! Habe ich es nötig, so kompromittiert zu werden? Bist du übergeschnappt?!«

Żebrzyński hob beide Arme in die Höhe wie vor dem Abendmahl.

»Schatzmeister!« rief er aus. »Bist du verrückt?! Ich schwöre dir, und wenn ich meine Kinder nicht mehr wiedersehen sollte, daß ich nur ausgeführt habe, was mir befohlen war.«

»Und woher sollte er mich kennen?!« fragte Zagłoba.

»Was weiß ich.« Żebrzyński zuckte die Achseln. »Ich sage es noch einmal, ich habe nichts dazu beigetragen. Der Gouverneur, der über sein Alter hinaus verständig ist, holte einen Zettel aus der Tasche hervor, darauf standen mehrere mit Bleistift geschriebene Namen, und der Deine trug einen extra schwungvollen Vermerk. Er zeigte mit dem Finger darauf und fragte mich, ob ich ihm nicht eben diesen Bürger zeigen könne, er wolle auf seine Gesundheit trinken. Was sollte ich tun? Ich hab ihn dir hergebracht. Bei Gott und den blutigen Leiden Christi, es ist die Wahrheit.«

53

Der Schatzmeister setzte sich.

Żebrzyński reichte ihm die Hand, da es aber viel für ihn zu tun gab, wurde er sogleich weitergezogen.

»Habe ich es nicht gesagt«, flüsterte Laskowski, »daß man vorsichtig sein muß mit dem lauten Gerede? Bestimmt hat es schon jemand zugetragen, daß Ihr den Gouverneur *proprio motu* verheiraten wolltest.«

Der Schatzmeister entgegnete nichts, er senkte nur den Kopf und saß mißmutig da. Der Festschmaus, wie zu erwarten gewesen, zog sich in die Länge. Schon war es später Abend, aber an den Tafeln und in den Ecken der Säle trank man immer noch einen, die Gäste wurden nicht entlassen. Mit der Zeit hellten sich auch die finstersten Gesichter auf und fügten sich in die allgemeine frohe Stimmung.

Der Schatzmeister wollte gerade entschlüpfen und Laskowski zurücklassen, als sich aus der Tiefe des Saales noch einmal Żebrzyński ungestüm zu ihm durchdrängte und mit erhobenen Armen gestikulierte, um ihn aufzuhalten. Nachdem er unterwegs gegen mehrere Gläser gestoßen war und ein paar Libationen auf seinen Kontusz erhalten hatte, erreichte er den Schatzmeister, faßte ihn am Arm und führte ihn beiseite.

»Hast du, Schatzmeister, bei den Wäldern Differenzen mit den Krongütern?« fragte er.

»Wer hat dir davon erzählt? Der Streitfall schwebt seit etwa fünfzehn Jahren, bis heute ist er nicht entschieden«, antwortete Zagłoba verblüfft. »Ich habe das schon fast vergessen.«

»Seine Exzellenz, der Minister Brühl, läßt dir durch mich ausrichten, daß er gestrigen Tages einen Befehl unterschrieben hat, auf welchen hin eine Kommission zu dem Grundstück fahren und dich rechtmäßig zufriedenstellen soll.«

Żebrzyński drückte bedeutsam Zagłobas Arm.

Der Schatzmeister erbleichte und verharrte stumm.

»Gott vergelt's«, sagte er dann trocken. »Ich habe nicht das Glück, Seine Exzellenz zu kennen, auch weiß ich nicht, woher dieser Segen über mich kommt ... Sag dem Minister meinen Dank ...«

Die beiden Männer sahen einander in die Augen.

»Hm«, flüsterte Żebrzyński, »hast du mit irgend etwas seinen Widerwillen erregt, oder benötigt er dich für etwas? Sag die Wahrheit.«

»Ich weiß nichts«, sagte der Schatzmeister. »Außer daß ich unruhigen Gewissens bin, denn *timeo Danaos et dona ferentes*, dann am meisten!«

Sie drückten einander die Hand.

Wäre ich ein Sachse, dachte der Schatzmeister, würde ich auf die Pleißenburg kommen, da ich aber ein polnischer Schlachtschitz bin, kriege ich ein Stück von den Krongütern und muß schweigen, weil ich's genommen habe!

Verzweifelt rieb er sich die Stirn. Żebrzyński sah ihn an, ohne viel zu verstehen.

»Was ist mit dir?«

»Ach, nichts. Ich bin ja so glücklich!« Der Schatzmeister lächelte, drückte Żebrzyński noch einmal die Hand und ging von dannen.

In der abendlichen Dunkelheit strahlten das Schloß, das Sächsische Palais und die Straße, welche von einem Gebäude zum anderen führte, im Schein vieler Lampen. Das Vergnügen dauerte bis spät in die Nacht.

So gestaltete sich der erste Bühnenauftritt des Herrn Gouverneurs von Warschau, Alois Brühl, sein erstes Erscheinen auf der Bühne der Rzeczpospolita, deren Adoptivbürger er war, und er sollte ihr treues Kind werden. Dieser Tag hinterließ in der Seele des Knaben eine unauslöschliche Erinnerung, er band ihn – so kann man sagen – an die Stadt, die Region, das Land, empfahl ihn seinen Bürgern, machte ihn zu einem außergewöhnlichen, allgemeine Teilnahme erweckenden Wesen, bereitete die Zukunft vor ... Und Marynia Potockas schöne Äuglein inmitten der gedrängten Bilder dieses Tages hielten sich im Gedächtnis des Knaben wie zwei helle Sterne am Himmel.

IV

Seit dem ersten Auftritt des jungen Gouverneurs von Warschau waren zehn Jahre vergangen. Inzwischen hatte sich vieles verändert: die Lage, die Umstände, das Verhältnis der Personen und Familien, die Berechnungen und das Vorgehen von Alois Brühls Vater – dennoch: was der zwölfjährige Knabe einst an jenem denkwürdigen Tag versprochen, da die königliche Gnade und die väterliche Macht das Kind für volljährig erklärten und in ein solches Amt erhoben, hielt die nachfolgenden Jahre.

Noch nie hatten sich die außergewöhnlichen Gaben der Natur glänzender in jemandem entfaltet. Es verdarb den jungen Alois nicht, daß er wie ein Prinz von Schmeichlern auf Händen getragen wurde, daß er Unsummen zu verschwenden hatte, daß sich ihm das Leben gleichsam wie ein weicher Teppich unter die Füße breitete. Der junge Brühl war in der Tat eine Ausnahmeerscheinung: die Umstände waren dergestalt, einen gewöhnlichen jungen Edelmann, einen Gecken und ein hübsches Püppchen mit leerem Kopf aus ihm zu machen, er aber entwickelte sich zu einem nichtalltäglichen Menschen.

Die Mutter, die ihn vergötterte, der selbstgefällige Vater, der es seinem Ältesten und künftigen Erben gegenüber an nichts fehlen ließ, der König, der ihn wie sein eigen Kind liebte und verwöhnte – sie alle, so schien es, verleiteten den Knaben geradezu zu Tollheit und Leichtsinn, zur Vernarrtheit in die Welt und ihre

Zerstreuungen, dazu, ein ernsthaftes Lebensziel aus dem Auge zu verlieren. Der junge Brühl hingegen besaß soviel Eigenständigkeit und Energie, daß er sich nicht auf Abwege lenken ließ. Sein frühreifer, weil beizeiten erweckter Geist wies ihm seinen Weg – eine ungeheure Wißbegier bewahrte ihn vor zu frühen Gelüsten anderer Art. Vom königlichen Hof umgeben, wurde Alois zunächst auf die Universität nach Leipzig geschickt. Von Dresden aus konnten die Eltern jeden seiner Schritte verfolgen. Sie hielten den Sohn nicht übermäßig zum Studieren an, der Vater glaubte, er werde die Hörsäle nur durchlaufen und sich nicht allzusehr in die Wissenschaften vertiefen. Aber es kam anders: das junge Herrchen entflammte für die Wissenschaften, war mit Eifer dabei. Die Mutter befürchtete Pedanterie, wenn Alois jedoch in den Ferien zu Hause weilte, schüttelte er den Bücherstaub mühelos von sich ab und wurde ein so unbekümmerter, geistreicher Salonunterhalter, schwang sich so kühn aufs Pferd, umschmeichelte so charmant die Damen, daß man ihm schwerlich den ernsthaften Studenten anmerkte. Mit großer Leichtigkeit wechselte er die Beschäftigungen, die Miene, die Redeweise und paßte sich seiner Umgebung an. Diese Kunst wußte sein Vater hoch zu schätzen.

»Das wird ein universeller Mann!« sagten alle, und diese Prophezeiung sollte sich in der Tat bewahrheiten.

Von Leipzig schickte man Alois nach Leiden. Dort, obgleich ihn stets dieselbe Vornehmheit und Pracht umgaben, hatten die Professoren weniger Anlaß, sich dem Sohn des Ministers zu akkommodieren und dem jungen Herrn gegenüber Nachsicht zu üben – doch auch hier galt er als ein Wunder. Seine Mentoren und Privatlehrer – angesehene Häupter in Perücken, an träge Verdauung gewöhnt – übertraf er an Lebhaftigkeit des Geistes. Den jungen Brühl aber machte das nicht überheblich, er zeigte nie seine Überlegenheit, um damit andere zu demütigen, offenbar schätzte er nicht sonderlich, was anderen so wichtig war.

Anscheinend leuchtete in dem mit solchen Kräften beschenkten Köpfchen die bereits damals gewonnene Erkenntnis, daß alle nur sehr bedingte menschliche Weisheit von zweifelhaftem Wert ist und daß, wer diese Weisheit errungen zu haben glaubt, kein Quentchen von ihr besitzen wird. Eines kennzeichnete Alois deutlich: Er war unerhört neugierig, er dürstete danach, sich mit allem vertraut zu machen, sobald das Ziel aber erreicht war, wertete er das Gewonnene gleichsam gering. Bei dieser fast krankhaften Jagd nach Wissen erstürmte er nicht unbedingt Höhen und unzugängliche Gipfel, begierig studierte er die Philosophie, erforschte indes mit gleicher Leidenschaft die Kunstgeschichte sowie sämtliche kleinen Geheimnisse eines allergewöhnlichsten Handwerks.

Das ähnelte dem Erjagen einer Wahrheit, die sich vor ihm in den Winkeln versteckte, er mußte alles durchstöbern, um die dort lauernde zu finden.

Zu jener Zeit, da sich Alois in Leiden aufhielt, passierte es, daß er eines schönen Morgens seinen Mentoren und Aufpassern entschwand – im ersten Augenblick war das Entsetzen des ganzen Hofes, die Furcht, sich vor den Eltern verantworten zu müssen, ungeheuerlich. Stadt und Umgebung wurden in Alarm versetzt. Zum Glück fand man alsbald einen Zettel auf dem Tisch, auf welchem er den Herren zur Beruhigung versicherte, er werde in Kürze wiederkehren, und darum bat, ihn nicht unnütz zu suchen.

Obgleich Alois noch so jung war, befürchteten die Mentoren, er könne sich womöglich in verfrühte, gefährliche Liebschaften verstricken – in alle Richtungen schickte man Boten und Kundschafter aus, aber nirgends fand sich eine Spur. Niemand ahnte auch nur den Anlaß für diese Flucht.

Einige Dutzend Meilen von Leiden entfernt erschien unter-

58

dessen in einer damals berühmten Kanonengießerei ein junger Bauernknecht, ärmlich gekleidet, aber gesund und kräftig aussehend, der als einfacher Arbeiter in die Fabrik aufgenommen werden wollte. Zusammen mit anderen Kerlen schaffte er an Öfen und Gußformen, verbrannte und besudelte sich am Feuer, führte die schwersten Arbeiten aus und teilte das Leben der ärmsten Tagelöhner. Seine gar zu weißen, wenngleich überaus starken Hände erregten Aufmerksamkeit, aber mehr noch seine ungewöhnliche Auffassungsgabe, mit der er alles erlernte.

Nach einigen Wochen als einfacher Arbeiter rückte der unbekannte Bursche zum Aufseher auf – das weckte Eifersucht, es kam zu Streit, zu Drohungen und Verfolgung. Seine einstigen Kameraden, denen er jetzt vorstand, lauerten ihm auf und lehrten ihn, wie gefährlich es ist, intelligenter zu sein als andere. Der unbekannte Arbeiter, herausgefordert, schmetterte zwei der Angreifer zu Boden, nahm den Triumph gelassen hin und beklagte sich bei niemandem. Einige Tage später stürzten ihn andere vom Deich hinunter in den Kanal, er aber tauchte ab und kam so mühelos wieder emporgeschwommen, als wäre er als Matrose geboren worden und am Wasser aufgewachsen. Auch diesen Überfall überging er mit Schweigen. Man ließ ihn in Ruhe, jedoch fehlte nicht viel, und man hätte ihn für einen Teufel in Menschengestalt gehalten, besonders, als schon wenig später einer der Söhne des Direktors vom Pferd abgeworfen wurde und der junge Arbeiter zupackte, sich in den Sattel schwang und das inzwischen lammfromme Tier lenkte.

Seither waren alle voller Hochachtung für ihn, und es wurden ihm bereits güngstige Angebote gemacht, als eines Morgens der geheimnisvolle Schüler, nachdem er seinen einstigen Kameraden eine ziemlich bedeutende Summe hinterlassen, verschwand, ohne seinen Namen preisgegeben zu haben, und zugleich tauchte in Leiden der junge Brühl wieder auf und nahm im Hörsaal Platz.

Solcherlei Streiche, um Handwerke zu erlernen, die anderen gänzlich unattraktiv erschienen, unternahm Brühl zahlreich. Schließlich hörte man auf, sich darüber zu wundern, und ließ ihm die Launen durchgehen. Wer Alois näher und länger kannte, mußte wohl oder übel einsehen, daß er den gewöhnlichen Menschen haushoch überlegen war, wenngleich sich diese Überlegenheit unter dem Anschein von Leichtfertigkeit, mondäner Oberflächlichkeit, von Witz und Fröhlichkeit verbarg und so nicht ahnen ließ, daß ihm Ernsthafteres innewohnte. Selten stattet die Natur jemanden so großzügig aus – Alois strotzte vor Kraft und Gesundheit, er war niemals krank, und dabei hinderte das körperliche Vermögen nicht die Entwicklung des Geistes.

Der junge Brühl, der zwar im Ausland seine Erziehung genoß, vergaß jedoch Polen nicht und die ihn mit mit diesem Land verknüpfenden Bande. Zum Amt des Gouverneurs von Warschau erhielt er in wenigen Jahren, als Erbe des Woiwoden von Inowrocław, Szołdrski, das Panzerbanner, fast gleichzeitig auch den Alexander-Newski-Orden. Ein Jahr darauf wählte ihn die Schlachta in Zakroczym zum Abgeordneten eines Sejms, der nicht stattfand so wie andere.

Unterdessen begann sich der leuchtende Stern des Ministers zu trüben. Sachsen war annektiert, der König und Brühl entwichen nach Polen vor dem rohen Friedrich, der den Kriegsschauplatz in das fremde Land verlegte und, sich Freund nennend, nichts zu schonen gedachte und zur Gewalt noch den Hohn hinzufügte. Es entbrannte der Siebenjährige Krieg, dessen glücklichen Ausgang Preußen eher einer besonderen Fügung der Vorsehung verdankte, welche das Land wie durch ein Wunder vor der Vernichtung bewahrte, denn dem Genie Friedrichs, der sich voller Verzweiflung schon hatte das Leben nehmen wollen.

Der junge Brühl, in welchem neben anderen auch ritterliche Instinkte erwachten, bat sich vom Vater aus, mit den österreichischen Truppen und dem einzigen, aus Polen geretteten sächsischen Regiment gegen die Preußen zu kämpfen. Auch hier zeigte sich der junge Alois nicht schlechter als andere, es mangelte ihm nicht an verwegenem Mut. Die ihm vom Vater beigegebenen Schutzengel mußten ihn bremsen – mußten ihn zurückhalten, bitten, beschwindeln, auf daß des großen Hauses Hoffnung nicht zur Beute einer verirrten Kugel von Friedrichs Troßknechten wurde. Einige Male entwischte der junge Brühl seinen Schutzengeln, jagte ihnen Furcht ein wie in Leiden, und kehrte zurück – voller Wunden, blutbefleckt, glückstrahlend.

Der Krieg reizte ihn wie alles, womit er in Berührung kam, jedoch ungeachtet des augenblicklichen Eifers entflammte er nicht so sehr dafür, um ihn zu seiner Lebensaufgabe zu machen. Aus den Mitteilungen, die den Vater über sein ritterliches Fieber erreichten, schloß der Minister, daß es sicherer war, den Sohn nach Polen zu rufen, als ihn den ungewissen Geschicken dieses Kampfes auszusetzen. Er fürchtete die Leidenschaft, mit welcher Alois zu allem hindrängte. Er erteilte den Befehl zur Rückkehr, und mit derselben Gleichgültigkeit, mit welcher der Herr Gouverneur schon andere, kaum begonnene Beschäftigungen aufgegeben hatte, nahm er auch von dieser Abschied. Fröhlich sagte er den Kameraden Lebewohl, löste sein kleines Feldlager auf und begab sich gehorsam zurück nach Polen.

Hier hatten sich die Verhältnisse der Brühls gänzlich gewandelt. Das Bündnis mit der Familia, die mit neuen, beständigen, starken Institutionen das durch die langdauernde Unordnung verwirrte und zugrunde gerichtete Land zu erneuern trachtete – ein Bündnis, das den Interessen und Plänen des Ministers nicht entsprach, da er so lange als möglich im trüben Wasser zu fischen wünschte – war geschwächt und am Ende zerbrochen. Anstelle der Freundschaft kündigte sich ein unerbittlicher Krieg an. Dieselben, die einstmals den jungen Brühl zum Gouverneur gemacht

hatten, der ruthenische Woiwode, der Fürst-Kanzler, der Woiwode von Masowien, waren zu verbissenen Feinden des allmächtigen Ministers, seines Sohnes und des Hofes geworden.

Den alten Brühl interessierte diese unglückliche Wendung so
wenig wie der Siebenjährige Krieg. Hier wie dort fiele es ihm
nicht schwer, Bundesgenossen zu finden – zumindest hatte es
den Anschein. Der verhältnismäßig plötzliche Aufstieg der Familia zu Bedeutung im Lande und zu Macht, welche Einflußrei-
cheren und Führungsgewohnten zuzustehen schien, brachte
Feinde hervor, Konkurrenten, Neider. Deren Zahl ließ sich mit
einiger Kunst erhöhen. Aus den kleinen, zersplitterten Kräften,
wenn man sie zusammenkittete, war leicht als Gegengewicht zur
Familia eine Partei zu formen, die mit dem Minister an der Spitze
zum Kampf antreten konnte.

Brühl kannte sehr gut die Talente des Sohnes, in dem er zugleich auch ein Werkzeug sah, benötigt weitaus dringender im
verwirrten Polen als im unterjochten Sachsen. So wie er ungefähr
zehn Jahre zuvor seine Tochter hingegeben hatte, indem er sie
mit einem Mniszech verheiratete, beschloß er nun, den Sohn seiner Politik zu opfern. Er war bereit, ihn mit Würden zu überschütten und mit der Macht, die ihm in Polen die riesigen, vom
König geschenkten Besitzungen verliehen, eine Entschädigung
für seine Verluste in Sachsen. Der Sohn konnte für ihn dort tätig
werden, wo der Minister selbst nicht auftreten konnte oder
wollte.

König August, in dem Wunsch, ihm zu entgelten, was der
Siebenjährige Krieg ihm genommen hatte – niedergebrannte
Schlösser und geplünderte Palais, vernichtete Schatzkammern,
geraubte Kontributionen –, überschüttete ihn mit Starosteien,
und Brühl reichte dieselben an den Sohn weiter. So gingen denn
nacheinander auf diesen über: Lipnickie im Krakauschen, Bo-
limów im Rawaschen, Błonie bei Warschau, in Masuren, und so-

gar die Zips, nach dem Tode der Königin an Brühl vergeben, sollte seinem Sohn übertragen werden.

Wichtig war, daß Brühl eine starke Position in der polnischen Bürgerschaft innehatte und das Haupt einer Partei werden konnte, welche jegliche Reform zügeln würde. Ob es richtig war, den Sohn auszuwählen, mochte zweifelhaft sein, aber der Vater, an passiven Gehorsam gewöhnt, ließ keinen Widerstand zu, er zählte darauf, daß Alois die Interessen seiner Familie würde verteidigen müssen.

Opfer wurden auf beiden Seiten gebracht. Während die Familia glaubte, durch die Hingabe eines ihrer kostbarsten Kleinodien, der schönen Woiwodentochter Izabella Poniatowska, den Hetman Branicki zu gewinnen – so verheiratete Brühl seine älteste Tochter Maria Amelia, die liebste, wie Alois begabt, schön, dazu erzogen, auf der größten Bühne zu glänzen, eine Freundin Winckelmanns, mit dem Hofmarschall Mniszech.

Ebenso wollte er den Sohn seiner Politik opfern – die Kinder gehörten zum Kalkül. Der Gouverneur von Warschau zählte zu jener Zeit einundzwanzig Jahre, dem Verstand nach aber überragte er mit Sicherheit seine Altersgenossen, obgleich er genauso Unfug treiben konnte wie sie. Er hatte bereits fast ganz Europa bereist, und seine Unternehmungen hatten Millionen gekostet. Allein die Laune, einer englischen Lady zu dienen, der Alois unterwegs begegnete und für die er sich zeitweilig interessierte, wurde mit achtzigtausend Pfund Sterling bezahlt.

Es war an der Zeit, den hübschen Kavalier zu verheiraten, dessen Herz wie Verstand sich lebhaft mit den Objekten befaßte, welchen er begegnete, um ebenso rasch enttäuscht zu sein. Dem Gouverneur von Warschau erging es mit der Wissenschaft und mit der Liebe gleichermaßen: Er war neugierig auf Herzen und auf Wissen, aber beides vermochte ihn nicht zu befriedigen. Er suchte fortwährend etwas Neues. Er hoffte auch nicht darauf, daß in der Ehe sein Herz beteiligt sein würde. Zu gut kannte er seine Lage und die väterlichen Pläne, um nicht zu wissen, daß man ihn um der Politik willen verheiraten würde – so wie es auch der Schwester geschehen war, obgleich jene sich weitaus energischer dem Vater zu widersetzen wußte. Mit dieser Bestimmung mußte sich Brühl, der allem ziemlich gleichmütig gegenüberstand, abfinden – sich davon zu befreien war ausgeschlossen.

Bisher verbargen sich die Absichten des Ministers noch unter dem Schleier des Geheimnisses, vielleicht um nichts vorzeitig verlauten zu lassen, denn die ersten Pläne waren mißlungen und hatten viel böses Blut erzeugt. Leicht ließ sich ahnen, daß die Wahl auf eine Familie fiele, die eine Macht darstellte, die großen Einfluß besaß. In Litauen waren für Brühl in seiner Lage nur die Radziwiłłs von Reiz, in Polen und in Ruthenien die Potockis. Die letztere Familie wuchs bereits seit mehreren Generationen hinsichtlich ihrer Besitztümer und erlangte immer größere Bedeutung. Übrigens ging es Brühl nicht um den Namen und die Verschwägerung schlechthin, sondern zugleich um die Verbindung mit jenem Zweig des Geschlechtes, in welchem sich dessen ganze Macht und Vitalität konzentrierte.

Man munkelte etwas von den Potockis. Das Städtchen Dukla lag nicht weit von Krystynopol am Bug entfernt, und Frau Mniszchowa konnte dem Vater und dem Bruder leicht behilflich sein. Der junge Brühl, als er den Namen hörte, erinnerte sich unwillkürlich an die entzückende kleine Marynia, deren Augen ihm noch immer irgendwo am Grunde der Seele leuchteten. Sollte das seine Bestimmung sein? Er forschte nicht nach, und der Vater schwieg einstweilen.

Der alte Brühl liebte seine Kinder und kannte doch ihnen gegenüber kein Erbarmen, stets siegte der Minister in ihm über den Vater. Teuer war ihm die Frau Marschallin Mniszchowa – über ihr Herz hatte er verfügt, ohne nach ihm zu fragen, und später be-

64

drängte er die Tochter in seinen Briefen, sich bei denjenigen lieb Kind zu machen, die er über sie für sich gewinnen wollte. Brühls Tochter, ein Wesen von einer völlig anderen Welt, das der Kunst lebte, dem Lied, der Träumerei, der Verehrung des Schönen – sie mußte nach Polen gehen, in ein Land, welches einer Frau, die aus der Fremde kam, wie eine schreckliche Wüste erschien. Sehnsüchtig verlangte es sie nach Florenz und Rom, dabei schickte man sie nach Dukla. Hier konnte sie keinen der Gelehrten finden, mit denen sie so gern über die Kunst der Griechen und der Römer debattierte … Der Vater sandte ihr in seinen Briefen mit Bitten und Schmeicheleien gezuckerte Instruktionen, er lehrte sie, wie sie den schnurrbärtigen Woiwoden und den verliebten Kastellanen zuzulächeln habe, um dieselben in Fesseln zu schlagen, zu berauschen und sie dahin zu schubsen, wohin er befahl. Dasselbe Schicksal erwartete den jungen Alois, vielleicht ein noch härteres, denn der Tochter gegenüber galten dem unerbittlichen Vater noch gewisse Rücksichten, einem Mann gegenüber erübrigten sie sich. Im Leben einer Frau war Gefühl gerechtfertigt – ein Politiker und Staatsmann mußte nach der Überzeugung des Ministers imstande sein, dem von ihm als höchstes erkannten Ziel alles darzubringen. Dieses Ziel war Macht, erkauft mit den vielleicht teuersten Opfern des Gewissens, der Pflichten, der eigenen Würde. Für die Macht lohnte es sich, alles herzugeben, um ihr darauf alles abzufordern, was sie zu bieten vermochte.

Nach diesen Grundsätzen suchte der alte Brühl seinen Sohn zu erziehen, ohne sie indes laut zu verkünden, praktisch aber ließ er sie in seinem Verhalten erkennen. Er war ein zu guter Kenner des menschlichen Herzens, um nicht zu wissen, daß das nackte und nüchterne Aussprechen einer absoluten Wahrheit viel weniger bewirkte, als wenn man dieselbe allmählich, als tröpfelndes Gift, in die Adern spritzte. Mit der ihm eigenen Leichtigkeit und mit seinem Witz versuchte der alte Politiker halb im Scherz, halb

im Ernst dem Sohn jene Prinzipien einzuimpfen, an die er sich
hielt.

Alois hörte geduldig zu, ohne zu widersprechen, ohne sich zu
wundern, ohne sich zu ereifern, nur bisweilen erlaubte er sich,
diese Grundsätze in einen Scherz zu verkehren. Er schien sie als
düstere Notwendigkeiten seiner Lage hinzunehmen. Diese Kälte
dünkte den Vater ein gutes Vorzeichen.

Sie bedeutete aber etwas völlig anderes, als der alte Brühl
glaubte. Der Gouverneur hörte sich die traurigen Lebensregeln
einigermaßen resigniert an, mit Herz und Seele hingegen weilte
er anderswo. All das, was der Minister für das Wichtigste erachtete, war Alois nahezu gleichgültig. Wie dem Schicksal zum
Hohn, welches ihn zum Sohn des Ministers gemacht hatte, war
er von der Natur zum Träumer und Poeten erschaffen worden –
zu einem Menschen, den der Glanz nicht ergötzt, der an der Lüge
erstickt. Den jungen Brühl verlangte es nach der Wissenschaft,
aber man hieß ihn das Intrigieren lernen, er liebte die Kunst, doch
er mußte sich mit der väterlichen Politik vergnügen, er war in der
Seele ein Dichter, und man vergrub ihn bis zum Hals in Schmutz
und Ränke. Die Fesseln sprengen, die ihn von klein auf banden,
konnte und wollte er nicht, er respektierte die väterliche Macht –
und so nahm er das Leben, wie man eine Arznei zu sich nimmt,
non tam libenter, quam reverenter, heiteren Antlitzes wußte er
sich in seine Lage zu fügen, und anstatt zu verzweifeln, lächelte
er im Schmerz und ließ sich diesen nicht anmerken. Das Lächeln und die Selbstverspottung wurden ihm zur Notwendigkeit, zur Angewohnheit. Es war dies der kühlende Hauch für die
Wunde.

Das Jahr 1759 begann, König August III., vom Siebenjährigen
Krieg vertrieben, saß gelangweilt in Warschau. Eines Tages gab
der Kämmerer dem jungen Brühl Nachricht, daß Seine Majestät
ihn erwarte und ihn zu sich rufe. Alois weilte beinahe täglich am

Hofe, die Aufforderung an sich war nicht ungewöhnlich, höchstens die benannte Uhrzeit, die entweder einen besonderen Auftrag oder aber eine plötzliche Angelegenheit vermuten ließ.

Des Königs Lieblung mußte, sooft er zu seinem Taufpaten kam, Fröhlichkeit mitbringen. Es waren dies Zeiten, in denen selbst solch ein Freudenschimmer dem König höchst willkommen geworden war. Der Krieg hatte Sachsen verheert, Friedrich quälte erbarmungslos sein Erbland – die arme Königin war gestorben, nachdem sie vom Dresdener Schloß aus das alles hatte mit ansehen müssen. August fühlte sich in Polen wie ein Gast, wie im Exil.

Brühl ersparte ihm freilich Kummer, indem er keine anderen als erfreuliche Nachrichten zu ihm dringen ließ, notfalls erschuf er solche. Man bemühte sich um Zerstreuung. Wenn kein Jagdwild da war, holte man städtische Hunde vor die Mauern, damit der König auf sie schießen konnte. Trotzdem verlangte es ihn sehnsüchtig nach seinen alten Buchenwäldern bei Moritzburg und Hubertusburg, nach seinem Schloß, dem Theater, dem Ballett, nach der Fasanerie und den Gärten, nach all den Stätten, mit denen er gewohnheitsmäßig verwachsen war.

Es war zu vorabendlicher Stunde, soeben zündete man die Lichter an, als der junge Brühl, welcher als Kämmerer stets Zutritt zu den Gemächern hatte, sich durch den Pagen melden ließ und sogleich eingelassen wurde.

August saß seit dem Mittagessen halb schlummernd in einem Sessel am Kamin, in welchem ein mächtiges Feuer brannte. Einen Teil davon verdeckte ein Schirm aus Silberblech, der aus besseren Zeiten von August dem Starken stammte. Vor dem König stand ein Glas mit einem Getränk. Als er Brühl hörte, wandte er dem Eintretenden das Gesicht zu, wie üblich strahlte er. Als der junge Kämmerer sich anschickte, seinem Herrn die Hand zu küssen, täschelte er ihm freundschaftlich und vertraulich die Wangen.

67

»Und?« fragte er lakonisch. »Ist es kalt?«

»Eure Majestät haben mir zu kommen befohlen. Ich melde mich zur Stelle.«

»Jaja, das ist wahr! Ich habe dir etwas sagen wollen!« rief August und blickte ihm lange sinnend in die Augen.

»Ja«, fuhr er dann fort. »Ich will dir etwas sagen ... Ahnst du es schon?«

»Nein, Majestät, aber was mir Eure Königliche Hoheit befehlen, werde ich erfüllen und mich glücklich schätzen.«

»Du bist ein Guter, mein Alois! Ja«, begann August III. nachdenklich. »Ich liebe dich ...«

Brühl verneigte sich. Es folgte eine Pause. Wenn es darum ging, wichtige Angelegenheiten zu besprechen, war der König gelangweilt und wurde vergeßlich.

»Du bist wie alt?«

»Einundzwanzig Jahre, Majestät.«

»Ach, ja! Das zweiundzwanzigste! Ein schönes Alter!« Er seufzte. »Du bist jung, wie ist sie doch gut, diese Jugend! Aber alles hat sein Ende, die Jugend, die Freiheit, verstehst du? Würdest du nicht schon gern heiraten?«

Der König sah Alois in die Augen, Brühl lächelte stumm.

»Na?« fragte der König. »Sag es geradeheraus, rede!«

»Majestät«, erwiderte Alois scherzhaft. »Auch wenn es heißt: Jung gefreit hat nie gereut, so würde ich mich doch ungern beeilen ...«

»Auch ich habe so gedacht«, brummte der König und zog an seiner Pfeife, damit sie nicht erlosch. »Aber siehst du, manchmal muß man sich verheiraten, um ... Da geziemt es sich der Umstände halber. Menschen wie du unterliegen gewissen Notwendigkeiten.«

»Ich weiß, Majestät«, sagte Brühl leise. »Unsereins ist nicht Herr über sein Schicksal.«

»Jaja«, entgegnete der König. »Dein Vater ist ein kluger Mann, er wird es dir sagen. Du hast großes Glück, daß du der Sohn eines solchen Vaters bist, du mußt auf ihn hören!«

»Ich widersetze mich ihm nie.«

»Weil du ein guter Junge bist«, fuhr August III. fort. »Dein Vater gedenkt dich zu verheiraten …«

Brühl wunderte sich nicht, er sprach auch nicht dagegen, er stand nur schweigend da. Dem König war es unbequem, viel zu reden, aber er mußte es tun.

»Er gedenkt dich zu verheiraten«, wiederholte er. »Ich weiß, du würdest lieber noch warten, ich kenne dich, du liebst die Freiheit, ein fröhliches Leben, Reisen« – August III. machte eine drohende Geste – »und hübsche Lärvchen! Aber siehst du …«

Brühl entgegnete: »Wer mag sie nicht?«

»Dann liebe eben die gemalten«, sagte August ernst. »Die lebendigen wären besser zu meiden und die eine zu nehmen, die der Vater auswählt und bestimmt. Wir brauchen dich, damit du dich verheiratest«, setzte er gewichtig hinzu. »Dein Vater wird es dir erklären. Was willst du, die unselige Politik schmiedet uns alle in Ketten. Als ob ich mir nicht lieber für das Geld, das mir der preußische König entreißt, Gemälde für die Galerie kaufen würde! Siehst du, siehst du! Meinst du, mir, der ich König bin, geht es besser? In diesem Warschau zu sitzen! Was gibt es hier für eine Oper? Was für Jagden? Die Wälder sind weit weg! Nirgends Gemälde, ich quäle mich, aber was tun?«

Der König langte nach dem Glas, trank ein wenig, spuckte aus, zog an seiner Pfeife und fragte unverhofft: »Was meinst du, wird es Neuschnee geben mit frischen Wildspuren? Da könnte man auf die Jagd gehen!«

Der jähe Wechsel des Gegenstandes verwirrte Brühl, obwohl er Derartiges gewöhnt war.

»Neuschnee?« wiederholte er. »Das bezweifle ich …«

69

August erhob sich, und mit der Hand das Gesicht abschirmend, blickte er zum Fenster hinaus.

»Oje«, brummte er. »Die Scheiben gefrieren. Ich bezweifle, daß es schneien wird. Wie sollte es das in diesem Polen! Schneit es hier vielleicht, wie sich's gehört?«

Er seufzte, und den Kopf senkend, verfiel er in Nachdenken. Offensichtlich hatte er schon vergessen, daß das begonnene Gespräch nicht zu Ende geführt war. Erst nach einem Weilchen hob er die Augen zu Brühl auf und lächelte ihn gutmütig an.

»Ich hab's dir gesagt«, bemerkte er. »Bereite dich darauf vor, daß man dich verheiratet. Aber ach, was es dir schadet? Das ist nichts so Schreckliches ... Wirst dich dran gewöhnen, du bist jung.«

Der Gouverneur von Warschau war von klein auf mit dem König vertraut, darum erkühnte er sich zu fragen: »Majestät, dürfte ich wissen, mit wem man mich verheiraten wird? Es wäre gut, könnte ich mich beizeiten an den Gedanken gewöhnen.«

August, ohne den Blick zu heben, nickte einige Male.

»Wer kann wissen, wie das ausfallen wird, wie sich's fügt«, sagte er. »Dein Vater wird dich gewiß nicht mit irgendwem verehelichen, folglich wird die Person eine angesehene sein, wohlerzogen und aus guter Familie. Da sei nur ruhig.«

Er sah jetzt zu Brühl auf.

»Hm! Du hättest wohl gern eine Hübsche«, sagte er leise und ernst. »Nicht wahr? Aber weißt du, das ist das schlimmste. Eine Hübsche wird dir zuwider werden, und wenn du eine Häßliche nimmst, gewöhnst du dich dran, und sie wird schöner. Ich sage es dir, du gewöhnst dich. Was tun? Das ist Politik! Die unselige Politik drängt sich überall hinein. Man muß sich akkommodieren.«

Brühl stand da und lächelte gehorsam, und August sann über anderes nach.

»Nein«, sagte er gleichsam zu sich selbst. »Neuschnee wird es nicht geben.«

Der Gouverneur stand hochaufgerichtet da und schwieg.

»Wird es nicht geben.«

Einen Augenblick später hob der König die Augen.

»Du tust mir leid, mein Alois, aber was soll's? So ist unser Los. Wärst du nicht als Sohn des Ministers geboren, sähe es anders aus. Dein Vater hat mich gebeten, dich vorzubereiten und dich zu unbedingtem Gehorsam zu bewegen, aber du bist ja ein guter Junge und wirst dich akkommodieren – nicht wahr, das wirst du?«

»Ich habe nie anders gehandelt, Majestät«, antwortete Brühl. »Gewiß würde ich mich lieber selbst verheiraten als verheiratet zu werden, jedoch …«

»Siehst du!« rief der König. »Aber du bist der Sohn des Ministers, da geht das nicht.«

Der König sah sich um, er nickte Alois zu sich, und als dieser herantrat, flüsterte er ihm ernst zu: »Die Weiber sind alle gleich. Mein Wort drauf, du gewöhnst dich. Politik ist das! Verstehst du? Man muß sich akkommodieren.«

Nachdem so seine Mission erfüllt war, atmete August auf, als sei ihm eine Last von den Schultern gefallen.

»Neuschnee wird es nicht geben«, sagte er in verändertem Ton. »Wie langweilig das ist, auf diese Hunde zu schießen. Oh, wie langweilig. Man muß den Abend abwarten. Dann feuert man auf einen, und alle anderen stieben auseinander und jaulen gräßlich. Was ist das wert!«

August schritt im Gemach auf und ab. Brühl stand weiterhin da, und August legte ihm die Hand auf die Schulter.

»Hab keine Angst«, flüsterte er. »Dein Vater wird eine gute Wahl für dich treffen, verlaß dich auf ihn. Ich verlasse mich in allem auf ihn. Sei ganz ruhig und gehorsam, daß du dich nicht sträubst!«

»Es gibt kein gehorsameres Kind als mich, Majestät, ohne mich rühmen zu wollen«, versetzte der Gouverneur.

»Das weiß ich, mein Brühl, darum lieben wir dich alle, insbesondere ich. Sobald ich erfahre, wen man für dich auserwählt hat, sage ich es dir insgeheim.«

»Und jetzt weiß man es noch nicht, Majestät?«

»Nicht mit Gewißheit«, erwiderte der König und drehte seine weiche Hand in verschiedene Richtungen. »Man prüft, verhandelt, feilscht. Ich habe etwas von einer Potocka gehört, wissen tue ich nichts. Aber – psst! Ich weiß nichts!«

Der Gouverneur erbebte. Jene Erscheinung aus der Kindheit kam ihm in den Sinn, jene Marynia, deren Blick ihn noch immer verfolgte. Einen Augenblick lang hatte er das Schicksal im Verdacht, es könnte ihm eine Überraschung bereiten.

Die Erregung und die lebhafte Röte, die auf seinem Gesicht hervorbrach, entgingen nicht der Aufmerksamkeit des Königs, er mußte lächeln.

»Verrate mich nicht«, sagte er. »Kennst du eine Potocka?«

»Ich weiß nicht, von welcher die Rede ist, ich erinnere mich an eine, die ich vor Jahren gesehen habe, als Kind. Die Tochter des Mundschenks.«

Der König schüttelte heftig den Kopf.

»Ach nein, nein«, sagte er. »Die Mundschenkstochter ist eine arme Waise, was hättest du von ihr? Dein Vater wählt gewiß eine andere. Es gibt genügend reiche Potockis, mir und deinem Vater sind Verwandtschaften vonnöten, denn die Familia kommt uns hier in die Quere. Solche undankbaren Menschen! Dein Vater wird dir eine Gute, Bescheidene erwählen, im übrigen ...«

Der König winkte ab.

»Ich sage dir: du wirst dich gewöhnen. Was soll's! Das erste hohe Amt, das frei wird, erhältst du von mir als Hochzeitsgeschenk. Und sei brav. Der Herrgott segne dich.«

Brühl beugte sich zur Hand des Königs nieder, August küßte ihn aufs Haupt.

»Alles wird gut werden. Höre nur auf den Vater, das ist ein Kopf!«

August schlug sich gegen die Stirn.

Der Kämmerer erschien und meldete zwei Bischöfe. August legte die Pfeife hin, zog den Schlafrock aus, und so endete die Audienz.

Am selben Abend wartete der Vater auf Alois. Beider Verhältnis war zärtlich, aber die äußeren Zeichen der Ehrerbietung von der einen, die der Anhänglichkeit von der anderen Seite überdeckten eine tatsächliche Kühle. Man beobachtete einander. Als der Gouverneur eintrat, prüfte der Minister ihn mit dem Blick, indes er eilte, den Sohn zu umarmen.

»Warst du beim König?«

»Ich komme von ihm.«

Sie sahen einander in die Augen. Der Minister machte ein paar Schritte.

»Und, was meinst du?« fragte er.

»Lieber Vater«, sagte der Gouverneur im Ton jener traurigen Fröhlichkeit, den er gewöhnlich im Gespräch mit dem Vater anschlug. »Wie es scheint, habe ich hier keine Stimme.«

»Mein Teurer, doch nur deshalb«, rief der Minister, »weil wir Alten uns weit besser darin auskennen, was das Glück zu geben vermag; was nötig ist, ist nützlich! Im übrigen, mein Alois, die Könige und wir, das heißt ich und du, wir stehen hoch im Rang und sind zu höheren Geschicken bestimmt. Wir sind nicht so frei, selbst über uns zu verfügen. Alsdann …«

»Alsdann, mein Vater«, entgegnete der Gouverneur, »ich stehe der allmächtigen Dame zu Diensten.«

»Das habe ich von deinem Verstand erwartet. Setz dich.«

Der Gouverneur nahm Platz, und der Vater, als habe er es mit einem Fremden zu tun, begann mit Schmeicheleien und einem aufgesetzten Lächeln.

»Du brauchst nichts zu befürchten«, sprach er, die Stimme senkend. »Ich und deine Schwester haben eine mögliche Wahl für dich getroffen, die meiner Politik entgegenkommt, besser gesagt, für sie unerläßlich ist. Ich werde es der unschätzbaren Maria Amelia verdanken, die meine rechte Hand ist und die, wäre sie nicht eine bezaubernde Frau, Minister werden sollte. Ihr Verstand, ihre außerordentliche Menschenkenntnis …«

Brühl schaute dem Sohn in die Augen.

»Ahnst du es schon?«

»Ja«, sagte der Gouverneur. »Dukla liegt nicht weit weg von Krystynopol, und meine Schwester weilte häufiger bei der Woiwodin.«

»Und sie hat diese despotische Grillenfängerin berückt, erobert, bezaubert«, begeisterte sich der Alte. »Aller Wahrscheinlichkeit nach könnten die Brautwerber bei der ältesten Tochter Erfolg haben, wenn du Amelias Ratschlägen folgen wolltest und ein wenig Mühe daran setztest. Deine Schwester würde dort alles für dich vorbereiten und dich instruieren.«

Der Gouverneur seufzte.

»Ist sie sehr häßlich?« fragte er lächelnd den Vater.

»Keineswegs«, beeilte sich Brühl zu erwidern. »Eine Schönheit ist sie nicht, aber die Tochter eines Herrn Kiewer Woiwoden bedarf keiner Schönheit, dafür ist sie blutjung, ansehnlich, und vor allem – fromm und streng erzogen. Du brächtest ihr die Befreiung vom grausamen Despotismus ihrer Mama, und sie wäre dir unsäglich dankbar.«

»Also ist es schon beschlossen?« fragte der Gouverneur.

»Meinerseits ist es durchaus wünschenswert. Weißt du, was für uns eine Allianz mit den Potockis bedeutet? Weißt du, wer die

Potockis sind? Der Woiwode ist der reichste Herr in Kronpolen. Jedoch – *entendons-nous* – solch ein Glück ist nicht leicht zu erlangen.«

»Was steht ihm im Wege?«

»Frage deine Schwester«, antwortete der Minister. »Im Hause herrscht nur scheinbar der Woiwode, tatsächlich allein die Herrin, und mit ihr eine ganze Clique von Günstlingen und eine Million ihrer Chimären. Sie wird uns am Morgen umarmen und am Abend verstoßen. Jemand trägt ihr ein dummes Geschwätz zu, und schon ist das Ganze geplatzt. Die Zwergin flüstert ihr etwas zu, der Priester verzieht das Gesicht, ihm mißfällt der Schnitt des Fracks ...«

Der Gouverneur zuckte die Achseln.

»Das Bemühen«, bemerkte er spöttisch, »wird Studien verlangen.«

»Deine Schwester wird sie dir erleichtern, du aber, du, wenn du nur willst, weißt zu gefallen!«

Über Alois' Gesicht glitt ein trauriges Lächeln. Der Vater faßte seine Hand.

»Für mich«, sagte er, »bedeutet diese Heirat Tod oder Leben, begreifst du? Die Familia lauert und droht, ich muß gegen sie eine Mauer errichten, die sie nicht einreißen kann. Du bist meine ganze Hoffnung!«

»Ich befürchte allzusehr, sie könnte sich als zu schwach erweisen.«

»Es geht hier nicht nur um mich, um meine Politik«, fuhr der Minister fort, »sondern auch um deine Zukunft, um die Stärkung deiner Position, um Kräfte! Mit den Potockis Hand in Hand sind wir des Sieges gewiß.«

»Vielmehr sind sie mit uns des Sieges gewiß«, berichtigte Brühl. »Die Familia war auch einstmals unsere.«

Der alte Brühl runzelte die Brauen.

»Sie wollten uns als Werkzeug benutzen, das war ein wenig zu kühn. Übrigens habe ich sie auf die Probe gestellt, ihnen eine Allianz angeboten – sie haben abgelehnt und mich damit persönlich beleidigt. Ihre Pläne sind entdeckt, sie haben darauf gelauert, mich zu stürzen. Jeden Augenblick kann der Kampf losgehen, wir müssen vorbereitet sein. Was meinst du dazu?«

»Als Soldat stelle ich mich mit dir dem Kampf«, erklärte der Gouverneur. »Zum Parteigänger eigne ich mich vielleicht, für einen Anführer fehlen mir die Erfahrung und das Genie.«

»Du bist allzu bescheiden.«

»Ich kenne mich«, erwiderte der Gouverneur.

»Alsdann«, schloß der Minister, »mit einem Wort, ich zähle auf dich.«

Schritte ließen sich vernehmen, Brühl wurde blaß, das Gespräch war beendet.

ERSTER BAND

I

In Krystynopol am Bug, der Erbherrschaft eines der mächtigsten
polnischen Herren, Franciszek Salezy Potockis, Kiewer Woiwode,
Starost von Bełz, Hrubieszów, Ropczyce, Dobrzyca usw. usw.,
sah das geräumige alte Schloß, die Residenz des Hauptes des Hauses, nicht eben prächtig aus. Es waren dies aneinandergeklebte
weitläufige Gebäude, von mehreren großen Höfen umgeben und
von alten Bäumen beschattet, und sie imponierten mehr durch
ihre Großräumigkeit denn durch bauliche Schönheit. Pracht und
Pomp zeigten sich hier nur dann, wenn man sich damit zur Schau
stellen mußte; im Alltäglichen führte einen kein Überfluß in Ver-
suchung, als größter Luxus war wohl der zahlreiche Hof zu nennen, der den Woiwoden umgab. Seine Leibgarden, Truppen, Beamten, Höflinge, die große Zahl Bediensteter, wenngleich in
strenger Sparsamkeit und Zucht gehalten, verursachten dem Magnaten solche Kosten, als wäre er ein kleiner König.

Kleiner König, so nannte man auch Herrn Potocki in Ruthenien, denn seine Erbbesitztümer, Starosteien, Siedlungen nahmen riesige Gebiete von Polen ein. In der Tat, er herrschte über
einen stattlichen Teil des Landes. In damaligen Zeiten nötigte die
eigene Sicherheit und diejenige solch großer Besitzungen zu be-
ständiger Wachsamkeit. Die inneren Einrichtungen boten dafür
nicht ausreichend Gewähr. So mußte der Woiwode Regimenter
unterhalten, er hielt Dragoner, Ulanen, Kosaken, Infanterie in
seinem Sold, und der Dienst bei diesem eigenen Hofheer galt

nicht weniger als der bei der Krone. Beförderungen oblagen zwar der Hetmansgewalt, die aber mischte sich nicht viel in die Hof-truppen solcher Magnaten wie der Herren Potocki und Radzi-wiłł – die verfuhren hierin selbst nach eigenem Gutdünken.

Von den Truppen stand ein Teil dem Herrn zur Seite, ein an-derer Teil war auf die ukrainischen Güter verteilt. Neben dieser Miliz wurde auch der gesamte Hof des Woiwoden in äußerster Strenge gehalten, in weitaus härterer Disziplin als das Militär der Rzeczpospolita. Der Charakter des stolzen Herrn spiegelte sich in seiner Umgebung wider. Sein Rang, die Notwendigkeit der Verteidigung und des Herrschens über andere erforderten, eine Vielzahl von Bediensteten zu besolden. In Krystynopol waren es Tausende. Diese Bediensteten sahen nicht gerade blendend aus, sie wurden bescheiden ernährt, der Woiwode selbst, der zu gege-benen Anlässen mit Unsummen um sich warf, feilschte biswei-len um einen Tympf und rechnete penibel mit jedem Groschen. Zu großen Festen mochte er sich gewaltige Knöpfe aus Solitären anheften, im Alltag lief er in einem schäbigen grauen Rock und in Bocksfellschuhen herum, und die Bewirtschaftung seiner Gü-ter betrieb er so wachsam, daß kein Scheffel Hirse extra oder etwa ohne Quittung ausgegeben wurde.

Sicherlich stahl man ihm die Scheffel hundertweis, abgerech-net werden mußte aber alles bis auf den Metzen. Wer weiß, ob der Herr Woiwode mit diesem kleinlichen, ein wenig komischen Wirtschaften gut fuhr, denn oftmals fehlte ihm die Zeit für grö-ßere Dinge, doch er wollte alles selbst wissen und mochte sich nicht auf andere verlassen. Bei jeder wichtigeren Gelegenheit pflegten sich die Herren Statthalter (so nannte man damals die Verwalter) an Seine Hochwohlgeboren zu wenden, täglich gingen von ihnen viele Briefe ein, und auf jeden diktierte der Herr Woi-wode höchstselbst eine Antwort, oder er schrieb gar ein paar Zei-len.

Die besondere Mischung von asiatischem Pomp und von Geiz, vielmehr von kleinlicher Sparsamkeit, kennzeichneten die Hofhaltung und die Wirtschaft des Herrn Woiwoden. Er wußte ein großer Herr zu sein, aber die alten Adelstraditionen gewannen in ihm immer wieder die Oberhand. Besonders im Alltag entsprach sein Äußeres ganz und gar diesem Charakter, in welchem ein maßloser Dünkel, der sich in seinen Wunschträumen auf den Thron hinaufschwang, mit der Geschäftigkeit und Emsigkeit eines auf Erwerb und Vermögen begierigen armen Teufels von Edelmann mischten. Dem Herrn Woiwoden war es von der Tradition überliefert, daß ein Schlachtschitz, ein Pan, bemüht sein muß, die Habe nicht nur zu erhalten, sondern dieselbe unbedingt zu mehren. Luxus und Verschwendung verdienten seine Abscheu und Verachtung, wo es aber darum ging, das Ansehen des Hauses zu heben, seine Macht und Möglichkeiten vorzuzeigen, die Kräfte, über die es verfügte, scheute er sich nicht, Millionen hinauszuwerfen.

Streng zu sich selbst und zu allen anderen, führte er das häusliche Leben nach strikten, uralter Tradition entspringenden Regeln. Davon auch nur um Haaresbreite abzuweichen ziemte sich nicht. So wurde denn zuvörderst alles, was mit dem Glauben und der Religion zusammenhing, geachtet und geheiligt. Die Ausübungen wurden beobachtet, die Fasten eingehalten, Wallfahrten unternommen, nie wurde ein Gottesdienst ausgelassen, die Kinder wuchsen in geistlicher Obhut und Gottesfurcht heran, und der Hof mußte es der Herrschaft gleichtun, keinem hätte man die geringste Vernachlässigung verziehen. Das Herrschaftspaar selbst gab das Beispiel. Niemand hätte bei ihm am Freitag, zu Heiligabend oder zu den Quatemberfasten Fleisch oder auch nur Milchprodukte auf dem Tisch gesehen. Der Tag begann mit einem Gebet, mit der heiligen Messe, mit frommen Liedern, und er endete mit einem Gebet. Klirrender Frost befreite nicht vom

Kirchgang, und der Hof des Herrn wie die Hofdamen seiner Gattin entband allenfalls eine ernste, von Doktor Macpherlan bescheinigte Erkrankung von den *Klageliedern* und den *Vesperandachten*.

Darauf folgte ein blinder Gehorsam hinsichtlich der herrschaftlichen Befehle. Ein jeder führte sie aus, ohne deren Folgen zu erörtern noch die Schwierigkeiten, die ihm dabei begegnen konnten. Man erwiderte nichts auf eine Anordnung, mochte einem der Woiwode auch die wunderlichsten Dinge auftragen. Die Erfüllung des herrschaftlichen Willens belastete nicht das Gewissen der Untergebenen, und wer zögerte, dessen Verbleib am Hof währte nicht lange. Im grauen Überzieher, das Kopfhaar gestutzt und ausrasiert, weckte der Woiwode mit seinem welken, vergilbten, nur selten im Leben von einem Lächeln erhellten Gesicht keine Sympathie, aber er flößte Respekt ein und Furcht. Sein Äußeres, welches scheinbar nichts Herrschaftliches verriet (jeder Beamte kleidete sich im Alltag ansehnlicher als er), hob ihn allein durch diese Einfachheit und Nachlässigkeit von der Menge ab, wer indes in dieses gleichsam gewöhnliche und durch keine herausragenden Züge gekennzeichnete Gesicht blickte, spürte, daß diesem Mann ein starker Wille und eine unbeugsame Energie innewohnten. Der Woiwode redete nicht viel, schon gar nicht mit Untergebenen, selten ließ er sich auf ein längeres Gespräch ein. Er erteilte Befehle, stellte Fragen, Diskussionen erlaubte er nicht. Man hatte ihm kurz und bündig zu antworten, sonst runzelte er die Brauen, und wenn er mit dem Fuß aufstampfte, verlor derjenige, der ihn dahin brachte, seine Gnade für lange, wenn nicht für immer.

Man nannte ihn einen Despoten, vielleicht war er sich dessen auch selbst bewußt, aber er fand, daß er in seiner Position nicht anders sein konnte und durfte. Auf den herrschaftlichen Schultern lag die Verantwortung für all das Tausende zählende Gottesvolk, über das er waltete. Die herrschaftliche Gewalt reichte viel weiter, als man ahnen mochte. Beispielsweise, wer immer auf dem Besitztum des Woiwoden Statthalter war, oftmals ein vermögender und unabhängiger Schlachtschitz – sobald er in den Dienst eintrat, verfügte er in nichts mehr über sich ohne das Wissen des Dienstherrn. Wenn er, angenommen, heiraten wollte, mußte er zuerst in Krystynopol vorstellig werden und den Segen dazu erbitten, der Woiwode billigte vormundschaftlich den Ehevertrag und zahlte dafür mit einer generösen Gabe. Die Kinder wurden über die Taufe gehalten, die Töchter der Hofdamen von der Woiwodin verheiratet und ein wenig ausgestattet. Waisen zog man auf, doch über sie wurde allgewaltig verfügt. Aussteuern und Gaben waren nicht bedeutend, die Mitgiften bescheiden, aber es sammelten sich ihrer jährlich so viele an, daß nur ein Potocki dafür einstehen konnte. Alles, was in seinen Landen wohnte, mußte ihm gewissermaßen untertänig sein.

Frau Woiwodin Anna, auch eine geborene Potocka, Tochter des Posener Woiwoden, die ein umfangreiches Erbe seitens ihrer Mutter, der Letzten aus dem Hause Łaszcz, eingebracht hatte, war durch das Zusammenleben mit ihrem Gatten demselben so sehr ähnlich geworden, daß die Welt womöglich noch nie ein einträchtigeres Ehepaar gesehen hatte. Nicht minder streng, vielleicht darin den Gatten noch übertreffend, argwöhnisch, launenhaft, hielt die Woiwodin ihre Hofdamen in solcher Härte, daß selten ein Tag ohne Rutenschläge verging, und geringere Strafen trafen die Mädchen jeden Augenblick. Das Knien auf Erbsen war täglich Brot. Der zahlreiche weibliche Hof der Woiwodin Anna, hier gleich neben dem noch größeren männlichen des Herrn Woiwoden, verlangte in der Tat höchst streng gehalten zu werden, damit sich die hitzige Jugend nicht allzu inniglich miteinander befreundete. So war es sogar entschieden verboten, unter den Fenstern entlangzugehen, und Frau Hofmeisterin Wałowska

überwachte Augen und Blicke. Es fehlte auch nicht an weiteren
Spionen. Dreißig Höflinge standen stets zu Diensten bereit. Der
Hofmarschall, *de nomine* für Festlichkeiten zuständig, war der
mittellose Fürst Włodzimierz Światopełk Czetwertyński, dem
der Woiwode dafür die Starostei Ułajków verschafft hatte, und er
hielt und bezahlte ihn, damit er, der selbst kein Adelsprädikat
führte, sich vor den Gästen rühmen konnte, daß ihm Fürsten
dienten. Außerdem hatte es an Starosten am Hof keinen Mangel.
Czetwertyńskis Stellvertreter war ein aus nicht minder guter Familie stammender Starost von Zawidy, und Jägermeister Sadowski nannte sich von Ropczyce. Von diesen Jägermeistern, Jäger-
gehilfen, adligen Grundbesitzern, ernsthaften Menschen gab es
hier so viele wie am Königshof. Aus Liebe zur »hohen Gönner-
schaft« des Herrn Woiwoden erfüllten sie bei zumeist kleinen
Pensionen leichte Pflichten.

Besonders bei Anwesenheit Fremder war an Festtagen die
Hofetikette nahezu monarchisch. Kaum daß der Woiwode erschien, wurde an der Hauptwache die Trommel geschlagen, traten die Truppen an, präsentierten das Gewehr und erwiesen dem
Befehlshaber die Ehrenbezeigung. Viel mehr gab es auch an dem
prunkvollen Eingangstor, welches stattlicher war als das Schloß,
nicht zu tun, Tag und Nacht zeugte hier die Wache von der Macht
des Herrn.

Zu gewöhnlichen Zeiten war das Leben in Krystynopol ziemlich eintönig, einen Zeitvertreib bildeten Klatsch und Tratsch, auf
welche die Woiwodin maßlos begierig war. Der Tagesablauf und
die für die Arbeit bestimmten Stunden waren genau festgelegt.
Die Wachen zogen auf, lösten einander ab, es wurde zum Zapfenstreich geblasen, die Schildwachen gingen verschlafen auf und
ab, und der Soldat hatte nicht viel mehr zu tun, als den Kutschen
die Einfahrt in den Schloßhof zu verweigern, es sei denn, es saßen
Damen darin. Die Herren stiegen vor dem Tor aus und begaben

82

sich, gleich zu welcher Tages- oder Jahreszeit, ehrerbietig zu Fuß zum Schloß. Die Equipagen der Damen mußten, sobald diese abgesetzt waren, unverzüglich vor das Tor zurückkehren, der Schloßhof wurde in Ehren gehalten.

Nur einmal schändete ihn der Herr Starost von Kaniów. Er hatte einen Krystynopoler Juden derart verprügelt, daß er starb, und auf die Klage des Woiwoden antwortete er damit, daß er ihm eine ganze Fuhre Israeliten aus seinem Bestand schickte und diese vor der Freitreppe des Schlosses abzuladen befahl.

Weder der Herr des Hauses noch die Herrin kannten Muße. Die Woiwodin mußte ihre Hofdamen erhalten, vier Töchter erziehen, zahlreiche Günstlinge und Zuträger sowie Klatschgeschichtchen anhören; der Woiwode hatte einen riesigen Besitz zu verwalten, er hatte Politik zu seinem Vergnügen und die ferne Aufsicht über die Erziehung des einzigen Sohnes.

Wer die Schloßgeheimnisse von nahem betrachtete, konnte leicht bemerken, daß hier wie in den meisten polnischen Ehen nicht derjenige der unumschränkte Herr war, welcher als solcher erschien. Die Woiwodin beherrschte den Gatten und alles übrige, ohne ihren Rat geschah nichts, ihrem Willen konnte sich der Woiwode nicht widersetzen, und er dachte auch nicht daran. Er liebte seine Frau und war ihr gegenüber schwach. Und Frau Anna zeigte diese Macht niemals allzu offen, natürlich war sie bereit, sich dem Gatten achtungsvoll zu fügen, doch der Herr Woiwode suchte ihre Gedanken zu erraten, er schmeichelte und gehorchte, um Grillen, Krämpfe und Hysterien zu vermeiden, die das ganze Haus erschütterten.

Die beiden waren am Ende ein einziges Wesen geworden, beider Geist und Gemüt waren aufeinander eingestimmt, die Gefühle ausgeglichen, beide Naturen so eng verbunden, daß Meinungsunterschiede nicht möglich waren. Es schien, als wären sie zwei Spieluhren mit nur einem Spielwerk, andere Melodien brachten sie nicht zu Gehör. Auf dieses Phänomen langjährigen ehelichen Zusammenlebens trifft man oft, und früher war es vielleicht noch alltäglicher, da die Menschen, von anderen Einflüssen abgeschieden, mehr miteinander lebten. Infolge solcher Einheit der Gefühle und Gedanken wurde sogar ihr Gesichtsausdruck geschwisterlich ähnlich. Das Woiwodenpaar glich einander in den Bewegungen, in der Redeweise, im Geschmack und in der Art des Humors.

Bei der Erziehung der Kinder hatte die Mutter natürlich die erste Stimme. Sie suchte die Leute aus, und sie entließ sie, ihr Urteil fällte sie je nach den Berichten der Günstlinge. Die Strenge, in welcher der Hof gehalten wurde, war im Hinblick auf die Kinder noch größer, den Nachwuchs hatte man unablässig im Auge. Die Woiwodin war davon überzeugt, daß Zucht bildet, daß sie notwendig ist und kein anderes erzieherisches Mittel darübergeht. Alle Kinder zitterten beim Anblick der Mutter, obgleich diese sie liebte, aber ihnen die Liebe zu zeigen bedeutete Schwäche – davor hütete sich die Woiwodin, und der Gatte mußte ihrem Beispiel folgen.

So wurden die Kinder denn nicht verhätschelt, weder der einzige Sohn und Erbe noch die Töchter, als wollte man sie auf das härteste Leben vorbereiten. Es waren eingeschüchterte, zitternde, ängstliche, matte Wesen, die es kaum wagten, die Augen zu heben, und nur die Bediensteten verwöhnten sie heimlich hier und da ein wenig. Offenbar dachte der Woiwode niemals daran, daß sein Sohn, der von klein auf keinerlei Willen besaß, eines Tages einen beinahe unumschränkten Willen erhalten sollte und diesen womöglich nicht gebrauchen oder ihn mißbrauchen könnte.

Bei all diesen Sorgen um die Familie, um die Bedeutung im Lande, darum, für sich eine der eigenen Macht entsprechende Position zu erringen, um den Erhalt und das Wachstum der Güter hatte die Frau Woiwodin keine andere Zerstreuung als das Geschwätz ihrer Günstlinge, als Klatschereien, mit denen man sie fütterte, sowie irgendwelche kleinen, ins Riesenhafte gesteigerten häuslichen Angelegenheiten.

Man hetzte sie auf, besänftigte sie, die Dummheit der einen, die Bosheit der anderen, Müßiggang und die Lust, sich durch Diensteifer zu empfehlen, ließen sie keine Ruhe finden und machten sie süchtig nach solch ungesunder Nahrung. Die Woiwodin war durch die Nachgiebigkeit des Gatten verwöhnt, war launisch, wunderlich, leichtgläubig, und das Leben mit ihr bedeutete für ihre Umgebung eine echte Qual. Sie wußte, daß man sie eine Grillenfängerin nannte, und ärgerte sich deswegen über die Leute. Der geringste Widerspruch rief ihren Zorn hervor, führte zu Ohnmachten, Weinkrämpfen, Klagen, Krankheiten, darauf folgten flehentliche Bitten, Schmeicheleien, Entschuldigungen, Versöhnungen, und Friede kehrte wieder ein für wenige Stunden, bis neuer Klatsch ihn störte.

Einige Personen vor allem hatten einen beträchtlichen Einfluß auf die Woiwodin, den größten aber der Kaplan und Hofmeister des Gewissens, Priester Russjan. Er war ein bescheidener, stiller, recht energischer Klosterbruder, kannte genauestens alle Fehler seiner Herrin, wußte auf dieselbe einzuwirken und ihre Fehler auszugleichen. Ihm war vieles erlaubt, was kein anderer hätte tun dürfen. Der arme Priester langweilte sich, ständig war er in Unruhe, um zu bereinigen, was andere verdorben hatten; unablässig wegen einer Mittlerschaft und Protektion bedrängt, floh er, sooft er nur konnte, von Krystynopol ins Kloster, um zu verschnaufen. Priester Russjans Einfluß war so groß, daß häufig auch der Woiwode in wichtigen Fällen seinen Beistand suchte. Das machte ihn nicht hochmütig, sondern demütigte ihn beinahe. Er tat viel Gutes und quälte sich schrecklich in seiner Situation, jedoch bezeugte man dem Kloster, daß alle ihn brauchten, und entließ ihn nicht aus seiner Stellung.

Wer immer etwas in Krystynopol zu erledigen hatte, mußte ihn um Rat und Fürsprache bitten. Der rechtschaffene Bernhardiner mißbrauchte niemals seine Macht, aber seinem Gesicht, seinen Bewegungen, seinem Benehmen sah man die Bürde an, die er trug, und die Erschöpfung, die er empfand.

Nach Priester Russjan kam Fräulein Terlecka, eine große Günstlingsdame und Vertraute – geschickt und durchtrieben, wußte sie sich einzuschmeicheln, sie fiel der Herrin zu Füßen, spielte ihr grenzenlose Liebe vor, heimlich aber schacherte sie mit ihrer Macht und setzte sie zu ihrem Vorteil ein. Die Woiwodin war fast suchtmäßig an sie gewöhnt. Nicht mehr sonderlich jung, aber noch frisch und recht wohlgestaltet, hatte die arme Ziehtochter der Herrin viele Bewerber, die wohl wähnten, daß sie von ihrer gnädigen Wohltäterin eine reichliche Ausstattung mitbekommen würde. Sie aber wies alle ab, da sie nicht ihrer errungenen Stellung verlustig gehen wollte. Vor der Herrin nahm sich das wie ein Liebesopfer aus. Die Woiwodin rühmte sich damit, daß die gute Terlecka ihr sehr zugetan sei und um dieser Liebe willen sogar sämtliche Kavaliere, auch solche, die man ansehnlich und gut situiert nennen konnte, ausschlug. Die gute Terlecka wußte sehr wohl, warum sie das tat. Nach und nach sammelten sich Geschenke an, Sümmchen, Ersparnisse, und letztlich waren ihr eine Leibrente und eine kleine Aussteuer sicher.

Fräulein Terlecka war am Hof von allen gefürchtet. Sie wirkte als Zuträgerin, die niemanden schonte, und bildete die Hauptquelle für den Klatsch aus aller Welt. Gewöhnlich fand sie sich nach dem Abendessen, wenn alle auseinandergingen, mit einigen vertrauten Personen bei der Woiwodin ein, wo über den vergangenen Tag berichtet wurde, wer was gesagt, getan habe usw. Bei diesem geheimen Rat im Ankleidezimmer der Herrin wurde manches Mal über die Geschicke von Menschen und ganzer Familien entschieden.

Die Terlecka hatte dabei das Sagen und die größte Glaubwürdigkeit, die Woiwodin blickte auf sie, und das Fräulein wußte stets vorherzusehen, was der Herrin am liebsten sein würde. Wie den Priester Russjan kannten auch die Terlecka alle, die gezwungen waren, Krystynopol aufzusuchen – den Priester gewann man mit einem guten Wort, die Favoritin mit kleinen Geschenken, die sie sehr liebte. Sie gab Ratschläge, sagte Unterstützung zu, aber man mußte es verstehen, ihr zu Herzen zu sprechen.

Neben dem Fräulein, jedoch in einer gänzlich anderen Rolle, stand die Mutter, Frau Katarzyna Terlecka geborene Giedrojć, eine sonderbare, originelle Gestalt, ein Zwischending zwischen einer Frömmlerin und einer Närrin, ein kleines, krummes Persönchen, geschwätzig, töricht, stolz auf ihre Herkunft von den Giedrojć, aufdringlich, streitsüchtig, unerträglich, aber in der Gunst der Herrschaft stehend, die an ihr die seltsame Frömmigkeit und das herrschaftliche Blut achteten. Die Alte wußte das zu nutzen.

Das Amt der alten Terlecki waren wirksame Gebete. Sie verstand es am besten, für alle und zu jeweils verschiedenem Zweck zu beten, zu fasten, die Novenen abzuhalten, nur sie vermochte die Andacht dem Bedarf entsprechend zu verrichten. Sie wußte, wann man sich an den hl. Antonius wandte und wann an den hl. Nikolaus, für welchen Fall der und der Schutzheilige in Frage kam und durch welche Art des Opfers er zu gewinnen war. Man begab sich zu ihr, um sicherzugehen. Ihr allein waren die Geheimnisse der Novenen, der Fasten, des Liegens auf dem Gesicht mit ausgestreckten Armen sowie seltsamer Praktiken bekannt. Bisweilen ließ sie sich bis zu einer Art Weissagung und Ekstase hinreißen. Dann plapperte sie völlig sinnlos, aber mit einem Eifer, daß man nicht umhin konnte, sie zu bewundern. Die Herrschaften Potocki, beide überaus fromm, schätzten die alte Terlecka. Allein ihr Erscheinen im Saal des Schlosses mußte einen Fremden merkwürdig beeindrucken. Die Alte zeigte sich, herausgeputzt, erhobenenen Hauptes, steif und ohne für einen Augenblick den Ernst zu verlieren – und je mehr Fremde zugegen waren, um so lächerlicher machte sie sich. Eine riesige weiße Nonnenhaube mit Bändern, ein vollgestopfter Sack auf den Armen, der unzertrennliche Rosenkranz am Gürtel, der große Kopf auf dem kleinen, gekrümmten Figürchen – all das ließen sie restlos komisch wirken, jedoch niemand hier wagte es, sich ihr anders zu nähern als mit der größten Hochachtung. In der Kirche beim Gottesdienst hatte die alte Terlecka in der Sakristei formal das Sagen, sie verteilte die Kerzen, befehligte die Priester, stimmte die Lieder an, und ihre Frömmigkeit äußerte sich in einer so heftigen Gebärdenkunst, daß man kaum begriff, wie sie in ihrem fortgeschrittenen Alter dazu imstande war.

Bisweilen hielt sie die Arme stundenlang in die Höhe gereckt, sie schlug sich schmerzhaft gegen die Brust, und wenn sie die Erde küßte, stieß sie so mit der Stirn auf, daß man um ihren Schädel fürchten mußte. Dafür aß sie anschließend mit bestem Appetit und trank mit Lust. Die Terlecka saß oft, doch nicht immer in Krystynopol; von der Gunst der Woiwodin nutznießend, besuchte sie andere Höfe, wo man sie deshalb wohl aufnahm und beschenkte. Die Alte war ungeheuer gierig und machte aus dem Hervorlocken von Gaben keine Zeremonie, sie spielte geradenwegs darauf an. Und da sie unbemittelt war, gab man ihr gern Kleider, Geld, Naschwerk usw. Die Tochter störte ein wenig diese Bettelei, aber die Mutter war nicht dazu zu bewegen, sich geruhsam den Andachtsübungen in der Kirche zu widmen und vom Deputat zu leben. Die an Bewegung gewöhnte Terlecka hielt es nicht lange an einem Ort. Mit Geschrei fiel sie jedesmal in die Häuser ein.

»Gelobt sei Jesus Christus und die Mutter Gottes unsere Königin! Die heiligen Engel mögen ihre Fittiche über dieses Haus hier breiten! Nach der Absicht der Herrschaft, meiner einzigartigen gnädigen Wohltäter, habe ich eine Novene abgehalten, und daß sie wirksam ist, spüre ich in meinem besänftigten Herzen. Bei der heiligen Messe hatte ich eine Vision ... Alles wird gut, so mir der Herrgott beisteht, denn die gnädige Herrschaft vergessen nicht die Armen und Lechzenden. Der Heilige Geist hat es mir ins Herz gegeben ... Es naht die Zeit der Freude ...«

In der weiteren Unterredung wußte sie sich ein Stück Atlasseide zu erbitten und ein »Achtelchen Wein fürs Mägelein«. Ihre Frömmigkeit hinderte sie nicht, Klatschgeschichtchen aus der Umgebung nach Krystynopol zu tragen. Die Woiwodin hatte eine Schwäche für sie, und die Alte küßte der gnädigen Wohltäterin die Füße und stopfte ihr mit Ungereimtheiten und Schmeicheleien die Ohren voll. Die Tochter mußte dann schweigen, denn die Mutter ließ sich von ihr nichts sagen.

Den geringeren Pöbel außer acht lassend, welcher die Frau Woiwodin umgab und sich ihrer kleineren oder größeren Gunst erfreute, muß man hier schließlich noch ihre beiden geliebten Zwerge beschreiben: Bebuś und Beba. Ohne diese beiden Wesen konnte die Woiwodin, wie ohne die gute Terlecka, nicht sein. Verwöhnt, verzärtelt, kindisch, spielten sie eine Rolle, wie sie anderswo lieben Schoßhündchen zukommt, mit dem Unterschied, daß ihr bissiger und unruhiger Charakter fortwährend Krieg und Hader auslöste. Bebuś und Beba zankten sich untereinander, sie spionierten dem weiblichen Hof und den Bediensteten nach, meldeten, was sie durchs Fenster mit angesehen und vor den Türen erlauscht hatten, machten sich bei der Herrin verdient und ließen es sich vergelten, zum Neid des ganzen Hofes. Die Woiwodin jedoch behandelte die Zwerge trotz ihrer Schwäche für sie manchmal auch so streng wie die anderen. Wenn Bebuś die Rute zu spüren bekommen hatte, fiel er der Herrin zu Füßen, bat um Verzeihung, erhielt einen feinen Zwieback und ging, um sich an seiner treuen Gefährtin zu rächen, die er erbarmungslos mißhandelte. Bebuś und Beba waren am Hof nicht gut gelitten, aber manchmal mußte man mit ihnen schöntun und sie für sich gewinnen, damit sie nicht unnützes Zeug schwatzten und niemanden auf ungute Gedanken brachten. Bebuś war ein Schwätzer und greulicher Lügner. Sooft das sündige Lästermaul mit ihm durchging, ließ die Woiwodin ihm zur Strafe eine rote Stoffzunge um den Hals hängen, mit der er mitunter mehrere Stunden umherlief.

Im großen Saal des Schlosses in Krystynopol hatten Bebuś und Beba ihr gesondertes Appartement. Ein ausgewachsener Mann konnte von oben hineinsehen, da es darüber kein Dach gab. Es war aus Wandschirmen hergerichtet, die mit Papier bezogen waren, darauf klebten Scherenschnitte, bizarre Figuren von Tieren und Vögeln. Sie stellten das Spielzeug dieser alten Kinder dar. Drinnen befanden sich ein kleiner Salon mit Speisezimmermöbeln in Liliputgröße und gleichsam der ganze Haushalt.

Das unglückliche Paar mit den weibischen, schwammig-schlaffen Gesichtchen lebte miteinander wie Hund und Katze, jedoch verkehrt herum – Bebuś war der Tyrann und Herrscher, die arme Beba das Opfer. Beba hatte schreckliche Angst vor ihrem Mann, und da dieser sie um einen Zoll überragte, trieb er mit der schwachen Gefährtin sein Spiel. Wobei, und man wies es ihm nach und bestrafte ihn dafür – der garstige alte Bebuś war ein Schürzenjäger, die Ehrenfräulein hatten es ihm angetan, und für seine Leidenschaften erkor er stets solche von stattlicherem Wuchs.

Wenn hinter den Wandschirmen Krieg und Krawall losbrachen, holte die Woiwodin eine kleine Geißel aus der Tischschublade und machte sich eigenhändig daran, Gerechtigkeit herzustellen. Leider hegte sie für Bebuś eine gewisse Schwäche, die dieser zu nutzen wußte, und so mußte fast immer die unglückliche Beba, obwohl sie die Hände faltete und ihre Unschuld beteuerte, für die Sünden ihres Mannes büßen. Bebuś pflegte man polnisch zu kleiden, und obgleich es mit seiner adligen Abkunft problematisch war, führte er einen kleinen Säbel mit sich. Beba trug eine Haube auf dem frisierten Haar und weite Röcke, und man muß zugeben, daß mit der Kleidung für die beiden nicht gegeizt wurde. Das kleine Frauchen putzte sich gern, und Bebuś war eitel, ein komischer Stutzer, der in der Hosentasche einen Spiegel bei sich trug. Es quälte ihn unendlich, daß ihm kein Bart wachsen wollte, und obwohl er sich insgeheim vom Bader rasieren ließ, half dies nichts.

Der Woiwode, schwach in allem, was seine Gattin betraf, duldete das unerträgliche Paar, zu dessen Gesellschaft noch ein dickleibiger, hustender Mops sowie ein heiserer Papagei gehörten. Beba kümmerte sich um den Vogel, Bebuś um den kranken Freund, den er immer wieder zum Luftschnappen auf die Freitreppe hinaustrug. Der Herr Woiwode tolerierte zwar die Wandschirme, hielt indes Abstand zu ihnen und verzog das Gesicht, wenn der Kakadu allzu laut kreischte und der Mops vor Aufregung losheulte. Doch das geschah selten.

Bebuś und Beba waren nicht müßig: sie verrichteten mit dem gesamten Hof die Andacht, Beba strickte Strümpfe, und ihr Gemahl wurde auf Botengänge geschickt, er hatte Befehle zu überbringen, und *proprio motu* drängte es die beiden hinaus in die Welt, um sich mit besonderer Vorliebe der Bespitzelung der Größergewachsenen hinzugeben, in welchen sie die Feinde ihrer Gattung sahen. Die Woiwodin konnte nicht immer darauf achten, was hinter den Wandschirmen vor sich ging. Wenn einmal längere Zeit Stille herrschte, argwöhnte sie eine Desertion. Dann machte sie sich entweder selbst zur Verfolgung auf, oder sie schickte einen der Höflinge los. Die Ausreißer mußten nach der Rückkehr auf Knien verharren oder bei Tisch auf ihre Lieblingsspeise verzichten.

Die hauptsächlichen Personen zu nennen, die zum Hof des Herrn Woiwoden gehörten, fällt schwer. Günstlinge besaß er nicht, offensichtliche Schmeichler mochte er nicht, indes zog er solche Leute vor, die wie der Stallmeister Wilczek mit größter Ergebenheit seine Befehle ausführten. In der Umgebung des Woiwoden zählten die Leute Hunderte, auch hier waren die Ergebensten und die Schmeichler obenauf, Unterwürfigkeit und Anbetung wurden von allen Eigenschaften am höchsten geschätzt. Wer sich durch unmäßige Unterwürfigkeit zu empfehlen wußte, wer sich bodentief verneigte, die Knie umschlang, den Blick nicht zu heben wagte, geblendet vom Glanz der herrschaftlichen Majestät, der kam zurecht. Den geringsten unangemessenen Ton bei den Hofmännern ahndete die Woiwodin augenblicklich und teilte mit flinker Hand Ohrfeigen aus. Es tat der Ehre eines Schlachtschitzen keinen Abbruch, von der gnädigen Frau eins aufs Maul zu bekommen, auch wenn es nicht sehr angenehm war. Die Strenge herrschte im übrigen mehr zum Schein als in Wirklichkeit. Die unausstehlichen Zwerge ausgenommen, war der gesamte Hof gern bereit, sich gegenseitig die Knechtschaft zu erleichtern. Dem Augenschein nach lief alles straff, eifrig und folgsam, insgeheim aber erlaubte man sich, über die Stränge zu schlagen.

Von dem Herrn Starost von Zawidy, einem schönen Mann und großen Frauenhelden, sagte man, daß er es sogar weit nach dem Zapfenstreich noch wagte, den Hofdamen Besuche abzustatten. Es war dies eine so gefährliche Dreistigkeit, zu welcher sich wohl nur wahre Liebe aufschwang. Eine Weile ging es gut, aber die Zwerge witterten doch etwas. Bebuś war wegen sämtlicher Hofdamen eifersüchtig. Die Woiwodin, die ebenfalls Verdacht schöpfte, ging einmal zu später Stunde auf den Flur hinaus und beobachtete, wie der Starost aus einem Fräuleinzimmer schlich. Er fand sich auf frischer Tat ertappt, und da es dunkel war, sah er

keinen anderen Ausweg als eine aus dem Fegefeuer ins irdische
Jammertal geratene Seele vorzutäuschen, die rettungslos verloren
ist. Er wehklagte laut, stöhnte, ächzte, schnaufte, und die Woiwodin, von dem Gespenst erschreckt, ergriff die Flucht. Am
nächsten Tag ward für die Seele des Starosten eine feierliche Andacht gehalten. Ein andermal würde er gewiß vorsichtiger sein.

Ausschweifungen wie diese gab es sicherlich mehr, doch deckte
und schützte einer den anderen, so gut es ging, und das Leben
zog sich hin. Den Mädchen, die aus dem Hof der Woiwodin in
die Welt hinaustraten, war die Fuchtel, unter der sie gehalten wurden, im Grunde ein Gewinn, denn was ihnen später das Leben
brachte, mußte ihnen nach dieser strengen Klausur nur angenehm
erscheinen. Keine Klosterregel war so rigoros wie die hiesige
Zucht. Auch der Woiwode unterlag ihr, denn seine Gattin ver-
zieh ihm nicht das geringste Ausbrechen aus dem geltenden Ta-
gesplan. Nach dem Absenden der Briefe mit der Soldatenpost,
nach dem Abendessen und dem Gebet, wenn an der Hauptwache der Zapfenstreich geblasen war und die gnädige Frau die Konferenz mit ihren Günstlingen beendet hatte, begab sich der Woiwode aus seiner Kanzlei, nachdem er alles weggeschlossen hatte,
mit einer Wachskerze in einem kleinen Leuchter durch die Zimmer hindurch zum Schlafgemach der Woiwodin. Hier fand gewöhnlich noch eine vertrauliche Beratung statt, beeinflußt von
den aus der Konferenz gewonnenen Eindrücken, eine Beichte
vom ganzen Tag, und in bedenklichen Angelegenheiten erteilte
die Woiwodin ihrem Gatten Instruktionen.

Nur durch ein Zimmer, in dem gewöhnlich Fräulein Młada-
nowiczówna oder ein anderes der jüngeren Ehrenfräulein schlief,
war jener zu den Hofdamen und zum Gemach der Töchter
führende Korridor abgetrennt. Wenn dort zu dieser Zeit allge-
meiner Stille das leiseste Geräusch vernehmlich wurde, stand die
Woiwodin höchstselbst mit oder ohne Wachsstock auf und, den

93

Pudermantel übergeworfen, ging sie, um eine sorgfältige Inspektion vorzunehmen.

Bisweilen weckte das Fräulein im Vorzimmer ein lebhafter Streit
zwischen den Eheleuten, denn obwohl sich der Herr Woiwode in
allem akkommodiert hatte, kam es doch vor, daß ihm eine Laus
über die Leber lief. Dann, damit kein Präzedensfall entstand, beeilte sich die Gnädige, den Mutwillen zu bändigen, und nie geschah
es, daß das Gemach vor der Nachtruhe nicht abgesperrt wurde,
nach dem über den Woiwoden davongetragenen Sieg.

Die Erziehung des einzigen Sohnes des Woiwoden, auf welchem die Hoffnungen des Geschlechts ruhten, war dem ehrwürdigen Piaristen Priester Wolff anvertraut. Ihm waren *maîtres* beigegeben, für die Sprache hatte der junge Herr einen Franzosen als
Kammerdiener, doch die Fürsorge und Hauptaufsicht oblag dem
gelehrten und frommen Pfaffen, einem Mann mit besten Absichten, der nur den Fehler hatte, daß er es gern allen recht
machte, seinen Schüler inbegriffen. Eigenständiger wäre er gewiß ein energischerer und besserer Mentor gewesen, aber die
Mutter mischte sich in alles hinein, ein wenig tat es auch der Vater, der Schüler zeigte bisweilen Abscheu und Widerwillen und
den Drang zu diesem und jenem, und Priester Wolff, der es mit
niemandem verderben wollte, litt beständig Folterqualen. Der ruhige, äußerst gütige Mann war bemüht, dem Knaben die Strenge
der Eltern auszugleichen. Zum Trost pflegte ihn der Priester
Russjan zum Kartenspiel zu besuchen, während Feliks mit dem
französischen Kammerdiener im Vorzimmer Possen trieb.

Für die Töchter hatte die Woiwodin zunächst eine französische Bonne nehmen müssen, denn damals bereits war das Französische die Voraussetzung für eine höhere Erziehung. Auf die
Bonne folgte eine Madame. Dieselbe hatten ihr die Potockis verschafft, bei denen sie schon mit Erziehung befaßt gewesen war.
Madame Dumont genoß trotz ihres Gehorsams und ihrer Füg-

samkeit nicht soviel Freiheit wie der Priester Wolff, den das geistliche Gewand zum Teil vor übermäßigem Despotismus schützte. Die Woiwodin nahm in alles Einblick, und was die Formung des Charakters, des Benehmens, das Einimpfen gewisser Grundsätze anging, lenkte sie dabei selbst die Töchter.

Madame Dumont, als ihr das Glück widerfuhr, nach Krystynopol gebracht zu werden und vier heranwachsende Fräulein zur Aufsicht und Lehre übergeben zu bekommen, begriff noch am ersten Abend ihre Situation und war sogleich darum bemüht, die Gemütsart der Mädchen zu ergründen, um zu wissen, wie sie mit ihnen umgehen mußte. Alle waren sie, streng gehalten, verschüchtert und traurig, und sobald sie auf den Lippen der gutmütigen, aber recht leichtfertigen Französin ein freundliches Lächeln erblickten und ein wenig Herzlichkeit an ihr spürten, stürzten sie sich begierig auf sie. Die Dumont geriet so in die unaufrichtige Lage, daß sie, wenn sie den Fräulein ihr Los erleichtern wollte, sie lügen lehren mußte.

Das System war, daß beim leisesten Gräusch auf dem Flur sowie in den Stunden, in welchen die Woiwodin zu kommen pflegte, alles an Ort und Stelle lag und der Unterricht vorschriftsmäßig stattfand. Ganz anders aber verlief alles, wenn die Fräulein mit Madame Dumont allein waren. Dann flatterten sie umher, taten, was ihnen gefiel, und atmeten frei auf. Die Madame hieß bei ihnen die eroberte Provinz. Die Französin las gern, hauptsächlich interessierten sie Romane, und bekanntlich gab es so verschiedene davon am Ende des achtzehnten Jahrhunderts. Diese Bücher waren aufs schärfste verdammt, nie drängten sie sich im Zimmer der Madame oder der Fräulein dem Auge der gestrengen Mutter auf, jedoch würden wir nicht dafür bürgen, daß die Älteste, Maria, sie nicht im verborgenen las.

Während die jüngeren Schwestern, von lebhafterem Temperament, noch kindlich mit Puppen spielten, war Maria für ihr

Alter sehr reif. Nicht sonderlich hübsch, von nicht eben stattlicher, aber anmutiger Gestalt, mit schwarzen Augen und wunderschönem Haar, mit Armen und Beinen wie gedrechselt, besaß sie viel Vornehmheit und Ernst, hatte zugleich aber auch etwas so Trauriges und Leidvolles an sich, daß, wer sie ansah, ein zum Martyrium bestimmtes Wesen vor sich zu haben glaubte. Maria klagte indes nie, dabei hatte sie schon als Kind keine Fröhlichkeit gekannt, sie ging nachdenklich umher, und die kleinste Sache machte ihr angst. Ihr Gesicht war blaß, sie sah elend aus, bisweilen gaben ein trockenes Hüsteln und eine feurige Röte der Wangen Doktor Macpherlan zu denken. Damals aber war es üblich, die zarten Temperamente abzuhärten, und die Frau Woiwodin glaubte fest, daß man sich im Ringen mit der Natur aller Krankheiten entledigte. Also mußten die Kinder meist möglichst viel essen, was sie zutiefst verabscheuten, und sie wurden allen Unannehmlichkeiten des Lebens ausgesetzt, damit sie sich daran gewöhnten. Die Kleider waren im Winter absichtlich sehr leicht, das Bettzeug war hart, Pelze gab es nicht, die Kost war einfach, man benutzte kaltes Wasser, manchmal gab es Schrotbrot, und es wurde barfuß über Tau gelaufen.

Doktor Macpherlan, nachdem er den Charakter der Herrschaft erkannt hatte, machte es sich wie fast alle am Hof zur ersten Pflicht, ihr nicht zu widersprechen. Er verbeugte sich tief vor der Woiwodin, und was sie für gut befand, stützte er mit seiner wissenschaftlichen Theorie. So war es ihm bequem. Die Kinder sahen ziemlich elend aus, später aber sollten sie sich herausmachen. Das Sichherausmachen gehörte zu den Grundsätzen der Woiwodin, einstweilen ging es ans Abhärten.

Madame Dumont, welcher der Aufenthalt in Krystynopol schwerfiel, weil sie schon der Sprache wegen und aus Furcht vor Klatscherei mit niemandem ein vertrauliches Wort wechseln konnte, hing besonders an ihrem ältesten Zögling Maria, denn diese hörte ihr gern zu, Maria verstand sie am besten und hätte sie niemals verraten. Ihr gegenüber wagte es die Madame manchmal, sich sehr gedämpft über die Klausur, das Kloster, die Unfreiheit und die feierliche Langeweile zu beklagen. Beide seufzten dann. Maria antwortete nichts, da sie überhaupt wenig sprach, aber sie hörte gern zu und seufzte sympathisch. Das Fräulein war bereits erwachsen, aber das Eingeschlossensein im Haus, die Art der Erziehung, die Strenge der Mutter, der sie niemals etwas anvertrauen konnte, hatten sie schüchtern und kindlich bleiben lassen.

So standen die Dinge am Hof von Krystynopol, als eines Abends Bebuś von der Woiwodin zur Madame gelaufen kam und sie zu einer Unterredung bat. Diese Aufforderung hatte etwas so Außergewöhnliches an sich, daß Madame Dumont, die beim Anblick des Zwerges eilig das Buch, in welchem sie las, versteckte, ein ziemlicher Schrecken durchfuhr. In Krystynopol lief alles so sehr nach der Uhr, und die Begegnungen mit der Woiwodin hatten so genau festgelegte Stunden, daß man wohl auf etwas Furchtbares gefaßt sein mußte. Gute Dinge ereigneten sich hier höchst selten. Zu ihnen zählten die Geschenke zu Neujahr und zum Namenstag sowie die zu erwartenden Überraschungen an bestimmten Feiertagen, während derer unter der Aufsicht der Mutter planmäßig Spiele gespielt wurden – Verstecken, Zensurierter, Blindekuh, Katz und Maus, und dabei gab es Mandeln, Rosinen und Feigen.

Madame Dumont, am ganzen Körper zitternd, ging zum Spiegel, um ihre Perücke zu richten, die verängstigten Fräulein umringten sie und sahen sie an, gleichsam schon voller Furcht, sie zu verlieren. Die Französin seufzte, womöglich mußte sie einen Rüffel einstecken, Bebuś wartete, sie brach auf.

II

Um zu verstehen, was die Französin erwartete, müssen wir uns
im Erzählen ein wenig zurückbegeben. Bereits seit zwei Monaten erschien häufig Frau Mniszchowa aus Dukla in Krystynopol,
saß hier zusammen mit Frau Cetnerowa mehrere Tage lang und
umscheichelte die Woiwodin. Auf jeden Besuch folgten Beratungen mit Priester Russjan und Fräulein Terlecka, stürmische, je
nach der Stimmung fröhliche oder bekümmerte abendliche Konferenzen, Erregung, Übelkeit und Beglückung. Offenbar war hier
etwas Wichtiges im Schwange. Der herbeigerufene Woiwode versuchte bald zu besänftigen, zu beschwichtigen, bald wußte auch
er nicht, was zu tun war und schlich schweigend hinaus. Bisweilen wurde lebhaft geflüstert und gestritten.

Fräulein Terlecka hatte einmal mitgehört, wie die Woiwodin
rief: »Ich will das nicht, um nichts in der Welt!«

Dann erschien abermals Frau Mniszchowa, das Lächeln kehrte
auf die Lippen zurück, die gute Laune erhellte aller Gesichter, der
Herr Woiwode küßte zärtlich die Hände der gnädigen Frau. Nach
ein paar Tagen waren die Grillen wieder da, ihnen folgten erneut
Friede und Einvernehmen. Das dauerte so eine ganze Weile, bis
schließlich das Wetter am Horizont von Krystynopol beständig
und die Woiwodin einzig sanft nachdenklich wurde. Oft ließ sie
den gnädigen Herrn zu stillen Beratungen rufen, welche stets mit
dem Küssen der Händchen endete und dem schon gewohnten:
»Du wirst tun, was du tun willst, mein Seelchen, keiner zwingt
dich.«

Nach all diesen Vorgängen und Unbestimmtheiten, deren Ursache Fräulein Terlecka nur ahnte, die allein Priester Russjan
wußte, der aber zu schweigen verstand, versammelte sich eines
Abends nach dem Abendessen der ganze Hof der Woiwodin bei
ihr im Ankleidezimmer zur üblichen Konferenz. Außer der alten

und der jungen Terlecka waren Frau Wałowska und noch zwei ältere Damen zugegen. Die Woiwodin saß im Sessel, und immer wieder nachdenklich seufzend befahl sie, ihr das Haar unter die Nachthaube zu ordnen.

»Es läßt sich damit nicht länger hinter dem Berg halten«, sagte sie leise zur alten Terlecka, die mit ihrem Sack und dem Rosenkranz auf einem niedrigen Schemel der Herrin zu Füßen saß. »Ich bitte dich, meine liebe Terlecka, um eine Novene für Marynia.«

Die alte Frömmlerin klatschte in die Hände.

»So hilf mir, Herrgott«, lispelte sie lebhaft drauflos. »Erbarme dich meiner, Allerheiligste Mutter, du meine einzigartige Beschützerin, das hat mir doch der Heilige Geist schon längst ins Herz gegeben, daß es um Fräulein Maria geht bei dem ewiglichen und, geb's Gott, erfolgreichen Beschluß. Was im Himmel geschrieben steht, dem ist kein Entweichen. Ein Novenchen werde ich halten bei strengen Fasten für all den Glanz des Hauses meiner Wohltäter.«

So faselte sie daher, mit leuchtenden kleinen Augen, und küßte verzückt den Kleidsaum der Herrin, indes die Woiwodin hinzufügte: »Ja, was wird oder nicht, wir wollen sehen. Der junge Mann ist von schönem Stamm, was macht's, wenn ich höre, er ist ein wenig ein Schürzenjäger, er ist schön, ist reich.«

»Bei des Herrn Gnade, zu Christi Verklärung will ich den Rosenkranz beten sechs Wochen lang, und alles wird sich wenden und der Windbeutel zur Vernunft kommen. Es braucht nur Gottes Gnade, und es beseelt ihn der Heilige Geist.«

Auch Fräulein Terlecka stand da und lauschte.

»Die Leute erzählen Unterschiedliches«, sagte die Woiwodin. »Die Schwester spricht zu seinen Gunsten, eine ernsthafte und solide Person, sie bürgt für ihn, aus Warschau hört man anderes.«

»Darauf sollte man nichts geben«, flüsterte das Fräulein. »Erfindungen von Eifersüchtigen.«

»Da hast du recht«, versetzte die Woiwodin.

»Seht, seht, mein kluges Kind«, plapperte die Terlecka, lächelte ihrer Tochter zu und schlug sich an die Stirn. »Der Herrgott hat ihr Grips geschenkt, wo ich sie in jungen Jahren dem heiligen Joseph anheimgegeben hab! Durch Gebet und Fasten hab ich ihr ein schlaues Köpfchen verschafft und ein goldenes Herzchen und den Segen der Engel.«

»Alsdann«, fuhr, auf das Gebrabbel nicht achtend, die Woiwodin fort. »Wir haben beschlossen, dem jungen Mann einen Besuch zu gestatten.«

»Das Novenchen beginne ich morgen!« rief die Alte. »Zwei Kerzen zünd ich an und faste!«

»Die Väter haben sich schon verständigt«, flüsterte die Gnädige. »Aber darüber noch zu niemandem ein Wort.«

»Ein Schloß leg ich mir vor den Mund aus Liebe zu meinen Wohltätern, der Herrgott möge sie überschütten. Die allerheiligste Vorsehung, die Patriarchen, die Patrone und alle Heiligen des Herrn. *Ora pro nobis*«, schwätzte die Terlecka.

»Was meint ihr?« begann wieder die Woiwodin. »Jeden Tag kann er ankommen, man müßte Marynia vorbereiten, damit sie sich zu verhalten weiß und bemüht ist, zu gefallen.«

»Mit des Herrn Gnade, denn das sag ich immer … mit Gottes Barmherzigkeit«, unterbrach sie die alte Terlecka, »und es helfen die Wunden Christi.«

Seufzend schlug sie sich an die Brust.

»Wenn ich ein Wörtchen einwerfen darf, gnädige Frau«, flüsterte Fräulein Terlecka.

»Bitte, sprich.«

»Ein schlaues Köpfchen«, murmelte die Mutter, die ihre Zunge nicht im Zaum halten konnte.

»Dem jungen Fräulein brauchte man nicht einmal zu sagen, daß die Sache unsicher ist«, fuhr Fräulein Terlecka fort, »nämlich, ob es zur einen oder zur anderen Seite ausschlägt, gnädige Frau. Besser ist es, gleich den Beschluß kundzutun. Fräulein Maria, wenn sie nicht weiß, ob die Dinge feststehen, mag so oder so denken, wenn sie aber erfährt, daß es unumstößlich ist (und mit Gottes Gnade wird es so kommen) – dann wird sie sich nach dem Willen der Eltern richten, und alles wird gut sein.«

Die alte Terlecka hörte ihrer Tochter zu, sie nickte nur immerfort, deren Verstand bewundernd, und schlug sich mit der Hand ans Gesicht.

Die Woiwodin zeigte sich tief nachdenklich.

»Noch nie habe ich den gnädigen Herrn etwas so sehr begehren sehen wie diese Heirat, sie muß ihm vonnöten sein«, versetzte sie leise. »Und wenn er etwas beschließt, besteht er darauf.«

»Ach«, entgegnete Fräulein Terlecka beherzt und küßte der Woiwodin die Hand. »Wozu darüber reden, wenn die gnädige Frau es nicht will, wird sich alles ins Nichts verkehren. Aber warum sollte man nicht wollen, wo es sich gottlob um eine Partie handelt, wie man sie nur wünschen kann!«

»Gewiß, gewiß, aber es ist ein junger Spund, ein Windbeutel und Schürzenjäger, wie man aus Warschau vermeldet«, brummte die gnädige Frau.

»Sie würden die gnädigen Herrschaften gern abgeneigt machen, um ihn sich selbst zu greifen«, setzte Fräulein Terlecka hinzu.

»Um wieder zur Sache zu kommen«, begann die Woiwodin. »Man muß Marynia vorbereiten. Mir kommt es nicht zu, das Mädchen erschrickt.«

Sie sah Fräulein Terlecka an.

»Wärest du nicht dazu imstande, he?«

»Was mir die gnädige Frau auch befiehlt, ich bin zu allem bereit«, antwortete die Terlecka. »Jedoch besitze ich dort nicht die Vertrautheit. Mir scheint, daß dabei …«

»Wer, denkst du, wer?«

Die alte Terlecka, ständig murmelnd, als ob sie betete, klatschte sich wie zuvor mit den Händen ans Gesicht. Es war ein Ausdruck ihrer Bewunderung für den Verstand der Tochter.

»Wenn vielleicht Madame, gnädige Frau«, flüsterte die Terlecka. »Und sie sollte nicht sagen, daß sie beauftragt ist, sondern sollte es als Geheimnis anvertrauen. Fräulein Maria wäre vorbereitet.«

»Mein Wort drauf, daß niemand solch ein Ratgeber ist wie du, liebe Terlecka! Du hast recht, so ist es am besten.«

Das Gesicht der alten Mutter Terlecka erstrahlte, sie faltete die Hände, und da sie es nicht länger aushielt, setzte sie hinzu: »Und ich fange mit dem Novenchen an und begebe mich zu meinen Heiligen, damit sie für die Vermählung Sorge tragen, und die Göttliche Vorsehung und die Patrone und die Schutzengel. Ihr werdet sehen, Herrin, alles läuft wie am Schnürchen.«

Die Beratung wandelte sich in einen Bericht über die Brühls, ihre Verhältnisse und ihre Wesensart. Fräulein Terlecka, augenscheinlich gut vorbereitet, verfügte in dieser Hinsicht über reichliche Kenntnisse und war sichtlich für die Verbindung. Die Woiwodin schien ebenfalls nicht abgeneigt, es gewann sie auch der Umstand, daß von der unlängst verstorbenen Königin die Zipser Starostei an Brühl gefallen war und der Sohn dieselbe von ihm erhalten sollte. Noch viele andere Besitztümer wurden aufgezählt, bereits übertragene sowie versprochene.

»Mit des Herrgotts Hilfe denn«, schloß die alte Terlecka, »geht alles wie geschmiert, und nach der Hochzeit wird auch für mich arme Dienerin und Zugottbeterin ein Scheibchen abfallen.«

Auf der geheimen Beratung wurde im Sinne Fräulein Terleckas entschieden, nämlich Madame Dumont zu verwenden, um die Woiwodentochter vorzubereiten. Tags darauf wollte die Herrin selbst mit ihr sprechen, und darum ließ sie die Französin rufen.

Als die Dumont zitternd eintrat, saß die Woiwodin in ihrem

Zimmer, welches an das Schlafzimmer angrenzte und dasselbe vom großen Saal trennte. Wie es dem Charakter des Woiwodenpaares entsprach, herrschte bei der Einrichtung dieser Wohnung eine höchst eigentümliche Mischung von Vornehmheit und rühriger Wirtschaftlichkeit.

Eine altväterliche Uhr stand auf dem Kamin zwischen zwei chinesischen Vasen, es gab hier einen venezianischen Spiegel mit dem Wappen der Potockis obenauf, einen Schreibtisch, geschmückt mit vergoldeten Bronzen, einen riesigen geschnitzten Danziger Schrank, der in ein Museum gestellt zu werden verdiente, daneben aber lagen dünne, ungebleichte Garndocken, mehrere Ringe Pilze, eine Probe getrockneter Kamille, und im Fenster standen geheimnisvolle Glaskolben, in welchen unter den Augen der Woiwodin Weingeist den Saft und die Farbe von Birkenknospen, Vogelbeeren und verschiedenen gerühmten Produkten aufsogen. Die Herstellung dieser mannigfaltigen Spezifika beaufsichtigte Frau Anna selbst, sie verließ sich dabei auf niemanden. Mehrere Generationen hatten zu dem in greulichen Handschriften geschriebenen Buch beigesteuert, welches sowohl Backvorschriften für Osterkuchen enthielt als auch eine wirksame Wurmmedizin, Einreibemittel gegen das Gliederreißen sowie Rezepte für ausgezeichnete Schnäpse und Liköre.

Es dämmerte schon, als Madame Dumont klopfenden Herzens das Zimmer der Woiwodin betrat. Bebuś, neugierig und boshaft und begierig darauf, etwas zu erlauschen, huschte ihr hinderdrein, doch das wachsame Auge der Herrin sah ihn, und mit dem Fuß aufstampfend, rief die Woiwodin scharf: » Bebuś, du hier?! Deine Sache ist getan! Ab in die Hütte! Flink! Hörst du?«

Leicht betreten machte sich der Zwerg davon.

Die Woiwodin nahm in einem Lehnstuhl Platz, und die Arme aufgestützt, blickte sie finster auf die Französin.

»Setz dich, meine liebe Dumont«, sagte sie in nicht gerade

bestem Französisch. »Bitte setz dich, wir müssen miteinander reden.«

In der Stimme lag nichts Furchterregendes, die Dumont wurde ruhiger und hockte sich bescheiden auf die Kante eines entfernter stehenden Stuhles. Die Woiwodin, nachdenklich, schwieg eine Weile, dann mußte ihr wohl etwas eingefallen sein, sie machte der Madame ein Zeichen, schlich selbst auf Zehenspitzen zur Tür und riß dieselbe ruckartig auf. Bebuś, ertappt, wollte flüchten, blieb aber mit dem Fuß irgendwo hängen und fiel hin.

»Das Luder, das Miststück!« schrie die Herrin, mit dem Fuß aufstampfend. »Geh sofort, und kein anderer als die Hofmeisterin selbst soll dir fünfzehn Rutenschläge verabreichen, und daß du mir eine Quittung dafür bringst!«

Bebuś stotterte etwas, jedoch die Tür schloß sich mitleidlos, und die Woiwodin kehrte ungerührt zu ihrem Lehnstuhl zurück.

»Rück näher heran, meine liebe Dumont«, sagte sie leise.

Gehorsam brachte die Französin den Stuhl herbei und setzte sich. Die Gnädige wußte nicht, wie sie beginnen sollte. Sie seufzte und drehte mechanisch den Ring an ihrem Finger.

»Ich muß dir etwas kundtun, meine liebe Dumont«, hob sie schließlich an. »Du wirst einen deiner Zöglinge verlieren, Marynia ist noch jung, sehr jung, sie könnte noch warten, sie ist zart und zerbrechlich, ich wünschte mir keineswegs, sie schon zu verheiraten, aber was tun? Es fügen sich so die politischen Umstände und die Berechnungen des gnädigen Herrn Woiwoden …«

»Ach!« seufzte die Französin unwillkürlich, die Hände ringend, denn sie wußte, welchen Kummer diese Neuigkeit der Woiwodentochter bereiten würde.

»Es gibt nichts darüber zu reden«, fuhr die Herrin fort. »Denn was beschlossen ist, muß ausgeführt werden. Gott sei Dank sind unsere Kinder so erzogen, daß sie tun, was ihnen befohlen wird. Unsere Sache ist es, ihr Glück zu bedenken. Im übrigen erwartet

Marynia ein glänzendes Schicksal, und auch der Freier ist, wie es heißt, ein Kavalier, wie er im Buche steht, hochgebildet, gescheit, schön, jung und von hervorragender Stellung. Es geht nicht mehr ums Gefallen, denn die Dinge sind zwischen den Herren Vätern schon besiegelt. Nun denn, meine liebe Dumont, obwohl ich meine Kinder nicht verzärtele und bei mir jedes, sollte ich ihm augenblicklich vor den Altar zu treten befehlen, gehorchen muß, so tut es mir doch leid um das arme Kind, es soll nicht erschrecken, es soll wissen, wie es sich zu verhalten hat.«

Die Französin saß gebeugt da und hörte zu, ohne etwas zu erwidern.

»Du verstehst mich«, setzte die Woiwodin hinzu.

»Vollkommen«, antwortete die Madame mit schwacher Stimme.

»Der Verlobte wird dieser Tage eintreffen«, sprach die Herrin weiter. »Marynia ist, obwohl es einem jungen Mädchen so ansteht, furchtbar ängstlich, sie soll sich nicht in den Ecken verkriechen, und wenn er sie anspricht, daß sie ihm ja vernünftig antwortet. Weder soll sie zuviel lächeln, noch soll sie schmollen. Sag ihr das, meine Dumont.«

Die Französin nickte heftig.

Wie bei allem, wollte die Woiwodin auch hier beizeiten regeln, disponieren, ja, beinahe die Worte diktieren. Das junge Fräulein konnte und sollte keinen eigenen Willen haben, sondern sich nach den Vorschriften bewegen, gar bis hin zum Altar. Wer weiß, vielleicht noch darüber hinaus, denn die Macht des Ehemannes brach nicht die elterliche.

Während die Französin schwieg und gehorsam nickte, wiederholte die Woiwodin noch einige Male die Instruktionen, dann nahm sie die Schlüssel – diejenigen vom Arzneischrank trug sie stets selbst bei sich – und gab das Zeichen, daß die Konferenz beendet sei. Madame Dumont knickste und ging hinaus, jedoch so nachdenklich und traurig, daß sie gar nicht bemerkte, wie sie vor der Tür stehenblieb und dort so lange verweilte, bis der Lärm der beiden geräuschvoll spielenden jungen Mädchen sie wieder zu sich brachte.

Marynia stand wie gewohnt an dem zum Garten hinausgehenden Fenster und sah gedankenversunken zur Straße.

Sollen wir das große Geheimnis verraten, von welchem niemand, aber auch niemand auf der Welt etwas ahnte? Marynia las viele Romane, sie besaß die Neigung zu träumen, und obwohl sie es sich selbst nicht eingestand, war sie verliebt, und der glückliche Auserwählte war liebestoll und sehnte sich insgeheim nach der Woiwodentochter. Die Romanze dauerte schon ungefähr drei Jahre, nur ist fraglich, ob sie so genannt werden konnte. Wohl noch nie hatten die beiden ein Wort gewechselt. Dem jungen Höfling war bewußt, daß, wenn er den Blick auf die Tochter des Woiwoden zu richten wagte, er hundert Hiebe verabreicht bekäme und sich tags darauf am anderen Ende der Welt wiederfände. Sich in Marynia zu verlieben bedeutete für solch einen armen Teufel dasselbe wie sich die Sterne vom Himmel zu wünschen.

Und doch gibt es Kräfte, die keiner zu zerbrechen vermag. Die Augen der Woiwodentochter trafen sich mit denen des Höflings, und beide lernten miteinander zu sprechen, und sie sprachen immerfort jene schon über Tausende von Jahren zwischen Wiege und Sarg wiederholten unsterblichen Worte: »Ich liebe dich!«

Aus dieser Liebe, das wußten sie wohl, konnte nichts werden außer der Liebe, außer dem, womit sie erquickt, einem Tropfen Wunschtraum und einem Becher Kümmernis, und Sehnsucht und Tränen ohne Ende.

Der glückliche oder unglückliche Auserwählte der Woiwodentochter war ein schöner Jüngling, welchen der Woiwode gnadenhalber hatte aufziehen lassen und welcher diesem alles verdankte. Sein Vater, der Herr Jägermeister Godziemba, von uraltem Adel, ein unerschrockener Landtagsteilnehmer und Raufbold, hatte sich bei einer Versammlung, bei der er eine Angelegenheit des Woiwoden vertrat, buchstäblich in Stücke hauen lassen. Die gegnerische Partei war über ihn hergefallen und hatte ihn so übel zugerichtet, daß er, als man ihn, im Blute schwimmend, in die Unterkunft brachte, noch ehe der Priester mit den Sakramenten zur Stelle war, seine Seele dem Herrgott empfahl. Einzig Herrn Domaszewski, welcher von seiten des Woiwoden zugegen gewesen war, hatte er noch sagen können: »Ich hinterlasse ihm meinen Sohn, er wird meinen Tod auf dem Gewissen haben, wenn er ihm nicht den Vater ersetzt.«

Das ward dem Woiwoden getreulich zugetragen, und der hieß den damals achtjährigen Knaben sofort herbeibringen. Er gab ihn später zur Erziehung nach Lwów, und nachdem er die Schule *summa cum laude* beendet hatte, nahm er ihn als Höfling wieder zu sich und versprach, sich seiner Geschicke anzunehmen.

Die junge Waise hatte keine Menschenseele auf der Welt, sie hatte nur die Fürsorge des Herrn Woiwoden, welche zwar für vieles ausreichte, jedoch das Herz nicht wärmte. Der Knabe ward in fremde Hände gegeben, und die einzige Liebe, die er erfuhr, war die der alten Amme, einer armen Person, die sich nach Krystynopol schleppte, um ihrem angenommenen Kindchen nahe zu sein. Sie, die ihre eigenen Kinder verloren hatte, sah in dem kleinen Tadeuszek einen Sohn, ihre ganze Welt. Solange er in Krystynopol weilte, diente sie bei Juden in der Kleinstadt, um ihn wenigstens von weitem sehen zu können. Als er nach Lwów gebracht wurde, ging sie ihm zu Fuß nach, nahm irgendwo in der Nähe einen Dienst an und wachte über Tadeuszek, der sie seinerseits wie eine Mutter achtete. Die Alte, aus Furcht, ihn mit ihrer Armut und Liebe zu beschämen, schlich heimlich zu ihm hin, um wenigstens ein Wörtchen mit ihm zu wechseln und zu erfahren, ob er gesund war, um seine Stimme zu hören und ihr

Herz zu beruhigen mit dem Wissen, daß dem Kind nichts zugestoßen war.

Tadeusz Godziemba wurde streng gehalten, er mußte Dienste leisten, Gehorsam und Disziplin erlernen, ohne zu wissen, was der Woiwode mit ihm vorhatte. Manchmal verwendete man ihn seiner schönen Handschrift wegen in der Kanzlei, dann wieder wurde er wegen seines noch hübscheren Gesichts, seiner schönen Gestalt und seiner eleganten Manieren zur Repräsentation bei Hof eingesetzt.

Die Woiwodin mochte ihn recht gern, solange er Kind war. Als er dann zu diesem Antinoos heranwuchs, blickte sie scheel auf ihn. Sie wünschte, der gnädige Herr möge ihn irgendwohin aufs Dorf schicken, in eine Gutswirtschaft, und sie redete auf ihn ein, daß es nichts Übleres in einem Hause gäbe als solch einen Stutzer. Den jungen Mädchen verdrehe er den Kopf, er verderbe sich selbst, und es könne, verhüte Gott das Unglück, zum Ärgernis kommen.

Der Woiwode hingegen umgab sich gern mit hübschen Burschen, auch das war eine Art von Aristokratie. Godziemba verfügte zudem über gute Verwandtschaftsbeziehungen, seine Familie hatte einst auf Senatorenstühlen gesessen, und solche Senatorenkinder als Höflinge zu haben war auch recht schön.

So blieb denn Tadeusz am Hof, und er verstand es, sich die allgemeine Liebe zu erwerben, ausgenommen die der Woiwodin und von Bebuś. Der Zwerg haßte ihn. Wenn er neben Tadeusz stand, reichte er nur wenig über dessen Knie hinaus.

Für seine Zeit und Erziehung war der junge Mann ungemein aufgeweckt und begierig darauf, zu lernen und Schliff zu erhalten. Fast selbständig, mit geringer Hilfe, lernte er Französisch, er sprach *expedite* Latein, verstand ein wenig Deutsch, und mit Büchern beschäftigte er sich gar allzuviel, was ihm schon beinahe Vorwürfe einbrachte.

Die Woiwodin vermutete in ihm einen Gottlosen, obgleich er an den Andachten teilnahm und wie die anderen niederkniete. Er war auch ein Liebling von Priester Wolff, aber dorthin durfte er nicht gehen, denn als Zögling des Woiwoden hatte er nicht das Recht, mit der höfischen Jugend zu verkehren.

Und niemand auf der Welt ahnte etwas von der sonderbaren Beziehung der vier Augen, niemand hätte daran geglaubt. Es war dies etwas so Geheimes zwischen dem Herrgott und den beiden, etwas so Hoffnungsloses, Kindliches, daß allein schon die Besonderheit der Situation die Gefühle zu steigern vermochte. Fräulein Maria ging in ihren Gedanken niemals weiter, niemals wagte es Tadeusz, die Zukunft zu enträtseln. Beide wünschten nur, es möge recht lange so dauern.

Es war ein Traum im Wachen, ein kindlicher, unschuldiger Traum, wunderschön und traurig. Traurig wie alles auf Erden, was schön ist. Die Geschichte dieser Liebe bestand aus nicht wahrgenommenen Staubkörnchen. Es gab unvergeßliche, lange Blicke und errötende Wangen. Bald hob Tadeusz ein verlorenes Tüchlein auf, bald ließ Marynia eine Blume auf den Weg fallen. Ob absichtlich? Seither trug Godziemba die Blume am Herzen. Vor dem Fenster der Fräulein führte ein Parkweg vorbei, gegenüber verlief die Straße – Godziemba hatte in den Stunden, da die Woiwodentochter am Fenster stand, das unbedingte Bedürfnis, in den Park hinauszugehen.

Jene Stunden waren beiden gleichsam ohne Absprache bekannt. Mit diesen Stelldicheins der Blicke endete schon der Traum, jenes Spinnennetz, welches zwei Herzen verband. Wer weiß aber, hinter solch einer stillen, geheimen Liebe verbergen sich ganze Welten von Träumen! Auch hier mußte es sie geben. Über Augenblicke glaubte man an Wunder, dann aber ließ sich die Wirklichkeit vernehmen.

Als Madame Dumont schließlich das Zimmer der Fräulein

betrat, in welchem zwei der jüngeren umherrannten und einander zu fangen suchten, stand Maria eben am Fenster. Sie wandte sich um, ihr Gesicht flammte, da es aber schon reichlich spät war, bemerkte niemand ihre Röte.

Die arme Madame kam von der ihr aufgebürdeten Last so niedergeschlagen daher, daß sie nicht den Blick zu heben wagte, sich geradenwegs zum Sessel schleppte und nachdenklich darein versank.

Die jüngeren Mädchen nahmen ihr unterbrochenes Spiel, welches zu dieser Stunde erlaubt war, wieder auf, Maria durchquerte langsam den Raum und näherte sich wie mit einem Vorgefühl der Madame. Diese umarmte sie leidenschaftlich und drückte sie so sonderbar, so anders als sonst an sich, daß Maria erstaunt dastand.

»Ach, *chère Marie!*« rief die Madame. »Setz dich zu mir! Irgendwie scheinst du mir traurig zu sein, sollen sich die Schwestern vergnügen, wir beide wollen miteinander reden.«

Das gehorsame Mädchen nahm einen niedrigen Hocker, und die Gouvernante anblickend, nahm sie neben ihr Platz.

»Ich war bei der Woiwodin«, begann die Dumont hitzig und ungeduldig, mit ihrer üblichen Ungeschicklichkeit. »Ach! Wenn du wüßtest, wenn du wüßtest, mein Kind, wovon da gesprochen wurde! Mir glüht noch der Kopf, und mir klopft das Herz.«

Maria blickte neugierig.

»Ist Mama wegen etwas böse? Auf uns böse?« fügte sie hinzu, denn sie kannte die Mutter fast nur von ihrem Zorn her.

»O nein! Nein.« Die Madame senkte die Stimme. »Aber was sie mir erzählt hat! Was sie mir erzählt hat!«

Maria fragte bereits nur mit den Augen. Es folgte noch ein Kuß auf die Stirn, dann konnte die Madame das Geheimnis nicht mehr für sich behalten und bat lebhaft: »Bloß, verrate mich nicht, *chère Marie* – ach! Gott beschütze uns, ich werde dir etwas sagen, was für dich unerwartet kommt.«

Madame Dumont beugte sich zu des Mädchens Ohr: »Man wird dich verheiraten!«

Die Dumont prüfte, welche Wirkung ihre Worte hatten, und war entsetzt. Maria warf sich hin und her, sie griff nach ihren Händen und fiel ohnmächtig nieder.

Ein furchtbarer Schrei entriß sich Madame Dumonts Brust, aus dem Nebenzimmer rannten Marias Schwestern herbei, da aber Ohnmachten streng verboten waren und nirgends vorkamen, wußte man nicht, wie man die Kraftlose retten sollte. Maria jedoch kam nach einem Weilchen von selbst wieder zu sich, und den Kopf auf Madame Dumonts Schoß bettend, weinte sie.

Die Schwestern setzten sich neben sie auf den Fußboden – ihnen war das alles unverständlich. Ludwika rief laut, daß man Maria Birkenteer zu riechen geben müsse, denn bestimmt leide sie an Würmern.

Sie lief auch sofort in das Ankleidezimmer, um das Medikament zu holen, welches dort bereitstand, doch es wurde nicht mehr gebraucht. Maria erhob sich und begann langsam umherzugehen, sie war blaß, schwach und verstört.

Nun weinte die Dumont vor Angst und verfluchte ihre Ungeschicklichkeit. Damit war die Sache beendet, denn die Stunde des Abendessens und des Gebets kam heran, und die Fräulein mußten in aufrechter Haltung vor der Mutter erscheinen.

Die Madame beschwor ihren Zögling, sich nichts anmerken zu lassen, und das an Gehorsam gewöhnte Kind setzte eine Miene auf, welcher außer der üblichen Traurigkeit nichts abzulesen war. Der Abend verlief gemäß dem Programm. Zur üblichen Zeit begaben sich die Fräulein zu Bett. Madame Dumont jedoch flüsterte der Ältesten zu, daß sie, sobald die Schwestern schliefen, noch ausführlicher miteinander sprechen wollten.

Der Augenblick ließ nicht lange auf sich warten. Kaum daß die jüngeren Schwestern das Haupt auf das Kissen gelegt hatten, schliefen sie ein. Maria stand auf und ging zur Dumont. Inzwischen hatte sie mehrere Stunden Zeit gehabt, um sich an die Schreckensnachricht zu gewöhnen, und war beinahe ruhig. Die Madame, als sie das Mädchen sah, rang die Hände.

»Wie blaß du bist!« rief sie aus. »Dabei, ich bitte dich, es ist doch gar nichts so Furchtbares daran. Du gewinnst mehr Freiheit, wirst Herrin im Hause sein. Dein Ehemann, wer immer es sein wird, muß dich liebgewinnen, mit einem Wort ...«

Maria rang die Hände.

»Aber ... ich ...will nicht heiraten, lieber will ich ins Kloster gehen.«

Dieses Bekenntnis war derart entsetzlich, daß die Madame umzusinken drohte. Sie schlug die Hände vor das Gesicht.

»*Chère Marie!* Was soll das wieder! Ich verstehe nicht, warum denn das!«

Der armen Woiwodentochter waren die bedeutungsschweren Worte entfahren, und nun bemerkte sie es selbst, daß sie beinahe zu viel gesagt hatte. Sie suchte in Gedanken nach einer Möglichkeit, um sich zu erklären, doch sie fand nichts.

Die Dumont wartete.

»Erbarme dich, wieso kommst du auf das Kloster? Das ist die traurigste Sache auf der Welt. Du weißt nicht, wen man dir bestimmt hat. Es soll ein schöner junger Mann sein, wohlerzogen und aus einem bedeutenden Geschlecht.«

Maria, der womöglich die Bücher, welche sie gelesen hatte, in den Sinn kamen, hielt schließlich eine Antwort bereit: »Aber, meine liebe Madame Dumont – ich kenne den Herrn nicht, und er kennt mich nicht.«

Die Französin wischte sich eine Träne ab und sah sich um.

»Ja, das stimmt«, sagte sie. »Doch bei euch Magnaten heiratet man anders. Wir armen Leute haben es gut, bei uns kann man sich kennenlernen, einander gefallen, wählen, euch ist das verwehrt.

Ihr müßt euch mit dem Schicksal abfinden. Dieser Tage«, fügte sie leiser hinzu, »wird der vorbestimmte Gemahl hierherkommen. Hör mir gut zu. Die Woiwodin wünscht, du sollst nicht zu schüchtern sein, aber auch nicht allzu vertraulich, um ihn nicht abgeneigt zu machen. Du sollst höflich zu ihm sein. Es scheint, als ob die Sache bereits beschlossen ist, als ob nichts mehr hilft, weil das Wort gegeben ist.«

Die Madame seufzte.

»Du mußt dich in deine Bestimmung fügen, mein Kind.«

Beide weinten ein wenig. Die gerührte Dumont nahm die Umstände zum Anlaß für eine vertrauliche Beichte aus ihrer Jugendzeit, da ein bezaubernder Musketier eine sehr gefühlvolle Rolle gespielt hatte. Vielleicht bekannte sie nicht alles, aber ihre Tränen nach so vielen Jahren bezeugten am besten die heiße Liebe. Nach einem langen Gespräch begab sich Maria in ihr Bett, um zu weinen.

Fünf Tage später geriet Krystynopol in außerordentliche Bewegung, und es läßt sich leicht denken, daß man würdige Gäste erwartete. Am meisten hatten diejenigen zu tun, welche über die Schlüssel verfügten, denn vieles wurde jetzt ausgegeben – angefangen von neuen Uniformen für die Soldaten bis hin zum Tafelsilber. An diesem sparsamen Hof unterschied sich der Alltag ungemein vom Festtag. Für den täglichen Bedarf war alles anders – die Kleidung, das Essen, das Geschirr; nach Feiertagen und Festen kamen Uniformen, Silberzeug, Waffen und Kostbarkeiten wieder in Schränke, Truhen und Kommoden unter Verschluß. Bei der großen Parade wurde kein Aufwand gescheut, *post festum* jedoch mußte über den kleinsten Knopf Buch geführt werden. An dieser Ordnung hielt der Woiwode unerbittlich fest.

Auch dieses Mal riefen die dem Herrn Starost von Zawidy erteilten Befehle den Hof zum allerprächtigsten Auftritt. Der Woiwode schrieb sogar den Vorgesetzten vor, wie sie sich zu kleiden hatten. Man holte das kostbare Silber aus den Schreinen, in denen es auf Tuche gebettet ruhte, in der Küche wurden schon die raffiniertesten Speisen zubereitet. Die gnädige Frau seufzte erschöpft, der Woiwode indes mahnte: »Bedenkt, das sind verdorbene Mäuler, verwöhnte Feinschmecker, wie sie die Welt noch nicht gesehen hat. Denen kann es nie erlesen genug sein, es soll der französische Koch zubereiten.«

Am festgesetzten Tag erschienen alle Höflinge, wenn auch nicht in Livreen, so doch gleichartig und prunkvoll gekleidet. Die Soldaten trugen neue Koller, Patronengürtel und Hüte. Der Starost von Zawidy und Fürst Czetwertyński prangten in Samt und Goldbrokat, und der Herr Woiwode selbst auf Potockische Art, was bedeutete: ein Kontusz aus grauem Stoff mit brillantenen Knöpfen, am Hals eine Nadel mit einem Solitär im Wert von mehreren Tausend Dukaten, der Żupan in hellerem Grau, schwarze Stiefel, persischer Gürtel.

Ein anderer Potocki hatte für den Gerichtshof in Lublin ein hedeleinenes Hemd angezogen, dazu einen ärmellosen Kapuzenmantel aus Hausleinwand, allerdings mit Perlen besetzt und mit Knöpfen bestückt, von denen jeder ein gutes Dorf wert war. Der Herr Woiwode pflegte seine Phantasie nicht so weit zu treiben, aber er zeigte sich auch gern einfallsreich.

Die Woiwodin, die sich nicht gern putzte, mußte an diesem Tag ebenfalls in Atlasseide und Diamantenschmuck auftreten, es langweilte sie, aber anders durfte es nicht sein. Die besondere Fürsorge aber galt dem unglücklichen Opfer, welches, wenngleich bescheiden, so doch mit großer Sorgfalt gekleidet und elegant frisiert worden war. Die Woiwodin, die mit der Tochter nicht gesprochen hatte, um sie mit solcher Vertraulichkeit nicht zu verwöhnen, befahl ihr, sich bei ihr vorzustellen, ehe sie sich den Gästen zeigte. Maria erschien, blaß, zitternd und elender denn je. Das weckte bei der Mutter schlechte Laune, sie wollte die Ärm-

114

ste sogar ein wenig schminken lassen, aber in diesem Augenblick gab es im Schloßhof großen Aufruhr, und Maria wurde vergessen.

Am Tor erscholl Musik, Trompeten und Trommeln, und Kutschen, wie man sie noch nie an der Auffahrt gesehen hatte, rollten mit lautem Geratter vor die Freitreppe, wo der Woiwode selbst die würdigen Gäste empfing. Es waren dies: Seine Exzellenz Graf Brühl, der Minister, sein Sohn, der Gouverneur von Warschau, Mniszech, der Hofmarschall und Schwiegersohn, sowie mehrere Herren, welche die Gäste begleiteten und ihnen zusätzlich Gewicht verliehen.

Am Portal des Krystynopoler Schlosses begegneten sich sozusagen zwei gänzlich verschiedene, durch nichts miteinander verwandte Welten, und Eigennutz und Kalkül sollten sie verbinden – eine morsche, verweichlichte Zivilisation mit der alten Welt von strenger christlicher Sitte. Wie diese extremen Gegensätze einander verstehen, miteinander übereinkommen konnten, war ihnen womöglich selbst ein Rätsel. Außer dem Eigennutz hatten sie nichts gemein.

Der halb asiatische Prunk der Potockis war dem verfeinerten Luxus der Brühls so gar nicht ähnlich, wie auch des Woiwoden kriegerisch strenge und drohende Miene sonderbar abstach von dem heiter lächelnden, überaus liebenswürdigen Gesichtsausdruck des Ministers. Die Begrüßung an der Auffahrt und die Vorstellung des Sohnes verliefen dank Mniszechs geschickter Unterstützung sehr glatt. Der junge Brühl, welcher nahezu ganz Europa durchwandert hatte, betrachtete diese ihm neue Welt, den Hof, die Gesichter, die Kleidung nicht ohne Neugier.

Alle begaben sich in den Salon, wo die Frau Woiwodin, mit der blassen Maria an ihrer Seite sowie mehreren Ehrenfräulein in einigem Abstand, den Minister erwartete. Höchst galant bewegte dieser sich auf sie zu, gemeinsam mit seinem Sohn.

Ein Blick nur auf den jungen Brühl ließ die Woiwodin erkennen, daß man ihr nicht zuviel versprochen hatte. Der Gouverneur war einer der schönsten Männer seines Jahrhunderts, und die Erziehung sowie der frühzeitige Umgang mit den höchsten Sphären der Gesellschaft verliehen ihm eine große Ungezwungenheit und viel Anmut im Benehmen.

Marias Auge fiel auf ihn, und sie erschrak, als er mit der Gleichgültigkeit eines erkalteten und resignierten Menschen flüchtig zu ihr hinsah. Ihrer beider Augen trafen sich nicht, es schien, als mieden sie einander verständlicherweise. Die Woiwodentochter dünkte die bildhübsche Puppe seltsam und unheimlich, der Gouverneur fand diejenige, in welcher er seine Verlobte erriet, abgezehrt, krank und unglücklich. Totenblässe lag auf dem Gesicht des Opfers, das kaum sein Zittern zu verhehlen imstande war. Der junge Brühl bewegte sich hier in seiner Art ungezwungen und mit berechnetem Schneid, welchem er sichtlich eine polnische Note zu verleihen suchte. Im ersten Augenblick ging ein Hagel gegenseitiger Komplimente nieder, ergoß sich eine Flut von Dankesbezeigungen, von glühenden Wendungen, die belegen sollten, wie geehrt sich der Woiwode fühlte und wie glücklich der Minister war.

Die deutsche Eleganz, die hier so herzlich begrüßt werden mußte, war Potocki gewiß nicht nach dem Geschmack, denn er ahnte und spürte dahinter eine Leichtheit der Sitte, eine Geringschätzung des Glaubens, vielerlei gefährliche Neuheiten, jedoch meinte er, daß der eingeschlagene Weg ihn zu neuen Ehren führen könnte, vielleicht sogar auf den Thron, welcher im Kopf des Magnaten bereits ferne schimmerte. Warum sollte nach einem Sobieski, einem Wiśniowiecki, einem Leszczyński nicht ein Potocki die Herrschaft übernehmen, der sich zudem vermögender und einflußreicher wähnte als die Genannten?

Bindeglied und Mittler zwischen den beiden entgegengesetzten Polen, wie sie der Kontusz des Woiwoden und der samtene, mit Gold genähte Brühlsche Frack darstellten, war der Hofmarschall Mniszech – mit beiden verwandt, verstand er beide, hegte aber in seinem Innern möglicherweise für beide dieselbe Gleichgültigkeit.

Der Besuch war so vorgesehen, daß sich die Gäste nicht allzusehr mit einem Gespräch bemühen mußten, darum tat sich beinahe sofort die Flügeltür auf, und eine Tafel, welche sich bog unter der Last des Silbers, wurde sichtbar. Die Woiwodin reichte dem Minister ihren Arm. Die Tischordnung bestimmte dem Gouverneur von Warschau mit Vorbedacht den Platz neben der Woiwodentochter, welche sich leichenblaß und wie ein Blatt zitternd niedersetzte. Ihr gegenüber stand, aus der Ferne die Dienerschaft überwachend, bestürzt und geistesabwesend Godziemba.

Stimmenlärm und formale Fröhlichkeit erfüllten den Speisesaal, jene unerläßliche Heiterkeit, die jeder anständige Gast mitbringt und die ebenso der Gastgeber für seinen Empfang bereithalten muß. Aller Gesichter trugen ein Lächeln, ausgenommen das blasse Antlitz der Woiwodentochter. Der Stimmenlärm rauschte unverständlich in ihren Ohren wie Meereswellen, welche sie zu verschlingen drohten. Ihre bebenden kleinen Hände entfalteten die Serviette und legten dieselbe erneut zusammen, ihr wurde dunkel vor Augen, und eine Art Todesangst ergriff sie. Ihr war, als müßten aller Blicke auf sie gerichtet sein, und sie wünschte sehnlichst, tief im Erdboden zu versinken. Der neben ihr sitzende Gouverneur, weitaus welterfahrener, abgeklärt, kühler, mußte diese Bangigkeit wohl bemerken. Er selbst war auf alles vorbereitet, und so verstand er die Lage des Opfers und verspürte Mitleid. Vielleicht darum sprach er die Woiwodentochter nicht an, um ihr Zeit zu geben, sich zu fassen und zu sich zu kommen.

Die Woiwodin, deren Augen die Tochter bedrohlich verfolgten, sah ebenfalls deren Blässe und geriet in Zorn bei dem Gedanken, Fräulein Maria könne in Ohnmacht fallen und ihre Schwäche das Eingreifen und die Rache des Vaters zur Folge haben. Leider richtete die Woiwodin vergebens ihren Blick auf die Tochter, welcher dieselbe zur Besinnung bringen sollte – er vermochte ihren Augen nicht zu begegnen. So verfloß die erste Zeit, und in lautem Gespräch erkundigte man sich nach der Gesundheit Seiner Majestät sowie nach Mitteilungen vom Kriegsschauplatz.

Fräulein Maria gelang es schließlich, die Serviette anzulegen, und sie versuchte von der Suppe zu kosten, aber der Löffel zitterte mitsamt der Hand, so daß sie ihn wieder hinlegen mußte. Ihr stets trauriges, wenngleich schönes und von regelmäßigen Zügen gekennzeichnetes Gesicht nahm unter dem Eindruck unsäglicher Angst einen unnatürlichen, fast unheimlichen Ausdruck an. Sogar die Mutter fühlte, daß Maria, wenn sie sich so präsentierte, nicht gefallen konnte. Der Vertrag war jedoch so gut wie geschlossen, die Absprachen beendet, und es ging durchaus nicht mehr darum, wie die künftigen Eheleute miteinander auskommen sollten. Das oblag ihnen allein. Brühl war ein wohlerzogener junger Mann und das Fräulein an Gehorsam ohne Grenzen gewöhnt. An gegenseitige Liebe dachte niemand, und nach Krystynopoler und altadeliger Theorie hatten zwei junge Menschen, wenn für sie eine Ehe aus anderen Erwägungen kalkuliert wurde, aneinander Gefallen zu finden und sich zu lieben, wie das Sakrament es gebot. Zwei Gefangene, in einem Verlies zusammengesperrt für immer, mußten sich doch aneinander gewöhnen und sich gegenseitig das Los zu erleichtern bemüht sein!

Brühl war in diesem Lebensabschnitt schon eher Zuschauer in jener Sphäre, in der er sich bewegte, denn handelnde Person. Seine Rolle nahm er sich nicht zu Herzen, er spielte sie geschickt, sie berührte ihn wenig. Diese unglückliche, zitternde Maria Potocka hier brachte ihm jene unvergessene Kronmundschenkstochter, die ihm vorzeiten mit kindlichen Augen zugelächelt hatte, in den Sinn.

Warum hat mir das Schicksal anstelle dieser Maria Potocka nicht jene zuteil werden lassen? fragte er sich.

Inmitten solcher Gedanken sah er zum Vater hinüber. Der alte Brühl machte ihm mit den Augen Zeichen, daß er sich bemühen sollte, dem Fräulein näherzukommen. In der Tat, es war keine Zeit zu verlieren, von einem Verlobungstermin ward schon gesprochen, und wenige Monate danach sollte die Hochzeit stattfinden. In damaligen Zeiten wurde die Aussteuer der Töchter bereits nach und nach durch die besorgten Mütter zusammengetragen, und wenn die Verheiratung herankam, war alles bereit, ausgenommen ein paar modische Kleider, auf deren Anfertigung man nicht lange zu warten brauchte.

Herr Alois überlegte, wie er das Gespräch mit der Unbekannten beginnen solle, und obwohl es ihm nicht an der Leichtigkeit des Wortes mangelte, fiel ihm der Anfang recht schwer. Ein erneuter Blick des Vaters jedoch zwang ihn, die Einleitung zu beschleunigen.

»Das Fräulein Woiwodentochter ist noch nie in Warschau gewesen?« fragte er.

Durch die Stimme erschreckt, welche an sich nichts Bedrohliches hatte, vielmehr weich war und sanft, verstand Fräulein Maria nicht, wonach sie gefragt wurde. Sie erbebte, und verwirrt und ängstlich hob sie den Blick zu dem Fragenden, der seine Worte langsam wiederholte.

»Ich? Ich? Ach, ich war noch nie dort!« antwortete sie.

Sie hätte antworten können, daß sie noch nie irgendwo gewesen war außer in Krystynopol, denn ihre Erinnerung reichte nicht in die Zeiten zurück, da ihre Eltern hierhergezogen waren.

»Warschau«, fuhr der Gouverneur fort, um etwas zu sagen, »hat sich sehr belebt, seit Seine Majestät von Dresden dorthin umgesiedelt ist. Wir haben sogar eine Oper, Sänger.«

Und die Erwähnung der Oper wie einen Notanker ergreifend, fügte Brühl rasch hinzu: »Liebt Ihr Musik?«

In der Tat, Maria liebte sie sehr, aber außer ein paar alten Menuetten und Couranten auf dem Klavier hatte man ihr nichts beigebracht. Die Woiwodin fürchtete den Einfluß träumerischer Musik, und die Vervollkommnung in dieser Kunst überließ man jenen, die davon lebten. Die Woiwodentochter bekannte, sehr musikliebend zu sein, anders hätte es sich nicht geziemt. Nur geriet sie einige Male ins Stottern. Brühl, der auf mehreren Instrumenten ein Virtuose war, erklärte gleichfalls, eine große Schwäche für die Musik zu haben.

Von diesen beiden Bekenntnissen eine weitere Unterhaltung abzuleiten erwies sich als unmöglich. Schweigen trat ein. Immerhin hatte die Stimme dieses fremden Herrn Fräulein Maria ein wenig beruhigt. Der anwachsende Lärm bei Tisch, das Klingen der Gläser, das Klappern der Teller hätte das vertraulichste Gespräch zu führen erlaubt, wenn Brühl dazu Lust und Fräulein Maria dazu den Mut gehabt hätte.

Sooft Maria ihren Blick durch den Saal gleiten ließ, begegnete sie Godziembas Augen und der darin gleichsam erstarrten Verzweiflung. Der Gouverneur suchte erneut nach einem Gesprächsgegenstand und berührte die zurückgelegte Reise, lobte das schöne und fruchtbare Land.

Die Woiwodentochter, zu einer Erwiderung genötigt, pflichtete mechanisch bei. Ein paarmal lächelte sie fast, denn die Mutter sah sie an. Brühl indes war sicher, daß sie ihn nicht hörte und nicht verstand.

Schließlich ermüdeten ihn diese zu nichts führenden Präludien. Die jugendliche Phantasie regte sich in dem Gefühlskalten, er verspürte Mitleid mit sich selbst und mit der Woiwodentochter. Er beschloß, kühner zu werden, da nicht zu fürchten stand, daß jemand mithörte. Er beugte sich ein wenig hinüber und sagte leise in scherzhaftem Ton: »Alle Gesichter an dieser Tafel lächeln, es herrscht allgemeine Fröhlichkeit, nur Ihr seid traurig, und es bekümmert mich, Euch nicht zerstreuen zu können. Wahrhaftig, Eure und meine Lage ist nicht … angenehm.«

Höchst erstaunt über diesen jähen Wandel, hob Fräulein Maria neugierig die Augen, und der Gouverneur, nachdem er einmal so begonnen hatte, fuhr fort: »Sicherlich wißt Ihr von dem Vorhaben der Eltern?«

Anfangs wollte die Woiwodentochter ihren Ohren nicht trauen – solche Offenheit entsetzte und freute sie zugleich, darin war endlich etwas Aufrichtiges, Menschliches. Indes die ihr gestellte Frage war für sie schwer zu beantworten. Offiziell war sie über das Vorhaben nicht in Kenntnis gesetzt, falls sie aber zugab, daß die Dumont davon gesprochen hatte, bedeutete dies, die Französin zu verraten.

Naiv wie ein Kind, aber doch schon ein wenig ermutigt, sagte sie leise: »Ach! Ich – ich weiß von nichts.«

»Dann ahnt es das Fräulein Woiwodentochter zumindest?« fragte Brühl.

Es erfolgte keine Antwort, und Brühl sprach weiter: »Ich verstehe, daß der Euch dieserart aufgezwungene künftige Lebensgefährte eher Haß wecken muß als Freundschaft.«

Fräulein Maria fühlte sich immer freier, und schüchtern flüsterte sie: »Das betrifft ja beide Seiten gleichermaßen.«

»Leider, es läßt sich nicht leugnen«, versetzte der Gouverneur. »Nur ist die Rolle des Mannes die peinlichere.«

Er schwieg einen Augenblick, da sich ein Diener mit einer Schüssel näherte.

»Ihr vergebt mir«, begann er erneut, »daß ich gezwungen bin, dem Willen meines Vaters zu gehorchen, so wie Ihr den Anordnungen Eurer Eltern zu folgen haben. Was würde es helfen, wenn wir dagegen aufbegehrten? Morgen käme ein anderer, weniger rücksichtsvoller als ich, und das Opfer müßte gebracht werden.«

Die Woiwodentochter hörte mit großer Aufmerksamkeit zu; Brühl fühlte sich immer kühner und inspirierter.

»Beide«, sagte er, »sollten wir das uns bereitete Los annehmen, wie man ein Gewitter erträgt, Regen, Schlackerwetter, Gluthitze. Der Wille der Eltern ist eine unbezwingbare Macht in unserer Welt. Jedoch« – hier senkte er die Stimme – »kann ich Euch versichern, daß ich mich in der Pflicht fühlen werde, Euer Los zu versüßen.«

Fräulein Maria errötete heftig. Noch nie im Leben hatte sie ein ähnliches Gespräch mit jemandem geführt, sie konnte sich nicht einmal vorstellen, ob es schicklich war, so offen zu reden. Die ängstliche Woiwodentochter sah sich geradezu zu gleicher Aufrichtigkeit gezwungen. Sie überlegte kurz und sagte dann stokkend: »Ihr verzeiht mir, Graf … Ich verstehe nicht so schön zu reden … Ich habe im Leben wenig gesprochen, so wenig, und mit eigenen Worten meine Gedanken aussprechen, das habe ich fast nie getan. Ich fühle, daß Ihr mich ermutigen wollt, trösten, und ich bin Euch dankbar dafür.«

»Ich hoffe, daß Ihr Euch, wenn Ihr mich besser kennenlernt, davon überzeugen werdet, daß ich für niemanden ein Tyrann zu sein imstande wäre. Ich will mich nicht loben, aber glaubt mir, Fräulein Woiwodentochter, ich bin ein guter Mensch.«

Fräulein Maria lächelte unwillkürlich.

»Und ich bin ein sehr einfaches, sehr beschränktes Mädchen«, sagte sie. »Ich liebe die Stille und die Ruhe … Lieber ginge ich ins Kloster …«

Die letzten Worte flüsterte sie, den Kopf gesenkt, kaum hörbar. Brühl lächelte.

»Alle Fräulein, denen der Verlobte nicht das Glück hat zu gefallen, möchten ins Kloster gehen«, sagte er. »Aber man wird es Euch nicht erlauben.«

»Ach! Das stimmt«, seufzte Fräulein Maria.

»Und ich bin auch«, Brühl trank, während er redete, sein Glas bis zur Neige, »dessen muß ich mich rühmen – ein offener, aufrichtiger Mensch. Ich bürge Euch dafür, daß Ihr ungebunden seid, und solltet Ihr gar ein winziges Klösterchen für Euch gründen wollen in Młociny, werde ich Euch bestimmt nicht hindern. Wir werden einander im Leben so wenig wie möglich stören, nicht wahr?«

Alles dies klang in Fräulein Marias Ohren irgendwie so seltsam, daß sie nur noch mit einem sanften Blick antwortete. Brühl war insgeheim mit sich zufrieden.

Im Kopf der Woiwodentochter mischten sich religiöse Begriffe von der Heiligkeit des Sakraments, von den unverbrüchlichen Banden mit dem, was sie in den französischen Romanen gelesen hatte. Brühl erinnerte sie gleichsam an einen Helden aus dem Buch, ein Blick zur Mutter – an die Strenge der Verbindung, in welcher sie ein Sklavendasein vermutete. Sie konnte den Widerspruch nicht begreifen und auch nicht, wo die Wahrheit lag. In ihrer Verwirrung wußte sie nicht, was sie sagen sollte. Auf die Frage des Verlobten antwortete sie nur mit einem Kopfnicken, als wollte sie sich bei ihm bedanken.

Das Gespräch der beiden jungen Leute, obgleich niemand es hörte, zog die Blicke auf sich. Der alte Brühl war sich des Sohnes sicher und erfreut. Auch die Woiwodin, die jede Regung der Tochter mit Sorge beobachtete, schien mit deren Betragen einigermaßen zufrieden.

Die anderen Gäste, vornehmlich diejenigen, welche nur zu gut die strenge Erziehung der Woiwodentöchter kannten, verfolgten erstaunt die gehorsame Annäherung der beiden Menschen, welche einander am Tag zuvor noch nicht gekannt hatten, aber bald schon die Verlobungsringe tauschen sollten.

Unterdessen war der Woiwode aufgestanden, um auf die Gesundheit des Ministers zu trinken, und aus dem Stegreif hielt er eine kurze, mit traditionellen Formeln gespickte Rede über die Ehre, welche seinem Hause widerfuhr. Der Trinkspruch wurde lärmend angenommen. Brühl, strahlend, dankte mit zuckersüßer, liebenswürdiger, wie seine ganze Gestalt vornehmer Miene. Sogar die Woiwodin trank aus einem kleinen Gläschen auf das Wohl Seiner Exzellenz. Und da man zuvor schon eine Anzahl von Gläsern geleert hatte, war die Stimmung gehoben. Der anschließende Toast galt der abwesenden Gräfin Brühl und dem gesamten Haus, wofür auch der Herr Gouverneur sich bedankte, hernach brachte der Minister, auf polnische Sitten eingeschworen, einen Trinkspruch auf die Gesundheit des Woiwodenpaares und seiner Nachkommen aus. Die weniger bedeutsamen Toaste folgten leiser und in vorschriftsmäßiger Reihenfolge, dabei wurde niemand übergangen.

Schließlich setzte sich der Woiwode in Bewegung, Brühl reichte der Dame des Hauses den Arm, und die ganze Gesellschaft begab sich in den Ballsaal. Der Gouverneur fühlte sich verpflichtet, Fräulein Maria zu geleiten, die blaß wie ein Opfer dahinging, wenn auch, wie es schien, schon weniger furchtsam. Nach den Verbeugungen und Dankesbezeigungen war es die Woiwodin selbst, die es so einzurichten versuchte, daß sich der junge Brühl zwanglos Fräulein Maria nähern und sich ihr empfehlen konnte.

Die angeregte Gesellschaft scharte sich zu mehreren Häuflein zusammen. Herr Alois bedurfte jetzt weder der Blicke noch der Instruktionen des Vaters, um seine Pflichten zu kennen. Er blieb zunächst in einiger Entfernung von der Woiwodentochter stehen, danach fand er einen Vorwand, an sie heranzutreten, und die Woiwodin zog sich ein wenig zurück, um den beiden mehr Freiheit zu gewähren und ihnen die Möglichkeit zu geben, das bei Tisch begonnene Gespräch nunmehr ungehindert fortzusetzen.

Seit die Vivatrufe ihr Gespräch unterbrochen hatten bis hin zu diesem Augenblick hatte Fräulein Maria Zeit gehabt, jedes Wort zu wägen und über seine Bedeutung nachzudenken. Brühl mit seiner Galanterie, seiner Kühnheit und artigen Scherzhaftigkeit erfüllte sie mit einer unbestimmten Furcht – ihr Instinkt ließ sie in ihm Kälte und Gleichgültigkeit erahnen, zugleich aber spürte sie in ihm die Milde und Güte eines Menschen, den alles wenig berührt. Ein sanfter Skeptizismus ging von ihm aus, so etwas lernte die Woiwodentochter, ohne daß sie es hätte benennen können, erstmals im Leben kennen. Dieser Skeptizismus erschien ihr weit weniger schrecklich als die Tyrannei, unter der ihre Kindheitsjahre verflossen waren, doch weckte er keine Sympathie. Die Furcht wich, in ihrem Herzen aber konnte nicht mehr aufkommen als eine gewisse Beruhigung.

Brühl sah in dem ängstlichen Wesen, welches ihm bestimmt war, etwas, das Mitleid und Erbarmen weckte, nichts sonst. Er war an solche Damen des Hofes gewöhnt, deren glänzendstes Vorbild seine eigene Mutter darstellte, an Damen, deren Geist nach den fernsten Sphären strebte, die auf Wissen und auf das Leben begierig waren, die alle Leidenschaften kannten und jeglichen Phantasien Genüge zu tun wußten. Die Woiwodentochter konnte ihm nicht gefallen, sie gefiel ihm nicht. Er suchte bei ihr etwas bang nur nach einem – nach dem stolzen, energischen Charakter, den sie von den Eltern geerbt haben konnte – er fürchtete den unausgesetzten Kampf. Alles übrige war ihm nahezu gleichgültig. In Fräulein Marias Augen, in ihrer Redeweise fand er aber keine Anzeichen dafür, und das beruhigte ihn. Der Gouverneur konnte und wollte in der Ehe nichts über das hinaus suchen, was ein solcher aus politischem Interesse geschlossener Bund bringen konnte – ein erträgliches Zusammenleben bei gegenseitig befestigten Zugeständnissen.

Es ist ein Einsatz auf ein unbekanntes Blatt, sagte er sich im Stillen. Das Schicksal zieht, ich halte die Bank, mein Vater gewinnt das Bündnis mit den Potockis, und ich? Ein interessantes Wesen zur Beobachtung.

Brühl lächelte düster in sich hinein. Er mußte sich erneut zur Woiwodentochter setzen und sie mit einem Gespräch unterhalten. Im Verlaufe desselben trat Mniszech hinzu und warnte ihn, daß die Frau Woiwodin, welche gehört habe, er solle ein Windbeutel sein, den von ihm vorgezeigten Ernst dem Umstand zuschrieb, daß man sie Brühl als eigensinnig und als Grillenfängerin hingestellt habe.

»Um Himmels willen, kehr den Windbeutel heraus und den übermütigen Flatterer, und zwar schnell«, flüsterte der Schwager. »Sonst verlierst du ihre Gunst.«

Der Gouverneur war gehorsam, womöglich amüsierte ihn die Komödie, die er spielte.

Im Laufe der nächsten Stunden gab ihm der fürsorgliche Schwager noch mehrmals nützliche Anweisungen, denn die Brauen der Woiwodin zogen sich bald zusammen, bald glätteten sie sich, und von ihr hing schließlich alles ab.

III

Die Geschichte dieser unter Diktat stattfindenden Werbung um das Fräulein ist nicht leicht zu beschreiben. Obgleich die Dinge zwischen den Vätern ausgehandelt waren, machte der Woiwode kein Hehl daraus, daß viel, ja, eigentlich alles von der gnädigen Frau abhing. Es gab Tage, da die Woiwodin, gekränkt aus Gründen einer imaginären Ungebührlichkeit, alles abblasen wollte. In solchen Fällen hatten Priester Russjan, Frau Cetnerowa, die Mniszchowa und am Abend die beiden Terleckis große Mühe, sie wieder zu besänftigen.

Dem Herrn Gouverneur ward an einem Tage befohlen, zu lachen, zu tollen und zu springen, anderntags hingegen hatte er traurig zu sein. Man warnte ihn, daß er kein Fräulein ansehen, zu keinem anderen Fräulein ein Wort sprechen dürfe und sich von den verheirateten jungen Frauen fernzuhalten habe, da er im Ruf eines Schürzenjägers stehe. Der Gouverneur lachte sich eins und ging den gewiesenen Weg. Sooft er um Haaresbreite davon abwich, waren sogleich sämtliche Kuratoren bemüht, den Schaden wiedergutzumachen und ihm zu soufflieren, was er wie zu tun habe, damit er der Woiwodin gefalle.

Um die Woiwodentochter ging es am allerwenigsten, sie hatte hier keinerlei Stimme. Ihr überbrachte lediglich die Dumont die täglich anders lautenden mütterlichen Befehle.

»Sage ihr, meine liebe Dumont«, verfügte die Mutter an einem Tag, »sie soll nicht so ein Angsthase sein und dahocken wie gemalt.«

Dann wieder hieß es: »Was haben die beiden zu flüstern? Sie mögen in üblicher Lautstärke reden.«

Eines anderen Tages fand die Mutter, das Fräulein mache eine mürrische Miene oder aber sie wirke düster. Lächeln und Fröhlichkeit waren anzulegen wie ein Kleid und abzuwerfen wie ein Korsett.

Indes konnte mit der Hilfe von Priester Russjan, der Terleckis, der Mniszchowa die Woiwodin letztlich gewonnen werden. Der junge Brühl blieb bis zum Namenstag der Herrin in Krystynopol, erfüllte seinen Frondienst mit einer gewissen seltsamen Ironie, und nach vielen Übelkeiten, Entschuldigungen, Umständen und Bemühungen willigte die Woiwodin schließlich ein. Der junge Bewerber ward akzeptiert und die Verlobung für den dritten Juni festgesetzt.

Übrig blieb nur die Ungewißheit des Ortes, an welchem die Verlobung stattfinden sollte. Anfangs gedachte man zu diesem Zweck in Brody zusammenzukommen, wo der Vater der Woiwodin, der Herr Woiwode von Posen, lebte.

Der Gouverneur, nach diesem ersten Aufenthalt wieder allein und auf dem Wege nach Warschau, atmete auf, befreit von der lächerlichen Rolle, die er in Krystynopol hatte spielen müssen. Bei der Erinnerung daran schmunzelte er bald ironisch, und bald verfiel er achselzuckend in düsteres Nachsinnen.

Für den dritten Juni, jene feierliche Verlobung, ward eine Vielzahl Gäste eingeladen. Unglücklicherweise traten in Krystynopol die Pocken auf, nicht sehr schlimm, aber in damaliger Zeit weckten sie Furcht, und beinahe hätte das die ganze Feierlichkeit verzögert. Nur mit Mühe gelang es Doktor Macpherlan, indem er nachwies, daß es sich um Windpocken handelte, Beruhigung einkehren zu lassen. Der alte Woiwode von Posen aber, welcher mit seiner Gegenwart die Verlobung beehren sollte, kam nicht, an seiner Statt schickte er mit einem Brief und einem Ring den Starosten von Leżajsk. Die Punkte des Ehevertrags waren frühzeitig vorbereitet worden, die beiden Männer, welche den Häusern vorstanden, gingen ein herausforderndes Bündnis zu Schutz und Trutz ein. Der Woiwode wiederholte immerfort: »Ab jetzt – wer mir ein Feind ist, ist auch Euer Widersacher, das gilt gegenseitig.«

Erst am Morgen des dritten Juni, am Tag der Verlobung selbst, die so feierlich werden sollte wie eine Hochzeit und auch ebenso gewichtig und verpflichtend war, ließ die Woiwodin die Tochter zu sich rufen. Ihre Auffassung von den Pflichten einer Mutter erlaubte es ihr nicht, Zärtlichkeit zu zeigen, eine solche hieß in ihrer Sprache Schwäche – als die Woiwodin jetzt aber die blasse Maria sah, wie sie ihr Urteil mit marmorner Gleichgültigkeit und starrem Blick anhörte, kein Wort zu erwidern imstande war und weder Widerstand noch Freude zeigte, da öffnete sich das Mutterherz für einen kurzen Moment. Die Woiwodin heulte lauthals los und stürzte vor, um das Kind, das sie verlieren sollte, zu umarmen.

Das aber währte nur einen Augenblick, die beiden Terleckis eilten mit Lavendelwasser herbei, die Hofdamen brachten verschiedenste Belebungsmittel, und die Woiwodin besann sich wieder, fand zurück zu ernster Haltung, und den Ausbruch in ihrer Brust erstickend, überantwortete sie dem Herrgott ihren Schmerz.

Die Morgenstunde war verabredet. Sogleich trat der Woiwode ein, um der Tochter offiziell seinen Willen kundzutun und ihr darzulegen, was für ein glänzendes Schicksal die elterliche Güte ihr bereitet habe, was für eine Ehre es sei, eine Gräfin Brühl zu werden, was für ein Glück, einen solchen Mann zu haben, und welche Dankbarkeit das Kind seinen Eltern bis zum Grabe bewahren müsse.

Die Mutter gab Maria einen Wink, daß sie dem Vater zu Füßen fallen und ihm danken müsse, und die Ärmste brach in Tränen aus.

Sollen wir den feierlichen Akt und den Segen von Priester Russjan beschreiben, den man eigens für diesen Tag aus Podkamienie herbeigeholt hatte? Die Zeremonie vollzog sich unter Böllerschüssen, und sie ward dadurch ausgezeichnet, daß man zuvor den Brief des Großvaters, des Vaters der Woiwodin, öffentlich in der Kirche verlas. *Tandem* folgten die Glückwünsche, das Festmahl, die Trinksprüche, und am Abend mahnte die alte Terlecka ihr Stück Kleiderstoff für das erfolgreiche Novenchen an, ganz zu schweigen davon, was sie durch Vermittlung der Mniszchowa von den Brühls erhielt.

Die Woiwodentochter, welche die ganze vorangegangene

129

Nacht durchweint hatte, welche sich den Morgen und den Tag über quälen mußte, ohne sich anmerken zu lassen, was sie fühlte, war bleich wie ein Gespenst. Sie lächelte ohne Sinn, hörte zu, ohne zu begreifen, was man zu ihr sprach, ihre Augen waren voller Tränen, aber das ließ sich mit der Anhänglichkeit an das elterliche Zuhause erklären. Brühl wagte nicht, sie zu trösten oder sie mit kleinen Scherzen zu zerstreuen, zu denen er stets aufgelegt war. Er selbst empfand eine seltsame Beklemmung des Herzens, doch wußte er dieselbe hinter seiner gewohnten Fröhlichkeit zu verbergen.

Als der leidige Tag schließlich zu Ende gegangen und am anderen Morgen den Kutschen vor der Schloßauffahrt vorzufahren befohlen war, als man daranging, sich zu verabschieden, Hände zu küssen und einander zu umarmen, fühlten alle Teilnehmer dieses von Dünkel, Ehrgeiz und politischem Kalkül herbeigeführten Aktes gleichsam eine schwere Last von sich abfallen. An der Auffahrt nahm man noch den Steigbügeltrunk und küßte einander um so zärtlicher, je näher man sich der Befreiung wußte. Noch einmal feuerten die Geschütze, und schon einen Augenblick später herrschte im Krystynopoler Schloß nur noch eine große Geschäftigkeit, welche darauf gerichtet war, die alltägliche Ordnung sämtlicher Bereiche der Wirtschaft wiederherzustellen.

Die Gäste, im Städtchen angekommen, verpackten in den verschiedenen Gasthöfen ihre Kontusze und kostbaren Gürtel und legten Reisekleider an, die Soldaten in Krystynopol warfen die Paradekollette ab, die Höflinge entledigten sich ihrer reichverzierten Gürtel, in den Anrichtezimmern wurde das Silber gezählt, die Woiwodin ließ sich das Verzeichnis der verausgabten Speisen und Getränke bringen, der Woiwode hörte den Rapport des Starosten von Zawidy an, und die Vorgesetzten bestimmten die Strafen für jene guten Leute, welche das große Durcheinander genutzt und Mißbräuche zugelassen hatten.

130

Wie sich herausstellte, hatten sich zwei Luftikusse in das Ankleidezimmer geschlichen zwecks verbotener Umtriebe mit den Fräulein, worauf strengste Bestrafung durch Rutenschläge stand. Bebuś hatte sich betrunken und Beba mit einer Ohrfeige gekränkt, was er durch Knien und durch Fasten bei Brot und Wasser büßen sollte; zwei Heiducken hatten sich verfeindet und einander blutig geschlagen. Alles das mußte genauestens überprüft und exemplarisch geahndet werden.

Das Tafelsilber wurde in die Schatzkammer getragen, die Betrunkenen setzte man zum Ausnüchtern in den Karzer bei der Hauptwache, überall herrschte noch eine etwas fiebrige Betriebsamkeit, die jedoch allmählich zur Ruhe kam. Fräulein Maria hatte ihr Haupt auf Madame Dumonts Schoß gebettet, und mit verweinten, aber trockenen Augen sann sie über ihr Schicksal nach. Die jüngeren Schwestern betrachteten sie mit jenem Erstaunen und Neid, wie sie nur das kindliche Alter hervorzubringen vermag.

Der besonders schöne Verlobungsring, das Geschenk vom Großväterchen Woiwoden, weckte die Neugier der jüngeren Schwestern, und Maria mußte ihn unentwegt herzeigen. Jedoch durfte sie ihn nicht vom Finger ziehen, denn ein Aberglaube schmiedete ihn daran bis zur Hochzeit fest.

Unterdessen brachten die Wagen des Herrn Gouverneur, für welche der Pferdewechsel unterwegs vorbereitet war, den jungen Brühl zurück in die Hauptstadt. Mniszech geleitete ihn noch eine Strecke, um dann zu seinen Gütern abzubiegen, und beim Abschied drückte er dem Schwager zugleich seine Freude über den vollzogenen Akt sowie sein Beglücktsein darüber aus, daß die schlimme Fron nunmehr beendet war.

Der Gouverneur mit seinem Hof traf zu später Stunde im vorbereiteten Nachtquartier ein, und nach solcher Erschöpfung verlangte es ihn vor allem danach, auszuruhen. Die örtliche Schlachta indes, von der Durchreise des jungen Brühl unterrichtet, begrüßte ihn zu Scharen, und es mangelte nicht an Klienten, Petenten, an Verbeugungen und kurzen Ansprachen, für welche ein Lächeln und Dankesworte nötig waren.

Nachdem er die lästigen Besucher los war, wollte sich der Gouverneur, der schon die Kleider abgeworfen hatte, eben auf das Bett fallen lassen, als ihm der Kammerdiener meldete, daß ein unbekannter Herr, der seinen Namen nicht nennen wolle, sich aber als alten und vertrauten Freund bezeichne, nachdrücklich darum bitte, vorgelassen zu werden.

Im ersten Augenblick herrschte Brühl den Kammerdiener an und hieß ihn den zudringlichen Menschen wegschicken, der aber ließ erneut sein Bitten und Drängen ausrichten, und endlich ward ihm die Tür geöffnet. Ein Mann von stattlichem Wuchs, mit einem Hut auf dem Kopf, welcher zugleich das ganze Gesicht verdeckte, und in einen Mantel gehüllt, erschien auf der Schwelle. Brühl blickte ungehalten auf diese Maskerade, als der Gast plötzlich den Hut herunterriß und Brühl mit einem Freudenschrei um den Hals fiel.

»Ha, nicht wahr, da habe ich dir eine Überraschung bereitet! Bestimmt verfluchst du mich, weil ich dir Erschöpftem keine Nachtruhe gönne. Wie geht es dir? Verzeih mir, ich konnte nicht bis morgen warten.«

»Ach, du bist das!« rief Brühl aus. »Hast mich gehörig erschreckt. Setz dich und sei gegrüßt.«

Der Ankömmling war einer der frühesten Freunde des jungen Brühl, ein Altersgenosse, Gefährte kindlicher Spiele auf der Terrasse in Dresden, einst ein Höfling des Königs, Herr Sołłohub, Generalssohn. Mit ihm hatte Herr Alois einstmals am liebsten herumgetollt, sie hatten die Kräfte gemessen, in der Geschicklichkeit gewetteifert und später auch in der Geistesschärfe, indem sie Dinge erörterten, die sie damals gar nicht verstanden, die aber um so mehr ihre Neugier weckten. Später war Herr Sołłohub nach Polen zurückgekehrt, zu jenem Leben eines Landedelmannes, für welches er bestimmt war, und der Gouverneur war fast zu einem Würdenträger emporgestiegen. Die Vertrautheit von einst hatte sich trotz der heute loseren Beziehung dank der gegenseitigen Sympathie, der aufrichtigen Freundschaft und der Erinnerung an die Jugendzeit erhalten.

Einzig Sołłohub gegenüber pflegte sich Herr Alois zu seinen Sehnsüchten, Phantasien, Bedrängnissen zu bekennen, welche durch den Glanz seiner Position überdeckt waren, allein Sołłohub vermochte ihn zu verstehen und würde ihn nicht verraten. Sie waren miteinander wie Brüder, und nicht einmal zu seinen leiblichen hegte Brühl ein solches Vertrauen wie zu diesem Menschen.

Jedoch waren sie keineswegs von ähnlichem Charakter, und sie unterschieden sich auch in der Kraft des Verstandes, im Flug des Geistes. Der Gouverneur von Warschau war einer der intelligentesten Menschen seiner Zeit, Sołłohub besaß zwar weltmännisches Wesen und Schliff, jedoch berührten ihn komplizierte Fragen des Lebens, der Philisophie, des Herzens, der Politik wenig. Er war jung und wollte vor allem seine Jugend und das Leben genießen. Er besaß ein überaus empfindsames Herz, sein Kopf steckte voller Träume. Brühl war ein Skeptiker, er war kühl, sanft und für alles dankbar, was ihn einen Augenblick lang zerstreuen und erwärmen konnte. Sołłohub, der weniger genossen und gesehen hatte, benötigte noch nicht viel, um glücklich zu sein. Der Gouverneur von Warschau langweilte sich oftmals, und dagegen half nicht einmal seine Lieblingsmedizin Wissenschaft.

Sołłohub schätzte die Wissenschaft sehr, aber sie war ihm gleichgültig, er begriff nicht, wie man sie im Leben eines polnischen Schlachtschitzen verwenden sollte. Längst meinte er alles zu besitzen, was er für seine Stellung benötigte. Er ritt ausgezeichnet, er schoß und schwamm wie Brühl, sprach nicht übel

133

mehrere Sprachen, er liebte die Musik, obwohl er sie nicht aus-
übte, er trank, wenn er dazu genötigt war, recht ordentlich und
wußte sich gleich gut unter Kontuszen wie unter Fräcken zu bewegen. Seiner Ansicht nach hatte niemand das Recht, mehr von
ihm zu verlangen.

»Jawohl, ich, Brühl!« rief fröhlich, sich auf einen Stuhl fallen
lassend, Sołłohub. »Du heiratest also. Vivat!«

»Und du?« fragte der Gouverneur.

»Ich bislang nicht, aber bin ich schon irrsinnig verliebt.«

»Amüsant. Und du glaubst, daß du, vom blinden Amor geführt, in den Tempel des Hymenäus gelangst? Dabei wirst du mit
deinem Wirrkopf nicht einmal den Eingang finden!«

Sołłohub errötete und sagte seufzend: »Reden wir von dir. Was
gibt es da?«

»Über mich, mein Lieber, gibt's nichts zu sagen«, entgegnete
Brühl lachend. »Da du aus der Ferne beobachtest, weißt du alles
und solltest dir den Rest denken. Du bist frei – ich habe der Freiheit seit langem entsagt. Mit Stoizismus und heiterem Gesicht
gehe ich, wohin man mir befiehlt. Der Papa braucht eine Allianz,
also packt man mich in eine Kutsche und übergibt mich als Pfand-
stück. Weder das Fräulein noch ich haben davon gewußt, als wir
versprochen wurden. Böllerschüsse krachten, es wurde auf die
Gesundheit getrunken, man setzte uns an die Tafel, Ringe wurden gewechselt, und *finita la commedia*. Nun ist es an euch, uns
beiden Beifall zu spenden.«

Sołłohub war ernst geworden.

»Hör mal«, sagte er. »Du bist in der Tat ein glücklicher Mensch,
daß du das so heiter nehmen kannst. *Finita la commedia?* Das
stimmt nicht! *La commedia comincia*, sie fängt erst an!«

»Willst du, daß ich dir ihr Ende erzähle?« fragte der Gouverneur mit gespielter Fröhlichkeit. »Die Frau hat Angst vor mir,
ich vor ihr, wir heiraten vor dem Altar und fahren nach Młociny.

134

Das Leben fließt glatt dahin, wie das üblich ist bei geschliffenen Fußböden. Von Liebe kann keine Rede sein, nach und nach lernen wir, einander zu ertragen, finden einen *modus vivendi*. Die Frau sucht sich einen Freund, ich suche mir eine Freundin, wir vergeben uns gegenseitig unsere Schuld und werden uns weder besser noch schlechter als andere bis zum Ende durchschlagen. Ein Vorteil – keiner von uns kann enttäuscht werden, denn wir machen uns keine Illusionen. Ist das nicht eine vortreffliche Situation? Die Karten liegen auf dem Tisch, wir spielen ein offenes Spiel. Hahaha!« Brühl lachte schallend los und sah den verblüfften Sołłohub an.

»Die ganze Kunst« setzte er hinzu, »ist der richtige Blickpunkt. Eine gute Seite findet sich, wie du siehst, stets sogar dort, wo gar keine ist.«

»Diese deine Fröhlichkeit …«, brummte der Freund.

»Und was würde es mir helfen, mich zu grämen und mir das Leben zu vergällen?« fragte Brühl.

Sołłohub schwieg eine Weile, dann sagte er: »Wie du meinst, ich fühle nur, daß du mir schrecklich leid tust.«

Der Gouverneur gab ihm einen Klaps aufs Knie.

»Danke, aber du siehst ja, ich gehe aus dieser Tortur heil und gesund hervor. Was verlangst du vom Leben! Jeder hat seine Bestimmung, und ich beklage mich nicht über die meine.«

Der Freund vermerkte irgendwie betrübt Brühls gespielte Fröhlichkeit.

»Weißt du was?« sagte er. »Noch nie habe ich jemanden um etwas beneidet, aber dich beneide ich fast um deinen Humor und deine Schicksalsergebenheit. Du bist für mich ein Rätsel. Entweder ist das Aufschneiderei, oder aber du bist kein Mensch.«

»Nun, ich weiß nicht«, erwiderte Brühl. »Vielleicht bin ich eine Puppe – aber eines ist sicher, nämlich daß mich viele Dinge belustigen, nur weniges mich schmerzt und fast nichts mich rühren

135

kann. Das mag betrüblich sein oder spaßig – es ist so, mein Lieber!«

»Was für ein Aufschneider«, unterbrach ihn der Gast. »Das ist Großtuerei. Wie das? So jung, wie du bist, solltest du dich nicht mehr verlieben können und wollen?«

»Ich weiß nicht«, versetzte Brühl und schüttelte den Kopf. »Da ist etwas Sonderbares, sag ich dir, ich habe mich zum erstenmal in meinem Leben verliebt, als ich zwölf Jahre alt war, in ein Kind. Seitdem kann ich es nicht mehr. Diese kindliche Liebe dauert bis heute! In meinen Wunschträumen ist sie noch immer da. Später war ich verrückt nach der Engländerin, weshalb es viel Lärm gab, aber ich habe sie nicht geliebt. Ich war hinter anderen her, sowohl aus Neugier als auch vom Temperament getrieben. Meine erste Liebe, welche fünf Minuten gedauert, war vermutlich meine letzte.«

Er wollte noch mehr sagen, doch schien er sich plötzlich zu besinnen – er verstummte, und in verändertem Ton forderte er Sołłohub auf: »Sprich mir von dir. Du hast natürlich schon unzählige Male geliebt, ich weiß noch, das begann mit der Kammerfrau meiner Mutter. Und wer ist es jetzt?«

»Laß die Scherze! Zum ersten und letzten Mal im Leben bin ich ernstlich verliebt.«

»Ah! Vivat! Und, der Gegenstand deiner Begeisterung – ›teilt er dein Feuer‹?« fragte Brühl ironisch.

»Ich bitte dich, laß die Scherze. Der Gegenstand ist blutjung und wird, so scheint mir, wohl niemals zu lieben vermögen.«

»Darum, weil er dich nicht liebt«, bemerkte der Gouverneur lachend. »Ist der Name ein Geheimnis?«

Sołłohub schwankte.

»Wir sind schließlich Freunde – ich verrate dich nicht! Sollte es gar eine verheiratete Frau sein?« fragte Brühl.

»Unsinn, sie ist fast noch ein Kind, ein Engel!« rief Sołłohub.

»Sie alle sind Engel, wenn man in sie verliebt ist. Wer aber, genau betrachtet, bringt deinen Engel zur Welt?«

Der Generalssohn überlegte.

»Ich bin nicht hier, um vor dir ein Geheimnis daraus zu machen«, sagte er ernst. »Ich liebe Maria Potocka, die Tochter des Kronmundschenks. Sie ist eine arme Waise, ihre Eltern sind verstorben. Die Vormunde, wer weiß, sind vielleicht nicht geneigt, sie an mich zu verheiraten.«

Brühl, der den Freund die ganze Zeit über mit ironischer Miene angehört hatte, erbebte, als dieser den Namen der Kronmunschenkstochter nannte, ein Zittern durchfuhr seinen ganzen Körper. Sołłohub, welcher mit gesenkten Lidern dasaß, bemerkte die Erschütterung nicht, und als er den Blick hob, hatte Brühl sich bereits wieder in der Hand. Ein größerer Kenner menschlicher Antlitze hätte ihm vielleicht angesehen, daß dort ein Stromschlag seine Spur hinterlassen hatte. Sołłohub jedoch vertiefte sich nicht in die Menschen, er nahm sie so, wie sie sich ihm darstellen wollten. Das Gespräch war jäh abgebrochen, der Gouverneur hatte gleichsam das Interesse verloren, er saß gleichgültig da und ein wenig verwirrt.

»Weißt du«, meldete er sich dann zu Wort, wieder den Fröhlichen spielend, »das ist eine besondere Vorbestimmung. Wir waren und wir sind, so hoffe ich, Freunde, unsere Geschicke hatten bisher viel Gemeinsames, und beiden ist uns, wie man sieht, eine Maria Potocka vorbestimmt.«

Sołłohub, der den Namen der Woiwodentochter nicht gekannt hatte, drückte seine ganze Verwunderung aus.

»Ach, wenn du doch ein Prophet wärst!« rief er aus. »Aber du nimmst bereits deine Potocka, während ich nicht weiß, wann ich dieses Glück erlange.«

Brühl stand auf, ging umher und summte etwas vor sich hin.

»Reden wir ernsthaft«, sprach er schließlich in verändertem

Ton. »Du brauchst mich weiß Gott um nichts zu beneiden. Ich sagte dir ja – nicht ich heirate, sondern man verheiratet mich. Die Braut ist ein armes, verschrecktes Opfer, und ich komme mir vor wie ein Henker. Dagegen ist nichts zu machen. Ich muß den Heiteren spielen, um ihr und mir Mut zu machen. Mein Herz, über das ich dir gegenüber geprahlt habe, daß es verhärtet sei wie ein Hühnerrauge, schmerzt bisweilen unsäglich, so wie ein Hühnerauge bei Regenwetter. Das alles ist traurig, lächerlich und dumm. Sich selbst und andere zu quälen, um ein paar Jahre lang das Vergnügen zu haben, mit anzusehen, wie sich die Leute haßvoll vor dir verbeugen! Ich bin sicher, daß mich die meisten Menschen beneiden. Ja, gibt es dem Augenschein nach eine glücklichere Lage als die meine? Mein Vater ist der beinahe unumschränkte Herr in zwei Ländern, Gold kann ich so viel haben, wie ich will, ich bin jung, gesund wie ein Pferd, ein Schwarm von Speichelleckern umgibt mich, und niemand ist ein unglücklicherer Mensch als ich.«

»Brühl, was redest du!« rief der Freund fast erschrocken.

Der Gouverneur lächelte kurz.

»Und weißt du, warum? Weil mir alles gleichgültig ist, weil ich ein Unglück herbeisehne, um aus diesem Marasmus herauszukommen.«

»Dich hat einfach das Glück verdorben«, entgegnete Sołłohub. »Dagegen hilft nichts anderes als ein wirkliches Unglück, welches dich das ersponnene vergessen ließe, doch hören wir auf damit!«

Nach diesen Worten begann er im Zimmer umherzugehen, es war, als bereite er sich auf etwas vor. Langsam kam er auf Brühl zu.

»Mein lieber Gouverneur«, begann Sołłohub. »Ich habe eine Bitte an dich. Du warst mir früher ein Freund …«

»Ich bin es immer!«

»Tu etwas für mein Glück!« Er faltete die Hände wie zum Gebet.

»Worum geht es? Sprich ohne Vorreden!«

»Wann ist deine Hochzeit?«

Brühl fuhr leicht zurück bei dieser Frage, so unerwartet kam sie für ihn.

»Erinnere mich nicht daran, was hättest denn du davon?«

»Sag, wann ist sie?«

»Um Neujahr herum, glaube ich.«

»Oh, das ist noch lange hin.« Sołłohub seufzte. »Es ist schon allgemein bekannt, daß deine Vermählung außerordentlich prunkvoll gefeiert werden soll, vor allem wird es eine große Zusammenkunft aus ganz Polen geben. Alles, was nur mit den Potockis verwandt, verschwägert, befreundet ist, wird sich in Krystynopol einfinden. Man zählt die Gäste bereits nach Hunderten, wer weiß, gar nach Tausenden.«

»Möchtest du, daß ich dich einlade?« unterbrach Brühl den Freund. »Aber das geschieht ohnehin.«

»Ach, darum geht es mir nicht«, fiel Sołłohub ihm ungeduldig ins Wort. »Die Kronmundschenkstochter Potocka wird ganz bestimmt auf der Hochzeit sein. Du gehörst bereits zur Familie, zum Hause, dein Vater besitzt großen Einfluß, deine Schwester nicht minder. Alois! Bei deiner Freundschaft beschwöre ich dich, hilf mir, Maria Potocka zu gewinnen, ich liebe sie unsterblich, ich …«

Er beendete den Satz nicht und griff sich an den Kopf.

»Du glücklicher Mensch!« seufzte Alois.

Der Freund faßte seine Hände. Brühl wich ungehalten zurück.

»Wenn du darüber mit meinem Vater reden möchtest, verschaffe ich dir dazu Gelegenheit, mag er für dich sprechen, nur ich, ich kann nicht.«

»Aber warum nicht?« Sołłohub fuhr auf, leicht gekränkt.

»Weil ich mir, obgleich ich erst einundzwanzig Jahre alt bin, geschworen habe, niemals eine Ehe zu vermitteln.«

»Das hast du dir geschworen?«

»So ist es. Und ich halte mich daran.«

Der Gast nahm langsam seinen Hut vom Stuhl; man sah ihm an, wie sehr es ihn verletzte, so im Stich gelassen zu werden.

»Alsdann«, sagte er kühl, »bleibt mir nur, dir eine gute Nacht zu wünschen.«

Brühl jedoch streckte ihm beide Arme entgegen.

»Mein Lieber, mein Freund«, sagte er sanft. »Sei mir nicht böse, der Herrgott sieht es, ich kann nicht dafür, du hast meine ganze Zuneigung, in dieser Angelegenheit jedoch kann ich dir nicht dienen.«

»Aber ich brauche dich nur in dieser Angelegenheit«, unterbrach ihn Sołłohub. »Ich bitte dich um keine Starostei, um keinerlei Gunst und Protektion, nur in dieser einen Sache könntest du mir hilfreich sein.«

»Ich kann nicht«, sagte Brühl. »Ich kann es nicht.«

»Mir ist das unbegreiflich«, murmelte der Gast.

»Denk, was du willst«, fügte der Gouverneur hinzu. »Ich vermittle keine Ehen. Ich werde dich meinem Vater empfehlen, er kann mehr ausrichten als ich. In dieser Angelegenheit bin ich dir nicht nützlich, denn ich glaube nicht an die Ehe und habe meine Prinzipien. Wenn es mir erlaubt wäre, dir meine eigene Verlobte abzutreten – ebenfalls eine Maria Potocka –, täte ich es gern, nur laß mich mit der Brautwerbung in Frieden, dazu bin ich nicht geschaffen!«

Der Generalssohn sah ihn an, drückte ihm leicht die Hand und ging fort. Brühl folgte ihm mit dem Blick, dann warf er sich todmüde auf das Bett.

140

IV

Nach dem Dreikönigsfest sollte in Krystynopol die Hochzeit stattfinden. Je sparsamer und knausriger das Kiewer Woiwodenpaar im Alltag war, um so großartiger wollte man bei diesem Akt in Erscheiung treten. Aus Erzählungen war der Überfluß des sächsischen Hofes hier wohlbekannt, an welchen Brühl gewöhnt war, man wußte, was für ein luxuriöses Leben er führte, zudem wollte man nach langem Fernsein von der größeren Welt mit dem festlichen Auftritt die prächtigsten Gastmahle in den Schatten stellen.

Die Woiwodin wäre vielleicht darum bemüht gewesen, Pracht und Sparsamkeit miteinander in Einklang zu bringen, aber an dieser Stelle erwies sich Herr Franciszek Salezy als unerbittlich.

»Davon möchte ich nichts hören, meine Gnädige«, erklärte er. »Hier gibt es nichts zu geizen. Die Augen der gesamten Rzeczpospolita sind auf uns gerichtet, wir müssen uns präsentieren und werden es königlich tun! Und wenn es Unsummen kostet. Wir müssen uns so darstellen, wie es sich für uns geziemt. Wenn der Herrgott es uns vergönnt, auch die zweite und die dritte Tochter zu verheiraten, wird das anders gemacht, gewiß leise und bescheiden, die erste aber, die wir auch noch einem Brühl vermählen …«

Der Herr Woiwode reckte den Arm fuchtelnd in die Höhe, und da bis zum Januar nicht mehr viel Zeit blieb für so große Vorbereitungen, rief er auf der Stelle den Fürsten Czetwertyński zur Beratung herbei. Hauptsächlich ging es um das Hochzeitsprogramm. Ehemals wurden während der Hochzeitsfeierlichkeiten gewisse nationale Traditionen gepflegt, viele Reden mußten gehalten und angehört werden, bei der Überreichung der Geschenke, des Marzipans bei Tisch, beim feierlichen Geleiten der Neuvermählten ins Schlafgemach, bei der Haltung des Beilagers, beim Brautkranz, bei verschiedenen Zeremonien während der Trauung und der Hochzeitsfeier bis hin zur Zuckermahlzeit in der Brautkammer für die geleitenden Gäste und bis zur Abreise aus dem Elternhaus. Die Redner kamen von der Seite des Bräutigams, der Eltern, von der einen und der anderen Familie, es sprachen Freunde, Höflinge usw. Außer den Reden war die Zeremonie selbst, nach alter Sitte halb öffentlich, beschwerlich, und Fremden mochte sie seltsam erscheinen. Der Woiwode wich ungern von der Tradition ab, dabei war ihm bange, wie die Sachsen dieselbe schlucken würden.

Die sich in Polen immer mehr ausbreitende europäische Sitte verdrängte die einstigen Bräuche und führte neue, fremdländische Formen ein. Man wußte in der Tat nicht, was besser war: beim Alten zu bleiben oder mit dem Vergangenen zu brechen. Dies war für beide Staaten verdrießlich, wiederum wollte man sich den Fremden gegenüber nicht lächerlich und hinterwäldlerisch zeigen. Darum wurde der in solchen Dingen beschlagene Fürst Czetwertyński zu Rate gerufen, und bedächtig trat er in die Kanzlei, wo das Woiwodenpaar ihn erwartete. Der verarmte alte Fürst war von würdevoller Gestalt, man sah ihm das kraftvolle Blut der einstigen Feldherren an, welche den schwer lenkbaren Haufen auf Märschen und Beutezügen den Weg gewiesen hatten. Czetwertyński diente dem Herrn Woiwoden, aber er trug seinen Fürstenhut, weil es ihm so anstand, und obwohl er sich verneigte, erniedrigte er sich nicht. Auch dieses Mal beugte er das Haupt, steckte die Hände aber sogleich hinter den Gürtel und stand als ein Gleicher vor einem Gleichen.

»Womit kann ich dem Herrn Woiwoden dienen?«

»Euer Liebden, gnädiger Fürst, Ihr seid unser Freund, wir wollen Euren Rat einholen wegen der Hochzeit«, sagte Herr Franciszek Salezy. »Es unterliegt keinem Zweifel mehr, daß wir uns präsentieren werden, so gut wir es vermögen, koste es, was es wolle. Aber an der Sache ist ein Haken. Maria heiratet einen Ausländer, und wenn der auch gleichsam ein polnischer Schlachtschitz ist, ist er zugleich ein deutscher Graf. Die Hochzeitsfeier wäre geziemenderweise auf unsere, auf polnische Art auszurichten, andererseits verstehen die Sachsen das nicht und werden es lächerlich finden.«

Der Fürst stand lange schweigend da, nur ein beträchtliches Schnaufen war hörbar. Wie fast alle gemächlich denkenden Menschen seines Alters hatte auch er sein Sprichwort parat, mit dessen Hilfe er die Pausen ausfüllte, falls der Gedanke sich verspätete.

»Ein Pappenstiel, Herr Woiwode«, sagte er dann, »ein Pappenstiel, so weit braucht man dabei gar nicht zu denken. Es geht darum, daß der Wolf satt ist und die Ziege heil.«

»Aber wie?« fragte die Woiwodin.

»Wie?« Der Fürst strich sich über den kahlen Kopf. »Wie? Ein Pappenstiel, das polnische Zeremoniell wird ein wenig beschnitten und Neumodisches dazugegeben.«

»Was wird mit den Reden?« warf der Woiwode ein.

»Die Sachsen werden sie nicht verstehen«, gab die Woiwodin leise zu bedenken.

»Deshalb können sie zuhören, ein Pappenstiel«, sagte der Fürst achselzuckend. »Ganz ohne Reden kommt man nicht aus.«

»Euer Liebden, gnädiger Fürst, Ihr wißt, daß in meinen jungen Jahren, wenn da eine zünftige Hochzeit gefeiert wurde, fünfzehn bis zwanzig Reden angehört werden mußten«, erklärte Potocki.

»Wie sollte ich das nicht wissen? Ich selbst habe solche gehalten«, entgegnete der Fürst. »Auf meiner eigenen Hochzeit habt ihr mir einen Streich gespielt, den ich nie vergessen werde, Potocki. Ihr solltet in meinem Namen für die Braut in der Brautkammer danken, Ihr konntet das *expedite*, bevor es aber dazu kam, hatte man Euch vorsätzlich betrunken gemacht. Ihr räuspertet Euch, saht stieren Blickes vor Euch hin, hobt die Hand – und während wir warteten, wurdet Ihr krebsrot im Gesicht, würgtet und kriegtet kein Wort heraus. Ich mußte selbst aus dem Stegreif reden.«

»Ich weiß, daß ich manchmal auf Hochzeiten nur Unsinn gehört habe«, setzte Potocki hinzu. »Bestimmt ist es anderen auch so ergangen. Da wurde kühn drauflosgefaselt.«

»Reden wird es also so wenig wie möglich geben«, entschied die Woiwodin. »Was ist mit den anderen Zeremonien?«

Der Fürst überlegte.

»Der alte Brauch, das öffentliche Geleit zum Brautgemach wird ja wohl nicht schicklich sein«, sagte er nach einer Weile, und der Bräutigam wird kein Marzipan und keine Kerzen schicken. Am besten leicht französisch auf polnisch, meine ich, ein Pappenstiel, Herr Woiwode …«

Czetwertyńskis Ansicht behauptete sich, und das Hochzeitsprogramm nahm nach und nach Gestalt an. Recht bald begann die Kanzlei nach drei unterschiedlichen Mustern Einladungsbriefe zu schreiben – an die Geistlichkeit, an Senatoren, Würdenträger, an die Familia und den angesehensten Adel, zu welchem die Herren Potocki Beziehungen pflegten. Als eine Schwierigkeit stellte sich heraus, daß man ja mit vielen Personen der gegnerischen Partei verschwägert war und mit ihnen scheinbar auf gutfreundschaftlichem Fuße stand, daher durfte man diese Leute nicht kränkend übergehen, obgleich als sicher gelten konnte, daß sie ihr Fernbleiben brieflich mit einer Krankheit, einem Trauerfall oder anderen Ausflüchten begründen würden.

Der Fürst-Bischof von Łuck, Wołłowicz, erhielt über einen Höfling eine gesonderte Einladung, damit er die Neuvermählten segne, denn ein geringerer als ein Bischof konnte die Trauung nicht vollziehen. Die Briefe wurden durch die Kosaken der Höf-

144

linge, die Soldatenpost und die Statthalter auf den Gütern versandt. Auch andere Vorbereitungen großen Umfanges waren im Gange. Aus Ungarn ließ man eigens Wein kommen, sämtlichen Gütern ward angeordnet, Wild zu liefern, aus Danzig besorgte man Küchengewürze. Das Geld floß erschreckend dahin, als aber Frau Anna deswegen stöhnte, verbot ihr der Woiwode den Mund und erklärte zum wiederholten Male: »Soll es kosten, was es will, anders geht es nicht an.«

Damit war die Sache erledigt.

In drei Stuben arbeiteten Kürschner und Schneider, es wurden Kleider genäht, und immerzu mußte Fräulein Maria gerufen und dieselben an ihr wie an einer Schneiderpuppe probiert werden. Bisweilen begab sie sich, blaß und stumm, sechsmal am Tage dorthin, ließ sich an allen Seiten mit Nadeln bestecken und kehrte gleichgültig wieder zurück in ihr Zimmer.

Der Unterricht ward bereits aufgegeben, selbst die jüngeren Schwestern beachteten nicht sehr die Einhaltung der Stunden. Madame Dumont bereitete ihren Zögling unentwegt vor, mit dem Erfolg, daß Maria immer trübsinniger wurde. Die Madame besaß keinerlei Überzeugungsgabe, sie war höchst ungeschickt und verplauderte sich mit Geschichten, welche zum Ehestand nicht gerade ermunterten. Den größten Teil des Tages verbrachten sie im Zimmer der Dumont. Die Woiwodin, obwohl gemeinhin beschäftigt und ohne viel Einsicht in die Dinge, nahm es schließlich auch selbst wahr, daß ihre Tochter immer elender aussah, daß sie wie ausgezehrt war und immer häufiger hustete. An Folgsamkeit gewöhnt, trug sie der Madame auf, Fräulein Maria die Mißstimmungen und Furchtsamkeiten zu vertreiben, die Tochter sollte essen und fröhlich sein. Trotz aller eifrigen Bemühung der Dumont indes wurde Fräulein Maria, die sich zu lächeln zwang, immer schmaler und fahler. Die Woiwodin geriet in Zorn, sie verbarg diesen aber vor der Tochter, da Madame ihr

145

angst machte, daß Härte den Zustand noch verschlimmern könne. Man schickte einen deutschen Doktor zur Woiwoden- tochter, damit er ihren Gesundheitszustand überprüfe. Der Dok- tor war nicht sehr kundig, er scheute sich, eine bestimmte Aus- sage zu machen, gab Widersprüchliches von sich und versuchte die Woiwodin mit dem Gemeinplatz zu beruhigen, daß die Ner- ven des Fräuleins nach der Hochzeit in den normalen Zustand zurückkehren würden.

Alle, sogar Bebuś, sahen es deutlich, daß die Furcht vor der Heirat und dem neuen Leben Fräulein Maria Schrecken und Un- wohlsein bereiteten. Der Woiwode wußte und ahnte nichts. In der Seele der Tochter ging in der Tat etwas ihr selber Unbegreif- liches vor, ihr schien, als müsse sie den Abschied von Krystyno- pol mit dem Leben bezahlen, als müsse sie vor Sehnsucht sterben, als müsse sie anderswo nur weinen und sterben. Stundenlang stand sie am Fenster, und sobald Godziemba sich zeigte, warf sie kaum einen Blick dorthin und lief fort. Der junge Mann schlich seit der Verlobung totenblaß und zerstreut umher, fast täglich mußte er seiner Vergeßlichkeit wegen gerügt werden, die sich um so seltsamer ausnahm, als er früher zu den Flinksten und Auf- merksamsten gezählt hatte.

»Was ist mit dir los, Godziemba?« rief der Starost von Zawidy. »Eine Plage! Bist du krank oder verliebt? Leg dich entweder ins Bett oder, zum Kuckuck, heirate. Hier bist du uns mehr im Wege, als daß du uns hilfst.«

Man spionierte dem Gelbschnabel nach, aber niemand fand et- was heraus. Madame Dumont indessen, in Herzensdingen kun- dig, da sie, bevor sie sich mit Erziehung befaßte, manchen trau- rigen Kasus an sich selbst erfahren hatte – als sie ihren geliebten Zögling jetzt von verschiedenen Seiten her ergründete, schöpfte schließlich den Verdacht, daß bei solch unbezwingbarer Schwer- mut und Apathie das Herz im Spiel sein mußte. Allein aber der

Gedanke, daß die Woiwodentochter, die ja nur von Personen geringeren Ranges umgeben war, hier ein Auge auf jemanden geworfen haben könnte, entsetzte die Madame. Fände man Derartiges, was der Herrgott verhüten mochte, heraus, fiele die ganze
Schuld auf sie! Madame Dumont bekam es mit der Angst. Und
wenn etwas herauskam? Ja, war da denn etwas? Niemand durfte
sich doch den Fräulein nähern noch sie ansprechen. Was mochte
das sein?

Neugier, Furcht und Mitleid spornten die Madame dazu an,
Fräulein Marias kleinste Regungen eifrig zu beobachten.
Während die jüngeren Fräulein bei ihr den Unterricht absolvier-
ten, schritt die Dumont in ihrem Zimmer umher. Ihr fiel auf, bei
nunmehr gesteigertem Augenmerk, daß die Woiwodentochter
immer nur, auf die Arme gestützt, am Fenster stand und sich oftmals eine Stunde lang nicht vom Fleck rührte. Das weckte in ihr
einen Verdacht. Vom anderen Zimmer aus überprüfte sie vorsichtig, ob sich dort jemand blicken ließ.

Gleich am ersten Tage, an dem sie auf der Lauer lag, bemerkte
sie Godziemba – er kam die Straße entlang und verschwand zwischen den Bäumen, und es schien der Madame, als bliebe er, dort
versteckt, stehen. Sie fuhr in der Beobachtung fort und überzeugte sich davon, daß er tatsächlich gegenüber dem Fenster von
Fräulein Marias Zimmer innehielt. Beim erstenmal fand die Madame dies so unglaublich und verwegen, daß sie an einen Zufall
dachte, aber das Gleiche wiederholte sich am folgenden Tag und
noch mehrere Male. Die Dumont gewahrte gar das Schwenken
eines weißen Tüchleins sowie gleichsam irgendwelche Zeichen,
und nach einer Woche gelangte sie voll Verzweiflung zu dem
Schluß, daß es hier, obwohl hinter all dem nichts Fortgeschritte-
neres stecken konnte, leider doch Beziehungen von Augen und
Herzen gab.

Die Dumont, nicht wissend, was sie mit ihren Erkenntnissen

tun sollte, fühlte sich regelrecht krank. Ihr Geheimnis der Woiwodin zu offenbaren war ausgeschlossen, das hätte schlimme Folgen gehabt. Gänzlich darüber Schweigen zu bewahren, ging auch nicht an, aber es gab niemanden, mit dem sie sich hätte beraten können. Madame Dumont stand nunmehr unentwegt auf Wacht, noch immer ihren Augen nicht trauend, am Ende aber blieben keine Zweifel mehr. Sie hatte den Grund für den schlechten Gesundheitszustand der Woiwodentochter gefunden, für ihre Schwermut und ihren Widerwillen gegen die geplante Heirat. Nach langem Ringen und Zögern entschloß sich die Madame, mit ihrem Zögling offen zu reden, denn so wie sie selbst die geheimen Umtriebe entdeckt hatte, konnte auch ein anderer dahinterkommen, und sei es der Halunke Bebuś, der allergefährlichste der Spione.

Eines Abends, als die Fräulein schon schliefen, rief die Dumont die Woiwodentochter zu sich, und nachdem sie die Tür und die Korridore überprüft und sich versichert hatte, daß niemand sie belauschte, küßte sie ihren Zögling und begann beinahe unter Tränen und in kaum hörbarem Flüsterton das Gespräch: »Fräulein Maria, Fräulein Maria! Ich weiß jetzt, warum Ihr so blaß und elend seid. Ich bin Eure treueste Freundin, und die Angst macht mich schon mehrere Tage krank.«

Maria erbleichte, erschrocken blickte sie die Madame an und wagte nicht, den Mund aufzutun.

»Vor mir braucht man nichts zu verheimlichen, das ist ja eine schreckliche Sache! Wenn man aber am Hof dahinterkommt, allmächtiger Gott, dann geschieht etwas Furchtbares! Wir alle wären verloren!«

Während sie hastig so redete, dabei ins Stottern geriet und nicht wußte, wie sie der Woiwodentochter das entdeckte Geheimnis verdeutlichen sollte, flüsterte sie ihr schließlich Godziembas Namen ins Ohr.

Als Fräulein Maria den Namen hörte, faßte sie die Französin mit aller Kraft beim Arm und hielt ihr den Mund zu.

Dieses Erschrecken verriet sie, und sogleich sank sie auf einen Stuhl nieder und schlug die Hände vors Gesicht. Die Dumont, aus Angst, sie könne ohnmächtig werden, umarmte und tröstete sie und suchte sie zu beruhigen.

»Um Gottes willen, fürchtet nichts, Fräulein Maria, niemand auf der Welt kann davon wissen, und niemand wird davon erfahren, das bleibt unter uns. Also ist es wahr!«

Die Dumont rang die Hände, und gleich darauf, ohne eine Erwiderung abzuwarten, flüsterte sie: »Sollte jemand etwas ahnen, sollte auch nur der Schatten eines Verdachts auf ihn fallen … Ach, Fräulein Maria! Man würde ihn umbringen!«

Den schwachen Schrei der Woiwodentochter erstickte die Dumont, indem sie ihr ein Tüchlein vor den Mund hielt. Man mußte befürchten, daß die stets ruhelose Woiwodin etwas hörte und herbeikam.

»Ich beschwöre Euch, sagt mir alles, alles, ich verrate Euch nicht. Ich werde Euch raten und helfen.«

Nachdem sie ein wenig zu sich gekommen, stand Maria auf, die Tränen rannen ihr übers Gesicht, und sie warf sich der Madame an die Brust.

»Meine liebe Dumont, was hätte ich dir zu sagen? Er hat mich angesehen, mit einem Blick habe ich ihm geantwortet, wir haben noch nie drei Worte miteinander gesprochen. Ich liebe ihn, und an dieser Liebe sterbe ich allmählich, er sicherlich auch. Wir nehmen sie beide mit ins Grab.«

Als die Französin dies hörte, brach sie in Tränen aus.

»Wie das? Wie das? Ihr habt euch kein einziges Mal getroffen, kein Wort miteinander gewechselt?«

»Darauf schwöre ich heilige Eide.«

»Das ist eine eigentümliche Liebe«, sagte die Madame. »Und

kein Wunder. Sollte es herauskommen, müßte er sie mit dem Leben bezahlen. Wie konnte er es auch wagen, den Blick zu Euch zu erheben! Immerin ist er ein Bediensteter!«

»Er ist ein Ziehsohn unseres Hauses«, warf Fräulein Maria ein.

»Er ist ein unvermögender Mensch, von niederster Kondition.« Die Dumont zuckte die Achseln.

Maria weinte und erwiderte nichts.

»Eine furchtbare Tragödie«, fuhr die Französin bewegt fort. »Was jetzt? Ihr müßt es Euch aus dem Kopf schlagen und aus dem Herzen drängen, es hat keinen Sinn ... schrecklich ... und die Woiwodin ...«

Die Madame bedeckte das Gesicht mit den Händen.

»Allein der Gedanke macht mich zittern«, sagte sie dann. »Seht doch – ich, ich habe es bemerkt, ebenso können auch andere dahinterkommen. Die Woiwodentochter wird immer elender, sie hustet, ist in sich gekehrt – offenbar weckt diese Heirat Abscheu in ihr. Sollten andere Leute, was Gott verhüte, Verdacht schöpfen, stürzt Ihr Euch und ihn ins Verderben!«

Die Härte der Eltern war so wohlbekannt, daß die Französin allen Grund hatte, sich zu ängstigen.

Fräulein Maria stand bereits mit trockenen Augen da, sie schwieg.

»Wofür sollte man mich oder ihn strafen?« versetzte sie schließlich. »Wir haben nur mit den Augen und dem Herzen zueinander gesprochen. Ich werde vor Sehnsucht sterben müssen, wenn man mich von hier fortbringt. Ich sterbe, aber du wirst mich nicht verraten, das Geheimnis folgt mir ins Grab. Nicht wahr, du wirst es niemandem sagen!«

Madame rang heftig die Hände, was bezeugte, daß sie solches niemals zulassen werde.

Die Unterredung zog sich hin. Die Frauen weinten und umarmten einander. Die Dumont trank ein wenig Wasser, um sich zu erfrischen, sie war voller Mitleid und suchte nach einem Ausweg, den zu finden indes schwerfiel. Marias Worten konnte sie entnehmen, daß das reine, unschuldige, gottesfürchtig erzogene Kind nicht einmal von etwas träumte, was über die Grenzen von Pflicht und Schuldigkeit hinausgegangen wäre. Die Woiwodentochter beschränkte sich darauf, sterben zu wollen. Die Dumont suchte in ihrem Kopf nach Möglichkeiten, sie leben zu lassen.

»Es geht Euch darum, einander sehen zu können«, begann sie erneut. »Mehr bedarf es für Euch nicht. Mag Godziemba sich bemühen, daß Brühl ihn an seinen Hof mitnimmt.«

Maria errötete vor Schreck, die Dumont aber fuhr fort: »Vielleicht läßt sich das machen, jedoch mit großer Vorsicht. Es gibt keinen anderen Ausweg, ich muß mit ihm reden, ich …«

Die Woiwodentochter war entsetzt.

»Wie das? Worüber? Mit ihm reden? Ach, um Gottes willen! Mich verraten!«

»So beruhigt Euch doch, ich werde niemanden verraten, ich weiß von nichts und bin nicht so dumm, ihm mehr zu sagen, als nötig ist. Aber ich lebe schon einige Jahre auf dieser Welt, und ich werde Euch an dieser kindlichen Liebe nicht sterben lassen. Das ist ein flatteriger Bursche, ein Schürzenjäger und ein so schönes Herz wie das Eure nicht wert.«

Erst spät in der Nacht endete das tränenreiche Gespräch, danach fühlte sich die Woiwodentochter immerhin ein wenig beruhigt, und die Dumont zerbrach sich fast bis zum Morgen den Kopf darüber, wie sie an den unglückseligen Godziemba herantreten konnte.

Es war dies nicht leicht zu bewerkstelligen, denn am Hof wurden jegliche Beziehungen der Personen verschiedenen Geschlechts, auch der freiesten und unabhängigsten, gewöhnlich streng überwacht. Die männliche Jugend wagte es nicht, sich

offen den Damen des Hofes zu nähern, es sei denn an Fast-
nachtstagen unter der Aufsicht der Vorgesetzten, wenn im Saal
Tanz veranstaltet wurde. Die Dumont hatte stets bei den Fräulein zu sein, daher war es fast ein Unmögliches, eine Gelegenheit
zu finden, um mit Godziemba zu sprechen. Mehrere Tage lang
quälte sich die Madame ohne Ergebnis, danach begann sie über
Kopfschmerzen zu klagen. Für solche Fälle war die Kamille ein
Allheilmittel. Es half jedoch nicht. Madame Dumont konsultierte
den Doktor, welcher ihr Spaziergänge verordnete. Die Woiwodin ließ sie für die Zeit ihrer Abwesenheit bei den Fräulein durch
die Hofmeisterin ersetzen, denn die Unterrichtsstunden durften
nicht ausfallen.

Zwei Tage lang spazierte die Dumont vergebens durch den
Park, und erst am dritten Tag gelang es ihr, Godziemba abzupas-
sen. Der junge Mann, als er die Französin erblickte, wollte die
Flucht ergreifen, aber sie rief ihm zu, daß sie ihm etwas sagen
müsse. Mit einem schnellen Blick in die Runde vergewisserte sich
die Dumont, daß niemand sie belauschte, und ohne Godziemba
anzusehen, warf sie ihm hastig hin: »Ihr solltet aus dem Dienst
des Herrn Woiwoden austreten. Ich meine es gut mit Euch. Euch
droht hier Gefahr. Ich kann nicht deutlicher sprechen. Bittet
darum, entlassen zu werden. Danach wird sich eine andere Stellung finden, Ihr werdet Nachricht erhalten. Versteht Ihr?«

Godziemba stammelte etwas Undeutliches. Die Dumont
machte sich schnellstens davon. Ihre Krankheit und ihr Kopf-
schmerz verflüchtigten sich an diesem Tag. Herr Tadeusz lief vom
Park aus geradenwegs in das Hofgebäude, um nachzudenken, was
er tun solle. Sein Gewissen war nicht ganz rein, also faßten die
Worte der Gouvernante in ihm Fuß. Es tat ihm leid, den Hof zu
verlassen, obendrein hielt er es für schwierig, denn er war ein
Ziehsohn des Woiwoden, und der Woiwode verfügte über ihn.
Indem Godziemba um seine Entlassung bat, verzichtete er ein

für allemal auf Protektion und Hilfe, auf alles das, was ihm die Zukunft sichern konnte. Ein solcher Schritt beraubte ihn der einzigen Zufluchtsstätte. Zwar versprach die Französin eine andere Stellung, aber welches Gewicht besaßen ihre Worte?

Goziemba lief in seiner Stube auf und ab und raufte sich die Haare, als er zum Starosten von Zawidy gerufen wurde. Letzterer hatte beständig ein Auge auf ihn, seit er ihn so zerstreut und niedergeschlagen sah, und da er selbst jung war und sich in alle Kümmernisse und Leiden der Jugend hineinversetzen konnte, hatte er aus Mitleid beschlossen, Godziemba baldmöglichst Gelegenheit zu geben, ein wenig draußen in der Welt frische Luft zu schnappen. Wichtige Papiere waren dem Statthalter von Humań zu übergeben, der Woiwode selber hatte angeordnet, daß jemand von den gescheiteren Höflingen dies tun und auch die Antwort mitbringen solle. Der Starost von Zawidy war sich sicher, Godziemba mit einer solchen Reise eine Gunst zu erweisen.

»Nun denn, Herr Tadeusz«, sagte er, »schnürt Euer Bündel, Ihr werdet mit Papieren nach Humań fahren.«

Godziemba stand da, ohne irgendwelche Freude erkennen zu lassen. Der Auftrag kam so plötzlich über ihn, er hatte noch gar nicht bedenken können, was er mit dem Ratschlag der Madame und mit sich tun sollte. Seine verzweifelte Gemütsverfassung seit der Verlobung der Woiwodentochter drängte ihn zu einem wahnwitzigen Schritt. Er spürte, daß er hier nicht länger bleiben sollte. Noch wußte er nicht, was er mit sich beginnen würde, aber es kam ihm gelegen, in die Freiheit auszubrechen. Die kindliche Liebe hatte kein Ziel und war purer Wahnsinn, vor ihr mußte er fliehen. Godziemba überlegte noch, wie er antworten sollte, als der Starost von Zawidy erstaunt ausrief: »Was ist los? Habt Ihr gehört? Ihr fahrt nach Humań.«

»Ich bin krank«, erklärte Godziemba. »Verzeiht, Herr Starost.«

153

»Genau das sehe ich, daß Ihr krank seid, deshalb schicke ich Euch auf die Reise. Für einen jungen Mann ist nichts gesünder, als gründlich aufgerüttelt zu werden und andere Luft zu atmen.«

Godziemba, anstatt sich zu bedanken, entgegnete entschieden: »Ich fahre nicht!«

Der Marschall stand wie vom Donner gerührt.

»Mein lieber Godziemba!« rief er dann. »Bei uns am Hofe gibt es kein ›nicht‹, solange einer im Dienst des Herrn Woiwoden steht, Ihr wißt das! Würde ich Eure Antwort weitermelden, wüßtet Ihr, welche Konsequenzen das hätte.«

»Ich bin krank«, murmelte Godziemba, »und ich bitte darum, aus dem Dienst entlassen zu werden.«

Der Starost mochte seinen Ohren nicht trauen.

»Was ist bloß mit Euch? Was für eine Schwermut hat Euch befallen?!« entrüstete er sich. »Ich habe Mitleid mit Euch, und ich bitte um Mäßigung. Ihr habt auf der Welt nichts außer der Gnade des Woiwoden, und wenn Ihr diese einbüßt …«

»Der Herrgott wacht über die Waise.« Godziemba seufzte.

Solcher Eigensinn verblüffte den Marschall erneut, freundlich trat er auf Godziemba zu.

»Sagt mir nur, was habt Ihr? Ich verstehe das nicht.«

»Mir ist nichts«, erwiderte Godziemba verdrossen. »Ich weiß Eure Gunst zu schätzen, Herr Starost, aber ich habe beschlossen, in die Welt hinauszuziehen. Hier werde ich alt und bleibe immer der Höfling, und die Gnade des Herrn Woiwoden …« Er beendete den Satz nicht.

Der Starost schüttelte verwundert den Kopf.

»Wie Ihr wollt«, sagte er kalt. »Aber da ich auch Wirrköpfe nicht gern ins Verderben stürze, gebe ich bis morgen Zeit zum Nachdenken. Nach Humań wird Dębicki fahren, und Ihr überlegt's Euch – wenn Ihr die Meuterei wollt, müßt Ihr, was Ihr Euch einbrockt, auch auslöffeln.«

Godziemba verbeugte sich und schlüpfte zur Tür hinaus.

Da ist etwas, sagte sich der Starost von Zawidy. Er ließ sogleich Dębicki kommen, der mit Freuden den Auftrag übernahm und sich um Pferde kümmerte. Am Abend ging der Marschall daran, Godziembas Kameraden auszuforschen, ob der sich mit jemandem verzankt oder etwas ausgefressen hatte, aber niemand wußte von etwas Derartigem.

Unterdessen hatte sich Tadeusz nach oben auf seine Stube zurückgezogen, dort zergrübelte er sich den Kopf und war bemüht, sich zu einem entschlossenen Schritt anzuspornen. Wieder bei klarerem Verstand, ahnte er jetzt, daß ihn die Madame, die ja bei der Woiwodentochter lebte, wohl nicht umsonst vor einer Gefahr gewarnt hatte. Bebuś konnte seinen Ausflügen zur Parkallee und den Zeichen, die er gegeben, auf die Spur gekommen sein. In einem solchen Fall war die Gefahr in der Tat bedrohlich. Hinter vorgehaltener Hand erzählte man sich manch alte Geschichte von verschwundenen Höflingen, von zugemessenen Strafen, welche blutig zu enden hatten. Godziemba entschied daher, die Entlassung nicht abzuwarten und sich schon bei Nacht ins Städtchen zu schleichen, um von dort aus in die Welt hinaus zu ziehen. Wohin aber? Das wußte er selbst nicht genau. Wovon sollte er leben? Auch das war die Frage. Er schloß sich in seinem Stübchen ein und ging an die Bestandsaufnahme dessen, was er sich verdient hatte. Die Kasse enthielt etwas mehr als zehn Złoty, seine Garderobe war recht anständig. Das Pferd mitzunehmen, welches ihm zur Verfügung gestanden hatte, fühlte er sich nicht berechtigt. Es seufzte der Ärmste, aber er änderte nicht seinen Entschluß. Er wollte nicht flüchten wie jemand, der sich etwas hatte zuschulden kommen lassen, ohne sich von demjenigen zu verabschieden, den er als seinen Beschützer und Wohltäter ansah. Also setzte er sich nieder und schrieb einen Abschiedsbrief an den Herrn Woiwoden. Als Grund für sein

Fortgehen nannte er, daß er ein müßiges Leben habe führen müssen und nun – wie man damals sagte – in der Welt sein Glück suchen wolle. Er dankte für alle Gnade und bat darum, ihm den eigenmächtigen Schritt zu vergeben. Nachdem der Brief verfaßt, durchgelesen und ins reine geschrieben war, packte Godziemba sein kleines Bündel und entwich unbemerkt – es war schon dunkler Abend, soeben wurde zum Abendessen am Tisch des Hofmarschalls geläutet – in den Park.

Der Starost von Zawidy, als er ihn beim Nachtmahl nicht sah, ließ sich nichts anmerken, die anderen aber glaubten, man habe ihn auf einen Botengang geschickt. Am folgenden Morgen erschien er auch nicht zur Messe. Ohne das Frühstück abzuwarten, hieß der Herr Starost ihn holen. Man meldete ihm, daß die Stubentür offenstehe, der Schlüssel im Schloß stecke und Godziemba spurlos verschwunden sei. Leise fügte der Bursche, den der Starost geschickt hatte, hinzu, daß auf dem Tisch ein Brief liege. Der Marschall rannte selbst nach oben. In der Stube sah er sich um und zweifelte nicht mehr daran, daß Godziemba auf und davon war. Dies bedeutete einen ernsten Vorfall, einen schrecklichen Ungehorsam, Aufruhr, Eigenmächtigkeit. Der Starost wußte, daß der Woiwode so etwas schon als Warnung für andere nicht ungestraft durchgehen ließe.

Die Folgen konnten für Godziemba, falls er ergriffen würde, furchtbar sein: Gefängnis bei Wasser und Brot. Wer weiß – in der ersten Wut konnte ihn auch körperliche Züchtigung erwarten. Dem Starost tat der Grünschnabel leid, gern hätte er die Meldung an den Woiwoden hinausgezögert, aber am ganzen Hof wußte man bereits, ahnte man, flüsterte man, daß Godziemba das Weite gesucht habe. Es blieb also nichts anderes übrig, als den Brief hinzutragen und über das Geschehene Bericht zu erstatten.

Potocki war gerade in gereizter Stimmung, tausenderlei Dinge setzten ihm zu. Als der Starost eintrat, den Brief in der Klei-

156

dung verborgen, schritt der Woiwode in der Kanzlei auf und ab und rieb sich das glattrasierte Kinn, was ein übles Zeichen war. Er wandte sich zu dem Eingetretenen um, die Tageszeit war ungewöhnlich.

»Was gibt es?«

Der Starost von Zawidy wußte nicht recht, wie er beginnen sollte.

»Es ist bei uns etwas passiert, etwas Ungewöhnliches, Außerordentliches«, sagte er nach kurzem Bedenken. »Heute morgen erschien Godziemba weder zur Messe noch zum Frühstück, ich ging nachsehen, ob er krank sei, und fand ihn nicht in der Wohnung, nur einen Brief.«

Der Woiwode zog die Brauen noch stärker zusammen und streckte stumm die Hand aus. Das Schreiben mußte übergeben werden. Der Woiwode zerriß das Kuvert und ging mit dem Schreiben ans Fenster; der Marschall beobachtete sein Gesicht, er sah, wie es erbleichte und wie die Hände zu zittern begannen. Der Woiwode warf das Papier zu Boden.

»Der Narr!« rief er. »Die Kosaken hinterherschicken, er kann noch nicht weit sein. Er wird mir für den Dienst danken, er, den ich aufgezogen habe, der mir alles schuldet! Seht Euch den an! Was für Faxen! Sie sollen ihm nachreiten und ihn in Fesseln hierherbringen! Fünfzig Peitschenhiebe, und auf die Hauptwache mit ihm, in den dunklen Karzer. Bei Wasser und Brot soll er sitzen, damit er Zeit hat, zu Verstand zu kommen! Er wird mir für den Dienst danken!«

Die Augen des Woiwoden nahmen einen furchtbaren Ausdruck an. Der Starost hörte zu, aber ein Schauder überlief ihn.

»Das kommt noch dahin, daß mir weitere Stallknechte und Heiducken für den Dienst danken werden! Man muß eine Lehre erteilen …«

Unterdessen öffnete die Woiwodin einen Spaltbreit die Tür.

157

»Hast du das gehört, meine Liebe?!« Potocki geriet immer mehr in Rage. »Hast du gehört, was sich hier bei uns neuerdings tut? Diese Rotznase, dieser Milchbart, dieser Tölpel Godziemba, den ich vor dem Hungertod bewahrt habe, ist auf und davon, ohne sich zu verbeugen, gerade mal mit einem Brief beliebte er, mir für Brot und Salz zu danken!«

Die Woiwodin rang die Hände.

»Ja, gibt es denn so was?«

Sie sah den Starosten an, der zuckte nur stumm die Achseln.

»Habt Ihr den Befehl vernommen? Das ist empörend, ein Skandal! Schickt sofort die Kosaken los, und was ich verfügt habe, ist genauestens auszuführen.«

Der Starost beugte das Haupt und verließ die Kanzlei.

In der Tat wurden sogleich die Verfolger entsandt, jedoch verstand es der brave Marschall, während er an die Kosaken strenge Befehle austeilte, ihnen dabei durch Blicke und Gesten anzudeuten, daß sie dem Flüchtigen nicht allzusehr nachsetzen sollten. Schließlich wählte der Starost solche Leute aus, von denen er wußte, daß sie den Herrgott im Herzen trugen, und mit Absicht plauderte er aus, was den Gefaßten erwartete.

Am ganzen Hof verbreitete sich die Nachricht von Godziembas Flucht und zugleich vom grausamen Zorn des Herrn Woiwoden. Es war dies ein nicht alltäglicher Glücksfall für den boshaften Bebuś, und bei dem Gedanken an die Exekution rieb er sich vergnügt die Hände. Er gab sich das Versprechen, dabei Zeuge zu sein, und wie ein Besessener rannte er umher und erklärte immer wieder, daß Godziemba fünfzig Peitschenhiebe bekommen würde. Hätte er den Mut dazu gehabt, wäre er mit der Kunde auch zu den Fräulein hingestürzt, dort aber war ihm, wenn man ihn nicht eigens schickte, der Zutritt verboten.

Die Dumont erfuhr als erste am Morgen auf dem Korridor durch die Oberhofmeisterin von der Flucht, und vorsichtig flüsterte sie die Neuigkeit Fräulein Maria zu und ergänzte, daß dies auf ihren Rat hin geschehen sei. So hatte die Woiwodentochter Zeit, um sich im stillen Winkel auszuweinen, die Augen klarzuwaschen und sich zu beruhigen, ehe sie sich in die Gemächer begab. Die Hofmeisterin versicherte der Madame und die Madame danach dem Fräulein, daß, obgleich angeordnet worden war, Godziemba zu verfolgen, der Starost von Zawidy es so eingerichtet habe, daß Godziemba nicht ergriffen würde.

Den ganzen Tag über war der Woiwode voller Wut und scholt jeden, der ihm unter die Augen kam. Alle gingen ihm möglichst aus dem Weg. Jede Stunde schickte er jemanden und ließ anfragen, ob man Godziemba gefaßt habe, doch weder an diesem Tag noch am darauffolgenden ward eine Spur von ihm entdeckt.

In einem solchen Fall, wenn sich jemand so schwer versündigt hatte, war es Tradition, daß man ihn nicht mehr kennen noch etwas von ihm wissen wollte – darum wurden seine Hinterlassenschaften feierlich auf den Schloßhof hinausgeschafft und vor den Augen des gesamten Hofes bis zum letzten Stäubchen verbrannt. So geschah es denn am dritten Tag, daß der Herr Woiwode befahl, Godziembas Sachen hinauszuwerfen und zu verbrennen. Der gesamte Hof war bei dieser lange nicht gesehenen Exekution anwesend. Das Grauen erfaßte alle. Von diesem Moment an war es strengstens verboten, auch nur den Namen des Missetäters zu erwähnen.

Wo der Flüchtige geblieben war, wußte niemand. Die Juden und die Bürger im Städtchen, welche man ausforschte, schworen einer wie der andere, ihn in jener Nacht weder gesehen noch getroffen, noch mit ihm gesprochen zu haben. Die Kosaken, die sich in der Umgebung auf der Landstraße durchfragten, konnten keinen solchen Menschen ausmachen, nicht einmal gehört hatte man von ihm.

Die Woiwodentochter weinte und trat immer wieder ans

159

Fenster, obgleich ihre Augen dort niemandem mehr begegneten, und der dumme Bebuś, welcher an Gespenster glaubte, beteuerte, Godziemba müsse gestorben sein, da er eines Abends seinen Geist um das Schloß habe streifen sehen. Man kannte den Zwerg und wußte, daß er gern Unsinn schwätzte, darum nahm man ihn nicht ernst.

V

Bereits am Neujahrstag des Jahres 1760 traf eine große Zahl der zur Hochzeit der Tochter des Herrn Woiwoden geladenen Gäste in Krystynopol ein. Die würdigeren unter ihnen wurden im Schloß einlogiert, in den für sie bestimmten Appartements, anderen mußten die Höflinge und Bediensteten ihre Behausungen in den Nebengebäuden überlassen, und den übrigen schließlich wurden im Städtchen Quartiere zugewiesen, denn alle solideren Häuser sowie ein Teil des Bernhardinerklosters waren für die Unterbringung requiriert.

Mit Fug und Recht kann man sagen, daß alles, was in der Rzeczpospolita Rang und Namen hatte, sich zu dieser Hochzeit einfand, von der es schon im voraus hieß, daß es seit Menschengedenken in Polen nichts Ähnliches gegeben habe. Nicht nur Fürst Czetwertyński, sondern ebenso der als Vizemarschall auftretende Starost von Zawidy sowie der Hofjägermeister Sadowski, der zu Hilfe genommene Starost von Ropczyce und die angeseheneren Höflinge Lipski, Jabłonowski, Dzbański, Polanowski, Świeżawski, Świejkowski, Kamenecki, Złotnicki nahmen sich unaufhörlich der vorfahrenden Gäste an. Pferdeschlitten, Kutschen, Wagen, Fuhrwerke zogen aus allen Richtungen herbei und wurden jeden Augenblick gemeldet. Auf dem Schloßhof herrschte ein gewaltiger Verkehr, Tag und Nacht ließ er nicht nach. Man holte das Dienstpersonal der Statthalter zu Hilfe, zum

Teil mußten sogar die Soldaten des Woiwoden die Livree anlegen, um all das zu bewältigen. Im Schloß standen die Tische den ganzen Tag über zu dauerndem Empfang gedeckt, in der Küche war wahrlich die Hölle los.

Die Woiwodin ging nach Mitternacht schlafen, und vor Tag stand sie wieder auf, da sie sich auf niemand anderen verlassen mochte. Der Woiwode war schon bei Morgengrauen angekleidet und hielt entweder mit den Gutsverwaltern Konferenzen ab, oder aber er begrüßte die Ankommenden und machte ihnen seine Aufwartung.

Am Vorabend der Hochzeit, als die Menschenscharen bereits versammelt waren, als das Schloß sich gefüllt hatte und die eigentlichen Zeremonien schon vorbereitet wurden, als die würdigsten der Gäste eingetroffen waren, bot Krystynopol nahezu das Bild der Hauptstadt zu Zeiten eines Sejms.

Menschen, die sich Jahrzehnte nicht begegnet waren, begrüßten hier einander bei unerwartetem Wiedersehen. Aus ganz Ruthenien kamen die Klienten des Woiwoden, alles, was ihm Vermögenszuwächse schuldete, von seiner Protektion lebte, eilte heran, um dem Potentaten zu schmeicheln. Aus den fernsten Provinzen erschienen Freunde und Verwandte der Potockis, die gesamte Hofpartei und die Brühlsche fand sich ein, um dem feierlichen Ereignis Glanz zu verleihen.

Es war dies gleichsam ein Berechnen der Kräfte und eine Demonstration gegenüber der Familia, und so war es dem Herrn Woiwoden sehr darum getan, möglichst viele Personen um sich zu versammeln und sich in seiner ganzen Macht zu präsentieren. Zu Recht konnte er stolz sein, da aus den entlegensten Landeswinkeln alles eintraf, was sich bewegen konnte, und kein einziger bedeutender Name der Rzeczpospolita fehlte. Die Brühls, welche bei ihrer Ankunft schon einen beträchtlichen Teil der geladenen Gäste vorfanden, konnten sich ebenfalls dazu beglückwünschen, sich eine solche Macht für den Kampf mit den Feinden gesichert zu haben.

In ihren Augen mußte sich diese Adelswelt wahrlich ein wenig seltsam ausnehmen, deren größerer Teil aus abgeschiedenen Gegenden kam. Fast alle traten sie mit großem und altmodischem Pomp in Erscheinung, denn das Prächtigste, was ein Haus besaß, war betagt und von den Vorvätern ererbt. So wurden denn Husarenmützen aus Zobelpelz vorgeführt, die sich womöglich noch an Stephan Báthory erinnerten, pelzgefütterte lange Mäntel aus Zygmunts Zeiten sowie gleichsam aus dem Museum entliehene uralte Gürtel, Waffen und Juwelen. Manch einer trug einen urgroßväterlichen Kontusz und einen mit Lahn besetzten Żupan, dessen Eigentümer längst im Sarg zu Staub zerfallen war.

Ebenso zogen die Wagen, das Geschirr der Pferde, die Livreen der Bediensteten die Blicke auf sich, jedoch war unmittelbar neben dieser vorsintflutlichen Welt bereits eine andere sichtbar, eine, die sich von Tradition und Vergangenheit verabschiedet und europäische, fremdländische Gewänder angelegt hatte, so wie sie sich auch einer fremden Sprache bediente. Nicht nur die Brühls erschienen in Perücke und Frack, auch ein großer Teil der aristokratischen Jugend trug diese Uniform der Zukunft, die bei den einen Spott und Unwillen hervorrief, in anderen geradzu Entsetzen. Die Hochzeit selbst war von zweifacher Natur, denn in Wahrheit bedeutete sie die Vermählung zweier gesellschaftlicher Sphären und die Versöhnung der Rzeczpospolita mit den fremden Elementen. Die beiden Sphären, von einer höheren Macht gleichsam dazu gedrängt und genötigt, trafen hier zusammen, dabei ließ sich nicht sagen, ob das Bündnis der Interessen zugleich ein Bund der Herzen war.

Der Gouverneur von Warschau und der Minister traten ebenfalls prunkvoll auf. Brühl führte mehr als hundert Pferde mit sich, und sein Hof konnte es hinsichtlich der Vornehmheit mit den

Herren aufnehmen, die im gleichen Aufputz in die Gemächer drängten. Zwischen einem Höfling des Ministers und der auf deutsche Art verkleideten Aristokratie gab es fast keinen Unterschied.

Der alte Brühl, welcher sich das schöne Gesicht bis ins späte Alter bewahrt hatte, verneigte sich immer wieder freudestrahlend, umarmte, küßte und redete Artigkeiten, die ihn, einmal zur Angewohnheit geworden, nichts mehr kosteten. Vater und Sohn erschienen in Ordensbändern und mit Sternen an der Seite, beide als Muster von Mode und Geschmack, denen nichts sonst gewachsen war. Alois zwang sich zur Fröhlichkeit, obgleich jemand, der ihn besser kannte, vermutlich auf seiner Stirn frisch eingekerbte Falten bemerkt hätte, in denen sich Trauer und Überdruß verbargen. Dann und wann ging sein Blick zu der Verlobten, mit der er kaum ein paar Worte hatte sprechen können. Die Frauen munkelten unter sich, man habe der schönen Woiwodentochter Schminke aufgelegt. So war es in der Tat, denn gegen ihre schreckliche Blässe hatte man sich nicht anders Rat gewußt.

Der Hof der Woiwodentochter bestand jetzt aus einem ganzen Reigen von Fräulein, Verwandten des Hauses, welche als Brautjungfern auftraten. Inmitten dieser fröhlichen Gesichter unterschied sich das Opfer durch sein verstörtes Antlitz und die beinahe stets gesenkten Lider. In dieser Schar von Schönheiten lenkte, wenngleich nicht in der ersten Reihe, ein Gesicht aller Blicke auf sich, weniger durch Glanz denn durch Anmut. Es lag darin etwas Seelenvolles, etwas zugleich Wehmütiges und Gelassenes, Trauriges und Lichtes. Es zog alle mit einem Zauber an sich, der stets entweder von Herz oder Genie, von Gefühl oder Verstand zeugt.

Gewiß, diese hier war von hübscheren Mädchen umgeben, von erblühten, in gesunder Farbe strahlenden, mit flammenden

163

Augen, regelmäßigen Zügen wie auf antiken Medaillen, aber keine hatte ihre Anmut. Sie besaß jenen Ausdruck, den zu beschreiben unmöglich ist, jenes Etwas, was als Geschenk des Himmels kommt, was einst die guten Feen ihren Auserwählten in die Wiege legten. Der unsagbare Zauber umgab sie wie ein Glorienschein. Sie schien sich gleichsam verschämt zu verstecken, die anderen Jungfern verhüllten sie eifersüchtig – schließlich war sie am meisten sichtbar.

»Wer ist das?« wurde in der Menge geflüstert. Und es erübrigte sich, nachzufragen, auf wen sich die Frage bezog. Ein jeder erriet, daß die dort mit den blauen Augen gemeint war, mit dem goldblonden, schweren Zopf, dieser Gast gleichsam aus anderen Welten.

Die Frau Woiwodin hätte es wohl lieber gehabt, wäre diese Cousine nicht als Brautjungfer zur Hochzeit gekommen, denn sie stellte ihr die Braut in den Schatten, und mit Schrecken beobachtete man, wie der junge Brühl, kaum daß er sich von seiner Zukünftigen ein wenig entfernt hatte, in ihrem Gefolge diese Erscheinung erblickte und, wie erstarrt stehenbleibend, den Blick auf sie heftete.

Nach so vielen Jahren, o Wunder, erkannte er in ihr sogleich jenes Mädelchen, welches ihm auf dem Warschauer Schloß zugelächelt, welchem er damals das Händchen geküßt hatte, deren Andenken ihn nicht losließ, jene, nach der er sich so sehnte. Zwar hatte er gewußt, daß er ihr hier begegnen würde, er hatte sich sogar gesagt, daß das in der Vorstellung genährte Bild von ihr durch die Wirklichkeit getrübt, daß er enttäuscht werden würde. Leider aber, das Kind war zu einem Engel herangewachsen, die Wirklichkeit übertraf noch das Traumgesicht. Die Mundschenkstochter überstrahlte alles, was sie umgab.

Brühl vergaß seine Braut, die Hochzeit, die auf ihn gerichteten Augen, und er hätte wer weiß wie lange so reglos dagestanden, da

164

er ihrem Blick begegnete und den Anflug eines Lächelns auf ihren Lippen sah, hätte nicht Sołłohub ihn in diesem Augenblick beim Arm gefaßt.

»Siehst du sie!« rief er voller unbezähmbarem Entzücken. »Brühl, teurer Freund, jetzt verstehst du mich vielleicht und wirst dich meiner erbarmen.«

Alois hörte kaum, was man zu ihm sprach, er überlegte, wie er an sie herantreten könnte. Es drängte ihn so sehr, daß er nicht zögerte, eine Hinterlist zu gebrauchen.

»Stell mich der Mundschenkstochter vor«, sagte er. »Vielmehr: bringe mich ihr in Erinnerung, mir scheint nämlich, daß wir miteinander bekannt sind.«

Sołłohub, in der Überzeugung, daß ein Bräutigam am Vorabend seiner Hochzeit kein gefährlicher Rivale sein kann, und froh über dessen Verlangen, hakte Brühl unter und drängte sich mit ihm zum Fräulein Mundschenkstochter durch.

Kaum hatte er Brühl vorgestellt, verzog er sich, denn er wollte ihm völlige Freiheit lassen. Die Mundschenkstochter richtete ihre schönen Augen mit kindlicher Kühnheit auf Brühl.

»Ihr werdet Euch gewiß nicht an mich erinnern«, sagte dieser, sich verbeugend. »Ich hingegen, und das ist kein Kompliment, sondern die reinste Wahrheit, ich trage seit der ersten Begegnung mit Euch bis zum heutigen Tage Euer Bild im Gedächtnis, und ich habe Euch auf den ersten Blick erkannt! Erinnert Ihr Euch an jenen Knaben, der Euch an dem Tage, da er den Gouverneurssitz einnahm, das hübsche Händchen geküßt hat?«

Die Mundschenkstochter hörte zu, lächelnd wie zuvor, sie errötete, erblaßte, schien verwirrt, gewann dann ihre noch kindliche Ungezwungenheit und Ruhe zurück und antwortete mit silberheller Stimme: »Graf, Ihr seid gewiß noch weniger verändert als ich, ich habe Euch ebenfalls gleich erkannt.«

»Das macht mich sehr glücklich«, rief Brühl aus. »Überaus

165

glücklich! Ich weiß nicht, ob die Eindrücke jener Jahre so nachhaltig sind, oder ob Ihr mich mit einem seltsamen Zauber behext habt.«

Die Mundschenkstochter unterbrach ihn mit einem Lachen, und so unschuldig sie seinerzeit, als ihr ganzes Köpfchen voller Locken gewesen war, sah sie ihm in die Augen.

»Ihr seid ein Schmeichler«, sagte sie.

»Erlaubt mir, Euch Cousine zu nennen, ab morgen werde ich dazu berechtigt sein«, begann Brühl, ohne darauf zu achten, daß man ihn beobachtete. »Und seien wir gute Freunde, ich bitte darum. Mein Freund Sołłohub hat mir Empfehlungen für Euch mitgegeben, aber ich gedenke, mich derselben ein andermal zu entbinden.«

Bei der Erwähnung des Generalssohns lachte die Mundschenkstochter, keineswegs verwirrt, laut auf und sah zuerst in die Richtung, in der dieser stand, dann auf das Tüchlein, welches sie in der Hand hielt. Als sie aufschaute, schien ihr Blick sagen zu wollen, daß sie die Empfehlungen errate, dieselben sie aber wenig berührten.

»Der Generalssohn rühmt sich Eurer Freundschaft«, versetzte sie leise.

»Darf ich fragen, ob er ebenfalls die Geneigtheit der schönen Cousine gewinnen konnte?«

Die Mundschenkstochter überlegte gleichsam kurz, dann flüsterte sie: »Ihr wißt, Graf, daß es uns nicht erlaubt ist, ohne die Billigung der Älteren Gunst zu vergeben.«

Ein wenig düstere Scherzhaftigkeit schwang in diesen Worten mit, von einem Gefühl aber zeugten sie nicht.

Der Gouverneur war so sehr mit der Brautjungfer befaßt, daß er darüber die Braut vergaß. Mniszech, vom Minister zu ihm beordert, flüsterte ihm in diesem Augenblick etwas zu, nahm ihn beim Arm und führte ihn langsam aus dem Zauberkreis hinaus.

Mit den Augen verabschiedete sich Brühl von der schönen Mund-schenkstochter.

»Mein Lieber«, flüsterte ihm der Schwager zu. »Alle meinen, am Vorabend der Hochzeit seist du allzu liebenswürdig zu der hübschen Cousine. Die Augen der Woiwodin fingen schon un-heilvoll zu glänzen an, ich mußte dich von dort wegholen. Um Himmels willen, verschiebe das auf später!«

Kaum hatte der Marschall Brühl allein gelassen, lief Sołłohub herbei.

»Und?« fragte er.

»Nichts. Gerade hatte ich das Gespräch begonnen, da hieß man mich weggehen«, antwortete Brühl.

»Ist sie nicht eine Göttin?« rief der Generalssohn.

Der Gouverneur konnte nichts erwidern.

Niemand bemerkte, daß dem davongehenden Brühl zwei wun-derschöne Augen sehnsüchtig nachblickten, ohne sich im ge-ringsten dieser Verfolgung zu genieren und auch ohne zu emp-finden, daß sie übelgenommen werden könnte.

Die Mundschenkstochter weilte bereits seit einigen Tagen in Krystynopol und hatte Zeit gehabt, mit der Woiwodentochter nähere Bekanntschaft zu schließen und vertrauter mit ihr zu wer-den. Die schöne Braut stand wie abwesend inmitten des Gewim-mels.

»Ich habe soeben mit deinem Zukünftigen gesprochen, liebe Maria«, sagte die Mundschenkstochter. »Weißt du, er ist ein sehr netter Mensch, und wir kennen uns schon sehr, sehr lange.«

Leise, lebhaft, lachend berichtete die Mundschenkstochter von der Begegnung auf dem Warschauer Schloß. Sie dachte auch daran, denn man hatte es ihr wiedererzählt, daß sich damals jemand einen Scherz erlaubt und sie dem Herrn Gouverneur anvermählt hatte, aber davon sprach sie nicht. Sie überlegte einzig, daß der prophetische Spötter auf höchst seltsame Weise den Namen vorhergeraten hatte. Die Woiwodentochter hörte kalt und gleichgültig zu, ihre nichtssehenden Augen durchstreiften den Saal.

Die Fräulein stellten sich ein wenig an die Seite.

»Du bist so traurig und wirkst erschöpft«, zwitscherte die Mundschenkstochter. »Es stimmt schon, solch eine Heirat ist immer etwas Schreckliches, aber dein Brühl hat ein so gütiges, sanftes, liebes Gesicht, daß ich keine Angst vor ihm hätte, und du solltest es auch nicht!«

Ein düsteres Lächeln umspielte den Mund der Woiwodentochter, sie mußte an das Gespräch bei Tisch denken.

»Du hast gut reden«, versetzte sie. »Für dich ist er ein Mensch, mit dem du gerade ein paar Worte im Leben wechselst, für mich aber ist er der Herr und Gebieter, dessen Sklavin ich sein muß.«

»Aber doch niemals Sklavin!« entrüstete sich die Mundschenkstochter. »Was für ein Gedanke, meine Liebe! Man muß sich nicht unterwerfen, ob aber später, wenn ihr euch liebgewinnt, die Unfreiheit noch schwerfällt?«

Die Woiwodentochter sah sich um, als fürchtete sie, belauscht zu werden, und ein bitteres Lächeln krampfte sich um ihre blassen Lippen.

»Und wenn wir es nicht vermögen, einander zu lieben?« hauchte sie.

»Ach, das wäre sehr traurig!« erwiderte, den Kopf an die Schulter der Braut gelehnt, die Mundschenkstochter. »Wie kommst du darauf?«

Die beiden sahen sich an.

»Gott allein weiß es!«

»Und dein Herz?«

Maria senkte die Augen.

Die Musik, die in diesem Augenblick von der Galerie her erscholl, spielte den Marsch zum Abendessen. Die Paare fanden sich schon zusammen, und Brühl rannte herzu, um seiner Braut den Arm zu reichen. Die Mundschenkstochter heftete neugierig den Blick auf ihn, währenddessen er die gehorsame und ergebene Kameradin entführte.

Ihr wurde, anstelle von Sołłohub, dem aufgetragen ward, eine Kastellanin zu geleiten, aus dem Grunde, weil dieselbe so wie seine Mutter eine gebürtige Radziwiłł war, ein kleiner Cousin Potocki zuteil, und mit ihm verschwand sie im Strudel der sich zur Tafel Begebenden.

Wir werden nicht die Zeremonien beschreiben und nicht den Jungfernabend, auch nicht das herrschaftliche Hochzeitsfest, welches der angekündigten Ausstattung entsprach und königlich war. Das Stück Weges, welches das Brautpaar mit seinem Gefolge bis zur Kirche durchschritt, hatte der Woiwode breit mit hellrotem Tuch auslegen lassen. Der Tag war frostig und sonnig, der Schlachta gefroren die Schnurrbärte und die auf dem Säbel ruhenden Hände, aber niemand spürte die empfindliche Kälte, so warm war allen ums Herz.

Es tönte die Musik, Feldschlangen und Mörser kündeten der Welt vom *gaudium magnum*, man warf den Armen silberne Münzen hin, es gratulierten die Dorfgemeinden, die Kagale brachten Geschenke, und der Woiwode im Hochgefühl seiner Macht träumte von einer noch weit größeren.

Wer ihm in die Seele geschaut hätte, hätte an ihrem Grund eine Krone gefunden, ebenso wie in den Wunschträumen der Familia war eine solche das Ziel allen Strebens.

Nach dem Segen, den der Herr Fürst-Bischof Wołłowicz erteilte, welchem als Andenken ein kostbares Kreuz und ein Ring geschenkt worden waren, kehrte der Hochzeitszug im Triumphmarsch zum Schloß zurück, dessen Vortreppe, Diele und Flure ungeachtet des Winters über und über mit Blumen besät waren, um dem jungvermählten Paar den Weg in das künftige

169

Leben zu schmücken. Die Gästescharen füllten die Säle. Viele
von ihnen hatten kaum einmal im Leben das Gastgeberpaar zu
Gesicht bekommen und daher Mühe, den Woiwoden und die
Woiwodin zu erkennen. Sie begrüßten sie auf gut Glück, die
Schlachta verneigte sich knietief vor dem Hausherrn und ging
beglückt von dannen, wenn der Magnat ein gutes Wort übrig gehabt hatte.

Vom Fürst-Kanzler und seinem Bruder hieß es, sie würden die
Familien der ganzen Rzeczpospolita und deren Verschwägerungen auswendig kennen und sich die Gesichter so genau einge-
prägt haben, daß sie nie, wenn sie zahlreich die Herren empfingen, einen Dowejka für einen Domeijka hielten, und von dem
einem erzählte man sich, daß er die Brüder beim *liberum veto*
gleichsam so herzlich an seine Brust drückte, daß er ihnen Na-
sen und Wangen aufschürfte, indem er sie absichtlich gegen die
scharfen Knöpfe seines Frackes stieß. Der Herr Woiwode besaß
keine solchen Gewohnheiten und suchte auch nicht solcher Art
Popularität. Um vieles stolzer, gewann er sich seine Freunde
durch Protektion, jedoch hielt er sie in gebührender Distanz, und
während sie sich knietief vor ihm verbeugten, geruhte er nur
verhalten zu nicken.

Inmitten des Gedränges fanden *insperate* Herr Kämmerer Laskowski und Schatzmeister Zagłoba zusammen.

»Ja, du lieber Himmel!« rief der Kämmerer. »Was tut Ihr hier?!«

»Nun«, flüsterte der Schatzmeister, »man hat mich mit einer
Invitation beehrt, da ließ sich schwer absagen. Ich habe eine
schöne Schlittenfahrt hierher unternommen, und siehe, da wird
mir das Vergnügen zuteil, den Kämmerer in die Arme zu schließen, das ist mir viel wert.«

Die Herren reichten einander die Hand.

»Auch mich hat man eingeladen«, erwiderte Laskowski, »und
da aus meinem Kreis niemand fahren konnte, bin ich gekom-

men, ihn als Kämmerer zu repräsentieren. Was sagt Ihr zu allem?«

»Was soll ich sagen? Der Herr Woiwode tritt mit einem Aufgebot in Erscheinung, daß ihn niemand mehr übertreffen kann, jedoch« – hier räusperte sich Zagłoba und beugte sich zu Laskowskis Ohr – »die Braut sieht aus wie das Leiden Christi, und der Bräutigam macht den Eindruck, als begäbe er sich nicht zum Altar, um zu heiraten und die Sakramente zu empfangen, sondern als ginge er zum Kegelspiel, so unbeschwert benimmt er sich. Schade um die schöne Woiwodentochter, die uns dieser Deutsche konfisziert. Na, und dann …!«

Zagłoba hielt sich den Mund zu.

»Mir scheint doch«, fügte er wenig später an, »das ist keine Hochzeit, sondern ein Feldlager, das zum Kriege rüstet.«

Laskowski mußte schmunzeln.

»Daß es nur nicht so zugeht wie bei Olkienniki«, versetzte er. »In dem Fall müßten wir uns, die wir hier das Marzipan des Bräutigams verspeisen, ihm zur Seite stellen, he!«

»Ich bin alt«, sagte der Schatzmeister. »Das ist nicht meine Sache.«

»Ich auch«, bemerkte Laskowski. »Aber die Jungen bekommen etwas zu tun. Übrigens« – der Kämmerer lachte auf und sah sich um – »wißt Ihr noch, wie wir gemeinsam beim Einzug des Gouverneurs dabeistanden? Ihr seid ein guter Prophet! Habt ihm eine Maria Potocka als Braut geworben, erinnert Ihr Euch, und das Schicksal war günstig und hat ihm zwar eine andere, doch mit demselben Namen gegeben.«

Bei diesen Worten zeigte er dem Schatzmeister, wo inmitten der Brautjungfern, strahlend vor mädchenhafter Schönheit, in weißem Kleid, voller Blumen und Brillanten, die entzückende Mundschenkstochter stand.

»Das ist sie, von der wir reden!«

Die Herren schauten hinüber.

»Gewiß würde Brühl sie der Woiwodentochter vorziehen«, bemerkte der Schatzmeister, »aber sie hätte ihm keine Million eingebracht.«

»Mein Herr«, versetzte Laskowski augenzwinkernd, »ihre Augen sind mehr wert als zwei Millionen!«

Verschiedenerlei Beobachtungen wurden ringsum gemacht, beinahe aller Blicke aber ruhten teilnahmsvoll auf der blassen Braut, welche ungeachtet der aufgelegten Schminke tieftraurig aussah. Das ärgerte die Frau Woiwodin, doch war dies nicht die Zeit, die Tochter zu tadeln, da sie im Begriffe stand, das Elternhaus zu verlassen. Der alte Brühl, an der Schwiegertochter jene Zeichen von Angst und Kummer wahrnehmend, begab sich höchstselbst zu ihr hin, um sie mit einem Gespräch aufzuheitern, konnte ihr jedoch nicht mehr abringen als ein paar Worte, die obendrein keinen rechten Sinn ergaben. Die Woiwodin bemerkte seine Expedition und erahnte deren Zweck, daher wollte sie Brühl abfangen, wenn er zurückkäme, um den Eindruck, den er möglicherweise gewann, zu korrigieren. Es geschah nach ihrem Willen – nach einem kurzen Gespräch zog sich der Minister wieder zurück und traf auf die Woiwodin.

»Marynia fühlt sich heute nicht recht wohl«, flüsterte sie ihm zu. »Dem armen Kind, das noch nie im Leben von unserer Seite gewichen ist, fällt es schwer, sich mit dem Gedanken an eine Trennung abzufinden. Sie ist sehr schüchtern. Alles das wird vergehen, so Gott will.«

»Ohne Zweifel«, entgegnete Brühl und küßte der Frau Woiwodin die Hand. »Mein Sohn und ich, wir werden beide bemüht sein, der lieben Schwiegertochter das Leben so angenehm wie möglich zu machen. Ich denke, daß der Hof, die Vergnügungen, die Welt …«

»Ach, Herr Minister«, warf Frau Anna ein, »zuerst muß sie sich

an alles das gewöhnen, aber da man sich in Gutes leicht hinein-
findet, wird Marynia diese kindliche Schüchternheit bald able-
gen, sie ist ja heute noch ein Kind.«

»Mein Sohn hat«, fügte der Minister hinzu, »ohne ihm schmeicheln zu wollen, einen verträglichen und liebenswürdigen Charakter, weshalb ich nicht daran zweifle, daß er bald das Herz der
Gattin gewinnen wird.«

»Das hat er schon, das hat er schon«, beteuerte die Woiwodin
mit Nachdruck. »Marynia kennt ihre Pflichten, sie ist gottesfürchtig erzogen.«

Jemand unterbrach ihr Gespräch, und damit endete es. Die
Woiwodentochter war auf diesen Tag vorbereitet, sie hatte Zeit
gehabt, sich an den Gedanken der Heirat zu gewöhnen, ihre
Blässe und Verwirrung rührten von einem Vorfall her, den niemand auch nur erahnte.

Als sich der Festzug vom Schloß hin zur Kirche in Bewegung
setzte, mußte man, um sich vor dem Andrang der Neugierigen
zu schützen – eine ungeheure Menschenmenge aus den benachbarten Herrschaften sowie von den ferneren Gütern der
Potockis, von Tartakowo, Waręż, Łaszczowo, Witkowo, füllte
nämlich die Höfe und das Städtchen –, entlang dem mit Tuch ausgeschlagenen Weg die Fußtruppen des Woiwoden, Bedienstete,
Höflinge aufstellen, ja, sogar die Hofleute einiger Herren, welche in Scharen zur Hochzeit gekommen waren. Wie eine Mauer
stand denn diese Wache, als das Brautpaar zu den Klängen des
Marsches langsam zur Kirche schritt.

Auf der Hälfte des Weges gewahrte die gesenkten Blickes gehende Woiwodentochter, wie ein mit weißem Band umwundener
Rosenstrauß ihr zu Füßen fiel. Unwillkürlich hob sie die Lider,
und durch Tränen hindurch erkannte sie den in nächster Nähe
stehenden Godziemba, im Paradeanzug, mit entblößtem Haupt
und hoch erhobener Mütze. Er war totenblaß. Fräulein Maria

erbebte, die Brautjungfern glaubten, sie sei mit dem Fuß am Tuch hängengeblieben, und hielten sie kurz fest, dann ging es weiter. Niemand bemerkte den Flüchtling, welcher, das allgemeine Durcheinander benutzend, sich so verwegen in Krystynopol eingestellt hatte, damit gleichsam die Macht des Herrn Woiwoden höhnend. Erst als sich das Brautpaar nach der Trauung auf den Rückweg begab und der Starost von Zawidy in dem Gedränge vor dem Paar Ordnung herstellte, traf er unverhofft auf Godziemba. Er kam nicht dazu, ein Wort zu sagen oder etwas zu unternehmen, es hatte ihm schier die Sprache verschlagen. Unfaßbar war für ihn die Dreistigkeit dieses Menschen, der es wagte, sich nach einer solchen Flucht am Hof des Herrn zu zeigen. Es war die Pflicht des Starosten, ihn sofort zu ergreifen und einzusperren.

Er erbebte bei dem Gedanken, es könnte der Woiwode den am Wegrand Stehenden bemerken und in seinem jähen Zorn nicht an sich zu halten imstande sein, obgleich Tausende Augenpaare auf ihn schauten. Gern hätte der brave Marschall den wahnwitzigen Grünschnabel geschützt, hätte verheimlicht, daß er ihn gesehen, hier aber erkannten ihn sogleich die früheren Kameraden, und ein Raunen erhob sich unter ihnen, als der Hochzeitszug vorüber war. Wiederholt ward der Name Godziemba gesprochen, man suchte den Mann mit den Blicken, die seltsame Kunde ging von Mund zu Mund.

»Dem juckt wohl der Kopf auf dem Halse!« rief Złotnicki. »Da braucht nur einer dem Woiwoden gegenüber ein Wörtchen verlauten zu lassen, schon ist es aus mit dem Kerl, und keine Macht kann ihn retten!«

»Dieser Tollkopf«, sagte Dzbański, während seine Augen die Umgebung absuchten. »Möge ein gütiger Mensch ihn warnen, daß er fortgehe, solange er heil ist, und sich zunutze mache, daß hier alles brodelt!«

»Um Himmels willen, sage es ihm bloß einer!«

»Der Narr«, brummten andere.

Soeben ging auf der Vortreppe des Schlosses zwischen Höflingen und Bediensteten das Gespräch darum, als langsam von der Kirche her Godziemba erschien, ganz als wäre er hier zu Hause und der am wenigsten gefährdete Mensch auf der Welt. Die Mütze trug er lässig schief auf dem Kopf, seine Hand steckte im Gürtel, er war erlesen gekleidet und schien nicht zu wissen, daß ihm der Boden unter den Füßen brannte. Der Starost von Zawidy, welcher soeben der Artillerie Befehle erteilte und vorschrieb, wann auf welches Signal hin die Mörser zu feuern hatten, stand plötzlich Auge in Auge Godziemba gegenüber, und in der ersten Regung hob er die Hand, als ob er ihn am Kragen packen wollte.

»Ist Euch Euer Leben nicht lieb?!« schrie er. »Was macht Ihr hier?!«

Godziemba wich einen Schritt zurück und legte die Hand an den Säbel.

»Was ist, Herr Starost? Bin ich vielleicht ein Leibeigener des Woiwoden, der ihm vom Acker gelaufen ist? Ich bin ein Schlachtschitz, mit Verlaub, wie er – ich habe für den Dienst gedankt, habe einen anderen angenommen und bin mit meinem Hof hier erschienen!«

»Mit was für einem Hof, Teufel noch mal? Meint Ihr, der Woiwode wird mit Euch oder mit Eurem Gönner viel Federlesens machen? Was fällt Euch ein?!«

Und leise, drängend, fügte er hinzu: »Hau ab, Mensch, ich sag's dir, hau ab, solange du noch kannst!«

Godziemba zuckte die Achseln.

»Ich denke nicht daran«, versetzte er.

Die Leute sammelten sich um ihn.

»Mit wem, zum Kuckuck, seid Ihr hier?« fragte der Starost.

»Mit dem Herrn Gouverneur von Warschau, zu dessen Hof zu zählen ich die Ehre habe.«

»Der Teufel hat Euch hierhergebracht«, brummte der Marschall. »Wärt Ihr lieber in Młociny geblieben. Alle haben Euch gesehen, wenn ich Euch dem Woiwoden nicht melde, wird er seinen Zorn später an mir auslassen. Löffelt nur die Suppe aus, die Ihr Euch eingebrockt habt!«

»Gewiß doch, gewiß«, erwiderte Godziemba gleichgültig und steckte beide Hände in seinen Gürtel. Kaltblütig blieb er mit den anderen auf der Vortreppe stehen.

Da an diesem Tage an den Woiwoden nicht heranzukommen war – der Starost von Zawidy hatte es mit dem Rapport auch nicht eilig, da er das Fest gestört hätte –, wagte denn niemand, Godziemba anzurühren, und der kühne junge Mann blieb auf freiem Fuß. Es schien aber, als dränge er selbst sich dem Unglück auf. Mit den Höflingen im Gespräch, begab er sich von der Vortreppe in die geräumige, geheizte Diele, in der sich unaufhörlich Bedienstete wie Herren tummelten. Des öfteren an diesem Tag trat auch der Woiwode hier heraus, um Befehle zu erteilen.

Die Zeit des Mittagsmahles nahte bereits, als der Woiwode unverhofft erschien, um Mniszech zu suchen. Der Woiwode, mit dem Blick die Versammelten durchgehend, sah und erkannte Godziemba. Zuerst glaubte er, sich geirrt zu haben, und da er wenig Zeit hatte, trat er rasch hinzu, überzeugte sich, daß ihn seine Augen nicht getäuscht hatten, und runzelte die Brauen.

»Was machst du hier!« schrie er zornig. »Du undankbarer Schuft, du!«

»Ich bin mit dem Hof des Herrn Gouverneur von Warschau gekommen, zu dem ich gehöre«, antwortete Godziemba entschlossen. »Ich bin kein Schuft. Ich bin nicht davongelaufen, sondern bin, nachdem ich für den Dienst gedankt habe, gegangen. Ich bin ein Schlachtschitz, kein Leibeigener.«

Dem Woiwoden zitterte der Mund, ein unheimliches Grinsen zog ihn dann zusammen, die Augen blitzten, seine Hand wollte schon ein Zeichen geben, doch er hielt inne. Lange betrachtete er Godziemba.

»Du hast Glück, du Taugenichts, daß heute solch ein Tag ist. Verschwinde, geh mir aus den Augen!«

Die Hand des Woiwoden bebte, Godziemba machte eine langsame Verbeugung und ging ohne Eile zur Tür, verfolgt von Potockis Blick. In diesem kurzen Augenblick waren dem Woiwoden Mund und Kehle ausgetrocknet, er wischte sich über die Stirn und schickte den ersten besten Höfling, den Starosten von Zawidy zu holen. Der Vorfall sprach sich sogleich herum, man erwartete eine fürchterliche Rache, doch der Tag ging hin, und Godziemba wurde kein Haar gekrümmt.

Bebuś, für die Festlichkeit prachtvoll ausstaffiert, stand gemeinsam mit Beba unablässig der Woiwodin zu Diensten bereit, und er benutzte die ihm erteilten Befehle zu Ausflügen in Bereiche des Schlosses, welche ihm an gewöhnlichen Tagen nicht zugänglich waren. Mehrere Male drang er in das Ankleidezimmer ein und erlaubte sich bei den Fräulein unzüchtige Späße, des öfteren stattete er dem Kellermeister und den Weinflaschen einen Besuch ab, er stopfte sich die Taschen mit Zuckerzeug voll, welches er von der Tafel geklaubt, und schlüpfte zu guter Letzt auf die Vortreppe hinaus und schnappte hier auf, was über Godziemba gesprochen wurde. Mit diesem großartigen Tratsch kehrte er schnellstens hinter den Sessel der Woiwodin zurück, darauf lauernd, wann er ihr die Neuigkeit mitteilen könnte. In einem günstigen Moment flüsterte er ihr zu, daß sich Godziemba am Hof aufhalte und gegen den Herrn Woiwoden widerspenstig aufgetreten sei.

Die Woiwodin, noch gestrenger als ihr Gemahl, zweifelte nicht daran, daß eine Katastrophe bevorstand, die sie an diesem Tage lieber vermieden hätte. Als sich ihr wenig später der Gatte erstmals näherte, zog sie ihn beiseite.

»Godziemba soll aufgetaucht sein, wie ich höre«, flüsterte sie ihm zu. »Habt Ihr ihn schon einsperren lassen?«

»Nein«, entgegnete der Woiwode. »Ich habe mich beherrscht. Er prahlte damit, zum Brühlschen Hof zu gehören, mir ist das einerlei. Heute mag er frei sein, es steht mir nicht an, uns diesen Tag zu vergällen. Morgen wird man ihn ergreifen und in Handschellen nach Niemirowo bringen.«

Die Woiwodin erwiderte nichts. Bebuś, hinter dem Sessel versteckt, hörte alles und freute sich über die Maßen.

In diesem Augenblick schmetterte die Kapelle drauflos, und der Woiwode eilte, wohin ihn die Pflichten riefen.

VI

Es war bereits weit nach Mitternacht, als die Neuvermählten nach polnischer Sitte feierlich zu ihren Räumen geleitet wurden. Im daneben gelegenen kleinen Saal hatten die Brühls das Zuckerfest für die liebwerten Gäste vorbereitet. Der Woiwode präsentierte sich königlich, und so wollte ihm der Minister denn nicht nachstehen, obgleich dieses Nachtmahl es ihm nicht erlaubte, mit Reichtum und Pracht so aufzuwarten, wie er es sich gewünscht hätte.

Seit einigen Tagen schon hielt die Dienerschaft des Herrn Minister den kleinen Saal verschlossen, die mitgebrachten Wagen wurden entladen, und die Ausschmückung geschah so geheim, daß die Neugierigen, zu welchen Bebuś gehörte, durch das Schlüsselloch lediglich eifrige Betriebsamkeit wahrnehmen konnten. Man hörte es klopfen, stampfen, klirren. Schachteln, Koffer und Körbe brachte man dorthin, vor dem Empfang der Neuvermählten jedoch durfte keiner der Hiesigen hinein. Die Zudringlichen fertigte man höflich ab, doch auch bestimmt, und entschuldigte sich mit den Anweisungen Seiner Exzellenz.

Als sich endlich auf das gegebene Zeichen die Saaltür öffnete, bot sich gleichsam ein Anblick wie aus Tausendundeiner Nacht. Mehrere Wände waren mit Gobelins ausgeschlagen, in frischen Farben zeigten dieselben Engel in Blumenkränzen und mythologische Darstellungen. Eine ganze Wand nahm eine Kredenz ein, welche von der Decke bis zum Fußboden vor lauter Goldgefäßen glänzte, hier gab es Schüsseln und Becken, riesig wie Schilde, Krüge, Pokale, Fässer. Eine auf zwei Drachen ruhende goldene Kanne, darin große Flaschen standen, schien mitsamt den Fabelwesen als Wache für diesen Schatz aufgestellt. Zu ihren beiden Seiten prangten zwei ganz aus Silber geschmiedete Tische, bestellt mit selten schön gefertigten Kelchen verschiedener Größe und Farbe. Weniger das Metall zog den Blick auf sich, als vielmehr die kunstvolle Arbeit, die dessen Wert weit überragte.

Der gesamte Fußboden war mit weichen Teppichen ausgelegt. In den Saalecken flammten in großen bronzenen Kandelabern zu Pyramiden übereinandergetürmte Kerzen. Ein porzellanener Kronleuchter über der Tafel strahlte ebenfalls mit hellem Licht und den frischen Farben seiner Blumen. Aus seiner Mitte sich herauslehnende Amoretten schienen Rosen und Lilien auf die Häupter der Gäste zu streuen.

Eine lange Tafel durchzog den ganzen Saal, und mit der Schönheit des Geschirrs übertraf sie noch alle diese Wunder. In der Mitte standen in riesigen Vasen frische Blumen, von ihren porzellanenen Rivalen kaum zu unterscheiden. Zu beiden Seiten lugten, auf Spiegeln aneinandergereiht, Nymphen und Amoretten, sich bei den Händen haltend, hinter kristallenen Kelchen hervor. Alle Gedecke auf der Tafel – Teller, Messer, Löffel, Gabeln – waren aus Gold.

Auf den Schüsseln, in den Körben aus Porzellan verlockten Berge von Zuckerwerk und italienischen Früchten, gebackene

179

und frische, das Auge, und als die Kapelle, welche die Neuvermählten begleitete, verstummte, wurden in der vorübergehenden Stille unsichtbare, gleichsam aus himmlischen Sphären kommende leise, sanfte, melodische Klänge hörbar, die erstaunten Gäste aber konnten weder Instrumente noch Spieler ausmachen, noch einen Ort, von dem her die Musik erklang.

Der wundersame, gedämpfte, gleichsam ferne Chor bezauberte die Gäste, alle wurden still und lauschten. Die feierliche Hymne schien durch die Seidentapeten an den Wänden zu tönen. Bald wurden die Klänge leiser, schienen sich zu entfernen, zu vergehen, bald wieder kamen sie näher, steigerten sich, um schließlich in einem kaum hörbaren Seufzer zu enden.

Nun baten die Brühls zunächst das Woiwodenpaar und danach die würdigeren Gäste an die Tafel. Die Kelche waren bereits gefüllt, daher trank, wer sich hier hatte hineindrängen können, denn nur ein Teil der Gäste konnte Platz finden, auf die Gesundheit der Neuvermählten. Unterdessen ging der Bischof Wołłowicz, die Gemächer und das Lager zu weihen.

Der Ansturm auf die Tische hatte dieselben im Handumdrehen geleert, sofort aber füllten sie sich wieder auf wundersame Weise mit neuen Schüsseln, neuem Zuckerwerk und Früchten. Die einen gingen, wieder andere kamen, unterdessen empfingen die Neuvermählten, an der Tür kniend, nochmals den elterlichen Segen, danach schloß sich die Tür hinter ihnen.

Die Woiwodentochter sank fast um vor Ermüdung, sie ging geradenwegs zu der Gebetbank in ihrem Zimmer. Kerzen brannten darauf neben einem altertümlichen Bild der heiligen Madonna von Częstochowa, und eine prachtvoll gebundene Bibel lag bereit. Maria fiel auf die Knie, legte den Kopf auf die verschränkten Arme und verharrte so reglos. Brühl zog sich in das andere Zimmer zurück und setzte sich ruhig auf einen Stuhl. Die Uhr auf dem Kamin zeigte die erste Stunde nach Mitternacht, von fern klangen bisweilen die lauteren Töne der Schloßkapelle herüber sowie die Rufe der auf die Gesundheit des Woiwoden und der Würdenträger trinkenden Schlachtschitzen.

Die Stille der wenigen Gemächer, die darin herrschende Dunkelheit standen in traurigem Kontrast zu dem von fern her schallenden Lärm und hatten beinahe etwas Unheimliches.

Von dem Stuhl aus, auf dem Brühl saß, konnte er durch die offene Tür jene Frau in Weiß mit dem Kranz auf dem niedergebeugten Haupt sehen, wie sie reglos verharrte ähnlich einer marmornen Grabfigur. Eine halbe Stunde verging in der Erwartung – die Woiwodentochter zuckte nicht einmal. Der Gouverneur erhob sich und schritt im Schlafgemach auf und ab. Auf seinem Gesicht malte sich entschieden Verdruß. Dann und wann gähnte er hinter vorgehaltener Hand, ungeduldig, schien es, wartete er darauf, wie das enden würde, und kein anderes Gefühl erleuchtete sein Gesicht.

Ein Blick auf die Uhr, deren Zeiger im Schneckentempo auf die zweite Stunde zukrochen, ermutigte ihn offenbar zu einem Entschluß. Langsam trat er über die Schwelle in das Zimmer seiner Frau, näherte sich der Gebetbank, und nachdem er eine Weile stumm geschaut, sagte er in gedämpftem Ton: »Bitte verzeiht mir, daß ich das Gebet unterbreche.«

Die Woiwodentochter hob langsam das blasse Antlitz, zwei Tränenströme rannen darüber. Brühl, der zu ihr sprechen wollte, hielt inne, sein Gesicht zeigte zugleich Mitleid und Verlegenheit.

»Es ist sehr spät«, sagte er schließlich. »Ihr solltet ausruhen, ich gehe in mein Zimmer.« Er wies auf die Tür zum Ankleidezimmer. »Ich könnte der Bedienerin läuten.«

Als er sah, daß Maria zitterte, fügte er voller Sanftheit hinzu: »Beruhigt Euch, und bitte glaubt mir, ich bin weder böse noch grob, noch aufdringlich. Ihr seid völlig frei, meine Rechte beschränken sich darauf, Euch zu dienen und, wenn möglich, das Los zu versüßen, mit dem es sich leider abzufinden gilt. Ihr seid schrecklich erschöpft. Nicht wahr? Ihr braucht Ruhe?«

Maria antwortete nichts. Brühl, der sah, daß sie schwankte und sich an der Gebetbank festzuhalten suchte, reichte ihr den Arm und führte sie zu einem Stuhl, auf den sie gebrochen hinsank. Er betrachtete sie eine Zeitlang und seufzte.

»Ich wollte mit Euch sprechen, Euch beruhigen, aber heute wären sogar die sanftesten Worte zu unmenschlich. Ich läute nach der Bedienerin und sage Euch gute Nacht.«

Seine Augen suchten nach der Klingel, es war keine da, und so ging er zur Tür und sah hinaus. Der Vorraum war leer. In einem anderen Zimmer tuschelten zwei Kammerfrauen miteinander. Er machte ihnen ein Zeichen und ging wieder. Als er an seiner Frau vorüberkam, nahm er ihre herabhängende Hand, küßte sie und begab sich rasch in sein Zimmer. Auch hier traf er niemanden an. Im Nebenraum schliefen zwei Lakaien. Er sah sie an, weckte sie aber nicht, er stellte die Kerzen sicherer hin und kehrte ins Kabinett zurück, in welchem ein breites Sofa als bequemes Bett dienen konnte.

Einige Tage lang dauerten die Hochzeitsfeierlichkeiten, am dritten Tag aber schon trat ein Teil der Gäste die Heimreise an. Auch die Neuvermählten rüsteten allmählich zum Aufbruch. Zur großen Freude der Woiwodin schien die anfangs so sichtbare Unruhe und Furcht der jungen Gouverneurin allmählich zu weichen. Nicht, daß sie heiter gewesen wäre, aber sie wirkte gefaßter, beruhigt. Brühl war wie immer kühl und zu allen höflich, wenn nötig heiter, sobald aber die Notwendigkeit entfiel, auch ernst und etwas nachdenklich.

Am dritten Tage, als schon weniger Gäste in Krystynopol weilten, hockte der Generalssohn Sołłohub noch immer dort, um die angebetete Mundschenkstochter nicht aus den Augen zu verlie-

182

ren, und abermals bestürmte er seinen Freund Brühl, für ihn zu sprechen.

Der Gouverneur nahm sein Verlangen säuerlich auf.

»Ich kenne die Mundschenkstochter kaum«, sagte er. »Mein Wort wird bei ihr kein Gewicht haben. Wie kommst du darauf? Bitte deine Verwandte darum, die Radziwiłł, oder die mit dir Verschwägerten, die sind im übrigen älter als ich und gesetzter, ich kann dir zu gar nichts nütze sein.«

»Verzeih bitte«, unterbrach ihn Sołłohub. »Jetzt, da du so ganz mit deinem Glück befaßt bist …«

Brühl antwortete mit einem leichten Achselzucken.

»Ich würde dich damit nicht langweilen«, fuhr der Generalssohn fort. »Aber ich habe Gründe, weshalb ich das tue. Gestern nutzte ich den Trubel, und es gelang mir, an das Fräulein heranzukommen und ein Gespräch anzuknüpfen. Ich habe mich ihr gegenüber deiner Freundschaft gerühmt, wir sprachen von dir, und sie sagte, daß sie mich um einen Freund wie dich beneide. Das Mädchen ist so freimütig und naiv, sie konnte dich gar nicht genug loben. Du besitzt ihre Gunst …«

»Ach, laß mich in Frieden!« unterbrach Brühl ihn ungeduldig.

»Verwende sie zu meinem Nutzen!«

Sołłohub umhalste ihn, nahm ihn schließlich beim Arm, führte ihn zu der Mundschenkstochter und setzte ihn neben sie. Das Mädchen errötete vor unverhohlener Freude und lächelte anmutig.

»Solch ein Glück habe ich gar nicht erwartet, daß der Herr Gouverneur sich mit mir langweilen möchte. Aber Ihr opfert Euch für den Freund.«

Sołłohub war fortgegangen. Brühl litt Folterqualen. Während dieser drei Tage hatte er auf die Mundschenkstochter geschaut und sich rasend in sie verliebt. Jene Liebe zum Ideal, über viele Jahre in der Seele gewachsen, war jetzt bei der Annäherung entflammt,

183

und sie brannte ihn wie das Gewand des Nessos. Er fürchtete, sich damit zu verraten, und das unschuldige Mädchen fühlte nur instinktiv seine Sympathie, und sie drängte sich ihm mit Blicken auf und mit ihrem ganzen Liebreiz, dessen Macht sie nicht kannte.

»Wissen Sie, es ist wirklich ein Opfer«, sagte Brühl, der ihr endlich in die Augen zu sehen wagte, aber rasch den Blick wieder abwandte. »Ja, es ist wirklich ein Opfer, wenn man für irgend jemanden spricht, wo man versucht ist, nur für sich selbst zu sprechen.«

Die Mundschenkstochter, als ob sie wirklich nicht verstünde, richtete ihre blauen Augen verzückt auf ihn.

»Ihr könnt mich nicht einmal verstehen, Ihr wißt gar nicht, daß Ihr ein gefährliches Wesen seid, und Sollohub, der wahrhaft Unbesonnene, setzt mich dem Feuer dieser Eurer wunderschönen Augen aus.«

Das Gesicht der Mundschenkstochter rötete sich.

»Daß Ihr Herren aus der großen Welt Euch uns nicht nähern könnt, ohne solche Komplimente zu machen!« seufzte das Mädchen. »Mir schien, Herr Gouverneur, Ihr müßtet aufrichtiger und wahrhaftiger sein. Von den Augen und ihrer Macht höre ich andauernd, es ist so langweilig!«

Brühl lächelte.

»Vergebt mir«, sagte er. »Dennoch schwöre ich bei allem, was mir teuer ist, es ist die Wahrheit. Ich habe empfunden, was ich sagte, und ich habe es unwillkürlich geäußert, obwohl ich es nicht dürfte und Ihr mir deswegen böse sein könntet.«

»Böse? Nein, nur würde ich lieber von etwas anderem sprechen und hören. Man sagt, Herr Gouverneur, Ihr könntet so viel und wärt so geistreich, mir aber bringt Ihr nur das täglich Brot dar, welches man den Armen gibt.«

Bei diesen Worten verfiel der Gouverneur in trauriges Nachsinnen.

»Ach, wüßtet Ihr, wie reich Ihr seid«, sagte er, sich gleichsam unfreiwillig erhebend. »Doch ich schweige. Was ist, soll ich für Sołłohub sprechen?«

»Reden wir über anderes«, erwiderte, die Augen senkend, die Mundschenkstochter.

»Ich habe ihm mein Wort gegeben, daß ich seine Angelegenheit bei Euch unterstütze. Leider!« versetzte Brühl mit Inbrunst. »Ich kann das Versprechen nicht halten. Wäre es nicht Wahnsinn und ein Verbrechen, ich würde Euch sagen: weder Sołłohub noch irgendein anderer auf der Welt! Wenn Euch einer zwei Tage lang ansieht, wird er rasend eifersüchtig.«

Abermals schien die Mundschenkstochter nicht zu verstehen, sie hielt die Augen gesenkt, wurde aber nicht ärgerlich, und nach einer Weile flüsterte sie: »Und nach weiteren zwei Tagen sind Eifersucht und Erinnerung vergangen.«

»Ich habe mich versprochen«, berichtete sich Brühl. »Zehn Jahre lang habe ich Euch angesehen.«

Die Mundschenkstochter hob die Augen.

»So ist es. Seit dem Augenblick, da Ihr mir auf dem Warschauer Schloß das Händchen zum Kuß reichtet, habe ich Euch unablässig vor Augen, bis zum heutigen Tage. Ihr seid in meinen Gedanken aufgewachsen, ich habe Euch erblühen sehen. Was Wunder, daß eine so alte« – ihm fehlte das Wort – »daß ein so alter«, berichtigte er sich, »daß, mit einem Wort, ich bin eifersüchtig.«

Schweigen folgte.

»Aber die Freundschaft, Herr Gouverneur«, entgegnete Fräulein Potocka langsam. »Ein Freund kann und darf nicht eifersüchtig sein.«

Sie maß ihn mit dem Blick und schüttelte dabei sonderbar den hübschen Kopf.

Brühl bemerkte, daß sich die allgemeine Aufmerksamkeit auf sie richtete, und machte Anstalten, sich zu erheben.

»Ich muß mich verabschieden«, sagte er leise. »Obwohl ich
wünschte, an diesem Stuhl angeschmiedet zu sein. Ich neide es
den Leuten, aber ich sehe, daß sie auch mich mit furchtbaren
Blicken messen. Sołłohubs Augen werden mich töten. Sołtyk
würde mich erschießen, wenn er könnte. Ich weiß gar nicht, wer
alles mich in Stücke hauen würde. Ich gehe fort, aber da ich dem
Freund mein Wort gegeben habe, lege ich für den Generalssohn
Fürbitte ein, seid gnädig zu ihm!«

Brühl war aufgestanden.

»Setzt Euch noch einen Moment«, sagte die Mundschenkstochter. »Ich muß etwas gestehen. Ich bin eine Waise, ich habe
keine Mutter, die mich fragt, wen ich haben möchte, wen ich er-
wähle. Die Vormunde verfügen über mich nach Belieben. Heute
oder morgen kann es sein, daß sie mir sagen: ›Hier, das ist dein
Zukünftiger.‹ Sie werden nach ihrem Ermessen die beste Wahl
treffen, und ich werde hinnehmen müssen, was mir das Schicksal beschert. Was würde es Sołłohub helfen, selbst wenn ich ihm
wohlgeneigt wäre?«

Die Mundschenkstochter seufzte.

»Und Euer Herz, wenn die Frage erlaubt ist, spricht es für
ihn?« fragte Brühl leise.

Die Mundschenkstochter schüttelte den Kopf und errötete
heftig.

»Weder für ihn, noch gegen ihn. Mein Herz, ich weiß nicht,
ich habe es danach nicht gefragt, es schweigt.«

Als sie die Augen hob, war darin gleichsam ein zarter, durch-
sichtiger Tränenschleier. Stumm reichte sie dem Gouverneur
die Hand. Alois ging davon, ein wenig trunken, ein wenig verwirrt, so daß er, als Sołłohub ungeduldig auf ihn zutrat und ihn
ausforschen wollte, zunächst gar nicht zu antworten imstande
war.

»Ich glaube«, flüsterte er ihm schließlich zu, »sie schätzt dich.

Du weißt, was das heißt, aber mehr ist da nicht. Mir scheint, ihr Herzchen ist nicht frei, wer kennt sich da aus in den Frauen.«

Der Generalssohn fuchtelte energisch mit der Hand.

»Weißt du was?« sagte er. »Ich bin so dumm oder so nichtswürdig durch diese Liebe, wenn sie nur mein wäre, mehr wollte ich nicht.«

»Und das Herz?«

»Das gewinne ich. Sie wird sich überzeugen, mich kennenlernen, Erbarmen haben. Du wirst mich für wahnsinnig halten, aber ich kann ohne sie nicht leben!«

Was sollte man darauf erwidern? Der Gouverneur betrachtete den Freund, umarmte ihn herzlich und schwieg. Die ganze Zeit über waren Fräulein Marias Augen auf die beiden alten Kameraden gerichtet, als ob sie erraten wollte, wonach Sołłohub fragte, und was der Gouverneur ihm zur Antwort gab. Ob sie es erriet? Von ihrem ruhigen Gesicht war nichts abzulesen.

Nachdem die Neuvermählten sich noch einige Tage in Krystynopol aufgehalten hatten, ward ihre Abreise nach Warschau und nach Młociny, wo sie wohnen sollten, für den fünfzehnten Januar bestimmt. Man schickte bereits Wechselpferde voraus, Wagen mit dem Gepäck, den Hof, die Aussteuer der Frau Gouverneurin und jene Hofdamen, welche die Mutter ihr beigab. Madame Dumont weinte in einem fort, da sie sich nicht damit abfinden konnte, ihre Teuerste zu verlieren. Durch das gemeinsame Geheimnis waren sie und ihr Zögling einander noch nähergekommen als zuvor. Und die Woiwodentochter hatte in der Madame eine Trösterin und Vertraute. Die Dumont erklärte ihr Godziembas Verschwinden, und am Tag nach der Trauung flüsterte sie ihr zu, daß der verwegene Jüngling auf seltsame Weise nunmehr dem Hof ihres Gatten angehöre und sich nicht gescheut habe, mit ihm nach Krystynopol zu kommen. Erst da bekannte Maria der Madame, ihn am Hochzeitstag auf dem Weg zur Kirche gesehen zu haben. Beide

187

sorgten sich sehr, daß man ihn ergriffen haben könnte. Die Dumont wagte nicht, sich zu erkundigen, um keine Aufmerksamkeit zu erregen, schließlich aber hielt sie es nicht länger aus, und als sie am dritten Tag auf dem Flur dem Starost von Zawidy begegnete, sprach sie ihn vorsichtig auf Godziemba an.

»Ist es wahr, daß er bei der Hochzeit wiedergekommen ist und so kühn war, vor dem Woiwoden zu erscheinen?«

Der Starost, ein gutherziger Mensch, zuckte nur die Achseln.

»Leider«, versetzte er, »die jugendliche Verwegenheit kennt keine Grenzen.«

»Was ist mit ihm geschehen?« fragte die Dumont.

Der Starost wurde sichtlich verlegen.

»Wahrlich, ich weiß es nicht«, flüsterte er, sich umsehend. »Vielmehr kann ich es nicht sagen.«

Er verbeugte sich und ging fort.

Die Antwort des Starosten bedeutete nichts Gutes, und obwohl das Geheimnis am Hof strikt gewahrt wurde, wußte Bebuś, der geriebenste Horcher, daß Godziemba auf Befehl des Woiwoden ergriffen und, wie es hieß, so festgesetzt worden sei, daß er des Tageslichts nicht länger ansichtig wurde. Die Madame erfuhr davon, um aber Maria nicht zu erschrecken, verschwieg sie ihr diese Nachricht und versicherte, Godziemba sei es gelungen, davonzukommen.

Nach feierlicher Verabschiedung, bei welcher alle weinten außer dem Vater, da dieser Tränen, auch wenn sie ihm in den Augen standen, leugnete, um nicht als Schwächling zu gelten, brach das junge Paar mit großem Reiterzug und mitsamt dem Hof nach Młociny und nach Warschau auf.

Die Frau Gouverneurin war überaus wehmütig gestimmt, da sie jetzt Krystynopol verließ, die Schwestern, den Bruder, ihre einzige Freundin Dumont und die ganze Vergangenheit, deren Erinnerungen hier bleiben würden, um sich um das Schicksal des unseligen Godziemba zu sorgen. Nur zufällig hatte sie gehört, daß ihr Gatte sich nach einem Höfling erkundigte, welchen er liebgewonnen hatte und der ihm in Krystynopol abhanden gekommen war. Niemand schien zu ahnen, was mit ihm geschehen war, man erklärte sich Godziembas plötzlichen Weggang mit einer jugendlichen Unbesonnenheit, irgendeiner Mutwilligkeit und erwartete seine Wiederkehr.

Unterdessen war der arme Jüngling, der nicht vermutet hatte, daß der Woiwode einen freien Adelsmann aus dem Gefolge des eigenen Schwiegersohnes ergreifen lassen würde, und der sich nach der ersten Gegenüberstellung mit dem Alten schon sicher gewähnt hatte, ein Opfer seiner Unvorsichtigkeit. Der Woiwode, bei allen an blinden Gehorsam gewöhnt, hatte jedoch auch Leute, auf die er mehr als auf andere zählte. In dem Starosten von Zawidy vermutete er stets ein allzu weiches Herz, und so bediente er sich in Angelegenheiten, die nach mehr Härte verlangten, anderer Männer.

Der Unterstallmeister Wilczek, vor allem aber ein gewisser Zarębski taten sich in solchen Fällen besonders hervor. Der Woiwode kannte Zarębski und wußte, daß es ihn nichts kostete, sogar einen Menschen zu morden, wenn er nur den Befehl dazu erhielt. Sobald es um Stockschläge, ums Verprügeln, um das Verabreichen eines strengen Strafmaßes ging, wurde Zarębski gerufen.

Er war ein kleines Männchen, breitschultrig, stämmig, dickbäuchig, mit Beinen, die das Reiten gekrümmt, ein ruhmreicher Saufaus und draufgängerischer Würfelspieler, der wenig Worte machte, bei Streit und Krawall indes lachten seine Augen. Ihm trug der Woiwode am zweiten Tage auf, Godziemba so zu greifen, daß kein Aufsehen entstünde, und Zarębski machte den jungen Mann sofort ausfindig, ließ kein Auge von ihm, lud ihn zu sich zum Damespiel ein, und nachdem er ihn in die Stube gelockt hatte, in der zwei Troßknechte bereitstanden, hieß er ihn binden, knebeln und in das Verlies unter dem Turm am Eingangstor bringen. Godziemba wehrte sich mannhaft, schlug die Soldaten blutig, bekam selbst zwei Wunden beigebracht, doch am Ende wurde er überwältigt. Das Verlies, in welches man ihn warf, war nur für schwer beschuldigte Gefangene bestimmt. Tief in die Erde eingelassen, hatte es keine Fenster, war feucht und wurde mit zwei Vorhängeschlössern versperrt. Wasser und Brot reichte der Wächter dem Insassen durch eine eigens dafür in der Tür vorhandene Luke. In diesem Loch konnte ein so Vergessener verfaulen, falls der Woiwode nicht nach dem Häftling fragte.

Von der Stube aus, in welcher Zarębski Godziemba festgenommen hatte, führte der Weg zum Verlies über einen Korridor und durch den Keller, wo sich höchstens Soldaten aufhielten. Wenn hier jemand einem Abgeführten begegnete, achtete er nicht sehr darauf. So etwas war in Krystynopol nichts Neues, und über Dinge, die auf Befehl des Woiwoden geschahen, wagte niemand zu reden. Als die Troßknechte den sich sträubenden Godziemba beinahe auf ihren Armen trugen, trafen sie unterwegs auf keine Menschenseele. Der Starost von Zawidy erfuhr von der Gefangennahme erst, als sie vollzogen war. Er sah nun keinerlei Rettung mehr.

Als Godziembas Vater aus Liebe zu dem Herrn Woiwoden in Stücke gehackt worden war und man den Knaben aus Mitleid nach Krystynopol nahm, hatte er niemanden auf der Welt außer seiner Amme – eine Frau, die wir bereits erwähnten, welche, nachdem sie die eigenen Kinder verloren hatte, ihr Herz mit mütterlicher Leidenschaft an den Schützling hängte. Aus Liebe zu ihm schleppte sich Sawaniha nach Krystynopol und suchte sich im Städtchen eine Arbeit, nur um – wie sie sagte – dann und wann ihr Kind anzusehen. Sawaniha war nicht mehr jung, jedoch von kräftiger Statur, ans Arbeiten gewöhnt, eine wahre ukrainische

Hexe, als sie in die Jahre kam. Ihr Gesicht war ausgedörrt und wettergegerbt, das ergrauende Haar struppig, ihr Blick wild, ihr Charakter unbändig, aber sie schuftete für zwei, keine Arbeit ermüdete sie, und niemand konnte ihr, wo sie auch diente, etwas vorwerfen. Man riß sich um Sawaniha. Der ganze Lohn in ihrem schweren Leben war der, am Sonntag zu ihrem jungen Herrn gehen zu können, um dann, an der Tür stehend oder auf einer Bank sitzend, mit ihm zu sprechen, ihn anzuhören und ihm manchmal einen Kuß auf die Stirn zu geben.

Als Godziemba das erste Mal von Krystynopol fortging, vergaß er nicht, Sawaniha zu benachrichtigen, wußte er doch, daß sie seinetwegen entweder in die Welt hinausziehen oder aber sich vor Sehnsucht die Augen ausweinen würde. Sie gab ihm bis zur Landstraße das Geleit und segnete ihn. Als er mit Brühl wiederkehrte, ging er abermals zu ihr. Der Amme mißfiel seine Verwegenheit, sie wollte ihn zur Umkehr bewegen, aber Godziemba ließ sich nicht dreinreden. Als Sawaniha am anderen Tag sah, daß ihm nichts geschah, beruhigte sie sich. Dann aber verschwand er plötzlich, und die Alte bekam es mit der Angst. Eine Ahnung sagte ihr, daß etwas Übles passiert sein mußte. Sich das Gewimmel der vielen Leute zunutze machend, welches noch nach der Hochzeit um das Schloß herrschte, eilte Sawaniha auf die Höfe, und da man sie hier seit langem kannte, wunderte niemanden ihr Erscheinen. Unauffällig fragte sie herum, aber niemand konnte ihr etwas sagen. Voller Unruhe behelligte sie den Starosten, in dessen Augen sie einzig las, daß ihre Besorgnis nicht unbegründet war. Zarębski auszuforschen erübrigte sich, der gab niemandem je eine Antwort, brummte nur, fluchte, schlug zu und soff einen. Sawaniha kreiste um die Hauptwache, beobachtete dort aufmerksam einen jeden und bemerkte verletzte Soldaten. Ein Gefühl sagte ihr, daß sie von ihnen etwas erfahren könnte. Einer der beiden Troßknechte, Semen Zawity, war ihr bekannt, da er aus derselben Gegend wie Sawaniha stammte, und sozusagen aus Mitleid versprach sie ihm, seine Wunde zu verbinden, ihm Heilkräuter zu verabreichen und ihn zu kurieren, und so kam er mit ihr ins Städtchen. Dort verband sie ihm den Kopf, ließ ihm Schnaps bringen, und während sie ihm langsam zu trinken gab, befragte sie ihn. Anfangs wollte Semen nicht recht mit der Sprache herausrücken, erst der Schnaps tat das Seine. Sawaniha fiel fast um, als sie erfuhr, was Godziemba widerfahren war, aber sie unterdrückte ihre Wut, und nachdem sie Zawity den Kräutertrunk verabreicht und herausbekommen hatte, wo ihr junger Herr eingelocht saß, schickte sie ihn zurück in die Wachstube.

Sawaniha weinte sich im stillen aus, rang die Hände und dachte über eine Rettung nach. Zum Woiwoden zu gehen, ihm zu Füßen zu fallen und um Gnade zu bitten war zwecklos, das wußte sie. Da konnte sie nur ausgepeitscht werden. Die Wächter zu bestechen war ihr unmöglich, und so zählte Sawaniha zunächst ihre Habe, schnürte ihre Bündel, wurde krank und dankte für den Dienst. Dann mietete sie sich bei Juden eine Bleibe und begann gleichsam das Leben einer Bettlerin. Jeden Morgen zog sie aus und kehrte erst spätabends wieder, sie aß ein Stück trocken Brot mit Salz, trank Wasser dazu und versuchte auf den Säcken im Winkel zu schlafen und auszuruhen.

Ihr ganzes Tagewerk bestand darin, um die Schloßeinfahrt und die Hauptwache zu streifen, die Mauern zu begutachten oder im tiefen Graben, unter der Brücke verborgen, zu hocken. Es lag noch Schnee, die Erde war gefroren. In trockenem Gesträuch und zwischen angehäuften Ästen hatte Sawaniha ihre Zuflucht. Hier konnte sie niemand sehen. Während sie das Tor betrachtete und den Eingang zu den Verliesen untersuchte, rechnete sich die Alte aus, daß der Keller, in welchem ihr teures Kind eingesperrt saß, irgendwo unterhalb der tiefen Wand an die Brücke stoßen mußte. Es entmutigte sie nicht, daß der Kerker, wie man ihr berichtet, unter der Erde gelegen war. Diesseits des Grabens konnte das Mauerwerk nicht mehr allzu tief in den Boden hineinreichen. Der Graben schien zu erleichtern, was Sawaniha im Schilde führte. Im blinden Glauben daran, daß sie dort ankommen mußte, wo die Liebe sie hinführte, begann sie im Gebüsch unter der Brücke langsam den frostigen Boden aufzuscharren, auf der Suche nach der Wand. Die Wand wollte sie notfalls mit den Fingernägeln zerkratzen, eine Öffnung herausbrechen und ihr Kind befreien!

Ihre Absicht mochte verrückt erscheinen, und sie war es tatsächlich, jedoch die Liebe kennt keine Zweifel und verleiht Kräfte, welche mit alltäglichen nicht zu vergleichen sind. Sawaniha war es von klein auf gewöhnt, mit aller Art Widrigkeiten im Leben fertig zu werden. Ihr Wille war unbeugsam, ihre Geduld unerschütterlich. Es kam ihr gar nicht in den Sinn, daß sie sich irren und ihre ganze Arbeit vergeblich sein könnte, sie glaubte daran, daß die Vorsehung, die Heiligen des Herrn, die himmlischen Kräfte ihr helfen würden. Auf dem Markt kaufte sie zwei stumpf gehauene Äxte, die zum Aufhacken des Bodens und der Mauer genügten. Der Schnee, scheinbar ein Hindernis, war ihr sogar dienlich, da er die beiseite geschobene frische Erde zudeckte. Sawaniha täuschte sich nicht: Schon bald hatte sie die Wand freigelegt. Die Mauer war dick, alt, kompakt wie ein Felsblock. Langsam machte sich die Alte an das Durchbrechen. Die Arbeit ging schwer voran, aber das Loch wurde größer. Zum Glück war es vor dem Tor menschenleer, und ihr Klopfen blieb darum ungehört. Vom Tagesanbruch bis spät in die Nacht schlug Sawaniha geduldig auf die Wand ein.

Vielleicht hätte sie, weil Eile not tat, auch noch einen Teil der Nacht in ihrer Grube zugebracht, aber die rings um das Schloß herrschende Stille erlaubte ihr nicht, so gefahrlos wie bei Tage gegen die Mauer zu hämmern. Unbemerkt schlüpfte sie im Morgengrauen an ihren Platz und verließ denselben erst, wenn es dunkelte. Bisweilen kam ihr doch der Gedanke, ihre Mühen könnten vergeblich sein, aber sogleich nahmen ihr der Glaube an Gott und eine mütterliche Hellsicht den Zweifel. Das Loch reichte immer tiefer. Sawaniha steckte den Kopf hinein und schlug mit ihm gegen die Wand, um am Ton zu erkennen, ob die restliche Mauer noch dick war, welche sie von dem Kerker trennte.

Eines Abends, als sie das Ohr an die Ziegel legte, vernahm sie von drinnen, wie eine Antwort, ein leichtes Klopfen. Beglückt ging sie daran, heftig, ja, wie toll den Schutt wegzuräumen und auf die Ziegel einzuschlagen. An jenem Tag aber ließ sich nichts mehr machen. Die Dunkelheit brach herein, die Alte wickelte sich in ihre Tücher, und da der Frost nachließ, ging sie nicht zurück ins Städtchen, sondern verbrachte die ganze Nacht mit vergeblichem Horchen. Sobald es hell wurde, begann sie erneut zu arbeiten, und obgleich sie müde und hungrig war, hämmerte sie fieberhaft bis zum Abend gegen die Ziegel. Ein Ziegel rollte schließlich nach drinnen. Die Alte packte die ringsherum ragenden Bruchstücke und schaffte mit ihren kräftigen Händen den Durchbruch. Schnaufend vor Ungeduld, steckte sie den Kopf in die schwarze Leere und rief nach ihrem Kind. Das Schweigen, welches einen Augenblick währte, dünkte sie eine Ewigkeit, dann hörte sie fern eine schwache Stimme. Ihr Fadiejek lebte, sie hatte es geschafft, zu ihm zu kommen, und war glücklich.

Aus dem Schlaf geweckt, krank und halb tot, schöpfte Godziemba aus der Hoffnung auf Befreiung neue Kraft. Die Nacht begünstigte eine Flucht, denn nächtens kam keiner an die Tür. Die Maueröffnung lag weit oben und war schmal, dort hinaufzugelangen fiel dem Geschwächten schwer, aber dahinter wartete auf ihn die Freiheit.

Godziemba klammerte sich an die rauhe Wand, hangelte sich hinauf und fiel wieder herunter, schließlich aber langte seine

Hand an die Maueröffnung. Sawaniha ergriff seinen Arm und zog ihn fast eigenhändig heraus. Sie glich jetzt einer Wölfin, die ihren Welpen rettet. Sie vergaß dabei, daß sie ihn verletzen könnte. Aufgeschürft und blutend, mußte sich Godziemba, nachdem er draußen war, auf den Boden legen, denn er konnte sich nicht auf den Beinen halten. Die Alte, geistesgegenwärtig, verstopfte das Mauerloch mit Reisig, Ästen und Schnee, damit nicht vorzeitig Licht in das Verlies fiele und das Loch entdeckt würde. Danach lud sie sich den Geschwächten auf den Rücken und trug ihn aus dem Graben. Jetzt konnte Godziemba, ein wenig erfrischt, bereits aus eigener Kraft stehen und, auf Sawaniha gestützt, weitergehen. Gehen mußten sie sofort, gehen und hinter sich die Spuren im Schnee verwischen und dieselben sich auf der Landstraße verlieren lassen, um nicht durch sie verraten zu werden, dann mußten sie auf ihnen bekannten Pfaden in den Wäldern Schutz suchen und in einer Hütte bei barmherzigen Menschen Unterschlupf finden.

Schwieriger noch als die Flucht aus dem Gefängnis war es, der Verfolgung zu entgehen. Sawaniha zweifelte nicht daran, daß, sobald sich am anderen Morgen die Nachricht von der Flucht auf allen Landstraßen verbreitete, Kosaken über die Dörfer sprengten und dem Flüchtigen nachsetzen würden. Vielleicht aber bliebe es auch mehrere Tage lang ein Geheimnis, daß der Häftling fort war. Niemand konnte annehmen, daß er dem Verlies entkommen war. Der Wächter ließ ihm für gewöhnlich durch die Luke in der Tür Brot und eine Kanne mit Wasser zukommen und ging wieder, ohne ein Wort. Einmal in der Woche, wenn es hoch kam, öffnete man die Tür und sah nach dem Gefangenen.

Die dunkle Nacht war Godziemba in glücklicher Weise dienlich, das Schneegestöber versprach, die Spuren zu verwischen. Sawaniha setzte den jungen Herrn an der Wand eines Schuppens nieder und lief selbst zur Schenke, um ihre Bündel zu holen. Godziemba war so sehr ermattet und fühlte sich so krank, daß er im Sitzen einschlief. Die Zurückkehrende weckte ihn und trieb ihn weiter auf dem nächtlichen Marsch.

An diesem und auch an den beiden folgenden Tagen dachte in Krystynopol kein Mensch an Godziemba. Zarębski sagte sich schon lange im stillen: Der wird dort elend zugrunde gehen. Am dritten Tag kam der Wächter, der keine Stimme mehr hörte und keine Antwort erhielt, und erklärte brummend, der Häftling müsse krank oder gestorben sein, denn kein Rufen helfe etwas. Da stiegen sie zu mehreren mit einem Licht ins Verlies.

Die Verblüffung der Männer läßt sich leicht vorstellen, als sie den Keller leer fanden. Zuerst wollte man den Wächter beschuldigen, da nicht zu verstehen war, was hier geschehen, aber bald zeigte jemand nach oben, auf den verstopften Durchbruch. Der Schrecken war gewaltig, so etwas mußte dem Woiwoden gemeldet werden, und jeder fürchtete sich davor. Zarębski schwor, er werde nicht hingehen.

»In seiner Wut haut der mir eins aufs Maul«, murrte er. »Und ich, bei Gott, schlag zurück und werde morgen hängen. Das will ich nicht.«

Die Aufgabe fiel dem Starosten von Zawidy zu, für ihn war es leichter, die schlechte Nachricht zu überbringen, da nicht er die Angelegenheit verantwortete, sondern Zarębski. Am nächsten Tag, als er sich zum Rapport einfand, brachte der Starost zunächst alltägliche Dinge vor und erklärte danach, daß er etwas Schlechtes zu berichten habe, für das Geschehene jedoch keine Schuld trage.

»Zarębski hat Godziemba auf Befehl Euer Hochwohlgeboren ins Verlies gesperrt.«

»Und? Ist er verreckt?« fragte der Woiwode.

»Daran hätte er besser getan«, erwiderte der Starost beherzt.

»Was ist denn mit ihm?«

»Er ist geflohen!«

Potocki erbleichte, aber er schien seinen Ohren nicht zu trauen.

»Aus dem Verlies? Geflohen? Wer hat ihm aufgemacht?«

»Es wurde ein Loch in die Mauer geschlagen.«

Der Woiwode sagte lange kein Wort, er starrte vor sich hin, biß sich auf die Lippe, dachte nach, bisweilen war von den Augen nur das Weiß der Augäpfel zu sehen, das Gesicht färbte sich gelb. Der allmächtige Herr konnte nicht fassen, mit welcher Dreistigkeit ihm das Opfer entwischt war. Es ging ihm nicht um Godziemba, sondern darum, daß sein Ansehen beschädigt worden war.

»Wer ist schuld? Wer hat geholfen?« fragte er leise.

Der Starost wußte nichts zu antworten.

Der Woiwode ordnete eine eingehende Untersuchung an, zugleich verbot er, über den Vorfall zu sprechen, er wünschte kein Aufsehen. Zarębski erhielt am selben Tag seine Entlassung, was ihn nicht unbedingt grämte, da er immerhin eine Abfindung mitbekam. Den Wächter schickte man aufs Land, das Verlies sollte verschlossen und zugeschüttet werden.

Von einer Verfolgung konnte nicht recht die Rede sein, da es unmöglich schien, auf eine Spur zu stoßen, vielleicht auch wollte der Woiwode weitere Rache vermeiden, denn sie hätte zuviel Aufsehen bedeutet. Die Woiwodin erregte das Vorkommnis noch stärker als den Gatten, und sie hätte sich gern härter gerächt, aber nach gemeinsamer Beratung beschlossen die Herrschaften, das Ganze mit Schweigen zu übergehen. Bebuś, der wie gewohnt an den Türen lauschte, erschrak mächtig, als er erfuhr, was geschehen war. Die Zunge juckte ihn so sehr, daß er am selben Tag nicht nur Beba unterrichtete, sondern auch im Ankleidezimmer einem Fräulein sein Geheimnis beichtete und mit der Nachricht zur Dumont rannte. Die Französin, als sie von Godziembas geglückter

197

Flucht erfuhr, freute sich über die Maßen und war darum bemüht, auf Umwegen der Frau Gouverneurin eine Mitteilung zu machen. Der Brief ging nicht mit der gewöhnlichen Post, denn hätte die Dumont ihn der Woiwodin gegeben, konnte sie sicher sein, daß er zuvörderst entsiegelt und gelesen werden würde, sondern er wurde einem braven Priester überantwortet, welcher der Madame üblicherweise Korrespondenzen dieser Art erleichterte.

Von Sawaniha wußte kaum jemand etwas im Städtchen, ihr Verschwinden wurde fast nicht bemerkt. Man erwartete, daß sie in wenigen Tagen zurückkehren würde, danach war man allgemein überzeugt, daß die Wölfe sie gefressen haben mußten, welche in Rudeln umherstreiften, denn es war die Zeit um Mariä Lichtmeß. Dieser Gedanke schien so einleuchtend, daß man sich den Fall bald mit Einzelheiten erzählte, ganz als wäre jemand dabei Zeuge gewesen. Nicht anders entstehen oftmals die Volkssagen.

ZWEITER BAND

I

Der Frühling des Jahres 1760 kam zeitig; schon Ende März fingen die Bäume an zu treiben, und obgleich es gelegentlich noch Nachtfröste gab, waren die Tage sonnig und warm.

Die Frau Gouverneurin von Warschau wohnte seit ihrer Heirat in dem schönen Schlößchen in Młociny, von Stille und von Wäldern umgeben, und genoß hier viel mehr Freiheit als im elterlichen Hause. Brühl war, wenngleich der kühlste aller Gatten, so doch voller Ehrerbietung und Höflichkeit sowie stets darum bemüht, der Gattin das wehmutsvolle Leben angenehmer zu machen. Sie konnte ihn nicht lieben, aber sie hatte auch keinen Grund, sich über ihn zu beklagen. Das Zusammenleben der beiden war den Außenstehenden ein Geheimnis, jedoch konnten sie sehen, daß der Gouverneur besorgt allen Wünschen der Gattin zuvorzukommen suchte, und wenn er in der Öffentlichkeit neben ihr auftrat, erwies er ihr die höchste Achtung. Nur leise wurde gemunkelt, daß dies eine politische Ehe sei, daß man Liebe dort wohl vergebens suche, doch erkannte man gerechtigkeitshalber an, daß beide das ihnen aufgebürdete Joch mit Würde trugen. Die Trauer im Gesicht der Gouverneurin war eine ruhige, ja, fast eine heitere. Sie durfte sich vergnügen und sich beschäftigen, wie sie wollte. Etwas anderes war es, daß nichts sie erfreute! In Gesellschaft blieb sie schweigsam, sie zog sich gern in ihre Zimmer zurück, und mit einer mechanischen Arbeit befaßt, den Kopf gebeugt, verbrachte sie lange Stunden und hielt nur gelegentlich inne, wenn der trockene Husten, welcher sie zunehmend heimsuchte, dazu zwang, den Stickrahmen beiseite zu legen.

Ihre Lieblingslektüre waren »Die Nachfolge Christi« und der hl. Franz von Sales, ihr Jungmädchenbuch für den Gottesdienst und manchmal eine jener französischen Neuerscheinungen, zu welchen die Neugier sie hinzog, deren sonderbare Frivolität und Kühnheit sie wiederum abstieß. Die einzige Plage in diesem erträglichen Dasein waren für sie, die die Ruhe und Stille liebte, die Zwänge ihrer Stellung und die Beziehungen zum Hof. Der junge Brühl mußte die Gattin nach Warschau mitbringen und sie dem König, der ihre Anwesenheit in der Oper und bei Festlichkeiten anmahnte, präsentieren, zudem hatte Brühl zahlreiche Gäste zu empfangen und Besuche zu erwidern. Die Gouverneurin schickte sich ohne Abwehr in ihr Los, jedoch fand sie keinen Geschmack an den Unterhaltungen, suchte keine Bekanntschaften, blieb stets sanft, schüchtern und schweigsam. Man schrieb ihre Art der allbekannten Erziehung am Krystynopoler Hof zu, wo sich alles dem eisernen Willen des Woiwodenpaares zu fügen hatte.

Der Gouverneur, so schien es, versuchte nicht einmal, auf das Wesen der Gattin einzuwirken, er respektierte ihre Neigungen. Er selbst war ein gänzlich anderes Leben zu führen gezwungen, und es gab keinen Tätigeren als ihn. Von lebhaftem, ja, rastlosem Geist, war er unermüdlich bei der Erfüllung der Pflichten wie auf der Suche nach Zerstreuung. Als Sohn des Ministers und dessen Werkzeug befand er sich nahezu ständig in Gesandtschaften, Intrigen, wurde vom Vater als Bote an den Hof geschickt oder befand sich in der Kutsche und auf Reisen. Bevor er irgendwohin aufbrach, erschien er, um Wünsche seiner Frau entgegenzunehmen, die ihn um nichts bat, und zurückgekehrt, fand er sich ein, um nach ihrer Gesundheit zu fragen, worauf ihm die Röte in ihrem Gesicht und ihr Husten die Antwort gaben. Wenn er ein paar freie Tage hatte, schloß er sich in der Bibliothek ein, malte, spielte Musik, schrieb und ließ keinen Augenblick müßig vergehen. Zumeist aber mußte er sich die Stunden für solcherlei Beschäftigungen vor Tagesbeginn suchen, ehe der übliche Besucherandrang über Młociny hereinbrach. Es gab fast keinen Tag ohne Gäste, fast kein Mittagessen ohne Fremde, Klienten, Freunde, Boten.

Die Gouverneurin erschien im Salon, wenn sie mochte, häufig aber entschuldigte sie sich wegen Unpäßlichkeit. In letzter Not bisweilen wagte es Brühl, an ihre Tür zu klopfen und sie zu bitten, sich den Besuchern zu zeigen. Dann kleidete sie sich gehorsam an, kam gemessenen Schrittes herbei, begrüßte die Gäste mit kühlem Lächeln, gab kurze, höfliche Antworten, und nachdem sie die Pflichten der Dame des Hauses erfüllt, eilte sie schon wieder zurück in das mit lichtblauem Atlas ausgeschlagene Kabinett, wo der Stickrahmen ihrer Jungmädchenzeit, ihre wenigen Bücher und die Einsamkeit, mit welcher sie sich am wohlsten fühlte, ihrer warteten.

Junge Warschauer Damen, die zu gern in Młociny vorbeischauten, um das Leben des neuen Ehepaares in Augenschein zu nehmen, trugen der Gouverneurin ihre Freundschaft an, und die Gouverneurin empfing sie mit einer Höflichkeit, die sie von ihrem Gatten angenommen hatte, ihr Mund aber und ihr Herz blieben verschlossen. Jeder, der sie ansah, spürte, daß sie in ihrem Innern ein Geheimnis barg. Vergebens mühte man sich, es zu ergründen.

Der Gouverneur hatte seit den ersten Tagen Verständnis für seine Frau gezeigt und sich mit ihrer Kühle und dem passiven Gehorsam ihm gegenüber abgefunden, er war nur darum bemüht, alles zu tun, damit sie sich nicht seinetwegen unglücklich nennen mußte. Er versuchte ihre Neigungen zu erraten, ihr Interesse an etwas zu wecken, sie an etwas Geschmack finden zu lassen, doch alles war umsonst. Wie zuvor betrachtete die

Gouverneurin schöne Gemälde oder hörte Musik an, ohne Zeichen von Angeregtheit und Freude zu offenbaren. Brühl nannte sie insgeheim eine wandelnde Statue und bedauerte sie aufrichtig. Auch er schrieb dieses gebrochene Leben, dieses vorzeitige Erlöschen dem elterlichen Despotismus zu, welcher es dem Herzen nicht erlaubte, sich zu öffnen. Die Gouverneurin schien keinen eigenen Willen zu haben und auch nicht haben zu wollen, stets befragte sie ihren Gatten. Bei allen Voraussetzungen für ein Glück war sie das allerunglücklichste Geschöpf der Welt.

Der nahende Frühling brachte den Gouverneur auf den Gedanken, seine Frau könne den Garten und die Blumen darin liebgewinnen. Vor dem Schlößchen war im damaligen Stil ein wunderhübscher, in Beete unterteilter und sorgfältig gepflegter Garten angelegt, geschmückt von einer Fontäne und mehreren aus Sachsen mitgebrachten Skulpturen. Der Garten reichte bis an die Weichsel hinunter, die, zu dieser Zeit breit dahinströmend, ein majestätisches Bild bot, gerahmt in nebliger Ferne von der dunklen Linie der Wälder. An das Schlößchen grenzten geräumige Gewächshäuser, noch war es aber zu früh, die Bäume daraus ins Freie zu tragen. Die Gärtner säuberten nach dem Winter bereits Wege und Beete, als der Gouverneur eines Morgens, in der Absicht, die Gattin aus ihrer wehmutsvollen Einsamkeit zu reißen, an die Tür ihres Kabinetts klopfte.

Als er die Tür langsam öffnete, fand er sie auf dem Sofa sitzend, mit einem Brief in der Hand und hochrot im Gesicht. Rasch steckte sie den Brief, in welchem sie gelesen hatte, fort und sprang sichtlich verwirrt auf. Brühl als ein guter Beobachter sah, daß er zur Unzeit gekommen war. Der Brief machte ihn ein wenig neugierig, doch war er höflich und rücksichtsvoll genug, um so zu tun, als habe er nichts bemerkt, und mit fröhlicher Miene erklärte er, der Tag sei schon so unerwartet warm und schön, daß die Gouverneurin ihn vielleicht nutzen wolle, um im Garten Anweisungen zu geben, sie könne denselben doch nach ihrem Belieben gestalten.

Frau Brühl schien überhaupt nicht zu verstehen, wovon die Rede war, ihre Verwirrung wurde noch größer.

»Ich, ich kenne mich in Gartenangelegenheiten überhaupt nicht aus«, erwiderte sie verlegen. »Ihr solltet dort verfügen, wie es Euch gefällt, bestimmt ist es so am besten. Ich habe gar keinen Geschmack«, setzte sie bescheiden hinzu.

»Wahrhaftig, es ist ein Unglück, daß Ihr an nichts Gefallen findet«, klagte Brühl lächelnd. »Von Herzen gern würde ich Euch den Aufenthalt in Młociny so angenehm wie möglich machen, und ich verzweifle, weil es mir nicht gelingt.«

»Aber ich versichere Euch«, beeilte sich Maria zu sagen, »daß es mir hier nicht besser ergehen könnte.«

»Hier nicht, aber woanders?« nahm Brühl sie leise beim Wort und sah ihr in die Augen.

Unter ihren Lidern sammelten sich Tränen, die Gouverneurin wischte sie hastig fort.

»Ach, in Krystynopol!« rief sie aus. »Aber ich habe ja mein ganzes Leben dort verbracht, wundern Sie sich nicht, ich brauche Zeit, um zu vergessen, mich zu gewöhnen. Soeben erhielt ich« – gleichsam zu ihrer Rechtfertigung berührte sie mit zitternder Hand jenen Brief an ihrer Brust – »ein Schreiben von dort.«

»Von der Woiwodin? Durch wen?« fragte der Gouverneur. »Ich hatte keinen solchen.«

»Von meiner Lehrerin, der Dumont«, erklärte die Gouverneurin, abermals errötend.

Brühl drang nicht weiter in sie, er war zu diskret, um auf Nachrichten zu bestehen, die man ihm freiwillig nicht geben wollte. Er machte Anstalten, sich zurückzuziehen, doch beim Abschied, schon an der Tür, sagte er noch: »Der Garten ist da, und er kann malerisch sein, er könnte so manchen Augenblick verschönern.

Alles steht bereit, Eure Befehle zu empfangen, und ich bitte Euch, sich seiner anzunehmen.«

»Wenn Ihr es befehlt, Herr Gouverneur?«

»Ich befehle niemals«, entgegnete Brühl lachend. »Ich bitte nur darum, weil ich glaube, es könnte Euch Vergnügen bereiten, da Ihr so wenig davon habt.«

»Ich liebe die Einsamkeit«, versetzte die Gouverneurin leise. »Bitte vergebt mir. Ich fühle ja selbst, daß ich nicht die Hausherrin bin, wie Młociny sie braucht.«

»Eine bessere und liebere könnte Młociny nicht haben«, sagte Brühl und verbeugte sich mit höfischer Galanterie.

Die Gouverneurin antwortete nichts, Brühl verbeugte sich noch einmal und verschwand mit einem Seufzer nach draußen. Wieder allein, nahm Frau Brühl flink den Brief hervor und lief, alles andere gleichsam vergessend, zum Fenster, um ihn zu lesen. In ihren Augen standen Tränen. Madame Dumonts Schreiben benachrichtigte sie über die wundersame Befreiung Godziembas. Die Französin jedoch, stets vorsichtig, nannte seinen Namen nicht, und sie umgab den Vorfall mit einem Geheimnis, welches für Maria leicht zu enträtseln war.

Als Brühl nachdenklich zur Bibliothek zurückging, in welcher er einen aufgeschlagenen Band seines geliebten Molière zurückgelassen hatte, trat ihm sein Hofmarschall, Herr Latour, entgegen und meldete ihm, daß sein ehemaliger Höfling (er sprach den Namen entstellend aus) darum bitte, angehört zu werden.

Der Gouverneur, ein wenig erstaunt, hieß ihn gleich vorzulassen. Fast im selben Augenblick erschien, auf einen Stock gestützt, blaß und kränklich aussehend und bis zur Unkenntlichkeit verändert, Godziemba.

Der Gouverneur ging ihm ein paar Schritte entgegen und fragte teilnahmsvoll: »Ich sehe, Ihr wart krank?«

Latour stand im Hintergrund. Godziemba gab zu verstehen,

daß er den Gouverneur gern unter vier Augen gesprochen hätte, daher nahm Brühl ihn mit in die Bibliothek, und weil er sah, wie schwach Godziemba war, schob er ihm einen Stuhl zu.

»Was ist passiert? Wir konnten uns Euer Verschwinden nicht erklären.«

»Soll ich offen reden?« fragte Godziemba. »Nehmt Ihr es mir auch nicht übel? Um mich von dem Verdacht der Leichtfertigkeit reinzuwaschen, müßte ich weiter ausholen.«

»Sprecht nur, bitte«, sagte Brühl und setzte sich. »Ich höre zu, solange uns niemand unterbricht.«

»Ich hatte Euch nichts von meiner Vergangenheit erzählt, Herr Gouverneur«, begann Godziemba. »Mein Vater wurde in einer Angelegenheit des Herr Woiwoden von dessen Feinden zu Tode geschlagen, und mich hat man aus Barmherzigkeit nach Krystynopol mitgenommen und dort erzogen. Nach Beendigung der Schule hatte ich Hofdienste zu leisten. Dessen wurde ich überdrüssig, ich dankte für den Dienst und zog in die Welt hinaus. Ich bin ein Schlachtschitz, ein freier Mann. Der Woiwode wollte das nicht verstehen, er sah in mir einen Sklaven. Als ich wegging, schickte er mir Verfolger nach wie einem flüchtigen Leibeigenen. Ihr wißt, Herr Graf, wie ich bei Euch den Dienst angenommen habe. Ich war so mutig, mich mit Euch in Krystynopol zu zeigen, und ich bin dort natürlich dem Woiwoden begegnet. Man hat mich gewarnt, ich solle fliehen, um seinem Zorn zu entgehen. Ich habe nicht geglaubt, daß man es wagen würde, mich anzurühren.«

Brühl blickte verwundert.

»Und? Was geschah dann?«

»Am dritten Tag wurde ich auf Befehl des Woiwoden ergriffen. Bis zuletzt habe ich mich gewehrt. Man hat mich gefesselt und ins Verlies geworfen, und ich wäre dort vermodert – das war mir bestimmt.«

»Aber das kann nicht sein!«

»So war es, leider!« erwiderte Godziemba. »Die Spuren meiner Gefangenschaft sind an mir zu sehen, Herr Graf. Ich verdanke es einem Wunder, der Aufopferung einer alten Frau, meiner Amme, die beinahe mit den Händen die Mauern des Verlieses aufgebrochen hat, daß ich hier vor Euch stehe.«

Brühl versank in tiefes Nachsinnen, es war offenbar, daß er ungern mehr äußerte, als ihm seine Stellung erlaubte. Einige Male sah er Godziemba an, gleichsam unschlüssig, was er mit ihm anstellen sollte.

»Seid ehrlich«, forderte er ihn schließlich auf, »bestimmt habt Ihr Euch dem Herrn Woiwoden gegenüber doch mehr zuschulden kommen lassen? Habt ihn beleidigt?«

»Einzig damit, daß ich ihm für den Dienst gedankt habe. Er hat mich erzogen, aber das ist abgedient, außerdem schuldete er es meinem Vater, der seinetwegen ums Leben gekommen ist, für die Waise zu sorgen.«

Der Gouverneur zeigte sich verlegen, er mochte wohl nicht offen etwas gegen den Vater seiner Frau sagen.

»Was habt Ihr vor?« fragte er. »Werdet Ihr Euch Genugtuung für das Erlittene verschaffen?«

»Ich? Wie sollte ich das tun, und womit?« Godziemba lächelte düster. »Ein solcher Gedanke kommt mir gar nicht erst in den Sinn. Ich bin hier, Herr Gouverneur, um mich für das Geschehene zu entschuldigen und um Euch zu fragen, ob Ihr mich, obwohl ich mir die Gunst des Herrn Woiwoden so unselig verscherzt habe, an Eurem Hof behalten wollt.«

»Ich denke nicht, daß ich verpflichtet bin, den Groll oder Rachedurst meines Schwiegervaters zu unterstützen«, erwiderte Brühl. »Vielmehr fühle ich mich aufgerufen, die von ihm zugefügte Kränkung, soweit das möglich ist, wiedergutzumachen. In der kurzen Zeit, die Ihr in meinen Diensten standet, bin ich mit

Euch zufrieden gewesen. Um aber ehrlich zu sein«, setzte Brühl hinzu, während er Godziemba betrachtete, »Ihr solltet Euch erst einmal kurieren und zu Kräften kommen. Bitte richtet Herrn Latour aus, er möge sich darum kümmern.«

Brühl schloß mit einem Seufzer, und da er Godziemba sich erheben sah, trat er auf ihn zu.

»Um eines möchte ich noch bitten«, bemerkte er leise. »Mit Rücksicht auf meine Frau und auf mich selbst würde ich mir wünschen, daß Ihr Eure Abenteuer für Euch behaltet. Die Strenge des Herrn Woiwoden ist hinreichend bekannt, daher wäre es wohl am vernünftigsten, zu schweigen, nicht wahr?«

»Es wäre auch am sichersten«, ergänzte Godziemba betrübt.

»Deshalb auch solltet Ihr, bevor Ihr nicht genesen seid, am besten gar nicht in Erscheinung treten, um Fragen und Vermutungen aus dem Weg zu gehen. Schließlich, falls jemand aus Krystynopol hierherkäme oder ich mich dort hinbegeben müßte, geratet Ihr so nicht in die Verlegenheit, dem Woiwoden gegenüberzutreten.«

Godziemba hörte die Ratschläge ergeben an, er seufzte, und da er nichts mehr hinzuzufügen hatte, ging er langsam zur Tür.

Das Schicksal wollte es, daß eben da, als er sich den Korridor entlangschleppte, die Frau Gouverneurin, dem Willen ihres Gatten gehorchend, in den Garten hinausging. Ihr Weg führte sie über denselben Korridor. Godziemba entblößte sein Haupt und blieb an der Wand stehen. Bei seinem Anblick erbleichte die Gouverneurin. Sein ausgezehrtes und blasses Gesicht war in der Tat mitleiderregend, und mit Tränen in den Augen hielt die Gouverneurin unwillkürlich inne. Sie schien etwas sagen zu wollen, ihre Lippen bewegten sich, ein leises Lächeln huschte darüber und verdeckte die Verwirrung, dann aber schritt sie rasch weiter. Schon an der Tür, gleichsam ermutigt durch die Entfernung, wandte sie sich noch einmal zu Godziemba um, der immer noch dastand.

»Seid Ihr krank?« stotterte sie mit Mühe. »Ich schicke Euch den Doktor, Ihr gehört doch zu unserem Hof, nicht wahr?«

»Jawohl, so ist es.« Godziemba verbeugte sich.

»Benötigt Ihr etwas?«

Der Höfling verbeugte sich abermals und dankte stumm. Die Gouverneurin ging hinaus in den Garten.

Brühl, womöglich weil er vergessen hatte, daß er der Sohn eines Ministers war, auf dessen Befehl viele bedauernswerte Menschen, unschuldigere als Godziemba, in sächsischen Gefängnissen moderten, sann über die seltsamen Geschicke nach, welche die einen so grenzenlos allmächtig und die anderen so wehrlos machten; und als er sich zum Lesen setzte, rührte er Molière nicht mehr an, sondern suchte Montaigne heraus und versenkte sich in die Abgründe des Zweifels.

So saß er, bis jemand mit erhobener Stimme vorgelassen zu werden verlangte. Er hörte, wie der Diener sich sperrte und wie der Besucher, auf seinem Wunsch beharrend, bald zornig wurde, bald lachte und den gehorsamen Wächter zu bezwingen suchte, der angab, daß man den Grafen in der Bibliothek nicht stören dürfe. Brühl konnte zwar die Stimme nicht erkennen, jedoch vermutete er einen Bekannten, er ließ seine Lektüre liegen und öffnete selbst die Tür. Draußen stand der verzweifelte, aber lachende Generalssohn Sołłohub, überaus elegant gekleidet, strahlend und vergnügt, anscheinend hatte ihn der Kampf mit dem Kammerdiener amüsiert. Beim Anblick Brühls breitete er die Arme aus und stürzte ihm trällernd entgegen.

»Was ist los mit dir?« fragte Brühl. »In solch glücklicher Laune habe ich dich seit Ewigkeiten nicht gesehen.«

»Ja doch, ich bin der allerglücklichste Mensch«, entgegnete Sołłohub. »Gratuliere mir, beneide mich, freue dich!«

»Was ist mit dir?«

»Wie du siehst, schnappe ich über!«

»Aber weshalb? Sprich!«

»Die Vormunde der Mundschenkstochter haben endlich den Instanzen meiner Radziwiłł-Onkel klein beigegeben und meiner Heirat mit Fräulein Maria zugestimmt.«

»Und sie?«

»Sie – muß einwilligen!«

»Du zwingst sie?«

»Ich nehme sie, wie sie ist, und ich werde ihr so lange zu Füßen liegen, bis sie mir vergibt und mich liebgewinnt.«

Der Gouverneur, blaß und kalt, die Hände in den Hosentaschen vergraben, sah den Freund an.

»Die Liebe, wie wir wissen, ist zu Wunderlichem fähig«, sprach er leise, »aber einer so wahnwitzigen und eigentümlich selbstsicheren wie der deinen begegnet man selten.«

»Sag und denke, was du willst, verurteile mich, ich weiß eines – daß ich sie haben muß«, fügte Sołłohub hinzu.

»Bemühe dich um ihr Herz.«

»Ich werde es bekommen, vorher aber will ich ihrer Hand sicher sein.«

»Der Weg, den du gewählt hast, ist nicht unbedingt logisch«, bemerkte der Gouverneur höhnisch. »Wenn du ihre Hand gegen ihren Willen erhältst, wird es schwer sein, ihr Herz zu gewinnen.«

»Du bist kalt wie Stein und wirst mich niemals verstehen«, erwiderte Sołłohub, die Geduld verlierend. »Was hilft mir das Herz, wenn die Vormunde mir die Hand versagen? Jetzt, wo ich deren Wort habe, muß ich das Herz erobern.«

»Du gibst also zu, seiner nicht sicher zu sein«, brummte Brühl.

»Die Mundschenkstochter ist mir freundschaftlich gesinnt, und sie ist gut wie ein Engel, sie begreift, daß sie mit niemand anderem glücklich sein kann als mit dem, der sie vergöttert.«

»Und nur du allein vergötterst sie?« warf Brühl erneut höhnend hin.

»So wie ich kann kein anderer sie lieben, zweimal gibt es keine
solche Liebe auf der Welt. Alois, mein Freund!«

Sołłohub knöpfte unverhofft seinen Frack auf, riß die Weste
auseinander und wies, im Gefühl, daß ihm die Worte fehlten, auf
sein Herz, danach sank er erschlafft in einen Sessel, hob den Kopf,
faltete die Hände, richtete den Blick zur Decke, und wie ein Kind
trampelte er mit den Füßen los, warf sich hin und her, ausgelassen vor lauter Glück.

Brühl betrachtete ihn ernst.

»Soll ich dir nicht ein Glas kaltes Wasser bringen lassen?« fragte
er. »Ich fürchte wahrhaftig um deinen Verstand.«

Sołłohub stürzte erneut auf ihn zu, drückte ihn, faßte ihn um
die Taille und schwenkte ihn mehrere Male in der Bibliothek
herum wie im Tanz. Er bot in der Tat das Bild eines Wahnsinni-
gen.

»Du meine Gottheit«, schrie er niederkniend, »Marynia, Engel,
ich werde dir Altäre errichten, dir auf Knien dienen, aber liebe
mich nur ein klein wenig!«

Der Gouverneur sah ihm zu, er lachte, jedoch klang sein Lachen irgendwie düster und unaufrichtig.

»Mein Lieber«, sagte er nach kurzem Schweigen. »Wenn du
dich vor der Mundschenkstochter so aufführst wie hier vor mir,
erntest du eher Gelächter als Liebe.«

»Hör zu, wie das gelaufen ist«, unterbrach ihn der Generalssohn. »Ich habe die gesamte Clique meiner Radziwiłłs auf die
Vormunde der Mundschenkstochter gehetzt, und zwar die wichtigsten Leute aus meiner angeheirateten Verwandtschaft. Ich habe
darauf gesetzt, daß die Vormunde knauserig sind, und eine List
angewendet – ich habe ihnen einen Radziwiłł nach dem anderen
hingeschickt mitsamt seinem Hof, mit Pferden und Freunden,
damit er Fürbitte halte und sie kahlfresse. Dem einen haben sie
eine Absage erteilt oder ihn mit diesem und jenem abgefertigt, da

210

erschien der nächste mit zwanzig Pferden und ebenso vielen
Mäulern. Kaum war der zum Tor hinaus, kam der dritte mit einem
noch größeren Gefolge geritten. Da merkten sie, daß das kein
Kinderspiel ist, und mußten mir am Ende das Fräulein versprechen, anderenfalls drohte ihnen der Ruin.«

Brühl hatte dem Freund mit höhnischer Miene zugehört.

»Und die Mundschenkstochter?« fragte er. »Was ist mit ihr?
Sie ist doch die Hauptsache.«

Sołłohub verzog den Mund.

»Die Mundschenkstochter«, sagte er zu Brühl, »muß schon
wegen dieser massiven Werbung von der Stärke meiner Affekte
überzeugt sein. Du, mein lieber Brühl, wie ich sehe – entschuldige schon, daß ich das sage, aber nachdem du diese men-
schenscheue Woiwodentochter gefreit hast, die von klein auf so
erzogen wurde, daß sie nie jemanden auf der Welt zu lieben vermag –, du besorgst dich allzusehr um das Herz einer Frau, welches weich ist und dem Götzenkult am Ende erliegen muß.«

Noch einmal umarmte er den Freund, als wollte er sich für die
allzu große Offenheit entschuldigen.

»Du bist nicht böse?«

»Ich? Keineswegs, vielleicht hast du sogar damit recht, daß ich
nach Zuneigung dürste, und meine gute, stille, gehorsame, Frau
kann sie mir nicht geben. Ich bin ein wenig Dichter, ein wenig
Träumer, ich sähe gern mehr Phantasie und Beseeltheit in den En-
geln. Mein ärmster geht mit hängenden Flügeln und schläfrig über
die Erde. Aber ich, mein Lieber, ich wußte, als ich heiratete, daß
ich die Interessen meines Vaters eheliche. Du heiratest um des
Glückes willen, aus Herzensgründen, das ist etwas ganz anderes.«

»Und ich muß glücklich werden!« rief Sołłohub aus.

»Dann denke darüber nach, wie du auch sie glücklich machst,
denn in der Liebe gibt es kein Glück, wenn nicht zwei Herzen es
teilen.«

Der Generalssohn stellte sich vor den Spiegel, richtete seine Perücke, verbog sich stolz und schob einen Fuß vor.

»Ich bitte dich, Brühl, sei gerecht. Findest du mich nicht schön und würdig, zu gefallen?«

Er drehte sich um, mit fröhlich schmeichelnder Miene.

»Ich finde dich nicht nur schön, sondern in diesem Augenblick geradezu unvergleichlich«, entgegnete der Gouverneur. »Das Glück läßt dich strahlen, ich sehe deine Stirn von einer Aureole umgeben. Ich hätte Lust, mich sogleich hinzusetzen, dein Porträt zu malen und darunter zu schreiben: ›Dies ist ein glücklicher Mensch.‹ Was aber, mein Lieber«, Brühl senkte die Stimme und küßte den Freund, »wenn das Porträt morgen vielleicht ein Anachronismus ist oder ein Hohn! So wie du jetzt, kann man nur in der Erwartung glücklich sein, niemals im Besitz des Glückes … und auch das nur für einen flüchtigen Moment.«

Sołłohub stand sinnend da. In seinen Träumen warf er sich bereits der Geliebten zu Füßen, er stellte sich vor, was er ihr von seiner Liebe sagen und was sie ihm antworten würde, wie ihre weiße Hand auf seinen Mund niederfiele und ihre rosigen Lippen, den Augen gleich, sprächen: »Ich liebe dich!«

Leider, wie alle Träume, so sollte auch dieser niemals wahr werden.

II

Die beiden Jahre, welche nach dem Jahre 1760 vergangen waren, hatten die Lage der Brühls in der Rzeczpospolita sehr verändert, Freunde waren ihnen nicht dazugekommen, hingegen hatten ihre Feinde sich vermehrt. Von überallher erschollen Klagen über den Minister, denn man hielt ihn für die Triebfeder der Unordnung, des Durcheinanders und der Intrigen, welche Polen zu zerreißen drohten – nur bis zum König, der mit einer sorgsamen Wache umgeben ward, drangen sie nicht. Der König sehnte sich nach seinem Dresden, welches aus den Händen der Preußen in die der Österreicher überging und nun wiederum von Verbündeten und Feinden belagert und zerstört wurde; er suchte Aufmunterung bei der Jagd, träumte von einer baldigen Rückkehr in seine Hauptstadt und nahm alles, was man ihm an Tröstlichem zutrug, für bare Münze. Der Minister, oftmals voller Galle wegen der Dinge, die ihn aus Sachsen erreichten, setzte, sobald er zum König ging, ein heiteres Gesicht auf, um vor ihm den wahren Zustand der beiden unseligen Staaten, die er regierte, zu verbergen. Die politischen Ereignisse gestalteten sich derart, daß geradezu Zynismus und Unverfrorenheit vonnöten waren, um daraus irgendeine Hoffnung auf eine bessere Zukunft zu schöpfen.

Von Tag zu Tag verschlechterte sich die Lage des alten Brühl, und nur sein eiserner Charakter und die seltsame Erwartung eines jähen Wandels ließen ihn die Mißerfolge und die von allen Seiten auf ihn niedergehenden Klagen aushalten. Aus Sachsen berichtete man ihm von Hunger und Verzweiflung, die der lange, sieben Jahre dauernde Krieg gebracht hatte, und in der Rzeczpospolita bewahrte ihn nur das Chaos vor dem Sturz. Klarer denkende Köpfe sahen in dem Durcheinander das Werk des Ministers, und der Haß auf ihn wuchs von Stunde zu Stunde. Selbst seine glühendsten Anhänger wagten nicht, für ihn einzutreten.

Der Gouverneur von Warschau, nach Teodor Lubomirskis Tode bereits Kronmundschenk, als Sohn mit den Interessen des Vaters verbunden und Werkzeug in seinen Händen, seinem Willen gehorsam und seinen Befehlen ergeben, verkehrte unter den ihm feindlich gesinnten Menschen mit einem Gesicht, welches Gelassenheit und Gleichgültigkeit ausstrahlte und dessen Ausdruck durch nichts zu verändern war. Mit einem Stoizismus, den aufgesetzte Leichtfertigkeit überdeckte, führte er ein Leben, wie es ihm die Gegebenheiten bereiteten, ohne zu klagen, ging er gehorsam im Joch der Notwendigkeit. Die damalige Zeit verfügte über wenige Menschen von solcher Kraft und Selbstbeherrschung, und der junge Mundschenk verdankte diese seine Stärke wohl zumindest zum Teil der besonderen Fähigkeit, den Ereignissen, obwohl sie ihn oft engstens betrafen, einigermaßen fremd gegenüberzustehen.

Alois Brühl lebte gezwungenermaßen in dieser Welt der Intrigen und des Strebens nach Macht, in Wahrheit ging sie ihn nichts an. In seiner Seele ein Dichter und Künstler, war er am glücklichsten, wenn er sich in der Bibliothek einschließen konnte, wenn er Gelegenheit hatte zu malen, Musik zu hören oder selbst zu spielen, oder aber mit Gelehrten und Künstlern darüber zu reden, was den Sinn des Lebens ausmachte.

Die Natur hatte ihn ganz und gar nicht zum Sohn und Erben des Ministers geschaffen. Der alte Brühl sah dies immer deutlicher, und es schmerzte ihn, obgleich er sich über den Sohn nicht beklagen konnte. Auf den Ruf des Vaters hin reiste dieser auf das Schlachtfeld, an die Höfe der Monarchen, er übernahm Gesandtschaften, bewarb sich um Ämter, umschmeichelte die Pans, heiratete für die Interessen des Vaters und verzichtete seinetwegen auf seine Lieblingsbeschäftigungen. Konnte man mehr verlangen?

Allein und von sich aus tat der Herr Kronmundschenk auf dem Felde der Politik nie etwas. Sobald nur ein wenig freie Zeit abfiel, zog er sich nach Młociny zurück, und wenn er dort keine Leute empfangen mußte, die der Vater ihm zu gewinnen aufgetragen hatte, umgab er sich mit Menschen, die der Alte vielleicht mochte, aber keineswegs schätzte, lebten sie doch nicht mit dem Herzen in jenen Sphären voller Strudel und Ströme, inmitten derer sich der Minister geradezu süchtig bewegte, denn hier fühlte er sich in seinem Element.

Brühls Zusammenleben mit seiner Frau war noch immer voller

Höflichkeit und Güte, aber kein bißchen gefühlvoller als in den ersten Tagen nach der Hochzeit. Beide hatten sich daran gewöhnt, einander nicht zu stören, man begegnete einander mit heiterer Miene, fragte nach der Gesundheit und verabschiedete sich wieder in aller Form bis zu einem ebensolchen nächsten Tag. Die Frau Mundschenkin erging sich im Garten, las fromme Bücher, hustete noch mehr, war stets traurig, nannte sich jedoch glücklich. In der Tat, im Rahmen des Möglichen durfte sie sich so bezeichnen. Ruhe und Wohlstand umgaben sie, sie konnte träumen und ganz allmählich auf ein nebulöses Ende zugehen, hin zu irgendwelchen besseren, erhofften Welten.

Anfangs ziemlich isoliert und einsam, gewann sie jetzt einige engere Bekanntschaften. Die Dumont wurde in Krystynopol nicht gebraucht. Maria gab ihr bei sich Obdach. Sołłohub heiratete endlich seine Gottheit, und dieselbe ließ sich manchmal in Młociny sehen und schloß herzliche Freundschaft mit der Cousine.

Die beiden Marias, beide offenbar nicht allzu glücklich, liebten einander wie Schwestern, jedoch ungeachtet dieser Liebe sprachen sie sich niemals offen voreinander aus. Sie ahnten etwas von ihren Herzen, verstehen aber konnten sie sie nicht. Frau Sołłohubowa ging mit ihrem sie vergötternden Gatten recht despotisch um und verhehlte ihm nicht, daß er sie langweilte. Geistig und auch nach der Bildung ihm überlegen, ertrug sie den im übrigen gutherzigen Menschen als eine Unvermeidlichkeit des Schicksals, indessen liebgewinnen konnte sie ihn nicht, zu kindisch war er ihr, zu leichtfertig, zu unbedeutend.

Ebensowenig gelang es Brühl, der Gattin seinen Geschmack und sein Denken nahezubringen. Sie verstand Molière nicht und ging, um »Die Nachfolge Christi« zu lesen, bei der Musik dachte sie nur daran, dieselbe mit ihrem Husten nicht zu unterbrechen, die Neigungen ihres Gatten dünkten sie seicht, und seine Art zu scherzen empfand sie als unangenehm kühl, obwohl diese Kühle doch nur eine oberflächliche war. Als einzigen Trost in diesem eintönigen, wie die sonnenlosen Wintermonate im Polarkreis kalten Leben bot ihr das Schicksal das Antlitz des braven Godziemba, der, nachdem er genesen, am Hof des Herrn Mundschenk geblieben und sogar sein Günstling geworden war.

Die Dumont, als sie ihn hier vorfand, war überaus erstaunt und bestürzt. Nach französischer Auffassung hielt sie einen solchen Hausgenossen für gefährlich und kompromittierend. Lange zögerte sie, ihren Zögling daraufhin anzusprechen. Sie war sicher, daß die beiden einander nähergekommen sein mußten, und es erfüllte sie die Furcht, daß das Geheimnis, wenn es an den Tag käme, den häuslichen Frieden stören könnte. Indes, nachdem sie länger hier verweilt hatte, überzeugte sie sich davon, daß die Mundschenkin, welche nur mit großer Schüchternheit bisweilen zu Godziemba hinzusehen wagte, ihn so gut wie niemals ansprach, es sei denn aus Notwendigkeit, und daß der ehrerbietige Höfling, obgleich er sich für seine Herrin hätte in Stücke hauen lassen, sich ihr so fernhielt und so schüchtern war wie einst. Die alte Dumont konnte das nicht begreifen. Eines Tages endlich, als sie mit ihrem Zögling allein war, faßte sie Mut und deutete der Mundschenkin leise an, wie froh es sie mache, daß jene kindliche Zuneigung erloschen sei.

Maria blickte sie mit tränenverschleierten Augen an und fiel ihr um den Hals.

»Meine liebe Dumont, du irrst dich«, sagte sie, zu ihrem Ohr gebeugt. »Ich liebe ihn genauso wie damals, mein Gefühl für ihn ist nicht erloschen, und es wird niemals erlöschen, jedoch bindet mich mein Gelöbnis, ich gehöre nicht mir. Er versteht gut, daß es Verachtung gleichkäme, wenn ich ihn zur Annäherung ermunterte. Es genügt mir, ihn zu sehen.«

Der Heroismus der jungen Herrin verschlug der Dumont

216

zunächst die Sprache. Sie betrachtete die ergebene Märtyrerin und empfand für sie ein herzliches Erbarmen. In jener Zeit war ein so strenger Begriff von den Pflichten der Ehefrau die absolute Ausnahme, zumindest in den Sphären, in welchen sich das Mundschenkpaar bewegte.

»Ich admiriere Euch«, entgegnete die Französin langsam. »Wahrhaftig, ich admiriere Euch, aber soll ich ehrlich sein?«

»Ach, meine Dumont! Ich habe nur dich allein«, sagte, die Hände faltend, Maria.

»Also werde ich nicht um den heißen Brei herumreden. Euer Gatte, ein sehr edler, lieber, vielseitig begabter Mensch, hat für Euch kein sehr empfindendes Herz. Ich glaube gewiß, daß es ihm fast ein Trost wäre, wenn Ihr Euch ein wenig zerstreutet. Auch er hat, das weiß ich ganz sicher, irgendwo verborgene Liebschaften, er hegt nicht solche Skrupel. Bei alledem geht es nur darum, darum« – hier senkte die Dumont die Stimme –, »daß die Leute nichts mutmaßen und nichts zu schwatzen haben, und der Herrgott, der Herrgott, glaubt mir, er ist nachsichtig, was die Sünden der Liebe betrifft.«

Die Französin mochte im Sinne haben, sich nützlich und unentbehrlich zu machen, doch die Mundschenkin führte sie aus solchen Gedanken sogleich heraus. Sie hob den Kopf, ihr Gesicht war ruhig, die Augen noch ein wenig tränentrüb.

»Ach, meine Dumont«, sagte Maria. »Sag so etwas nicht! Ich wünsche es für mich selbst, daß der Herrgott mir nichts zu vergeben hat. Das bin ich mir schuldig. Es genügt mir, ihn anzusehen und zu wissen, daß jemand mich sehr liebt. Was willst du? Das Leben ist kurz, es vergeht wie ein Traum, ich nehme meine kindliche Liebe mit ins Grab.«

Voller Bewunderung begann die alte Französin ihre einstige Schülerin zu küssen, ihr fehlten die Worte, um deren Tugend zu preisen, jedoch, dachte sie, entweder habe sie kein Vertrauen zu ihr und verheimliche etwas, oder sie wisse sich nicht zu helfen. Darum ließ es die Dumont nicht dabei bewenden und beschloß für sich, die beiden Geschöpfe wenigstens soweit glücklicher zu machen, als dies in aller Unschuld und mit Anstand zu tun war.

Es gehörte zum Plan der edelmütigen Freundin, die Liebe des Herrn Mundschenk aufzuspüren, denn daß er eine solche hatte, stand für die Dumont außer Zweifel. Sie wußte um die Sitten und Gewohnheiten am sächsischen Hof, um seine Traditionen, um die Lebensweise und die Angelegenheiten des alten Ministers, vielleicht auch einiges mehr. Das lebhafte Temperament des jungen Brühl brachte sie zu dem Schluß, daß er mit einem Herzen, welches unbesetzt war, nicht sein konnte. Man kannte seine frühere Passion für eine gewisse Engländerin, welcher er ins Ausland nachgefahren war, und man tuschelte über verschiedene Affären.

Godziemba gehörte jetzt zu Herrn Alois' vertrautesten Dienern. Der Mundschenk, seit er an ihm den edlen Charakter sowie eine seinen Stand überragende Bildung erkannt hatte, verwendete ihn gern als Sekretär, erteilte ihm vertrauliche Aufträge, und die Eifersucht des ganzen Hofes war der beste Beweis für das Vertrauen, welches er genoß. So mußte denn er es sein, wenn jemand in die Herzensangelegenheiten des Grafen eingeweiht war. Seit ihrer Ankunft am Hof hatte Madame Dumont noch keine Gelegenheit gehabt, Herrn Tadeusz unter vier Augen zu sprechen, sie hatte ihm noch nicht einmal jenen Schritt erklären können, zu welchem sie in Krystynopol gezwungen gewesen war. Nun aber kam die Zeit heran, sich die Vergangenheit nutzbar zu machen und eine kleine häusliche Intrige zu spinnen, die inmitten der Langenweile, der Stille und Untätigkeit eine angenehme Zerstreuung bilden konnte.

Nachdem sie sich also im Hause und seinen Sitten besser auskannte, lauerte die Dumont Godziemba auf. Schon zuvor, wenn

sie einander begegneten, hatte sie ihn mit einem sehr freundschaftlichen Lächeln und Kopfnicken zu gewinnen gesucht. Herr
Tadeusz hatte diese Zeichen höflich und distanziert erwidert. So
sah sich die Französin genötigt, ihn eines Abends in ihr Zimmer
zu bitten. Godziemba, dem sie flüsternd die Uhrzeit bestimmte,
verbeugte sich nur statt einer Antwort.

Als es dämmerte, erwartete ihn die ehrbare Dumont mit großer
Ungeduld. Der junge Mann erschien und fragte, was sie ihm zu
befehlen habe.

»Ich meinte seit langem«, sagte die Dumont, »daß Ihr mich
fragen werdet, warum ich so mit Euch gehandelt und Euch in
Krystynopol so sehr erschreckt habe. Zwar sehe ich, daß Ihr darauf nicht neugierig seid, ich aber muß es erklären, damit es Euch
kein Rätsel bleibt.«

Sie trat näher an Godziemba heran und fragte leise: »Ihr standet in einem Verdacht, versteht Ihr mich?«

»Weswegen?« fragte Godziemba.

»Weswegen, ach! So denkt es Euch! Ihr wart nicht ohne Schuld,
und es bedurfte nur des kleinsten Schattens, dann wäret Ihr zu
Tode gekommen, und Ihr hättet noch eine zweite Person ins Unglück gestürzt.«

Godziemba schien verwirrt.

»Leugnet nicht länger«, setzte die Französin hinzu. »Die andere Person hat keine Geheimnisse vor mir. Ich habe alles gewußt
und weiß es auch heute.«

»Aber ich weiß von nichts«, stammelte Godziemba.

Die Französin blickte ihm in die Augen.

»Mag es so sein«, entgegnete sie. »Es genügt, daß Ihr mich versteht, und ich könnte noch mehr sagen, aber … aber wenn Ihr
mir nicht vertrauen wollt, gebe ich Ruhe.«

Tadeusz stand schweigend da, er wußte offenbar nicht, wie er
sich verhalten sollte.

»Ich habe noch eine Bitte an Euch«, ließ sich die Dumont schließlich vernehmen. »Sie ist jedoch von der Art, die ebenso wie das, worüber wir sprachen, Vertrauen erfordert, daher weiß ich nicht …«

»Wenn ich zu etwas nützlich sein kann …«, unterbrach Godziemba sie.

»Verzeiht, nicht um mich geht es hier, nicht um mich …«

Die Dumont schritt einige Male im Zimmer auf und ab, dann trat sie erneut auf den jungen Höfling zu, der all die Zeit nahe der Tür stand.

»Setzt Euch doch«, forderte sie ihn auf. »Und seien wir gute Freunde, ich könnte Euch auch zu etwas nützlich sein.«

Nach kurzem Schweigen beugte sie sich plötzlich zu ihm und sagte: »Dieser Brühl ist ein seltsamer Mensch, seiner Gattin gegenüber völlig gleichgültig. Die arme Frau weckt in mir größtes Erbarmen, sie hätte ein besseres Los verdient. Was für ein Herz! Sagt, könnte es wohl sein, daß er eine andere liebt?«

Die Frage kam so überraschend und war derart intim, daß Godziemba, welcher bisher kein sehr großes Vertrauen zu der Französin verspürte, erst einmal schwieg, um sich eine Antwort zu überlegen. Für ihn war offenbar, daß sie Maria liebte und es gut mit ihr meinte, das bewegte ihn tief.

»Das sind so heikle Dinge«, versetzte er schließlich. »Ich kann darüber wahrhaftig nichts sagen. Meine Stellung erlaubt mir nicht, solchen Geheimnissen nachzuspüren.«

»Verzeiht mir«, rief die Französin aus, »wenn einer den jungen Brühl kennt, dann Ihr, das wissen alle!«

»Aber über seinen Herzenszustand offenbart er mir nichts«, erwiderte Godziemba schmunzelnd.

»Schon, schon, aber Ihr besitzt Augen und Scharfsinn.« Die Dumont klopfte ihm auf die Schulter. »Es kann nicht sein, daß Ihr keine Vermutung hättet.«

»Selbst wenn es so wäre«, sagte der Höfling langsam, »was nützte es, das zu wissen?«

»Hm«, machte die Dumont und fuhr leise fort: »Und wenn eine *gewisse Person* es sich wünschte?«

Die Französin legte auf die *gewisse Person* besonderen Nachdruck. Godziemba errötete.

»Wäre das möglich?« fragte er lebhaft.

»Wenn ich es Euch sage! Glaubt mir oder auch nicht, wie Ihr wollt.«

Herr Tadeusz sann lange nach.

»Wißt Ihr«, ließ er sich schließlich vernehmen, mit einer jäh aus seinem Inneren geschöpften Energie, »ich habe die größte Hochachtung für meine beiden Herrschaften.«

»Jedoch erwarte ich«, warf die Dumont scherzhaft ein, »daß Ihr für eine der beiden Personen noch mehr empfindet als Hochachtung und ein gewisses Verpflichtetsein.«

Herr Tadeusz schien verwirrt, fügte aber sogleich hinzu: »Dem Herrn Mundschenk bin ich dankbar für seine Güte.«

»Ach, was seid Ihr doch langweilig«, seufzte die Dumont und klapste ihn auf den Arm. »Es tut ihm keinen Abbruch, wenn er ein Herz hat und liebt. Ich bezweifle, daß die *gewisse Person* sehr böse darüber wäre, und wenn sie wüßte, daß sie auf eine Zuneigung seinerseits nicht zählen kann, nun, dann fühlte sie sich ruhiger.«

Sie sah Godziemba in die Augen – der wirkte finster, anstatt sich zu freuen, wie die Französin es erwartet hatte.

»Sagt schon etwas!«

Herr Tadeusz senkte den Blick.

»Glaubt nicht, er sei unbesonnen und leicht zu enträtseln oder mitteilsam. Er ist schwer zu ergründen.«

»Und dennoch?«

»Ich würde allerhöchstens eine Vermutung wagen.«

»Wer ist es? Was vermutet Ihr? Weiß Gott«, drängte die Dumont, ungehalten werdend, »da braucht man ja eine Engelsgeduld ... Wer, denkt Ihr, ist es?«

Godziemba stand plötzlich auf.

»Mein Wort darauf, daß ich nichts weiß ...«

Die Dumont, einem Wutausbruch nahe, beherrschte sich mühsam.

»Also soll ich der *gewissen Person* als Antwort überbringen, daß Ihr nichts wißt und nichts zu vermuten wagt?« fragte sie achselzuckend und erhob sich ebenfalls.

»Ach«, fuhr sie fort, »es gibt doch sehr eigenartige Menschen auf dieser Welt, sie stoßen jene zurück, die ihnen einen Dienst erweisen wollen. Sie wehren sich gegen das Glück, das zu ihnen drängt. Wer soll das verstehen!«

Godziemba schien mit sich zu ringen.

»Es ist vergebens«, flüsterte die Französin. »Wenn Ihr mir nicht glaubt, gibt es nichts mehr zu reden. Der Kontakt zu mir könnte Euch dienlich sein, mit Gewalt aber drängt man niemandem Wohltaten auf. Jaja, es ist vergebens, vergebens ...«, wiederholte sie.

»Ihr wollt mich nicht verstehen«, versetzte Herr Tadeusz. »Außer Vermutungen hätte ich nichts zu äußern.«

»Also gibt es Vermutungen. Bestehen Anlässe dafür?«

»Sie ließen sich finden«, antwortete Godziemba unlustig. »Bestimmt. Der Herr Mundschenk hegt eine außerordentliche Bewunderung, auch wenn er sie eher zu verbergen sucht, für Frau Sołłohubowa.«

»Endlich!« rief die Französin und klatschte in die Hände. »Ich habe genau so eine Ahnung, aber sagt, was meint Ihr – haben die beiden eine nähere Beziehung?«

Die Dumont hüstelte und machte eine bedeutsame Miene.

»Eine andere als die, welche wir alle sehen können? Ich glaube, nein.«

»Gibt es nicht heimliche Begegnungen?«

»Um Gottes willen!« fiel Godziemba der Französin ins Wort.
»Oder Briefe?«

»Nein«, sagte der Höfling. »Er schickt ihr Bücher.«

»Darin könnten sich Briefe befinden ... oder ... angemerkte Stellen. Oh! Mit Hilfe von Büchern läßt sich vieles sagen.«

»Davon weiß ich nichts.«

»Weil Ihr nichts wissen wollt. Und der Gatte? Ist er eifersüchtig?«

»Ich habe nichts bemerkt. Im übrigen betet er seine Frau so sehr an, daß er sich nicht getrauen würde, sie zu verdächtigen.«

»Und wie verhält sie sich zu Brühl?«

»Tja, sie ist ihm sehr freundschaftlich zugetan.«

»Immerhin solltet Ihr Freundschaft von anderen Gefühlen unterscheiden können«, forschte die Französin flink weiter.

»Ich wage nicht, darüber zu urteilen.«

Bei dieser letzten Antwort schien die Dumont die Geduld zu verlieren und auch die Hoffnung. Sie ging zur Uhr und prüfte, wie spät es war. Im Zimmer herrschte bereits Dunkelheit.

»Ich wage nicht, ich wage nicht«, wiederholte sie Godziembas Worte. »Schüchternheit mag einer Frau anstehen und ihr Reiz verleihen, bei einem Mann ist sie ein Defekt. Wer auf dieser Welt glücklich sein will, muß Mut aufbringen. Alsdann, gute Nacht, und solltet Ihr etwas auf dem Herzen haben, freundschaftlichen Rat brauchen, Trost oder jemanden, dem man sich anvertrauen kann, dann vergeßt mich nicht.«

Godziemba verbeugte sich und ging zur Tür.

»Ja, ja, mehr Mut ist nötig«, sagte die Dumont noch einmal dem Hinausgehenden hinterher.

Die Tür schloß sich.

»Bei allem, was recht ist!« stöhnte sie auf und dachte: Was kann hier ein Mensch in bester Absicht, zwei Geschöpfen raten, die sich quälen wollen? Es läßt sich nichts aufzwingen.

Nachdem sie sich überlegt hatte, was sie von dem Gespräch ihrem Zögling mitteilen sollte, begab sich die Dumont in den Salon, wo sie die Mundschenkin allein antraf. Ihr Gatte weilte nicht zu Hause, die Gäste waren abgefahren, für den Abend hatte sich niemand eingeladen, und es war auch niemand geladen worden, und so konnten die beiden Frauen ihn allein miteinander verbringen.

Die Unterhaltung begann mit dem Wetter. Die Französin wußte dieselbe jedoch auf Dinge zu lenken, welche dem Herzen näher lagen. Voller Schrecken erfuhr die Mundschenkin von der vertraulichen Begegnung mit Godziemba. Ihr Blick war es, der ihre Furcht verriet. Die Dumont verstand und mußte lachen.

»Schließlich tue ich alles auf meine eigene Verantwortung«, flüsterte sie vorsichtig. »Ich durfte doch wohl neugierig sein, und so habe ihn ins Gebet genommen. Es war nicht leicht, etwas aus ihm herauszubekommen. Er ist ein schweigsamer Mensch und auf der Hut. Am Ende aber konnte ich das Geheimnis ergründen.«

Die Französin beugte sich zum Ohr ihrer Herrin.

»Der Mundschenk liebt ... wißt Ihr, wen? Niemand ist gefährlicher als Cousinen und Freundinnen! Es steht fest, daß er eine Schwäche für die Sołłohubowa hat.«

»Ach, das ist mir nichts Neues.« Frau Brühl lachte düster. »Und es beruht auf Gegenseitigkeit. Seit langem weiß ich davon. Aber wie sollte er sie nicht lieben, wo sie ihn so gut versteht. Sie sind wirklich füreinander geschaffen. Es wundert mich gar nicht. Maria teilt alle seine Neigungen, und sie ist so liebenswert.«

»Ihr habt es also geahnt?«

»Ich war dessen sicher«, fügte Frau Brühl hinzu. »Und ich bürge dafür, daß dies eine Freundschaft ist, derer sich die beiden nicht zu schämen und mit der sie sich nicht zu verstecken brauchen.«

Die Französin begann zuerst leise, dann immer lauter und heftiger zu lachen. Schließlich umarmte sie ihren Zögling.

»O mein liebes, reines, heiliges Geschöpf!« rief sie aus. »Ihr schließt von Euch auf die anderen. Ich will Euch von Eurer irrigen Meinung nicht abbringen. Die Liebe vermag es nur selten, in den Wolken zu wohnen, die Strahlen der Sonne zu trinken, sich von Tau zu nähren und ein reiner Geist zu sein. Das geht über die menschliche Kraft. Jede Liebe beginnt mit den reinsten Wünschen und endet bei den verwegensten. Aber sei es, wie es will, wenn Ihr nur ruhig seid.«

»Ich bin, was meinen Mann betrifft, nicht eifersüchtig«, sagte die Mundschenkin.

»Und sollte er sich doch als schuldig erweisen?«

»Er täte mir sehr leid, aber seine Schuld fiele ja nicht auf mich.«

»Gewiß nicht, im Gegenteil!« pflichtete die Französin lebhaft bei. »Sie könnte Euch entbinden und frei machen.«

»Mich?« wunderte sich Maria mit kindlicher Einfalt. »Mein Gelöbnis würde mich immer binden.«

»Einem Treubrüchigen gegenüber?«

»Ich meine, ja«, erwiderte Frau Brühl ruhig. »Wäre es denn besser, ihm nachzueifern?«

Die Französin schwieg, sie setzte eine ernste Miene auf.

»Aber, mein Gott!« flüsterte traurig Frau Brühl. »Wie unvorsichtig sind die beiden, da sie schon die Blicke auf sich ziehen. Diese Maria ist so eigenwillig. Ich habe ihr schon ein paarmal gesagt, daß … daß sie sich kompromittiert. Lachend erwiderte sie, es sei ihr einerlei. Aber der arme Sołłohub ist eifersüchtig, sie könnten Ärger bekommen.«

Frau Brühl sagte dies so gelassen, als ginge sie die ganze Sache nichts an. Die Dumont konnte sie nur bewundern.

»Sołłohub ist verblendet«, flüsterte sie.

»Ja, denn auch er liebt sie sehr«, warf die Mundschenkin ein. »Und ich liebe sie ebenso. Sie hat so etwas Liebenswertes.«

»Eine Rivalin!« entfuhr es der Französin irgendwie heftig.

Die Mundschenkin sah sie an.

»Ach! Ich war ihr nie eine Rivalin«, sagte sie. »Ich habe das Herz des Herrn Mundschenk nie besessen und erhebe keinen Anspruch darauf.«

Die Augen niederschlagend, nahm Frau Brühl ihre Stickarbeit vom Tisch, breitete sie auf dem Schoß aus und betrachtete sie, zeigte sie dann der Französin und fragte: »Sag mir doch, liebe Dumont, was ist besser – ein schwarzer Untergrund oder ein mandelfarbener? Ich kann mich nicht entscheiden. Die Sołłohubowa ist für schwarz. Sie hat viel Geschmack. Mir erscheint das zu konträr. Ich liebe gedämpfte Farben.«

»Und ich schreiende!« fuhr die Dumont auf sie los, voller Zorn, weil sie bei der Mundschenkin auf diesen ihr unverständlichen Gleichmut getroffen war. »*Cela sera fade*, ich kann so etwas Farbloses nicht ausstehen.«

Sie fuchtelte mit den Armen.

»Heutzutage werden die Menschen ohne Blut geboren, ohne Leidenschaft, ohne Gefühle, und sie langweilen sich auf der Welt. Was ist solch ein Leben wert! Ich verstehe es nicht, wahrhaftig, ich verstehe es nicht!«

Mit diesen Worten holte sie ein Spiel Karten aus ihrer Kleidtasche und legte auf dem Tisch eine Patience. Die Mundschenkin blickte zu ihr hin, sie hüstelte leise, und nachdem sie ein mandelfarbenes Garn eingefädelt hatte, machte sie sich eifrig ans Sticken.

III

Der Herbsttag war trüb und feucht, die kühle Luft hielt die Gäste von Młociny fern. So war es ruhig und still im Schlößchen des Mundschenkpaares. Brühl hatte sich seit dem Morgen in die Bibliothek zurückgezogen und studierte Molière. Wohl zum fünfzigstenmal las er den »Tartuffe«. Wer ihn so versunken gesehen hätte, mit dem ruhigen, von der Freude über die schriftstellerische Meisterschaft erfüllten Gesicht, hätte nicht geglaubt, den in alle damaligen Kabalen und Intrigen verwickelten Sohn des großen Ministers vor sich zu haben, der immerfort genötigt war, eine bestimmte Rolle darin zu spielen. Mit den Gedanken und der ganzen Seele weilte Brühl in einer anderen und besseren Welt. Die Stille ringsum, kaum unterbrochen vom gemächlichen Gehen der Uhr, die gehorsam und teilnahmslos der Welt die Stunden anzeigte, ließ den in die Lektüre Versunkenen auf dem gepflasterten Hof plötzlich ein Rattern vernehmen. Brühl zuckte zusammen. Das Buch entglitt seinen Händen, er sah auf mit einem Blick, der dem Schicksal gleichsam vorwarf, ihm einen Eindringling auf den Hals zu schicken.

Einen Moment lang saß er so da in der ängstlichen Erwartung des Besuches, immer noch hoffend, derselbe möge nicht ihm gelten, als sich die Tür der Bibliothek öffnete und Sołłohub eintrat.

Der Generalssohn wirkte düster. Wie zuvor war er der lebensvolle, schöne junge Mann, dessen Fühlen und Denken über den Eindruck des laufenden Tages nicht hinausreichte, jedoch erschien er diesmal ernst, und sein Gesicht zeigte eine gewisse Müdigkeit.

»Bitte entschuldige vielmals, mein Alois«, sagte er noch an der Tür. »Ich weiß, daß ich aufdringlich bin und dich von deiner Lieblingsbeschäftigung abhalte! Ich weiß, du kannst dich im Grunde nicht über mich freuen, aber ich mußte heute zu dir kommen.«

»Was sollen die Förmlichkeiten gegenüber einem alten Kameraden!« rief Brühl, während er sich erhob und dem Gast beide Arme entgegenstreckte, mit jener ausgesuchten Höflichkeit, die er so vortrefflich vom Vater übernommen hatte. »Setz dich, mein Freund, du bist weder aufdringlich noch unerwünscht, denn ich liebe dich.«

Sołłohub ging ohne Eile daran, die Handschuhe auszuziehen, den Hut zu abzulegen, die Perücke zu richten, die geknitterten Manschetten glattzustreichen – es war leicht zu erkennen, daß er Unangenehmes mitbrachte.

»Wie geht es dir?« fragte er.

Brühl lachte laut auf.

»Aber du weißt doch, ich bin niemals krank«, sagte er. »Für so etwas habe ich keine Zeit.«

»Ach, du! Unsereins kann dich nur um alles beneiden«, erwiderte der Besucher, während er nach einem Stuhl schaute, um sich darauf niederzulassen, was alles wie Verzögerung oder Zerstreutheit aussah. »Du bist stets glücklich«, fuhr er fort. »Du verlierst nicht den Humor, nimmst dir nichts zu Herzen, deine Stirn ist ewig heiter, in deiner Seele herrscht ewiger Frieden.«

Herr Alois stand da, ohne etwas zu entgegnen.

»Wahrhaftig«, fuhr Sołłohub fort, »wenn man einem Philosophen wie dir die Ruhe stören muß, schlägt einem das Gewissen.«

Bei letzteren Worten erbebte Brühl leise.

»Hast du schon gefrühstückt?« unterbrach er den Gast.

»Danke, ich habe keinen Appetit.«

»Schütt dein Herz aus, es erleichtert dich.«

Sołłohub seufzte, er rückte sich auf dem Stuhl zurecht, nahm den aufgeschlagenen Molière zur Hand, sah hinein und legte ihn zurück auf den Tisch.

»Dann will ich es dir sagen«, begann er. »Ich komme geradenwegs zu dir gefahren, um dich zu warnen. Ich bin dein Freund und meine es gut mit dir, ich sähe dich ungern in einer mißlichen Lage.«

»Was bedeutet das?« warf der Mundschenk ungerührt ein.

»Über euch, das heißt über deinem Vater braut sich ein Gewitter zusammen. Dich – dich lieben wir nahezu alle, aber der Minister hat Tausende von Feinden. Der Sejm rückt heran, die

Gemüter sind äußerst gereizt. Die Familia rüstet zu einem tollkühnen Streich. Du weißt, daß ich, der ich mit den Radziwiłłs verbunden bin, zum Hof halte, zu euch, zu den Potockis und dem Hetman. Jedoch hat der Kampf noch nicht begonnen, ich bin jetzt überall, höre alles, unwillkürlich kommen mir sämtliche Nachrichten zu Ohren. Was meinst du, was euch droht – vor allem dir?«

»Was könnte mir drohen?« fragte der Mundschenk kühl, während er sich setzte. »Zum Beispiel?«

»Die Familia will beim Sejm einen Skandal auslösen. Du wurdest vom Warschauer Gebiet zum Abgeordneten gewählt.« Sołłohub senkte die Stimme. »Unter uns gesagt, euer polnischer Adel ist eine Fiktion. Man wird euch den höchst schmerzhaften Schlag versetzen, indem man ihn euch abspricht.«

»Wer?« fragte Brühl.

»Die Familia …«

Der Mundschenk lachte laut auf.

»Aber, lieber Sołłohub, wer hat denn den Titel für meinen Vater und mich erworben, wenn nicht die Familia? Wer ist meinetwegen vom Gouverneursposten zurückgetreten? Der ruthenische Woiwode. Vor wem habe ich den Eid geleistet? Vor ihrem Schwager, dem Woiwoden von Masowien.«

»Das ist alles wahr«, erwiderte der Generalssohn. »Bei politischen Leidenschaften gibt es aber keine Logik. Sie haben euch geadelt, und sie wollen zeigen, was ihre Macht bedeutet.«

Brühl versank in Nachsinnen, er gähnte.

»Weißt du was?« sagte er dann. »Das sind so langweilige Dinge, *assommantes*, und ich bin daran gewöhnt, meinem Vater in all dem so blind gehorsam zu sein, daß, wenn es dir nichts ausmachen würde, von etwas anderem zu sprechen …«

»Menschenskind, hier geht es um deine Haut!« Der Gast lachte bitter auf.

229

»Meinst du wirklich, um die Haut?« antwortete Brühl mit kaltem Lachen.

»Vielleicht nicht im wörtlichen Sinne«, versetzte Sołłohub. »Wenn aber die Familia die Schlachta aufbringt, ha, wer weiß!«

»Rechnen wir einmal«, schlug der Mundschenk vor. »Ich glaube fest, daß die Familia einen beträchtlichen Teil der Schlachta hinter sich hat, ich leugne nicht ihre Macht, aber auch hinter uns, den Potockis, den Radziwiłłs, dem Hetman, der Hofpartei steht ein großer Teil der Abgeordneten, und hier in Warschau, so schmeichele ich mir, werde ich auch noch ein paar Freunde haben. Bevor es zu entscheidenden Schritten kommt, wird die Familia ihre Streitmacht überrechnen und sich letztlich zu nichts hinreißen lassen.«

»Und ich sage, sie wird losstürmen und sich auf dich stürzen!« rief Sołłohub. »Du wirst als Sündenbock herhalten müssen, und es tut mir leid um dich.«

Brühl umarmte den Freund.

»Gott vergelt es dir«, sagte er. »Ich werde deine Warnung an meinen Vater weitergeben, ich selbst unternehme nichts. Unter uns gesagt, geht mich das alles wenig an, es ist mir höchst zuwider.«

Sołłohub, der sich die Sache sehr zu Herzen nahm, begann nach einer Pause erneut: »Meiner Ansicht nach ist dein Vater schuld. Bei der jüngsten Ämterverleihung wollte die Familia, daß ihre Kandidaten ernannt würden. Sie wollte Ogiński auf dem Wilnaer Stuhl sehen.«

»Ich weiß«, sagte Brühl, »aber die Familia hat die Ernennung verlangt, ohne eine Gegenleistung anzubieten, nicht einmal Frieden. Sie hat dem König gedroht, uns gedroht und wollte uns mittels Drohung in die Knie zwingen. Nachgeben hätte geheißen, sich für besiegt zu erklären, abzudanken. Das konnten wir nicht zulassen.«

»Und ihr habt es zum Krieg gebracht.«

»Nicht ich«, seufzte Brühl. »Ich hätte um des Friedens willen allem entsagt. Ich bin jenes unschuldige Körnchen, das sich zwischen den Mühlsteinen Czartoryski und Potocki zermahlen lassen muß. Dies scheint meine Bestimmung zu sein.«

»Und nicht nur mir tut das weh, sondern allen anderen auch«, bemerkte der Generalssohn. »Sogar den Feinden deines Vaters. Fürst Adam begegnete mir gestern, und vielleicht hat er absichtlich im voraus dein Los beklagt und mir dabei versichert, er werde sich darum bemühen, daß dir niemand ein Haar krümmt.«

Der Mundschenk errötete und erwiderte lebhaft: »Fürst Adam mag ruhig sein, wir werden uns beide darum bemühen. Was meinst du«, fuhr er dann fort, »ob er selbst auch vorhat, gegen mich aufzutreten? Das wäre amüsant!«

Brühl lachte.

»Soviel ich weiß, er nicht, aber der junge Truchseß von Litauen.«

»Dessen Vater mir den Eid abgenommen hat!« rief Brühl achselzuckend. »Tut mir leid, daß er eine solche Rolle wird spielen müssen. *C'est un galant homme*, für diese Art Händel, wie sie sich im Reichstag voraussehen lassen, absolut nicht bestimmt, so wenig wie ich es bin, zu deren Opfer zu werden.«

»Wen stellt ihr von eurer Seite?« fragte Sołłohub.

»Du fragst mich«, antwortete Brühl, »und ich müßte danach meinen Vater fragen. Ich weiß nichts, ich kann nur vermuten, daß an der Spitze unserer Partei derjenige stehen wird, dessen Ernennung für das Wilnaer Woiwodenamt wahrscheinlich der Grund für diesen ganzen Krieg ist, der mächtigste der Herren in der Rzeczpospolita, euer Cousin.«

Sołłohub schüttelte den Kopf.

»Ach, wenn sich Fürst Karol an die Spitze stellt, kannst du sicher sein, daß es nicht ohne Beulen abgeht. Als Majoratsherr von

231

Nieśwież, Słuck, Kleck, Ołyck, Żółkiewsk, als Herr auf Łachwa, Dryświaty, Biała, Złoczów und Kamień – wenn mein ehrwürdiger Cousin seine Krautjunker aus Litauen zum Sejm mitbringt, werden die Säbel blankgezogen. Anders versteht es der liebwerte Herr nicht, mit einer Sache umzugehen, nur immer mit der Faust drauf!«

»Wir haben auch den Hetman Branicki hinter uns«, sagte Brühl.

»Eine Großmacht, aber dreiundsiebzig Jahre alt, man wird ihm nahelegen, auch diese Angelegenheit Mokronowski zu übertragen.«

Sołłohub schmunzelte an dieser Stelle.

»Hetman Branicki spielt gern die Rolle des kleinen Königs, wenn die Janitscharen in Białystok die Wache aufziehen, wenn an der Tafel Trinksprüche zu seinen Ehren unter Böllerschüssen ausgebracht werden, aber dort, wo es aktiv sein heißt, sei es bei Frau Izabella, sei es beim Sejm, läßt er Mokronowski die Arbeit machen.«

Nach diesen letzten Worten verstummte Sołłohub, er senkte den Blick, betrachtete lange seine Schuhspitzen, seufzte einige Male, und es schien, als sei das Gespräch beendet.

Brühl schritt nachdenklich in der Bibliothek auf und ab.

»Hoffnung auf Frieden gibt es demnach …«

»Nicht die geringste«, fiel Sołłohub ein. »Dein Vater hat alle die Ämter vergeben, die eine Bestechung darstellen konnten, und er hat selbst den Krieg vorausgesagt. Radziwiłłs Ernennung hat sie zur Verzweiflung gebracht.«

Sołłohub bemühte sich noch eine Zeitlang, die drohende Gefahr auszumalen, Brühl indessen hörte kaum zu.

»Weißt du was«, sagte er schließlich, »ich bin dabei völlig neutral. Wenn du mit meinem Vater sprechen willst, sollten wir zu ihm fahren.«

»Dann fahren wir«, stimmte Sołłohub zu.

Pferde standen stets bereit. Der Mundschenk läutete und ließ den Wagen vorfahren. Mantel, Hut und Handschuhe wurden ihm gebracht, und einen Augenblick später bereits saßen die Freunde schweigend in der Kutsche.

Den Minister mußte man um dieses Tagesstunde im Sächsischen Palais beim König suchen.

Vor dem Palais stiegen die Herren aus, und ein Page führte beide in das Kabinett des alten Brühl, welches an den großen Salon angrenzte.

Die Tür zum Salon stand halb offen, von dort war ein lebhaft geführtes, durch verschiedene Stimmen immer wieder unterbrochenes Gespräch zu hören. Der Tonfall verriet erregte und zornige Gemüter. Dann und wann vernahm man, leicht zu erkennen, die ruhige, besänftigende Stimme des Ministers.

Der Mundschenk warf einen Blick durch die halboffene Tür und machte Sołłohub ein Zeichen, daß er sich setzen solle. Der Vater wußte bereits, daß der Sohn gekommen war, sie mußten nun auf ihn warten. Die empörten Stimmen und leidenschaftlichen Ausrufe drangen weiterhin zu ihnen. Endlich begaben sich die Besucher einzeln hinaus, und der Minister trat gemessenen Schrittes in sein Kabinett, wo er gewißlich nur den Sohn anzutreffen erwartete. Sein Gesicht war düster, die schöne Stirn gefurcht, der Blick gesenkt. Erst als er Sołłohub bemerkte, kam er gleichsam zu sich und suchte eine fröhlichere Miene aufzusetzen. Er begrüßte den Gast ausnehmend höflich.

»Lieber Vater«, erklärte der Mundschenk, » Sołłohub, unser guter Freund, ist gekommen, um mich vor den Absichten und den kriegerischen Vorbereitungen der Familia zu warnen. Da ich mich in die Dinge nicht einmische oder nur so weit, wie Ihr es mir auftragt, habe ich ihn hierhergebracht. Mir scheint, daß er sich aus Freundschaft zu mir unnötig ängstigt.«

233

Der alte Brühl drückte dem Gast zunächst dankbar die Hand. »Ich bin Euch unendlich verbunden für diesen Beweis Eurer Freundschaft, aber was gibt es Bedrohliches?«

»Eure Exzellenz wissen es sicherlich ebenso wie ich. Ein Gewitter braut sich zusammen bei der Prüfung der Mandate, man will gegen den Adelstitel des Herrn Mundschenk auftreten.«

Der alte Brühl zuckte die Achseln.

»Den haben sie uns selbst angeraten und gegeben, und ich – *j'ai eu la faiblesse de ne pas refuser*. Ich hätte dasselbe auch anders und ohne ihre Hilfe erreicht, aber nun ist es so geschehen. Ich hatte eine große Maxime vergessen, die lege ich den beiden jungen Herren ans Herz, als die wichtigste im Leben: ›Mit Freunden verfahre stets so, als könnten sie dir morgen zu Feinden werden.‹ Das hatte ich nicht bedacht, als wir mit der Familia Hand in Hand schritten, und dafür werde ich büßen. Sie drohen mir«, fuhr er fort, »drohen uns, ha! Wir werden sehen! Wir präsentieren von beiden Seiten unsere Kräfte, und sollte der ruthenische Woiwode mit dem Kanzler und der jungen Schlachta der Poniatowskis in der Rzeczpospolita mehr wiegen als Potocki, der Kiewer Woiwode, als der Wilnaer Radziwiłł und der Herr Hetman, und schließlich der ergebene Diener« – der alte Brühl verbeugte sich –, »dann werden wir parlamentieren. Ich lasse den Mut nicht sinken.«

Der Kronmundschenk sah den Vater an, er war sichtlich beruhigt. Der Minister trat auf den Sohn zu.

»Mein lieber Alois«, sagte er leiser. »Deine Mutter ... Du solltest sie aufsuchen. Mich hält unser armer König hier fest, ich kann nicht fort. Er will unbedingt einen Bären ... Aber deine Mutter dort ...«

»Ist sie krank?« fragte Alois besorgt.

»Es geht ihr sehr schlecht«, sagte der Minister bewegt und wiederholte: »Fahre zu ihr! Du hast den Boten verpaßt, den ich geschickt habe, um dich zu holen. Die ganze Zeit verlangt sie nach dir.«

Der Mundschenk streckte Sołłohub die Hand hin, der, ohne noch etwas zu sagen, ebenfalls aufgestanden war, um sich von dem Minister zu verabschieden.

Der alte Brühl, nachdenklich, brummte undeutlich: »Was meint Ihr, Sołłohub, ob mir der Wilnaer Woiwode einen Bären schickt für den König?«

Ohne eine Antwort abzuwarten, setzte er lebhaft hinzu: »Die Familia tränkt und ernährt die Schlachta, der Fürst-Kanzler indes verspottet sie in aller Offenheit. Die Schlachta versteht das, sie werden sie nicht hinter sich haben.«

Sie waren schon im Hinausgehen, als in beschmutzten Schuhen, mit einem von Wind und Regen gepeitschten Gesicht Wolfersdorf, aus Dresden kommend, eintrat und Papiere brachte. Der Minister wandte sich ihm zu. Aus einer anderen Tür jedoch rief ihn der Kämmerer zum König. Ein Page teilte mit, daß der Krakauer Bischof eingetroffen sei, ein anderer meldete einen der Kastellane. Brühl strich sich mit der Hand über sein verdüstertes Gesicht, gab nach allen Seiten Befehle aus und verließ rasch das Kabinett. Der Mundschenk eilte zur Mutter.

Die Gräfin war schon seit einigen Wochen gleichsam am Verlöschen, das Leben, mit welchem sie so viele Jahre siegreich gerungen, welches ihr hold gewesen war und ihr – außer Glück – gegeben hatte, was sie nur hatte verlangen können, wollte aus ihr weichen. Sie fühlte sich todesmüde und mochte nicht länger sein.

Das vor dem Brühlschen Palais dick gestreute Stroh, sowohl auf der Straße wie auf dem Hof, deutete auf die Kranke hin. Alles hier schien bereits ausgestorben. Die Dienerschaft bewegte sich höchst leise und behutsam. In den großen Salons war keine Menschenseele. Mit Trauer im Herzen und mit hängendem Kopf ging der Mundschenk langsam zum Schlafgemach, als er davor auf

235

seine Schwester traf, die Marschallin Mniszchowa, die ihr verweintes Gesicht mit einem Tuch bedeckte und das Schluchzen zurückhielt.

Die beiden blickten einander nur an. Von allen Geschwistern waren diese Schwester und der Bruder einander am nächsten, sowohl altersmäßig als auch gefühlsmäßig und hinsichtlich der Geistesgaben. Sie liebten einander wie zwei Geschöpfe, die sich verstehen und sich nicht nach dem Blut, sondern nach dem Geist als verwandt empfinden. Derselbe Geschmack, dasselbe Denken, dasselbe Schicksal verbanden sie.

»Die Mutter?« fragte Brühl schließlich.

»Es steht sehr schlecht«, flüsterte die Marschallin. »Geh hinein, ich kann nicht, denn ich will bei ihr nicht weinen, aber ich vermag auch die Tränen nicht aufzuhalten. Seit heute morgen fragt sie nach dir und verlangt dich zu sehen.«

Der Mundschenk schob den Vorhang, der die Tür verdeckte, beiseite und trat in das Schlafgemach der Mutter. Der Raum war verdunkelt, ein unheilkündender Geruch nach Arzneien machte die Luft schwer zum Atmen. Die Augen des Sohnes suchten die Kranke auf dem Bett, doch der Baldachin war zurückgeschlagen, und auf dem Sessel daneben, den Kopf auf die Hand gestützt, saß die Gräfin.

Sie starrte zum Kamin hin, wo die Holzscheite allmählich verglommen. Ganz und gar, mitsamt dem Kopf, in Tücher gehüllt, schien sie ein Gespenst zu sein, gewickelt in Leichentücher, aus denen nur das weiße, hagere Gesicht und die dürren Hände herausschauten. Trotz Alter und Krankheit hatte das Antlitz der Gräfin Züge der Schönheit bewahrt, weder Leidenschaften noch Schmerz, noch das Unglück der letzten Jahre hatten dieselbe verwischen können. Diese Frau war von großartiger, von majestätischer Schönheit, und das Todesfieber, welches zum letztenmal ihre Augen entflammte, verlieh ihr etwas Prophetisches, etwas schon Überirdisches. Als sie den Sohn sah, streckte sie die Arme aus.

»Du kommst doch, mein Lieber! Wie habe ich auf dich gewartet, ich hatte Angst zu sterben – obwohl es Zeit ist, ja, Zeit, nur wollte ich Abschied nehmen, dich umarmen, dein Gesicht sehen, du mein armes Kind, dein Bild mit mir nehmen.«

Brühl küßte die Hände der Mutter.

»Es geht dir doch heute nicht schlechter?« fragte er.

»Ach, besser! Besser, denn es nähert sich die Stunde der Befreiung, ich fühle, wie das Leben entweicht.«

Sinnend betrachtete sie den Sohn, und ihre zitternde Hand glitt über sein Gesicht.

»Wie geht es dir, sprich!«

Der Mundschenk lächelte, er konnte von sich nichts sagen.

»Diese Opfer«, fuhr die Kranke fort, als spräche sie zu sich selbst. »Alles Opfer, ich, ihr, ja doch! Anders ging es nicht. Werkzeuge und Opfer ... Größe wird teuer bezahlt ... Dem Drachen wirft man Jungfrauen, Kinder, blutende Herzen zum Fraß hin, auf daß ihm ein weiterer Schlund erwachse.«

Die Kranke lachte bitter.

»Am Ende, wenn das Leben erlischt, wie grausam erscheint einem dann alles! Doch gibt es die Vorbestimmung ...«

Sie wandte das Gesicht um.

»Maria Amelia«, sagte sie leise, »du, ich ... Wie leid du mir tust, mein Kind.« Sie küßte den Sohn aufs Haupt. »Du warst nicht geschaffen für den Sumpf, in welchen man dich gestoßen, auch ich nicht. Aber ich gewöhnte mich daran, konnte mit ihm leben – doch du Ärmster?«

»Auch ich beklage mich nicht«, flüsterte Alois.

»Nun ja, beklagen darf man sich nicht, denn dann antworten sie einem mit Spott. Du mußt dulden und lachen. Lächerlich ist alles ...«

Sie schwieg einen Moment und setzte dann hinzu: »Vielleicht kehrt ihr nach Dresden zurück – grüße unsere alte Stadt, ich werde sie nicht mehr sehen … Mein Los ist es, noch als Opfer in fremder Erde zu ruhen, auf welcher es keinen Frieden gibt. Dies ist ein Land voller Geschrei und erbitterter Kämpfe. Ach, wie tust du mir leid.«

Aus den Augen der Mutter rannen Tränen, sie stützte sich auf die Hand und versank erneut in Nachsinnen. Unterdessen kam leise, den Vorhang beiseite schiebend, die Marschallin herein. Die Mutter spürte sie eher, als daß sie sie hörte, sie wandte den Kopf, blickte auf die vor ihr stehenden Kinder, und ein Tränenstrom, dem sie nicht wehrte, lief ihr über das Gesicht. Als sie sah, daß die Tochter mit Mühe das Weinen zurückhielt, wandte sie sich ihr zu.

»Ich darf weinen«, sagte sie. »Denn ich bedaure euch, die ihr noch viel zu leiden habt. Euch aber steht es nicht an zu weinen, weil ich gehe, ich habe gelebt und mich selbst überlebt. Wozu noch leben? Das Allbekannte wiederholt sich im Kreise, die Menschen langweilen, die Welt quält, der Körper schmerzt, die Wünsche hören auf, alles ist ausgeschöpft bis zum Grund. Wenn man mir das Leben zurückgäbe unter der Bedingung, daß ich es genauso lebte wie zuvor, ach, ich würde es nicht haben wollen, um nichts in der Welt!«

Die Mniszchowa kniete neben der Mutter nieder, faßte ihre Hand und sagte leise: »Der Arzt hat Euch Ruhe verordnet, Mutter, das Sprechen regt Euch auf.«

»Mir hilft und mir schadet nichts mehr«, antwortete die Mutter ebenso leise, verstummte aber sofort, wie gehorsam. Ihr Blick ging zum Kaminfeuer, dann zu den Kindern, und einige Male wiederholte sie: »Opfer! Opfer! Alles Opfer!«

Von fern wurden Schritte hörbar, die Mutter hob den Kopf. Vorsichtig betrat der Minister das Gemach. Er wirkte verstört, seinem gleichgültigen Gesicht verlieh er den Anschein von

Trauer. Er ging auf den Sessel zu, blieb stehen und beugte sich zur Gräfin hinab.

»Wie geht es heute? Besser?«

Die Angesprochene lächelte.

»Gänzlich gut, du siehst, es könnte nicht besser sein.«

Sie gab den Kindern einen Wink, damit sie sich entfernten, und dem Gatten wies sie einen Stuhl an. Die Kinder gingen hinaus, und der Minister, sichtlich verlegen, nahm Platz.

Eine Zeitlang herrschte Schweigen, denn die Kranke, schien es, mußte ihre Gedanken sammeln.

»Die Opfer! Die Opfer!« begann sie erneut gleichsam im Selbstgespräch. »Brühl! Wann wird der Opfer genug sein, und wann bist du mit Größe gesättigt? Sag es mir!«

Der Minister blieb lange stumm. Die Gräfin, nicht länger auf eine Antwort wartend, sprach weiter: »Der König, ich, die Kinder, zwei Länder, Tausende Menschen – alles Opfer! Brühl, wird das irgendwann aufhören? Bist du satt?«

»Du hast ein wenig Fieber«, ließ sich der Minister höflich vernehmen, »und das Sprechen ...«

»Ich? Mein Leben lang habe ich Fieber gehabt, und es hat mich verbrannt. Wir brennen auf dem Scheiterhaufen für dich – sag mir, bist du glücklich?«

Brühl bewegte sich unruhig auf seinem Stuhl, er sah zum Kaminfeuer hinüber und erwiderte nichts. Mit der einen Hand zupfte er an der Manschette des anderen Ärmels.

»Der Doktor hat dringend Ruhe empfohlen«, sagte er sanft. »Wenn ich gewußt hätte, daß mein Kommen Euch aufregt, hätte ich mich zurückgehalten, da ich aber selbst voller Unruhe bin, wollte ich mich Eures Gesundheitszustandes vergewissern. Vielleicht zur Unzeit?«

»Ganz zur rechten Zeit, später wäre es zu spät gewesen«, versetzte die Gräfin in verändertem Ton, sie streckte die Hand nach dem Gatten aus und sagte milder: »Wir müssen einander vergeben, müssen Abschied nehmen. Ich beschuldige dich nicht. Ich habe nur eine Bitte.«

Der Minister beugte sich lebhaft zu der Kranken.

»Was immer ich tun kann«, stotterte er.

»Aber du kannst alles! Meine Bitte gilt den Kindern, möge es der Opfer genug sein! Maria Amelia, Alois sind in den Schlund geworfen, du selbst, auch du bist ein Opfer. Dabei könntest du doch satt sein ... Ruhe, Frieden, Stille für sie!«

Der Minister zögerte sichtlich mit der Antwort.

»Aber der Krieg geht zu Ende, wir erwarten Frieden, ich hoffe, daß wir nach Dresden zurückkehren, auch du, dann denken wir an Ruhe.«

»Ich?« Die Gräfin lachte düster. »Ich? Ich kehre zur Erde zurück, von der ich gekommen bin, doch nicht zu jener, auf welcher ich begonnen habe zu leben. Ich? Mich vergeßt. Ich bitte für die Kinder, Alois ... Gib ihm die Freiheit, er ist nicht für diese Kämpfe geschaffen.«

Der Minister, gleichsam nachdenklich geworden, hob die Stimme.

»Nicht ich bin schuld, sondern die Geschicke und die Umstände. Opfer? Ginge es ohne dieselben? Sie waren schließlich nicht umsonst. Wir sind in die höchsten Sphären aufgestiegen ... bis an den Thron ... Deine Kinder habe ich auf Stufen gestellt, von wo aus sie erreichen können, was sie wollen. Ich habe euch mit Wohlstand umgeben, mit Wertschätzung, mit Glanz.«

»Alles das lastete schwer wie Fesseln«, unterbrach ihn die Gräfin. »Es waren Früchte wie vom Ufer des Toten Meeres, Früchte, mit Asche gefüllt. Ich beschwöre dich, laß die Kinder ihr Glück suchen, wo sie es wollen. Hörst du? Mich erreicht ein Stöhnen und Schluchzen, welches von dir ausgelöst ist. Sachsen weint und flucht, in Polen gärt es, und du?«

240

Brühl erhob sich ungestüm.

»Aber, Teuerste!« rief er. »Ich bin geduldig, voller Nachsicht für Kranke, doch fällt es mir schwer, Euch länger mit meiner Gegenwart zu quälen und mich selbst solchen Torturen auszusetzen. Das sind Fiebergesichte, bitte beruhigt Euch.«

Brühl zog die Uhr hervor, warf einen Blick darauf, er wollte die Hand der Gattin ergreifen, aber die Gräfin entzog sie ihm langsam.

»Du hast recht«, sagte sie. »Heute sind solche Worte unnütz in den Wind gestreut, zu spät! Ich werde die Opfer nicht zurückholen aus dem Schlund. Opfer müssen sein, niemand wird davonkommen, ja, ja, Opfer bis zum Ende, bis zum letzten …«

Der Minister hatte den Raum schon leise verlassen, da wiederholte der Mund der Gräfin noch einmal jenes Wort, welches jetzt ihr ganzes Denken beherrschte. Es war das letzte Wort in ihrem Leben, mit ihm schloß sich an diesem Abend ihr Mund für immer.

Das Hinscheiden der Gräfin war seit langem erwartet worden, dem König aber hatte man ihren gefährlichen Zustand verheimlicht, so wie man vor ihm die meisten Vorkommnisse verbarg, welche die Qualen, die er litt, noch vergrößern konnten. Als am Abend in den Kirchen ringsum alle Glocken geläutet wurden, erschrak August und schickte den Kämmerer aus, sich zu erkundigen, wer gestorben sei. Man nannte dem König irgendeinen unbekannten Namen, er schaute nur und sagte nichts. Er fragte nach Brühl. Der Minister war nicht da, man hatte ihn soeben zu der Sterbenden gerufen, dem König aber erklärte man, er befinde sich beim Rat. Der König, beunruhigt, schickte mehrmals nach ihm. Am späten Abend endlich kam der Minister zu ihm, sein Gesicht war verdüstert. Der König sah ihm an, daß er eine schlechte Nachricht mitbrachte, und fragte erschrocken: »Brühl, sag die Wahrheit, was ist passiert?«

»Majestät«, antwortete der Minister nach kurzer Überlegung, »ich habe den schwersten Verlust meines Lebens erlitten. Die Gräfin Brühl ist tot.«

August schlug die Hände vor das Gesicht und stand sogleich auf, um sich dem geliebten Diener an die Brust zu werfen. Seine Augen waren voller Tränen, er zitterte und weinte, sagte indes kein Wort.

Das Schweigen dauerte eine Weile. Der König setzte sich, auf die Arme gestützt.

»Wir sind unglücklich«, flüsterte er. »Hier hält es niemand lange aus, hier sterben alle. Brühl, laß mich allein.«

Der Minister küßte Seiner Majestät die Hand und entfernte sich auf Zehenspitzen. Man ließ den Kaplan rufen.

Die Kunde von dem Verlust, welcher Brühl getroffen hatte, verbreitete sich noch am selben Abend in Warschau, jedoch die gegen ihn aufgebrachten Gemüter ließen sich dadurch nicht von ihren Aktivitäten abhalten. Jene Partei, die bemüht war, sich an Brühl zu rächen, sah darin lediglich eine fast glückliche Fügung des Schicksals, welche dem Gegner Kräfte nahm. Doch das war ein Irrtum. Brühl gehörte zu jenen Menschen, deren Herz wohl für einen Augenblick gerührt sein kann, indes beherrscht sie das Kalkül, und die Gewohnheit führt sie aufs alte Gleis zurück. Der Leichnam lag noch im unteren Saal des Palais aufgebahrt, in einem mit schwarzem Tuch ausgeschlagenen und von tausend Lichtern erhellten Raum, worin sich viel Geistlichkeit versammelte, als Brühl bereits seinen Rat einberief und die Freunde auf den Kampf vorbereitete. Mit einer Geistesstärke, die auch Kaltherzigkeit genannt werden konnte, gab er Anordnungen für ein prachtvolles Begräbnis und schickte seine Zuträger aus, um die Bewegungen der Familia auszuforschen. Es war keine Zeit zu verlieren. Das gegnerische Lager sammelte die Schlachta in Massen, um durch Menschenmengen und Geschrei den Skandal zu unterstützen, den es beim Reichstag auslösen wollte. Auch Brühl und die Potockis schickten Boten in alle Richtungen zu ihren Freunden und forderten sie zu frühzeitigem Kommen auf.

Die Familia, obwohl sie eine offene Fehde gegen Brühl im Schilde führte, wahrte dennoch gewisse Rücksichten aufgrund der einstigen Verbundenheit. So begegnete man denn scheinbarer Höflichkeit, sprach wenig, sah einander blitzend in die Augen. Die Feinde erschienen zum Begräbnis der Gräfin, um zu zeigen, daß sie grobe Verletzungen nicht vorhatten und für denjenigen, welchen der Himmel selbst zu peinigen schien, noch ein gewisses Mitgefühl empfanden. Im Leichenzug ging dicht nebeneinander, wer schon in wenigen Tagen voller Ingrimm zum Kampf antreten würde. Weit zahlreicher und prächtiger aber präsentierten sich die verbündeten Geschlechter, die Potockis, die Radziwiłłs sowie die unter dem Befehl der beiden Kleinkönige von Ruthenien und Litauen stehende Schlachta. Der Wilnaer Woiwode selbst war noch nicht in Warschau eingetroffen, doch hatte er bereits ein großes Gefolge vorausgesandt.

Bei dem Begräbnis konnten die Kämpfer geradezu ihre Zahl messen, und sie folgten dem Sarg mit dem Gedanken, wer wohl wen in die Knie zwingen würde. Brühl schritt blaß und scheinbar ruhig hinter dem Sarg, gleichsam in tiefem und schmerzhaftem Empfinden des Verlustes, doch das Opfer, das zu Grabe getragen wurde, vermochte es nicht, ihn vor neuen Opfern zurückzuhalten.

IV

Der Reichstag kam heran, die Hauptstadt füllte sich. Die Lage der Rzeczpospolita verlangte es, daß er zustande kam, jedoch nach so vielen abgebrochenen Reichstagen, seit es üblich geworden war, daß die Laune eines einzelnen das ganze Land behinderte, ließ sich schwerlich ein solch günstiger Fall erwarten, da sich zwei Lager gegenüberstanden und beide ganze Scharen der geriebensten und durchtriebensten Aufrührer herbeiriefen. Je mehr Abgeordnete sich in Warschau versammelten, um so betriebsamer wurde es hier, und die Agitatoren begannen ihr Werk. Beide Seiten verfügten über jene unscheinbaren, sich überall hineindrängenden, farblosen Menschen, die es verstanden, die Leichtgläubigen anzuziehen, sie zu täuschen oder zu schrecken.

Peszels Wirtschaft zählte wieder einmal zahlreiche Besucher, und der Herr Kämmerer Laskowski, den – wie man sie noch im siebzehnten Jahrhundert nannte – Neutralisten zugehörig und im guten Glauben für Einträchtigkeit plädierend, bewirtete hier seine Freunde Kostrzewa, Babiński und Ocieski mit Ungarwein. Letzterer, obgleich er den Brühls eine Verbesserung seines Schicksals in Zeiten verdankte, da dieselben mit der Familia auf bestem Fuße standen, vermied jetzt ebenso wie Herr Laskowski jede Einmischung in die öffentlichen Angelegenheiten, um niemandes Unwillen zu erregen.

»Weiß der Kuckuck«, flüsterte er. »Geh ich nach links, ist mir die Rechte böse, geh ich nach rechts, will die Linke sich rächen, aber das schlimmste ist, daß kein Mensch es versteht. Gestern waren sie ein Herz und eine Seele, heute gehen sie aufeinander los, morgen liegen sie sich vielleicht wieder in der Armen, und ich bin der Dumme.«

Der Kämmerer sagte nichts dazu.

»Die Familia droht und wütet«, fuhr Ocieski leise fort, »aber ich vermute, daß man sich zuguterletzt wieder verträgt.«

Laskowski nickte.

»Ich bin auf den Schatzmeister neugierig, was er sagen wird«, preßte er unlustig hervor. »Er ist eine Zoilos-Natur, bissig, aber er sieht klar. Er hat mir zugesagt, zu kommen, jedoch sieht man nichts von ihm.«

Man sah in der Tat nichts von ihm, unterdessen lärmte und krakeelte es fürchterlich in Peszels Wirtsstuben, wie auf einem Provinziallandtag! Menschen unterschiedlicher Überzeugungen trafen sich hier beim Glase, und das Glas hat die Eigenschaft, aus einem Menschen hervorzuholen, was bei ihm am Grunde liegt. So daß denn, wer immer mit dem festen Entschluß hergekommen war, die Zunge im Zaum zu halten, nach dem zweiten Gläschen brummte, nach dem dritten zu fuchteln begann und nach dem vierten explodierte. Und es gab Leute, die gern zum Wein luden und denselben bezahlten. Diese Leute redeten am meisten, und man betrachtete sie mit Neugier und mit Furcht.

Das Stimmengewirr in der Hauptstube war so laut, daß die einen Gäste die anderen nicht verstanden. Alle Augenblicke trat ein neuer Besucher ein, wurde lärmend begrüßt, und sogleich nahm die ihnen vertraute Clique den Ankömmling auf. Man drückte ihm ein Glas in die Hand, auf daß er nicht müßig dasitze, und weil es Sitte war, nicht für umsonst Fremdes zu trinken, spendierte nun der neue Gast, und das Gespräch und die Zecherei zog sich hin bis in die Nacht.

Es war bereits dunkel geworden, man hatte die Talglichter an den Wänden angezündet, in jenen Leuchtern mit den kleinen Spiegeln, welche den Lichtschein vergrößerten, als der Schatzmeister Zagłoba vorsichtig eintrat, von der Schwelle her die Menschen, die hier saßen, musterte, leise zu der anderen Stube schlüpfte und, als er Laskowski entdeckte, rasch eintrat und die Tür hinter sich zuschlug.

Hier wurde er mit Vivatrufen empfangen.

»Bei Gott, warum so spät?« rief Laskowski dem Eintretenden entgegen.

Der Schatzmeister nahm die Mütze vom Kopf, hob die Arme und durchschritt schweigend den Raum, strich sich über das Haar und sagte kein Wort. Er wirkte düster.

»Was ist Euch?«

»Nun, nichts, nichts. Ich war bei der Vesperandacht. Fürwahr, man muß um den Heiligen Geist beten, denn es weiß einer nicht, was er beginnen soll, solch ein Chaos! Was wird nur daraus?«

Zagłoba nahm vor einem bereitgestellten Glas Platz, er ergriff das Glas, hielt es gegen das Licht, betrachtete den Wein und trank nachdenklich einen Schluck.

Laskowski rückte näher heran.

»Nun, was sagt Ihr zu alledem?«

»Wenn ich wüßte, was ich sagen sollte!« seufzte der Schatzmeister. »Meine Überzeugungen kennt Ihr.« Er wandte sich dem Kämmerer zu. »Die Deutschen mag ich nicht, obgleich sich die Brühls und auch die Potockis mir gegenüber sehr generös gezeigt haben, ohne Zweifel. Wer durchschaut die Dinge? Beide Seiten erklären, sie wollten Ordnung, wollten Frieden, aber beide stören die Ordnung und stiften Unfrieden.«

»Mir scheint indes«, rief Laskowski, »daß sie, bevor es zum Sejm kommt, die *pacta conventa* schließen! Worum geht es? Gewiß nicht um die Rzeczpospolita, sondern um Ämter und Starosteien ... Sie teilen sie unter sich auf, und basta!«

»Von wegen«, versetzte der Schatzmeister. »Was an vakanten Ämtern vorhanden war, hat der König an die Potockis, Brühls und Radziwiłłs vergeben. Die Familia kocht vor Wut und rüstet zur Fehde.«

»Was kann sie groß tun«, warf Ocieski ein. »Womit? Wie? Sie haben den Hetman Greif auf ihrer Seite und den Fürsten, den Wilnaer Woiwoden. Der, mein Herr, fährt mit Bärengespannen, und ein Menschenleben gilt ihm nichts. Ihr habt die vielen Leute am Radziwiłłschen Palais gesehen? Der Fürst trägt Trauerkleider, der Hof und die Freunde haben Trauer angelegt, halb Warschau ist in Schwarz. Die Familia wird sich nicht hinreißen lassen, sie weiß, wonach das riecht!«

Ocieski endete, die anderen schwiegen.

»Ich sage, sie werden es überdenken und sich einigen«, wiederholte Laskowski.

»Und der Sejm?« fragte Kostrzewa. »Wird er zustande kommen?«

Wieder waren alle stumm.

»Das kann niemand voraussagen«, brummte nach langer Pause Babiński. »Jeder Dahergelaufene, mit Verlaub, klettert auf die Bank, schreit: ›Ich unterbinde *activitatem*, und die Kammer kann *in passivitate* nichts mehr machen, solange der Gute nicht durch Bitten umgestimmt, in Stücke gehauen oder, falls er sich aus dem Staube gemacht hat, wieder eingefangen ist.«

Er fuchtelte heftig mit dem erhobenen Arm. Kaum daß Babiński schwieg, ging die Tür auf, und ein Unbekannter erschien auf der Schwelle. Er trug eine kleine Kappe auf dem Haupt, sein Gesicht war rotwangig, seine Augen leuchteten. Er prüfte rasch die am Tisch sitzende Gesellschaft und trat auch schon ein. Er war noch in guten Jahren und das, was man einen schönen Menschen nennt, mit rundem Bauch bereits und vornehm gekleidet – er wirkte sehr wendig, war biegsam und bewegte mit einiger Grazie zugleich Augen, Arme, Beine, wobei auch der Mund nicht müßig blieb. Man erkannte an ihm den Mann, der wohl zechte und raufte, aber keinen vom gemeineren Kaliber, sondern der besseren Gesellschaft zugehörig. Sein Blick sagte, daß er bei Hofe geweilt haben mußte und die Sterne auf der Brust ihn nicht zu blenden vermocht hatten. Mit einer gewissen Überlegenheit und Autorität stellte er sich in den hier zusammengedrängten Kreis, sein Blick suchte nach jemandem. In dem allgemeinen dumpfen Schweigen, welches ihn empfing, näherte sich der Unbekannte um ein paar Schritte, gewahrte schließlich den Herrn Schatzmeister und rief: »Euer Gnaden, Herr Schatzmeister, ich suche Euch überall! Endlich …«

Der Alte erhob sich, er tat, als sehe er den Eingetretenen jetzt erst richtig, dabei hatte er ihn schon erkannt und war sitzen geblieben, um unbemerkt zu bleiben.

»Ah! Euer Gnaden, Herr Truchseß«, sagte er verlegen. »So wahr ich Gott liebe, ich habe Euch in der Dunkelheit nicht erkannt!«

Der »Truchseß« Genannte trat unterdessen an den Schatzmeister heran und sagte leise: »Ich bitte, mich den geehrten Freunden vorzustellen.«

»Der gnädige Herr Szymanowski, Truchseß von Ciechanów und, wie ich höre, auch Abgeordneter.«

»So ist es«, bestätigte der Gast.

Nacheinander nannte jeder seinen Namen. Der Truchseß nahm auf einem Schemel Platz und klatschte in die Hände. Dies bedeutete, daß er bewirten wollte, und ein Schankbursche kam gelaufen.

»Ein halbes Dutzend Flaschen, von dem – du weißt schon«, flüsterte der Truchseß.

Inzwischen hatte Laskowski ihm einen Schoppen hingeschoben.

»Ich nehme an«, erklärte der Truchseß, »aber da ich hier so gut wie zu Hause, ja, beinahe Hausherr bin, obligiere ich, daß auch mein Wein nicht verachtet werde. Auf trockenem Wege schließt man keine Bekanntschaften.«

Der Truchseß sprach schnell und gewandt, er besaß die Gabe des sympathischen Ausdrucks und hatte eine so angenehme Stimme, daß er allen ans Herz rührte. Dem Schatzmeister gab er einen Klaps auf das Knie.

»Nun, mein verehrter Bundesgenosse, was meint Ihr, was für ein Omen gebt Ihr dem Sejm?«

Der Schatzmeister zuckte die Achseln, sein Mund bebte.

»Ich würde Euch sagen, was ich denke, aber *ni fallor*, wird es nicht gefallen«, versetzte er.

»Warum?«

»Weil ich, Herr Truchseß, nicht wie Euer Gnaden begabt bin, die Pille zu versüßen, ich äußere mich immer direkt und ohne Umschweife.«

Der Truchseß lächelte und klapste dem Schatzmeister erneut auf das Knie.

»Aber Ihr haltet doch zu uns, Schatzmeister?« fragte er. »Anders kann es nicht sein – zum König, zum Hof, zu Brühl und seinen Freunden?«

Der Schatzmeister hatte bereits den zweiten Schoppen getrunken.

»So wahr ich Gott liebe, ich hielte gern zu Seiner Majestät dem König, ich hege Respekt für das gekrönte Haupt, jedoch haben beide Seiten triftige Argumente, und wieso sollte ein armer Schlachtschitz wie ich seine Nase in derlei Dinge stecken? Ich hielte es lieber mit keinem, zum Kuckuck!«

Laskowski vermochte nicht länger zu schweigen, er liebte es, öffentlich zu moralisieren und mit seiner Eloquenz zu prahlen.

»Mit Verlaub«, sagte er, »ich glaube doch, daß eine Krähe der anderen kein Auge aushackt, daß aus einer großen Wolke nur wenig Regen kommt und die Gegensätze mit einem Kompromiß enden werden, denn ...«

»Da irrt Ihr, Euer Gnaden«, unterbrach ihn Szymanowski. »Eine Einigung kann es nicht geben, denn die Familia ist besessen, ihre begierigen Mäuler sind mit nichts mehr zu stopfen. Sie hat die Bedingung gestellt, daß der König Ogiński zum Woiwoden von Wilna ernennt, und zwar so befehlend, als ob nicht sie dem König, sondern Seine Majestät ihr zu gehorchen habe. Indessen hatte Fürst Radziwiłł von seinen Vorfahren her ein Anrecht auf diesen Stuhl, aus Tradition und deshalb, weil er ganz Litauen beherrscht. Schließlich ging es um die Autorität der Majestät, also wurde ihm das Woiwodenamt übertragen und der Krieg erklärt.«

»*Infaustum*, seufzte Laskowski, »aber die Freunde sollten um Ausgleich bemüht sein.«

Truchseß Szymanowski nickte.

»Erlaubt, Euch zu fragen, Euer Gnaden, wer ist Euch lieber – die Familia oder der Hof?«

Die so auf den Kopf zu gestellte Frage brachte den Kämmerer in arge Verlegenheit. Er entfernte zunächst eine Fliege aus seinem Weinglas und überlegte.

»Der Fürst-Woiwode von Ruthenien und der Fürst-Kanzler sind Autoritäten in der Rzeczpospolita, Kapazitäten, wie es sie selten gibt, hervorragende Männer ... Und gewiß wollen sie allen wohl. Sie sind unsere Leuchten, unsere Lumina.«

»Also?«

»Wenn Ihr erlaubt«, fuhr Laskowski fort, »Seine Majestät der König hat ebenfalls seine Rechte, wir venerieren ihn. Der Minister ist ein bedeutender Kopf, in Europa gerühmt, er hat den polnischen Adel beehrt, indem er sich zu ihm bekannte. Der Wilnaer Fürst ist ein Potentat, ein Magnat und großartiger Animus. Der Hetman ist unsere erste Autorität, *mediator intra potestatem et libertatem*. Ich schmälere niemanden. Wie soll man hier wählen? Wäre es nicht das beste, sie zur Eintracht zu bewegen?«

»Vor ein paar Monaten wäre das vielleicht noch möglich gewesen. Heute, wo die Truppen bereitstehen«, erwiderte der Truchseß, »wo sogleich das Signal zum Kampf gegeben werden kann, ist es zu spät.«

Laskowski nahm einen Schluck Wein.

»Alsdann, zu wem werdet Ihr halten?« drängte Szymanowski.

Schweigen herrschte, es war mäuschenstill, die Männer sahen einander an, als der Schatzmeister augenzwinkernd sagte: »Wißt Ihr was, Euer Gnaden, es geht hier *de publico bono*, es geht nicht an, sich auf eine andere als auf die stärkere Seite zu stellen, damit der Kampf baldmöglichst beendet sei.«

»Und die Gerechtigkeit?« fragte Szymanowski.

»Wißt Ihr, Euer Gnaden, wo der Haken ist?« versetzte der Schatzmeister. »Wenn ich beim Fürst-Kanzler ein gutes Mahl einnehme, wenn ich dort höre, was *de republica reformanda* geredet wird, wenn ich, von der Familia herzlich umarmt, mit gut gestopften Gedärmen von dannen gehe, lasse ich mich für die Familia in Stücke hauen, dessen gewiß, daß deren Sache sauber und heilig ist. *At tandem*, wenn ich mir andernstags, *nolens volens* hineingezogen, bei Fürst Radziwiłł Schnurren und Sticheleien gegen die Familia anhöre, wenn mir der Minister die Hand reicht und mich nach meinem Befinden fragt, wenn einer der Potockis mich wie seinesgleichen zu behandeln beehrt, so kriegte man mich herum, und ich hielte es gern mit denen. Darum geht es doch!«

Der Truchseß lachte laut, aber unfroh.

»Häusliche Zwietracht ist etwas Bedauerliches«, fügte Laskowski hinzu.

»Dann geht es darum, Herr Schatzmeister«, versetzte der Truchseß von Ciechanów, »wer nach Eurer Systematik der Stärkere ist und baldmöglichst zum Ende kommt. Wenn es die Frage lösen kann, so gebe ich mein Wort, daß wir die Stärkeren sind, denn ich verhehle nicht, daß ich es mit dem Hof halte. Der König ist …, obwohl er freilich nicht viel auszurichten vermag, doch eine Autorität, der Minister ein politisches Genie, ferner der Hetman – eine beachtliche Macht, Fürst Radziwiłł hat hier in Warschau ein halbes Tausend adliger Säbel hinter sich. Die Potockis stellen doppelt soviel. *Dii minores* zählen nicht. Was hat die Familia dem entgegenzusetzen?«

Die Schlachtschitzen sahen einander an.

»*Dictum acerbum*«, fuhr der Schatzmeister auf. »Fürwahr, ein starkes Argument: Säbel! Was soll hier noch Gerechtigkeit, wo es Säbel gibt? Sie stehen für Logik und alles andere!«

Der Truchseß war verlegen.

»Schatzmeister, ich sehe, irgendwie desertiert Ihr aus unserem Lager«, bemerkte er.

»Um Gottes willen«, verwahrte sich der Angesprochene. »Aber ich ziehe Schlüsse, und ich schätze Macht, nur, in diesem Durcheinander findet wohl einzig der Herrgott zur Wahrheit. Ich fühle mich dazu außerstande.«

So wurde das Gespräch fortgeführt, als die Tür sich abermals öffnete und erneut jemand den Kopf hereinsteckte, diesmal ein gänzlich anderer Typ. Schon nach den Proportionen des kahlen Schädels zu urteilen, mußte der Mensch von riesenhafter Statur sein. Die Stirn türmte sich hoch hinauf, so daß der Kopf etwas Spitzes hatte. Das Gesicht war eine halbe Elle lang, und wohl eine Viertelelle maß das durch Falten unterteilte Dreifachkinn. Die Nase saß in der Mitte wie ein Monarch auf dem Thron, und darunter hing ein mächtiger grauer Schnurrbart bis auf die Brust herab. Die eigentümliche Erscheinung stellte sich vor das schwatzende Häuflein hin und betrachtete es lange, dabei die Augen zusammenkneifend, und plötzlich, die Glatze am Türstock reibend, wälzte sich der ganze wohlbeleibte Mensch in die Stube und sagte in scherzhaftem Ton: »Seid mir gegrüßt! Geliebter Kämmerer … Wie geht es Euch? Eine Ewigkeit jage ich Euch hinterdrein, Bruderherz.«

Die Arme ausgebreitet, gingen beide Männer aufeinander zu, fielen einander um den Hals, drückten sich, küßten sich einmal, zweimal, dreimal, und der Gast, nachdem er ein wenig zurückgetreten war, rief der Gesellschaft mit Stentorstimme zu: »Seid mir gegrüßt, meine Herren!«

»Der Herr Brückenaufseher Żudra«, stellte Laskowski vor.

Alle Versammelten grüßten mehr oder weniger, der Truchseß von Ciechanów prustete und warf die Lippen auf. Man begann sich gegenseitig bekannt zu machen. Als der Brückenaufseher

Szymanowskis Namen hörte, verdunkelte sich ein wenig sein eben noch wie ein Vollmond heiteres Gesicht.

Szymanowski und Żudra maßen einander mit Blicken, welche unschwer Widersacher erahnen ließen. Żudra nahm dennoch neben Laskowski Platz und wahrte die Fassung. Immer wieder aber sah er zu dem Truchseß hin, und der Truchseß zu ihm.

Dem Brückenaufseher wurde ein Glas Wein gereicht, er nahm es ohne Einwände, räusperte sich und blickte in die Runde.

»Ich habe hier den Herrn Kämmerer gesucht, he, alter Freund …«, erklärte er. »Und da mir das Glück so hold ist, ihn in einer respektablen Schar von Herren und Brüdern vorzufinden, nutze ich die unverhoffte Fortuna. Der Fürst-Kanzler, welcher unseren Herrn Kämmerer seit langem kennt und schätzt – denn wer würde ihn nicht schätzen und lieben? –, lädt ihn zu einem Freundschaftsbrot für morgen ein. Und ich als Intimus dieses Hauses und als Diener des Fürsten bitte bei dieser Gelegenheit alle Pans und Brüder in seinem Namen zu dem kleinen Mahl.«

Ein dumpfes Schweigen antwortete ihm. Der Brückenaufseher schaute über die Gesichter hin und fügte, ohne verlegen zu werden, hinzu: »Sollte jemand von den Herren zu unseren Gegnern gehören oder andere Ansichten haben, ist das kein Hindernis. *Audiatur et altera pars*, man tut gut, sich umzuhören, schließlich sind wir Brüder. Der Fürst-Kanzler ist über jeden erfreut, und es gibt kaum jemanden in der Rzeczpospolita, den er nicht kennt.«

Szymanowski wand sich, als säße er auf Nadeln.

»Ich entschuldige mich«, sagte er. »Ich bin morgen zum Hetman eingeladen.«

»Es tut mir sehr leid, nicht über Euch zu verfügen«, erwiderte Żudra. »Allerdings hätte ich solch ein Glück auch nicht zu erwarten gewagt, weil …«

Er stockte.

»Weil?« fragte der Truchseß.

»Weil Euch, Herr Truchseß, des Kanzlers Brot nach dem deutschen Pfefferkuchen nicht schmecken würde. Bei uns ist alles schlicht, polnisch und nach Art der Schlachta, beim Hetman geht es versaille'isch zu, bei den Brühls sächsisch.«

Żudra lachte, dem Truchseß indessen stieg die Röte ins Gesicht.

»Ihr macht hier Eure Anspielungen, Herr Brückenaufseher«, fuhr Szymanowski zornig auf, »darauf hätte ich etwas zu erwidern.«

»O ja, ich höre«, rief Żudra.

»Wir stehen zum König und Seiner Majestät«, begann Szymanowski. »Zu Zucht und Ordnung, wir befassen uns nicht mit Zank und Hader.«

»Zum König?« Żudra lachte. »Als ob wir einen anderen König hätten als Brühl! Und wer trübt das Wasser, um darin zu fischen, wenn nicht er und seine Parteigänger?«

Der Truchseß sprang auf.

»Herr Brückenaufseher, ich dulde es nicht, daß etwas, das ich achte, geschmäht wird …«

»Ich ebensowenig.« Żudra hieb mit der Hand gegen den Griff seines Säbels. »Sollte ich wen beleidigt haben, stehe ich dafür ein …«

»Um des Himmels willen!« schrie Laskowski, ihn aufhaltend. »Was soll das! Genug, ich bin hier der Gastgeber, ich lasse Streit nicht zu. Herr Brückenaufseher, wenn Ihr mich liebt … Herr Truchseß, ziemt sich das?«

Alle waren verlegen. Der Truchseß nahm langsam wieder Platz, und der Schatzmeister warf ruhig hin: »Wenn ein Wort erlaubt ist, warum habt Ihr es so eilig? Der Sejm hat noch nicht begonnen. Ihr werdet reichlich Zeit haben, einander mit Zunge und Säbeln zu massakrieren. Wir hier sind ruhige Leute, wir sind gekommen, uns zu erfrischen.«

»Aber er hat mich gekränkt!« schnauzte der Truchseß.

Der Brückenaufseher erhob sich stumm und begann in der Stube umherzugehen. Als er sich Szymanowski näherte, faßte er heimlich dessen Hand und drückte sie. Was das heißen sollte, wußte man. Dann kehrte Żudra langsam zu seinem Schemel zurück und fragte gut gelaunt: »Nun, Herr Kämmerer, was prophezeit Ihr uns für diesen Winter?«

»Schneegestöber«, warf der Schatzmeister ein.

»Es wird ein milder Winter«, sagte Laskowski vernehmlich, der, einmal darauf angesprochen, sich nicht leicht das Wort nehmen ließ, wenn es um den Kalender ging. »Häufiger Rauhreif kündigt sich an, Glatteis, reichlich Schnee, der aber ist nicht von Dauer. Das Wetter wird unbeständig sein, man muß um die Saat fürchten, und Wasser gibt es in Mengen. Wer Eis haben will, muß zulangen, denn es wird nicht viel davon geben und auch nur für kurze Zeit.«

Während dieser Worte trank Truchseß Szymanowski sein Glas leer, reichte dem Schatzmeister die Hand, verbeugte sich vor den übrigen Gästen und begab sich langsamen Schrittes hinaus.

Kaum war die Tür hinter ihm zugeschlagen, fiel Laskowski über den Brückenaufseher her.

»Gehört sich das? Ihr kommt hierher, um uns die gute Laune zu verderben!«

»Halt, erschlagt mich nicht!«, entgegnete Żudra lachend. »Ich kann nicht dafür – wenn ich diesen stinkigen Deutschen begegne, halte ich es nicht aus, das Blut kocht in mir. Als ob ich den nicht kenne! Der hängt an den Brühls, und von denen kommt alles Unglück. Ohne sie stünden wir anders da. Was liegt denen an Polen? Was liegt denen gar an ihrem eigenen Land? Das sind Komödianten, die auf unsere Taschen Jagd machen!«

»Ooooh!« heulte der Schatzmeister auf. »Eure Rede ist scharf und nicht allzu freundlich.«

Er sah den Kämmerer an.

»He, Laskowski, lieber Bruder, meint Ihr auch jetzt noch, daß die Parteien übereinkommen werden?«

Der Brückenaufseher hieb mit der Faust auf den Tisch.

»Nie und nimmer!«

»*Tandem*, ein Wörtchen noch«, unterbrach der Schatzmeister. »Zürnt nicht, Herr Brückenaufseher, und fordert mich nicht zum Zweikampf heraus für das, was ich sage. Ihr versteht es, die Wahrheit zu sagen, daher lernt auch, dieselbe anzuhören.«

Dem Brückenaufseher blitzten die Augen, aber Laskowski machte ihm ein Zeichen, daß er neuen Streit nicht dulden würde.

»Ich stelle Euch eine einfache Frage. Wer hat die Brühls zu polnischen Schlachtschitzen gemacht, wenn nicht die Familia? Wer hat sich mit ihnen verschwägert, hat sie umarmt und geküßt? Wer hat sie hier Wurzeln schlagen lassen?«

»O ja«, ereiferte sich Żudra erneut, »kein Einspruch! Wir haben geglaubt, daß sie sich zum Guten hinführen lassen, aber sie fingen an, uns zum Schlechten zu zerren, daher Schluß mit der Freundschaft. Ihr sagt, wir hätten uns verschwägert? Nein! Brühl hat uns eine Ehe angetragen, dabei kam es zum Bruch, und die Folge war Wut, Rache und Krieg.«

»Das sind mir neue Dinge, davon habe ich nie gehört«, murmelte der Schatzmeister.

»So wahr mir Gott helfe, es stimmt.« Der Brückenaufseher schlug sich in die Brust und stand auf. »Aber genug! Wer so gütig ist, komme morgen an die fürstliche Tafel, ich bitte von Herzen darum. Haltet, zu wem Ihr wollt, speisen aber könnt Ihr mit uns. Höchste Zeit für mich, aufzubrechen, ich habe noch viele Leute zusammenzutrommeln.«

Żudra verbeugte sich und blickte auf die Anwesenden.

»Mit wem kann ich rechnen? Mit Laskowski? Nun, auch mit dem Schatzmeister. Und Ihr, meine Herren, werdet an unserem Brot nicht ersticken.«

Eilig begab er sich hinaus.

Das Schweigen dauerte eine Weile.

»Habt Ihr gesehen, wie sie sich die Hände gedrückt haben?« fragte Babiński leise. »Die werden sich schlagen.«

Laskowski war bekümmert zumute. Alle brachen auf, suchten ihre Mützen, Stöcke und Säbel, manche auch ihre Kapuzenmäntel. Unterdessen hörte man aus der vorderen Schankstube einen dröhnenden Chor aus falsch singenden Stimmen. Jemand hatte ein satirisches Lied angestimmt, alle waren eingefallen, und nach jeder Strophe wurde auf deutsch geschrien: »Fifat, fifat!«

»Wenn überall solch eine Stimmung herrscht, würde ich den Sachsen raten, zu kapitulieren«, bemerkte Laskowski leise.

Der Schatzmeister flüsterte ihm zu: »Sorgt Euch deretwegen nicht, die winden sich mit Ausflüchten heraus, und es wird ihnen kein Haar gekrümmt werden. Bei den Unseren bin ich mir nicht so sicher.«

Gemeinsam traten sie auf die Straße hinaus. Ungeachtet der späten Stunde war es hier noch recht belebt. Kutschen mit Fackeln, deren Lichtschein jäh die Häuser überflutete und wieder verschwand, fuhren vom Schloß zum Sächsischen Palais. Seitwärts daran vorbei zog, trockene Stellen suchend, in Grüppchen die Schlachta in ihre Quartiere, geführt von jungen Burschen, die mit Laternen den Weg wiesen. Durch die geschlossenen Fensterläden im Parterre drang hier und da Licht durch einen schmalen Spalt und glänzte auf den Straßenpfützen. In den Eckkneipen tönte Musik von Geige und Kontrabaß. Letzterer klang aus der Entfernung wie ein mürrisches, grilliges Brummen. In den Fenstern des Sächsischen Palais flammte noch helles Licht, und zahlreiche Dienerschaft lief emsig hin und her.

Der Kämmerer und der Schatzmeister schleppten sich, einander stützend, langsam dahin, als eine lange Reihe mit Ochsen bespannter Fuhrwerke, begleitet von ungewöhnlich gekleideten

Männern mit Stangen in den Händen, von der Weichsel her auftauchte. Auf den Wagen standen mit Zweigen überdeckte Kisten,
gleichsam große Käfige. Es ließ sich nicht erraten, was das bedeutete, erst als sich die mit Fackeln versehene Kutsche des Fürsten Sołtyk näherte, wurde klar, daß sich auf den Wagen Bären,
Wölfe und Elche befanden.

»He da!« rief Laskowski. »Woher kommt das, wozu ist das?«

»Für die königliche Majestät aus den Urwäldern des Wilnaer
Fürst-Woiwoden«, antwortete einer der Wagenbegleiter.

»Das Entgelt für den Woiwodenstuhl«, bemerkte der Schatzmeister. »Das ganze königliche Vergnügen besteht darin, die unschuldigen Petze dort zu erlegen, wo es sie schon lange nicht
mehr gibt. Wahrscheinlich veranstalten sie für Seine Majestät wieder mal solch eine Jagd wie ehemals, wo die Elche, Rehe und
Wildschweine von den Bäumen fallen müssen, damit er sie im
Fluge schießen kann!«

Der Schatzmeister zuckte die Achseln.

So in dunkler Nacht stellte die Reihe der Wagen, aus denen bisweilen ein Tier brüllte, ein ungewöhnliches Schauspiel dar. Die
Menschen blieben denn auch verblüfft stehen und lauschten, und
die Kutschpferde drohten vor Schreck durchzugehen, zum Glück
aber hinderte sie der Schmutz auf den Straßen daran, loszugalop-
pieren, denn er erlaubte nur eine mäßige Gangart.

Als der Kämmerer Laskowski endlich nach Podwale gelangte,
wo er eine Unterkunft gemietet hatte, und sein treuer Diener,
welchen er aus dem Schlaf weckte, ihm die Tür zu der übermäßig
geheizten Stube öffnete, fand er auf dem Tisch drei Einladungs-
karten vor. Eine hatte der Fürst-Kanzler geschickt, die zweite der
Herr Hetman, die dritte Seine Exzellenz der Herr Minister, welcher auf dem Schloß empfangen wollte.

Der Kämmerer blieb nachdenklich davor stehen, in großer
Unsicherheit, welche Einladung zu bevorzugen sei und wo seine

versöhnlichen Intensionen am ehesten Würdigung fänden. Die Wahl war heikel und gefährlich. Der Kämmerer aber wollte neutral bleiben und die Entzweiten vereinen, und er legte den Gürtel ab, den Kontusz, den Żupan, die Stiefel, bedeckte seinen Kopf zur Nacht mit einem Tuch und konnte sich noch immer nicht entscheiden, zu wem er gehen und bei wem er sich entschuldigen sollte.

Ein friedfertiger Mensch, sagte er sich, sollte wohl zu Haus bleiben und die Nase nicht aus der Tür stecken. Den Kanzler zu kränken war gefährlich, den Hetman zu mißachten ziemte sich nicht, den Minister auslassen – da war die Rache gewiß.

Laskowski trommelte mit den Fingern auf dem Tisch.

Nicht aus den Fingern, vielmehr aus subtiler Überlegung folgte der Entschluß für Herrn Hetman Branicki.

Wenn ein Haus zur Befriedung taugt, sagte er sich, dann das des Greifen. Der hat eine Poniatowska zur Gattin, ist also mit der Familia eng verschwägert, hält mithin zum König und zu Brühl. Ja, er würde zum Hetman gehen. Es konnte nicht sein, daß der den Krieg schürte.

Der Kämmerer beruhigte sich nun ein wenig. Mit dem Hetman war er seit langem bekannt, er stand in seiner Gunst, und so erhoffte er für sich eine Gelegenheit, ihn ansprechen zu können, damit jener seine Autorität einsetzte und Frieden zwischen den christlichen Herren schuf.

Diese Gedanken brachten dem Kämmerer Trost, und zur Zerstreuung nahm er noch die Anmerkungen zum Kalender zur Hand, um einigermaßen im Bilde darüber zu sein, was im kommenden Mondviertel am Himmel los sein konnte, danach seufzte er tief, kniete neben dem Bett nieder und verrichtete das Nachtgebet.

V

In Młociny gab es jetzt keine ruhige Minute, die einen Kutschen fuhren vor, andere fuhren ab, hier drängten sich die Freunde, brachten Ratschläge mit, der alte Brühl schickte Befehle, und die Dumont, die nicht recht begriff, was vorging, lief beunruhigt wieder und wieder zur Mundschenkin, um die Ursache für diese außergewöhnliche Betriebsamkeit zu ergründen.

Die Mundschenkin wußte nichts.

»Meine liebe Dumont«, sagte sie. »Das alles geht mich nichts an, ich frage meinen Mann nicht, was er tut, und er weiht mich nicht darin ein.«

So wäre die Französin unbefriedigt geblieben und gezwungen gewesen, zu Godziemba Zuflucht zu nehmen, der ihr kaum viel erklärt hätte, wenn nicht einer der vorfahrenden Wagen Frau Sołłohubowa hergebracht hätte.

Die schöne Maria kam wie der Sturm in den Salon gefegt, das Gesicht gerötet, die Augen flammend, überaus erregt und sichtlich beunruhigt. Sie stürzte geradenwegs auf die Mundschenkin zu, umarmte sie und schien darüber verwundert zu sein, sie so ruhig anzutreffen bei ihrer allewigen, nie enden wollenden Handarbeit für die Kirche.

»Liebe Marynia, hab Erbarmen!« rief sie. »Sag, was es bei dir Neues gibt! Was braut sich da zusammen? Ich zittere am ganzen Leib. Was spricht man? Wie denkst du?«

Die Mundschenkin blickte erstaunt, sie verstand nicht, wovon die Rede war.

»Worüber, was meinst du?« fragte sie.

»Was ich meine? Doch nichts anderes als das, was deinen Mann betrifft. In der ganzen Stadt spricht man nur von dem schändlichen Komplott gegen ihn. Ach, bin ich wütend, empört! Diese ganze Familia könnte ich im Mörser zerstampfen!«

»Ein Komplott gegen meinen Mann?« rief die Mundschenkin. »Aber das kann nicht sein, ich höre es zum erstenmal.«

Die Sołłohubowa schwieg verwundert und senkte die Augen, sie schien unsicher zu sein, was sie weiter sagen und tun sollte.

»Was für ein Komplott?« fragte die Mundschenkin jetzt langsam. »Ich denke, wenn es etwas Ernsthaftes gäbe, hätte ich davon hören müssen. Der Graf ist ganz ruhig und heiter, da kann nichts Bedrohliches sein.«

»Das beweist nichts, dein Brühl ist immer ruhig, er läßt sich nie etwas anmerken. Und doch gibt es dieses abscheuliche, gräßliche, unwürdige Komplott«, versetzte die Sołłohubowa. »Ach, diese unselige Politik, ich ertrage sie nicht.«

Ihr hübsches Gesicht wurde noch röter, ihr Blick wanderte unruhig durch den Salon. Die Dumont beobachtete sie mit größter Neugier.

»Wie ich sehe, werde ich von dir nichts erfahren«, stellte die Sołłohubowa fest. »Ist dein Mann zu Hause?«

»Ich meine, er muß da sein«, antwortete Frau Brühl und wandte sich wieder ihrer Handarbeit zu.

»O ja, und er hat viele Gäste«, schaltete sich die Dumont ein. »Besonders heute ist großer Andrang, seit dem Morgen.«

Die Sołłohubowa klatschte in die Hände.

»Siehst du, bestimmt finden bei ihm Beratungen statt. In Warschau brodelt alles wie im Hexenkessel. Sich von der Familia unterkriegen zu lassen wäre das größte Unglück! Wir müssen uns nicht nur wehren, sondern sie in die Knie zwingen! – Stell dir vor«, fuhr sie fort, an die Mundschenkin gewandt, die soeben Seidengarn einfädelte, »sie fühlen sich verletzt, hegen Groll und wollen sich an dem alten Brühl rächen. Was für eine Niedertracht, den Schlag gegen den Sohn zu richten! Nicht wahr, meine Liebe? Was hat der Mundschenk verschuldet?«

»Ja, was droht meinem Mann denn?« fragte, den Blick hebend und nun leicht beunruhigt, Frau Brühl.

»Ihm droht ein öffentlicher Skandal. Man will ihm beim Sejm vorwerfen, daß er kein Schlachtschitz sei und daher kein Recht habe, Abgeordneter zu sein. Da beide Seiten größe Kräfte aufbieten, sagt mein Mann, daß es in der Kammer zu Händeln und Blutvergießen kommen kann.«

Die Mundschenkin warf bestürzt ihre Handarbeit hin.

»Wäre das möglich?«

»Alle behaupten es, von allen Seiten wird gedroht.«

Gegenüber, in den Gemächern des Mundschenks, wurde auf das lebhafteste über denselben Gegenstand debattiert, wenngleich Brühl sich wenig daran beteiligte und gleichgültig zuhörte, als Godziemba, welcher Befehl hatte zu melden, sobald Frau Sołłohubowa eingetroffen wäre, und welcher wußte, was für eine Freude er dem Grafen damit bereitete, in das Beratungszimmer gelaufen kam und ihm die Nachricht von dem lieben Gast zuflüsterte.

Brühl entschuldigte sich bei den Anwesenden und eilte in den Salon seiner Frau. Als die Sołłohubowa ihn sah, strebte sie ihm entgegen.

»Lieber Graf«, rief sie, »ich komme empört hierher, es bewegt mich, von den Plänen gegen Euch zu erfahren! Habt Ihr gehört, was man in der Stadt spricht?«

Der Mundschenk lächelte ziemlich gleichmütig.

»Ja, ich weiß«, sagte er. »Aber Dingen, vor denen es keine Rettung gibt, habe ich mich gewöhnt, gelassen entgegenzusehen. Wenn man uns angreift, nun, dann werden wir uns wehren. Was auch geschieht, ich nehme es hin.«

»Aber es kann, es darf doch nichts Übles geschehen? Wir verfügen doch auch über Kräfte? Die Familia hat noch nicht ganz Polen verschlungen und an sich gerissen.«

Sie sah den Mundschenk mit glühenden Augen an. Auch der

Mundschenk betrachtete sie wie gebannt, dabei schien es, als ob der Glanz ihrer Augen ihn stärker beschäftigte als der Gegenstand des Gespräches.

»Liebe Cousine«, versetzte er schließlich. »Ich muß es Euch offen sagen: Befreit mich davon, über diese unselige sogenannte Politik reden zu müssen, zumindest dort, wo Ihr die Jugend, die Anmut, das Lächeln mitbringt und wo einer gern dieses Scheusal vergäße, das unser Leben frißt und unser Blut aussaugt.«

Die Sołłohubowa zuckte die Achseln.

»Aber ich verdamme so wie Ihr, lieber Mundschenk, diesen unseligen Hader, ich verabscheue die Intrigen, doch heute geht es um Euch. Nicht die Politik steckt mir im Kopf, ich habe Furcht.«

Hier errötete sie, und Brühl faßte ihre Hand, verbeugte sich artig und erwiderte lächelnd: »Bitte beruhigt Euch, ich danke Euch von Herzen, doch sprechen wir nicht davon. Alle weisen Köpfe und wichtigen Staatsmänner befassen sich bereits damit, und was mich betrifft, so bin ich in deren Händen ein Werkzeug. Es berührt mich wenig. Das alles verdirbt nur das Leben.«

»Leider«, bemerkte die Sołłohubowa, »doch eben deshalb, weil Ihr das alles geringschätzt, zielen sie mit dem Schlag auf Euch.«

Brühl schüttelte verächtlich den Kopf.

»Wir haben Gründe anzunehmen«, sagte er, »daß sie, obgleich sie so verbissen sind, mir kein großes Unrecht antun werden. Mit Fürst Adam stand ich stets gut.«

»Er wird diese Rolle auch nicht annehmen«, entgegnete die Sołłohubowa. »Dafür aber der litauische Truchseß, den sie, ähnlich wie der Minister Euch, als Werkzeug benutzen und vorschicken.«

»Der war mir persönlich auch nicht feindlich gesinnt.«

»Was heißt das schon. In der Politik gehen sogar Brüder aufeinander los. Der Hetman ist ja wohl mit einer Poniatowska verheiratet, doch zur Familia hält er nicht.«

Auf Brühls Antlitz malte sich deutlicher Widerwille gegen ein weiteres Gespräch. Er seufzte.

»Es ist ein besonderes Geschick, welches gerade jene auf die Bühne stellt, die am wenigsten dazu die Lust und die Fähigkeiten haben. Mir scheint, auch der Truchseß würde sich lieber mit anderem vergnügen. Er liebt die Literatur und die Kunst, er besitzt viele Begabungen, aber man drängt ihn dorthin, wo er dieselben anzuwenden überhaupt keine Gelegenheit haben wird. *Ainsi va le monde!*«

Frau Sołłohubowa, durch Brühls scheinbare Ruhe beruhigt, antwortete nichts und setzte sich zu seiner Frau. Der Mundschenk sagte leise ein paar Worte, wies in die Richtung zu seinem Salon, wo man ihn erwartete, und ging rasch hinaus.

Dort war eine erhitzte Debatte im Gange. Man überschlug die eigenen Kräfte, überlegte eine Strategie für den Reichstag und kalkulierte, auf welche Weise die Gegner zuschlagen würden. Der alte Brühl war nicht so ruhig, wie er hätte sein können, da doch ausgezeichnete Kräfte hinter ihm standen. Zwar wußte er, daß er so oder so siegen mußte, jedoch konnte er den Skandal, welchen die Gegner auslösen wollten, nicht verhindern. Dabei ging es Brühl gar nicht so sehr um den vermeintlichen polnischen Adelstitel, den sie auf den Rat und mit der Hilfe der Familia erworben hatten, sondern um den Eindruck, welchen auf die Schlachta allein der Vorwurf der Nichtadligkeit machen würde. Für einen Bürger der damaligen Adelsrepublik gab es keine schwerere Beleidigung als die, ihm den Titel abzusprechen. So war man denn stets um ein gutes Einvernehmen mit der Familia bemüht gewesen, da sie eine solche Waffe in Händen hielt, nun aber verlangte sie Unausführbares – ihretwegen sollten bereits zur Hälfte vollzogene Dinge widerrufen und verändert werden.

Es ging um das Wilnaer Woiwodenamt, welches feierlich Radziwiłł zugesprochen war, wovon ganz Polen wußte, wofür aber das Privilegium noch nicht unterzeichnet und besiegelt worden war. Inzwischen war Radziwiłł, bisher Herr Schwertträger geheißen, in Warschau eingetroffen. In Młociny erzählte man sich, er bringe mehr als fünfhundert Schlachtschitzen mit, außerdem vier litauische Kutschbären, die eine kleine Karosse zogen. Damit wollte sich der neue Woiwode in der Hauptstadt zur Schau stellen. Ebenso berichtete man sich Wunder über die Art der Ausgelassenheit, über die Hoffart und die Reichtümer des vermögensten Mannes der Rzeczpospolita sowie über seine außerordentliche Beherztheit und Phantasie.

Eben noch ließ sich Szymanowski weitschweifig über all das aus, als auf dem Hof Lärm erscholl. Der Truchseß von Ciechanów schaute aus dem Fenster und schrie: »Wenn man vom Teufel spricht, ist er nicht weit! Da kommt er!«

Alle Versammelten stürzten ans Fenster, Brühl aber eilte hinaus, um den hochrangigen Gast zu empfangen. Vor die Freitreppe rollte eine prächtige vergoldete Karosse, die einer königlichen nicht nachstand, sechs Schecken waren davorgespannt, und neben den mit Tigerfell überzogenen Kumten tropfte gleichsam Gold aus dem Geschirr. Der Kutsche voraus ritten zwei schwarz gekleidete Höflinge, denn der Hof war in Trauer. Der ersten Kutsche folgten eine zweite und eine dritte mit Freunden und Kameraden des Fürsten. Den Schluß bildete etwa ein Dutzend bewaffneter und festlich ausgestatteter Reiter der Miliz. Brühl stand unter dem Vordach, als der Kalesche, gestützt von einem stattlichen Diener, ein schöner Mann in den besten Jahren entstieg, auch er schwarz gekleidet, jedoch überaus prächtig und geschmackvoll. Auf dem Haupt trug er eine Kappe aus schwarzem Zobel, der buschige Schwanz war an derselben mit einem glänzenden schwarzen Diamanten von gewaltiger Größe festgesteckt. Das Gesicht hatte einen sonderbaren Ausdruck, es war voller Leben und Gewichtigkeit, wenngleich nicht ohne verborgene

Ironie. Die Augen blickten scharfsinnig, der bewegliche Mund verlieh dem Antlitz einen immer neuen Charakter, ließ es im Wechsel streng, gleichgültig, spöttisch oder schalkhaft erscheinen.

Als er Brühl sah, den er eher erahnte als erkannte, hob Radziwiłł seine Zobelkappe hoch und rief: »Vor dem höchst gnädigen Herrn und Bruder verneigt sich der Wilnaer Woiwode.«

Er reichte die Hand, und Brühl drückte sie, während er sich verbeugte und für die erwiesene Ehre dankte, worauf der Fürst ihm seine engsten Freunde Wołodkowicz und Rejtan vorstellte sowie das gesamte mit ihm eingetroffene Gefolge. Der Mundschenk bat die Gäste in den Salon, wo die Damen bereits voller Neugier das Erscheinen des Woiwoden erwarteten. Die Mundschenkin hatte sogar ihre Handarbeit fortgepackt. Die Herren, die bisher separat getagt hatten, kamen zu den Damen herüber, um den Fürsten zu begrüßen.

Radziwiłł trat munter und selbstsicher ein. Er verbeugte sich vor den Damen, ebenso vor den hinzukommenden Herren und nahm auf dem angebotenen Stuhl Platz. Das Gespräch zu beginnen erschien in Gegenwart der Damen als schwierig, da es sich nicht ziemte, sogleich von der Politik zu reden. Die Mundschenkin fragte den Woiwoden schüchtern, ob er zum erstenmal in der Hauptstadt weile.

»O nein«, sagte Radziwiłł. »Schon vor Jahren hatte ich das Glück, die Hauptstadt zu besichtigen, aber ich ziehe doch mein Nieśwież vor.« Und an Brühl gewandt, fragte er: »Und der Herr Mundschenk sicherlich Dresden?«

Brühl schüttelte den Kopf.

»Zwar bin ich dort geboren, da ich jedoch die Rzeczpospolita zur Adoptivmutter habe, fühle ich mich hier wie zu Hause.«

»Doch Seine Majestät der König sehnt sich wohl nach seinen Wäldern«, bemerkte der Fürst. »Ich habe ihm ein bißchen Kleinwild hergeschickt, gewissermaßen zur Probe. Sollte er mich mit seiner Gegenwart in Nieśwież beehren, liebwerter Herr« (hier gebrauchte er zum erstenmal seine allbekannte Redensart), »würde ich ihm ein Nashorn vor die Flinte liefern.«

Einige der Anwesenden lächelten. Einem Radziwiłł war nichts unmöglich.

»Derzeit«, fuhr er fort, »wird bei mir in Alba ein klitzekleines Meer ausgehoben, ich gedenke mir ein paar Krokodile zur Zucht bringen zu lassen, damit wir darin nicht benachteiligt sind.«

Niemand sagte etwas darauf, die Damen blickten einander an.

»Ihr wohnt hier sehr angenehm in Młociny, Herr Mundschenk, vor den Fenstern fließt die Weichsel vorbei, Ihr könntet Euch eine Flotte bauen und damit nach Puławy segeln, um es zu bombardieren.«

Das war bereits eine Anspielung auf die Familia und die öffentlichen Angelegenheiten. Brühl unterbrach den Gast mit der Bemerkung, daß die launische Weichsel, welche im Frühjahr Hochwasser führte, im Sommer manches Mal nahezu austrocknete.

Frau Sołłohubowa, deren Gatte als Sohn einer geborenen Radziwiłł mit dem Fürsten verwandt und ihm auch wohlbekannt war, kam der schweigsamen und schüchternen Hausherrin zu Hilfe, indem sie einige Worte äußerte. Auch die Dumont versuchte, sich in das Gespräch einzuschalten, ihr aber antwortete der Fürst nicht, da er, wie er später erklärte, nicht sicher war, ob sie eine Schlachtschitzin sei. Das Gespräch, durch die Anwesenheit der Damen sichtlich erschwert, verlief holprig. Der bedachtsame Sołłohub suggerierte, daß es vielleicht angeraten sei, sich zu einem vertraulichen Gespräch zurückzuziehen. Der Fürst ging gern darauf ein, verabschiedete sich, ein paar Worte murmelnd und sich verbeugend, von den Damen, und begab sich, vom Hausherrn geleitet, mit demselben in die Bibliothek, denn Brühls kleiner Salon war allzu eng.

Der Mundschenk als großer Bücherliebhaber hatte sich sein Lieblingsdomizil sehr hübsch eingerichtet. In schönen Schränken mit bronzenen Verzierungen standen ringsum die Bücher, und auf den Schränken Marmorbüsten von Philosophen und Schriftstellern. Mehrere Porträts von Mengs, mehrere anmutige Pastellbildnisse schmückten die Wände. Über den Türen hingen wunderbare Landschaften, Darstellungen der Umgebung der sächsischen Hauptstadt. Den Tisch in der Mitte und zugleich den prachtvollen Schreibtisch bedeckten Andenken sowie kleinere Kunstwerke.

Radziwiłł sah sich in dem Raum um und setzte sich auf den ihm angewiesenen Stuhl. Der Hausherr hatte bereits nach Wein, Früchten und Konfekt geschickt, um auf die Gesundheit des Woiwoden zu trinken, der allmählich in eine immer bessere Stimmung geriet.

»Ein Schmuckkästchen ist dieses Schlößchen in Młociny«, sagte er zu Brühl. »Aber es ist so klein, daß man es in die Tasche stecken könnte.«

»Besonders in eine solche wie die Eure, Hoheit«, entgegnete Brühl.

Radziwiłł schmunzelte.

»Solange ich Schwertträger war«, versetzte er, »hatte ich eine genügend große Tasche, seit ich aber dank der Gunst Seiner Königlichen Hoheit Woiwode geworden bin, erweist sie sich als zu klein. Nämlich wir, liebwerter Herr, verwahren in den Archiven die Privilegien von ganz Litauen, und an unsere Tasche müssen wir all unsere armen Brüder heranlassen.«

»*Tandem*«, schlug Sołłohub vor, »sprechen wir, Euer Liebden, *de publicis.*«

»Ach, wozu darüber reden, liebwerter Herr?« fragte Radziwiłł gelassen. »Ich habe vier Bären mitgebracht und fünfhundert Schlachtschitzen. Nun ja, die Bären wird man zum Sejm nicht zulassen, aber meine Säbel, wenn sie einmal dort sind, schaffen Ordnung, liebwerter Herr, und basta.«

»Nur eben«, unterbrach Brühl ihn höflich, »daß es nicht angeht, nahe dem König und beim Sejm die Waffen zu gebrauchen.«

»Je nachdem, liebwerter Herr«, schnaufte der Woiwode. »Solange mich keiner beim Schopf packt – bewahre, keinen Schritt! Wenn aber einer die Finger nach meiner Physiognomie ausstreckt, bin ich nicht dran schuld, mich wehren zu müssen.«

Wołodkowicz und andere Begleiter des Fürsten prusteten.

»Ich meine«, fuhr der Woiwode fort, »ich meine, liebwerter Herr, ich werde es nicht zulassen, daß mir die Familia auf der Nase herumtanzt. Wenn sie die Gesetze achten, tun wir ihr keine Gewalt an, wenn sie aber Streit vom Zaun brechen, schlagen wir zurück, wie es sich für die Schlachta gehört. Was soll das, liebwerter Herr, Krieg führen mit Zungen! Das verstehe ich nicht. Entweder küßt man sich, oder man haut drauflos, basta.«

Alle schwiegen, der Fürst blickte in die Runde.

»Ich, liebwerter Herr«, schloß er, »eigne mich nicht sehr zum Beratschlagen, aber ich stehe bereit, wo es etwas zu tun gibt. Ich schreite zum Tanz mit Vergnügen.«

Radziwiłł streckte Brühl die Hand entgegen. »Ich bitte Euch, Herr Graf, auf mich zu zählen wie auf Zawisza. Wir sind mit den Zawiszas verwandt. Mit wem man gut steht, mit dem geht man zur Not in die Hölle, mit wem man aber schlecht steht, mit dem schafft man's auch nicht in den Himmel, liebwerter Herr.«

Soeben wurden die Gläser gereicht, und der Mundschenk stand auf, um den Toast auf die Gesundheit des Woiwoden auszubringen. Dieser umarmte ihn, während er das Glas entgegennahm.

»Trinken wir zugleich auf Eure Gesundheit, Graf, und auf die der gnädigen Frau Gräfin, und weil man in Abwesenheit nicht trinkt, schlage ich vor, liebwerter Herr, uns mitsamt den Gläsern zu den Damen zu begeben. Wer mich liebt, tut es mir nach. Respekt für die Frauen, liebwerter Herr.«

Den Kelch in der einen Hand, die andere Hand mit der Zobelkappe am Krummsäbel, gravitätisch, majestätisch, mit fröhlichem Gesicht – so schritt der Fürst in den Salon hinüber, wo ihn die Damen ganz und gar nicht erwarteten. Er war ungewöhlich gut gelaunt. Die Mundschenkin sah mit Schrecken all die Menschen auf sich zukommen und stand auf, in der Ahnung einer Höflichkeitsbezeigung. In diesem Augenblick wandte sich Radziwiłł an seine Männer und kommandierte gleichsam: »Auf die Gesundheit der Damen, auf die gnädige Frau Mundschenkin, und nicht anders als auf Knien!«

Geschickt kniete er nieder, hob schwungvoll das Glas in die Höhe, um es sogleich an die Lippen zu führen und in einem Zuge zu leeren – mit dem Nachweis, daß kein Tropfen darin verblieben war. Frau Brühl, errötend, dankte, und Ausrufe wurden laut. Auch der armen Sołłohubowa glühten die Wangen. Die ganze Szene war für Menschen, die an Ruhe gewöhnt waren, allzu laut und nachgerade peinlich. Zum Glück dauerte sie nur kurz, denn der Fürst, nachdem er der Dame des Hauses die Hand geküßt hatte, zog sich mit den Seinen in die Bibliothek zurück. Hier wurden der Reihe nach andere Trinksprüche ausgebracht. Der Mundschenk, für gewöhnlich kein Weintrinker, mußte dennoch im Namen der Gastfreundschaft und um dem Bundesgenossen einen Gefallen zu tun, beim Trinken mithalten. Der Fürst geriet in immer bessere Laune, und seine Zunge löste sich.

»Ich habe Euch, Herr Graf, hier in Młociny besucht«, sagte er, »und ich beanspruche, daß Ihr mich in meinem Nieśwież mit Eurer Anwesenheit beehrt. Ihr liebt Musik, ich habe auch eine Kapelle und spiele selbst. Ihr mögt, wie ich sehe, Schriften und Bücher, deren Liebhaber ich nicht bin, aber auch das findet Ihr bei mir und, was noch besser ist, liebwerter Herr, ein offenes, aufrichtiges Herz, auf das Ihr zählen könnt.«

Brühl bedankte sich.

»Vorläufig aber, Herr Mundschenk, liebwerter Herr, schert Euch nicht um die Familia, sie wird Euch nichts tun. Wir halten zusammen und werden den Herrn Truchseß, dieses Französlein, den Stutzer mit den kurzen Beinen, ins Dickicht jagen!«

Alle lachten.

»Es sei denn, Gott ist nicht gnädig«, warf Sołłohub ein.

»Warum sollte er nicht gnädig sein?« wunderte sich der Fürst. »Die da, liebwerter Herr, sind doch alle neumodische Atheisten, wir dagegen alte Diener des Herrn. Wenn der Blitz einschlagen soll, dann wohl in jenes Sodom und Gomorrha.«

Mit diesen Worten erhob sich der Fürst und begann, sich zu verabschieden. Brühl dankte und geleitete den Gast hinaus. Da sie die Damen nicht mehr behelligen wollten, gingen sie geradenwegs auf die Freitreppe hinaus, vor der schon die Kutsche bereitstand. Nach einer letzten Umarmung wurde der Woiwode auf den Händen seiner Höflinge in den Wagen gehoben, nach ihm kletterten die Begleiter hinein, und der ganze Zug setzte sich zurück nach Warschau in Bewegung. Die Damen atmeten auf, als der Lärm verstummt und der Woiwode schließlich abgefahren war.

Auch die anderen Gäste machten Anstalten, in die Stadt zurückzukehren. Die Beratung fortzuführen erübrigte sich, da der Fürst für den Fall, daß es zum Streit käme, nachdrücklich seinen wirksamen Beistand zugesagt hatte. Einzig Sołłohub, als ein beinahe zum Hause Gehöriger, blieb noch in Młociny. Der Mundschenk ließ sich in der Bibliothek müde auf einen Stuhl sinken, und den Kopf auf die Hände gestützt, sann er nach.

»Nun, wie hat dir unser Radziwiłł gefallen?« fragte der Generalssohn.

»Mir scheint, daß weder er mich jemals verstehen wird, noch ich ihn«, sagte Brühl leise. »Du müßtest es doch gespürt und gesehen haben, daß wir Wesen zweier grundverschiedener Welten sind, zum Beispiel wie Vogel und Fisch. Auf seine Weise ist er gewiß ein treffliches Geschöpf Gottes, aber …«

Er zuckte die Achseln.

»Aber du, du polnischer Schlachtschitz«, versetzte Sołłohub, »obwohl mit Herz und Seele der Unsere, bist eben nicht für unser Leben geschaffen. Wir sind seit Ewigkeiten ans Feuer gewöhnt wie Salamander, wir frieren ohne dasselbe, unser Element ist der Kampf, die Bewegung, die Unruhe.«

»Ja, und mich verlangt es nach Ruhe«, ergänzte Brühl. »Du hast recht. Ihr ernährt euch von Politik, und sie bekommt euch gut, ich hingegen hasse sie. Ihr verabscheut Papier als ein totes Ding, für mich ist es der Extrakt des Lebens, auf welchem das Liebste, was das Leben hat, erfaßt ist. Tja, mein lieber Jaś, leider bin ich, euer Adoptivsohn, euch zu nichts nütze. Ich bin eurer nicht wert.«

»Aber, na«, erwiderte der Generalssohn in aller Einfalt. »Du bist sicherlich mehr wert als wir, nur für anderes geeignet. Auf dem Provinziallandtag bin ich, *simplex servus Dei* dir überlegen, was aber den Verstand angeht, würde ich mit dir nicht wetteifern wollen.«

»Ach, lassen wir das«, sagte Brühl. »Reden wir über etwas, was nicht nach dieser Küche des Lebens stinkt!«

Sołłohub rückte ihm vertraulich nahe.

»Ich habe da eine ganz persönliche Bitte an dich.«

Der Mundschenk faßte lebhaft die Hand des Freundes.

»Worum geht es? Ich diene dir.«

Der Generalssohn überlegte ein wenig.

»Ich erinnere mich noch«, sagte er dann, »als ich bis zum Wahnsinn verliebt war, bat ich dich darum, mir als Brautwerber für

meine Marynia behilflich zu sein. Ich habe um ihre Hand ge-
kämpft und dabei nichts gescheut, nicht die schlimmste Demütigung. Ich habe erreicht, was ich ersehnte.«

Sołłohub stockte und sagte dann leiser: »Ich bin nicht glücklich ...«

Sie sahen einander an. Brühl war sichtlich verlegen.

»Erinnere dich an das, was ich dir damals geraten habe«, entgegnete er. »Und was du mir darauf geantwortet hast. Ich sagte,
du solltest dich um ihr Herz bemühen, und du versichertest mir,
es durch Anbetung und Liebe gewinnen zu wollen.«

»Ich habe versucht, was ich versprochen habe«, fuhr Sołłohub
fort. »Auf Knien liege ich vor ihr, ein Sklave, Diener, Anbeter.
Aber das ist ein Herz aus Stein, seit der Hochzeit bin ich keinen
Schritt weitergekommen. Sie ist gütig, sanft, aber sie liebt mich
nicht.«

Die Hände ringend, lief er in der Bibliothek auf und ab.

»Nein, sie liebt mich nicht. Ich würde mir unnütz etwas vormachen, ich habe ihre Hand, ihr Herz besitze ich nicht. Sag mir,
was ich tun soll.«

»Wahrhaftig, da kann selbst der beste Freund weder helfen
noch raten«, erwiderte Brühl. »Mir scheint jedoch, daß du dir etwas einbildest. Deiner glühenden Liebe ist ihre ruhige Freundschaft nicht genug. Du verlangst von ihr Leidenschaften, die nicht
in ihrem Wesen liegen. Das ist eine Grille von dir.«

Das Gespräch zog sich hin. Der Generalssohn ging trübsinnig
umher, begann einen Satz, zögerte und sprach ihn nicht zu Ende.
Brühl, von all dem unendlich ermüdet, wischte sich den Schweiß
von der Stirn.

»Hör zu, Brühl«, begann Sołłohub. »Ich sage es offen heraus,
sie hat zu dir Vertrauen, und sie mag dich. Ich bitte dich, du besitzt Takt, der mir fehlt, sag du ihr das, was ich selbst ihr gegenüber zu beklagen nicht imstande bin.«

273

»Hab Erbarmen, mit welchem Recht?«

»Mit dem Recht des Freundes. Wenn du willst, sag ihr sogar, ich hätte dich darum gebeten.« Sołłohub ergriff die Hände des Freundes. »Bitte tue das für mich!«

Der Mundschenk stand wie leblos da, mit einem Ausdruck des Schmerzes im Gesicht starrte er aus dem Fenster.

»Gehen wir in den Salon hinüber«, bat Sołłohub lebhaft. »Ich ziehe die Mundschenkin in ein Gespräch und entführe sie in die Orangerie, dann seid ihr beide allein. Sprich mit ihr, ganz offen!«

Brühl antwortete nichts, aber der Generalssohn hakte sich bei ihm ein und zog den Widerstrebenden nahezu gewaltsam mit sich.

Die beiden Damen und die neugierige Dumont saßen im Salon und sprachen noch über den Fürsten Radziwiłł. Sołłohub begann augenblicklich mit der Mundschenkin, für welche er ein vortrefflicher Unterhalter war, ein Gespräch und manövrierte dabei so geschickt, daß es ihm gelang, sie mitsamt der Dumont hinauszuführen, um die kirchlichen Paramente, welche sie anfertigte, zu besichtigen.

Auch die Sołłohubowa, obgleich sie ein wenig zögerte, wollte sich anschließen, jedoch ihr Gatte bat sie lachend darum, den Hausherrn zu zerstreuen. So blieben die beiden allein, sie in einem Sessel am Fenster, während Brühl nachdenklich in der Mitte des Raumes stand, mit seiner schwierigen Mission befaßt. Die schöne Frau betrachtete ihn mit einem gewissen Mitleid.

»Womit sollte ich den Herrn Grafen wohl zerstreuen?«

»Ach, liebste Cousine«, versetzte Brühl, »ich bin heute fürwahr nicht zu zerstreuen.« Er wischte sich über die Stirn. »Und ausgerechnet diesen Tag hat Sołłohub gewählt, um mich mit der schwersten und gewagtesten Aufgabe zu betrauen.«

»Wen betrifft diese?«

»Euch.«

Die Sołłohubowa drehte sich heftig im Sessel herum und sah aus dem Fenster.

»Soll ich die Mission erfüllen?«

»Natürlich«, antwortete Maria. »Zumindest, worum es sich dabei auch handelt, wird sie mir dadurch versüßt, daß er sie Euch anvertraut hat, Graf.«

»Es geht darum, daß … daß Ihr ihn nicht liebt …«

»Das hat er sehr wohl gewußt, als ich ihn geheiratet habe, denn er weiß es aus meinem Munde, daß ich ihn nicht lieben kann. Ich habe ihm das nicht verhehlt.«

Maria errötete und fuhr, den Blick gesenkt, fort: »Mein Herz war nicht frei. Ich bin meinem Mann gegenüber fügsam und sanft, ich suche ihm und mir die Bürde dieses gemeinsamen Lebens zu versüßen, was kann er mehr verlangen?«

»Das eine, leider, was Ihr ihm nicht geben könnt.«

Die Sołłohubowa sah traurig auf.

»Sagt ihm das, Herr Graf, es ist so, ich kann nicht. Ich kann nicht! Die Liebe läßt sich nicht befehlen und auch nicht herbeibeten, sie ist nicht erzwingbar. Ich habe ihm Treue gelobt, ich halte sie, das ist alles, was ich tun kann.«

»Aber er liebt Euch leidenschaftlich.«

»Und das quält mich und bringt mich noch um«, warf Maria rasch ein. »Er tut mir leid, ich mache mir Vorwürfe.«

Der Mundschenk schritt im Salon auf und ab.

Die Sołłohubowa stand auf und streckte ihm die Hand entgegen.

»Das Leben ist schwer«, sagte sie. »Doch es gibt Augenblicke, die für die Marter entschädigen. Man muß sich in das Unabänderliche fügen und dieses Dasein bis zum Ende fristen. Nicht wahr? Sich selbst und dem Herzen treu bleibend …«

Brühl führte ihre Hand ohne ein Wort an seine Lippen.

»Mehr habe ich nicht zu sagen«, bemerkte er nach einer längeren Pause, da ihre Augen ihn nach einer Antwort fragten. »Die Botschaft ist überbracht, und ich werde bemüht sein, meinen Freund zu trösten.«

»Und wer wird mich trösten?« fragte, ohne eine Antwort abzuwarten und sich ans Fenster zurückziehend, die Sołłohubowa.

Die Besichtigung der Paramente mußte beendet sein, denn die Mundschenkin und ihre Begleitung kehrten zurück. Die Dumont musterte schon von der Schwelle her Brühl und die Sołłohubowa, sie fand, daß die beiden in einer verdächtigen Entfernung zueinander standen und eine Gleichgültigkeit zeigten, welche der Französin schlecht gespielt vorkam.

Das mag für Sołłohub und die Mundschenkin taugen, sagte sie sich im stillen, aber mich führen sie nicht hinters Licht. Ein unschuldiges Paar hätte eine lebhafte Unterhaltung geführt, sie aber gaben vor, nicht einmal Lust zu einer Annäherung zu haben. Und dann dieser biedere Sołłohub, der ihnen selbst die Gelegenheit verschafft hatte, allein miteinander zu reden …

Wenig später führte der Generalssohn, seinerseits voller Ungeduld, Brühl in ein Nebenzimmer.

»Hast du mit ihr gesprochen?«

»Ich habe erfüllt, was du verlangt hast …«

Sołłohub umarmte den Freund.

»Und? Und?«

»Mein lieber Jaś«, begann Brühl, »ich überbringe dir keinen anderen Trost als den, daß sie sich bemühen wird, dir so gut wie möglich zu sein, jedoch wer kann dem Herzen Zärtlichkeit befehlen? Sie ist dir treu und wird es bleiben, denn die Selbstachtung gebietet ihr, das Gelöbnis einzuhalten. Im übrigen wird die Zeit … Wer weiß?«

»Ja, die Zeit!« rief Sołłohub. »Wenn wir nicht beide lieben können, wollen wir einander erträglich sein. Was tun! Ich werde es nicht mehr erleben, lieber Brühl, mich bringt diese Liebe um.«

»Zu deiner Frau?«

»Ja, die Liebe zu meiner Frau! Hat man so etwas schon gehört!« entgegnete der Generalssohn ironisch. »Lachhaft, wer hat schon gesehen, daß einer seine eigene Frau liebt und daran zugrunde geht, weil diese Liebe nicht gegenseitig ist. Das glaubt kein Mensch. Eifersüchtig zu sein, das ist etwas anderes, das liegt in der Natur, aber zu lieben und zu spüren, wie einen das am Ende umbringt ...«

»Du ereiferst dich und faselst Unsinn«, unterbrach Brühl ihn ungeduldig. »Ich sage dir eins: Die Frauen lieben Demut und Ergebenheit, sei immer nett und höflich zu ihr, mache ihr keine Vorhaltungen, plage sie nicht damit, und dank der ihr angeborenen Barmherzigkeit und Güte wird sie sich dir zuneigen.«

Brühl hielt inne, als ob es ihm schwerfiel, seine Gedanken zu Ende auszusprechen.

»Fahrt zusammen ins Ausland, unternehmt eine längere Reise, das wird euch einander näherbringen.«

Sołłohub sah den Freund erstaunt und forschend an.

»Du rätst mir das? Du?!«

»Warum erstaunt dich das?«

»Du bist edelmütig, rechtschaffen, vornehm, mehr sage ich nicht! Aber, mein Brühl, ich liebe sie! Ich liebe sie so sehr, daß ich ihr kein Leid zufügen könnte. Ich weiß, daß ihr eine solche Reise ganz bestimmt unlieb wäre. Lassen wir es. Das Leben währt nicht lang, wenn die Leidenschaft es zerfrißt und ausbrennt. Soll sie glücklich sein, ich aber, daran bin ich selbst schuld, ich kann es nicht, ich büße für meinen Wahnsinn.«

Auf dem Tisch in der Bibliothek standen noch Gläser und Wein. Sołłohub füllte sich den größten Kelch, und mit Tränen in den Augen leerte er ihn in einem Zuge, dabei preßte er Brühls Hand.

»Auf deine Gesundheit!«

Knallend setzte er den Kelch ab und ergriff hastig seinen Hut.

»Ich muß nach Warschau fahren, leb wohl!«

Er umarmte Brühl und rannte davon.

VI

Der alte Hetman Branicki, welcher sich nur schwer von Białystok, wo er mit einer nahezu königlichen Hofhaltung lebte, fortbegab und dessen Residenz bekanntlich wegen ihrer Großartigkeit allgemein das polnische Versailles genannt wurde, wäre vielleicht auch zu diesem Reichstag nicht gekommen, hätte derselbe sich nicht als ein stürmischerer als die vorausgegangenen angekündigt.

Der Dreiundsiebzigjährige, der jedoch noch frisch aussah, herrschaftlich, und darum bemüht war, weit jünger zu wirken, als dies sein Alter vorgab, reiste nicht gern in die Hauptstadt, stellten hier doch der Glanz und die Pracht von König und Primas seine eigene Autorität, die er würdig zu tragen wußte, ein wenig in den Schatten.

Wenn die Umstände ihn dennoch dazu nötigten, für kurze Zeit in die Hauptstadt umzuziehen, geschah dies mit mächtigem Pomp und Aufwand, damit auch in Warschau die Größe des Hetmans deutlich ins Auge fiele, entsprechend seiner hohen Stellung in der Rzeczpospolita. So begleiteten ihn denn für den Wachaufzug jene goldgekleideten Hetmans-Janitscharen, eine Auswahl von Flaggen der Panzerreiterei, ein zahlreiches militärisches Gefolge, Kanzleien und Sekretäre, Höflinge und eine ganze Schar Branicki unentbehrlicher Gesellschafter, in deren fröhlicher Gemeinschaft er lange Stunden an der Tafel zu verbringen gewöhnt war. Da fuhren Troßwagen mit Küchengerät und mit fran-

zösischen Köchen, Garderoben, Kammerdiener, Damen, Hofschranzen, Heiducken und allmögliches Volk, und die Zahl des
Gefolges allein schon verlieh dem Hof des Hetmans Glanz. Wie
im wahren Versailles, so verliefen auch bei ihm die Empfänge nach
der Etikette, ähnlich wie bei einem Monarchen, mit offener Tafel, und die Klienten des Hauses und Diener des Herrn Hetman
hatten sich daran einzufinden und ihm zu Gebote zu sein.

Noch saß August III. ermattet auf dem Thron, aber schon forderte seine Nachfolge die Antagonismen und einen unverblüm-
ten Wettbewerb heraus. Die Kandidaten waren niemandem ein
Geheimnis, obschon dieselben sich noch nicht öffentlich mit
ihren Absichten erklärten. Die verschiedenen Parteien würden
sie beizeiten bekanntgeben. Die Freunde der Familia zweifelten
nicht daran, daß es ihnen mit Rußlands Hilfe gelingen würde,
eines ihrer Mitglieder auf den Thron zu bringen. In Ruthenien
erlaubten es dem Kiewer Woiwoden seine Allmacht und seine
Reichtümer, ebenfalls von der Krone zu träumen, auch wenn er
sich bisher nicht dazu bekannte. Schließlich glaubte der Herr
Hetman, von Frankreich unterstützt, daß er schon allein dank
des von ihm bekleideten hohen Amtes der Wahl am nächsten und
ihrer am gewissesten sein konnte. Da die gesamte Streitmacht
der Rzeczpospolita unter seinem Befehl stand, konnte er dieselbe
bis zu einem gewissen Grade zur Unterstützung seiner Absichten nutzen. Der Letzte aus seinem Geschlecht, ohne Nachkommen, dachte er wohl, daß auch dies ihm den Zugang zum Thron
erleichtern könnte, da die Furcht vor einer Dynastie und vor Erb-
rechten entfiel.

Ungeachtet seiner Autorität und seines durch geschliffene ge-
sellschaftliche Umgangsformen kaschierten Dünkels erkannte
man in dem Herrn Hetman den einstigen französischen Musketier und Höfling. Die französische Sitte verband sich bei ihm mit
einem ganz polnischen, angenehmen, gewinnenden Äußeren.

Der Hetman hatte als fröhlicher Zecher nicht seinesgleichen, und die Białystoker Gastmähler, bei deren Ende man vergessen konnte, daß es sich bei dem Gastgeber um den ersten Würdenträger der Rzeczpospolita handelte, waren für ihre Erlesenheit berühmt, zugleich auch für den guten Ton und die Fröhlichkeit, welche dieselben belebte. Gegen Ende einer solchen Tafel ging die Frau Hetmanin gewöhnlich mit den Damen hinaus, und die Herren zerstreuten sich mit Gesprächen über Politik, über Frankreich und zuletzt über schöne Frauen und Liebesaffären, von welchen Branicki jetzt bereits wenigstens gern zu plaudern pflegte. Früher einmal war Versailles ein wenig so berühmt wie Paris wegen eines *Parc aux cerfs*, und den weiblichen Hof des Hetmans, nicht weniger zahlreich als der männliche, nannte man boshaft sein Serail. Der alte Greif, über den die junge Izabella Poniatowska keine Macht mehr gewinnen konnte, schaute nahezu gleichgültig auf den um sie scharwenzelnden General Mokronowski, welcher der beste Freund des Herrn wie der Herrin war. Das Ehepaar lebte in schönstem Einvernehmen und in gegenseitiger Achtung, jedoch bevorzugte der Hetman fröhlichere Lärvchen, Frau Izabella aber wünschte mit jenen nicht das Herz zu teilen und entsagte demselben lieber.

Die geistige und gesundheitliche Verfassung des Hetmans hatte zu dieser Zeit bereits einigen Schaden gelitten infolge des Alters und des überaus kräftezehrenden Lebens. Schon die Jugendjahre hatten dieselbe stark angegriffen. Die Tafel und die Frauen, denen der Hetman lange Zeit nicht zu entsagen vermochte, brachten ihn zu einer Gleichgültigkeit, aus dem ihn allenfalls ein heftiger Eindruck oder Vorfall herauszuholen vermochten. Im Alltag übertrug er alle seine Tätigkeiten dem geliebten Mokronowski, der rechte Hand war, Freund, Stellvertreter, der für ihn dachte, handelte, entschied und der sich so gut in die Gedanken und Launen des Alten hineinzuversetzen wußte, daß er bei ihm niemals auf Widerspruch oder Abwehr stieß.

Und Branicki war ihm dankbar dafür, daß er ihm viele Sorgen und Mühen abnahm, daß er ihn überall vertrat und sich gleichsam mit seinen Ideen und Wünschen identifizierte. Mokronowski lenkte, stets glücklich und treffsicher, des Hetmans Politik, lenkte ihn selbst und sein Handeln, so daß es schwer zu sagen war, wer hier wen anleitete und wer wem gehorchte.

Die politischen Auffassungen trennten die Familia vom Hetman, und sie war bemüht, ihn für sich zu gewinnen. Branicki aber ließ sich nicht vereinnahmen. Das Verhältnis war dem Augenschein nach gebührlich, in Wahrheit indes kühl – man verdächtigte sich gegenseitig, besuchte sich jedoch häufig und benutzte solche Zusammentreffen, um einander geschickt auszuforschen. Der Hetman mied im übrigen niemanden, brach mit niemandem, und aus der Höhe seines Amtes empfing er alle auf gleicher Stufe, Brühl ebenso wie den Fürst-Kanzler, Radziwiłł ebenso wie Ogiński.

An jenem Tage gab es einen großen Empfang in seiner Residenz. Ein Mittagessen im engeren Kreis und eine Abendgesellschaft, zu welcher auch die Damen geladen waren. Vom Morgen an erschien alles, was irgendwie Rang und Namen hatte, um untertänig seine Aufwartung zu machen. Der Hetman, gleichsam verjüngt, mit frischem und strahlendem, immer noch schönem Antlitz, erlesen gekleidet, umgeben von Adjutanten in glanzvollen Uniformen, von seinem Hof und von Hausgenossen, begrüßte der Reihe nach die Besucher aus den verschiedenen Lagern, ohne dabei erkennen zu lassen, daß er jemandem von ihnen den Vorzug gab.

Unter den ersten Besuchern war der ruthenische Woiwode, Fürst August. Er trat ein, mit fröhlicher, leicht spöttischer Miene und in vornehmer Haltung. Man erkannte in ihm sofort sowohl den Nachkommen eines bedeutenden Geschlechts als auch einen Menschen, der seiner Erziehung nach zur ersten Gesellschaft gehörte. Bei der Begrüßung zeigte er weder Unterwürfigkeit noch allzu große Ehrerbietung, er betrachtete den Hetman als seinesgleichen und ließ ihn das spüren. Er begrüßte ihn eher kühl, und noch kühler Mokronowski, der keinen Schritt von dem Alten wich, um ihm wie stets zu Hilfe eilen zu können. Mit einem Blick auf die Anwesenden erkundigte sich der Woiwode leichthin: »Wie habt Ihr, Hetman, die Reise zu so häßlicher Zeit überstanden?« Eine überflüssige oder auch boshafte Anspielung auf dessen fortgeschrittenes Alter.

Branicki ließ nicht erkennen, daß ihn das berührte, er straffte sich, und sich mit seiner schönen weißen Hand über die Stirn streichend, antwortete er: »Leider, lieber Fürst, wäre mein Alter dazu angetan, sich nicht mehr von Białystok fortzurühren, doch bin ich von jenem alten Stamm, der sich bis ins achtzigste Jahr auf einem Pferd tummelte, und ich sage Euch, meine Jahre sind mir keine Last. Ich könnte es noch mit manch Jüngerem aufnehmen!«

»Wie es einem Hetman ansteht«, ergänzte Fürst August. »Denn der seid Ihr wohl nicht von ungefähr?«

»Was hört man hier bei Euch in Warschau?« fragte Branicki, während er den Gast ein wenig beiseite führte.

»Nichts großartig Neues. Das, was schon immer zu erwarten gewesen ist. Der König ist niedergedrückt von der kurländischen Angelegenheit und von diesem Krieg, der ihm seine Erblande entrissen hat, und die Substituten des Herrn wirtschaften bei uns nach ihrem Gutdünken.«

Branicki schwieg eine Weile und bemerkte dann gleichgültig: »Wohl nicht ohne Willen und Wissen des Königs.«

»Der König hat weder Willen noch Wissen«, versetzte der Woiwode.

Beide Herren schwiegen abermals. Fürst August erhob stolz das Haupt und sagte leise: »Ha, irgendwie wird es werden.«

Der Hetman setzte kühl hinzu: »Auch ich denke so, und es gehörte sich, daß diejenigen, deren Ansichten divergieren, zusammenkommen, sich aussprechen, verständigen. Ein Kompromiß könnte erfolgreich sein.«

»Sagt Ihr dies, Herr Hetman, aus eigener Eingebung, oder aber ...«

»Oh, aus eigener, aus eigener!« beeilte sich der Alte zu beteuern. »Ich stehe abseits und bin nicht berechtigt, in irgend jemandes Namen zu sprechen, ich habe auch nur das öffentliche Wohl im Auge.«

»So wie wir alle«, erwiderte der Woiwode, »außer den Eindringlingen, die sich in unsere Angelegenheiten mischen, ohne dazu ein Recht zu haben.«

Branicki sah den Sprecher an.

»Ha!« bemerkte er. »Nun, daran sind wohl diejenigen schuld, die den Eindringlingen – *s'il y en a* – selbst den Teppich ausgerollt haben.«

Den Woiwoden durchzuckte leichter Unwille.

»Wie geht es der Gräfin Izabella?« fragte er, dem Gespräch nachdrücklich eine andere Wendung gebend.

»Danke, sie blüht wie eine Rose«, antwortet der Hetman. »Ihr werdet sie heute abend sehen, wenn Ihr mögt.«

»Und ob!« antwortete der Fürst und streifte die Handschuhe über, damit anzeigend, daß er sich verabschieden wolle. Der Hetman hielt ihn nicht auf, und nachdem er ihn zur Tür geleitet hatte, kehrte er zu seiner Gesellschaft zurück. Andere Personen kamen, ihn zu begrüßen, und das stets zu einem Lächeln bereite Gesicht des Alten hieß sie frohgemut willkommen. Mokronowski war bei diesen ermüdenden Gesprächen behilflich, bei denen jeder etwas sagen mußte, obgleich es nichts zu bereden gab. So wiederholten sich denn nahezu gleichlautende Fragen und Antworten. Auch der Fürst-Woiwode von Wilna mit seinem Gefolge stellte sich ein und machte inmitten dieses Klein-Versailles einen recht urwüchsigen Eindruck. Der Hetman empfing ihn ausnehmend höflich, wenngleich sehr kühl. Radziwiłł mit seiner vorsätzlichen Derbheit reizte diese ausländisch verfeinerten und verkünstelten Menschen. Seine Stimme, die Ausdrucksweise, sein weit schallendes Lachen, die forschen Mienen des Gefolges, welches voller Dünkel war und gleichsam herausfordend, konnten hier nicht gefallen, um so mehr als sich Fürst Karol, sooft er einer übertriebenen Eleganz in Rede und Verhalten begegnete, erst recht ungeschliffen benahm. Man konnte sicher sein, daß er dort, wo er Parfum vermuten konnte, mit Juchtenöl aufwartete.

Auf Radziwiłł folgten die Rzewuskis, die Lubomirskis, die Potockis sowie ungezählte Mengen von Adligen aus den verschiedenen Landesgebieten, und der Herr Hetman, man sah es ihm an, fühlte sich angesichts des großen Besucherstromes wohltuend geschmeichelt. Niemand brachte hier offen die brennenden Angelegenheiten zur Sprache. Nur hier und da erwähnte man die Wahlen der Abgeordneten und ihren Ausgang. Nicht überall waren sie im Sinne der Hofpartei verlaufen, die Familia hatte es verstanden, sich gründlich um dieselben zu kümmern, und hatte ein gehöriges Häuflein der eigenen Leute befördert, und was diejenigen anbetraf, welche Herr Żudra anführen sollte, so war sie gewiß, daß sie eine doppelte Anzahl niederschreien würden.

Gegen Mittag endeten schließlich die Empfänge, und der Hetman konnte vor dem Essen noch ein wenig ruhen, auch hatte er an diesem Tage nur ein paar Vertraute eingeladen. Das Mittagsmahl war einer der wichtigen Momente in seinem Hause, denn der Hetman liebte es, vorzüglich zu speisen. Es erschien dazu auch die Frau Hetmanin, und galant und voller Zärtlichkeit be-

grüßte sie der Gatte, um sie an erster Stelle zu plazieren. Eine
Nichte begleitete sie. Die Küche war französisch, und da die Zeit
es erlaubte, begann man mit Austern, die mit der Post gekommen waren und auf die sich alle begierig stürzten. Hier gab es
nicht jene Reichhaltigkeit der Speisen, wie sie in anderen polnischen Häusern die polnische Küche kennzeichnete, dafür die
höchste Delikatesse, und der Hetman verkündete von einer silbern gerahmten Tafel, die er vor sich hin hielt, ein jedes Gericht
und erläuterte dessen besondere Vorzüge und Eigenheiten. Die
Gräfin, wenngleich sie dem offenbar keine besondere Aufmerksamkeit schenkte, aß dennoch mit Appetit, und gelegentlich
wandte sie ihre halb geschlossenen schönen Augen vorsichtig
Mokronowski zu, der ihren Wink zu erraten schien.

An des Hetmans Tafel wurde den Gästen auch nicht von Anfang bis Ende ein und derselbe Wein gereicht, es gab ein gewisses System sowie eine Zuordnung der Getränke zu den verschiedenen Gerichten. Burgunder bildete das Fundament, der damals
in Gebrauch kommende Champagner war das Vergnügen und
alter Ungarwein die Nachbesserung. In dem Maße, wie sich die
Tafel entfaltete und Stimmung aufkam, wie der Hetman und seine
Gesellschaft die ernsten Gespräche fallenließen, fing man zu wit-
zeln an und unterhielt einander mit örtlichem Klatsch. Solange
noch die Hetmanin und ihre Nichte am Tisch saßen, wurde eine
gewisse Rücksicht auf die Damen genommen und nur vorsichtig
geflüstert. Erst als die Männer unter sich blieben und der Hetman
in sein Kabinett umzog, wo man denjenigen, die es wünschten,
eine türkische Pfeife mit langem Rohr reichte, lösten sich die
Zungen.

Lange schon lebte am Hof des Hetmans ein einstiger französischer Musketier, nunmehr Resident in Białystok, ein Günstling
des Grafen – der bereits ergraute, jedoch muntere und rührige
Chevalier de Rambonne mit dem hochrotem Gesicht zeichnete

285

sich als launiger Unterhalter aus. Er war eine lebende Chronik der Skandale, ein Kenner weiblicher Schönheit, ein Lebemann und *bel esprit* und der liebenswerteste Gesellschafter. Ohne ihn konnte der Hetman nach dem Mittagsmahl nicht sein.

Soeben wurde vom König gesprochen und auch von seinem Vorgänger August dem Starken, und man bedauerte, daß der Nachfolger ein so niedergedrückter, kranker, unglücklicher Mensch war.

»Alles kommt daher«, erklärte Rambonne, »daß man ihn unter Kuratel gestellt und ihm befohlen hat, so unendlich tugendhaft zu sein. Von seinem verstorbenen Vater hat er das heiße Temperament geerbt, und es hat ihn verbrannt, der seligen Königin Josephine die Treue gehalten zu haben.«

Der Hetman lachte.

»Bist du dessen sicher?« fragte er.

Die Herren tauschten Blicke, sie schmunzelten.

»Lassen wir das«, entschied der Hetman. »Das sind Staatsgeheimnisse.«

»Welche der Damen hier verspricht während des Sejms die Schönheitskönigin zu werden?« fragte Mokronowski.

Rambonne überlegte und hob dabei das Gesicht zur Decke.

»*Ma foi*«, sagte er. »In diesem Polen gibt es so viele hübsche Gesichter, daß die Wahl schwerfällt. Allein Frankreich und unser Land hier können sich eines solchen Kranzes von Engelsblumen rühmen.«

Man begann die jungen Damen aufzuzählen, schließlich nannte jemand die Sołłohubowa.

»Sie ist wunderschön!« rief lebhaft der Hetman. »Ich habe sie gesehen, sie hat mir sehr gefallen, das Gesicht ist von unsäglicher Anmut und die Augen voller Klugheit und Witz.«

»Sie hat auch, den Gatten nicht ausgenommen, die größte Schar an Verehrern.«

»Wie das – den Gatten nicht ausgenommen?« erkundigte sich der Hetman.

»Na, der ist so in sie verliebt, als ob er sich noch um sie bemühte, und wie es heißt, leider ohne Gegenliebe.«

Einige der Herren lachten.

»Rambonne, du scherzt«, mahnte der Hetman. »Sprich ernst!«

»Ich spreche völlig ernst, der arme Sołłohub ist bis zum Wahnsinn in seine Frau verliebt, sie hingegen …«

»Sie hingegen – was ist mit ihr?« wurde neugierig gefragt.

»Sie behandelt ihn wie einen Langweiler. Es gibt ja auch nichts Lächerlicheres auf der Welt als einen verliebten Ehemann, und eine Frau muß, um nicht selbst lächerlich zu sein, solch eine Laune tadeln.«

»Vielleicht aber hat auch sie eine kleine Romanze?« fragte der Hetman.

»Vielleicht! Ich weiß nichts«, begann Rambonne geheimnisvoll. »Man redet, schwätzt, ergeht sich in Vermutungen, daß der junge Brühl …«

»Ah, nicht verwunderlich!« rief Mokronowski. »Ein hübscher Kerl, und er besitzt alle Eigenschaften, mit denen er einer Frau gefallen kann, angefangen bei dem sehr ansprechenden Äußeren.«

»Und hinzugesetzt, daß ihn die Gattin nicht hindert, anderen zu gefallen«, bemerkte der Hetman lachend.

»Ja«, bestätigte Mokronowski. »Die hustet und stickt Ornate, sie ist die beste Frau der Welt, aber für Brühl …«

»Sie kommt aus der guten Schule der Frau Woiwodin«, sagte leise der Hetman. »Diesem wahrhaften Dragonerobristen!«

»Ich befürchte nur«, setzte Rambonne hinzu, »daß Brühl einen gefährlichen Rivalen haben könnte.«

»In wem?«

»Ich weiß nicht, ob ich das sagen darf«, bemerkte Rambonne lächelnd.

287

»Alles ist erlaubt, wenn es nur amüsiert«, ermutigte ihn der Hetman. »Heraus damit, zu lieben ist schließlich keine Todsünde, es sei denn, jemand liebt eine Vogelscheuche.«

»Es ist leicht zu erraten, wer hier sämtliche Frauen betört und nach den hübschesten Lärvchen schmachtet«, sagte Rambonne. »Der Herr Truchseß von Litauen.«

Der Hetman runzelte leicht die Stirn.

»Aber das ist ein Bengel, ohne Erfahrung, ein Hitzkopf, ein Luftikus! In seiner heutigen Beschaffenheit am ehesten für die älteren Damen *sur le retour* geeignet, die über mehr Temperament als Sentiment verfügen. Doch woher solche Schlüsse?«

»Nun, ich habe es mit eigenen Augen gesehen, wie der Herr Truchseß bei ihrem Anblick zutiefst berührt war, was für einen Eindruck sie auf ihn gemacht hat. Er flatterte umher, damit man ihn ja vorstellte, und wich dann keinen Schritt von ihrer Seite, obwohl sie ihn ziemlich kühl behandelte.«

»Ich kenne Stanisław«, sagte der Hetman leise zu den Nähersitzenden. »Das ist Strohfeuer. Der verliebt sich in alle Frauen der Reihe nach und immer für einige Stunden. Ein Flattergeist ...«

»Aber schön, er kann gefallen.«

Branicki schüttelte den Kopf.

»Ja, er hat reichlich Witz, ein Zögling von Madame Geoffrin und von Williams, keine Frage. Wenn das Form annimmt ... Wie es scheint, haben ihm irgendwelche Erfolge den Kopf verdreht. Er findet sich *irresistible* und gebärdet sich bisweilen verwegen. Das ist noch sehr unausgegoren und jung ...«

»Ach!« rief Rambonne, an seinem Schnurrbart zwirbelnd, welcher allein an ihm noch einigermaßen jung wirkte. »Ich gäbe mich dafür her, unausgegoren zu sein, wenn mir einer dafür meine Jugend wiederschenkte, Herr Hetman! Der Truchseß steht in der Blüte seiner Jugend, darum fürchte ich sehr um den armen Sołłohub.«

»Und ich kein bißchen«, beruhigte ihn lachend der Hetman. »Herr Stanisław liebt immer mindestens drei Frauen: die eine, die ihn schon langweilt, die zweite, für die er bereits lichterloh brennt, und die dritte, die er für alle Fälle in Reserve haben muß.«

Branicki zuckte die Achseln, alle schmunzelten, und Rambonne klatschte schmeichlerisch Beifall.

»Davon habe ich auch schon gehört«, brummte Mokronowski. »Bei uns bleibt ja kein Geheimnis gewahrt, schon gar nicht eines von dieser Art. Der Truchseß müßte um so unsterblicher verliebt sein, als die Sołłohubowa ihn keines Blickes würdigt.«

»Dem traue niemand«, versetzte Rambonne. »Eine Frau mag jemanden zurückweisen, aber daß es ihr unlieb wäre, sich huldigen zu lassen, ist wider die Natur.«

»Diese Potocka ist eine besondere Frau«, warf der Hetman ein. »Sehr ernsthaft, geistreich, klug und alles andere als leichtfertig.«

»Und der junge Brühl?« erkundigte sich Rambonne.

»Oh, oh, was für ein Tratsch!« brach jemand aus der Runde das Thema ab.

Sogleich wandte sich das Gespräch Lebensvollerem und Farbigerem zu – jenen Damen, welche zu erwähnen sich nur in einer Männergesellschaft geziemte, sowie ihren geheimsten Reizen und Attributen. Der Hetman erwies sich als ein nichtalltäglicher Kenner, und ungeachtet seiner mehr als sieben Jahrzehnte sprach er von diesen Göttinnen mit großem Eifer. So verging die Zeit bis zum Beginn der Abendassemblee, und die ersten Wagen fuhren bereits am Palais vor, als sich der Hetman, ausgeruht, erquickt und frohgemut, in die Empfangsräume begab.

Die Hausherrin, in prachtvoller Eleganz und bei Licht noch ganz frisch und jung aussehend, war bereits von einem Kreis angekommener Damen sowie von Herren, welche zumeist Frack und Perücke trugen, umringt. Alle Augenblicke öffnete sich die Tür zum Saal, und ein neues Paar oder ein einzelner Gast erschien, verbeugte sich vor der Frau Hetmanin und vor dem Hausherrn, mischte sich sofort unter die wachsende Menschenschar und suchte sich die passende Gesellschaft. Es bildeten sich ungezwungen plaudernde Grüppchen, jedoch wahrte man jetzt eine gewisse äußere Form, die gegen die Freiheit im Kabinett eigentümlich abstach. Der Hetman selbst hatte Haltung und Laune gewechselt. War er dort im Kabinett ein ausgelassener Kamerad gewesen, so trug er hier die hohe Würde seines Amtes und ließ das spüren. Der Chevalier de Rambonne, soeben noch ein Vertrauter, stand demütig in der Ecke. Auch die anderen der Runde übten Zurückhaltung.

Die Damenschar war schon recht zahlreich, man hörte von dort Plaudern und Lachen, als Sołłohub seine Gattin hineingeleitete. Die Gesellschaft des Hetmans, die erst kürzlich von ihr gesprochen hatte, starrte neugierig auf diese Schönheit, die so gar nicht wie die anderen war, nicht durch Koketterie Aufmerksamkeit zu erregen versuchte, sondern ernst wirkte, ja beinahe traurig. Das verlieh ihr einen besonderen, in damaliger Zeit seltenen Reiz. Es schien, als ob sie ihren Bewunderern sagte, daß sie ihr völlig gleichgültig seien. Auch unter den Damen suchte sie nicht nach einem Platz, der sie zur Geltung gebracht hätte; nachdem sie die Gastgeberin begrüßt hatte, mischte sie sich unter die älteren Frauen. Männer waren viel mehr gekommen als Frauen, viele der Sejm-Abgeordneten wollten sich in der Residenz des Hetmans zeigen, um seine Stimmung zu ergründen und eine Instruktion zu erraten. Branicki, wie schon am Tage, vermied auch jetzt ein Gespräch über die öffentlichen Angelegenheiten, in dem offensichtlichen Wunsch, sich neutral zu verhalten.

Der Salon war bereits gefüllt, als die Tür noch einmal aufging und sich die Blicke aller Frauen neugierig auf einen bildschönen jungen Mann richteten, der nun eintrat. Beim ersten Hinsehen erkannte man in ihm den Zögling fremder Länder, dem viel daran lag, seinen weltmännischen Schliff in vollem Glanz zu präsentieren. Sein weißes Gesicht mit den regelmäßigen Zügen und den feurigen schwarzen Augen, über welches die Eindrücke hinwegglitten wie Flammen, beständigen Wandel bewirkend, frappierte durch eine Art koketten Charme, wie er eher einer Frau eigen ist als einem Mann. Seine behende, wendige Gestalt, in einer Pose voller Bedacht und Kalkül, verriet in ihm mehr Überlegung denn Gefühl, obwohl er ganz zu vibrieren schien und den flüchtigsten Blick, das leiseste Wort gleichsam mit der Empfindsamkeit einer Mimose aufnahm. Die Pariser Kleider der neuesten Mode konnten bei der Jugend Neid erwecken. Das ganze Wesen wirkte verzärtelt und ließ ein verzogenes und vergöttertes Muttersöhnchen oder Nesthäkchen vermuten. Bei seinem Eintreten sah man, daß er sich bemühte – darauf hoffte –, Aufsehen zu erregen, ja, er war sich dessen sicher. In der Tat empfingen ihn die jungen Männer schmeichlerisch, und die Blicke der Frauen verfolgten ihn, während er auf den Hetman zutrat. Branicki begrüßte ihn recht gleichgültig und beinahe hochmütiger als die anderen Gäste.

Es war dies Stanisław Poniatowski, der litauische Truchseß, Schwager des Hetmans und Lieblingsbruder der Dame des Hauses. Branicki, kaum daß er ihn begrüßt hatte, sprach sogleich mit jemand anderem, und der Truchseß sah sich nach kurzem Abwarten genötigt, zu seiner Schwester zu gehen, die ihn um so liebenswürdiger empfing und bei sich festhielt. Im Gespräch mit der Schwester hatte Poniatowski Gelegenheit, höchst anmutig zu posieren und dabei die Blicke der Damen auf sich zu spüren. Hier war er in seinem Element, er wußte sich bewundert und erstrahlte ganz. Wo er auch hinschaute, lächelten ihm Lippen und Augen entgegen.

Schon vor seinem Eintreffen hier ward er für seine Schönheit gerühmt, seinen Esprit, für Charme, Bildung, Verstand, und als Bruder der Hetmanin erschien er erst recht auf die höchste Stufe erhoben und der Jugend als unnachahmliches Beispiel hingestellt. In der Tat waren die Lobpreisungen kaum übertrieben, die Bewunderung durfte als verdient gelten. Sämtliche Eigenschaften des Herrn Truchseß waren augenfällig und traten glanzvoll zutage. Wie es um die Fundiertheit der Bildung, die Originalität des Geistes, die Treffsicherheit des Verstandes bestellt war, ließ sich schwer beurteilen, aber es blendeten die strahlenden Seiten. Der Truchseß wußte mit dem, was er besaß, zu beeindrucken und andere zu überstrahlen. Sein außerordentliches Gedächtnis, seine Geistesgegenwart, seine Fertigkeit in allen europäischen Sprachen, seine Vertrautheit mit der Literatur machten ihn zu einem Orakel. Wie sollten all die schönen Frauen nicht schüchtern die Blicke auf ihn richten und sich stolz darüber freuen, wenn er ihnen dieselben erwiderte! Der Truchseß, bei der Frau Hetmanin belagert, saß hier fest wie der Schmetterling auf einem Strauß Blumen. Von fern beobachtete ihn bisweilen der Hetman, aber es war nicht erkennbar, mit welchen Empfindungen. Man riß sich um den Truchseß. Plötzlich entdeckte er die nahezu verborgene Frau Sołłohubowa, fast nur sie allein schenkte ihm keine Beachtung. Sie saß fern am Fenster in der Gesellschaft zweier älterer Damen. Mittels einer äußerst geschickten Strategie, die nicht verriet, wo er hinstrebte, kreiste der Truchseß solange umher, bis er sich in ihrer Nähe befand. Er blieb vor ihr stehen und begrüßte sie.

Die Erwiderung war sehr kühl.

An Derartiges nicht gewöhnt, verweilte der Truchseß dennoch und versuchte, ein Gespräch anzuknüpfen.

»Ihr seid wie ein Veilchen, versteckt Euch vor Euren Bewunderern«, sagte er.

»Ich habe keine Bewunderer«, antwortete Frau Maria kurz.

»Das würde beweisen, daß die Menschen keine Augen im Kopf haben«, fuhr der junge Mann höflich fort. »Unter Tausenden gebührt Euch der erste Rang.«

»Das ist eine Galanterie, der man Paris anmerkt«, versetzte die Sołłohubowa lächelnd. »Aber, Herr Truchseß, ich bin sicher, daß Ihr dieses Kompliment schon mindestens zehn von unsereins habt zukommen lassen.«

»Ich schwöre Euch, daß diese Worte von Herzen kommen und Euer Anblick meine aufrichtigste Bewunderung hervorruft.«

Frau Sołłohubowa musterte ihn lange von Kopf bis Fuß, sie schien für den Stutzer nur kränkende Gleichgültigkeit übrig zu haben.

»Ich weiß darauf nicht einmal zu antworten«, bemerkte sie nach einigem Schweigen. »Ich bin eine ausgemachte Hinterwäldlerin, an derlei Schmeicheleien nicht gewöhnt.«

»Das läßt sich schwer glauben«, erwiderte Poniatowski. »Eher vermute ich, daß Ihr damit übersättigt seid, und erkläre mir so diese gewisse Verachtung dafür. Eine Dame mit Euren Eigenschaften sollte aber unterscheiden, was aus jener Quelle stammt, aus der sich alle Komplimente speisen, und was vom Herzen herrührt.«

Auf diese Worte hin musterte ihn die schöne Frau abermals, und nachdem sie mit dem Fächer ein Gähnen verdeckt hatte, fragte sie den Truchseß nach einer Dame, welche die Fama zu der Zeit als einziges Ziel seiner flammenden Begeisterung benannte.

Mit einem Lächeln, das seinen Unmut schlecht überspielte, erklärte er, die Frau Starostin schon seit einigen Tagen nicht gesehen zu haben.

»Sie müssen Euch wie eine Ewigkeit vorgekommen sein«, ergänzte die Sołłohubowa boshaft, und mit dem Hinweis auf eine unweit stehende Bergère machte sie ihn darauf aufmerksam, daß eben dort jene Person saß, von welcher die Rede war.

Der Truchseß versteifte sich noch immer darauf, das Gespräch fortzuführen und mit seinem Esprit zu glänzen, als die Hetmanin ihn rief, und so wurde Frau Sołłohubowa von dem aufdringlichen Menschen befreit. Während ihres Gespräches hatte soeben der junge Brühl den Saal betreten, und der Hetman begrüßte ihn höflich und hielt ihn eine Weile bei sich fest. Mit allen seinen Qualitäten verband der Kronmundschenk bei einer großen Ungezwungenheit auch eine gewisse Bescheidenheit, die ihm die Herzen gewann. Man sah, daß er sich mit nichts brüsten und niemanden überstrahlen wollte, er zählte darauf, daß gescheite Menschen begriffen, mit wem sie es zu tun hatten, und scherte sich wenig um alles übrige. Den Hetman schätzte er hoch. Branicki zeigte im Umgang mit ihm eine freundschaftliche Vertrautheit. Frau Izabella hingegen, die ihn unwillkürlich als einen Rivalen ihres geliebten Bruders betrachtete, empfing den Mundschenk recht frostig. Die Damen beobachteten ihn neugierig, jedoch nicht mit jenem Interesse, welches der Truchseß in ihnen erweckte.

Unter den Herren in Branickis Salon, wo bereits die beiden gegnerischen Lager repräsentiert waren, ließen sich unschwer Menschen ausmachen, die einander nicht zu begegnen wünschten und einander mieden. So ging Brühl mit großem Geschick dem Herrn Truchseß aus dem Weg, und Poniatowski wandte ebenso gekonnt jedesmal den Blick, um den Mundschenk nicht gewahren zu müssen. Andere Gäste verfuhren ähnlich und übersahen einander, mit vorsätzlicher Blindheit geschlagen.

Brühl schritt in dieser Manier mehrere Gruppen ab, begrüßte darin die einen, während er die anderen nicht zu sehen schien, als er von weitem die fast vereinsamte Sołłohubowa bemerkte, die ihn mit einem Wink zu sich rief.

»Was seid Ihr doch unhöflich«, sagte sie. »Wollt Ihr auch mich, wie so viele andere, nicht kennen?«

»Ein unberechtigter Vorwurf, Cousine, denn ich habe Euch sofort gesehen, aber nicht gewagt, mich zu nähern.«

»Ach, was für eine jugendliche Furchtsamkeit!«

»Ihr solltet mich verstehen.«

»Ich kann es ahnen, aber nicht verstehen. Es war ein übertriebenes Zartgefühl.«

»Ihr wißt, daß mich die Leute der allzu großen Bewunderung für Euch bezichtigen, ich möchte ihnen keinen zusätzlichen Stoff für Klatschereien liefern.«

»Ach, lieber Graf, ob Ihr das tut oder nicht, so und so werden sie etwas finden. Warum sollten wir den schönen Augenblick vergeuden, insbesondere ich, die ich zur einsamen Zuschauerin verurteilt bin.«

»Pardon, schließlich habe ich bei Euch den strahlendsten Stern der Jugend, den Herrn Truchseß, gesehen.«

»Er ist fade und langweilig«, versetzte die Sołłohubowa. »Das ist ein Bewunderer sämtlicher Schönheiten, ich mag diese Polytheisten nicht leiden. Setzt Euch zu mir, Graf, in diesem Gewimmel kann man ganz allein sein.«

»Aber Tausende Augen …«

»Was gehen sie uns an! Ich«, sagte die junge Frau, »ich betrachte den Salon und die Gäste, die hier wie beim Tanz aneinander vorbeigleiten, und zähle unsere Freunde und unsere Gegner. Ich habe Furcht …«

»Mich langweilt das«, sagte Brühl. »Ich wäre froh, wenn das angekündigte Drama schnellstens zu Ende wäre, Vorhang auf, und …«

»Ich wünschte, es gäbe kein Drama.«

Sołłohub trat hinzu und unterbrach das Gespräch, er reichte Brühl die Hand zur Begrüßung, da er ihm aber etwas Geheimnisvolles mitzuteilen hatte, entzog er ihn für einen Augenblick seiner Frau.

Kaum war dies geschehen, nahm der Herr Truchseß den freigewordenen Platz ein.

Er hatte gesehen, wie Brühl empfangen worden war. Aus

295

seinen dunklen Augen und mehr noch aus seinem Mund quollen Eifersucht und Boshaftigkeit.

»Ich war schon verzweifelt, weil ich nicht wußte, ob ich das Glück haben würde, mich Euch noch einmal zu nähern, dabei wünschte ich so sehr, wenigstens mit meiner Anwesenheit neben diesem Sessel zu beweisen, daß mein erstes Hiersein kein Zufall gewesen ist. Ich weiß nur nicht, ob Ihr mir zu bleiben erlaubt. Es gibt Glückliche, Privilegierte.«

»Ach ja, meinen Mann«, sagte die Sołłohubowa.

»Wenn ich mich nicht irre, noch einen zweiten.«

»Meinen Cousin.«

»Ich beneide beide.«

Maria sah zu ihrem Mann, als ob sie ihn zu Hilfe riefe. Brühl wandte sich an eine der näher sitzenden Damen. Sołłohub verstand seine Frau und ging zu ihr, jedoch so, daß er den Truchseß nicht sehen konnte. Maria reichte ihm die Hand, und langsamen Schrittes wechselten sie den Platz und verloren sich in der Tiefe des Salons.

Die Poniatowski erteilte Abfuhr war allzu offenbar, um ihn nicht schmerzhaft zu treffen. Die Schönheit der Sołłohubowa und ihre Gleichgültigkeit machten ihm gleichermaßen zu schaffen. Dennoch lächelte er und begab sich gemessenen Schrittes zu den schönen Damen, um sich mit neuen Eindrücken für die erlittene Niederlage zu entschädigen.

Auf dem Wege stieß er auf Fürst Adam, der offenbar aus der Ferne die Bemühungen des Cousins und seinen Mißerfolg bemerkt hatte.

»Irgendwie hast du kein Glück bei der Sołłohubowa«, raunte er ihm zu. »Weißt du, daß sie sehr hübsch ist?«

Der Truchseß schaute auf.

»Brühl, scheint es, steht dort mehr in der Gunst.«

»Es kann die Reihe an andere kommen«, versetzte der Truchseß.

»Ja, dort, wo es eine Reihe gibt«, bemerkte Fürst Adam lachend, mit dem Blick auf gewisse Personen hinweisend. »Aber wo es keine solche gibt?«

Poniatowski fühlte sich verspottet.

»Brühl könnte in Kürze zur Abreise in das Land seiner Vorfahren gezwungen sein«, versetzte er leise. »In das Land von Vater oder Mutter. Dann ist Sołłohub anödend, und Einsamkeit vermag vieles.«

»Glaubst du?« fragte Fürst Adam. »Wie ich sehe, hast du feststehende Theorien, was das weibliche Herz anbelangt, ich nicht. Für mich ist es ein Rätsel und wird es wohl immer bleiben.«

Die Türen öffneten sich, und die Gesellschaft begab sich in den Speisesaal, wo wieder einmal Austernfäßchen aufgebrochen wurden. Austern waren in großer Mode. Nicht in jedem Magnatenhause kam eine solche Delikatesse auf den Tisch – wenn sie mit der Post nach Białystok oder nach Warschau geliefert wurde, sprach man in ganz Polen davon.

VII

Schon zu früher Stunde war der Versammlungssaal im Schloß voller Menschen, und in den Schloßhöfen herrschte Gedränge, wenngleich erst um die Mittagszeit, nach einem feierlichen Gottesdienst in der Kirche des heiligen Jan die Sitzung des Reichstages eröffnet werden sollte.

Die aktiveren Abgesandten, neugierige Arbiter, auf Verdienst begierige Kleinhändler hatten sich beizeiten Plätze gesichert, denn später wäre es schlecht darum bestellt gewesen, und so mancher Abgeordnete gelangte nicht zu seinem Platz, den ein Gaffer von der Straße für ihn besetzt hielt. Um acht Uhr bereits war es schwierig, sich durch die Tür zu zwängen. Männer, mit Säbeln behängt und unruhigen Blickes, drängten hinein und wieder hinaus. Auf den Rängen besetzten die vorderen Reihen wenn schon nicht neugierige Damen, denen es kaum möglich war, so früh aufzustehen und, vor allem, sich anzukleiden und zu frisieren, dann doch wenigstens ihre zur Reservierung der Sitze vorausgeschickten Dienerinnen und Kammerfrauen.

Stimmengewirr, lautes Lachen, Gesprächsfetzen, Streitworte, Begrüßungen, Ausrufe wechselten miteinander ab und übertönten den von den Fluren hereindringenden Lärm. Ringsum herrschte mächtige Bewegung.

Die Abgeordneten aus fernen Provinzen erkannten einander oder brachten einander in Erinnerung, einige von ihnen standen auf den Bänken und zählten schon die Anwesenden, hielten nach Bekannten Ausschau und suchten ihre Glaubensgenossen zu formieren. Die herrschende Ungezwungenheit glich einem heillosen Durcheinander. Inmitten dieser farbigen Menge, wie sie wohl niemand in einem Beratungssaal anzutreffen erwartete, fanden sich kaum hierher gehörende Gestalten. Krämerinnen in weißen Hauben und Tüchern boten warme Piroggen, Törtchen, Zuckerwerk und Früchte an, und ein Bursche mit einem Korb voller Bierflaschen animierte, ein Glas gegen einen Flaschenhals schlagend, die Durstigen zu eiliger Erfrischung. Dann und wann knallte ein Korken und flog, da die ihn haltenden Schnüre zerschnitten waren, empor, und das damals sehr beliebte leicht moussierende Bier spritzte nicht nur in das bereitgestellte Glas, sondern gelegentlich auch in die Kragen oder auf die Köpfe der nächsten Nachbarn.

Panik, Gelächter und Flüche begleiteten eine jede derartige Explosion. Vom Rang her schrien Bedienstete spottend: »Vivat!«

Verwegene warfen vom Obergeschoß mit Äpfeln auf Bekannte im Saal, oft ähnlich ungeschickt wie der Bierverkäufer, so daß die Geschosse nicht immer diejenigen trafen, für die sie bestimmt waren. Der Schuldige tauchte dann hinter der Wandung unter und wurde vergeblich gesucht.

Höchst ungeniert trieb sich hier ein altes Weiblein herum, leicht gebeugt schon, in weißer Haube mit orangenen Bändern, ein kariertes Tuch um die Schultern und eine Schürze vorgebunden, unter dem Arm einen großen, mit einer weißen Serviette überdeckten Korb. Die Runzeln im Gesicht wiesen auf ihre Betagtheit hin, die Jahre hatten Kinn und Oberlippe mit dichtem, hartem, offenbar rasiertem Haarwuchs bedeckt. Einen Arm in die Hüfte gestützt, blickte die Alte über die im Saal Anwesenden hin. Ohne ihre Ware anzupreisen, sich gleichsam ihres Absatzes gewiß, schritt sie gemächlich durch den Saal und blieb dann und wann stehen. Manchmal hob sie die Serviette an, holte eine Leckerei hervor, nahm gleichgültig die Bezahlung entgegen und zog weiter, als läge ihr nicht viel an dem Handel, mit welchem sie befaßt war. Viele Menschen begrüßten sie wie eine Bekannte. Unter den Arbitern hörte man es flüstern: »Seht, die alte Stromerin! Daß die immer noch lebt, wie viele Reichstage mag sie schon gesehen haben!«

Bei dem schimpflichen Namen Stromerin runzelte die Alte die Brauen, drehte sich aber nicht einmal um, nämlich wer höflicher war, nannte sie Kuźmowa. Es war dies eine den Abgeordneten schon von vielen sächsischen Reichstagen her bekannte Person, die im Saal ein Bürgerrecht genoß und ohne die derselbe öde und leer erschienen wäre. Die jüngeren Händler respektierten sie sichtlich.

»Ach, Frau Kuźmowa?« rief aus der Bank ein Abgeordneter vom Bug, ein gewisser Suchodolski. »Was gibt es Neues hier in Warschau?«

Die Alte blieb stehen und zuckte die Achseln.

»Was sollte es Neues geben? Bei den Alten bleibt alles beim alten!«

299

Sie putzte sich die Nase nach uralter Methode, stemmte die Arme in die Hüften und nicht von der Stelle weichend, maß sie den Abgeordneten mit dem Blick.

»Ihr werdet uns prophezeien, was aus dem Sejm wird, Ihr wißt das vielleicht besser als wir«, bemerkte ein anderer.

Leicht lächelnd, sah sie den anderen an und wiederholte kopfschüttelnd: »Alles bleibt beim alten. Ihr werdet eine Weile herumschreien, herumknurren, euch in die Wolle kriegen und wieder nach Hause fahren.«

Sie zuckte die Achseln.

»Wir fahren nicht eher, bis wir den Brühls Verstand beigebracht haben«, meldete sich wieder der erste zu Wort.

»Na ja, wenn euch das gelingt«, erwiderte die Stromerin. »Ich glaube nicht, daß denen ein Haar gekrümmt wird.«

»Wir holen ihnen die Perücken vom Kopf!« rief ein Dritter.

»Ach, die sitzen fest da drauf«, brummte die Alte und ging langsam weiter.

Auf ihrem Weg wurde sie bald Kuźmowa gerufen, bald Stromerin. Manch einer griff selbst in ihren Korb, bediente sich und schob ihr das Geld in die Hand, welches sie ohne nachzuzählen in einen Lederbeutel unter der Schürze warf.

»He, Kuźmowa, und mit wem haltet Ihr es?« fragte jemand von der Seite.

»Mit dem Herrgott«, antwortete sie und ging weiter.

»Die ist für den König«, brummte jemand. »Alle Welt weiß doch, daß, als sie jung war, August der Starke sie anderthalb Tage wie rasend geliebt hat, es hieß sogar, er habe sie nach Dresden mitnehmen wollen, aber sie habe sich gesträubt.«

Inmitten solch unterhaltsamer Szenen hätte ein Fremder nur schwer die Vorbereitungen für einen Reichstag ausmachen können. Indes allein schon die Ausstattung des Saales, der Thron weit hinten, der Tisch und die Sitze für die Sekretäre – alles dies von einem Gitter umgeben –, dazu die Wachen an den Türen, die allerdings niemanden am Hineingehen oder Hinausgehen hinderten, verwiesen darauf, daß das Gebäude in wenigen Stunden eine Schaubühne für die gesetzgebenden Beratungen der Adelsrepublik sein würde.

Schon jetzt ließ sich beobachten, wie sich die Abgeordneten zu Gruppen zusammentaten und lebhaft debattierten, heftig mit dem befaßt, was hier kommen sollte. Leidenschaftliche Gesten und flammende Gesichter kündigten an, daß die Sitzung nicht ruhig verlaufen würde. Plötzlich stürzten mehrere Männer herein, flüsterten ihren Bekannten etwas zu und eilten wieder hinaus, um Neuangekommene herbeizuführen, darum bemüht, dieselben an bestimmten Plätzen unterzubringen. Andere kamen vorüber und musterten die Reihen, sprachen den einen oder anderen an, machten Mut, und alles dies ließ erkennen, daß hier Bedeutsames vorgehen sollte. Während solcher Präliminarien sprach die Schlachta den angebotenen Piroggen zu, die Händlerinnen priesen ihre Ware, nur nicht die Stromerin, die keinen Laut von sich gab, auf dem Rang polterten umgestürzte Bänke, unten schwankte die Menge wie eine Woge, ballte sich, zerfloß, schwoll an und zerteilte sich, wenn neu Hinzukommende sich von der Tür her mit den Ellenbogen einen Weg bahnten.

Die Gesichter, die bunt gekleideten Gestalten bildeten ein eigentümliches Mosaik. Neben altmodischen Gewändern, aus vermoderten Truhen hervorgeholt, glänzten nagelneue, offenbar eigens für den Reichstag angefertigte Kleider, um welche sich die Eigentümer zu Recht besorgten, hatten sich doch Törtchen, Bier und Früchte auf ihren Verderb verschworen. So kam es denn häufig vor, daß jemand seine fettigen Wurstfinger im Gedränge lieber an einem fremden Rockschoß abwischte als an dem eigenen. Neben verblichen, fadenscheinigen, gleichsam aus Gräbern entliehenen Kontusz' sah man elegante französische Kleider und

301

frisch gepuderte Perücken, die nach Moschus dufteten. Säbel rasselten, und leise klirrten Degen, deren kunstvoll gearbeitete Scheide oftmals nichts enthielt außer einem Stück Stock. Dreispitze, hoch über den rasierten Köpfen in der Hand getragen, glitten dahin wie phantastische Vögel.

In einer der Gruppen war jener Żudra mit dem Dreifachkinn besonders aktiv, man hörte sein sich ständig wiederholendes, mit leicht gesenkter Stimme gesprochenes Kommando: »Der Fürst-Kanzler bittet alle nach der Tagung zum Essen. Es gibt Barszcz, Bigos, saure Gurken, ausgezeichnetes Bier und pro Kopf eine Flasche Wein.«

»Etwa einen so sauren wie beim letztenmal?« rief ein Nörgler von weitem.

»Was heißt einen sauren, mein Herr? Seid Ihr ein Weib oder ein Kind, daß man Euch den Wein süßen muß? Seht den Weichling! Zucker will er haben wie ein Kanarienvogel, dabei kann er froh sein, wenn es zu Hause auch nur sauer Bier gibt!«

Die Zeugen des Geplänkels fingen an zu lachen, jener Unzufriedene aber geriet in Zorn, und wenn er anfangs mehr zu sich gesprochen hatte, so ging er jetzt offen aus sich heraus.

»Wo man Essig reicht, hilft auch kein Zucker!« rief er, den Arm erhebend. »Ein schönes Traktament! Die Senatoren trinken Tokaier, und dem grauen Rest gießt man Plempe in die kristallenen Gläser. Dort duftet der Rehbraten, und bei uns stinkt es nach Hammel und Knoblauch. Ach, Herr Brückenaufseher, wir kennen die Gastlichkeit des Fürst-Kanzlers, da wird geknickert und geknausert.«

Dieses Mal waren die Zeugen auf der Seite des Schlachtschitzen. Żudra, weil ringsum alle aufhorchten und dem Widersacher lachend beistanden, entrüstete sich und wurde blutrot im Gesicht.

»Hört mir zu, Herr Regent!« schrie er so laut, daß es durch

den Saal dröhnte, und hob seine mächtige Faust, als ob er auf der Stelle zuschlagen wollte. »Alle Welt weiß, daß ich ein Hausgenosse und Freund des Fürst-Kanzlers bin, und wer ihn angreift, kriegt es mit mir zu tun!«

»Oh!« rief der Schlachtschitz. »Meint Ihr, daß ich vor Eurem Schmer erschrecke?«

Schon spuckte er in die Hände und wollte zum Krummsäbel greifen, als beflissene Nachbarn ihn von beiden Seiten packten und auf eine Bank niederdrückten.

»Um Gottes willen, Gregowowicz, gib Ruhe, hier, so nahe beim König! Laß den Säbel stecken. *Crimen laesae Majestatis!* Dafür wird noch Zeit sein …«

Herr Gregorowicz, der feurige Schlachtschitz, der sauren Wein nicht mochte, mäßigte sich, seine Augen indes funkelten und waren starr auf Żudra gerichtet, der seinerseits nicht zu weichen gedachte und nach einer Weile leiser schloß: »Einstmals war Euch ganz wohl an des Fürst-Kanzlers Tafel, bevor diese Deutschen ihn kaptivierten. Das ist es. Wir wissen Bescheid.«

Kaum hatte er den Satz beendet, sprang Gregorowicz auf und schrie: »Eure Deutschen werde ich Euch in den Schlund stopfen!«

Der allgemeine Lärm übertönte schließlich den Streit, man sah nur, wie die Gegner einander mit den Blicken maßen und sich für später verständigten.

Im Versammlungssaal wurde es immer lauter, und mehrere Szenen, der soeben miterlebten ähnlich, spielten sich zur selben Zeit in verschiedenen Ecken desselben ab. Immer noch mehr würdige Herren strömten herzu, das Gedränge ward schier unerträglich. Auf den Rängen besetzten nach und nach aufgeputzte Damen die Plätze der Dienstboten, um der Sitzung beizuwohnen. Als eine der ersten nahm, schwarz gekleidet, im vollen Glanz ihrer Schönheit und Jugend, Frau Sołłohubowa Platz, und sich unruhig umsehend, suchte sie im Saal nach Bekannten, deren Geschicke sie berührten. Ihr Gatte war bei ihr, jedoch flüsterte sie ihm etwas zu, und widerstrebend, wenngleich gehorsam, stieg er sofort nach unten und stellte sich zu einer Gruppe, die anscheinend auf Brühl und die Litauer warteten.

Hier unten sah man auch den sich bescheiden im Winkel haltenden Godziemba, gleichsam versonnen spielte er mit dem Griff seines Säbels, dann und wann aber blickte er unruhig zum Eingang oder auch in die entgegengesetzte Richtung zum Häuflein der Familia.

Die Schlachta der beiden Lager ordnete und konzentrierte sich allmählich. Ihre Anführer, gleich Heerführern bei der Vorbereitung einer Schlacht, verteilten ihre strategischen Kräfte, stellten an einigen Plätzen dichte Regimenter auf und schoben an anderen vereinzelte Freiwillige nach vorn.

Der Saal, in welchem der Reichstag stattfinden sollte, bot dem Betrachter einen immer fesselnderen Anblick – die Zeichen für eine bevorstehende Schlacht waren unübersehbar. Niemand trat hier ohne Säbel ein, und einigen französisch verkleideten Pans trugen Höflinge gewaltige Rapiere nach. Die Mienen waren düster, die Blicke streng, die Stirnen zornig – während die einen nach ihren Feinden ausschauten, suchten die anderen dieselben zu meiden und kehrten ihnen verächtlich den Rücken zu. Die einen flüsterten, andere lachten spöttisch und krakeelten schließlich, damit man sie hörte und ihr Drohen wahrnahm. Eine große Zahl von Arbitern nahm gleichermaßen rührig Anteil, schrie herum und mischte sich ein. Jede Partei hatte ihre Anfeuerer, Redner, Emissäre, die sie auf Erkundungen ausschickte, auf daß sie die Stimmung der Gegenseite ergründeten und deren Kräfte einschätzten.

Der Versammlungsbeginn, welcher eigentlich nach zehn Uhr sein sollte, zog sich wegen dieser Vorbereitungen und auch we-

304

gen der Ungewißheit hinaus, wie man sich verhalten sollte. Im Saal wußte man schon sicher, daß, sobald der junge Brühl erschiene, der Herr Truchseß Poniatowski selbst sich erboten hatte, wider Brühl aufzutreten und ihm den Adel abzusprechen. Man rechnete ihm das als außergewöhnlichen Mut an. Die gesamte Schar der litauischen Radziwiłłschen sollte wie eine Mauer zur Verteidigung des Mundschenks bereitstehen. Man munkelte sogar, daß, wären nicht die Beschwörungen des Königs, der zum Wilnaer Woiwoden Ernannte am liebsten sofort die Säbel zücken würde. Andere hielten das für leere Aufschneiderei.

Bis jetzt aber fehlten die Hauptakteure des Dramas, sie wurden ungeduldig erwartet. Bei jedem Öffnen der Tür gingen aller Augen dorthin, reckte man sich auf die Zehenspitzen, indes kamen verschiedene Leute herein, aber es waren noch nicht sie. Schließlich lief jemand zu Herrn Żudra, dessen Zorn inzwischen verraucht war und der auf das vergnügteste plauderte, flüsterte ihm etwas zu, und der Brückenaufseher, die Menge mit seinem Körper kraftvoll durchteilend, rollte in Richtung der Tür.

Das Gefolge der Familia hielt soeben mit großer Hoffart Einzug, Schlachtschitzen in verschiedensten Gewändern trugen Säbel und Degen auf den Händen, den jungen Helden flankierend. Der aufgeputzte Jüngling, der litauische Truchseß, schritt mit gespielter Unerschrockenheit voran, man sah, daß er selbst sich Mut und Kühnheit einzuflößen suchte, was beides nicht in seinem Wesen lag. Bisweilen errötete er und wirkte verlegen, dann wieder schaute er stolz und herausfordernd um sich, sein Blick aber mußte den düsteren Blicken der Schlachta nachgeben, die ihn prüfend und ohne die gebührende Achtung betrachtete.

Dem Truchseß folgte, ein ironisches Lächeln auf den Lippen, Fürst Adam, des weiteren erschien eine Vielzahl von Fräcken und wohlfrisierten Perücken. Mehrere greise Gestalten, geachtete Personen, begleiteten dieselben, aber es fehlten die Häupter der

305

Familia. Sie mochten sich nicht entschließen, das Schlachtfeld zu betreten, und schickten nur ihre Truppen. Das ganze Häuflein, nachdem es hereingekommen war, nahm einen gesonderten Platz ein, den ihm Żudra mit seinen Gehilfen zunächst frei geräumt hatte, um es danach wie mit einem Ring zu umschließen.

Eine herausragende Stellung nahm der litauische Truchseß ein, auf ihn richteten sich jetzt von allen Seiten die neugierigen Blicke, und ermutigt, verschoß er pfeilschnelle Blicke, besonders nach oben hinauf, wo bereits der ganze Schwarm schöner Frauen wie ein Beet von Frühlingsblumen prangte. Man lächelte ihm entgegen, ein leises Kopfnicken grüßte ihn, ein flatternder Fächer oder ein wehendes Tüchlein, und mit dem Charme eines Adonis beantwortete er all dies der Reihe nach. Endlich fielen die dunklen Augen des schönen Jünglings mit glühender Leidenschaft auf Frau Maria Sołłohubowa. Und unsichtbar für die Menge, von niemandem bemerkt und nur sekundenlang während, vollzog sich hier eine dramatische Szene, die für den Prolog des Schauspiels stand.

Die Sołłohubowa maß den Truchseß mit kalter Gleichgültigkeit, ja, beinahe verächtlich, und langsam wandte sie sich ab, ihm den Rücken zukehrend. In dieser Haltung verharrte die schöne Frau eine ziemliche Weile, um recht verstanden zu werden. Der Herr Truchseß lief dunkelrot an, erbebte, etwas wie Rachedurst verzerrte für kurz sein Gesicht, und ein erzwungenes Lächeln aufsetzend, sprach er etwas zu seinen Begleitern. Frau Sołłohubowa wandte sich wieder dem Saal zu und richtete ihre Augen nach unten auf jene Gruppe, in welcher sich ihr Gatte und auch Godziemba befanden.

Unterdessen erhob sich Lärm an der Tür, die Schar der Familia durchrann ein ungeduldiges Beben, und einem Trauerzug gleich drang das Radziwiłłsche Litauen mit Fürst Stanisław an der Spitze herein, ganz in Schwarz, im Trauerflor, forsch, mit klirrenden Säbeln und mit Antlitzen, sichtbar geprägt von den Folgen eines kräftigenden Frühstücks. Inmitten dieser Schar schritt der junge Brühl, er war weiß wie die Wand, sichtlich müde, bekümmert, mehr als entsetzt. Man sah ihm das gehorsame Opfer an, das zur Hinrichtung geschleift wurde. Die Anhänger der Familia versuchten den Eintretenden den Weg zu versperren und ihnen den Einzug in den Saal zu erschweren, doch war die Abwehr derart heftig, daß die ganze gedrängte Menschenmenge ins Wanken geriet, sich unwillkürlich zusammenballte und so unfreiwillig den recht zahlreichen Neuankömmlingen Platz schuf. Ein geübteres Auge konnte bereits erkennen, daß die Litauer in geringener Zahl sein würden.

Das Lager der Familia begann sich mit Blicken abzuschätzen, für eine Weile legte sich der Lärm, denn jetzt erschienen die Würdenträger. Die ungeduldige Erwartung drückte sich in plötzlichem Schweigen aus. Alle hatten bereits ihre Plätze inne, als Fürst Adam Brühl einen beinahe mitleidvollen Blick zuwarf. Neben ihm standen die Radziwiłłs, und vornan, die Arme in die Hüften gestemmt, schaute Fürst Karol voller Dünkel in den Saal. Seine Augen schienen zu sagen: Wenn man mich machen ließe, liebwerter Herr, wärt Ihr alle schon da, wo der Pfeffer wächst! Niemand gewahrte, wie sich Fürst Adam vorsichtig durch die Seinen hindurchschob, um seitlich zu Brühl vorzustoßen. Allein Godziemba erkannte dies, er erbebte und rüstete sich gleichsam zum Entsatz.

»Euer Liebden«, flüsterte Brühl dem Wilnaer Woiwoden zu. »Wie Ihr wißt, bin ich auf Befehl hier, gegen meinen Willen und meine Überzeugung. Es tut mir weh, mit meiner Person Unruhe hereinzutragen und die Ursache für Hader zu sein. Ach, wäre es mir erlaubt, abzutreten! Sollten sich die Gegner wahrhaftig auf uns stürzen, dann gedenke ich mich nicht zu wehren, ich gehe vom Platz.«

Der Fürst sah ihn an und schwieg.

»Na, das wäre ja erst was Schönes, Graf, liebwerter Herr!« brummte er dann. »Wir lassen Euch hier nicht weg, was ein Pilz ist, muß auch rein in den Korb. Wir werden Euer Liebden schon schützen, keine Bange. Das Elend ist nur, daß Seine Majestät der König nicht erlaubt, sich zu vergnügen, meine Leute jedoch, sobald die Schweiß riechen, liebwerter Herr, sind auch für einen Radziwiłł nicht leicht zu beschwichtigen, die hacken mehr Holz klein als nötig!«

Er winkte ab. Unterdessen trat Szymanowski von hinten herzu und sagte zum Fürsten: »Euer Liebden wißt es schon sicher, daß Seine Majestät der König es auch im allerkritischsten Fall nicht wünscht, zu letzten Mitteln zu greifen?«

»Aber ja, ja, liebwerter Herr!« versetzte Radziwiłł grob, ohne Szymanowski auch nur anzusehen. »Das habe ich schon gehört. Die sollen uns bloß nicht kitzeln, wir Litauer nämlich sind furchtbar kitzlig! Nichts zu machen, die Natur verändert man nicht!«

Brühl stand da wie auf der Folter. Während er noch zum Rang hinaufsah und Maria Sołłohubowas aufmunternden Blick und ihr Lächeln auffing, trat plötzlich Fürst Adam auf ihn zu, und noch im Gehen murmelte er dumpf: »Es wird Euretwegen viel Getöse geben, Brühl, aber ich bitte Euch, seid um Eure Person unbesorgt. Man wird Euch kein Haar krümmen, es geht hier nicht um Euch, sondern um Euren Vater.«

»Was meinen Vater betrifft, betrifft auch mich«, erwiderte der Mundschenk, aber seine Worte erreichten nicht mehr Fürst Adams Ohr; der Fürst war bereits in der Menge verschwunden, als Godziemba zur Verteidigung erschien.

Der Marschall des vorangegangenen Sejms, der alte Małachowski, trat soeben in Erscheinung und schickte sich an, mit leiser Stimme die Sitzung zu eröffnen, jedoch hatte sich der Lärm noch einmal gesteigert. Bebend, voller Unruhe begann Małachowski zu sprechen, ungehört inmitten des Stimmengewirrs, er selbst unterbrach sich alle Augenblicke, und man unterbrach ihn, das Zischen ließ nicht nach, vergebens schlug sein Stock auf den Boden.

Schließlich wurde es nach und nach still, die flehende Stimme des Alten schien mit der Ergriffenheit, von welcher sie durchdrungen war, die härtesten Herzen erweichen zu wollen.

»Dreißig Jahre Anarchie!« sagte er. »Nur die göttliche Vorsehung vermochte uns im Verlaufe dieser Zeit vor dem Untergang zu bewahren. Sollte auch diese Versammlung, so wie die vorige, nicht zustande kommen und unserem Lande Rat schaffen, erwartet uns das Verderben.«

Erneut übertönte ihn das Getöse.

»Vertrauen wir auf Gott«, fuhr Małachowski fort, »möge er den Herzen der Abgeordneten solche Gefühle eingeben, welche dem Bösen zuvorkommen und uns zu retten vermögen.«

Nun sollte die Wahl des Sejm-Marschalls erfolgen, als im Lager der Familia eine Bewegung aufkam, als wollte ein Sturm losbrechen. Etliche Leute umdrängten den Truchseß und tuschelten. Manche Anwesende kletterten schon auf Bänke, um besser sehen und hören zu können, was da kommen würde.

Brühls schwarzes Gefolge zischte wie eine vielköpfige Schlange. Aus beiden Richtungen wurde ein s-Knurren immer lauter. Die Begleiter des Truchsesses, die denselben abgeschirmt hatten, traten auseinander, und Poniatowski tat einen Schritt nach vorn, erbleichte und schien einen Moment zu zögern. Es sah aus, als ob ihn im entscheidenden Augenblick der Mut verließe, und andere Männer, aus Furcht, alle Pläne könnten vereitelt werden, drängten schon vor und baten statt seiner ums Wort, als der Truchseß, nach einem Blick hinauf zur Sołłohubowa, deren Augen er starr auf Brühl gerichtet fand, gleichsam aufgereizt mit sichtlich angestrengter und künstlich erhobener Stimme schrie: »Ich bitte ums Wort!«

Von hinten stieß man ihn noch etwas weiter vor.

»Wir bitten ums Wort, wir bitten ums Wort!« ertönte es aus dem Lager der Familia.

Małachowski wollte dem nicht stattgeben.

»Herr Marschall, es geht hier um die wichtigsten Privilegien und Gesetze der Rzeczpospolita, die man verletzt hat! Wir bitten ums Wort!«

Der Lärm wuchs, überschallte den Marschall, welcher zur Ordnung rief und die Anwesenden beschwor, den Reichstag nicht mit Aufruhr zu beginnen. Małachowski verlangte, zuerst den Sejm-Marschall zu wählen, die Opposition schrie, sie werde dies nicht zulassen. Beide Seiten versuchten einander zu übertönen und schrien immer lauter, so daß ihre Stimmen in dem Tumult nicht mehr auseinanderzukennen waren. Die Leidenschaften tobten, Füße trommelten auf den Boden, Fäuste auf die Bänke, Arme reckten sich in die Höhe. Der litauische Truchseß, obwohl man ihm nicht das Wort erteilte, rief: »Es gibt keinen Sejm! So lange nicht, bis die Kammer von Eindringlingen gereinigt ist! Was macht hier ein Herr Brühl? Wer hat ihn zum Abgeordneten wählen können, wo man doch weiß, daß er kein polnischer Schlachtschitz ist! Hinaus mit ihm aus der Kammer! Fort mit ihm!«

Ein vielstimmiges Rufen unterstützte ihn: »Fort mit Brühl! Fort mit dem Deutschen!«

Ein paar Hitzigere brüllten: »Ausgebellt! Ab in die Hütte!«

Brühl erbleichte noch mehr, sein Mund erstarrte, nur seine schwarzen Augen brannten, er litt Folterqualen.

Unterdessen erhob Fürst Stanisław Radziwiłł, der litauische Kämmerer, seine Stentorstimme, um den verzärtelten Truchseß niederzubrüllen. Inmitten des Höllenlärms, welcher Schlimmeres zu prophezeien schien als bloßen Tumult, trat die bisher zusammengedrängte Menge allmählich auseinander, als ob man einander die Stirn bieten wollte. Małachowski bedeckte vor Entsetzen die Augen. Schon klirrten Säbel, die Hände lagen auf den Griffen – noch ein Augenblick, und man würde blankziehen, und das Gemetzel in der Kammer wäre unvermeidlich. Auf dem Rang erhoben sich die Damen beider Parteien von den Plätzen, die einen entsetzt und händeringend, die anderen sichtlich Feuer fangend und zum Kampf anspornend.

Brühl stand noch immer reglos zwischen den Radziwiłłs, hinter ihnen stand Godziemba und ließ kein Auge vom Mundschenk. Voller Empörung und Schrecken blickte Brühl auf das, was sich da anbahnte, und plötzlich machte er, stolz und erhaben, eine Kehrtwendung, als ob er vom Platz gehen wollte, um keinen Anlaß zu einem schon unausweichlich erscheinenden Blutvergießen zu geben, Fürst Stanisław Lubomirski jedoch, der Untertruchseß und Opacki ergriffen den bereits Zurückweichenden bei den Armen.

»Herr Mundschenk, um Gottes willen!« rief der Untertruchseß. »Ihr gebt das Spiel einfach verloren, das geht nicht an. Sie werden es nicht wagen, sich auf uns zu stürzen, wir lassen Euch nicht gehen! Euer Platz ist hier. Wir sind Euretwegen gekommen, also müßt Ihr mit uns bis zu Ende durchhalten.«

Kaum hatte Lubomirski ausgesprochen, als im Lager der Familia die ersten Säbel gezogen wurden und mehrere Klingen über den Köpfen aufblitzten, die übrigen folgten darauf dem Beispiel. Auf ein Zeichen hin, als ob sie nur darauf gewartet hätten, zogen auch die Radziwiłłs augenblicklich blank.

Auf dem Rang ertönte ein Frauenschrei …

Beim Anblick der gezückten Waffen während des Sejms, ein bisher noch nicht praktizierter Fall, erschraken selbst jene, welche als erste blankgezogen hatten, und für kurze Zeit trat Stille ein. Alle fühlten sich von Entsetzen durchdrungen.

Erst in diesem entscheidenden Moment der Entzweiung zeigte es sich klar, daß die kühnere und berechnendere Familia eine weitaus größere Zahl ihrer Verfechter herangeholt und mit ihnen den Saal überschwemmt hatte. Radziwiłł, auf solches nicht gefaßt und dem Willen des Königs gehorchend, hatte nicht gewagt, mehr als sechzig Arbiter mitzubringen. Dieselben, obschon ein jeder für fünf Leute stand, reichten nicht aus für einen Kampf. Die Familia war sich sehr wohl ihrer Kraft bewußt, jedoch zögerte sie noch, das Signal zum Losschlagen und zum Vergießen von Bruderblut zu geben. Beim Anblick der gezückten Säbel nahmen etliche der furchtsameren Arbiter Reißaus und verkündeten draußen in der Stadt, daß es im Schloß schon zum Blutvergießen gekommen sei. Auf den Straßen bildeten sich Menschenaufläufe, und neue Arbiter drängten in den Versammlungssaal. Dort standen die beiden gegnerischen Lager in Bereitschaft, standen reglos einander gegenüber. Der litauische Truchseß war beinahe so blaß wie Brühl. Sein Gesichtsausdruck ließ, ungeachtet der scheinbaren Leidenschaftlichkeit, erkennen, daß er eine für sich unpassende Rolle übernommen hatte.

In seinem Rücken ertönten noch immer hitzige Schreie: »Fort mit Brühl! Fort mit Brühl! Zurück mit ihm nach Sachsen!«

»In Stücke gehackt den Eindringling! In Stücke gehackt den Deutschen!«

»Meine Herren«, schrie im selben Augenblick, nachdem er eine Bank erklommen, der Kämmerer Laskowski. »Ich werde nicht darauf eingehen, wer hier als erster zur Waffe gegriffen hat, aber das ist ein Vergehen, würdig der härtesten Strafe, ein Beispiel der schlimmsten Art, eine Verletzung der Hoheit des Sejms, ein Verbrechen gegen die Rzeczpospolita!«

»Den Schuldigen herausfinden!« wurde hinter ihm gerufen.

Mehrere Säbel verschwanden schnell in der Scheide.

»Fort mit den Arbitern!« verlangten mehrere Männer hinter Laskowski, der von seiner Bank nicht wich.

»Zuerst fort mit den Säbeln!« forderte der Kämmerer, mehr und mehr Mut fassend. »Wir befinden uns hier auf geheiligtem Boden, im Gesetzestempel, und wer ihn schändet, indem er zur Waffe greift, hat sein Leben verwirkt. Ich klage an!«

Die Familia übertönte ihn plötzlich mit großem Geschrei.

»Ein Strafgericht für den Schuldigen!« riefen mehrere. »Und zwar sofort!«

»Ich bitte ums Wort!« schrie jemand weiter hinten. »Ich werde das beste Mittel nennen, um den Schuldigen zu ermitteln.«

»Bitte sehr, bitte sehr!«

»Möge der Saal sich beruhigen! Und der Herr Truchseß soll wiederholen, was er gegen den Mundschenk gesagt hat – wer dann als erster losschreit, wird der Schuldige sein!«

Einige belachten den Vorschlag. Inmitten der Verwirrung und des Tumults begann Marschall Mniszech, bestürzt über das Aussehen Brühls, über seine offensichtliche Qual, die Abgeordneten abzulaufen und sie zu beschwören, sich zu beruhigen und den Schwager zu schonen. Jemand von der Familia sah, wie er sich durch den Saal hindurchwand, und sofort wurde geschrien: »Fort mit Mniszech! Was macht hier der Marschall? Hier ist nicht der Ort für Intrigen und Ränke!«

Die Säbel bebten noch in den Händen so mancher, und alle Augenblicke wiederholten sich die Rufe: »In Stücke hacken, fortjagen! Vor die Tür gesetzt! Fort mit dem Deutschen!« Einige Abgeordnete, die die Dinge weniger ernst nahmen, erlaubten sich Spötteleien.

»Hetz ihn, ha! Hetz ihn, ha!« riefen sie wie bei einer Hetzjagd mit Windhunden.

Das Gesicht des alten Małachowski, im Wechsel blaß und blutrot, drückte tiefen Schmerz aus, Tränen rollten ihm aus den Augen, der zitternden Hand drohte der Marschallstab zu entgleiten.

313

»Marschall«, flüsterte, an ihn herantretend, Mniszech, »wenn
Ihr nicht wollt, daß Blut vergossen wird, vertagt die Sitzung, das
ist die einzige Rettung.«

Małachowski besaß nicht die Kraft, die Wütenden zu besänftigen, er weinte und wischte sich die Tränen ab. Seine Augen sahen wohl bei dieser Sitzung die ferne Zukunft, wie sie sich bisweilen alten Menschen offenbart.

Noch brodelten die Leidenschaften, keiner wollte als erster
nachgeben, so wie auch keiner den entscheidenden Schritt zu tun
wagte. Man maß einander mit Blicken, forderte einander mit
Worten heraus, in den Herzen kochten unterdrückte Drohungen. Da hörte man den dreimaligen dumpfen Schlag des Marschallstabes. Die Sitzung ward auf den nächsten Tag verschoben.
Die Kammer nahm das Urteil schweigend an, es stellte beide Seiten zufrieden. Niemand wünschte in Wahrheit ein Blutvergießen,
die Familia, welche für dieses Mal scheinbar siegreich hervorge-
gangen war, hoffte mit ihrer dreisten Herausforderung, den König und den alten Brühl zum Rücktritt zwingen. So glitten denn
die restlichen Säbel zurück in die Scheide, und die dem Ausgang
zunächst Stehenden eilten hinaus in die Stadt und trugen die
unterschiedlichst gefärbten Berichte über das Geschehen, dessen
Fortgang am folgenden Tag zu noch schlimmeren Ausbrüchen
führen konnte, unter die Menschen.

Die Radziwiłłs, die der Tür am nächsten waren, traten als erste ab. Auf dem Gesicht des Herrn Woiwoden, der bereits den
Titel trug, um welchen hier noch gestritten werden sollte, malte
sich düsterer Zorn. Er fühlte sich erniedrigt und schuldig. Seine
Lippen bebten, er schnaufte, und Schweißtropfen traten ihm auf
die breite Stirn.

»Bis morgen, liebwerter Herr«, brummte er. »Bis morgen *ad
videndum*, erst das gute Ende macht alles gut!«

Brühl, vor Ärger und Qual halb tot, wurde aus dem Saal ge-

314

führt, und zurück blieb die Familia, deren Anhänger lachend und spöttelnd triumphierten, erfreut über den gewonnenen Platz.

Allein der Herr Truchseß, welchem man zu seinem kühnen Auftritt gratulierte, schien über denselben wenig beglückt, seine Haltung drückte gleichsam Beschämung aus. Jetzt, da ausgeführt war, was man ihm aufgeladen und was er vorschnell auf sich genommen hatte, empfand er allzu deutlich, daß er eine seinem Wesen ungemäße Rolle gespielt hatte und welchen Haß, Rachedurst und unstillbaren Zorn er damit auf sich ziehen mußte. Dieser Sieg eines Tribuns und der Lärm, dessen Urheber er war, demütigten ihn geradezu. Die Säbelfechterschlachta, die er anführte, dünkte ihn seltsam barbarisch.

»Euer Liebden«, sprach er leise zu dem neben ihm stehenden Fürsten Adam und wischte sich dabei ebenso wie die Gegner den Schweiß von der müden Stirn, nur eben sehr elegant mit einem zarten Batisttüchlein, »alles das mag für den gnädigen Herrn Żudra nett und vergnüglich sein, ich hingegen finde es höchst trist und trivial. Die Leidenschaften aufzuwiegeln ist leicht, sie zu beschwichtigen indessen schwer, und die Folgen vermag niemand zu übersehen. Ein unglückseliges Land, wo in einem solchen Sud Recht und Gesetz gekocht werden!«

Der Fürst zuckte die Achseln, möglicherweise war er ähnlicher Meinung, die beiden sahen einander schweigend an.

»Dieser Brühl tut mir leid«, versetzte Fürst Adam. »Wie ich hörte, soll er hübsche Komödien schreiben, hier aber bewirtet man ihn mit einer Art Tragödie.«

»Brühl tut mir überhaupt nicht leid«, erwiderte der Truchseß. »Vielmehr ich mir.«

Er seufzte.

Unterdessen geleitete Żudra jene Männer, die unter seinem Kommando so gut ihre Rolle gespielt hatten, irgendwohin in ein Klosterrefektorium zum vorbereiteten Mittagsmahl. Sie hatten es verdient, sich die ausgedörrte Kehle zu befeuchten und die im Dienst für den Fürst-Kanzler verausgabten Kräfte zu regenerieren.

Sieger und Besiegte, ausgenommen die Komparsen, derer man sich bediente, fühlten es wohl, daß der Kampf erst begonnen hatte, die Würfel waren gefallen, jedoch entschied der vorübergehende Sieg noch nicht über den Ausgang.

Die Kutschen verließen das Schloß, die Fußgänger verliefen sich, laut darüber debattierend, wer als erster zum Säbel gegriffen habe, und in der Stadt verbreitete sich Schrecken, welcher verhieß, daß es bei dem jetzigen Reichstag ohne Blutvergießen nicht abgehen konnte.

Fürst Karol, kaum daß er den Saal verlassen hatte, raunte einem seiner Leibgardisten zu: »Liebwerter Herr – morgen müssen fünfhundert Säbel hier sein, und wenn's mit dem Teufel zu besorgen wäre. Es geht um die Ehre des Radziwiłłschen Hauses. Habt Ihr gehört? Und wenn Ihr die Toten aus dem Grab zum Appell rufen müßtet. Wir werden noch sehen, wer die Oberhand behält. Diese elenden Deutschen, mit Verlaub, haben auch mich zum Narren gemacht! Na, liebwerter Herr, es reicht!«

Die sechsspännige Kutsche rollte zum Radziwiłłschen Palais, und die Boten schwärmten sofort aus, um alles, was Beine hatte, für den morgigen Tag zusammenzutrommeln.

Die Familia wußte genau, daß sie in ein Wespennest gestochen hatte, aber zwischen diesem Tag und dem folgenden lag eine Nacht, gab es Bedenkzeit für alle, und vom König wußte man, daß er ein Blutvergießen fürchtete und ein solches abzuwehren suchte. Auf seine Fügsamkeit, auf eine Verständigung mit Brühl rechnete man beinahe sicher, niemand täuschte sich darin, daß die eine Partei heute alle Kräfte aufgeboten hatte, während von der anderen lediglich ein Bruchteil zum Kampf angetreten war. Der folgende Tag konnte die Lage von Grund auf verändern.

Der litauische Truchseß spürte dies deutlicher als die anderen, und ziemlich bedrückt verließ er den Saal in dem Augenblick, da die schöne Frau Sołłohubowa in die Kutsche stieg. Er wollte an das Fenster treten, aber das Fenster und auch der Vorhang schlossen sich vor ihm, und eilig fuhr der Wagen vom Hof.

Dafür wird Brühl mir bezahlen, schwor er sich im stillen. Warum reizt mich diese Frau so und zieht mich so an? Wohl nur weil sie mich abweist. Eine einzige solche Niederlage macht alle Triumphe zunichte.

VIII

Als sich auf dem Schloß die Schlachta und die Abgeordneten versammelten, um einen Kampf auszufechten, beschloß Herr Hetman Branicki, nachdem er sich bedacht und Mokronowskis Rat eingeholt hatte, ebenfalls einen energischen Schritt in der Angelegenheit zu unternehmen und zu versuchen, ob es nicht gelingen könnte, die Verfeindeten zu versöhnen, einander anzunähern und so den für Polen höchst bedrohlichen Folgen eines Kampfes zuvorzukommen. Er fand, eben dies sei die Pflicht eines Mittlers *intra potestatem et libertatem*. Er setzte sehr auf seine Autorität als Hetman, auf die Wirkung seiner Redekunst, auf die Notwendigkeit der Beruhigung, die beide Seiten spürten, auf Zugeständnisse, welche Brühl machen konnte, um den Groll der aufgebrachten Familia zu mildern. Auch glaubte er, daß die Familia sich mit Kleinerem beschwichtigen ließe, daß sie von ihren allzu großen Forderungen auf erträgliche herabsteigen würde.

Der Hetman folgte damit dem Wunsch und Willen Augusts, welchen allein die Nachricht, daß es zum Bürgerkrieg und zum Gebrauch der Waffen kommen könnte, in Angst und Schrekken versetzte – der König war seinerseits zu jeglichen Zugeständnissen bereit, um nur den Frieden zu wahren.

Seine Majestät aber machte die Rechnung ohne Brühl. Der allmächtige Minister hegte andere Absichten, Pläne und Gefühle. Beinahe freudig hätte er ein Blutvergießen begrüßt, wenn es ihn nur von der Familia befreit hätte, welche die Vorherrschaft anstrebte und nach ihrem Willen schalten und walten wollte. Brühl wagte es nicht, sich dem König zu widersetzen, er schwieg und suchte die Majestät zu beruhigen, doch war klar, daß er in nichts von seinem Plan abzulassen gedachte und höchstens andere Mittel zu dessen Verwirklichung wählen würde.

Hetman Branicki, von dem Wunsch getragen, in letzter Sekunde die Rolle des Schlichters zu spielen, lud in höflichen Briefen eine kleine Zahl von Personen zu sich ein, welche höchste Stellungen bekleideten. Darunter nahm natürlich der Minister Brühl den ersten Platz ein, gefolgt von den beiden Fürsten – dem Kanzler und dem ruthenischen Woiwoden.

Es waren dies so gegensätzliche Elemente, daß sie bei der ersten Berührung miteinander explodieren konnten, wenn der Hetman nicht gewußt hätte – und darauf zählte er –, daß sie in Gegenwart Fremder gezwungen sein würden, sich zurückzuhalten und das Dekorum zu wahren und daher heikle Fragen nicht anzutasten. So rief er denn zu dem Mittagsmahl auch die Gesandten fremder Großmächte sowie ein paar in Warschau weilende Ausländer hinzu. Die richtige Auswahl gab ihm die Gewähr für einen friedlichen Verlauf des Essens und dafür, daß die danach unter seiner Mittlerschaft anberaumte Konferenz zu einer Verständigung führen würde. Mokronowski stimmte dem Hetman in seinen Absichten zu, obgleich er sich weniger als dieser davon versprach.

Unter dem Ansturm der Dinge hatte man nur vergessen, den Rat der Frau Hetmanin in dieser Angelegenheit einzuholen, erst ein wenig spät erhielt sie die Nachricht von dem geplanten Mittagessen und dem geladenen Personenkreis.

Die schöne Frau fühlte sich geradezu gekränkt, sie befahl sofort Mokronowski zu sich. Sie saß in ihrem Boudoir und erwartete ihn ungeduldig, starrte auf die Tür, während ihr zarter Fuß auf den Boden trommelte. Als Mokronowski endlich lächelnd erschien, das weiße Händchen anmahnend, welches ihm gewöhnlich wohlwollend entgegengehalten wurde, zog die Frau Hetmanin dasselbe jetzt fast zornig zurück, und ohne Mokronowski zu Wort kommen zu lassen, rief sie, die zarten Brauen bedrohlich runzelnd: »Ich bitte Euch, General, was habt Ihr da wieder mit dem Hetman ersonnen? Es hätte sich wohl gehört, mich zumindest wegen der Personen zu befragen, die Ihr zu einem Essen ladet, bei welchem ich mich als Hausherrin zu Tisch setze!«

Mokronowski war verwundert.

»Ja, was ist denn so Schreckliches geschehen?« fragte er. »Die Liste mit den Personen hat man Euch doch geschickt?«

»Ja. Und Brühl steht dort an erster Stelle.«

»Ihn zu umgehen wäre unmöglich gewesen.«

»Und mir ist es genauso unmöglich, mit ihm höflich und freundlich zu sein«, versetzte die Hetmanin. »Vergeßt nicht, daß ich zur Familia gehöre, daß ich das Unrecht spüre, welches man meinen Onkeln angetan hat, daß ich eine Frau bin und das, was meine Verwandten schweigend ertragen, mir tief zu Herzen geht, ich kann es nicht verbergen.«

Mokronowski zeigte sich verlegen.

»Es war die Idee des Herrn Hetman.«

»Ihr aber hättet ihn auf die Ungereimtheit hinweisen sollen. Er hegt die Illusion einer Übereinkunft, dabei kompromittiert er sich selbst und bringt mich in eine solche Lage.«

»Bitte vergebt mir, Gräfin«, sagte Mokronowski sanft und in schmeichelndem Ton. »Ich bin wahrhaft unschuldig, der Herr Hetman wollte es unbedingt, und alles ging so schnell.«

»Möglicherweise werde ich also nicht bei dem Essen dabeisein«, erklärte Gräfin Izabella.

»Das hätte die betrüblichsten Folgen, denn gerade auf Eure Gegenwart zählt der Hetman, darauf, daß sie die Verfeindeten von einem Ausbruch zurückhält.«

Die Hetmanin zuckte die Achseln.

»Ich soll Euch also bei Euren Kabalen als Werkzeug dienen.«

Mokronowski stand in der Haltung eines Schuldigen vor der schmollenden Dame, noch immer das weiße Händchen erflehend, bis schließlich der Zorn der Gräfin auf den Gatten umschwenkte – der General erhielt die Fingerchen zum Kuß und ein stummes Verzeihen.

Die Gräfin sah aus dem Fenster, ihr Antlitz nahm den Ausdruck eines Opfers an, etwas Iphigenienhaftes, was dasselbe erhabener machte und sentimental.

Mokronowski küßte noch ihre Hand, als sie ihm zuflüsterte: *»Allez-donc, et demandez au comte qu'il vienne me voir.«*

Mokronowski, glücklich über diese Wendung, ging eilig hinaus.

Die Aufforderung der Hetmanin war etwas so Unübliches, daß sie den Hetman verblüffen mußte, so sehr war er seit langem daran gewöhnt, seiner Gattin nur im großen Salon in der Gegenwart von Gästen zu begegnen. Es fiel Branicki nicht leicht, sich von seinen Beschäftigungen loszureißen, zumal er es nicht liebte, davon abgelenkt zu werden.

Nicht so bald denn auch sah die kein Warten ertragende Gräfin feierlich die Tür aufgehen und mit französischer Galanterie den Gatten eintreten, der sich, ohne das verfinsterte Gesichtchen zu beachten, heiter nach dem Befinden erkundigte.

»Ihr seht aus wie eine Rose«, sagte er. »Heute aber eher mit Dornen. Mokronowski hat mir verkündet, daß Ihr Eurem treuen Diener zürnt. *Est-ce possible.«*

Das Gespräch wurde wie fast immer auf französisch geführt.

»Aber ja, es ist nicht nur möglich, sondern höchst wirklich!« rief die Gräfin. »Ihr befehlt mir, den alten Brühl zu ertragen, in einem Augenblick, da ich ihn am meisten verabscheue, und indem Ihr mir ohne mein Wissen eine lächerliche Rolle zuweist, wollt Ihr, daß ich dieselbe wie eine Sklavin in Demut übernehme!«

Der Hetman hörte sich den Ausbruch an und setzte sich ruhig nieder.

»*Chère comtesse*«, antwortete er. »Ihr habt bereits Mokronowski gescholten, er hat die Schuld auf sich geladen, jetzt scheltet Ihr mich, und mir Unglücklichem bleibt nichts anderes übrig, als meinerseits diese Sünde dem wahren Schuldigen aufzubürden, welcher der König ist. Der König hat das gewollt.«

»Ach so! Das heißt dann: Brühl hat es gewünscht!« versetzte die Hetmanin.

»Von mir hat es der König verlangt.«

»Ja, aber nicht von mir«, sagte die Gräfin.

»Pardon. Seine Majestät weiß den Einfluß zu schätzen, welchen Frauen auf die Besänftigung der Gemüter ausüben«, begann Branicki. »Der König hat ausdrücklich …«

Frau Branicka ruckte ärgerlich hin und her, der Hetman lachte leise, und wie unlängst Mokronowski streckte er den Arm aus, das Händchen zum Kuß erbittend, das ihm jedoch entschieden versagt wurde.

Die Gräfin schwieg eine Weile nachdenklich, dann sagte sie, ohne den Gatten anzusehen: »Ich erlaube mir nur deshalb, Euch herzurufen, Herr Graf, um Euch zu sagen, daß ich, sollte ich, eine beleidigte und verletzte Frau, es nicht vermögen, meine Gefühle zu beherrschen, und dem Minister zeigen, was ich fühle, dann bin ich nicht daran schuld!«

Der Hetman, nachdem er diesen Spruch vernommen hatte, erhob sich, er hielt es für eine Drohung, die sich nicht erfüllen würde.

»Liebe Gräfin«, sagte er. »Wenn auch die Gefühle einer Frau lebhafter sind als die unsrigen, so zähle ich doch zu sehr auf Eure

321

Weltkenntnis, auf Euer Feingefühl und Euer Verständnis für die Pflichten der Dame des Hauses, als daß ich um etwas fürchten müßte.«

Mit diesen Worten verbeugte er sich, und weil er sah, daß die Gräfin in ihrem Zorn nicht daran dachte, sich besänftigen zu lassen, fügte er hinzu: »Bis zum Mittagsmahl ist es noch weit hin, die Gereiztheit wird sich legen. Ich will nicht aufdringlich sein, jedoch rechne ich mit der schönen Hausherrin, ohne die alles verfehlt wäre.«

Er nickte dem unweit stehenden Mokronowski zu und verließ mit ihm auf Zehenspitzen das Boudoir.

Um die Mittagszeit nahmen an der üppig gedeckten Tafel im kleineren Speisesaal des Branickischen Palais die Gegner stumm ihre Plätze ein, nachdem sie einander nur von weitem begrüßt hatten und auch jetzt auf Distanz bedacht waren. Wer an Höfen geweilt hat, wo bisweilen einander feindlich gesinnte Elemente aufeinandertreffen, weiß, mit welchem Geschick Menschen der großen Welt jene zu meiden vermögen, die sie nicht sehen wollen. Brühl und die Familia waren Meister in dieser Kunst.

Der Fürst-Kanzler hatte sich den englischen Gesandten zum Gesprächspartner erwählt und trennte sich keinen Moment lang von ihm, indessen wanderte sein Blick so durch den Saal, daß er niemals, auch nicht zufällig, auf Brühls Augen traf. Der Minister spielte den Fröhlichen, mit Verve erzählte er dem Gastgeber von gänzlich abseitigen Dingen, von Wien und den Österreichern, und ignorierte die ihn umgebende Familia. Nur sein allzu aufgesetzt heiterer Gesichtsausdruck verriet die innere Unruhe.

Die Dame des Hauses erschien bei ihren Gästen mit blassem Gesicht, den Verdruß nicht verhehlend, welchen ihr die Anwesenheit des Ministers bereitete. Jedoch mußte sie in ihrem Hause höflich und liebenswürdig sein. Brühl, stets beherrscht und selbstsicher, spielte mit der Routine eines alten Mimen Fröhlichkeit und Leichtheit. Seine Gedanken flogen anderswohin, Augen und Mund aber lachten, bisweilen erbebte er, wenn sich ihm der Sejm, die Kammer, der Sohn und der Kampf lästig in Erinnerung brachten – der Kampf, über dessen Folgen er hier an diesem Ort nicht so schnell unterrichtet werden konnte. Jedes lautere Geräusch, jeder Lärm auf der Straße spiegelten sich unwillkürlich auf seinem Antlitz wider, jedoch vermochte ein fremdes Auge diese Zuckungen kaum zu erfassen. Wenn Brühl keinen Anlaß zum Lachen hatte, zeigte seine Miene die ministeriale Gleichgültigkeit eines Menschen, den nichts verwundern, nichts schrecken, nichts unterkriegen kann.

Soeben wollte man sich zu Tisch setzen, als der Hetman, der Brühl für eine Weile einem holländischen Minister übergeben und sich selbst entfernt hatte, mit freundlichstem Gesicht zu Brühl zurückkehrte und ihm zuraunte: »Wir sind alle gleichermaßen an den Ereignissen des heutigen Tages interessiert, Eure Exzellenz sorgen sich um den Sohn, ich mich um den Schwager, uns alle bewegen die Geschicke des Landes. Ungeachtet des Mittagessens habe ich daher Anweisung gegeben, uns zu benachrichtigen, sollte etwas Wichtiges geschehen.«

Der Hetman blickte fragend, der Minister verneigte sich gleichsam dankend, sagte aber kein Wort.

Auch der Fürst-Kanzler gab sich an diesem Tag bewußt heiter und spöttelnd. Er wirkte locker wie nie, es war, als ob ihn der Reichstag gar nichts anginge und der Sieg sicher wäre. Seine ein wenig laute Fröhlichkeit nahm, zu Brühl Verdruß, sogar ungewöhnliche Dimensionen an.

Als man sich zur Tafel setzte, versuchten alle, die bösen Gedanken zu verdrängen, aufreizende Gespräche zu meiden, und Williams unterhielt die Frau Hetmanin mit Anekdoten aus einem frisch aus Paris eingetroffenen Brief. Man sprach über schöne Frauen, über die Stadtchronik, den Winter, das Wetter, über die jüngsten Nachrichten aus dem Ausland, über den reichlich Gesprächsstoff liefernden preußischen König.

Friedrich hatte hier, wie sich unschwer denken ließ, keine Freunde, seine originelle Figur jedoch zog die Blicke auf sich, und die kühlen Blutes vollführten Raubzüge, jedesmal mit Zynismus erklärt, weckten eine Art Bewunderung.

Etwas Wildes, fast Barbarisches eignete diesem verschnupftabakten Helden, der jeglichem Gefühl, jeglicher Feinheit und Poesie des Lebens zu spotten schien, wo er selbst sich doch einen Poeten nennen wollte. Über ihn verlauteten eigentümliche Dinge, welche in Gänze zu erzählen die Gegenwart von Damen verwehrte.

Das Essen zog sich hin, ohne daß diejenigen, die der Hetman versöhnen wollte, einander näherkamen. Plötzlich erscholl Lärm auf der Straße, dann auf dem Hof des Palais, schließlich wurden auf der Treppe rasche Schritte hörbar.

Die Tür des Speisesaales öffnete sich, und der zum Hof des Hetmans gehörende Herr Jägermeister Turski, den der Hetman zur Kammer geschickt hatte, um vom dortigen Vorgehen zu berichten, erschien blaß, verstört und atemlos auf der Schwelle, noch so sehr erregt ob der Mitteilung, die er zu machen hatte, daß ihn nicht einmal die würdige Gesellschaft, die er hier antraf, zu rascher Besinnung zu bringen vermochte.

Der Hetman, der dies sah, stand auf und wandte sich ihm zu, und auch alle anderen bewegten sich auf ihren Plätzen, als ob sie dem Eintretenden entgegeneilen wollten und nur der Anstand sie zurückhielt.

Turski schwieg, wischte sich übers Gesicht und seufzte.

»Was bringt Ihr, lieber Turski? Sprecht«, forderte ihn der Hetman auf. »Sprecht ohne Umschweife.«

Der Jägermeister wischte sich noch immer die Stirn und räusperte sich, er konnte kein Wort herausbringen. Die Ungeduld aller Anwesenden indessen wuchs. Die Frau Hetmanin, temperamentvoller als die anderen, maß den Boten mit beinahe zornigem Blick, der aber schaute umher, und da er Personen der gänzlich entgegengesetzten Lager und gar noch deren Anführer bemerkte, wurde er immer mutloser und wußte nicht, wie er seine Rede formulieren sollte.

Der Hetman schien dies zu begreifen.

»So sprecht doch«, forderte er ihn auf. »Sagt einfach, wie die Dinge dort stehen, die ganze Wahrheit.«

Turski war eher der Familia zugeneigt, Brühl aber und die ausländischen Gesandten imponierten ihm. Jedoch besaß er keinen höfischen Schliff und wußte seine Worte nicht zu setzen.

»Na ja«, sagte er. »Es gibt was zu berichten.«

Die Tafelrunde schwieg und lauschte.

»Nachdem der Herr Marschall den Sejm eröffnet hatte, wurde nicht zugelassen, daß es zur Wahl eines neuen Marschalls kam, man hat verlangt, daß der Herr Mundschenk Brühl die Kammer verläßt, als ein Nichtadliger.«

Der Minister, bis dahin in recht ruhiger Verfassung, wurde bleich, er beugte sich auf dem Stuhl vornüber und saß so da, auf die Armlehne gestützt.

Der Hetman sah dies und verlangte leise: »Kurz und bündig, die Fakten.«

Der Jägermeister verstand und schwieg.

»Tja«, fuhr er fort, »was soll ich lange erzählen, gnädiger Herr. In dem Augenblick, als ich die Kammer verließ, gerade da zogen beide Parteien die Säbel. Im Hinausgehen habe ich nur das Klirren gehört und die Schreie, und draußen auf dem Hof wurde schon erzählt, daß Blut geflossen und es zum Kampf gekommen sei, weil der Grimm so groß ist. Unser Herr Truchseß hat nicht zugelassen, daß der Sejm begann, auch der Marschall durfte nicht gewählt werden, die halbe Kammer rief: ›Fort mit den Brühls!‹«

Der Hetman machte Turski ein Zeichen, aber es war schon zu spät. Brühl sprang von seinem Platz auf und schleuderte die Serviette hin. Seine Augen flammten, die Lippen bebten. Die Hetmanin, bleich wie Marmor, maß ihn aus ihren ebenfalls brennenden schwarzen Augen mit haßerfülltem Blick. Branicki stand düster da. Turski, unsicher, ob er weitersprechen sollte, verstummte jäh. Unterdessen trat der Minister, in welchem Zorn und Stolz obsiegten, in einem leidenschaftlichen Ausbruch von der Tafel zurück. Ihm gegenüber saß der Fürst-Kanzler. Brühl wies auf ihn.

»Meine Herren«, rief er ungestüm, »nehmt Ihr mir die Ehre, so nehmt mir auch das Leben!«

Bei diesen Worten riß er seine Weste über der Brust auf und maß den Kanzler mit drohendem Blick. Der jedoch legte, anscheinend ungerührt, langsam die Serviette auf den Schoß und stocherte sich mit einer kleinen Goldfeder, ein Auge zukneifend, in den Zähnen. Womöglich eher auf einen solchen Fall vorbereitet, nahm er dessen Folgen gleichmütiger hin. Sein Mund verzerrte sich ironisch.

»Wir? Wir?« sagte er, die Worte dehnend. »Wir benötigen weder die Ehre Eurer Exzellenz noch das Leben. Wir verlangen nur Gerechtigkeit von Seiner Majestät. Dieselbe wurde uns versagt, und einmal angegriffen, wehren wir uns, wir sind nicht so schwach, um uns mit Füßen treten zu lassen.«

»Heute werft Ihr mir diesen Euren polnischen Adel vor«, erwiderte Brühl unter noch wachsendem Zorn. »Dabei habt Ihr ihn mir verliehen, Ihr habt darauf hingearbeitet.«

»Wir?« fragte der Fürst-Kanzler. »Wir? Das wäre ein allzu schmeichelhaftes Urteil über unsere schwachen Kräfte. So viel haben wir nun wieder nicht zu tun vermocht. Wahrlich, weder wir noch unsere Familia, noch die Gerichtshöfe, noch sonst jemand auf der Welt könnte einen polnischen Adelstitel verleihen, und Ihr besitzt ihn nicht, solange ihn die Rzeczpospolita nicht auf dem Reichstag anerkannt hat.«

»Meine Herren, etwas Ruhe!« unterbrach der Hetman entschieden. »Um diese Fragen zu prüfen, braucht es kaltes Blut. Eure Exzellenz, bitte sehr« – er sah Brühl an, der am ganzen Körper zitterte –, »der Fürst-Kanzler beliebt ...«

Der Kanzler saß ruhig da, ohne sich zu rühren.

»Bittet Seine Exzellenz um das kalte Blut«, versetzte er. »Ich bin, wie Ihr seht, ganz still und ergeben. Wir sind nicht die Anstifter zu dem Streit auf dem Reichstag, auch nicht zu dieser unverdaulichen Episode bei einem guten Mittagessen, wir, wir – wie ich schon sagte, wehren uns nur. Schuld ist, wer angreift.«

»Wer greift an!« rief Brühl. »Wir?«

»Niemand anders«, bestätigte, sich in das Gespräch einmischend, der ruthenische Woiwode, der bisher geschwiegen hatte. »Mein Bruder hat völlig recht, wir wurden gekränkt und angegriffen. Ihr habt es auf unsere Bedeutung in der Rzeczpospolita abgesehen, Ihr wünscht unseren Fall, verlangt unser Verderben!«

Während dieses Streites, den die am Tisch sitzenden Gäste erstaunt und schweigend mit anhörten, hatte der Hetman keine Zeit gehabt, seine Frau anzusehen, deren Gesicht bald vor Zorn erbleichte, sich vor Ungeduld in Falten legte und bald vor Gereiztheit sich wieder rötete. Jedes Wort ihrer beiden Onkel steigerte die gefährliche, mit einem Ausbruch drohende Stimmung. Der Gatte hätte einen solchen womöglich noch verhindern können, hätte er, was sich dort anbahnte, beizeiten bemerkt.

»Euer Liebden, meine Herren!« rief Brühl, an die beiden Brüder gewandt. »Ich weiß nicht, wer von uns sich hier einen undankbaren Verräter nennen kann, aber so viel weiß ich, daß Seine Majestät der König, dessen Willen ich auszulegen habe, berechtigt ist, sich über die mit Gunst Überschütteten zu beklagen, welche ihm dieselbe mit immer größeren Forderungen und immer härterem Widerstand vergelten!«

Die Hetmanin hob den Kopf.

»Dort vergießt man vielleicht schon unser Blut!« schrie sie, sich nach Frauenart in das Gespräch drängend. »Und es fällt auf niemand sonst denn auf Euch, Herr Minister!«

Brühl, als er die Stimme hörte, schwieg verwirrt; ein Krieg mit einer Frau, das war etwas Unmögliches. Er preßte die Lippen zusammen und blickte zur Decke hinauf. Die Hetmanin indessen ließ sich immer mehr hinreißen, und auf nichts achtgebend, weder auf den Gatten, der ihr Zeichen machte, noch auf das Erstaunen der Anwesenden, noch auf die Gesetze der Gastlichkeit, fuhr sie mit sich steigernder Heftigkeit fort: »Exzellenz, Herr Minister, Ihr seid die Ursache nicht nur dieses Vorfalls, der den Reichtagssaal womöglich mit Blut besudelt und unser Polen in einen Bürgerkrieg stürzen kann, sondern all unseres Unglücks. Wir lassen uns nicht zermalmen, hinter uns steht die Mehrheit der Rzeczpospolita, wir dulden keine Demütigung! Bei der letzten Verteilung königlicher Gnaden hat man uns mit Vorbedacht umgangen, man wollte uns damit schmähen, aus unserer Stellung stoßen. Wer hat das getan? Der König? Aber Seine Majestät tut das, was Seine Exzellenz ihm gestattet. Das weiß jeder. Ihr habt den unseligen Monarchen unter Kuratel genommen, habt Sachsen hübsch gelenkt, aber unser Land ist auf diese Art nicht zu führen!«

Ihre Stimme zitterte, während sie sprach, und versagte schließlich vor Zorn, ihre Worte jedoch, nach Frauenart allzu scharf, hatten jene Sperre durchbrochen, welche Brühl bisher vor heftigeren Angriffen geschützt hatte. Kaum war die Hetmanin verstummt und erschöpft auf ihrem Stuhl zusammengesunken, meldeten sich fast gleichzeitig der Kanzler und der Woiwode zu Wort.

»Wie wahr!« rief der Letztere. »Unsere Rzeczpospolita ist nicht

Sachsen! Ihr habt es nicht mit deutschen Raubrittern* zu tun, sondern mit der ritterlichen polnischen Schlachta, der die eigene Ehre teuer ist, und in uns, vergeßt das nicht, fließt ein Blut, das uns den Thronen nahestellt. Glaubt nicht, der Kampf könnte ein leichter sein und eine Unterdrückung möglich.«

Der Hetman schlug den Fürsten auf den Arm, es war die Bitte, aufzuhören. Dies geschah in seinem Haus, es ging ihm nahe, aber es war schwer, die Ergrimmten zu bremsen. Als der Woiwode verstummt war, brauste der Kanzler spöttisch auf: »Ihr habt es gewollt, Herr Minister, da ist es nun, was Ihr selbst heraufbeschworen habt. Nicht wir, sondern Ihr selbst habt Euch die Ehre genommen, Ihr bringt Euren Sohn in Gefahr. Der Kampf mit uns wird kein leichter sein.«

Der Hetman wußte schon nicht mehr, wen er bitten und beschwichtigen sollte, als Brühl, den allein die Heftigkeit des Angriffs zu scheinbarer Abkühlung zwang, sich über die Stirn strich und eine kalte und spöttische Miene aufsetzte, die jedoch nichts Gutes ahnen ließ. Er wandte sich an die Hetmanin.

»Ich muß Euch um Verzeihung bitten, Gräfin«, sagte er mit hochmütiger Verbeugung. »Dafür, daß ich den Frieden Eures Hauses gestört habe und für Euch selbst Anlaß gewesen bin zu einem Auftritt, wie er einer Gastgeberin einem Gast gegenüber peinlich sein muß. Mir bleibt nichts anderes übrig, als mich von einer Gesellschaft zu verabschieden, in der mir nur Schmähungen widerfahren.«

Der Hetman trat mit gefalteten Händen auf ihn zu. Brühl suchte nach seinem Hut. Alle verstummten für eine Weile.

»Meine Herren«, sagte dann der Minister zu den verlegen dasitzenden ausländischen Gesandten. »Ich vermute, Ihr werdet geruhen, mich in mein Haus zu begleiten, wo wir mit mehr Ruhe ein bescheideneres Mittagsmahl werden zu uns nehmen können.«

* Im Original deutsch.

329

Die Gesandten brachen sofort auf. Der Schritt des Ministers vermochte die Anführer der Familia und ihre Parteigänger nicht zu mäßigen. Brühl hatte den Speisesaal schon verlassen, ohne sich nach dem ihn geleitenden Branicki umzusehen, als hinter ihm gerufen wurde: »Das Blut, das vergossen wird, fällt auf Euer Haupt! Fort mit den Brühls!«

Unter solchen Rufen verließ der Minister mit seinen Begleitern das Palais des Hetmans, und weil die Kutschen erst zu einer späteren Stunde kommen sollten und nicht auf dem Hof waren, mußte Brühl zu Fuß gehen. Kaum hatte er das Tor durchschritten, umgab ihn die sich vom Schloß her über die Stadt ergießende Menschenmenge. Zufällig stieß er auf das von Żudra angeführte Häuflein der Familia, welches Brühl erkannte und, noch ergrimmt von der Szene beim Reichstag, ihn mit spöttischen Zurufen begrüßte. Ein Rückzug oder ein Ausweichen waren nicht möglich, und nur die Anwesenheit der ausländischen Gesandten sowie einiger ihrer Diener vermochte den Minister vor größeren Unannehmlichkeiten zu bewahren. Ein herrenloser Wagen, gewaltsam zum Halten genötigt, brachte Brühl zu seinem Palais, wo die sächsischen Wachen und ein großer Hof ihm Sicherheit gewährten.

Die Brühl begleitenden Gesandten verabschiedeten sich an der Tür. Der Augenblick bedurfte des Nachdenkens und des Alleinseins, Brühl war blaß, jedoch bereits gefaßt und besonnen nach den jüngsten Erschütterungen, und ohne die ihm entgegendrängende Dienerschaft auch nur anzusehen, schritt er geradenwegs in sein Kabinett. Dort empfing ihn ein unerwarteter Anblick. Sein Sohn lag, nachdem er soeben erst von der Kammer zurückgekehrt war, halbtot auf dem Sofa, blaß, die Kleidung aufgeknöpft und so in sich versunken, daß er den eintretenden Vater nicht gewahrte. Der Minister mußte ihn erst am Arm berühren, um ihn aus der Erstarrung zu lösen. Der Mundschenk erhob sich langsam, rieb sich mit beiden Händen die Augen, fuhr sich über die Stirn, um zu sich zu kommen, während der Vater vor ihm stand, fast wie ein Schuldiger.

»Was ist mit dir, Alois?« fragte er.

»Ich spüre kaum, daß ich am Leben bin«, antwortete der Gefragte mit dumpfer Stimme. »Ich habe furchtbare Stunden hinter mir. Das Geschrei dieses Mobs dröhnt mir noch in den Ohren, ich sehe die erhobenen Waffen, vor mir zucken die Räubergesichter auf. Man hat mich zerstücken wollen.«

Der Mundschenk zitterte.

»Besitzt du so wenig Mut?« warf der Minister leise ein.

»Ach, ginge es dort nur um ritterliche Tapferkeit!« rief Alois. »Wenn man mit der Waffe in der Hand kämpfen könnte, aber so dazustehen wie am Pranger, Beschimpfungen anhören zu müssen und sich nicht rächen zu können, Vater, das ist schrecklich!«

Er ließ sich auf das Sofa zurückfallen und bedeckte das Gesicht mit den Händen.

»Es geht über die Kräfte«, fügte er hinzu. »So etwas darf man nicht verlangen.«

»Alois«, entgegnete der Vater. »Sich als Geschlagener zurückzuziehen erlaubt die Ehre auch nicht.«

»Also soll man es zum Blutvergießen kommen lassen?« rief der Mundschenk. »Heute hat nur noch Małachowskis Geistesgegenwart ein Gemetzel verhindert, er hat die Sitzung vertagt, aber morgen, morgen kann diese Leute nichts mehr aufhalten.«

Der Minister schwieg.

»Wir werden sehen«, sagte er. »bis morgen ist noch viel Zeit. Aber waren wir denn nicht die Stärkeren?«

»Wir waren nach der Zahl und in jeder Hinsicht schwächer. Die Radziwiłłschen hatten sich schlecht eingeschätzt. Fürst Karol ist verzweifelt. Aber was bedeutet uns die Streitmacht! Noch eine solche Sitzung, lieber Vater, und sogar wenn mich niemandes

Säbel berührt, ich fühle mich nicht imstande, die Schmähungen des Gesindels zu ertragen. Nein, dazu bin ich nicht geschaffen. Zur Arbeit, ja! Befiehl mir zu tun, welche du willst, zum Kampf, ja, und sei es ein verzweifelter, ungleicher, aber nicht zu solch schandbarem Auftritt, nicht zu diesem Pranger, zu dem du mich hast hinschleifen lassen. Hab Erbarmen mit mir! Solch eine Qual kannst du mir mit nichts vergelten.«

Brühl umarmte den Sohn.

»Beruhige dich doch, du bist im Fieber, es wird nicht lange dauern, schlimmstenfalls eine Sitzung lang. Du wirst es für mich tun. Mußt sie durchstehen. Die Freunde werden um dich sein, und danach ...«

Er senkte die Stimme und fügte versonnen hinzu: »Brechen wir den Reichstag ab!«

Es wurde an die Tür geklopft, jemand verlangte mit lauten Worten Zutritt. Der Sekretär des Ministers meldete den Fürsten-Woiwoden, der, ohne abzuwarten, sogleich hereinstürzte. Fürst Karols stark gerötetem Gesicht war noch die Empörung anzusehen.

»Erlaubt, Herr Minister, liebwerter Herr, auch wenn ich aufdringlich bin, aber ich mußte herkommen und Euch berichten. Heute haben wir uns nicht mit Ruhm bedeckt, das stimmt. Man hat mich getäuscht, wir waren zu wenig, morgen bei Tagesanbruch werden meine Leute den Saal besetzen, dreihundert Säbel sind mir sicher, wenn nicht mehr. Wir werden der Familia aufwarten ... Wenn sie Blut haben will, soll sie es haben, wir knausern nicht!«

Brühl drückte seine Hand.

»Ich hoffe, daß es dazu nicht kommen wird«, sagte er leise, mit einem heimlichen Seitenblick auf seinen Sohn.

»Aber ich hoffe darauf und bitte den Herrgott, daß es dazu kommt«, versetzte Radziwiłł. »Der Sieg ist meiner. Wozu sich

332

mit Worten hauen und einander Halunken und Schelme vor
Augen führen! Das ist nicht Schlachta-Manier, liebwerter Herr!
Sich schlagen, das ist recht, denen ordentlich das Fell gerben, da-
mit sie sich nicht mehr mucksen.«

Der Mundschenk schwieg verwirrt.

»Ihr, Herr Mundschenk«, fuhr Radziwiłł fort, »liefert denen
den Vorwand, Euch die Schlachta-Zugehörigkeit abzusprechen,
nämlich Euch sieht man an, daß Euch in unserm Lärm und
Getümmel nicht wohl ist, wir dagegen, liebwerter Herr, fühlen
uns darin wie der Fisch im Wasser.«

Radziwiłł lachte laut und vergnügt.

»He!« rief er. »Morgen wird alles gutgehen, wie geschmiert,
dafür bürge ich. Auf einen Radziwiłł ist Verlaß. Bitte, Herr
Mundschenk, kommt mit mir, ich selbst bringe Euch hin, und
ich selbst stehe mit meinem Kopf für Euch ein.«

Der Minister dankte verlegen, Herr Alois lächelte schmerzlich.

»Ob ich mich jetzt draußen zeigen kann?« fragte er. »Ich
möchte gern nach Młociny fahren. So, wie man mir auf dem
Schloß gedroht hat, könnte man mich auch auf der Straße zerstücken.«

»Aber woher, liebwerter Herr!« erwiderte der Woiwode. »Dieselben, die beim Sejm so geschrien haben, werden sich draußen
vor Euch verneigen. Man muß dieses Volk kennen, liebwerter
Herr. Das krakeelt gern, aber einen Wehrlosen angreifen, da sei
Gott vor! Das ist ein ehrbares Völkchen, nur manchmal juckt
ihm die Zunge und auch die Hand.«

Da ein Gespräch nicht recht in Gang kam, schickte sich der
Woiwode zum Aufbruch an.

»Alsdann, meine Ehrerbietung«, sagte er. »Und morgen bitte
ich Euch, mit mir zu kommen, Herr Mundschenk, heute wird
sich derlei nicht wiederholen, dafür bürge ich und gebe mein Wort
drauf, es wird ganz anders sein.«

Gerade hatte Radziwiłł das Kabinett verlassen, als andere Besucher gemeldet wurden, zum Teil aus dem Reichstagssaal kommende oder aber von den in die Angelegenheit verwickelten Hauptpersonen geschickte. Das Vorzimmer, der Salon, die Kanzlei, die Freitreppe waren voller Menschen, und unter ihnen wurden so lebhafte, lärmende Gespräche geführt wie noch kürzlich auf dem Schloß. Nicht nur in Brühls Palais, sondern in der ganzen Stadt herrschte diese von den Sejm-Teilnehmern und den Arbitern auf die Straße übertragene Verwirrung. In den Weinstuben und Garküchen gerieten die Leute aneinander, man drohte mit den Säbeln und lieferte sich erbarmungslose Zungengefechte.

Der Minister, der im Hause des Hetmans für einen Augenblick die Beherrschung verloren und seinem Ärger unnötig Luft gemacht hatte, hielt sich seinen Jähzorn jetzt bitter vor. Wieder abgekühlt, beriet er sich nun, erteilte Befehle, und da keine Zeit zu verlieren war, eilte er, nachdem er mehreren seiner Parteigänger noch Bemühungen für den nächsten Tag aufgetragen hatte, zu Seiner Majestät, um dem König die Dinge in einem Lichte zu schildern, in welchem er dieselben zu sehen wünschte.

Der junge Brühl unterdessen, erschöpft und niedergeschlagen, hieß eine Kutsche vorfahren, welcher der Vater insgeheim sechs Soldaten aus der Reitergarde des Königs beibeordert hatte, und brach nach Młociny auf.

Hier allein herrschte tiefster Frieden. Die Mundschenkin bestickte eine Albe, und die Französin unterhielt sie auf ihre Art. Hier wußte man kaum, was auf der Welt geschah. Die neugierige Dumont hatte zwar Godziemba ausgeforscht, den sie für sich gewonnen hatte, jedoch wagte sie nicht, Frau Brühls Ruhe unnötig mit Gerüchten zu stören, bevor es nicht einen Anlaß gab, die Zunge zu lösen. Sie war sich zudem sehr sicher, daß der Minister und der König siegen und die Stänkerer ins Mauseloch verjagen würden. So standen die Dinge in Młociny, als zunächst Godziemba, müde, blaß und verärgert, heimkehrte, welcher Brühl in der Seele gut war und sich dessen Angelegenheit sehr zu Herzen nahm, kurz darauf fuhren beide Sołłohubs vor, und erst danach hörte man den schweren Trab der Gardesoldaten, die den Mundschenk im Abstand begleiteten, und Brühls Kutsche, in der er eher lag als saß, näherte sich der Auffahrt des Schlößchens. Hier empfing der brave Sołłohub den Freund und schloß den Aussteigenden in die Arme.

»Du mein armer Brühl!« rief er. »Oh, wie tust du mir aufrichtig leid!«

Gemeinsam, einander umarmend, betraten die Freunde den Salon, in welchem die Damen sie erwarteten.

IX

Die Sołłohubowa war sogleich nach ihrer Ankunft, noch erhitzt und empört, zur Mundschenkin hineingestürmt. Frau Brühl durchfuhr ein leiser Schrecken.

»Was ist mit dir, liebe Marynia? Was ist passiert?«

»Wie, du weißt nichts? Du sitzt hier allerseelenruhigst, und dort auf dem Schloß stürzen sich die Menschen wutentbrannt auf deinen Mann! Ach, dein Mann, was hat er leiden müssen! Wo ist er? Er müßte doch zurückgekommen sein. Ist er das nicht?«

Alle diese Worte strömten wie ein Bach aus dem Mund der Sołłohubowa. Die Mundschenkin hörte erstaunt zu, dabei keineswegs so berührt wie die Freundin.

»Aber, liebe Marynia«, versetzte sie. »Ich weiß doch, daß mein Mann zum Reichstag gefahren ist und daß die Sitzung ein wenig unruhig werden konnte, aber wenn der Herrgott gnädig ist, was sollte dort passieren?«

»Du weißt also nicht, daß sie zu den Säbeln gegriffen haben,

335

daß, wäre Małachowski nicht gewesen, es wohl zum Blutvergießen gekommen wäre?«

»Liebe Marynia«, sagte, die Achseln zuckend, die Mundschenkin. »Das ist bei uns etwas ganz Übliches, und es endet mit Geschrei und Radau. Die Freunde des Mundschenks hätten es schon nicht zugelassen …«

Die Dumont warf ein: »Vielleicht passiert es selten, daß es bei einem Provinziallandtag oder auch bei einem Reichstag zum Gemetzel kommt, aber doch gibt es Beispiele dafür. Es soll ja so gewesen sein, daß der Vater eines Höflings vom Herrn Woiwoden, jetzt vom Grafen, der Vater von Herrn Godziemba, zu Tode gemetzelt wurde.«

Bei der Nennung des Namens erschauderte die Mundschenkin, das Blut schoß ihr in den Kopf, und eine so außerordentliche Röte übergoß ihr ganzes Antlitz, daß dies dem Auge der Sołłohubowa nicht entgehen konnte. Zum Glück erklärte sie sich die Erscheinung mit der plötzlichen Sorge um den Herrn Mundschenk.

Die Dumont hatte den Namen zufällig oder mit Absicht einfließen lassen, seit einer gewissen Zeit nämlich war sie bemüht, die Mundschenkin an denselben zu gewöhnen. Wenn sie beide allein waren, pflegte die Gräfin nichts dagegen zu haben, jetzt aber, da ihr Gesicht so verräterisch glühte, warf sie der Französin einen bedeutsamen Blick zu. Diesen Blick fing die Sołłohubowa auf, und er gab ihr zu denken. Der Name blieb ihr im Gedächtnis haften. In diesem Moment jedoch gab es für sie allzu viel zu bedenken, als daß sie sich zu sehr in Grübeleien versenken konnte.

»Auf Landtagen sind Schlägereien eine gewöhnliche Sache«, mischte sich Sołłohub ein. »Aber bei einem Sejm, in nächster Nähe des Königs, das hat man wohl noch nicht gehört.«

»Oh, dieser abscheuliche Truchseß, dieser Galan!« rief, mit

dem Fuß aufstampfend, die Sołłohubowa. »Ich hasse diesen Menschen!«

»Du Undankbare«, bemerkte lächelnd der Generalssohn. »Er ist in dich verliebt, er betet dich an.«

Die Gattin schlug ihn mit dem Fächer auf den Arm.

»Laß mich in Frieden! Ich könnte mich wahrhaftig darüber erbosen, denn ich kann diese Salongalanterien nicht ausstehen und alle diese banalen Liebschaften der großen Welt.«

Mitten in dem Gespräch belebte sich das Antlitz der Frau Brühl wieder ein klein wenig, der Anlaß war eine erneute Erwähnung Godziembas. Die Französin erklärte nämlich, daß soeben Herr Godziemba, welcher den Grafen begleitet hatte, aus Warschau zurückgekehrt sei, und daß man ihn rufen könne, damit er berichte, was sich beim Reichstag ereignet hatte. Die Mundschenkin errötete abermals heftig, indes machte Sołłohub die Bemerkung, daß er und seine Frau ja ebenfalls bis zum Ende der ganzen Szene dabeigewesen seien.

Frau Brühl war so verwirrt, daß sie sich nicht einmal erkundigen mochte, aber die Sołłohubowa war durch nichts von Beschuldigungen und Klagen zurückzuhalten. Sie lief durch den Salon, zeigte immer wieder den Wänden ihre Fäuste, und der Eifer und die Wut machten sie so entzückend, daß sich der verliebte Gatte nicht enthalten konnte, der Französin zuzuflüstern: »Seht, ist sie nicht wunderschön, meine Heroine?«

»Ich sehe es, und ich sehe auch, daß Ihr, Herr Graf« – die Französin betitelte so die gesamte polnische Schlachta –, »schrecklich komisch seid.«

»Wieso?« fragte Sołłohub.

»Nun, welcher anständige Mensch liebt schon seine eigene Frau!« flüsterte die Französin boshaft, mit spöttischem Lächeln.

In diesem Moment ratterte es draußen, Sołłohub rannte hinaus und geleitete Brühl herein, den an der Tür nicht die Gattin,

sondern die Cousine, beide Arme nach ihm ausstreckend, empfing.

»Oh, mein armer, armer Graf!« rief sie inbrünstig.

Brühl antwortete mit einem Blick voller Dankbarkeit, küßte
ihre Hand und ging, seine Frau zu begrüßen, die steif dastand,
ihn kühl ansah und hervorstammelte: »Ich erfahre es erst jetzt.
Ich habe nichts gewußt.«

»Weshalb auch hättet Ihr Euch beunruhigen sollen?« entgegnete Brühl. »Ein Teil des Dramas ist, gottlob, überstanden, und
was noch folgt, werden wir überleben.«

Er seufzte. Erst ein Blick zur schönen Maria, deren Augen ihm
überall folgten, munterten den Mundschenk ein wenig auf.

»Wäre ich heute ein Mann gewesen«, meldete sich die Sołłohubowa zu Wort, »bitte, glaubt mir, ich hätte es nicht ertragen
und wäre mit dem Säbel auf die Familia losgegangen.«

»Ja, Ihr!« rief Brühl, düster auflachend, und trat zu ihr. »Ich
hingegen, wäre es nach mir gegangen, hätte mit Schimpf und
Schande den Beratungssaal verlassen. Der Befehl meines Vaters
schmiedete mich dort fest. Wir sind hier gleichsam im Familien-
kreis, darum verhehle ich nicht, daß mir das alles Ekel bereitet.
Der Beratungssaal, meinetwegen empört und aufgewühlt, ich der
Anlaß zu einem Kampf! Meine Lage ... Jene Herren sind böse,
rachsüchtig, das ist wahr, sie sind meine Feinde, aber wer weiß,
vielleicht haben sie recht, und ich möglicherweise nicht! Ich bin
zwar ein guter thüringischer Edelmann und ein Graf des Römischen Reiches, aber mein polnischer Adel ist lediglich eine Fiktion, eine rechtliche oder unrechtliche. Was mich angeht«, fügte
er an und erregte sich dabei so, wie seine Gattin ihn selten sah,
»was mich angeht – ich zöge hundertmal lieber gegen die Türken, den Preußen, den Teufel in den Krieg, als unter dieser Traufe
voller Schmähungen und Drohungen zu stehen, ohne sich wehren zu dürfen! Dies ist auch nicht meine Berufung«, schloß er

voll Inbrunst, »ich bin ein wenig Soldat, ein wenig Künstler, ein wenig Literat und kein bißchen für diese Eure polnische Welt geschaffen. Ich verneige mich vor dieser antiken Mustern nachgeschaffenen Republik, aber sie spricht mir nicht zum Herzen.« Mit diesen Worten sank Brühl auf einen Stuhl.

»Um so mehr tut Ihr mir leid, Herr Graf«, sagte die Sołłohubowa, auf ihn zugehend. »Um so abscheulicher erscheint mir der Angriff des Truchsesses und eines Fürsten Adam, die Euch beide ausgezeichnet kennen und wissen, was sie tun.«

»Ich entschuldige sie«, antwortete Brühl. »Die Politik kennt weder Bruder noch Vater, noch Erbarmen oder Rücksichtnahme, sie ist ein Drache, der alles, was ihm unterkommt, in seinen breiten Schlund hineinwürgt.«

»Warum solltet Ihr ihm zum Opfer fallen?« fragte Maria leise, ihn ansehend.

»Vorbestimmung, Fatalismus«, seufzte Brühl.

Nun wurden Episoden erzählt, welche die einzelnen von einem jeweils anderen Platz im Saal aus beobachtet hatten. Manche davon waren Brühls, andere Sołłohubs Auge und Ohr entgangen, wieder andere sogar Maria, die doch alles aufmerksam verfolgt hatte.

Der Generalssohn, der nicht ahnen konnte, was er auslöste, indem er von Godziemba sprach, rief inmitten all dieser sich überkreuzenden Geschichtchen plötzlich: »Weißt du, Brühl, du bist ein Glückspilz, du verstehst es, dir Liebe zu erwerben, ohne es vielleicht selbst zu merken. Daß wir dort um dich standen – die Radziwiłłs, Lubomirski, Opacki, ich, das ist nicht erstaunlich, aber ohne dein Wissen hat sich einer deiner braven Höflinge in den Saal hineingezwängt und kein Auge von dir gelassen, der Säbel hat ihm so sehr in der Hand gezittert, und seine Augen haben so geflammt, daß ich jeden Moment eine Szene befürchtete. Beinahe hätte er Fürst Adam, der vorüberkam, ohne Respekt vor

339

seinem Titel beim Kragen gepackt. Ich war neugierig, seinen Namen zu erfahren, da ich ihm hier oft begegne. Er heißt Godziemba«, schloß Sołłohub, »du schuldest ihm mindestens einen Ehrensäbel.«

Außer Frau Sołłohubowa und der Französin bemerkte niemand, wie eifrig, ganz von Röte übergossen, sich die Mundschenkin über die auf ihrem Schoß liegende Albe hermachte.

Brühl lächelte.

»Ach, das ist mein Lieblingshofmann, fast könnte ich ihn einen Freund nennen«, sagte er mit aufgehellter Miene. »Ein goldenes Herz und ein gescheiter Kopf. Wer könnte ahnen, wieviel Gefühl und Verstand der arme Kerl in sich hat.«

Die Mundschenkin hielt noch immer die Augen gesenkt, ihre Hände zitterten, das Antlitz glühte. Die Französin betrachtete sie, beunruhigt über diesen Mangel an Selbstbeherrschung, zugleich aber fühlte sie sich immer stärker in ihrer Überzeugung bestätigt, große Pflichten bei der Annäherung zweier einander so würdiger, einander so liebender und zu ihrem Unglück so – wie sie es nannte – unbeholfener Geschöpfe zu haben.

Brühl, nachdem er einmal auf seinen Liebling zu sprechen gekommen war, redete noch lange von ihm, er streifte sehr behutsam dessen Abenteuer, über die er sich nicht auszubreiten wagte, um den Schwiegervater nicht zu beschuldigen, und er fügte hinzu: »Ich bin dem braven Godziemba sehr verbunden, ein wenig verknüpft mich mit ihm auch sein ungewöhnliches Schicksal. Ein ganzes Drama steckt in seinem Leben, wo ich Dramen so liebe! Der Vater ließ sich in Stücke hauen, der Waise wurde die alte Amme so anhänglich, daß sie ihm in die Welt hinaus folgte, einmal hat sie ihn sogar aus dem Gefängnis befreit, und sie hat sich auch hierhergeschleppt, er achtet sie wie eine Mutter, sorgt für ihren Unterhalt und dient ihr wie ein treuer Sohn.«

Die Französin lauschte angespannt.

340

»Das ist noch nicht alles«, fuhr Brühl fort, froh darüber, das Gespräch über die ihm unerträglichen Reichstagsgeschichten unterbrechen zu können. »Wie sich herausstellt, entstammt mein Godziemba einer sehr guten und alten Familie.«

»Da ist ein einstmals bedeutendes und vermögendes Geschlecht«, bemerkte Sołłohub. »Aber woher weißt du davon?«

»Durch einen Zufall«, erwiderte Brühl. »Auf einem Landtag tief in der Minsker Woiwodschaft erschien ein alter Godziemba, den man, ich weiß nicht, warum, als Mundschenk tituliert. Er soll ein paar Meilen Land haben in den Pinsker Sümpfen sowie eine einzige Tochter, für die er unbedingt einen Godziemba als Mann sucht, damit das Besitztum in der Familie bleibt. Anscheinend wird auch mein Höfling umworben.«

»Und der«, warf Sołłohub lachend ein, »*se laissera faire une douce violence!*«

»Eben nicht«, versetzte Brühl. »Darum ist die Angelegenheit auch bis zu mir gedrungen.«

Alle schwiegen. Die Mundschenkin saß so tief über ihre Handarbeit gebeugt, daß ihr Gesicht fast nicht mehr zu sehen war.

»Ein wahrer Roman«, bemerkte die Sołłohubowa. »Für Euch, Herr Graf, der Ihr mit solcher Leichtigkeit ein Drama verfaßt, ein fertiger Stoff.«

Brühl sprang vom Stuhl auf.

»Ach, was sagt Ihr!« rief er. »Warum kann ich nicht, anstatt auf dem Reichstag Dramen zu erleben, in einem stillen Winkel sitzen, träumen und schreiben. Ich liebe Euer Land sehr, und ich betrachte es zum Teil als das meine, obgleich man mir hier den Adel abspricht, aber ich verüble ihm, daß es mich hindert, zu leben. Ja, aus Godziembas Geschichte«, fügte er an, »könnte ein vortreffliches Drama in fünf Akten werden, nur müßte man dem jungen Mann eine schöne Liebe beigeben, die ihn vor der Annahme des Opfers zurückhielte, aber der Junge ist kalt wie Eis!«

341

Der Französin, die Brühl unverwandt anstarrte, weiteten sich die Augen, und ein Lächeln huschte über ihre Lippen. Die scharfsinnige Frau Sołłohubowa, nachdem sie die Röte, das Schweigen, die Blicke und das Lächeln aufgefangen hatte, begann, sich ihren eigenen Vers darauf zu machen. Ihre Vorstellungskraft war nicht weniger lebhaft als diejenige Brühls. Der Mundschenk war ein wenig zu sich gekommen, und er schien in diesem kleinen Kreis absichtlich seine Gedanken vom drohenden morgigen Tag und den widrigen Kampfspielen im Sejm ablenken zu wollen, daher sprach er noch einmal Godziembas Geschichte an. Seine Gattin indessen, als ob ihr etwas eingefallen wäre, was sie vergessen hatte, stand plötzlich auf und ging in das Nebenzimmer hinüber. Die Dumont, in dem Gefühl, dort vonnöten zu sein, eilte ihr sofort hinterdrein.

Brühl pflegte für gewöhnlich gerade dann bester Laune zu sein, wenn er seine Frau nicht bei sich sah. Auch diesmal hellte sich jäh sein Antlitz auf, aber er hatte kein Glück. Kaum war er mit den Sołłohubs allein geblieben, als es trotz der späten Stunde an der Auffahrt polterte und Stimmen vernehmbar wurden.

»Das ist doch wirklich eine Strafe Gottes!« klagte er, die Hände ringend. »Man gönnt mir keine Erholung! Nicht genug damit, daß ich gehorsam tue, was man mir befiehlt, und zur Folter schreite, muß ich mir auch noch im voraus unnützes Gerede darüber anhören, wie man mich martern wird.«

Die Sołłohubowa wandte sich impulsiv an ihren Gatten.

»Mein Lieber«, sagte sie. »Bitte, erbarme dich des Grafen! Geh, unterhalte, amüsiere diese Fledermäuse, die des Nachts nicht wissen, wonach sie jagen, und erlöse mir den armen Brühl.«

»Ja«, raunte der gehorsame Gatte. »Ich geh und laß euch allein!«

Die schöne Frau fühlte sich gekränkt, die Röte schoß ihr ins Gesicht.

»Ich gehe mit dir«, sagte sie und bewegte sich zur Tür hin.

Brühl eilte darauf beschämt selbst den aufdringlichen Gästen entgegen. Man hatte sie nicht in den Salon geführt; aus dem gegenüberliegenden Gemach war bereits ein Gespräch in einem Ton zu hören, der an eine verlängerte Reichstagssitzung erinnerte.

Sołłohub legte dem Freund beide Arme auf die Schultern.

»Brühl«, sagte er. »Ich lasse dich nicht gehen, bleib hier, ruhe dich aus, ich werde für dich sprechen. Meine gute Maria hat recht. Es wäre grausam, dich zu quälen. Bleib hier!«

Er sah seine Frau an, die ebenfalls im Salon zurückblieb, und da weder die Französin noch die Frau Mundschenkin zurückgekehrt waren, befanden Brühl und sie sich allein.

Brühl blickte dem Davongehenden nach und legte die Hand aufs Herz.

»Ihr seid ein Engel!« rief er. »Ein Engel der Güte, ich fühle mich durch Eure Gunst gedemütigt. Der arme Jaś, er ist hinübergegangen, aber was mag in seinem Herzen vorgehen!«

»Er ist ein wenig eifersüchtig«, antwortete kühl die schöne Frau, »das muß er sich noch abgewöhnen.«

»Und das fällt so schwer«, sagte Brühl, während er auf die Sołłohubowa zutrat, ihre Hand nahm und dieselbe an seine Lippen führte.

Dieser leise Kuß unterbrach das Gespräch, denn er bewegte die Herzen. Die Sołłohubowa entfernte sich langsamen Schrittes, Brühl blieb an der Stelle stehen.

»Der morgige Tag muß noch überstanden werden«, sagte, in einigem Abstand innehaltend, die schöne Maria. »Danach muß endlich Schluß sein.«

»Wenn es so wäre«, versetzte Brühl. »Aber das ist ein schreckliches Programm für morgen. Die Säbel! Als Ultima ratio!«

»Ich glaube nicht, daß es zu mehr kommt als zu Spektakel«, bemerkte die Sołłohubowa. »Doch auch der muß überstanden werden …«

343

Sie erschauderte.

»Ach, wie gräßlich das ist!«

»Besonders für denjenigen, der sich als Ursache für alles fühlt und das Opfer ist. Keinen Augenblick lang hat mein Herz für den Sieg geschlagen, ich hätte für Frieden und Eintracht Blut fließen lassen, wie aber hier Frieden erlangen! Diejenigen, welche die Freunde meiner Jugend gewesen sind, stehen auf und drohen mir mit dem Tode. Und alles nur, damit nicht Radziwiłł, sondern Herr Ogiński Woiwode von Wilna wird und ein paar hohe Ämter an die Familia übergehen, wo ich selbst alle Würden der Welt für ein stilles, ungetrübtes Dasein in Młociny oder auch in einem anderen Eckchen der Welt hergäbe, inmitten alter Bäume, grüner Wiesen, für ein Leben mit der Kunst, mit Büchern, mit Gedanken …«

Die Sołłohubowa drehte sich zu ihm um.

»Mit nichts sonst?« fragte sie.

»Nichts sonst wäre mir zu wünschen erlaubt«, fügte Brühl hinzu. »Zumindest dürfte ich einen solchen Wunsch nicht über die Lippen lassen.«

Beide versanken in wehmütiges Nachsinnen, ihr Gespräch war an eine Grenze gestoßen, die es nicht überschreiten durfte. Bedienstete trugen soeben die Vespermahlzeit auf, und die Französin kehrte allein in den Salon zurück. Brühl befand es für richtig, sich *nolens volens* zu den in seinem Kabinett lärmenden Gästen zu begeben, die Sołłohub dort statt seiner empfangen hatte.

Drei schwarzgekleidete Radziwiłłsche, die Herren Szukszta, Slepść und Kimbar, dazu Herr Szymanowski und Sołłohub tranken und machten ein Geschrei fast wie auf dem Reichstag. Sie erörterten das bisherige Geschehen und berichteten, was für den kommenden Tag beschlossen worden war. Schon bei seinem Eintritt zeigte Brühl eine erschöpfte und leidende Miene. Die Besucher, als sie ihn erblickten, rückten eilig beiseite. Slepść ergriff als erster das Wort.

»Der Fürst schickt uns«, erklärte er. »*Iterum iterumque* bittet er Euch, Herr Graf, Euch nicht anders als in unserer Begleitung und mit ihm zusammen zum Sejm zu begeben. Für den morgigen Tag übernimmt der Fürst höchstselbst die Musterung, wir werden nicht weniger als dreihundert Mann stark sein, außerdem stellen wir im Hof für den Fall der Fälle an die zweihundert Troßknechte zum Entsatz bereit. Falls sich die Familia in der Hoffnung wiegt, uns so wie heute überlegen zu sein, kann sie das teuer zu stehen kommen.«

Brühl verbeugte sich stumm.

»Ich hoffe, daß die morgige Sitzung ruhiger sein wird.«

»Alles das ist möglich«, sagte Kimbar, sich den kahlen Schädel reibend. »Jedoch, Herr Graf, wir alle, die wir einen Harnisch haben als Brustschutz, legen ihn an. Solch ein Panzerchen kann nicht schaden. Die Säbel werden alle geschliffen, denn das Zeug hat, verdammt, den langen Frieden hindurch Rost angesetzt. Auf Anordnung des Fürsten wird im Hof des Palais ein Schleifrad aufgestellt, und die Schlachta zieht dorthin wie bei einer Prozession. Die Säbel werden scharf wie Rasiermesser sein!«

Kimbar zwirbelte seinen Schnurrbart.

Brühl schwieg.

Herr Szukszta, der Seneschall von Lida, welchen es schmerzte, als einziger noch nichts gesagt zu haben, warf ein: »Der gnädige Fürst ist von solchem Animus für morgen, so haben wir ihn seit dem letzten Einritt nicht mehr gesehen, aber darüber zu berichten ist hier nicht die Zeit. Gott ist Zeuge – auch der heutige Tag hätte nicht solche Schande über uns gebracht ohne die klaren Befehle Seiner Königlichen Majestät und des Herrn Ministers. Wir hätten der Hydra sofort den Kopf abgetrennt, und das nicht etwa bildlich gesprochen!«

Der Herr Seneschall von Lida ließ seinen Worten ein brüllendes Lachen folgen, das im ganzen Hause widerhallte. Brühl in seiner Betroffenheit fand keinen anderen Ausweg aus der peinlichen Lage, als selbst ein Glas zu ergreifen und auf die Gesundheit des Fürsten und Woiwoden zu trinken.

Litauen stimmte darauf so mächtig ein, daß die Fensterscheiben klirrten, denn die Herren waren bereits gehörig berauscht. Die Damen im Salon erkannten wohl, daß es sich um einen Ausbruch und eine Manifestation großer Freude handelte, nichtsdestotrotz erbebten sie vor Furcht. Dann aber ließen sich die Litauer nicht länger aufhalten, und nachdem sie erklärt hatten, daß der Fürst den Grafen mitsamt der ganzen Begleitung in seinem Palais erwarten werde, verabschiedeten sie sich.

Allein Szymanowski, der sich bisher wenig geäußert hatte, war geblieben, anscheinend hatte er noch eine Botschaft anderer Art zu überbringen. Er nahm Brühl beiseite.

»Das alles ist schön und gut«, sagte er. »Ohne das auszukommen, wäre morgen sogar schwierig, aber letztendlich hat mich Seine Exzellenz hierhergeschickt, damit ich Euch beruhige, Graf, und Euch versichere, daß wir, sollte sich morgen nichts fügen lassen und die Familia hartnäckig auf dem Ihren beharren, den Reichstag abbrechen werden.«

»Wer will das tun?« fragte Brühl. »In dem Fall kann es sein, daß man nicht mehr mich, sondern diesen Waghals zerstückt! Ihr wißt selbst, wie sehr das Land den Reichstag benötigt, wie sehr er gewünscht wird. Wer ist so verwegen?«

Szymanowski lächelte, machte, während er seinen Schnurrbart zwirbelte, eine Verbeugung, und auf sich weisend, sagte er: »Ich, Herr Graf.«

»Ihr?«

»Ja, ich selbst, das ist abgemacht«, erwiderte Szymanowski ruhig. »Natürlich, sobald der Akt vollzogen und das Manifest in der Burg eingereicht wäre, würde ich Warschau sofort verlassen, und meine Ciechanówer Leute, bei meiner Treu, ließen mich ungeschoren. Sogar wenn ich etwa für ein Jahr ins Ausland gehen müßte, hätte ich nichts dagegen.«

Das Gesicht und die gute Stimmung des Abgeordneten zeugten davon, daß Seine Exzellenz schon die Konditionen mit ihm besprochen haben mußte und daß Szymanowski damit zufrieden war. Davon erwähnte er jedoch nichts.

»Mit der Familia«, setzte er spöttisch hinzu, »habe ich schon lange ein Hühnchen zu rupfen. Da käme mir die Gelegenheit recht. Für Seine Exzellenz jedoch und für Euch, Herr Graf, empfinde ich eine solche Hochachtung, daß ich mich mit Vergnügen opfere.«

Brühl, in solchen Fällen wortkarg, reichte Szymanowski nur die Hand.

»Ich wäre doch froh«, sagte er und seufzte, »wenn wir ohne dieses auskommen könnten. Wer weiß, vielleicht geht es morgen ruhiger zu.«

»Das steht nicht zu erwarten«, unterbrach ihn Szymanowski. »Die Litauer haben keineswegs übertrieben. Nicht allein bei ihnen, in ganz Warschau denken die Leute nur noch an Säbel und Harnische. Wer einen Degen trägt, legt sich ein Rapier bereit. Lange nicht mehr getragene Kettenhemden werden vom Rost gereinigt, Ringkragen werden geputzt, alles atmet Krieg. Einen Reichstagssaal wie den morgigen hat unsere Generation noch nicht gesehen!«

Brühl erbleichte.

Es gibt keinen unglücklicheren Menschen als mich, sagte er sich im stillen.

Und je bekümmerter er dem folgenden Tag und den Geschicken des Reichstages entgegensah, um so glücklicher erschien dieserhalb der Ciechanówer Abgeordnete. Er strahlte, zwirbelte seinen Schnurrbart, redete lebhaft, lachte und war bester Laune, als ob seinen Kopf und seine Schultern nichts, aber auch gar nichts bedrohte. Er war seiner sicher, obgleich er freiwillig eine höchst gefährliche Rolle auf sich geladen hatte.

Sołłohub blickte mit einer Art Mitleid, wenn nicht Verachtung auf den Abgeordneten.

»Von einem Abbruch des Sejms kann keine Rede sein«, sagte er. »Nur im äußersten Fall.«

»Und dieser Fall muß eintreten!« rief Szymanowski vergnügt, als ob ihm gerade daran lag. »Wir wissen es genau von denjenigen, die zwei Herren dienen und beide Seiten hören, daß nach dem Essen beim Hetman der Kanzler und der Woiwode, beide in höchster Erbitterung, sich geschworen haben, auch nicht um Haaresbreite von ihren Forderungen abzugehen. Um jeden Preis wollen sie den Wilnaer Stuhl für Ogiński haben, und Radziwiłł, dem dieses Amt zugesagt ist und der dasselbe als das Erbe seiner Vorfahren betrachtet, wird gewiß nicht freiwillig auf etwas ihm bereits Versprochenes verzichten. Man hat bei ihm deswegen schon von dieser und jener Seite her vorgefühlt, hat ihm Kompensationen offeriert, aber mit dem litauischen Bären ist schwer umgehen, er hat nur den Schnurrbart gezwirbelt und knapp erklärt: ›Ich habe sechstausend Mann, liebwerter Herr, zur Verteidigung eines einzigen Stuhls, und der Henker soll den holen, der dem nahe kommt!‹«

Szymanowski schwieg eine Weile.

»Wenn es so ist«, versetzte Brühl, »und es erneut großen Spektakel im Land geben wird wegen eines abgebrochenen Sejms und auf mich die ganze Schuld fällt – wenn es denn unausweichlich ist, dann je schneller, desto besser.«

»Morgen aber gebietet es die Ehre, anzutreten und auszuharren!« erklärte Szymanowski lachend. »Übrigens«, fügte er hinzu und zog aus seinem Kontusz ein Stück Papier. »Das Manifest ist jederzeit zur Hand, auf jeden Ruf zur Stelle, ich brauche nur in die Tasche zu greifen.«

Sołłohub und Brühl tauschten Blicke, den Ciechanówer Abgeordneten schien sein Heldentum mit Stolz zu erfüllen. Er sah zur Uhr und nahm seine Mütze.

»Ich will nicht länger verweilen«, sagte er. »Morgen *summo mane* sind wir alle auf dem Posten, ein Teil der Unsrigen schläft im Saal, ein Teil hält im Hof Wache.«

X

Der geräumige Hof des Radziwiłłschen Palais bot an diesem Abend einen wundersamen und malerischen Anblick. Trotz der Großzügigkeit des Gebäudes konnte nicht das gesamte Gefolge des Magnaten darin Unterkunft finden. Der größere Teil der Bediensteten, die Zugpferde, Vorratswagen, Lagerstätten befanden sich unter freiem Himmel. Es herrschte ein ziemliches Gedränge. Zwei große Zelte in der Mitte des Hofes beherbergten das Gesinde. Lagerfeuer brannten, und an hölzernen Spießen drehten sich Bratenstücke. Zwei riesige Galgen in der Tiefe des Hofes waren über und über mit Wild behängt – Elche, Wildschweine, Rehe und zu Dutzenden gebündelte Hasen reckten unheildrohend ihre Gliedmaßen empor. In einem Winkel des Hofes stand ein rasch zusammengezimmerter Zwinger, und die Hetzhunde und Windspiele darin bellten, knurrten, jaulten ohne Unterlaß und gönnten den Menschen keine Ruhe. Dann und wann begannen auch die Zugbären im Stall, von dem Lärm aufgereizt, zu brüllen, und die Pferde in den Ställen rissen erschreckt an den Leinen und wieherten.

Die Menschen an den Lagerfeuern sangen und lachten, ein Zigeuner spielte auf dem Brummeisen, ein Kosak klimperte auf der Baßlaute, ein herbeigelockter blinder Sänger begleitete auf schlecht gestimmter Leier sein in klagenden Tönen vorgetragenes

349

Lied für die heilige Gottesmutter von Żyrowice, kurz, in dieser
Nacht gab es hier keine Ruhe. Es war auch eine außergewöhnliche Nacht, denn der Fürst, anderen nicht trauend, hatte sich
darauf versteift, seine Säbel selbst zu mustern, um des Sieges am
nächsten Tag sicherer zu sein. Der versammelten Schlachta ward
im großen Saal im Erdgeschoß des Palais eine Mahlzeit mit Er-
frischungen zubereitet, und die Anweisung dabei lautete, daß es
an nichts fehlen und nach Radziwiłłscher Manier zugehen solle.
Die Menschen kamen und gingen, Boten wurden ausgeschickt,
man trug das Eisenzeug herbei, und der alte Schleifer, welchen
man mitsamt seinem Schleifrad eigens dem Tor gegenüber aufgestellt hatte, schärfte die neben ihm gelagerten Stöße von Säbeln.

Mehr zur Schau als aus tatsächlicher Notwendigkeit wollte
sich ein jeder, so gut er konnte, für den nächsten Tag ein wenig
in Eisen kleiden. Da aber Panzer, Kettenhemden und anderes
Rüstzeug dieser Art nicht mehr im Gebrauch waren und man sie
kaum noch antraf, hatte sogar Radziwiłł seine Not, sich damit
zu versehen. Man lieh es aus dem städtischen Arsenal, aus dem
Zeughaus, von einzelnen Personen, jeder so, wie er es konnte.
Alle Augenblicke erschien am Tor ein mit Rüstzeug beladener
Wagen oder aber ein Mann, der gleich mehrere Harnische auf dem
Haupt balancierte. Alles dies war rostig, die Riemen brüchig, die
Spangen zerrissen, so daß man sich hätte schämen müssen, sich
darin zu zeigen, und in einer dafür bestimmten Kammer war denn
das Gesinde dabei, mit Ziegelbruch, zerstoßener Kreide und Ruß
die alten Stücke zu scheuern. Sattler flickten die Lederteile.

Zu all dem gab es reichlich Gelächter und Bier, wehmütige Ge-
sänge und fröhliche Lieder, denn die Dienerschaft nahm all die
Vorbereitungen nicht ernst und betrachtete dieselben wie eine
Komödie. Das lebhafte Treiben zog denn auch Neugierige in
Mengen zum Radziwiłłschen Palais. Von der Straße kamen die

Leute in Scharen herbei, um bald dem Schleifer, der die Säbel schärfte, daß die Funken flogen, und bald die Lagerfeuer und die Bratspieße zu beäugen, und durch die Tür das vergnügte Gesinde, das die Rüstungen putzte und zurichtete.

Die alte Kuźmowa, Stromerin genannt, die am Vormittag im Versammlungssaal so selbstbewußt ihre Plätzchen verkauft hatte, verachtete auch nicht das sich im Hof der Radziwiłłs anbietende abendliche Geschäft. Vielleicht aber hatte nur die Neugier sie mit ihrem Korb hergelockt. Jedermann kannte sie, manch einer sprach sie an, unbefangen streifte sie zwischen den Menschenhaufen und den Feuern umher, ging bis zu den Käfigen in der Tiefe des Hofes. Ihre Gestalt schien gleichsam geschaffen für dieses sonderbare Bild voller Licht und Schatten, voller wunderlicher Trachten und noch nie gesehener, den litauischen Wäldern entrissener Geschöpfe. An den Feuern hörte man außer der üblichen Rede einen »Schmutzfinken von Samogitier« mit einem Litauer sprechen und einen Weißrussen mit einem Polessjer. Es mangelte auch nicht an dienstfertigen Juden, an Handwerkern und an abgerissenen Figuren unbekannter Profession. Das weibliche Geschlecht war in manchen Winkel gedrungen und verriet sich unwillkürlich durch allzu lautes Lachen. Und wenn Hunde oder Pferde zu viel Lärm machten, brachte das Knallen der Peitsche sie wieder zur Ruhe.

Die Fenster des Palais waren in der ganzen Flucht erleuchtet, es gab wohl kein dunkles darunter. Der Fürst und neuernannte Woiwode nahm soeben, von seinem Hof umgeben und in einem gewaltigen, mit vergoldetem Leder beschlagenen Armstuhl sitzend, einen Kalpak auf dem Haupt und beide Arme auf die Lehnen gelegt, die Inspektion seiner Streitmacht vor. Seine Miene war tief düster, die Stirn gefurcht, der Schnurrbart hing vernachlässigt auf die Lippen herunter. Neben ihm saß, mit geschorenem Schädel, ein Schreiberling, vor sich ein Tintenfaß, groß und flach

351

wie eine Fliegenfalle, dazu ein Bogen Papier, ein Lineal und eine Schale voll Sand. Die Schlachta, von den Tischen gerufen, trat hier nacheinander an, strich sich die Bärte nach Bier und Bigos blank, verbeugte sich vor dem Herrn Woiwoden, der Bekannte ansprach, anderen nur zunickte, und mit einigen sogar länger und launig erzählte. Von der Familia hieß es, insbesondere vom Fürst-Kanzler, daß er nahezu die ganze Schlachta der Rzeczpospolita mit ihren Verwandtschaften und Verzweigungen auswendig kenne. Desgleichen ließ sich von Fürst Karol behaupten – in Litauen, hauptsächlich im Gebiet um Nieśwież, Mir und Słuck und um seine Güter gab es nicht einen Herrenhof, über welchen er nicht etwas wußte und im Gedächtnis bewahrte. Aus jenen Familien denn auch setzte sich sein zahlreiches Gefolge zusammen, die Beamten, die Pächter, und so manche von ihnen waren seit Jahrhunderten als Klientel mit dem Hause Radziwiłł verbunden. Es gab kaum eine Familie, wo nicht ein Kind über die Taufe gehalten, nicht eine Gabe für den Ehevertrag geleistet, eine Heirat vermittelt oder jemand, der es verdient hatte, beerdigt worden war.

Fürst Karol war von Jugend an von erwählten Hausgenossen aus dem Kreis dieser Schlachta umgeben. Er kannte den größten Teil sehr gut, und er besaß ein sicheres Auge, um etliche auch nach ihrer Tracht einzuordnen, denn obwohl das ganze Land dort gewissermaßen das Gleiche trug und dunkelgraue Oberröcke seit den Zeiten der Zygmunts sein Merkmal waren, unterschieden sich die Provinzen doch nach Mützen, Kapuzen, Gürteln und sogar nach dem Schnitt der Kleidung. Man mußte nur genau hinsehen, um Leute aus Oszmiana und aus Lida auseinanderzukennen. Fürst Karol jedoch hatte von fast all denen, die mit ihm zum Sejm gekommen waren, nicht nur das Gesicht, sondern auch den Namen und das gesamte Curriculum vitae im Gedächtnis. Da es in Warschau Versuchungen zur Genüge gab und die gegnerische Partei zu verführen und abzulenken versuchte, dabei häufig den

Leuten zu trinken reichte, bis sie umsanken und dann nicht zur Zeit auf die Beine kommen konnten, wollte der Fürst lieber selbst einem jeden streng in die Augen blicken, damit niemand sich bis zum nächsten Tag zu entfernen wagte.

Es langweilte ihn nicht wenig, doch ging es um die Ehre der Radziwiłłs, und so kamen sie alle der Reihe nach, und Herr Łopott, der die Feder hielt, besorgte die Einträge ins Register. Als erster erschien ein stark sonnengebräunter Schlachtschitz mit lebhaften, wie bei einem Kater blitzenden Augen, ein Mann, beweglich wie Quecksilber, der ärmellose Mantel umgürtet, der Schnurrbart hoch aufgezwirbelt. Er verbeugte sich knietief.

»Herr Wereszczaka«, flüsterte Łopott, während er schrieb.

»Ich grüße Euch«, sagte der Fürst. »Seid Ihr viele?«

»Wir? Zwei, Euer Liebden«, antwortete der Schlachtschitz. »Andrzej und ich.«

»Andrzej, wo ist er, liebwerter Herr?«

»Er steht hinter mir.«

»Ach, richtig! Wißt Ihr vom Appell?«

»Wissen wir.«

»Werdet Ihr es nicht verpassen, liebwerter Herr?«

»Wie sollten wir? Höchstens, wenn wir nicht mehr lebendig wären.«

»Schreib zwei auf«, sagte der Fürst.

Wereszczaka wollte schon gehen, als Fürst Karol sich auf etwas besann.

»Wie geht es dem Stichelhaarigen?«

»Danke, Eure Hoheit, er wurde zur Ader gelassen.«

Kaum war Wereszczaka gegangen, folgte der nächste, ein junger Mann von edlen aristokratischen Zügen und voller Dünkel, sogar vor dem Fürsten-Woiwoden verbeugte er sich knapp.

»Guten Abend, Herr Rudomina! Wie viele seid Ihr? Nämlich, bei Gott, ich hab es vergessen, liebwerter Herr.«

»Fünf!«

»Oh, ein gutes Kontingent«, sagte der Fürst. »Und jeder Rudomina ist altes Blut, ein Kerl einer wie der andere, der steht für zehn mickrige Warschauer Heringe. Schreib, Łopott.«

Der Fürst beäugte eine kleine, hagere Gestalt, die, leicht seitlich gekrümmt, vor ihm stand.

»Der Herr Bielak. Seid Ihr allein?«

»Drei, Euer Liebden.«

»Schreib, Łopott, drei Bielaks, das ist auch keine Kleinigkeit, unscheinbar freilich, aber pure Diamanten.«

Bielak verbeugte sich und verschwand schnell, und sogleich erschien ein großer, knochiger, blasser Mensch, der finster blickte und sich gleichsam unbehaglich fühlte, seiner Miene indes sah man an, daß mit ihm nicht zu spaßen war.

»Herr Dawid Budny«, soufflierte Łopott.

Der Genannte machte eine Verbeugung.

»Es gäbe keine besseren Ritter als die Budnys, wenn diese nur die Stundengebete singen lernten«, brummte der Woiwode und lachte laut auf.

»Was tut der Säbel zum Glauben!« erwiderte der Angesprochene düster und zuckte die Achseln.

»Ach, pardon, liebwerter Herr!« rief der Woiwode. »Weder will ich Euerm Glauben Abbruch tun noch dem Säbel, aber ich sähe es lieber, wenn Ihr mich, so der Herrgott es mich erleben läßt, zum heiligen Peter begleitet und weiter, so aber …«

Er verzog den Mund zu einer bedauernden Miene, Budny senkte die Augen, und um das Gespräch rasch zu beenden, meldete er: »Wir sind Eurer Durchlaucht mit sechs calvinischen Säbeln zu Diensten, aber die stehen für ebenso viele katholische.«

Damit trat er ab.

Sogleich drängte sich ein kleines, kahlköpfiges Männchen

heran, mit einem so gewaltigen Schnurrbart, als wollte er damit jemanden aufspießen.

»Ich falle dem Fürsten-Woiwoden zu Füßen! Ich führe nicht viele Korewas mit, jedoch gute und kampferprobte, keiner davon ist ohne Schramme.«

»Schreib auf, Herr Łopott, liebwerter Herr! Die Korewas kennen wir.«

Der kleine Mann lächelte.

»Aber erbarmt Euch, mein Held, liebwerter Herr!« setzte der Fürst hinzu. »Den Schnurrbart solltet ihr am Gürtel festmachen, sonst könnten Euch die von der Familia einen Streich spielen und ihn sich abschneiden, für eine Perücke.«

Gelächter erscholl.

»Wer sich an meinem Schnurrbart vergreift, Durchlaucht, ist seines Kopfes nicht sicher!« rief der Kleine, vollführte eine knietiefe Verbeugung, und da der Schreiber ungeduldige Zeichen machte, wollte er gehen, jedoch der Fürst sagte noch: »Weicht den Schnurrbart in Bier ein und bestreicht ihn mit Bigos, damit morgen die Kräfte reichen.«

»*Factum est*«, erwiderte der Angesprochene lachend und machte sich flink davon.

Ihm folgten die Narbutts, von demselben Wappen mit den Jagdhörnern wie die Radziwiłłs, weshalb der Fürst dieselben besonders respektierte, denn selbst die alten Rustejkos, deren Horn nicht dreifach war, sah er als weitäufig Verschwägerte an, und den Narbutts folgten die ihm ebenfalls verwandten Fürsten Rdultowski und die Fürsten Rajecki. Danach kamen die Jodkos, Dowojnas, Iliniczs – welche freilich verarmt waren, aber echt, die Obuchowiczs, die Glinkas, die Judyckis, die Zienkowiczs, die Tryznas. Für einen jeden fanden sich ein Wort, eine Erinnerung, ein Scherz oder ein Kompliment. Die Reihe gelangte an einen gewissen Kiełbsz, und es waren ihrer fünf aus dem Geschlecht.

Kiełbsz war ein Schlaumeier, er stellte sich hin, strich sich erst einmal über den Schopf, faßte sich, nahm die Mütze mit beiden Händen herunter und stand nun da, wie es sich vor einem Befehlshaber zu stehen gehört, da er für das Regiment eingeschrieben war.

»Ah, Kiełbsz? Guten Abend, liebwerter Herr.«

Der Begrüßte verbeugte sich leicht.

»Dürfte ich ein Wörtchen sagen?« fragte er stammelnd.

»Nur schnell, liebwerter Herr!«

»Nämlich bitte ich Eure Durchlaucht, ich habe einen Zweifel auf dem Gewissen.«

»Dann geht zum Priester«, entgegnete der Woiwode lachend.

Kiełbsz zuckte zusammen.

»Wie kann das sein«, stieß er hervor, »daß Ihr, Fürst, und wir den Deutschen begünstigen? Ha? Der Brühl ist doch ein Deutscher!«

»Hm.« Der Fürst wiegte den Kopf und wurde ein wenig nachdenklich. »Hättet Ihr doch die Wurst gegessen und wärt still gewesen! Und der König, was ist mit ihm?«

Kiełbsz wurde verlegen und schlich sich davon.

Einige machten sich über ihn lustig.

»Gebt schon Ruhe!« verlangte leise der Woiwode. »Seiner Meinung gebührt Respekt, auch wenn er von Politik nichts versteht. Wer folgt jetzt nach? Ah, Herr Puciata! Und hinter ihm sehe ich Skorobohaty? Guten Abend! Und die Wiguras. Schreib, Herr Łopott.«

Alle Genannten defilierten, sich den Schnurrbart wischend, vorbei. Danach erschien Jelec, aus einem alten, aber sehr verarmten Geschlecht, man sah es dem Mann an.

»Durchlaucht«, sagte er. »In Euren Diensten sind wir nicht müßig gewesen, mein Säbel ist gänzlich abgenutzt.«

Er zog ihn aus der Scheide, vom vielen Schleifen war die Klinge dünn wie ein Taschenmesser.

»Sollte ich den morgen schwingen müssen, und einer hat einen dickeren oder härteren Nacken, wird es peinlich.«

»Laßt Euch einen anderen geben«, sagte der Fürst.

»Ach, man hat mir schon mehrere angetragen, aber die müssen aus Sensen gemacht sein – wenn ich einen versucht habe zu biegen, krümmt er sich und springt nicht zurück. Und ein Stück Blech für die Brust täte auch gut, da ich nicht gedenke, mich hinter anderen zu verstecken und müßig zu sein.«

Jelec wollte offensichtlich die Umstände nutzen und sich ein wenig ausrüsten. Der Fürst lachte und nickte Wołodkowicz zu.

»Laß ihm etwas Anständiges zukommen«, verfügte er. »Die Jelecs tragen schließlich eine Fürstenmütze im Wappen, auch wenn sie die heute nicht mehr verwenden, soll es ihnen wenigstens an Säbeln nicht mangeln.«

Im Gefolge des Woiwoden befanden sich außerdem die armen Gedrojćs, so wie beim Kiewer Woiwoden die Czetwertyńskis. Aber wer war nicht alles dabei! Selbst der strengste Heraldiker hätte dort keinen zweifelhaften Adel ausgemacht, in die Abstammung hatte man genauestens Einblick. Die Kämpfer, so schien es, waren nun erfaßt, Łopott kam auf eine hübsche Zahl in seinem Register, als ein ergrauter, beleibter Schlachtschitz, auf einen Stock gestützt, sich zeigte, welcher sich zwischen all den Haudegen hier seltsam ausnahm. Der Fürst betrachtete aufmerksam den hinter anderen Männern Stehenden, ohne ihn jedoch zu erkennen. Er wußte auch nicht, was er hier tat, denn zu der für den nächsten Tag rüstenden Schar konnte er nicht gehören. Neugierig geworden auf die ruhig abwartende Gestalt, fragte der Woiwode der Reihe nach seine Begleiter, und es dauerte eine Weile, bis ihm jemand sagen konnte, wen sie vor sich hatten.

Den Fürsten hatte die Musterung müde gemacht, er gähnte. Er hieß Łopott ihm die Liste zeigen, befand dieselbe für ausreichend und forderte zu später Stunde Silentium. Sogleich wurde es mäuschenstill, aus dem Saal nebenan drängten Zuhörer herbei, denn man ahnte, daß der Fürst zu seinen Leuten sprechen wollte.

»Meine Herren und Brüder«, sagte er, sich erhebend und den Kopf leicht gebeugt, setzte sich aber gleich wieder. »Heute wurde die Sache verpfuscht, liebwerter Herr. Wer Radziwiłł liebt, wird morgen alles wiedergutmachen. Weil aber Seine Majestät, unser gnädiger König, das Blut der Schlachta schonen will und es nicht gern vergossen sähe, müssen wir ihm gehorchen. Wir werden nicht als erste vorstürmen, das ist gewiß, wer uns aber angreift, den werden wir Mores lehren. Alsdann, gelassen, aber energisch, liebwerter Herr!«

Er machte eine abschließende Handbewegung. Mützen flogen in die Luft, und Rufe ertönten: »Es lebe der Fürst-Woiwode, vivat!«

Fürst Karol stieg von dem Podest, auf welchem sein Stuhl stand, herunter und wollte sich ins Schlafgemach begeben, als ihm der am Stock gehende alte Schlachtschitz den Weg vertrat und sich bodentief verbeugte. Man stellte ihn dem Woiwoden als einen Herrn Godziemba aus dem Pinskischen vor.

Der Alte räusperte sich.

»Durchlaucht mögen mir verzeihen«, sagte er, »daß ich Euch in einer solchen Stunde inkommodiere, da Ihr mit viel wichtigeren Dingen befaßt seid, jedoch an wen soll sich ein Schlachtschitz wenden, wenn nicht an einen Radziwiłł? Das ist eine von unseren Vätern überkommene Sitte.«

Der Fürst brummte etwas Höfliches, woraus nur »liebwerter Herr« herauszuhören war.

»Durchlaucht, ich ersuche um Eure Protektion in einer persönlichen Angelegenheit.«

Da viele Menschen sie umstanden und Godziemba in ihrer Gegenwart Mühe hatte, sich zu erklären, nahm der Fürst ihn mit in sein Kabinett.

Auch hier waren Ausstattung und Einrichtung schlicht, setzte doch der Fürst in Warschau nicht auf Repräsentation. Nur die Wände, anderswo weiß verputzt, waren hier in halber Höhe mit golddurchwirkten Seidentapeten beschlagen.

»Wenn Ihr Euch kurz fassen könntet, liebwerter Herr«, sagte der Hausherr beim Eintreten. »Ich wäre Euch dankbar. Es ist spät, und für morgen kündigen sich heftige Dinge an.«

»Ganz kurz, Durchlaucht«, erwiderte Godziemba und verbeugte sich abermals tief. »Der Herrgott hat mir als väterliches Erbe und als Zuerwerb ein hübsches Vermögen im Minskschen beschert, mir jedoch einen Sohn verwehrt, ich habe eine Tochter. Das Vermögen irgendwem zu geben, das Väterliche in ein fremdes Geschlecht, schmerzt mich. Daher suche ich einen Godziemba. Gerade bin ich hier auf einen gestoßen, ich kenne seinen Stammbaum, er ist unser Geschlecht, unser Blut, aber was nützt es? Er ist arm wie eine Kirchenmaus, jedoch will er lieber beim jungen Brühl als Höfling dienen als sich zu verheiraten und auf dem Eigenen zu wirtschaften.«

Der Fürst verstand nicht recht.

»Aber, beim Gekreuzigten, liebwerter Herr, was kann ich dabei tun?«

»Wer sonst? Eure Durchlaucht stehen zu Brühl. Wenn Ihr dem Grafen sagtet, er solle den Höfling zur Vernunft bringen, ihn gewinnen, denn er ist ein Narr. Das Mädchen ist jung und gesund, sieht aus wie Milch und Blut, ist erzogen, wie es besser nicht sein könnte, gutherzig, fröhlich, bekommt fünf Dörfer mit, aber nein, es genügt ihm nicht!«

Der Woiwode stand da, starrte vor sich hin, drehte die Daumen und wußte nicht, was er tun sollte.

»Hat er Eure Tochter gesehen?«

»Aber ja, Durchlaucht, versteht sich!« sagte der alte Godziemba. »Ich habe ihn überlistet. Die Tochter ist mit mir hier und auch ihre Mutter. Er ist bei uns gewesen, wir haben miteinander gesprochen, er gefällt uns, wir haben uns befreundet, aber als es zum Geschäft kommen sollte – kein Stück.«

»Bestimmt hat er hier in Warschau, wo es viele Frauen gibt, seine Amouren.«

»Aber ich nehme ihn der Vergangenheit wegen nicht ins Gebet.«

»Wißt Ihr was?« sagte der Fürst. »Heute ist wohl nicht die Zeit, darüber zu reden, meldet Euch später bei mir, dann spreche ich mit Brühl. Eine Bemerkung nur, liebwerter Herr – Leder kann man ziehen, dann ist es gut, ein herbeigezerrter Ehemann taugt einen Deibel.«

Godziemba schwieg achtungsvoll, verbeugte sich, fügte nur noch etwas, seine Sache anempfehlend, hinzu und ging rasch hinaus. Zum Glück oder Unglück, aber dank eines besonderen Zufalls traf der alte Godziemba, während er durch die Säle irrte, in denen sich die fürstlichen Kameraden vergnügten, und zum Ausgang strebte, auf jenen jungen Wolf, Herrn Tadeusz Godziemba, von welchem soeben gesprochen ward. Der Alte, als er ihn erblickte, faßte ihn bei der Hand, und sein Gesicht hellte sich auf.

»Was macht Ihr hier?« rief er.

»Ich hole Erkundigungen ein«, erwiderte Brühls Höfling. »Darüber, wo wir uns morgen einfinden werden, um gemeinsam in den Versammlungssaal einzuziehen.«

»Habt Ihr den Auftrag erledigt?«

»Ja, beinahe, und was habt Ihr hier zu tun?« fragte der junge Mann fröhlich.

»Ja, seht Ihr«, flüsterte der Pinsker, sich bei dem jungen Mann einhakend, »ich wollte nach alter Sitte Radziwiłł meine Aufwartung machen und mich ihm in Erinnerung bringen. Da habe ich die Musterung genutzt und mich hineingedrängt. Wenn Ihr hier nichts mehr zu tun habt«, fuhr er zögernd fort, »ich bin schließlich Euer Verwandter und alt, würdet Ihr mich nach Hause begleiten?«

»Von Herzen gern«, antwortete Tadeusz. »Obwohl ich baldmöglichst nach Młociny zurückkehren muß. Aber ich habe ein gutes Pferd, die Zeit reicht für alles.«

Der alte Godziemba war in der Długa-Straße abgestiegen, und so durchquerten die beiden zunächst den Radziwiłłschen Hof, auf welchem noch lebhaftes Treiben herrschte, und gingen dann die nicht weniger belebte Straße entlang. Die Nacht ließ bereits ahnen, was der nächste Tag bringen würde, die Hauptstadt schlief nicht. Häuflein angeheiterter Schlachtschitzen zogen durch die Straßen und schrien sich, wenn sie aufeinandertrafen, Parolen zu. Es kam zu Drohungen und Herausforderungen, oftmals wurde gelacht, die großen Attacken endeten im Nichts, aber man appellierte an den morgigen Tag: »Wir treffen uns noch und halten Abrechnung!«

Tadeusz hielt den Alten untergehakt, und da er die Stadt gut kannte, führte er ihn auf Seitenwegen, um unliebsame Begegnungen zu meiden. Nur von fern erreichten sie hier und da die Rufe der Angetrunkenen, aus vielen Fenstern fiel Licht auf die Straße, und hinter den Scheiben huschten Schatten vorbei. Niemand schlief, außer den Städtern vielleicht, aber auch viele derselben, obgleich sie sich in nichts einmischten, ergriffen inbrünstig für die eine oder andere Seite Partei.

Es war schon spät, als sie an die Hoftür des Hauses klopften, in dem Godziemba im Erdgeschoß logierte.

Die Frauen hatten offenbar auf den Vater gewartet und sich nicht schlafen gelegt, denn sogleich erschien mit einem Licht Fräulein Agnieszka Godziembianka, um dem Vater zu öffnen. Herr Tadeusz hatte sich sogleich entfernen wollen, indes beschwor ihn der kauzige Alte bei allem, was ihm heilig war, wenigstens ein Gläschen Wein mit ihm zu trinken, und er war so sehr davon beseelt, daß Tadeusz, um ihn nicht zu verärgern, mit ihm eintrat und nun auch die Cousine begrüßte, die sich, da sie nicht für einen Gästeempfang gekleidet war, ein großes Tuch um die Schultern geschlagen hatte. Sie sah nicht schlecht darin aus, genierte sich aber unsäglich. Der Vater hatte sie dem Fürsten richtig beschrieben. In der Tat war sie eine frische Maid vom Lande, mit fröhlichem Gesicht und schelmischen Augen, die Gesundheit und Jugend verkörperte.

Der Alte glaubte so sehr an ihre Schönheit, daß er den für blind hielt, dem sie nicht gefiel.

Was, zum Teufel, kann man mehr wollen? dachte er sich. Das ist ein Bissen, sogar für einen König! Einen halben Scheffel Weizen hebt sie mit einer Hand, sie ist sanft wie ein Lämmchen, und fünf Dörfer dazu …

In dem kleinen Zimmer, welches sie betraten, empfing den Gast, leicht die Stirn runzelnd, Frau Godziembina, das ältere Abbild der Tochter, rotwangig, rundlich, auch sie in ein Tuch gehüllt.

»Verübelt es mir nicht, daß ich hereinkomme, es ist nur aus Gehorsam.«

Fräulein Agnieszka eilte, um eine Weinflasche und Gläser zu holen, da aber begann das Nörgeln über die nächtliche Herumtreiberei.

»Deshalb habe ich Herrn Tadeusz gebeten, mich zu begleiten«, sagte der Alte. »Einer Angelegenheit wegen mußte ich so lange bleiben, und um diese Zeit sind die Straßen schon unsicher.«

Die Herren stießen an. Fräulein Agnieszka verbarg ihre Reize im Schatten nahe dem Ofen. Der Alte sorgte sich, daß der junge Mann die Tochter nicht richtig zu Gesicht bekommen könnte, daher rief er sie alle Augenblicke und nötigte die Verlegene, ins Licht zu treten. Herr Tadeusz sah die dörfliche Schönheit wenig an, jedoch war er glänzender Laune, wie jeder muntere Jüngling, wenn er sich angefeuert fühlt. Er gefiel der Mutter, der Tochter, und im Vater weckte er die Hoffnung, daß mit Gottes und Fürst Radziwiłłs Hilfe etwas daraus werden könnte.

Man ging herzlich auseinander, der junge Mann küßte der Hausfrau die Hand, den Hausherrn auf die Schulter, das Fräulein, noch immer in das Tuch gehüllt, knickste vom Ofen her, der Bursche, welchen man geweckt hatte, öffnete das Hoftor, und Godziemba eilte zu seinem Pferd zurück und dann nach Młociny.

XI

Nach den Szenen vom Vortag auf dem Reichstag und beim Hetman erwartete die Familia sicherlich Verhandlungen, im Vertrauen darauf, Furcht verbreitet zu haben, dabei aber nicht bedenkend, daß sie einen stolzen Mann auf das Schmerzlichste gekränkt hatte. Es kreuzten sich die Neutralisten und die Vermittlungswilligen, die von Haus zu Haus fuhren, das Gespräch suchten, jedoch ohne etwas ausrichten zu können. Der alte Brühl war verschlossen, er schwieg, ließ über keine Vergleiche mit sich reden. Ohne ihn war an den König nicht heranzukommen.

Hetman Branicki machte sogleich nach Brühls Weggang, ungeachtet des Respektes vor seiner Gattin, derselben schwere Vorwürfe wegen ihres Ausbruchs, und als die beiden Onkel sich ihrer annahmen, trug er ihnen gegenüber bittere Wahrheiten vor, so daß ein Wort das andere gab und man sehr unfreundlich voneinander schied, wobei nunmehr klar war, daß mit des Hetmans Neutralität nicht mehr zu rechnen war. Deutlich und immer leidenschaftlicher nahm er scheinbar für den König Partei, in Wahrheit für die Brühls, die Potockis und die Radziwiłłs.

So daß denn, was die beiden Lager hatte annähern sollen, nur die entschiedene Profilierung der Parteien und die Spaltung Polens beschleunigte. An Frieden war nicht zu denken. Die Nacht verging bei Beratungen und bei der Bewaffnung. Die Familia, da sie fühlte, daß sie es mit einem Feind zu tun haben würde, welcher nicht zu verachten war, zog fremde Hilfe ins Kalkül, auf welche sie sich in der Zukunft auch stützen sollte.

Der anbrechende Tag fand nahezu die ganze Stadt auf den Beinen. Seit dem Morgen schon kursierte ein dumpfes Gerücht, daß Szymanowski, der Ciechanówer Abgeordnete, entweder das Manifest über den Abbruch des Sejms bereits zu den Akten gegeben habe oder aber damit an die Öffentlichkeit zu treten beabsichtige. Wenigstens zweifelte man nicht, daß er dies auf Anweisung des alten Brühl tun werde. Man wußte auch, zumindest verlautete es so, daß er dafür eine Vogtei mit fünfzig Untergebenen sowie Tausend Dukaten für die Bewirtschaftung erhalten habe.

Das Schloß sah aus, als ob man sich zur Verteidigung gegen einen Feind rüstete. Nicht ruhige Scharen von Abgeordneten und Arbitern zogen dorthin, sondern regelrechte waffenstrotzende Truppen. Niemand mehr hatte Lust, wie am Vortag zu lachen und zu spaßen, man schwieg eher düster oder sprach leise. Auf den Stirnen lagen Zorn und Empörung. Die Nacht, die hatte beruhigen sollen, hatte die Gereiztheit bis zum höchsten Grade gesteigert.

Von früh bis Mittag versammelte sich im Saal vor allem die Partei der Familia, nahm Aufstellung und machte sich bereit. Von den Radziwiłłschen, die beinahe allein das gegnerische Lager bildeten, erschien lange Zeit niemand. Man ahnte, daß sie gemeinschaftlich auftreten und so ihre ganze Macht präsentieren würden.

Außer Hiebwaffen konnte das schärfere Auge bei manch einem im Busen des Kontusz' oder in der Seitentasche auch eine Pistole entdecken.

Es war bereits um Mittag, als sich Lärm im Saal erhob. Durch die Fenster hatte jemand die sechsspännige, von Schecken gezogene Kutsche des Fürsten Radziwiłł und auch seine aus mehreren hundert Mann bestehende schwarze Abteilung, die die Kutsche umgab, gesehen.

Auf der Treppe wurde es laut, man hörte das Stampfen vieler Füße. Der Fürst trat ein, am Arm führte er den blassen Brühl, auf dessen anderer Seite Mokronowski ging.

Der litauische Truchseß, nicht minder verbittert als am Vortag und berauscht von der Rolle, die er zum erstenmal im Leben spielte, stand auf demselben Platz wie am Tag zuvor, um zu demonstrieren, daß er nicht weichen werde. Die Gesichter aller zeigten heftige Erbitterung und ein gefährliches Fieber. Niemand mehr machte sich Illusionen, die Säbel würden erneut aufblitzen.

Małachowski schlug in dem dumpfen Dröhnen mit dem Stock auf und eröffnete mit schwacher Stimme die Sitzung. Man hörte ihn gar nicht gleich, und man hörte ihm auch nicht recht zu. Er sprach von dem »unerhörten Mißbrauch, zu welchem es gestern gekommen sei«, davon, daß »die Ordnung und das Recht, wie sie für die Reichstage gelten, verletzt worden seien«, daß man »gegen die grundlegenden Gesetze verstoßen« habe und daß man »erwarte, daß heute alle Abgeordneten sich dem Gesetz unterwerfen und es achten werden«.

Małachowski hatte kaum geendet, als der Truchseß, allen anderen zuvorkommend, rief: »Solange wir Brühl hier in der Kammer sehen, wird es kein Einvernehmen geben!«

»Kein Einvernehmen!« dröhnten sämtliche Anhänger der Familia. »Kein Einvernehmen!«

Wie um das Zeichen zu geben, setzte sich der Truchseß den Hut, den er in Händen hielt, auf den Kopf und rief: »Die Kammer *in passivitate*!«

In Sekundenschnelle blitzten hundert Säbel auf, und im Saal entstand große Verwirrung. Kaum hatten die ersten, hinter dem Truchseß Stehenden, blankgezogen, als die Radziwiłłschen wie ein Mann ebenfalls ihre Säbel hochrissen, so daß niemand hätte sagen können, wer zuerst zur Waffe gegriffen hatte.

Mokronowski, der dem Truchseß unmittelbar gegenüber stand, ließ seine Waffe unberührt. Andere, die auch nicht nach der Waffe gegriffen hatten, stürzten zu ihm und sammelten sich dort. Durch die Unterstützung sicherer gemacht, tat Mokronowski gewichtig ein paar Schritte nach vorn, anscheinend ohne Furcht vor den ihm entgegengereckten blitzenden Klingen.

»Herr Truchseß«, sagte er laut, »Ihr seid der Anstifter dieses Tumults. Ich fordere Euch auf, die Ordnung einzuhalten.«

Er sprach noch, als begonnen wurde, Brühl zu umringen und zu bedrängen, der seitlich dastand und zu diesem Zeitpunkt nichts Derartiges erwartet hatte (die Radziwiłłschen hatten einen so plötzlichen Angriff nicht vorhergesehen). Der Mundschenk sah sich schon gezwungen, zur Waffe zu greifen, aber Mokronowski stürzte zu ihm, deckte ihn mit seiner Person und schob die Säbel mit den Händen zurück.

Mehrere Dutzend reckten sich über seinem Haupt. Einer davon verletzte ihm die Hand, Mokronowski aber, als er es spürte, verbarg sie geistesgegenwärtig, um durch den Anblick von Blut nicht das Signal zum unausweichlich scheinenden Kampf zu geben.

Mokronowskis beinahe verzweifelter Schrei, begleitet von Małachowskis Stockschlägen gegen den Fußboden und seiner angestrengten, flehenden Stimme, brachte die Erregten für kurz zur Besinnung. Die Angreifer wichen verlegen zurück. Der Truchseß schwieg, da ihm ein Mann gegenübertrat, den er respektierte und für einen ihm freundlich Gesinnten anzusehen gewohnt war.

Ein heftiges Wortgefecht setzte nun ein.

»Der Truchseß, der Truchseß ist schuld!« wurde auf der einen Seite geschrien.

»Die Radziwiłłs haben zuerst blankgezogen!«

»Wer hat denn gestern angefangen?!«

Die Erregung wuchs. Hatte sich das Blankziehen der Säbel am Vortag noch mit plötzlichem Aufbrausen erklären lassen können, so geschah es heute vorsätzlich und bedeutete die Kriegserklärung. Beide Seiten bewarfen einander mit Schmähungen. Die Arbiter und die Damen auf den Rängen schlossen die Augen, rangen die Hände, und so manche Dame mußte aus der Ohnmacht gerettet werden.

Radziwiłł, der neben Brühl stand, war nicht weniger blaß als dieser, seit dem Aufbrechen des Tumults preßte seine Hand den Griff seines Krummsäbels, so daß dieser, wäre er nicht aus einem Stück Achat gewesen, wohl in Splitter zersprungen wäre. Schweißperlen traten auf seine Stirn. Mehrmals schon hätte er sich an seine Leute wenden und ihnen zuzwinkern sollen. Lubomirski und Mniszech beschworen ihn flüsternd, das Odium dieses Waffenziehens der Familia zu überlassen. Unterdessen drohte die Familia im Streit zu obsiegen, denn im Zungengefecht war sie zweifellos stärker. Die Litauer besaßen keine Übung im Exklamieren, bei ihnen begannen wütende Ausrufe mit hunderttausend Teufeln und endeten beim Kreuzhimmelmordsdonnerwetter. Alle starrten sie unverwandt auf den Fürsten, dessen Brauen sie bald auf Mniszech, bald auf Lubomirski und bald auf Mokronowski verwiesen.

Das Schimpfen und Lärmen ließ nicht nach. Der alte Małachowski hatte den Kopf auf die Hand gestützt und sann nach – es blieb nichts anderes übrig, die soeben erst eingeleitete Sitzung mußte erneut vertagt werden. Man machte ihm Zeichen, wies bald auf den Truchseß und seine erhitzte Mannschaft, bald auf die noch schlimmere Ruhe Radziwiłłs, der wie eine Statue dastand, selbstgewiß, aber drohend. Sein Schweigen war geradezu Hohn auf das kindische Gezänk, welchem die Frauenschreie vom Rang antworteten.

Der Truchseß, der keine Zeit hatte, den Blick nach oben zu richten, sah heute nicht, wie am Vortag, Frau Sołłohubowa stehen, mit herabhängenden Armen, die Hände ringend – er sah nicht, wie sie voll tiefster Verachtung auf ihn niederblickte, dafür voller Mitgefühl und Erbarmen den stummen Brühl beobachtete, dessen Hand am Degen zitterte. Der Held des Siebenjährigen Krieges, in die Enge getrieben, entwaffnet durch das Geschehen ringsum, mußte leiden und schweigen.

Schließlich verkündeten das erneute dumpfe Klopfen des Marschallstabes und Małachowskis weinerliche Stimme die Vertagung der Sitzung. Man durfte sich nicht länger täuschen – ein solcher Reichstag konnte nicht zustande kommen. Brühl, da er einmal so weit gegangen war, hätte es nicht gewagt, zurückzuweichen, damit sein Ansehen preiszugeben und sich für besiegt zu erklären, die Familia hingegen wollte nicht nachgeben. Bis zum letzten Moment hoffte sie, die Gegenseite zu Verhandlungen und zum Vergleich zwingen zu können.

Die Vertagung jedoch bewirkte nichts, die erbitterten Gegner standen einander gegenüber, keiner wollte als erster den Saal verlassen. Denn leicht hätte es passieren können, daß, wäre die eine Partei umgekehrt, die andere diesen Umstand genutzt und sich ihr in den Nacken gesetzt hätte.

Nur einige der Arbiter, die sich nahe dem Ausgang befanden, konnten entschlüpfen. Die eigentlichen Formationen blieben stehen und maßen einander mit Blicken. Niemand wollte sich vorwerfen lassen, er sei vom Kampfplatz geflohen.

Der Abend nahte, der Lärm hatte sich gelegt, Müdigkeit erfaßte alle, jedoch niemand rührte sich vom Fleck.

Mokronowski trat auf den Truchseß zu.

»Wird das noch lange so gehen?« fragte er.

Der Truchseß errötete.

»Ich weiß es nicht«, antwortete er.

»Wir müssen wohl ein Mittel finden, um hier herauszukommen.«

»Das meine ich auch.«

»Das Mittel hängt von Euch ab.«

Der Truchseß sah sich um. Die Säbel waren bereits größtenteils in die Scheiden zurückgekehrt, und den Hartgesottenen redete man zu, die Waffen einzustecken. Auch Hunger und Ermüdung sprachen dafür. Einige der Litauer hielten ebenfalls ihre Krummsäbel gesenkt.

»Falls es dem Herr Grafen darum zu tun ist, daß wir unbedingt diesen Saal und das Blatt unserer Geschichte mit Blut beflecken, verstehe ich Euer Schweigen«, sagte Mokronowski. »Andernfalls sollten wir beide unsere Leute zu einem gemeinsamen und geordneten Auszug bewegen.« Diese Worte wurden als eine Art Losung für die Beendigung eines Streites aufgenommen, der sich nicht anders beilegen ließ als durch gegenseitiges Nachgeben und die Vertagung *ad futura*.

»Gemeinsam, schweigend und geordnet«, wurde es in den Reihen wiederholt, und die eben noch grimmige Menge dämpfte ihre Erregung und ließ sich zum Auszug bewegen. Man setzte die Mützen auf, steckte die Hände in die Taschen oder hinter den Gürtel, und diejenigen, die am meisten krakeelt hatten, schoben sich jetzt verkniffenen Mundes nach draußen, ohne zu beachten, wer neben ihnen ging, die Augen absichtlich gesenkt. Die Radziwiłłs stellten sich erneut abschirmend um Brühl und führten ihn weder als ersten noch als letzten aus dem Saal.

Nachdem dieser *modus exeundi* einmal angenommen und durch das Beispiel der hauptsächlichen Anführer unterstützt worden war, schoben sich die Massen hinaus ohne jeden Zwischenfall, sogar ohne Zank und Geifer. Im Saal blieben immer weniger Menschen zurück, am Ende saßen auf den Bänken nur noch solche, die lieber abwarten wollten, und hinter dem Gitter saß noch verängstigt und dümmlich das Reichstagssekretariat.

»Und nun?« sagte der Kämmerer Laskowski und ließ sich in
aller Ruhe von dem am Ende der Menge dahintreibenden Burschen mit den Flaschen ein Glas Bier reichen. Schmatzend nahm
er einen Schluck und stellte sich das Glas aufs Knie. »Da ist nichts
zu sagen! Wir haben ein Kunststück vollbracht, wie es die Rzeczpospolita seit dreihundert Jahren nicht gesehen hat!«

Er sprach dies zu seinem alten Freund Zagłoba, der, die Hände
in den Taschen, ihm gegenüberstand. »Aus dem Reichstag haben
wir einen Landtag gemacht und die Sitte des in der Provinz üblichen Draufhauens in der Hauptstadt eingeführt. Ein deutlicher
Fortschritt, mein Herr!«

Er sagte dies mit großem Schmerz, wenngleich ruhig. Zagłoba,
der ein stummer Zeuge der beiden Sitzungen gewesen war, hörte
ihm mit der Resignation eines Philosophen zu, scheinbar gleichgültig, in Wahrheit aber tief gedemütigt und erschüttert.

Schmerzlich lächelnd, sahen die beiden einander an.

»Da ist nichts zu sagen«, wiederholte Laskowski. »Noch keinem Sejm ist so vorzüglich ein Ende gemacht worden wie diesem. Die Kunst ist nicht, ihn abzubrechen, sondern indem man
ihn abbricht, den Samen der Zwietracht für lange Jahre frucht-
bringend dem Acker anzuvertrauen, das nennt sich mir staats-
männische Vernunft!«

Zagłoba zuckte die Achseln.

»Dreißig Jahre guter Erziehung haben Früchte getragen«, versetzte er ironisch. »Wir haben viel gelernt und unser Brot nicht
umsonst gegessen. Gut so, gut so! Vieles ging ungestraft hin, seit
Zygmunt III. wurde es immer wieder gesagt, daß wir uns in der
Anarchie befinden – das Durcheinander muß erst zum Chaos
werden, damit sich die Menschen besinnen. Wir löffeln jetzt aus,
was wir uns an die zweihundert Jahre lang eingebrockt haben –
davor gibt es wohl keine Rettung!«

So plauderten sie, als Żudra, der seine Leute wieder an den

Tisch des Herrn abkommandiert hatte, sich ihnen näherte. Der Ärmste schnaufte, sein Dreifachkinn tanzte, von der Stirn rann ihm der Schweiß. Er rückte seinen Gürtel zurecht und ließ sich müde auf eine Bank sinken. Laskowski und Zagłoba verstummten und sahen zu ihm hin, sprachen ihn aber nicht an, obwohl er sie herauszufordern schien.

»Nun, das wäre erledigt«, rief Żudra. »Wir haben den Deutschen Vernunft beigebracht.«

»Den Polen auch, denke ich«, bemerkte Zagłoba.

»Sollen sie wissen, wozu die Familia imstande ist.«

»Das stimmt, wir alle haben das erfahren«, nahm erneut Zagłoba das Wort. »Sie spricht auf besonders schöne Weise davon, Ordnung hereinzubringen, und das mittels einer neuen Methode, indem sie die Anarchie auf die Spitze treibt.«

Żudra blickte verächtlich.

»Ich bin kein Politiker«, erklärte er. »Ich werde nicht klugreden, aber wir lassen nicht zu, daß die Deutschen hier bei uns zu Hause das Regiment führen.«

»Richtig«, bekräftigte Zagłoba. »Dann lieber alles auf den Kopf stellen. Eurem Namen nach zu urteilen, Herr Żudra, müßtet Ihr ein Ruthene sein und mich daher verstehen. Mir kommt da dieses Sprichwort in den Sinn: ›*Ne kupiw batko schapki, nechaj uschy mersnut!*‹«

Żudra verzog das Gesicht.

»Was sagt denn Ihr, Herr Kämmerer?« fragte er Laskowski.

»Ihr kennt mich«, entgegnete der Angesprochene ernst. »Ich verleugne nicht, was ich denke, ich bin für eine häusliche Eintracht unter Brüdern, wer aber zum Krieg und zur Spaltung hinführt, der kann mich gern mal …«

Er hielt verärgert inne. Wer Laskowskis Zurückhaltung kannte, der begriff, wie wütend er war, wenn er sich zu derartigen Wendungen hinreißen ließ.

371

Żudra erhob sich.

»Wir sind unschuldig«, beteuerte er laut. »Man hat uns das Messer an die Kehle gesetzt. Sich der Willkür eines Brühl beugen und sich auf der Nase herumtanzen lassen – nie und nimmer!«

»Gewiß«, fügte Zagłoba hinzu. »Dann soll uns doch schon alle zusammen der Teufel holen.«

»Gewiß doch«, bekräftigte Żudra, der offenbar nicht richtig verstanden hatte.

»Und er wird es tun«, endete der alte Schlachtschitz. »So wie zwei mal zwei vier ist. Sogar wenn nach den Sachsen ein Engel käme, um das Land zu regieren, wird er die Unordnung als Erbschaft bekommen und sich keinen Rat wissen.«

»Hehe, mein Herr!« rief, die Arme hebend, Żudra. »Die Erbschaft tritt kein anderer an als die Familia, und die wird sich, mit Gottes Hilfe und der Hilfe noch jemandes … schon Rat wissen, o ja!« verkündete er mit Nachdruck.

Laskowski, dem das Gespräch bereits beschwerlich wurde, erhob sich, setzte seine Mütze auf, und ohne Żudra auch nur zuzunicken, nahm er den Freund bei der Hand und verließ mit ihm zusammen den leergewordenen Saal.

Beide Parteien waren in großer Erbitterung und erfüllt von Haß. Draußen wurde bereits vom Abbruch des Reichstages gesprochen, noch aber wollte die Familia daran nicht glauben. Vom Schloß kamen Nachrichten, daß der König die Sache zu schlichten und Eintracht herzustellen wünsche, daß er den Fürsten Radziwiłł rufen und ihn bitten wolle, freiwillig vom Amt zurückzutreten. Brühl hielt das für ein Unding. Szymanowskis Manifest lag bereits vor.

Der junge Brühl fuhr, ohne mit dem Vater gesprochen zu haben, mit seiner Leibgarde nach Młociny, sicher, daß die Dinge ein Ende hätten und er nicht länger verpflichtet wäre, sich an jenen Pranger zu stellen. Zu Hause angekommen, begrüßte er nur mit wenigen höflichen Worten seine Gattin, erklärte, daß er ausruhen müsse, und schloß sich in seinen Gemächern ein. Er fühlte sich wie jemand, der einer großen Gefahr entronnen ist und dieselbe überstanden weiß. Er atmete auf – er hatte sich für den Vater geopfert, jetzt konnte er alles vergessen und ein wenig für sich leben.

Seine Rechnung jedoch war falsch und die Enttäuschung nahe. Kaum hatte er sich niedergesetzt, als es draußen rumpelte und im Vorzimmer Stimmen hörbar wurden.

Sołłohub trat ein. Der zumindest war ihm die geringste Last, und erneut atmete er auf.

»Ich weiß«, sagte der Freund an der Tür, »daß ich dir kein ersehnter Gast bin, aber mich schickt dein Vater. Ihr habt euch nicht gesehen, er ist beunruhigt.«

»Ich habe zu ihm geschickt und ausrichten lassen, daß ich heil bin und Erholung benötige!« rief Brühl fröhlich. »Gott sei es gedankt, daß wir uns noch umarmen können, denn nicht viel hätte gefehlt und sie hätten mich zerstückt, wäre Mokronowski nicht gewesen.«

»Mokronowski ist an der Hand verwundet«, flüsterte Sołłohub. »Es ist ein Geheimnis. Als er die Säbel zurückstieß, hat er sich geschnitten, seine Geistesgegenwart ist gar nicht genug zu loben.«

»Ich denke, es wird dabei sein Bewenden haben«, sagte Brühl.

»Danach sieht es nicht aus«, erwiderte Sołłohub. »Wenn die letzte Nacht stürmisch war, so wird die heutige schlimmer werden. Es geht schon nicht mehr darum, sich beim Sejm zu zerfetzen – die Radziwiłłschen schicken sich zum Straßenkampf an. Sie können es nicht ertragen, daß man sie heute gebremst hat, und wollen unbedingt auf den Nacken der Familia beweisen, daß sie keine Feiglinge sind. Darum schickt dein Vater mich her, damit wir zusammen zum Fürsten-Woiwoden fahren.«

373

Brühl hob beide Arme.

»Hab Erbarmen mit mir! Ich kann nicht immer alles für alle tun, laß mich ausruhen, ich habe genug!«

»Noch ein Schritt, und es wird Schluß sein. Der Reichstag geht morgen zu Ende«, sagte Sołłohub.

»Aber ich habe auf Radziwiłł keinen Einfluß. Sollen sie einen anderen zu ihm schicken!« rief der Mundschenk verzweifelt. »Ich schätze seine forsche Ritterlichkeit und seinen Kampfesmut, jedoch zwischen ihm und mir, glaub mir, gibt es nichts, was uns verbinden und einander näherbringen würde. Jeder von euch wüßte besser und nachdrücklicher mit ihm zu sprechen.«

Sołłohub schwieg betrübt, sein Blick aber war immer noch bittend.

Brühl, der sah, daß er sich nicht entwinden konnte, ergriff unlustig und wortlos seinen Hut.

»Fahren wir«, sagte er. »Des Herrgotts Wille geschehe. Der Kelch will bis zum Bodensatz geleert sein.«

Sołłohubs Pferde standen bereit, ebenso die Eskorte, ohne die man sich jetzt in diesen Zeiten der entfesselten Leidenschaften nicht fortbewegen durfte. Ohne seiner Frau Bescheid zu geben, bestieg der Mundschenk den Wagen, und er verfluchte die Zeiten, in welchen er lebte, sowie die Umstände, in welche er verwickelt worden war.

Als sie sich Warschau näherten, wurde deutlich, daß Sołłohub nicht übertrieben hatte, als er den dortigen Zustand gefährlich nannte. Die Straßen waren voller bewaffneter Haufen, die sich unter lautem Geschrei an bestimmten ausgemachten Standorten zu sammeln schienen. Das abendliche Brot, dazu Bier und Wein stärkten soeben die Schlachta und feuerten sie an. Lieder wurden gesungen, man schimpfte auf die Sachsen, stieß Drohungen aus, und es schien, als ob man den Kampf nicht mied, sondern suchte. Zwei- oder dreimal hagelte es Drohworte beim Anblick der von der sächsischen Garde begleiteten Kutsche. Die Passanten blieben stehen und salutierten unter boshaftem Gelächter Brühls Karosse. In den Weinstuben und Gasthäusern herrschten Gedränge und Lärm.

Schon war die Nachricht vom Abbruch des Reichstages verbreitet, und sie versetzte die Familia in äußerste Wut. Über nichts anderes wurde geredet, nur noch darüber, wie man zuschlagen und sich rächen würde.

Als sie sich dem Radziwiłłschen Palais näherten, bemerkten sie auch hier in Bereitschaft stehende schwarze Haufen, zwar waren sie still, wirkten aber nicht minder bedrohlich. In zwei Sälen waren Tafeln gedeckt, hier empfing der Fürst höchstselbst noch Honoratioren. Er saß mit Fürst Stanisław auf dem Podest, stützte sich auf die Arme, war finster wie die Nacht, böse und ungehalten. Immer wieder schüttete er einen Kelch Wein hinunter, zog am Schnurrbart und seufzte. Die näher sitzende Schlachta blickte schweigend zu ihm, diejenigen jedoch, welche entfernter saßen, plauderten, je größer der Abstand war, um so angeregter. Am anderen Ende der Tafel surrte und brummte es wie in einer Mühle. Litauen, das zwei Tage lang im Zaum gehalten worden war, vermochte die schändliche Untätigkeit nicht zu schlucken. Zwei der Korewas und etliche Rudomins schmiedeten gemeinsam mit den Iliniczs und den Wereszczakas einen Plan – sich heranzuschleichen an einen gewissen Ort, an welchem sie Anhänger der Familia vermuteten, und ein wenig Blut fließen zu lassen, um nicht nach Hause zurückzukehren, ohne den Säbel befeuchtet zu haben.

Der Fürst, sobald er nur den jungen Brühl erblickte, erhob sich und brachte mit vollem Glas einen Toast auf seine Gesundheit aus, und mit lauter Zustimmung wurde darauf getrunken.

Sołłohub flüsterte dem Fürsten etwas zu, und man begab sich ins Kabinett, zuvor aber rief der Woiwode noch Herrn Lachowicz zu sich, der den Oberbefehl über die Truppe innehatte.

»Oberst, liebwerter Herr, bitte den Befehl *sub poena infamiae* und der Landesverweisung ausgeben, daß mir ja keiner auf eigene Faust draufloshaut. Ich sehe es an den Mienen, daß sich was zusammenbraut, die sollen mir ja das Kommando abwarten! Geht die Tische ab und sagt, daß Radziwiłł darum bittet, und wenn das nicht reicht, sagt, er befiehlt.«

Lachowicz entfernte sich.

Die beiden Radziwiłłs, Brühl und Sołłohub gingen ins Kabinett. Sołłohub begann sogleich im Namen des Ministers und noch mehr im Namen des Königs darum zu bitten, Händel zu umgehen. Die Familia suche nur einen Vorwand zum Blutvergießen, um nachher die Schuld auf die königliche Partei abzuwälzen. Er sprach schnell, Brühl pflichtete ihm mit kurzen Worten bei. Der Fürst hörte zu und starrte dabei auf die Wand. Er wirkte zerstreut.

»Setzt Euch, Graf, liebwerter Herr«, sagte er schließlich aufseufzend. »Und verzeiht mir im voraus, daß ich, ein waschechter Litauer und kein Politiker, sage, was mir auf dem Herzen liegt. Alles ist schlecht gelaufen, und warum? Weil Ihr nicht auf mich gehört und nicht gleich erlaubt habt, sie ein bißchen zu zerhacken. Alles wäre heute schon in Ordnung, und der Sejm, liebwerter Herr, liefe wie geschmiert. Seine Exzellenz Minister Brühl und Ihr, Herr Mundschenk, kennt andere europäische Völker, aber unseres wenig. Wir sind Soldaten. Wenn das Blut in uns brodelt, hilft kein Griechisches Heu, ehe wir das Blut nicht fließen lassen. Bach-prach, erst dann gibt es Frieden, Eintracht, herzliche Freundschaft, liebwerter Herr. Da ist nichts zu machen! Einen Deutschen kann man beschwatzen und überzeugen, einen Franzosen zum Lachen bringen und entwaffnen, bei uns aber, mein Herr, braucht es eins über den Dez! Unser Schädel ist hart, liebwerter Herr, und deshalb nimmt der Tod keinen Polen, oder auch einen Litauer oder Ruthenen, nicht anders als bei den Füßen, denn dem Schädel käme er nicht bei.«

Während der Fürst aus tiefer Überzeugung diese seine Theorie darlegte, blickte Sołłohub zu Boden, und Brühl, welcher womöglich gar nicht recht verstand, zur Decke.

»Seine königliche Majestät beschwört Euch, ein Blutvergießen zu vermeiden«, sagte Sołłohub noch einmal.

Radziwiłł fuhr unwillig auf.

»Ja, wer würde schon, liebwerter Herr, freiwillig Christenblut vergießen!« rief er. »Da sind *necesitates*! Bitte, stellt Euch meine Ärmsten vor, die haben sich von Nieśwież bis hierher den Hintern im Sattel aufgerieben, nur damit ihnen, mit Verlaub, die Familia vor die Nase furzt, und nun sollen sie, weil sie sich nicht einmal die Nase zuzuhalten getrauen, den Gestank riechen und danke sagen. Auch ich bin in der Lage!«

Der Fürst breitete resigniert die Arme aus.

Sołłohub sah ihn flehentlich an.

»Sei schon ruhig, lieber Cousin«, fügte der Fürst hinzu. »Was nicht geht, geht nicht, ich halte meine Leute, wenn es sein muß, an der Kette, aber das kann nicht alles sein.«

Der Fürst stand auf und trat näher.

»Die Familia kriegen wir anders nicht unter, als daß ihr Blut fließt. Dank der Sieniawskis schwimmt dieses Volk im Reichtum, spielt den großen Herrn und ist von schrecklichem Dünkel, und der ist neu, daher um so glühender. Mir, liebwerter Herr, stehen sechstausend Mann zur Verfügung, ich kann auch bis zu zehntausend hinstellen, wenn ich den Landsturm zusammenhole. Der Herr Kiewer Woiwode könnte ebenfalls an die sechstausend Leute aufbieten. Ich denke, daß der Hetman mit uns geht, alsdann, liebwerter Herr, am besten kurzer Prozeß und ins Feld gezogen! Da stehen wir Mann gegen Mann, und ich bin sicher, liebwerter Herr, daß wir denen Verstand beibringen, und dann geht es ganz still und glatt …«

In diesem Augenblick kam Lachowicz herein und meldete, daß

trotz strengster Befehle nur zwanzig Schritte vor dem Palais ein Häuflein Schwarzer mit solchen zusammengestoßen sei, die rot-grün-weiße Kokarden trügen, die Farben der Familia. Ein paar Männer seien zerschrammt worden, aber man habe sie entwaffnet.

Sołłohub rang die Hände, der Fürst blieb vollends gefaßt.

»Ach, das ist Schnickschnack«, sagte er. »Das kommt bei jeder Versammlung vor.«

Er wandte sich an Lachowicz: »Wurde jemand getötet, liebwerter Herr?«

»Nein, aber verletzt.«

»Das heilt wieder, ein Vogelnetz drauf und frisches Brot, das ist das beste Pflaster, liebwerter Herr. Und die Unsrigen?«

»Ein paar haben auch was abgekriegt.«

»Haltet denen eine Standpauke, liebwerter Herr, und der junge Michaelis soll sie verbinden, und daß mir, wer eine Schramme hat, sich ja nicht draußen blicken läßt!«

Die Zusammenkunft endete mit der Versicherung des Fürsten und des Herrn Lachowicz, daß der Friede gewahrt bleibe, vorausgesetzt, die Gegenseite verletze denselben nicht.

Brühl drückte dem Fürsten stumm die Hand, noch einmal wurde auf die Gesundheit getrunken, und die Besucher gingen hinaus.

Auf dem Hof krakeelten die Blessierten und stießen Drohungen aus, und die Schlachta sammelte sich, um zum Fürsten zu laufen und ihn um die Erlaubnis zur Rache zu bitten. Brühl wollte nach Hause. Doch Sołłohub mußte ihn zum Vater bringen. Im Sächsischen Palais beim König war soeben der Rat versammelt. Der Fürst-Primas, der Hetman, Bischof Sołtyk und viele andere dazu Herbeigerufene mühten sich, den König zu beruhigen und einem weiteren Durcheinander vorzubeugen. Man gelangte jedoch zu keinem anderen Schluß, als jenes Mittel anzuwenden,

378

welches schon viele Jahre benutzt und mißbraucht worden war –
den Abbruch des Sejms.

Brühl war dafür, er rechtfertigte sich damit, dazu gezwungen
zu sein.

Der Mundschenk, der dem Rat weder beiwohnen konnte noch
wollte, blieb im Kabinett und wartete auf den Vater. Er war müde,
verärgert, doch allmählich gewann er seine Gleichgültigkeit
zurück und konnte schon wieder über sich und andere scherzen.

Nachdem die Beratung beendet war und die Senatoren abfuh-
ren, kam der Minister, welchen man von der Anwesenheit des
Sohnes unterrichtet hatte, in sein Arbeitszimmer und umarmte
den Sohn wie stets, darum bemüht, ihm mit Zärtlichkeit den un-
barmherzigen Umgang mit ihm zu vergelten.

»Lieber Alois, alles ist zu Ende«, sagte er. »Du hast mannhaft
bis zum Schluß ausgehalten. Der König und ich sind dir dankbar. Alles, womit der König mich in Polen gnädigst beschenkt
hat, will ich dir übertragen. Ich habe das Versprechen für den
Posten eines Generals der reitenden Artillerie, den überlasse ich
dir, da ich weiß, daß du das magst und du in dem Rang nützlich
sein wirst. Der Reichstag wird abgebrochen, unser Adel und unsere Ehre bleiben unangetastet.«

Mit diesen Worten umarmte er abermals, gleichsam in einem
Ausbruch von Zärtlichkeit, den Sohn. Herr Alois hörte den Vater schweigend an und antwortete nichts. Der Minister wandte
sich sogleich an Sołłohub, der, um den Freund aus der peinlichen
Situation zu befreien, von Radziwiłł zu erzählen begann. So endete dieser Abend noch ein wenig fröhlicher und ungezwungener, und da es schon spät war, übernachtete der Mundschenk im
Sächsischen Palais.

Am nächsten Morgen erschien der Fürst, nachdem er hatte erkunden lassen, wo Brühl sich aufhielt, im Sächsischen Palais und
nahm ihn mit zur Reichstagssitzung.

An diesem Tag bot der Saal ein anderes, scheinbar weniger bedrohliches Bild, zugleich war hier Schlimmeres zu spüren als an den vorausgegangenen Tagen. Die Leidenschaften, äußerlich eingedämmt, verkündeten für die Zukunft einen unerbittlichen Kampf. Es ging nicht mehr darum, im Saal übereinander herzufallen, alle fühlten es, daß irgendwo auf einem Schlachtfeld die Konkurrenz entschieden und der Haß befriedigt werden mußten. Die Gesichter zeigten mehr Mäßigung und Ernst, von den düsteren Stirnen und aus den funkelnden Augen jedoch wehte Rachedurst. Der Truchseß, von Geleitschutz umgeben, nahm in einigem Abstand Aufstellung, er wirkte nahezu beschämt über den Triumph, welcher zu nichts geführt und ihn dabei mehr gekostet hatte, als er wert war. Erziehung und persönlicher Charakter ließen ihm schmählich erscheinen, was er für die Familia hatte tun müssen.

Viele neugierige Arbiter drängten in den Saal, die Ränge waren gefüllt, jedoch herrschte statt des Lärms und des Stimmengewirrs der vorangegangenen Sitzungen nunmehr düsteres Schweigen. Mokronowski mußte Małachowski beim Gehen den Arm reichen, so schwach und bedrückt war der alte Marschall. Seine Hände zitterten, als er das mitgebrachte Papier aufrollte und Szymanowskis, des Ciechanówer Abgeordneten, Manifest ankündigte. Die Nennung dieses Namens löste Unruhe aus, alle drehten sich um und suchten Szymanowski zu entdecken. Vergebens. Szymanowski, klar vorausschauend, was er sich zuzog, war verschwunden, im Saal war er nicht.

Man verlangte, das Manifest zu verlesen, und die Kammer lauschte schweigend.

Szymanowski beschuldigte in seinem Schriftstück den Haß und den Ehrgeiz, welche die so segensreichen Vorhaben zunichte gemacht hätten, er beklagte, daß die für die Beratungen bestimmte Zeit über Tumulten, welche Polen ins endgültige Verderben führten, vergangen sei. Daher, in der Voraussicht darauf, daß die angezettelten Zwistigkeiten sich nur noch steigern müßten, und angesichts dessen, daß das Land von fremden Truppen besetzt sei und nicht die gebührende Freiheit besäße, da die Abgeordneten keine persönliche Sicherheit genössen, ja, dieselbe in diesem Gesetzestempel bis zu einem Grade bedroht sei, daß man nicht zu Rat sitzen könne, sondern an seine Verteidigung denken müsse, halte es der Sejm für unmöglich usw.

Nach dem Verlesen des Manifests herrschte dumpfes Schweigen. Niemand meldete sich zu Wort, einer sah den anderen an, auf den Antlitzen der Familia-Anhänger lagen unterdrückte Wut und Empörung.

Małachowski beantragte, drei Abgeordnete zu Szymanowski zu entsenden und ihn zu bitten, der Kammer das *activitatem* wiederherzustellen. Niemand sprach dagegen. Man benannte drei Männer aus den Hauptprovinzen, sie brachen sofort auf. Der Reichstag verharrte abwartend *in passivitate*.

Die folgende Stunde dünkte viele eine Ewigkeit, mit der Deputation verband kaum jemand Hoffnungen. Sie war eher eine Förmlichkeit denn ein Schritt, welcher Wirkung versprach. Die Brühlsche Partei wußte genau, daß Szymanowski aus Furcht, in einer solchen Aufgereiztheit zerstückt zu werden, am Morgen Warschau verlassen hatte. Gleiches ahnten auch die Gegner. Man raunte etwas, sah sich an, machte Zeichen zwischen Rängen und Saal, und viel Zeit verging, bis die Abgeordneten zurückkamen und erklärten, Szymanowski nirgends gefunden zu haben.

Małachowski erhob sich, zitternd am ganzen Leib, und rief: »Die Rache Gottes soll diesen nichtswürdigen Bürger verfolgen, den Missetäter, der übler ist als ein Vatermörder!«

Dieser Fluch, der die Stille durchdröhnte und so manches Antlitz erblassen ließ, traf nicht nur den Ciechanówer Abgeordneten, sondern auch einen Teil jener Anstifter von Hader und Streit.

Der litauische Truchseß lächelte zwar, jedoch sah man ihm an, daß auch er seine Schuld empfand.

»Wir haben unsere Pflicht bis zu Ende erfüllt«, fügte der Marschall an. »Wir haben auf dem Posten ausgeharrt, denn unsere Schuldigkeit ist es, die Rzeczpospolita bis zum letzten Atemzug zu verteidigen.«

Das waren die kaum hörbaren letzten Worte, mit welchen der Reichstag geschlossen wurde. Małachowski sank auf den Stuhl nieder, und in bedrücktem Schweigen begannen die Abgeordneten aus dem Saal zu strömen. Klageworte und Verwünschungen füllten alsbald die Schloßkorridore.

An der Tür stand die Kuźmowa mit ihrem Korb und nickte.

»Hier ist nichts mehr zu tun«, brummte sie. »Es lohnt wohl auch nicht, ein anderes Mal die Beine bis zum Schloß zum Sejm zu bemühen.«

Langsam stieg sie mit den anderen die Treppe hinunter.

Auf allen Gesichtern malten sich Trauer und Enttäuschung. Nur die Anhänger der Familia lächelten und drohten sofort: »Das ist noch nicht das Ende, wir werden sehen!«

Wohl nur der Mundschenk atmete freier auf, als er den Saal verließ, indessen Radziwiłł im Hinausgehen, ungeachtet des erhaltenen Woiwodenamtes, beinahe gedemütigt wirkte.

»Was bringt das alles?« bemerkte er, an Lubomirski gewandt. »Gekochtes Wasser bleibt auch nur Wasser! Hätten wir ihnen bloß ein bißchen Blut abgelassen, aber ihr seid doch alle Waschlappen …«

Am peinlichsten war wohl die Lage des Truchsesses, denn er, den man als Werkzeug verwendet hatte, obgleich er zeitweise einigen Mut bewiesen hatte, stellte sich wenig bekannten Mitbürgern in falschem Licht dar. Er spürte das selbst. Im ersten Moment hatten ihn mehrere Gründe veranlaßt, eine Rolle zu übernehmen, die einem zweitklassigen Landtagsabgeordneten eher anstand denn einem Grafen Poniatowski, welchem Fornica einen bedeutenden Lebensweg prophezeit hatte.

Obwohl der Hetman jetzt offen mit dem Hof und mit Brühl gegen die Familia stand, obschon er einige Male von fern den Schwager mit scheelem Blick beäugt hatte, ging der Truchseß, nachdem er von der bevorstehenden Abreise des Hetmans erfahren hatten, zur Schwester, um ihr Lebewohl zu sagen. Die Hetmanin war ihm die Liebste von allen, und sie sagte ihm gern die glänzendste Zukunft voraus. Mit Bedacht, so schien es, wählte der Truchseß für den Abschied jenen Moment, da der gesamte Hof schon in Bereitschaft und der Hetman im Einsteigen begriffen war.

Die Schwester empfing ihn mit einem Aufschrei, der alte Branicki mit kühler und stolzer Höflichkeit. Mehr als sonst irgendwann behandelte er den Truchseß wie einen Grünschnabel, wo derselbe das Recht der Reife für sich beanspruchte.

Es geschah so, daß Gräfin Izabella den Bruder einlud, sie und den Hetman bis nach Praga zu begleiten. Branicki stieg mit der Gattin zusammen ein, um in ihrer Gesellschaft durch die Hauptstadt zu fahren, denn die Abreise war, wie jeder Schritt des Hetmans, feierlich und repräsentativ. Seine Leibwachen begleiteten sie, die Janitscharen, mit Schabracken geschmückte Beipferde, Lastwagen, Höflinge, Heiducken, die ganze glanzvolle und zahlreiche Horde, mit der er sich so gern umgab. Der Pöbel drängte sich, diese Parade zu bestaunen. Poniatowski saß vorn in der Kutsche und sprach mit der Schwester, die halb fröhlich war, halb gleichsam betrübt, aber auch unruhig und gereizt. Lange Zeit mischte sich der Hetman nicht in das Gespräch, er saß stumm da und betrachtete den Schwager von oben herab.

Als der Graf schließlich mit geheucheltem Eifer davon berichtete, wie er beim Sejm aufgetreten war, blitzten des Hetmans Augen, und sein Gesicht rötete sich.

383

»Lieber Graf«, sagte er plötzlich und legte ihm die Hand auf die Schulter. »Bedenke mein Alter und deines, das gibt mir das Recht, dir Worte der Wahrheit zu sagen. Ich werde dir zu deinem Auftritt in der Welt und zum Beginn deiner staatsbürgerlichen Karriere nicht gratulieren. Es ist ein schlechter Anfang, aus Eigennutz den Abbruch von Beratungen zu betreiben, auf die das Land größtes Gewicht gelegt hatte. Es brauchte dazu etwas Mut und sehr wenig Talent, jeder kleine Schlachtschitz hätte das vermocht. Sich in das Gedächtnis der Menschen einzuschreiben, indem man mit einem Streich sich halb Polens Feindschaft zuzieht, nenne ich einen Fehler und einen bedauerlichen Irrtum.«

Diese Moralpredigt trieb der Gattin die Zornesröte ins Gesicht, und der Hetman, kaum daß er geendet hatte, rief dem Kutscher zu, daß er anhalten solle.

»Bemühe dich nicht weiter«, sagte er zu Poniatowski. »Lebe wohl.«

Der Graf wußte nicht, was er erwidern sollte, er war verwirrt, und angestrengt lächelnd, verbeugte er sich, küßte der Schwester die Hand und stieg rasch aus. Er wechselte in einen zweiten Wagen, der hinter der Kutsche lief, um nach Warschau zurückzukehren, und der Hetman fuhr nach Białystok.

DRITTER BAND

I

Kaum erreichten Warschau zu Beginn des Jahres 1763 die Nachrichten von dem in Hubertusburg geschlossenen Frieden und vom Abzug der preußischen Armee aus Sachsen, als August III., des langen Aufenthaltes in Warschau überdrüssig, nach Dresden aufbrechen wollte. Der Frieden und die Rückkehr in die Hauptstadt waren teuer erkauft. Sachsens Verluste an den preußischen Friedrich bezifferten sich auf dreihundert Millionen Taler sowie auf über siebzigtausend Mann zum Militär ausgehobener Soldaten. Die Königin hatte den Krieg mit dem Leben bezahlt.

Im Februar wurde der Vertrag unterzeichnet, und schon im März hätte sich der König in sein geliebtes Dresden begeben, wenn das möglich gewesen wäre. Der Gedanke, wieder in der ruhigen Hauptstadt an der Elbe sein zu können, wo sich alles so behaglich fügte, gab ihm vorübergehend ein wenig neue Lebenskraft.

Brühl vermochte ihn kaum noch in Warschau zu halten, er versuchte ihm darzustellen, welche Zerstörungen der Krieg hinterlassen hatte. Schließlich war auch das Frühlingstauwetter einer Reise nicht günstig, man mußte warten, bis der Schnee verschwunden und die Landstraßen getrocknet wären. Brühl bemühte sich darum, das in eine Lagerhalle verwandelte Theater, das beschädigte Schloß, die ausgeplünderten und als Wachtstuben verwendeten Palais ein wenig herzurichten, um Seine Majestät empfangen, ihm die lange Sehnsucht irgendwie vergelten zu können.

Am allerwenigsten kümmerte man sich jetzt um die Belange der Rzeczpospolita, in welcher sich der auf dem Reichstag begonnene Kampf fortsetzte und bedrohliche Ausmaße annahm. Brühl ließ seinen Sohn hier sowie Freunde und Verwandte. In Litauen Radziwiłł, in Ruthenien Potocki mitsamt seiner ganzen Familie, in Warschau Sołtyk und Mniszech. Brühl und die beiden letzteren nannte man scherzhaft die Hofdreifaltigkeit. Diese Dreifaltigkeit und ihre Anhängerschaft besaßen zeitweilig Macht und Überlegenheit. Zu ihr hielten der alte Hetman Branicki und viele andere. Die Familia war scheinbar besiegt, indes hatte sie die Hoffnung auf Rache nicht aufgegeben. Zwar hätten die Anführer selbst wohl schon Unterhandlungen und eine Verständigung gewollt, und am Hofe gab es darum auch geheime Bemühungen, Brühl jedoch speiste die Unterhändler mit Hoffnungen ab und blieb in seinem Haß unerbittlich.

Von allen dem Minister unterstellten Personen der Politik beteiligte sich der Sohn allerdings am wenigsten an den Intrigen, er eignete sich nicht dazu. Der Vater hatte ihn mit dem Posten eines Generals der Artillerie bedacht und das Mundschenkamt seinem Bruder übertragen, und Herr Alois, der sich in seinem Element fühlte, da Geschütze, Pulver, Kanonenkugeln ihn sehr interessierten, überließ anderen die ihm so widrigen politischen Kabalen. Von Młociny jedoch mußte er nach Warschau umziehen.

Das Brühlsche wie das Sächsische Palais standen leer, und so konnte sich der General der Artillerie, dessen Hof beträchtlich vergrößert und sehr glanzvoll gemacht worden war, die Residenz aussuchen. Genaugenommen entschied er sich für Warschau, um dem Zeughaus näher zu sein.

Wer den Erstgeborenen und Erben des Ministers von fern betrachtete, wunderte sich, daß dieser vom Vater nicht die geringste Neigung zu höfischen Machenschaften und Intrigen mitbekommen hatte und daß er sein Leben auf die originellste Weise ausfüllte.

Zuallererst war er für den großen Eifer, mit welchem er sich der Hebung der Artillerie widmete, bekannt, die zu dem Zeitpunkt, da er sie übernahm, eine solche Bezeichnung kaum verdiente. Er verbrachte lange Stunden an Geschützen und in Pulvermühlen, sammelte Offiziere um sich und versuchte, in einer Vielzahl von Verbesserungen eine Spur seiner Befehlsgewalt zu hinterlassen. Wenn ihm danach noch ein wenig Zeit übrigblieb, kehrte er zur Lektüre Molières zurück, schrieb Komödien für ein Amateurtheater, zeichnete Entwürfe oder spielte Quartette.

Sobald das Gespräch auf Fragen wie Beförderung, Ansehen, hohe Ämter, Machenschaften der Parteien kam, gähnte er, versank in Nachdenken, und meistens geriet er dann in die peinliche Lage, nicht zu wissen, wovon eigentlich die Rede gewesen war.

In seinem Hause floß das Leben hin wie ehedem. Die Gräfin lebte mit ihrem Gefolge und mit ihren Grillen, der Graf brachte ihr wie stets Achtung und Höflichkeit entgegen, ließ ihr alle Freiheit und behielt auch sich selbst eine solche vor. Man traf sich beim Gästeempfang, und Gäste weilten viele in Młociny, im Sächsischen und im Brühlschen Palais, vor allem Fremde und Künstler.

Die Kiewer Woiwodentochter ließ sich niemals in die glanzvolle, fröhliche europäische Welt hineinziehen, welcher Brühl angehörte. Sie blieb so, wie sie Krystynopol verlassen hatte – das schüchterne, schweigsame, traurige, fromme, furchtsame und ein wenig abergläubische Wesen, dessen verschlossenes Herz Scheu hatte, sich zu öffnen. Die brave Dumont war womöglich ihre einzige Freundin, vor ihr hatte sie keine Geheimnisse, und es ist nicht zu leugnen, daß sich die Französin der Interessen der Frau Generalin mit außergewöhnlicher Hingabe annahm. Insbesondere lag ihr jene platonische Liebesgeschichte mit Godziemba am Herzen.

Als sie während des Reichstages im Jahre 1762 von der Herrn Tadeusz bedrohenden Gefahr hörte, da ihn der Alte aus dem Pinskischen unbedingt mit seiner Tochter verheiraten wollte, gönnte sich die Dumont keine Ruhe, sie tat alles, um Godziembas Weggang zu verhindern. Zunächst stürzte sie sich auf ihn und suchte ihm klarzumachen, daß er sich ins Verderben stürzte, wenn er sich mit einem Mädchen vom Lande verband, und daß er auf dem Dorf hoffnungslos versauern würde. Godziemba war auf seine Weise ein eigentümlicher Mensch, er sprach nicht viel, und es war schwer, ihn zu verstehen. Die Französin, im Bemühen, ihm den Mund zu öffnen und ihn zu ermutigen, hatte mit ihm ihre liebe Not. Er floh sie nicht, aber er vertraute sich ihr auch nicht an. Zu Anfang verstand die Dumont nicht einmal, ob er einer solchen Heirat nicht sogar zugeneigt war, er äußerte sich gleichgültig darüber, aber ohne Widerwillen. Erst wenig später erklärte er, nicht ein von fremder Gnade und vom Schürzchen der Ehefrau abhängiges Leben führen zu wollen. Indessen ritt er wieder und wieder zum alten Godziemba und verhielt sich der Familie gegenüber keineswegs abweisend. Aber das zog sich hin.

Die Frau Mundschenkin, als sie hörte, daß Godziemba womöglich den Hof verlassen könnte, war, obwohl er sich ihr stets fernhielt, so sehr davon betroffen, daß die Dumont sie geschickt auf den Gegenstand ansprach. Sie sprach sich heftig dafür aus, Godziemba, koste es, was es wolle, zu halten. Am dritten Tag jedoch schlug die Stimmung um.

Frau Brühl, fiebernd und mit geröteten Augen, rief die Dumont zu sich, umarmte und küßte sie und erklärte: »Meine liebe Dumont, ich sehe darin die Hand der Vorsehung. Der Herrgott selbst will es, daß diese sündige Zuneigung ein Ende hat, Gott selbst bietet die Gelegenheit, den Menschen zu entfernen, den ich nicht anschauen dürfte.«

Die Mundschenkin war sehr fromm, auch die Dumont, letz-

388

tere aber glaubte fest, daß der Herrgott in Herzensangelegenheiten überaus verständnisvoll war, wozu bedurfte es hier ir-
gendwelcher Beichtiger? Daher herrschte sie ihren Zögling wegen der übertriebenen Skrupel an.

»Meine liebe Gräfin«, sagte sie. »Zu lieben und zu schauen ist
in keinem Fall Sünde.«

»Aber man hat die Pflicht, sich eine solche Liebe aus dem Herzen zu reißen«, antwortete Frau Brühl. »Ich sehe die Hand der
Vorsehung, die mich vor dem Sturz bewahren will.«

»Vor welchem Sturz?« fragte die Dumont. »Ich weiß nicht, ob
es je auf der Welt zwei einander aufrichtig liebende Geschöpfe
gegeben hat, die einen so geraden Weg gegangen wären wie Ihr.
Sich freiwillig der einzigen Freude im Leben zu berauben, das ist
nicht recht.«

»Mein Gewissen sagt mir«, fuhr die Mundschenkin fort, »daß
ich natürlich alles tun sollte, damit er heiratet, fortgeht, sich eine
Familie schafft, eine Zukunft, und falls ich dem aus Egoismus etwas in den Weg stellte, wäre ich eine nichtswürdige Frau.«

Frau Brühl, während sie das sagte, weinte.

»Das ist überaus heroisch«, versetzte die Dumont auffahrend,
»aber, mit Verlaub, ohne Sinn. Der Graf flirtet, er liebt die Sołłohubowa, Ihr seid ihm gegenüber ohne Pflichten.«

»Aber ich habe sie mir gegenüber«, erwiderte die Gräfin. »Liebe
Dumont, es ist besser, wenn er geht, es ist besser!«

»Es wäre viel besser, wenn er den Mut aufbrächte, sich Euch zu
nähern, und wenn Ihr endlich einmal im Leben glücklich wärt!«
platzte die Französin, kühn geworden, heraus, aber sofort hielt
ihr Frau Brühl den Mund zu und verfiel in eine Art Krämpfe, so
daß die erschrockene Französin sie beruhigen mußte.

Ihr Gespräch zog sich noch eine Weile hin, und die Dumont
nahm von allem nur die Überzeugung mit, daß die Liebe, welche
sie schon abgekühlt geglaubt hatte, lebendiger war denn je.

Die Dumont fühlte sich berufen, ihren Zögling glücklich zu machen, alle Skrupel hielt sie für Unfug. Unterdessen war es nicht leicht, in Erfahrung zu bringen, wie die Sache mit dem alten Godziemba stand. Um dies auszuspionieren, griff die Französin zu einer List. Herr Tadeusz hatte, wie allgemein bekannt, seine alte Kinderfrau, an der er sehr hing, in einem Bauernhaus in Bielany untergebracht. Des Abends ging er zu ihr, saß stundenlang dort, in dem Bemühen, ihr das Leben erträglich zu machen. Die Sawaniha sehnte sich nach ihrem Ruthenien, da aber das Kind bei ihr war, gewöhnte sie sich allmählich an ihr neues Leben. Die Französin, die während ihres langen Aufenthaltes in Polen sowohl die Sprache der Pans als auch, wie sie es nannte, die Bauernsprache erlernt hatte, beschloß, die Alte kennenzulernen und möglichst über sie auf Godziemba einzuwirken. Von Młociny bis zu jenem Bauernhaus in Bielany war es nicht weit, man konnte leicht einen Spaziergang dorthin unternehmen. Die Französin kehrte in dem Hof ein, bat um etwas Wasser zum Trinken und zog die Sawaniha in ein Gespräch. Geschickt erwähnte sie Godziemba, lobte ihn über die Maßen und gewann so das Herz der Alten. Sie besuchte dieselbe ein zweites und drittes Mal und lenkte die Unterhaltung auf das Heiratsvorhaben, von welchem die Sawaniha schon wußte und das sie von ganzem Herzen befürwortete. Es kostete die Französin viel, sie davon zu überzeugen, daß sie unrecht hatte, daß eine solche Heirat bedeutete, sich in die Knechtschaft zu begeben, und daß Godziemba (sie tat dabei geheimnisvoll) womöglich ein weitaus glänzenderes Schicksal erwartete.

Alle Bemühungen der ehrbaren Intrigantin, die für eine platonische Romanze kein Verständnis aufbrachte, machte ein unerwarteter Vorfall jäh hinfällig. Gegen die Pocken wurde damals noch nicht geimpft (eine der Mniszech-Damen sollte diese Impfung später als erste einführen); die Krankheit hatte sich auch in

Warschau ausgebreitet, und Fräulein Agnieszka Godziembianka steckte sich an. Der alte Vater wußte nicht, wo er einen Doktor finden konnte, und um sein einziges Kind besorgt, kam er zu Herrn Tadeusz geeilt, welcher, nachdem er beurlaubt worden war, sich ganz zu Diensten stellte.

Die Französin, als sie davon erfuhr, geriet in Verzweiflung und schrecklichen Zorn. Erstens konnte Godziemba selbst die furchtbare Krankheit bekommen und davon entstellt werden, zweitens konnte er sie, Gott behüte, noch am Hof einschleppen. Die alte Dumont fürchtete um ihre noch verbliebenen Reize.

Die Mundschenkin ertrug alles heroisch. Es lag in ihrem Charakter, im Martyrium zu lieben, darin Wonne zu finden, dem Herrgott für die Kreuze zu danken sowie immer neue gute Anlässe für Gebete, Tränen, Fasten und Selbstquälerei zu suchen. So betete sie denn von morgens bis abends, überschüttete sich mit Tränen und hüllte sich in Verzicht.

Unterdessen passierte es, daß Fräulein Agnieszka, als Mädchen vom Lande nicht daran gewöhnt, sich zu schonen, sich zudem erkältete, und ihre Kraft und ihr Lebenswille konnten die Ärmste nicht retten. Sie starb.

Vor Kummer verloren die Eltern beinahe den Verstand. Und da Tadeusz die ganze Zeit bei ihnen gewesen war, da er ihnen und der Kranken zur Seite gestanden hatte wie ein eigen Kind, übertrugen sie die Liebe zur Verstorbenen auf ihn. In ihrer Vorstellung war er gleichsam der Witwer derjenigen, die sie ihm zur Frau bestimmt hatten.

Die Alten nannten ihn immer nur ihr Kind. Sie sprachen kein Wort über die Zukunft, jedoch hielten sie ihn mit ihren Tränen und mit ihrer ehrlichen Liebe bei sich. Nachdem sie den Schmerz ein wenig verwunden hatten, rüsteten sie für die Heimkehr ins Pinskische. Godziemba erschien eines Abends bei Tadeusz, legte ihm beide Hände auf die Schultern, weinte bitterlich drauflos und

391

bat: »Mein Kind, lieber Tadeusz, bringe du uns nach Hause, es wird uns leichter sein. Meine Frau liebt dich wie einen Sohn.«

Eine halbe Stunde später umarmte ihn die alte Godziembina und flehte unter Tränen: »Komm mit uns nach Zahorodzie, du siehst ja, mein Mann liebt dich wie sein eigen Kind.«

Die Alten waren so vereinsamt und voller Schmerz, daß es einen erbarmte. Tadeusz überlegte, küßte der alten Frau die Hand und bat um einige Tage Zeit. Sogar eine Woche wurde ihm gewährt. Er desinfizierte sich, wusch sich gründlich und ging am nächsten Morgen zu Brühl, der ihn schon lange entbehrt hatte und sich nach ihm sehnte.

Der frisch ernannte General hatte von den Godziembas gehört und freute sich beinahe über das geschehene Unglück, weil es darauf hoffen ließ, Tadeusz bei sich zu behalten. Godziemba war sein privater Sekretär, sein Vertrauter, ein Mensch, ohne den auszukommen ihm schwerfiel. Überdies besaß er noch eine Eigenschaft, die ihn Brühl teuer machte. Herr Alois, ein großer Verehrer Molières, schrieb deutsche Komödien, die ins Französische und Polnische übersetzt und auf improvisierten kleinen Hausbühnen gespielt wurden. Oftmals fehlte es an Amateuren. Godziemba war außerordentlich talentiert, er spielte vortrefflich junge Edelleute.

Tadeusz' Erscheinen freute den General.

»Was ist los mit Euch? Was ist Euch zugestoßen? Ich höre, die Verlobte ist gestorben?« fragte er lebhaft.

»Sie war nicht meine Verlobte«, entgegnete Godziemba. »Ich hatte eine Heirat nicht vor, aber es sind ehrbare Leute, Eltern, die ihr einziges Kind verloren haben und verzweifelt sind, ich mußte mich ihrer annehmen. Wir sind miteinander verwandt, und was noch schwerer wiegt – sie sind allein auf der Welt und arm dran.«

»Was können wir da helfen?« fragte Brühl.

»Sie verlangen von mir, sie nach Hause zu begleiten.«

»Sehr gut, nur flehe ich Euch an, kommt wieder. Ich zähle auch weiterhin auf Euch. Meine Aufgaben als General verschaffen mir so viel Arbeit, daß ich ohne Eure Hilfe nicht auskomme. Ihr seid meine rechte Hand!«

Godziemba verbeugte sich.

Die Französin hatte Brühl ohne Wissen der Generalin sehr raffiniert den Gedanken eingegeben, daß auch seine Gattin des öfteren einen Sekretär und Lektor benötige. Lektoren waren damals an den Adelshöfen unerläßlich. Und die Dumont, über schlechte Augen klagend, hatte Brühl beredet, er möge Godziemba beauftragen, einige Stunden am Tage vorzulesen und amtliche Briefe, welche zu schreiben Frau Brühl gezwungen sei, zu expedieren. Also fügte der General hinzu: »Auch meiner Frau könntet Ihr als Lektor und Sekretär nützlich sein, daher lasse ich Euch nicht fort.«

Tadeusz, als er dies vernahm, geriet in große Verwirrung, Brühl aber bemerkte es nicht. Godziemba, wie die Woiwodentochter an einem Hof erzogen, wo Frömmigkeit und strenge Sitten herrschten, war ebenso religiös wie sie. Seine unglückliche Liebe quälte ihn unsäglich, er machte sich deshalb Gewissensbisse. Als er hörte, er werde der Gräfin Brühl näher kommen, fühlte er sich, obschon glücklich, zugleich tief beunruhigt. Es setzte ihn neuen Leiden und Gefahren aus. Gern hätte er sich aus Achtung für diejenige, die er liebte, gänzlich entfernt, das Herz aber – das Herz hielt ihn hier fest.

Godziemba blieb stumm.

»Fahrt jetzt«, sagte Brühl. »Und kehrt baldmöglichst wieder. Ich sage es noch einmal – ohne Euch komme ich nicht aus. Seid dessen gewiß, daß ich Eure Arbeit zu schätzen weiß.«

Als sich Godziemba nach dem Besuch bei Brühl aus Młociny davonmachen wollte, paßte die Französin ihn ab und zog ihn, sich ein mit Lavendel begossenes Tuch vor Mund und Nase haltend, in ihr Zimmer hinein. Es lag ihr daran, ihm zu sagen, daß sie das alles getan habe, damit er der Generalin näher sein könnte.

Godziemba nahm dies eher erschrocken als beglückt auf. Der Dumont wollte es nicht in den Kopf, daß diese Liebenden so verdrießlich ehrenhaft waren. Je mehr sie sich davon überzeugen konnte, um so mehr verlockte es sie, die beiden auf den rechten Weg zu führen.

Fröhlich und geschwätzig empfing sie Godziemba, und um ihn festzuhalten, log sie, daß die Generalin ihn unbedingt sehen wolle. Ohne ihn zur Besinnung kommen zu lassen, beschüttete sie ihn zur Sicherheit mit einem Duftwässerchen und hieß ihn mitkommen.

Beherzt trat sie mit ihm in das Kabinett der Generalin. Frau Brühl, beim Anblick des Besuchers einer Ohnmacht nahe, erhob sich jedoch, ein schmerzliches Lächeln auf den Lippen. Die Französin erläuterte lebhaft, es sei der Wille des Herrn General, daß Herr Godziemba ihr als Lektor und Sekretär diene. Und als habe sie etwas vergessen, machte die Dumont kehrt und verließ das Zimmer.

Wohl das erste Mal im Leben waren die beiden miteinander allein. Die Generalin mußte sich auf den Tisch stützen, um nicht zu fallen. Godziemba zitterte wie ein Blatt, beide fanden keine Worte. Schließlich erkühnte sich Herr Tadeusz und dankte der Herrin für die Gnade. Er stotterte verwirrt, wußte nicht, was er sagen sollte, und ohne selbst zu begreifen, wie es dazu kam, hielt er plötzlich die ihm dargereichte milchweiße, schmale, zitternde Hand und küßte sie mit heißen Lippen. Die Generalin bedeckte ihre Augen.

»So kehrt denn zurück«, sagte sie. »Bitte, ich werde Euch erwarten und für Euer Vorhaben beten.«

Ein neuer Handkuß erfolgte. Die Dumont spähte durch das Schlüsselloch. Godziemba berichtete von seinen Verwandten, von der Notwendigkeit, dieselben zu begleiten, von dem Mitleid, welches er für sie empfand. Die Generalin unterbrach ihn mit wenigen Worten, sie war immer mehr verwirrt. Endlich gab sie ihrem künftigen Sekretär einen Rosenkranz mit auf die Reise, damit er denselben bete, und reichte ihm nochmals die Hand zum Kuß. Godziemba, wie toll, kniete nieder. Die Generalin bedeckte die Augen. Es endete damit, daß sie über seinem Haupt ein Kreuz schlug und ihn bat, auf sich aufzupassen. Godziemba, taumelnd wie ein Betrunkener, wandte sich gerade zur Tür, als die Französin wieder hereinkam.

Sie sah ihren halb ohnmächtigen Zögling und fühlte sich verpflichtet, hierzubleiben. Zwar hatte sie sich von der Begegnung ein wenig mehr versprochen, aber sie war auch nicht unzufrieden. Ein Schritt vorwärts war getan. Die brave Dumont wußte nicht, daß der Kavalier mit dem Rosenkranz in die Kirche ging und dort, kniend, eine halbe Stunde lang heiße Tränen weinte und daß sich die Generalin für ihre Schwäche Fasten und Gebete auferlegte. Nichtsdestotrotz fiel sie der Französin um den Hals und schenkte ihr an diesem Tag eine schöne goldene Kette. Die Dumont war über ihr treffliches Tun beglückt.

Herr Tadeusz fuhr mit den Godziembas nach Pinsk, mit dem festen Vorsatz, so schnell wie möglich nach Warschau zurückzukehren. Den Rosenkranz hatte er sich um die Hand gelegt, er trennte sich keinen Augenblick davon. Das traurige Antlitz der Generalin stand ihm stets vor Augen. Die Reise nach Zahorodzie war lang und ermüdend, unterwegs erkrankte der alte Mann mehrere Male, es brachen die Achsen, die Pferde lahmten, es ging schleppend voran.

Schließlich gelangten sie dorthin, wo jeder Winkel die Godziembas an ihr liebes Kind erinnerte. Alle Bediensteten liefen zusammen, um weinend die vereinsamten Alten zu begrüßen. Die Szene war ergreifend, und auch Herr Tadeusz, obgleich ein

395

Fremder, vermochte nicht den Tränen zu wehren. Die Mutter bewies beinahe mehr Tapferkeit als der Alte, der sich gehenließ, schluchzte und immerfort wiederholte: »Mein Kind ist nicht mehr!«

Wie war es da möglich, die Ärmsten gleich allein zu lassen, auch wenn die Rückkehr eilte! Godziemba erhielt das beste Gastzimmer, er wurde wie ein Sohn verwöhnt, die Leute nannten ihn ihren jungen Herrn und brachten sich vor Diensteifer schier um. Pferde, Flinten, Hunde, Fischnetze, Boote, alles war für ihn bereit. Der Alte führte ihn durch die Wirtschaft, zeigte und erklärte, als ob er ihm am nächsten Tag alles übergeben wollte. Er und auch die alte Frau versuchten, dem Ankömmling dieses Land von seiner schönsten Seite zu zeigen – von Sümpfen umgeben und von Wasser umspült, war es wie eine Insel, war fruchtbar, still und ruhig, von der Welt durch Wasser getrennt, hier fehlte es an nichts, was, wie man sagte, das Herz begehrte. Es schien, als wünschten sie, Tadeusz möge sich in Zahorodzie verlieben.

Von einer schnellen Abreise konnte nicht die Rede sein. An den folgenden Tagen stellte sich die Nachbarschaft ein, zwei Skirmuntts, ein Twardowski sowie Kwaśniewski, Godziembas alter Busenfreund. Alle weinten ein wenig, allen präsentierte der Hausherr den Gast wie sein eigen Kind. Man wußte auch, daß er Agnieszka hatte heiraten sollen, und niemand zweifelte daran, daß ihm der Alte seinen Besitz vermachen würde. Godziemba selbst mied ein solches Gespräch, er schien dies Kwaśniewski übertragen zu haben, einem Mann von Ansehen und Verstand, einstmals der Vorsteher der Burgkanzlei in Pinsk. Kwaśniewski also nahm den jungen Mann beiseite und begann ihm die Annehmlichkeiten des Landlebens zu schildern.

»Ich weiß«, sagte der Kanzleivorsteher, »daß man es, hält man die herrschaftliche Klinke in der Hand, weit bringen kann, daß das höfische Leben schmeckt, aber, mein Herr, mit dem Landleben eines Schlachtschitzen kann es sich nicht messen. Dort erkauft man sich die Größe mit Demütigung und Unfreiheit, hier hingegen bin ich der Herr und habe niemanden als den Herrgott über mir, hier bin ich König. Ich kann anderen viel Gutes tun und selbst glücklich sein.«

»Ich bestreite nicht«, erwiderte Tadeusz, »daß einem Schlachtschitzen im Alter ein solches Leben ansteht, in jungen Jahren jedoch muß man sich als Kavalier, bei Hofe oder an Gerichten Schliff holen und lernen.«

»Nur nicht zu lange«, versetzte Kwaśniewski, »denn man kann zerrieben und zunichte gemacht werden. Deshalb habe ich, obwohl mir als Kanzleivorsteher hübsch etwas in die Tasche geflossen ist, obwohl ich ein beträchtliches Vermögen hätte scheffeln können, es vorgezogen, mich aufs Land zurückzuziehen, eine Frau zu nehmen und den Herrgott zu loben, indem ich für IHN Kinder großzog. So solltet auch Ihr den Dienst bei Hofe zum Henker schicken und hier ansässig werden.«

»Aber ich hätte dazu weder die Mittel noch Grund und Boden«, sagte Godziemba.

Kwaśniewski blickte ihn lächelnd an.

»Als hättet Ihr es nicht durchschaut, daß Euch die Godziembas alles vermachen würden, wenn sie nur bei Euch auf dem Altenteil sitzen könnten. Eine muntere, brave Ehefrau, eine ohne Weichselzopf – nicht alle nämlich haben hier einen Weichselzopf – finden wir für Euch im Handumdrehen.«

Herr Tadeusz senkte die Augen und schwieg.

»Einer solchen Gunst fühle ich mich gar nicht würdig«, sagte er dann. »Das könnte ich nicht annehmen. Leicht Gewonnenes schätzt man nicht. Ich muß selbst arbeiten. Außerdem habe ich noch Pflichten beim General.«

»Ach, weg damit, zum Teufel!« brummte Kwaśniewski. »Was für Pflichten! Ein Schlachtschitz kann sich aussuchen, wo es für

ihn besser ist. Euch zieht wohl das Herzchen zu einem Hoffräulein, aber davon macht Euch besser frei, denn die Warschauer Liebschaften sind ungesund. Die Frauen sind verdorben,
da findet man nicht sein Glück, höchstens eine Glatze und die
Schwindsucht.«

Das lange Gespräch erbrachte nicht mehr, als daß Herr Tadeusz
unbedingt nach Warschau zurückkehren mußte. Drei Tage später riefen die beiden Alten Herrn Tadeusz feierlich zu sich und
erklärten, ihm den gesamten Besitz übereignen zu wollen. Um
ihm bei einer Heirat nicht hinderlich zu sein, beabsichtigten sie
gar, aus dem Herrenhaus in das nahe Hofgebäude umzuziehen.
Alle weinten. Tadeusz fiel den Alten zu Füßen und dankte, jedoch blieb es dabei, daß er sich ihre Gnade verdienen wollte, daß
er nach Warschau zurückreisen mußte, daß er hin und wieder zu
ihnen kommen und zeitweilig bei ihnen wohnen würde.

Niemand konnte ihn zwingen, doch der Alte holte unverzüglich den Kanzleivorsteher herbei, und zusammen mit seiner Frau
ließ er die Schenkungsurkunde ausstellen, mit der Zusicherung
ihrer beider Altenteil (hierauf bestand der junge Godziemba).
Die Frau, obgleich ihr die Erinnerung an die Tochter das Herz
brach, glaubte wohl, daß vielleicht ein Mädchen, das ihm gefallen könnte, den jungen Mann dahielte. Also lud man Herrn
Twardowski mit seinen Töchtern ein. Es waren ihrer zwei, von anmutiger Schönheit und wohlerzogen. Hernach fuhren die Godziembas mit Tadeusz zu den Twardowskis, und sie wurden alle
sehr gastlich empfangen. Das ältere Fräulein hieß (neumodisch)
Elwira, sprach französisch und spielte auf dem Klavichord. Sie
tat aber so hochnäsig mit ihrer Bildung, ihrer Herkunft und ihrer
Mitgift, daß es einen Beherzteren als Tadeusz scheu gemacht
hätte. Ihr indessen schien der junge Mann zu gefallen, er war sehr
höflich zu ihr, als ihn aber später der alte Godziemba ausforschte,
bekannte der ihm, daß er, sollte er einmal heiraten, sich eine be-

scheidenere Braut suchen wolle. Die alten Eheleute pflichteten ihm bei. Das Fräulein war schön, jedoch langweilte es sich schon auf dem Land und sehnte sich nach der großen Welt.

Nach diesem Versuch gab man Ruhe. Als die Abreise unvermeidlich wurde, bestanden die Godziembas darauf, daß Tadeusz den neuen großen, gefederten Wagen und vier junge Pferde gleicher Farbe aus der Herde nahm. Die gnädige Frau ließ sämtliche Koffer, die es im Hause gab, aufladen. Die braven Alten statteten Tadeusz wie einen Sohn für die Reise aus, und weinend segneten sie ihn. An der Auffahrt schloß Godziemba ihn in die Arme, drückte den ergrauten Kopf an sein Gesicht und sagte unter Tränen: »Denke daran, daß du hier Eltern zurückgelassen hast, die sich nach dir sehnen, und mögen dich die Schutzengel und die Heiligen des Herrn geleiten!«

Voller Trauer fuhr Herr Tadeusz nach Warschau, ganz als hätte er wahrhaftig das eigene Zuhause, Vater und Mutter zurückgelassen.

II

Im April des Jahres 1763 verließ König August III. Warschau und erreichte am Letzten des Monats das verwüstete Dresden. Am ersten Mai wurde in allen Kirchen der Hauptstadt unter Böllerschüssen und Glockengeläut das Te Deum gesungen, am dritten Tag des Monats brachte man von Königstein die bedeutenderen Gemälde der Galerie zurück, und der gerührte König betrachtete erneut, Tränen in den Augen, seine kostbaren Kleinodien – die »Sixtinische Madonna«, Tizians »Zinsgroschen«, Correggios »Magdalena« und »Die heilige Nacht«.

Im Theater herrschte noch Ödnis, es stand darin der Modergeruch preußischer Magazine, die Dekorationen waren verblichen, die Künstler in alle Winde verstreut, die Musikkapelle

399

aufgelöst. Wehmütig, schüchtern fragte der König tagtäglich Brühl, wann er wieder die Nachtigallenstimmen seiner Sängerinnen würde hören können. Drei lange Monate mußte er auf diesen ersehnten Tag warten, bis sich endlich am dritten August, am Namenstag des Königs und am Jubiläumstag der Stiftung des Adlerordens, die lange geschlossenen Türen öffneten, der König wieder seine Loge betrat und man für ihn Hasses »Siroë« spielte. Seitdem wurde die Aufführung so oft wiederholt, bis »Talestris, regina delle Amazoni« vorbereitet war. Diese Oper konnte das väterliche Herz erfreuen, denn das Libretto dafür und auch die Musik schuf die hochbegabte Schwiegertochter des Königs, und die Schauspieler waren die königliche Familie. Die Talestris spielte Maria Antonina selbst.

Als nächstes sollte, zu des Königs siebenundsechzigstem Geburtstag, Hasses Oper »Leucippo« gegeben werden, als sich König August III., vom Leben ermüdet, von Untätigkeit geplagt, zwei Tage vor diesem Datum, am fünften Oktober, plötzlich bei Tisch von der Welt, von Sachsen, von Brühl, von seiner Gemäldegalerie und der Oper verabschiedete.

Es war vorherzusehen, daß der Tod des Königs Brühls Herrschaft beenden würde, worauf alle Welt bereits ungeduldig wartete. Der Minister fühlte seinen Fall schon im voraus, und er erkrankte nach des Königs Tod. Der nachfolgende Kurfürst nahm ihm sofort alle seine Ämter und Würden.

Der General der Artillerie traf sogleich nach dem Tod des Königs in Dresden ein und blieb zusammen mit den Brüdern beim Vater. Die Rzeczpospolita geriet unterdessen fast gänzlich unter die Macht der Familia, welche dank der Schwäche des Königs und Brühls an Stärke gewann. Polen war von fremden Truppen überschwemmt. Die Partei der Radziwiłłs und Potockis, stark an Säbeln, hatte ihren Kopf eingebüßt, der sie hätte führen können. Schon bildete sich eine Konföderation, mit dem Ziel, August III.

vom Thron zu stürzen, als die Vorsehung ihm die Augen schloß. Im Augenblick seines Ablebens war die Hofpartei, trotz des Hetmans Branicki, trotz der Macht Radziwiłłs, der kollektiven Potenz von dreißig Potockis mit dem Kiewer Woiwoden an der Spitze, trotz Sołtyks und aller ihrer Anhänger, sichtlich schwächer als das gegnerische Lager. Es schwächte sie bereits der Umstand, daß sie unter ihren Anführern mehrere Anwärter für die Krone zählte, die zwar stark genug waren, dieselbe zu verlangen, indes zu schwach, um sie zu bekommen.

Als die Nachricht vom Tod des Königs in Polen eintraf, ward wegen des Wilnaer Tribunals, dessen sich Radziwiłł bemächtigt hatte, das Hofheer des Woiwoden in Kampfstellung gehalten, und sämtliche Streitkräfte der Familia standen gegen dasselbe bereit. Ein möglicher Kriegsausbruch, bisher von Branicki und Mokronowski mit Mühe verhindert, weckte Angst. Die Erbitterung der um den Vorrang kämpfenden Parteien, die Spaltung in unversöhnliche Lager ließen für die Zeit eines Interregnums die größten Katastrophen und schlimmsten Wirren befürchten.

Der junge Brühl, dessen Lage in dem angeeigneten Land außerordentlich schwierig werden konnte, erlebte am Sterbebett des Vaters schwere Stunden. Der vom Kurfürsten entlassene Minister starb, von seinen Kindern umringt, von einem protestantischen Geistlichen (da dies in Sachsen geschah) für die bessere Welt gerüstet, indem er ein Gläschen alten Ungarweins auf die Gesundheit seiner Freunde trank.

Er hinterließ der Familie ein riesiges Erbe, mit demselben aber zugleich auch unmäßige Lasten, die moralische Verantwortung für lange Jahre des Regierens, die Enthüllung unzähliger, bisher verborgener Geheimnisse – Tausende Münder hatten nur darauf gewartet, daß der Sarg geschlossen würde, um zu sprechen.

In Sachsen wurde den Brühls das gesamte vom Vater hinterlassene Vermögen beschlagnahmt. In der Rzeczpospolita kehrte man zu dem Vorwurf der Nichtadligkeit zurück und schickte sich an, beiden Brüdern die Ämter, Starosteien, Ehrenstellungen und Kommandobefugnisse zu nehmen. Zum Glück wurde in Sachsen, aus Respekt vor dem Andenken an den verstorbenen König, die Beschlagnahme alsbald zurückgenommen, währenddessen in Polen die erstarkte Familia den General seiner Titel und Besitztümer beraubte.

Anfang Oktober starb der König, am Ende des Monats schloß Brühl die Augen, die Katastrophen brachen alle auf einmal herein, aber das stoische Gemüt des Herrn General war durch nichts zu erschüttern. Er beschloß, freiwillig dorthin zurückzukehren, wo ihm, wie es aussah, die größte Gefahr drohte, um derselben die Stirn zu bieten. Zusammen mit seinem Bruder, dem Mundschenk, begab er sich im November nach Warschau, wo mutterseelenallein, von Feindseligen umgeben, jedoch gelassen, fast gleichgültig, die Gräfin Brühl betete und Ornate bestickte.

Ihr Haus hätte vielleicht leer gestanden, wäre nicht der große Zustrom sämtlicher Potockis in die Hauptstadt gewesen, welche im Verein mit dem Herrn Kiewer Woiwoden außergewöhnlich aktiv waren. Das Übergewicht der Familia, die in Polen Parteigänger gewonnen hatte und sich jenseits der Landesgrenzen Verstärkung verschaffte, zwang die Radziwiłłs, den Hetman und die Potockis zu höchster Wachsamkeit. So wurde das Haus der Generalin gegen ihren Wunsch und Willen zu einem Ort ständiger Zusammenkünfte und Beratungen. Aus Krystynopol kamen Briefe, Boten und Aufträge und gönnten der Generalin keine Ruhe. Mit dem Gehorsam des Kindes erfüllte sie die Aufgaben, wenngleich sie im Herzen allen diesen Dingen keine Bedeutung beimaß.

Nur darin vielleicht stimmten die Eheleute überein, daß Ehrgeiz ihnen beiden fremd war. Ehrgeiz jedoch besaß der General in einem – er wollte ein nützlicher Mensch sein, und er schätzte die Mittel, die ihm das Schicksal dafür in die Hand gab. Hätte ihn aber dieses selbe Schicksal aus dem öffentlichen Leben ausgestoßen, ihn zu häuslicher Ruhe und stiller Bücherfreude in einem Kreis auserwählter Menschen verdammt, er wäre nicht im mindesten unglücklich gewesen.

In dieser Hinsicht besaß der junge Brühl mehr vom Wesen seines Taufpaten August III. als vom Charakter seines Vaters. Er beweinte letzteren, denn der alte Brühl war gut zu seinen Kindern gewesen und darauf bedacht, ihnen einen gesicherten Lebensweg zu sichern, jedoch fühlte er sich jetzt freier, da er nicht mehr das Opfer von Berechnungen und Intrigen sein mußte, deren Nutzen er nicht verstand. Er sah unschwer vorher, daß er Mühe haben würde, sich in der Rzeczpospolita auf seiner Position zu halten. Aber es berührte ihn nicht sehr, entsagungsvoll und ruhigen Auges blickte er in die Zukunft.

In Warschau, im Sächsischen Palais, wohin den Winter über die Frau Generalin ihren Wohnsitz verlegt hatte, war noch ein Teil der Garde an ihrem Platz, auch die Wachen und die Bediensteten des Königs befanden sich wie früher dort – Brühl hatte die Erlaubnis, unter der Obhut der einen und der anderen zu stehen.

Mehrere Tage vor der Ankunft des jungen Brühl kam ein Kurier aus Dresden und kündigte den General und seinen Bruder an. Die Gräfin empfing die Nachricht mit der ihr eigenen Kühle. Sie fühlte sich hier so recht wohl in der Ruhe und im Alleinsein, zwischen Kirche, Andacht, dem höflichen Dienst des Herrn Sekretär Godziemba und der freundschaftlichen Fürsorge der alten Dumont, daß die Ankunft des Gatten nur die Befürchtung auslöste, dieser glückliche Friede könne gestört werden.

Der Französin war es trotz all ihres Eifers bei der Annäherung der liebenden Herzen, die sie so gern vereint hätte, nicht gelungen, diese seltsame, ihr schon unbegreifliche Beziehung auch nur um einen Schritt voranzutreiben.

403

»*C'est du grec pour moi*«, pflegte sie zu einer guten Freundin zu sagen, zu Madame St. Aubin, der Inhaberin eines Modegeschäftes an der Krakowskie-Przedmieście-Straße, die sie gern besuchte. »Sie lieben sich, das steht außer Zweifel, und daß dieser Mensch für die Frau sein Leben hergäbe, ist so sicher wie Gott im Himmel, daß sie viel Glück erfährt, wenn sie ihn ansieht und anhört, ist gewiß, und trotzdem sind sie nicht zusammenzubringen. Nichts auf der Welt hindert sie, ausgenommen das, was sie Tugend nennt und er Achtung. Und wie sie beten, ich sage dir! Sooft die Gräfin zufällig die Hand ihre Sekretärs berührt, muß sie das so sehr beeindrucken, daß sie gleich fastet, und er läßt keinen Tag vergehen, ohne den Herrgott mit seinem Lamento zu langweilen. Ungeheuerlich! Sie quälen sich, wenn das doch wenigstens jemandem nützte! Brühl ist es so gleichgültig. Liebe, in Frömmigkeit gesotten«, setzte die Dumont verdrossen hinzu, »das ist mir eine schöne Konfitüre!«

Als der General in den letzten Tagen des November in Warschau eintraf, erwartete ihn in den Gemächern des Sächsischen Palais eine Freundesschar: die ältere Schwester, Frau Mniszchowa, die beiden Sołłohubs, schließlich Sołtyk, der Fürst-Bischof von Krakau, ein höchst angenehmer Gesellschafter, der ein treuer Freund Brühls und ein ebenso treuer Diener des verstorbenen Königs gewesen war.

An Sołtyk ließ sich, trotz des geistlichen Gewandes, schwer die Berufung zum Priester erkennen. Er war ein Mann der großen Welt, ein Zögling des Hofes, reich an Begabungen, ein Kunstfreund wie alle Schüler des sächsischen Hofes, ein Musiker, ein Liebhaber von Theater und Blumen, von Pracht und Glanz. Sein überaus lebhafter Geist, sein Frohsinn und Witz, seine Galanterie gegenüber den Damen, seine Ungezwungenheit der Rede und des Umgangs ließen ihn eher als einen französischen Abbé denn als einen polnischen Geistlichen erscheinen.

Das schöne Antlitz und die aufrechte Haltung, auf welche er Wert zu legen schien, die stets frische und elegante Kleidung wiesen auf einen Menschen hin, dessen Wesen nicht seinem Beruf entsprach und der sich nicht der Mühe unterzog, sich anders zu geben, als er in Wirklichkeit war.

Außer ihm, Frau Mniszchowa und den Sołłohubs war hier noch aus dem Geschlecht der Potockis der für seine Exzentrizität und seine auffallenden Umgangsformen bekannte Starost von Szczerzeck anwesend, dessen sich der Kiewer Woiwode häufig bediente – ein stattlicher Mann, der laut redete, dröhnend lachte und sich in Gesellschaft gern ein wenig nach Soldatenmanier benahm. Man kannte seine jähen Einfälle, mit welchen er dem Starosten von Kaniów nahekam, und seinen durch nichts zu bezähmenden Dünkel. Im Salon war der Starost ein Schrecken für die Damen und eine Sorge für die Herren, denn niemals ließ sich vorherahnen, mit was für einer Idee oder was für einem schamrot machenden Ausdruck er aufwarten würde.

Seine erschlafften Gesichtszüge, die geschwollenen Augen, die hochrote Farbe der Haut deuteten auf ein keinesfalls enthaltsames Leben hin. Die etwas nachlässige Kleidung nährte den Verdacht, er sei aus der Garküche von lockeren Kumpanen geradenwegs in das Palais gekommen. Indessen handelte es sich bei ihm nicht etwa um einen Menschen von schlechter Erziehung, im Gegenteil, man merkte ihm eine höchst sorgfältige an, jedoch hatten Zügellosigkeit und die Verachtung jeglicher Formen sie verdorben.

Den ersten Platz im Salon nahm natürlich der Fürst-Bischof von Krakau ein, breit und bequem saß er auf einem Lehnstuhl am Sofa neben der Frau Generalin, die in ihm den Geistlichen empfing, währenddessen der Prälat nur darum bemüht schien, dies vergessen zu machen. Sołtyk, lässig auf eine Hand gestützt – seine Spitzenmanschetten und Juwelen konnten den Neid des

405

größten Stutzers erwecken –, machte ein eher düsteres, besorgtes Gesicht. Die Gräfin Mniszchowa, ein wenig entfernt sitzend, betrachtete die Zeichnungen in einem aus der Bibliothek herbeigeholten Buch. Die Sołłohubowa, wunderschön wie immer und an diesem Tage lebhafter als je zuvor, blickte zerstreut über die Gesichter der Anwesenden hin. Hinter ihrem Stuhl stand ihr Gatte, er war blaß, wirkte nachdenklich und müde.

Der Starost von Szczerzeck, dem das Stillsitzen schwerfiel, schritt im Salon auf und ab. Die Dame des Hauses schwieg, sie erschien eher besorgt als glücklich über die Gäste, welche zu unterhalten ihr Mühe bereitete. Sicherlich wäre die Dumont ihr dabei eine Hilfe gewesen, wenn sich das Gespräch nicht um Belange der Rzeczpospolita gedreht hätte, in denen sie sich wenig auskannte.

Die Ankunft des Grafen Brühl war mit Gewißheit für den Abend vorhergesagt. Man erwartete ihn jeden Augenblick, und tatsächlich trafen er und sein Bruder zur genannten Stunde ein, nur mußte der General sich noch umkleiden, bevor er bei seiner Frau erschien. Das Gespräch im Salon ging soeben um Dresden und um Maria Antonina, die Gattin des Kurfüsten, als Brühl und sein Bruder schließlich eintraten und die errötende Gattin es für angebracht hielt, ihm zur Begrüßung einige Schritte entgegenzugehen. Der General küßte ihr äußerst höflich die Hand, sagte leise ein paar Worte und wandte sich sogleich der schon neben ihm stehenden Frau Mniszchowa zu, die ihn herzlich, so wie auch er sie, umarmte.

Danach begrüßte er den Bischof, der den General sehr herzlich empfing, den Starost von Szczerzeck, welcher lachte und schrie, Frau Sołłohubowa, deren Augen schon längst Brühls Blick begegnet war und deren Gesicht ihr Gefühl verriet, und schließlich Sołłohub und sogar die von weitem knicksende alte Französin.

Ungeachtet der Trauer im Hause und im Königreich, unge-

406

achtet der Enttäuschungen und schweren Erlebnisse, welches es betroffen hatten und welche der General noch erwarten konnte, war sein Antlitz heiter, wirkte es gänzlich ruhig und unbesorgt. Er setzte sich zum Bischof, Frau Sołłohubowa gegenüber, und begann von seiner Reise zu erzählen.

Der Bischof hörte zerstreut zu. Man sah, daß der Freund des sächsischen Hauses zur Begrüßung des Ankömmlings hierhergeeilt war, weil er zu erfahren hoffte, was es in Dresden Neues gab.

Die Anhänger der sächsischen Dynastie hegten noch immer die trügerische Hoffnung, es könnte dem schwachen, verkrüppelten, unbeholfenen Friedrich August oder vielmehr seiner überaus begabten, gewandten und rührigen, Thron und Königskrone begehrenden Gemahlin Maria Antonina gelingen, mit Unterstützung der Großmächte und mit Hilfe der Hofpartei bei einer künftigen Königswahl zu obsiegen. Bischof Sołtyk gehörte zu jenen, die sich das sehnlichst wünschten. Die Schöpferin von »Talestris, Königin der Amazonen«, eine Schülerin des berühmten Porpora, war sehr huldvoll zu dem Bischof, und Fürst von Siewierz war nicht nur ein Verehrer ihres Verstandes und ihrer Talente, sondern sogar ihres weiblichen Charmes, der bei ihr die Schönheit ersetzte.

Alle Anwesenden waren begierig, von den Brüdern Brühl rasch die Neuigkeiten, welche sie mitbrachten, zu erfahren. Frau Mniszchowa entführte sogleich den jüngeren Bruder an einen ungestörten Ort, um ihn auszuforschen, die übrige Gesellschaft mußte warten, bis der General es gestattete, sich ausfragen zu lassen. Und Brühl zeigte dazu wenig Lust.

Zwei- oder dreimal sprach der Bischof ihn leise an und erhielt eine höflich ausweichende Antwort. Brühls Augen suchten vor allem ein ihm von weitem zulächelndes Gesicht und nach einem Vorwand, sich demselben zu nähern. Er und die Sołłohubowa sprachen von fern miteinander in der Sprache der Blicke, die vieles sagt, aber auch den Wunsch hervorbringt, der Mund möge das Gesagte wiederholen.

Sołtyk verstand alsbald, daß die Zeit für ein Gespräch über Wichtigeres noch nicht gekommen war. Der General erhob sich und fragte zunächst Sołłohub nach seinem Ergehen. Das erlaubte ihm, Frau Sołłohubowa ein wenig näher zu rücken und ihr erneut die Hand zu geben. Ohne sich um Blicke und Zeugen zu bekümmern, begrüßte sie ihn noch einmal mit aufrichtiger Freude. Dann holte der Starost von Szczerzeck, der sich allein gelassen und ein wenig gekränkt fühlte, Sołłohub zum Gespräch und ließ für eine kurze Weile den General bei dessen Gattin zurück.

Die Sołłohubowa flüsterte: »Unerträglich, diese aufdringlichen Leute! Kommt nur morgen zu mir!«

»Meine schöne Cousine«, antwortete Brühl, »ich bedarf weder der Einladung noch der Mahnung. Wenn ich es so eilig hatte, von Dresden hierher in den Rachen meiner Feinde zu gelangen, so glaubt mir, daß Eure Augen daran einen größeren Anteil haben als die Politik.«

»Ich bin meinen Augen sehr dankbar dafür«, versetzte die Sołłohubowa leise, mehr aber konnten sie einander nicht sagen, da Frau Mniszchowa mit der Autorität der älteren Schwester Brühl bereits zu sich winkte. Der Mundschenk genügte ihr nicht. Alois vertraute sie mehr, zu ihm auch besaß sie den besseren Kontakt. So veränderte sich die Situation dergestalt, daß der jüngere Brühl bei der Sołłohubowa Platz nahm und der ältere bei der Schwester.

Wenig später wurde das Abendessen gereicht, die Gesellschaft begab sich in den Speisesaal hinüber, und bei Tisch war nur noch von solchen Dingen die Rede, über die man in Gegenwart Bediensteter oder auch auf der Straße sprechen konnte. Die Kurfürstin – man nannte sie Ermelinda, ein Name, den ihr die Akademie der arkadischen Hirten gegeben hatte –, die Personen ihres

Hofes, die am Dresdener Horizont aufgehenden neuen Sterne, die Musik, die Malerei, das Theater, welchem man unter der Herrschaft Ermelindas eine glänzende Zukunft prophezeite, waren die Gegenstände des allgemeinen Interesses, und es nahm nicht wunder, daß der Starost von Szczerzeck nur trank und, während er zuhörte, gähnte.

Es lohnt darauf hinzuweisen, wie sich nahezu seit August dem Starken, welcher selbst mehr den Luxus und die Pracht liebte als die Kunst, dennoch die Liebe zu den Künsten am Hof etabliert hatte und auf die gesamte Umgebung übergegangen war. Während der preußische Friedrich gerade mal an Batonis »Büßender Magdalena« Gefallen fand und dabei über die Kunst und die Künstler scherzte, lebte August III. nahezu mit den Gemälden, dem Theater, der Musik, seine Gemahlin malte Pastelle, der erste Minister hinterließ eine großartige Gemäldegalerie, sein Sohn war Musiker, Maler, Dramenschreiber, die Tochter Mniszchowa eine Freundin Winckelmanns, und die Kurfürstin, Schülerin eines der berühmtesten zeitgenössischen Komponisten, betätigte sich selbst mit Leidenschaft künstlerisch.

Der junge Brühl gehörte dieser Welt an, die mit der Liebe zur Kunst aufgewachsen war, auf den Ruinen der Ausschweifungen Augusts II. und seiner Geliebten. Er war ein Kind seiner Zeit, im wahrsten Sinne des Wortes, denn in ihm verbanden sich sympathische Talente mit einem männlichen Geist.

So sprach man denn sehr wenig über Politik, obgleich der Bischof und der Starost von Szczerzeck viel lieber etwas aus Brühl herausgelockt und auch ihm gern erzählt hätten, was hier in Warschau vorging.

Erst nach dem Abendessen, als die Damen schon wieder im Salon waren, flüsterte Fürst Sołtyk dem General zu, daß er ihn gesondert sprechen wolle. Sie beide, der Starost und Sołłohub begaben sich sofort in das angrenzende Kabinett. Hier hatte der

Fürst von Siewierz noch nicht Platz genommen, als er Brühl schon überfiel: »Was bringt Ihr mit? Was geschieht am Hof? Gibt es Hoffnungen darauf, daß der Kurfürst ernsthaft etwas unternimmt und sich um die Krone bemüht?«

»Der Kurfürst?« fragte der General leise zurück. »Das heißt wohl, ob sich Ermelinda statt seiner der Sache annähme. Ihr wißt, wie wenig er vermag. In der Rzeczpospolita gewinnt ein König ohne Beine, der weder ein Pferd besteigen noch überhaupt aus eigener Kraft durch das Zimmer laufen kann, keine Sympathien. Unsere Herrin jedoch, die arkadische Ermelinda, überschüttet mit Briefen sämtliche Höfe, mit Boten die Landstraßen, sie bringt die staatlichen Kanzleien in Bewegung, versteht es, mit Schmeichelei und Charme sogar Gegner zu gewinnen, denn sie will und muß die Krone haben.«

»Das ist alles Quatsch«, unterbrach den General heftig, in dem ihm eigenen Ton, der Starost von Szczerzeck. »Da helfen keine Großmächte, wenn sie die Schlachta nicht hinter sich hat!«

»Ich meine«, ereiferte sich Sołtyk, »daß zwei Regierungen der Sachsendynastie und deren auf so viele Familien und Personen ausgeschütteten Wohltaten selbst schon einen beträchtlichen Teil des Volkes gewinnen müßten. Es wäre schäbiger Undank …«

Brühl zeigte ein schiefes Lächeln.

»Ihr vergeßt, Eminenz«, sagte er, »wieviel Bitterkeit, wie viele Klagen und Beschuldigungen in letzter Zeit gegen den König aufgekommen sind.«

»Von denen, die ihm am meisten verdanken«, fügte Sołtyk hinzu. »Man muß sich bemühen und darf nicht nachlassen, und ich hoffe, daß sich der einzige ausländische und durch die Herkunft qualifizierte Kandidat für den Thron behaupten kann.«

»Schon heute«, warf der Starost ein, »sät man hier gegen ihn den Verdacht, daß ein dritter Sachse in Folge den Thron erblich machen könnte, und das will die Schlachta nicht.«

»Weil sie selbst nicht weiß, was sie will«, herrschte ihn der Bischof an. »Genauso ist es. Ein erblicher Thron wäre sicherer als ein Wahlkönigtum, und mit der Zeit kämen wir damit zu mehr Ordnung.«

»Aber wir mögen so viel Ordnung ja nicht«, versetzte der Starost lachend. »Sie ist uns unbequem! Seht Euch die Familia an, sie hat nur so lange von Reformen gefaselt, bis die Königswahl näher gerückt ist. Heute hört man keinen Mucks mehr darüber.«

Der Bischof begründete Brühl nur mit einem Blick auf den Starost, warum er sich weiterer Erörterungen enthielt, und vollzog einen jähen Wechsel des Themas.

»Statt nach Reformen von der Familia Gnaden sieht es nun nach Krieg aus«, sagte er. »Je länger das Interregnum dauert, um so größere Gefahren drohen uns. Die Familia verfügt über eine starke ausländische Stütze … Bald wird sie die Führung übernehmen, und dann …«

»Und dann«, griff Brühl das Wort auf und machte eine Verbeugung, »dann wird die erste Frucht ihrer Überlegenheit, so rechne ich, die Rache an mir sein. Ich bin darauf vorbereitet und weiß, was mich erwartet. Wenn sie jedoch glauben, mich mit Angst und Schrecken von hier verjagen und mich zum Abtreten zwingen zu können, irren sie sich gehörig. Sie können mir alles nehmen außer der Zuneigung, die ich für dieses Land empfinde, außer der Gewöhnung daran und der Hoffnung, daß ihr vorübergehender Sieg noch nicht das letzte Wort des Schicksals sein wird.«

»Ja«, seufzte, die Stirn runzelnd, Sołtyk. »Aber wir sollten es uns nicht verhehlen, daß wir, die Anhänger des sächsischen Hofes und der Dynastie, womöglich schwere Zeiten zu bestehen haben.«

Der Starost von Szczerzeck, der neben dem Tisch stand, hieb mit beiden Händen darauf.

»Aber!« rief er. »Euer Liebden, Fürst-Bischof, Ihr vergeßt, daß, bei Gott, auch die Potockis etwas bedeuten in der Rzeczpospolita, und der Hetman Branicki hat Gewicht, und mit Fürst Radziwiłł ist gleichfalls nicht zu spaßen!«

»Zählt mal zusammen«, erwiderte Sołtyk knapp, »dann überzeugt Ihr Euch, daß die Familia mehr Kräfte hat als wir alle, dazu kommt ein starker Verbündeter.«

Potocki wiegte den Kopf.

»Mal sehen«, sagte er. »Schließlich sitzen wir hier auf unserem eigenen Mist, das hat auch was zu sagen, mal sehen!«

Brühl erkundigte sich, wer in Warschau sei, und hörte, daß sowohl der Hetman als auch der Kanzler und der ruthenische Woiwode da seien. In der Hauptstadt gärte es, man riet Brühl zu äußerster Vorsicht.

Erst jetzt holte der Starost von Szczerzeck ein größeres versiegeltes Paket mit Papieren vom Kiewer Woiwoden hervor, und die Debatten, als hätten sie sich in wenigen Worten erschöpft, versiegten allmählich.

Obgleich Sołtyk, Brühl, Potocki und der sich wenig äußernde Sołłohub demselben Lager angehörten, betrachteten sie die Lage doch wohl allzu verschieden, um miteinander offen darüber sprechen zu können. So verabschiedete man sich bald vom Hausherrn.

III

An demselben Abend hatte Peszel viele Gäste, und unsere alten Bekannten saßen wieder einmal unter sich in einer separaten Stube beim Wein. Kämmerer Laskowski, Herr Zagłoba, Ocieski, Kostrzewa und Babiński hatten zwei Schlachtschitzen aus ihren Landkreisen in die Runde aufgenommen, die Herren Łukiński und Strabasz, die beide wenig sagten, dafür aber redlich tranken.

Diese Herren, die nicht in politischen Angelegenheiten nach Warschau gekommen waren, sondern der eine mit seinem Speck, der andere mit seiner Hirse, lernten hier etwas von der ihnen bisher so gut wie fremden Politik.

Laskowski, wie stets auf Frieden und Eintracht unter den christlichen Pans bedacht, wirkte jetzt, da es jemanden gab, auf den er sich stützen konnte, kühner und selbstsicherer. Die erste *auctoritas* in der Rzeczpospolita, der Fürst-Primas Łubieński, teilte seine Ansichten und Prinzipien, und da das Wort des Primas in der Zeit des Interregnums viel galt, freute es den Kämmerer, daß in seinem Palais eine Befriedung stattfinden würde. Für ihn war Fürst Łubieński eine absolute Autorität, und er führte seinen Namen ständig im Munde. Laskowski konnte hier seine Meinung um so freimütiger kundtun, als seine Freunde eine eigene weitgehend nicht besaßen.

Einzig Ocieski, welcher den Brühls sein Vermögen und seinen häuslichen Frieden verdankte, gelangte auf sonderbare Weise zu dem im übrigen häufig anzutreffenden Schluß, daß er die Brühls haßte und sie nicht ausstehen konnte. Kostrzewa ließ die Frage, ob sächsisch oder polnisch, gleichgültig, wenn er nur seinen Weizen nach Danzig bringen konnte. Babiński war zumeist zweimal täglich höchst verschiedener Ansicht, was ihn aber nicht bekümmerte. Er war ein Mann des Gefühls und folgte der inneren Stimme. Was Zagłoba anbetraf, so verstanden ihn selbst die besten Freunde nicht. Er witzelte über alles, worüber zu spotten sich anbot, und ließ an nichts und niemand ein gutes Haar.

Gerade hatte der Kämmerer Laskowski seine Idee einer Versöhnung ausgebreitet, wobei er dem Primas die Mission zuerkannte und dieselbe für möglich hielt, als Zagłoba sein Glas austrank, es auf den Tisch stellte, sich den Schnurrbart wischte und erklärte: »Es gibt das Sprichwort: ›Der Bauer schießt, und der Herrgott trägt die Kugel.‹ Das bezieht sich wohl nicht nur auf den gemeinen Bauern, sondern ebenso auf andere zweibeinige Geschöpfe.«

»Was soll dieser Trinkspruch?« fragte Laskowski.

»Ach, nur so, mir fiel das Sprichwort ein, und ich wünschte, es möge sich nicht am Primas bewahrheiten, obwohl ich ihn nicht der Bäuerlichkeit bezichtige, *quod Deus avertat*, wie die Familia es mit Brühl tut.«

»Mein Herr, Ihr wißt«, dröhnte Ocieski, »daß diese Deutschen den vermeintlichen Adel mir verdanken! Und sie haben es damit hübsch weit gebracht.«

»Das weiß ich alles, und sogar, wie sie Euch, mein Herr, Eure Willfährigkeit vergütet haben«, erwiderte der Schatzmeister. »Wobei dies keine Sünde ist, denn *beatus, qui tenet*.«

»Aber sie haben mich gänzlich ins Verderben gestürzt!« schrie Ocieski. »Was haben sie mir gegeben? Elende Groschen, es hätte viel mehr sein können, so wahr ich Gott liebe! Und was passierte dann? Unsereins hat sich gleich einfallen lassen, noch mehr Kinderchen zu bekommen, wir sind vierspännig gefahren, aber schon nagen wir im Hause am Hungertuch. Ohne diese Halunken hätte ich mir ein Vermögen erarbeitet.«

»Ihr habt ja recht«, bemerkte schmunzelnd der Schatzmeister. »Es sind nichtswürdige Menschen, und Ihr seid Ihnen zum Opfer gefallen.«

Ocieski sah den Sprecher mißtrauisch an, ob das auch kein Hohn war, aber das Gesicht des alten Zagłoba überzog sich stets dann, wenn er am ärgsten spottete, mit dem tiefsten Ernst. Kostrzewa lachte nur laut auf, und das war ihm ein guter Vorwand, um auszutrinken, daher schob er dem Kämmerer dessen Glas zu, denn die Tischsitte war ihm heilig.

Babiński strich sich über das kahle Haupt.

»Es gibt ja auch nicht den geringsten Zweifel«, fuhr der Schatzmeister fort, »daß sich alle miteinander versöhnen, daß sie sich küssen und umarmen und wir das begießen. Aber, mein lieber Kämmerer, erklärt mir bitte, wer dann bei uns König sein wird. Ich bin da unwissend, muß ich gestehen. Ich sehe für diese Krone, die ich, würde man sie mir anbieten, eine Dornenkrone nennen würde, ringsherum so viele Kandidaten, daß man losen müßte.«

»Und ich habe einen einzigen Kandidaten im Sinn«, schloß Laskowski. »Seine Majestät den Kurfürsten. Auch der Primas wird für ihn sein.«

»Ein Krüppel«, versetzte der Schatzmeister. »Aber halb so schlimm, er soll eine flinke Gemahlin haben, und warum sollte bei uns in der Rzeczpospolita, wo in den Häusern das Weibsvolk ohnehin regiert, es nicht auf dem Thron dasselbe tun? Wer von uns, meine Herren, steht nicht unter dem Pantoffel?«

Die Männer lachten alle, und da sie leicht angetrunken waren, riefen sie im Chor: »Wie wahr, bei Gott!«

»Alsdann, ein Vivat auf die Königin; auch unserer Jugend wird es gutgehen mit ihr«, fügte der Schatzmeister hinzu, Burba nämlich, ein aus Sachsen angereister Höfling des Fürst-Bischofs, hat mir erzählt, daß sie mit wohlerzogenen jungen Leuten gern unter vier Augen Konversation pflegt. Es gibt dort einen Friseur, einen wahren Künstler, am Hof, der frisiert sie bisweilen.«

Laskowski unterbrach den Schatzmeister empört: »Was Ihr da wieder redet, Herr Schatzmeister! *Horrendum*, ein seriöser alter Mann!«

»Na, dann frisiert er sie eben nicht, es ist gelogen, so wahr ich lebe!« berichtigte sich Zagłoba. »*Tandem*, wenn wir in der Zeit, wo es auf den Konvokationsreichstag zugeht und ferner auch die Königswahl ansteht, einmal zur Auffrischung des Gedächtnisses durchgehen, wie viele Kleinkönige wir haben, die alle gern König wären! Das ist eine interessante Sache. Ihr wißt, meine Herren, wie das ist – wenn nur einmal zum Scherz auf dem Wahlfeld der Name Polanowski gerufen wird, rühmen sich die Polanowskis

415

dessen bis in alle Ewigkeit; also wollen wir für die Nachwelt unsere Kandidaten aufzählen.«

»*Primo*«, bemerkte Ocieski, »gibt es keinen, welcher der Krone näher wäre als der Hetman.«

»Gewiß«, antwortete der Schatzmeister. »Schon deshalb, weil er das gesamte Heer in der Hand hat, nur sind das keine Prätorianer, mein Herr. Der Hetman ist eine große Autorität, er hat das richtige Alter und würde nicht lange regieren, dann gäbe es wieder mal eine kleine Wahl, die Schlachta würde sich ereifern, umherreisen, frische Luft schöpfen und verschimmelte Taler in Umlauf bringen.«

»Hehe, Herr Schatzmeister!« rief Ocieski. »Ihr spottet, da aber der Hetman soeben von Białystok nach Warschau gefahren ist, hättet Ihr sehen und hören sollen, wie die Schlachta ihn unterwegs empfangen hat. Fast hat sie ihn im voraus als gekröntes Haupt geehrt. Habt Ihr seinen Einzug in Warschau gesehen?«

»Nein«, sagte der Schatzmeister. »Von wo ist er denn hereingekommen, von vorn oder von hinten?«

»Über Praga, die ganze Stadt ist ihm entgegengeströmt, sie hat ihm zugejubelt wie einem Befreier. Der Fürst-Primas mag es mir nicht verübeln, aber wenn einer qualifiziert ist, zu versöhnen, dann der Hetman.«

»Jaja, er hält es mit den Potockis und den Radziwiłłs, das weiß man, und über seine Gattin ist er mit der Familia verwandt.«

»Stimmt«, pflichtete Laskowski bei.

»Nun, und über Mokronowski mit seiner Gattin«, ergänzte der Schatzmeister.

»Wie das?« fragte Ocieski.

»Oh, was hab ich gesagt, pfui!« korrigierte sich Zagłoba. »Ein *lapsus linguae*, sprecht weiter.«

Ocieski jedoch blieb stumm, er trank vom Wein.

416

»Immerhin wäre der Fürst-Kanzler auch ein Kandidat«, gab Babiński zu bedenken.

»Nicht nur er, denn wenn man es unbedingt wollte, ließe sich auch der ruthenische Woiwode die Krone aufzwingen, allerdings ist er träge und deshalb bereit, Fürst Adam an seinen Platz zu stellen. Andere sagen, auch der ginge lieber mit bloßem Haupt als unter dem schweren Reifen, denn Ihr wißt ja, meine Herren, daß Chrobrys Krone nichts anderes als ein Goldreif gewesen ist. Demzufolge könnte uns die Familia schon mit ihrem Neffen zufriedenstellen. Der Herr ist jung, schön, ein für die Damen so vortrefflicher König wie die Kurfürstin eine Königin für die jungen Herren wäre. Er spricht zehn Sprachen. Er hat wundervolles Haar, bezaubernde Hände, eine ergreifende Aussprache. Und da er jung ist, wenn wir, die Schlachta, uns seiner Erziehung annähmen, käme eines von beiden heraus – entweder würden wir aus ihm einen richtigen König machen, oder aber er war nichts wert.«

Es wurde gelacht. Jener letzte Kandidat schien allen ein Scherz des Herrn Schatzmeisters zu sein.

Laskowski hatte finsteren Gesichts zugehört.

»Laßt es gut sein, lieber Zagłoba, die Ohren tun einem weh davon!« rief er.

»Wer wird etwas hinwerfen, was nicht beendet ist!« erwiderte der Schatzmeister ernst. »Eine Weinflasche läßt man nicht halbvoll stehen, und eine Kandidatenliste nicht halbfertig liegen. Ziemt es sich zum Beispiel, einen Herrn wie den Fürsten Ogiński mit Schweigen zu übergehen, welcher auf der Flöte spielt, Musik komponiert, wunderbar malt, wie ein Kanarienvogel singt und so schön sein soll wie ein Adonis? Es wäre doch ein Glück, auf dem Thron einen Flötisten zu haben, wir könnten umsonst genießen, wofür andere teuer bezahlen! Er würde für seine Untertanen gratis spielen und nach einer Weile ihnen auch auf der Nase herumtanzen.«

Alle lachten. Zagłoba runzelte die Stirn, er zog eine bedenkliche Miene.

»Ihr habt gut lachen, dabei sind das ernste Dinge«, setzte er hinzu. »Es ist gut, einen Musiker zum Herrn zu haben, er wird mit Taktgefühl regieren.«

»Seid Ihr fertig, mein Herr?« fragte Laskowski, dem diese Art Musterung der Kandidaten nicht nach dem Geschmack war.

»Noch nicht«, sagte Zagłoba. »Ich kann den Herrn Kiewer Woiwoden, Potocki, nicht auslassen, von dem die Sage geht, daß auch er Lust auf den goldenen Stuhl hätte. Was das betrifft, ich würde ihn mir nicht wünschen. Wie ich höre, versohlt er einem das Fell ohne viel Federlesens, und wenn auch heute ein einfacher Schlachtschitz dieses Mittel anwendet, um die Gemüter zu besänftigen – wo kämen wir hin, wenn er sich in den Mantel mit den Hermelinen kleidete? Wir Alten, die wir daran nicht gewöhnt sind, gerieten in eine peinliche Lage. Und wenn einer bedenkt, daß er mit dem Starost von Kaniów blutsverwandt ist, der auf die Juden geschossen hat wie auf Wild! Machte man ihn zum Oberjägermeister, würde er uns sämtliche Schmule ausrotten, wo doch die Schlachta ohne Unterhändler und Pächter schlechter zurechtkommt als ohne Hemd.«

Abermals lachten alle, einzig Laskowski zuckte mit dem Schnurrbart.

»Ihr macht nichts als Scherze«, tadelte er.

»Ein Scherz enthält immer zur Hälfte Wahres«, versetzte der Schatzmeister. »Und wenn ich schon die ganze Wahrheit nicht sagen kann in diesen Zeiten des Interregnums und der Femegerichte, dann soll es wenigstens die halbe sein.«

»Aber die Liste ist erschöpft«, unterbrach ihn Laskowski. »Die Weinflasche hingegen noch halb voll.«

»Wir werden beides bewältigen«, sagte lebhaft der Schatzmeister. »Obwohl, daß die Liste erschöpft sein soll, *nego*. Da gibt es noch einen Kandidaten, wenngleich fern von hier, an der Newa, der heißt Gurowski. Man sagt, für ihn sprächen einflußreiche Stimmen.«

»Was bedeutet das? Wer? Was?« bestürmte man ihn mit Fragen. »Davon hat noch niemand gehört.«

»Ein Geheimnis«, äußerte Zagłoba. »Es heißt, er schießt solche Purzelbäume, daß niemand mit ihm in den Ring treten kann. Auch ein Talent dieser Art ist nicht zu mißachten. Es kann nützlich sein.«

Laskowski erhob sich empört.

»Fürwahr, meine Geduld ist erschöpft!« rief er. » Zagłoba, mein Bester, reden wir im Ernst! Dies ist nicht die Zeit, um Possen zu treiben. Die Gemüter zur Versöhnung zu führen, die Verfeindeten zur Besinnung zu bringen – das ist heute die heilige Pflicht.«

»Mein lieber Kämmerer«, entgegnete der unverbesserliche Spötter, »das ist Eure Mission. Meine hingegen ist es in diesen schweren Zeiten, wo jedem irgend etwas im Magen liegt, mich zu bemühen, wenigstens ein bißchen die Traurigkeit aufzuhellen und die Menschen von der Galle zu befreien.«

»Alles liegt beim Primas«, sagte, ohne dem Schatzmeister zu antworten, der Kämmerer. »Auf ihn sollten sich unsere Blicke richten, dort liegen die Hoffnungen.«

»Alsdann, ein Vivat dem Prorex, und Schluß!« rief Zagłoba.

Laskowski hatte sein Glas ausgetrunken, als behutsam die Tür geöffnet wurde und das bekannte Gesicht mit dem Dreifachkinn des Herrn Brückenaufsehers sichtbar wurde. Żudra prüfte zunächst die Versammelten, und da er unter ihnen niemanden sah, der ihm zuwider gewesen wäre, rollte er herein und begrüßte alle in liebenswürdiger Laune, mit Handschlag und unter Lachen. Man spendierte ihm einen Schoppen, darauf rief er selbst den Schankburschen und hieß ihn Wein bringen.

»Da sitzen wir wieder alle hier beisammen«, sagte er. »Aber

diesmal scheint es anders zu sein als damals. Beim vorjährigen Sejm, obwohl wir uns wacker hielten, haben uns die Deutschen ein Bein gestellt und dabei solche Schlaumeier zu Hilfe genommen. Jetzt braut sich anderes zusammen, und wir werden den Herren mit einem neuen Repertoire aufspielen.«

»Am besten wäre es, wenn wir nicht spielten und gegenspielten, sondern uns versöhnend die Hände reichten und weniger an uns denken würden und mehr an die Rzeczpospolita«, wandte Laskowski sogleich ein.

»Das kann ich mir kaum vorstellen!« rief Żudra nach kurzem Bedenken. »Wir werden die Übermacht haben, und es kann nicht sein, daß wir dieselbe nicht nutzen.«

»Gegen wen?« fragte Laskowski. »Es sind keine Deutschen da.«

»Aber die Nachkommenschaft ist geblieben«, brummte Żudra. »*Tandem* reden wir lieber von anderem.«

»Recht so«, pflichtete der Schatzmeister bei. »Was geben bei Euch die Garben her?«

»Wo, bei uns?« fragte Żudra. »Auf dem Sandboden ist bekanntlich das Korn ergiebig, aber die Garbe dürftig, und wo Schwarzerde ist, gibt es viel Stroh und wenig Korn.«

»Immerhin noch gut, daß Ihr etwas habt, worauf Ihr Euch schlafen legen könnt«, sagte der Schatzmeister.

Wieder ertönte Gelächter. Wein wurde gebracht und die Gläser gefüllt.

»Wenn Szymanowski hier noch auftauchte«, bemerkte Żudra, »käme mir das vor wie unsere vorjährige Zusammenkunft in dieser Weinstube.«

»Habt Ihr Euch damals noch geschlagen? Ich weiß ja nicht«, sagte Laskowski, »aber ich habe so einen Verdacht.«

»Und ob!« antwortete Żudra. »Am nächsten Morgen mußten wir uns nach königlichem Willen ein bißchen ritzen. Es ist nichts

Schlimmes passiert, ich habe Szymanowski den Kontusz durch-
löchert und er mir die Mütze, die Schneider hatten davon Gewinn.«

Er machte eine wegwerfende Handbewegung.

»Jetzt, nach dem abgebrochenen Sejm, wo er auf der neuen
Vogtei wirtschaftet, zweifle ich, ob er Zeit und Lust hat, nach
Warschau zu kommen. Auch die Umstände sind andere. Der se-
lige Brühl ist nicht mehr da, er kann keine Vogteien mehr austei-
len und keine Dukaten, wozu also nach Warschau fahren?«

Alle schwiegen.

»Ich bin noch nie so in Schweiß geraten wie auf dem letzten
Sejm«, stöhnte Żudra. »Zum Glück haben die Lungen durchge-
halten, auch die Beine und der Magen. Was ich krakeelt habe, um-
hergerannt bin, was ich trinken mußte, sagenhaft erscheint mir
das heute! Zwar haben die den Reichstag abgebrochen, aber wir
haben uns denen nicht ergeben.«

»Sie sich Euch auch nicht«, fügte Zagłoba langsam hinzu. »Da
ist nichts zu sagen, beide Seiten haben sich beispielhaft gehalten,
ihre Ehre verteidigt, obgleich die Ehre des Landes zum Teufel
ging.«

»Und wer ist schuld? Nicht wir!« rief Żudra.

»Nicht Ihr und nicht sie«, beeilte sich der Schatzmeister zu
antworten. »Schuld ist das Schicksal, es spielt einem immer Streiche. Die armen Menschen sind ganz unschuldig, und wenn ihnen
das Fatum, so wie der Jude auf dem Jahrmarkt dem Pferd, damit
es den Schwanz hebt, Pfeffer unterlegt, was wunder, wenn sie
ausschlagen!«

»Jetzt sind wir obenauf«, fuhr Żudra, ohne darauf einzugehen,
fort. »Und wenn der Hetman ein paar tausend Mann herführt
und Fürst Radziwiłł tausend, der Kiewer Woiwode vielleicht
zweimal so viel – ein Klacks, mein Herr, die zwingen wir nieder!«

»Ja, mit fremder Aushebung«, ergänzte Zagłoba. »Es ist ein

großes Verdienst und eine ausgezeichnete Politik, von anderen die Kastanien aus dem Feuer holen zu lassen. Geht es dabei schief – sind die Fremden schuld, geht es gut – ist es Euer Verdienst, schließlich, wer hat sie eingeladen? Nicht umsonst gilt der alte Fürst-Kanzler als der größte Politiker. *Centum laudes!*«

Żudra, ein wenig verwirrt, schwieg, der Schatzmeister indes fuhr fort zu loben: »Ich glaube an den Verstand der Familia wie an das Evangelium. Wenn sie den nicht hätte, wie wäre sie dann von kleinen Fürsten zu solchem Reichtum und solcher Bedeutung aufgestiegen? Das heißt schon etwas. Alles in ihren Händen wächst und gedeiht.«

Der Brückenaufseher machte eine Miene wie vor kurzem Ocieski, er wußte nicht, ob Zagłoba scherzte oder sein Lob ernst meinte. Also schwieg er. Sich mit Zagłoba anzulegen und zu schlagen war unmöglich. Bevor es dazu gekommen wäre, hätte dessen Zunge ihn schon erledigt.

Żudra trank von seinem Wein und sagte dann: »Ich habe gehört, daß die jungen Brühls, hinter denen wir schon drei Kreuze gemacht haben, im Glauben, daß sie nicht mehr zurückkommen, seit heute wieder in Warschau sein sollen. Da hat wohl der Herr Woiwode seinen Schwiegersohn herbeigeholt, mir tut der arme Kerl ja leid, denn diesmal wird es noch heißer zugehen als beim Sejm. Dort hat er schon mal blitzende Säbel gesehen, an einem Ort, wo wir das Eisen gewöhnlich nicht ziehen, aber jetzt wird er sie vielleicht nicht nur sehen, sondern auch daran riechen, denn vor den Femerichtern werden sie sich nicht fürchten, wo sie schon vor dem Reichstagssaal keinen Respekt hatten. Hoho, ich möchte nicht in seiner Haut stecken!«

»Ich auch nicht«, pflichtete Zagłoba bei. »Eine deutsche Haut und ein polnischer Schlachtschitz, das muß ihm sehr unbequem sitzen.«

»Der polnische Adel wird ihm schnell verwittern!« Żudra hieb mit seinem Glas auf den Tisch. »Ich garantiere, davon bleibt keine Spur übrig, nirgends.«

»Außer an dem unglücklichen Ocieski«, versetzte der Schatzmeister mitleidig. »Den Ärmsten nämlich hat jener Adelstitel ins Verderben gestürzt.«

Żudra blickte sich um.

»Jawohl!« bestätigte der Erwähnte. »Es ist die reine Wahrheit, ich leugne sie nicht. Sie haben mich betrogen, die Deutschen, mir mit Mumpitz das Maul gestopft, deshalb ist es ihnen schlecht bekommen. Zu Lebzeiten des Ministers hat unsereins geschwiegen – *praepotentia*, was sollte man tun? Jetzt aber müßte man ihnen von Rechts wegen den Prozeß machen.«

»Besonders wegen des Familienzuwachses«, setzte Zagłoba hinzu. »Sollen sie den wenigstens ausstatten!«

Babiński und Kostrzewa grinsten. Ocieski fuchtelte nur mit der Hand durch die Luft und sagte nichts mehr.

Es war Zeit, sich nach Hause zu begeben, und man mußte sich beeilen, die Flasche zu leeren, denn zu späterer Stunde war es trotz der Wachen des Marschalls und der Starosten auf den Straßen nicht sehr sicher. Sämtliche Herren, die mit ihrem Gefolge nach Warschau gekommen waren, mit Dienern, Gesinde, Troßknechten, hatten zugleich so allerlei Volk mit hergeschleppt, welches Streit und Krawall liebte. Novembernächte pflegen lang zu sein, die Stadt war nicht beleuchtet, die Laternenträger reichten nicht für alle. Der Kämmerer Laskowski faßte Zagłoba unter, obgleich er ihm die sehr leichtfertige Behandlung der öffentlichen Fragen schwer nachtrug und wohl beabsichtigte, ihm deswegen unter vier Augen Vorwürfe zu machen. Beide Männer verließen, nachdem sie bezahlt hatten, die Weinstube, fanden draußen zum Glück einen Burschen mit einem Talglicht in einer kleinen Laterne und ließen sich von ihm nach Podwale begleiten. Nahe dem Schloß und in den Hauptstraßen herrschte noch viel Betrieb, vor allem Berittene sah man, ein jeder bewaffnet, und diejenigen, welche zu mehreren unterwegs waren, redeten und lachten laut und riefen sich gegenseitig etwas zu.

So fühlten sich der Kämmerer und der Schatzmeister sicher, daß ihnen in einem solchen belebten Stadtteil nichts zustoßen würde und sie nicht genötigt wären, den Säbel zu ziehen, als sie an der Marienkirche von der Seite her lautes Geschrei vernahmen.

Fußgänger und Reiter blieben stehen und lauschten. Die Stimmen waren weithin hörbar.

»Haut ihn in Stücke, den Deutschendiener! In Stücke!«

»Ist denn die Straße nicht für alle frei?« rief eine andere Stimme.

»Warum gehst du nicht aus dem Weg?«

»Und warum solltet ihr hier den Vorrang haben?«

»Wir kennen dich, Kavalier!«

Der Lärm war gewaltig, man schien sogar das Klirren von Säbeln zu hören, und plötzlich war es still – man kam wohl zur Sache.

Laskowski, obwohl er sich ungern in fremde Angelegenheiten mischte und sich nicht in Straßenhändel einließ, spürte jäh sein Schlachta-Blut, der Säbel juckte ihm in der Hand, er wußte selbst nicht, wie er ihn blankgezogen hatte, und schon stürmten er und Zagłoba vor zum Entsatz.

Als sie näher kamen, war die Auseinandersetzung bereits im Gange. Ein Mann auf einem Pferd, gegen die Mauer gedrängt, wehrte sich behend mit Kreuzhieben gegen drei ebenfalls berittene Angreifer. Auf den Lärm hin kamen aus den umliegenden Häusern die Menschen mit Lichtern gerannt.

Der junge Mann, welchen man überfallen hatte, schlug sich nach Kräften, einem der Raufbolde hatte er schon so heftig das Ohr geschlitzt, daß dieser, blutüberströmt, ablassen mußte und ein Tuch, fluchend und jammernd, auf die Wunde preßte. Die bei-

424

den anderen griffen um so verbissener den jungen Mann an, als Laskowski schrie: »Was denn, mehrere gegen einen? Was für eine Feigheit!«

Aber niemand hörte auf ihn. In diesem Moment erhielt der sich Wehrende von der einen Seite einen Streich in den Arm und von der anderen Seite einen Hieb gegen den Kopf, er schwankte und stürzte vom Pferd, der Gaul riß sich los und suchte ausschlagend das Weite. Als die Angreifer sahen, was los war, stoben sie augenblicklich davon, der Kämmerer konnte gerade noch ihre Kokarden sehen und an den Farben Bedienstete der Familia erkennen.

Der Kämmerer und Zagłoba traten mit dem Burschen, der ihnen leuchtete, zu dem am Boden Liegenden. Der Schlag gegen den Kopf hatte ihn betäubt. Es handelte sich um einen schönen, kräftigen Mann, auf seinem Gesicht malten sich Zorn und Empörung. Sie hoben seinen blutbefleckten Kopf an und versuchten, ihn wieder zu Bewußtsein zu bringen, ohne noch zu wissen, was sie mit ihm beginnen sollten, als vom Schloß her ein von Fackeln beleuchteter herrschaftlicher Wagen gefahren kam. Laskowski hielt ihn an.

»Um des Himmels willen, helft uns, diesen armen Kerl zu retten, drei Grün-Rot-Weiße sind über ihn hergefallen und haben ihn übel zugerichtet.«

An der Livree erkannte Laskowski die Kutsche des Generals Brühl. Der General selbst saß darin, er sprang sogleich heraus und lief zum Ort des Geschehens. Im selben Moment schlug der Verwundete die Augen auf. Es war Godziemba, der Sekretär des Generals.

Er kam zu sich, und wie sich zeigte, war die Wunde am Arm weitaus weniger gefährlich als der Schlag gegen den Kopf.

»Was ist Euch zugestoßen?« schrie Brühl. »Ihr sucht doch sonst keine Händel.«

425

»Ich habe den Streit nicht angefangen. Ich ritt ruhig hier entlang, als mich wahrscheinlich Bedienstete der Familia erkannten und mir den Weg versperrten.«

»Solche Schufte!« sagte Brühl.

»Wären diese Herren nicht gewesen, hätten sie mich, als ich am Boden lag, vermutlich getötet«, setzte Godziemba hinzu.

»Wir müssen jetzt auf Schritt und Tritt auf derlei Vorfälle gefaßt sein«, bemerkte Brühl leise. »Am meisten gefährdet sind diejenigen, die das Unglück haben, zu mir zu halten oder mit mir befreundet zu sein.«

Brühl dankte nun Laskowski und Zagłoba, und nachdem er selbst rasch Godziembas Wunden verbunden hatte, half er ihm in die Kutsche einsteigen und fuhr mit ihm zum Sächsischen Palais. Kaum war der Wagen zum Tor hineingerollt, verbreitete sich im Hause in Windeseile die Nachricht, daß man Godziemba schwer verletzt hergebracht habe, das Zimmermädchen lief zu Madame Dumont, um dieselbe davon zu unterrichten, und die Französin hatte nichts Eiligeres zu tun, als zur Gräfin zu laufen.

Glücklicherweise traf sie Frau Brühl allein an. Atemlos stürzte sie zu ihr hinein und ließ sich auf das Sofa sinken. Ihre Mimik genügte, um die arme Frau Generalin zu entsetzen. Sie stand vor der Freundin und wagte nicht, sie zu fragen, was denn geschehen sei, sie zitterte schon, bevor sie die Nachricht empfangen hatte. Die Dumont weinte und griff sich ans Herz, nur mühsam fand sie ihre Stimme wieder und verkündete ein schreckliches Unglück, ohne zu sagen, worum es sich dabei handelte. Die unvernünftige Französin beschwor die Gräfin, sie möge gefaßt sein und sich nicht vom Kummer überwältigen lassen. Nach solcher Vorbereitung, während derer der Gräfin die schlimmsten Eventualitäten durch den Kopf gingen und sie einer Ohnmacht nahe war, flüsterte ihr die Dumont schließlich zu, daß der Graf den schwerverwundeten Godziemba nach Hause gebracht habe.

»Ist er tot?« fragte Frau Brühl mit der Kraft der Verzweiflung.

»Aber nein ... Er ist verletzt ... am Arm und am Kopf.«

Nach einem Augenblick des Nachdenkens öffnete die Gräfin, ohne weiter auf die Dumont zu hören, die Tür und ging geradenwegs zu ihrem Gatten, um ihn nach dem Geschehen zu befragen. Es war dies fürwahr ein Schritt, der zu denken geben konnte, aber Godziemba war ja seit einiger Zeit ihr Sekretär, was sie berechtigte, sich für ihn zu interessieren.

Blaß und zitternd klopfte sie an die Tür des Kabinetts, darum bemüht, ungerührt zu erscheinen. Brühl öffnete selbst. Die Gräfin, leicht verwirrt, erklärte ihm, daß ihr die Dumont von Godziemba berichtet habe. Dem General war noch der Zorn anzusehen. Ein wenig verwunderte ihn dieses Anzeichen von Gefühl bei seiner Frau.

»Es stimmt, Godziemba ist verletzt«, sagte er. »Der Feldscher meint jedoch, die Wunden seien nicht gefährlich. Das Ganze ist eine Warnung an uns, damit wir uns besser schützen. Ich danke Euch, Gräfin, im Namen meines Godziemba«, fügte er hinzu. »Er verdient Mitgefühl und Wertschätzung. Aber seid beruhigt, ich werde über ihn wachen, denn ich liebe ihn.«

Schweigend entfernte sich die Gräfin, und blaß, mit Tränen in den Augen, kehrte sie in ihre Gemächer zurück, kniete dort nieder und betete für den Verwundeten.

Die Dumont war unterdessen nach unten gelaufen, und nachdem sie selbst mit dem Feldscher gesprochen und sich überzeugt hatte, daß in der Tat keine Gefahr bestand, stieg sie wieder nach oben.

Wer weiß, überlegte sie, immer wieder ganz davon beansprucht, warum die zwei liebenden Geschöpfe nicht zusammenkommen konnten – wer weiß? Vielleicht wird der Gräfin die Verwundung, welche sie zu dem kühnen Schritt bewogen hat, schließlich noch Mut und Zärtlichkeit verleihen und die beiden

Ärmsten glücklich vereinen. Vielleicht gereicht dieser Vorfall den beiden zum Guten!

Die Dumont war schon bereit, Godziembas Angreifer zu segnen. Sie spann aus dem Stoff einen ganzen französischen Roman, wissend, daß einem Mann solch ein in der Binde getragener Arm zu Gesicht stand, nur rechnete sie dabei weder mit der Rechtschaffenheit des Herrn Tadeusz noch mit den religiösen Grundsätzen der Gräfin, die nach frommen Büchern zwar mit Hingabe Romane las, jedoch keineswegs eine sündige und unglückliche Heldin zu werden gedachte. Die Dumont bedauerte es stets, ihr Herz an so undankbare, kalte Wesen gehängt zu haben.

IV

Dieses Jahr und ein guter Teil des darauffolgenden waren für den General der Artillerie vermutlich die schwerste Zeit seines Lebens.

Bei seiner Rückkehr nach Warschau hatte sich der General noch in der Hoffnung gewiegt, jene Partei, welche die sächsische Dynastie, den Hetman Branicki, den Woiwoden Potocki und die ganze Familie dieses Namens hinter sich hatte, ferner Sołtyk, schließlich den wenngleich schwachen, aber bisher eher der Hofseite zugeneigten Primas sowie den großen Mut und Feurigkeit aufweisenden Fürsten Radziwiłł, könne die Oberhand behalten.

Diese Hoffnung, so konnte er sich mit jedem Tag überzeugen, wurde enttäuscht. Radziwiłł besaß zwar eine ritterliche, ungestüme Energie, was das Schwert anbetraf, aber er war ganz und gar kein Politiker, zudem standen ihm die eigensinnigen Massalskis entgegen, der Hetman war alt und unsicher, was er tun sollte, der Primas schwankte, und der Kiewer Woiwode verfügte zwar über bedeutende Kräfte, ließ aber weder den Kopf noch einen entschiedenen Plan erkennen, um dieselben einzusetzen. Man handelte nicht einträchtig, ging nicht in eine Richtung, und das, was sich scheinbar zusammengefunden hatte, steuerte in Wahrheit heimlich sehr verschiedene Ziele an. Branicki war ein Anwärter auf die Krone, auch Potocki, ebenso der eine Zeitlang vom Primas favorisierte Kurfürst.

Während die Familia es vermochte, persönlichen Ambitionen zugunsten eines ihrer jüngsten Mitglieder zu entsagen, und dabei den Kanzler, Fürst Adam sowie Ogiński um seinetwillen opferte, so mißtraute man einander im gegnerischen Lager. Potocki hätte nicht gern Branicki unterstützt, und der Hetman nicht gern den Woiwoden. Das einzig Verbindende für sie war die gemeinsame Abneigung gegen die Familia.

Nie zuvor war die Rzeczpospolita einem Bürgerkrieg näher gewesen als während dieses Interregnums. Man konzentrierte die Truppen der Höfe und rief fremde herbei.

So ließ sich denn auch unschwer absehen, was die Folge wäre, falls die Dinge zur Ultima ratio gelangten, zu Soldaten und Geschützen.

Der Fürst-Kanzler, welcher seit langem daran arbeitete, den Gehorsam und das Vertrauen der Schlachta zu gewinnen, konnte von einem beträchtlichen Teil derselben sagen, daß er ihm wohlgesinnt war. In Litauen hätte Radziwiłł die Mehrheit gehabt, wären die Massalskis nicht eifrig dabeigewesen, ihm dieselbe abtrünnig zu machen.

Und der Primas, dem rechtmäßig die größte Autorität zukam, wußte nicht, wen er begünstigen sollte – er wünschte zu versöhnen, wo sich bereits alles auf die Waffen einstellte.

Brühl saß fast die ganze Zeit in Warschau, er war ein resignierter passiver Zuschauer bei dem historischen Drama. Zu aktivem Eingreifen sah er sich weder verpflichtet, noch hatte er Lust, zwischen die Fronten zu geraten.

Indessen war die Rolle, die er beim Reichstag des Jahres 1762 gespielt hatte, nicht vergessen. Der litauische Truchseß, dessen Bedeutung mit jedem Tage wuchs und der die Energie eines ganzen Lebens für die Tage der entscheidenden Wende aufwandte, war Brühls persönlicher Feind. Das Schicksal des Generals lag jetzt in seinen Händen und in denen der Familia, und Brühl sah voraus, daß man sich an ihm rächen wollte und mußte. Er vermied es daher, ins Auge zu fallen und zu einem Kampf anzutreten, den er nicht führen konnte. Fürst Adam, der Herr Truchseß und er begegneten einander bisweilen von fern auf der Straße, dabei maßen sie sich nur mit den Blicken.

Die Gegner der Familia fanden sich in seinem Hause ein, er konnte ihnen die Tür nicht verschließen, jedoch mischte er sich selten in die Debatten, gab wenig Ratschläge. Dann und wann rief ihn der Kiewer Woiwode nach Krystynopol, um sich seiner zu bedienen, sagte dann aber wieder ab. Brühl spielte Flöte und Geige, er zeichnete und schrieb Komödien, und getreu seiner Zuneigung zu der schönen Frau Sołłohubowa, die mit ihrem Gatten in Warschau weilte, unterhielt er dieselbe in leisem und achtungsvollem Gespräch, scherzte über seine Lage und ein wenig über jene Menschen, die ihn umgaben.

Inmitten der allenthalben wallenden Leidenschaften schien es, als sei nur er allein beherrscht und kühlen Blutes. Die Geschicke der von dem unbeholfenen Kurfürsten und der flatterhaften Ermelinda repräsentierten sächsischen Dynastie berührten ihn wenig. Brühl erging es wie jemandem, der sich, ohne etwas getrunken zu haben, in Gesellschaft von Menschen befindet, die nach einer tollen Orgie berauscht und in fiebernder Erregung sind. Anfangs wollte man ihn sich nutzbar machen, da man aber sah, daß ihn die ihm aufgenötigte Rolle ganz und gar kalt ließ, gab man auf.

Godziemba wurde einige Monate gepflegt, er mußte den Arm recht lange in der Schlinge tragen, jedoch konnte er schon bald wieder seine Pflichten als Vorleser bei der Gräfin sowie als Sekretärsgehilfe beim General erfüllen. Die brave Dumont, die sich so viel von einem mitleidigen Herzen versprochen hatte, fällte endgültig ihr Urteil, daß dies Menschen ohne Gefühl und Leidenschaft waren. Da sie aber nicht sein konnte, ohne eine kleine Intrige zu spinnen, befaßte sie sich mit Frau Sołłohubowa und dem Grafen, in der Annahme, wenigstens hier von Nutzen sein zu können.

Leider erlebte sie eine neue Überraschung. Die schöne Maria und der Graf liebten einander offenkundig und versteckten sich nicht damit, jedoch überschritt diese Liebe nicht die von den Verpflichtungen und von gegenseitiger Achtung gesetzten Grenzen, und da es keine Geheimnisse gab, hatte die Französin hier nichts zu tun.

Schließlich, verzweifelt über diese Menschen des Nordens, die sie als Eisblöcke bezeichnete, verlegte sich die Dumont darauf, den unglücklichen Sołłohub zu trösten, indem sie ihm Mitgefühl zukommen ließ. Sie hoffte, für ihn einen Gegenstand zu finden, welcher ihn ablenkte und zerstreute. Sołłohub sprach gern mit ihr, er hatte sogar eine leichte Schwäche für sie, doch war er zu diesem Zeitpunkt bereits krank, traurig, verhärmt und nicht darauf bedacht, in der Welt Zerstreuung zu suchen. Wer ihn einst jung, blühend und voller Leben gesehen hatte, für den war klar, daß er den Keim des Todes in sich trug, von dem er wußte, den er spürte, ohne ihn indessen zu fürchten.

Das Verhältnis zu seiner Frau war seltsam. Die schöne Maria, vielleicht weil es sie quälte, ihn nicht lieben zu können und einen anderen zu lieben, behandelte ihn mit der Zärtlichkeit, Güte und Nachsicht einer Schwester. Das Paar, obwohl nicht glücklich, war dennoch liebevoll zueinander. Die Gattin wachte über die Gesundheit des Gatten. Und Brühl war zu dem Freund wie ein Bruder.

Sołłohub – und das war seltsam – trug es Brühl nicht nach, daß er seine Frau liebte. Er fand dies ganz natürlich, viel eher wunderte er sich über alle diejenigen, die seine Frau nicht lieben konnten oder es nicht wagten. Seiner Krankheit wegen betätigte sich Sołłohub nicht in der Politik, und da man ihn nicht fürchtete, ging er fast überall ein und aus, hörte sich um und war über alles im Bilde. Beinahe täglich brachte er Brühl Neuigkeiten mit, Nachrichten, die in Maria Zorn und Verzweiflung weckten, die der General indessen mit einem Lächeln aufnahm.

Die anfangs unmöglich, ja lächerlich erscheinende Kandidatur des Truchsesses machte zum Ende des Jahres immer mehr von sich reden. Graf Stanisław, dessen erstes öffentliches Auftreten gegen Brühl gerichtet gewesen war, konnte jenen Schritt, dem er einen Teil seiner wachsenden Popularität verdankte, nicht Lügen strafen. Immerfort wurde daher dem General mit Rache gedroht, der aber lachte darüber. Neben seiner politischen Aktivität war der Truchseß ausgiebig mit dem schönen Geschlecht beschäftigt, welches ihm seinerseits viel Sympathie entgegenbrachte. Die Zahl seiner kurzen, aber stürmischen Liebschaften ging ins Märchenhafte.

Eines Abends im Oktober des Jahres 1764 hatte Brühl ein paar Künstler zu sich eingeladen, mit denen er ein Quartett spielen wollte. Er freute sich sehr auf die bevorstehende Annehmlichkeit und gedachte dieselbe mit einigen Freunden zu teilen. Zu den Geladenen gehörten der Bischof Sołtyk, der selbst Musiker war und eine ausgezeichnete Kapelle unterhielt, die Sołłohubs sowie mehrere Personen aus dem vertrauteren Kreis. Im Saal wurden die Vorbereitungen für den Musikvortrag getroffen, die Künstler fanden sich ein, als Sołłohub, stark erregt und allein, ohne seine Gattin, hereingejagt kam.

Man sah ihm an, daß er nichts Gutes mitbrachte. Brühl, solches ahnend, sagte heiter: »Jaś, mein Lieber, du bringst wohl schlechte

Nachrichten, doch weißt du, was? Laß es für später, sonst verdirbst du uns den Abend und die Musik.«

»Aber, Alois, wie können wir an Musik denken! Es betrifft dich, und sogar wenn ich schweigen würde, kämen andere hierher, um es dir zu sagen.« Sołłohub faßte beide Hände des Freundes und sagte mit einer Beileidsmiene: »Mein armer Brühl!«

»Warum sollte ich jetzt plötzlich ärmer sein als vor einer Stunde?«

»Wie, du weißt nichts?«

»Schlimmer noch, ich will von nichts etwas wissen.«

»Deine Feinde wollen nachweisen …«

»Großartig, sollen sie nachweisen, ich bin, Gott sei es gedankt, ruhig. Ich mische mich in nichts ein und werde alles ertragen.«

»Mach dich augenblicklich bereit!«

»Ich bin ganz und gar bereit.«

Brühl hatte dies kaum ausgesprochen, als Fürst von Siewierz lärmend durch die offene Flügeltür eintrat. Er bemerkte Sołłohub und war daher wohl sicher, daß der General bereits über die Vorfälle des Tages Bescheid wußte. Er trat geradenwegs auf ihn zu und umarmte ihn.

»Glaubt mir, Graf«, sagte er. »Es tut mir so weh, als wäre ich selbst an Eurer Stelle. Diese Nichtswürdigen!«

Für Brühl war alles noch ein Rätsel, dessen Lösung zu verlangen er keine Eile hatte. Lächelnd sah er Sołłohub an.

Als nächste erschienen zwei Potockis, auch sie suchten Brühl zu trösten, ohne indessen zu sagen, weshalb.

»Etwas anderes war von denen nicht zu erwarten!« rief der Woiwode von Wolhynien, den der litauische Mundschenk begleitete. »Mein lieber Graf, habt nur Mut und Ausdauer!«

»Einmal muß das zu Ende sein!« fügte der Mundschenk hinzu.

Brühl ward umringt. Jeder andere in der Lage des Generals hätte vielleicht Furcht gezeigt bei der Ankündigung eines

433

Unglückes, dessen Ausmaße er nicht kannte. Doch Brühl zeigte sich wie immer stoisch bis zur Gleichgültigkeit.

»Euer Liebden«, wandte er sich lächelnd an den Bischof. »Wollt Ihr mir, als ein Geistlicher, dessen Berufung es ist, die Unglücklichen zu trösten, endlich das Rätsel lösen? Ich höre von allen Seiten Beileidsbekundungen, aber, meiner Treu, ich weiß nicht, was mich betroffen hat.«

Brühls Rede wurde beinahe als Geflunker verstanden.

»Wie kann das sein!« empörte sich der Bischof. »Seit heute morgen weiß die ganze Stadt davon.«

»Aber ich nicht, darauf mein heiliges Ehrenwort«, beteuerte Brühl noch einmal.

Alle Anwesenden standen starr und blickten einander schweigend an.

»Wollt Ihr es mir bitte erklären«, wiederholte Brühl.

»Ja, wo seid Ihr denn den ganzen Tag gewesen, Graf?«

»Zu Hause! Freilich hatte ich angeordnet, niemanden zu empfangen, weil ich schreiben wollte. So war niemand bei mir. Der gute Godziemba hat mehrere Leute aus der Stadt weggeschickt.«

»Womit Ihr ein paar Stunden als Gouverneur und als General der Artillerie gewonnen habt, lieber Graf«, versetzte der Bischof. »Und auch als polnischer Schlachtschitz. Der Sejm hat Euch das alles auf einen Schlag abgesprochen, Ihr seid nicht mehr Gouverneur, nicht mehr General, und Ihr müßt Euch mit dem Titel eines Grafen des Römischen Reiches begnügen.«

Kaum hatte der Bischof seine Erklärung beendet, ging die Tür auf, und der Artillerieoffizier Dłubicki mit zwei Kameraden stürzte in den Salon. Sein hochrotes Gesicht ließ ahnen, was für Gefühle ihn hergeführt hatten. Brühl wandte sich ihm zu.

»Herr General!« rief der Offizier im Ton größten Bedauerns. »Wir konnten nicht alle hierherkommen, daher sei es mir erlaubt, zusammen mit meinen beiden Kameraden, Euch das Mitgefühl unseres gesamten Korps auszudrücken. Wir wissen, welchen Verlust wir erleiden und daß nichts uns den Gouverneur von Warschau und den General der Artillerie ersetzen wird!«

Brühl ergriff seine Hand.

»Mein lieber Oberst«, sagte er. »Ihr verliert einen Waffengefährten, der Euch geliebt hat und der bemüht gewesen ist, Euch ein guter Kollege zu sein, aber es bleibt Euch der Freund. Ich danke Euch innigst. Sagt allen, daß ich mich herzlich von ihnen verabschiede. Wer weiß, vielleicht begegnen wir uns noch.«

Eine Weile herrschte Schweigen.

Dann wurden die Beamten des Gouverneurs gemeldet, die, da sie von Brühl ernannt worden waren, sein Schicksal teilten. Die traurige Schar trat ein, mit einer Bekümmerung, die um so natürlicher war, als dieselbe auch sie selbst traf. Brühl, mit heiterer Miene und seelenruhig, suchte die Leute zu trösten, und er versicherte ihnen, die Widrigkeit entsagungsvoll hinzunehmen. Die Ärmsten seufzten.

Da die Dumont soeben die fatale Neuigkeit auch der Generalin überbracht hatte, erschien hier die Gräfin und blickte besorgt zu ihrem Gatten, welcher ihr entgegeneilte.

»Chère comtesse«, sagte er. »Es tut mir sehr leid, Euch von der Generalin zur schlichten Gräfin und von der Gouverneurin zur Woiwodentochter degradiert zu sehen, aber wir wollen den Schicksalsschlag ertragen, indem wir uns mit Musik trösten.«

Brühl wandte sich den Gästen zu und bat die Artillerieoffiziere und die Beamten, sich zu setzen. Letztere lehnten ab und entschuldigten sich mit dringenden Amtsgeschäften. Nur Dłubicki und die Offiziere blieben. Der Fürst-Bischof trat zur Gräfin und brachte auch ihr gegenüber seine Empörung und sein Mitgefühl zum Ausdruck.

Wie ein Sturmwind fegte hernach Frau Sołłohubowa herein und stürzte geradenwegs zu Brühl.

»Was soll man sagen!« rief sie. »Sie gewinnen sich ihre Freunde und arbeiten an einer angenehmen Zukunft!«

Brühl lächelte spöttisch.

»Ach, liebe Cousine«, erwiderte er. »Habt Ihr denn nur einen Augenblick lang geglaubt, sie würden mir verzeihen und, da die Möglichkeit zur Rache gegeben war, großmütig davon absehen? Ich zumindest habe keine Minute angenommen, daß man mich auf meinem Posten belassen würde, und beim heutigen Stand der Dinge hätte ich selbst nicht bleiben können.«

Leiser und scherzhaft fügte er hinzu: »Und wer ist an allem schuld, wenn nicht Frau Marias schöne Augen? Der Truchseß rächt sich gar an Unschuldigen für deren Grausamkeit, und ich bin ihr Opfer.«

»Wißt Ihr, Graf«, antwortete, ebenfalls mit gesenkter Stimme, die Sołłohubowa, während sie ihm die Hand reichte. »Ich achte Euch sehr, *c'est peu dire*, aber meine Augen hätten nicht einmal, um Euch die Posten als General und als Gouverneur zu erhalten, lügen und diesem Galan zulächeln können, der in Wahrheit keine von all seinen angehimmelten Schönheiten geliebt hat und der auch nichts lieben kann außer sich selbst.«

Sie sagte dies emphatisch. Brühl klatschte Beifall, und alle waren begierig zu erfahren, mit welchem Scharfsinn sich die schöne Sołłohubowa denselben verdient hatte, aber Brühl gab das Geheimnis nicht preis. Die Gesellschaft debattierte lärmend über das Hauptereignis des Tages sowie über die noch zu erwartenden Schritte der Familia, die den Reichstag und die Hauptstadt beherrschte und die Feinde ihre Macht spüren ließ. Brühl nahm unterdessen die Noten von dem bereitgestellten Pult und sagte, an den Fürst-Bischof gewandt: »In solchen Augenblicken gibt es kein wirksameres Mittel gegen trübe Gedanken als die göttliche Musik. Ihre Klänge tragen uns in bessere Welten und machen alles vergessen, was uns hier schmerzt. Gerade heute

436

hatten wir vor, das vorzügliche Quartett eines neuen Komponisten zu spielen, welches mir Esterházy geschickt hat. Haydn, der Verfasser des wunderbaren Werkes, ist bei ihm Kapellmeister. Sogar unser Dresdener Hasse muß vor ihm zurücktreten, wo es um die Tiefe des Gefühls geht, um die im Wechsel Melancholie, Trauer, Schmerz und Sehnsucht ausdrückende Melodik. Zwar muß ein kümmerlicher Amateur« – an dieser Stelle verbeugte er sich – »die erste Geige spielen, jedoch entschädigt die Schönheit der Komposition für die Mängel der Ausführung.«

Die drei anderen eingeladenen Musiker stimmten die zweite Geige, die Bratsche und das Violoncello, Brühl schob die Frackärmel hinauf und schlug die Manschetten um, nahm seine Stradivari zur Hand, rieb mit einem Batisttüchlein darüber und stellte sich ans Pult, auf welchem die Erstausgabe des Werkes Nr. 64 in D-Dur stand. Die Gäste nahmen allmählich auf den Stühlen an den Wänden Platz. Schweigen herrschte im Saal, wenig später erklang das Allegro moderato, und die Zuhörer lauschten stumm und mit Hingabe.

Brühl, obgleich er sich einen Dilettanten nannte, leitete die Aufführung vorzüglich, er versuchte nicht, die vorrangige Rolle zu spielen oder auf Kosten seiner Mitstreiter zu glänzen. Alle vier Instrumente traten gleichberechtigt auf, mit gleicher Kraft und Präzision, wie vier Brüder, welche ihre harmonischen Stimmen vermählten.

Nach einem kurzen Moment der Ruhe begann das Adagio cantabile. Es war dies ein wahrer Triumph des zu der Zeit noch wenig bekannten Haydn. Die weittragende, schlichte und gefühlvolle Melodie klang wie etwas eigens zum Trost weher Herzen Geschaffenes. Als die letzten Takte in einem Piano endeten, zeugte nicht Beifall von dem hinterlassenen Eindruck, sondern ein Raunen und Seufzen.

»In diesem Gesang«, sagte Sołtyk, der nicht länger zu schweigen vermochte, ergriffen, »in diesem Gesang spürt man den Menschen, der würdig wäre, für die Kirche und für den Herrgott zu tirilieren.«

Unwillkürlich erahnte er den späteren Schöpfer des wunderbarsten Passionsliedes, zu welchem christliches Empfinden je inspiriert hat – »Die sieben Worte des Erlösers am Kreuz«.

Das lebhafte Menuett und das mit Verve gespielte Finale (Presto) dämpften in den Zuhörern die vom Cantabile bis zur Ergriffenheit gesteigerten sehnsüchtigen Gefühle. Brühl legte die Stradivari hin und wischte sich den Schweiß von der Stirn. Da trat Sołłohub auf ihn zu.

»Glaube mir, mein lieber Jaś«, sagte Brühl, »das sind die einzigen, die wahren, durch keinen Verdruß, keine Übersättigung getrübten Wonnen des Lebens. Philosophie, Kunst, Lieder, Bilder. Alles andere endet in Mißbehagen und Enttäuschung. In solchen Schöpfungen steckt das, was die menschliche Natur an Bestem, an Edelstem hervorzubringen vermag. Im Leben spürt man unsere Unvollkommenheit, in der Dichtung, in der Kunst unseren göttlichen Funken.«

Brühl seufzte und fuhr fort: »Ach, ich gäbe alle Generalsposten und Gouverneursstellungen der Welt her, wenn ich nur einmal solch ein Quartett wie dieses von Haydn in meinem Innern erträumen könnte, eine Sinfonie, wie er sie für Esterházy geschrieben hat, wenn ich irgendwann einen »Zinsgroschen« malen und einen »Tartuffe« schreiben könnte.«

»Und wenn du, solltest du hinzusetzen – wenn du, der du liebst, dich wiedergeliebt fühltest und …«, versetzte Sołłohub ruhig.

»Halt!« sagte Brühl. »Von Liebe zu reden ist dies für uns beide nicht die Zeit, wir haben ihr erstes, lebhaftestes Erblühen erlebt. Die Liebe ist eine heilige Lade, die im Tempel stets verhüllt ste-

hen sollte. Der ist ein Tempelschänder, der sie mit dreister Hand
entblößt.«

Sołłohub seufzte und sah zu seiner Frau hinüber. Sie saß ein wenig abseits, das Gespräch mit der Französin, welche sie mit etwas
zu zerstreuen suchte, bereitete ihr sichtlich kein Vergnügen. Die
Dumont flüsterte auf sie ein, aber sie schien gar nicht hinzuhören.

Auf der anderen Seite des Salons umstanden mehrere Personen den litauischen Seneschall, der etwas aus seiner Fracktasche
gezogen hatte und den Gegenstand diskret den Umstehenden
zeigte. Der Reihe nach kamen die Eingeweihten zu ihm, um ein
Blatt Papier oder ein Pergament, das sorgfältig in eine Art Etui
gehüllt war, zu betrachten. Auch Brühl trat hinzu.

»Wartet, zuvor muß ich etwas erklären«, sagte der Seneschall.
»Am Hof des ruthenischen Woiwoden weilt der berühmte französische Miniaturmaler Violant. Ich kenne ihn von früher, er hat
schon für mich gemalt. Gestern fiel er mir ein, wegen eines Porträts von meiner Frau, das ich haben möchte. Ich ging selbst zu
ihm. Auf seinem Pult fand ich – erratet Ihr, was? Miniaturen vom
Herrn Truchseß – eine, eine zweite, eine dritte, jedesmal in voller
Gestalt abgebildet, in den verschiedensten Kleidern. Diese hier
frappierte mich, darauf trägt er, wie Ihr seht, bereits den Mantel
mit den Hermelinen, *excusez du peu*, mit dem Zepter in Händen
und der Krone auf dem Haupt. Die Kleidermode, ich kann darüber schwer urteilen, scheint mir spanisch zu sein, so schließe ich
zumindest aus der Halskrause, aus Strümpfen und Schuhen. Findet Ihr nicht, meine Herrschaften, dies sei ein wenig zu früh?«
fragte lächelnd der Seneschall.

»Wenn es nicht unvorbereitet über einen kommen soll«, versetzte Brühl, »muß man sich beizeiten rüsten.«

»Violant kann von diesen Miniaturen, mit denen der Truchseß
die schönen Damen, seine Freundinnen, beschenkt, gar nicht genug anfertigen.«

Sołtyk machte eine Miene voller Hochmut und Abscheu, die um die Geschicke der Miniatur in der Hand des Seneschalls bangen ließ. Potocki sah dies und hüllte dieselbe sorgfältig ein.

»Ich habe dem Franzosen mein Ehrenwort gegeben, daß ich ihm die wertvolle Leihgabe morgen wiederbringe. Ich wollte sie Euch nur zeigen, als etwas sehr Charakteristisches. In einem Moment, da sich das Schicksal der Rzeczpospolita entscheidet, sitzt derjenige, der das Steuer in die Hand zu nehmen wünscht, für Miniaturbilder Modell und denkt an das Krönungsgewand.«

»Zugegeben«, fügte der wolhynische Woiwodensohn hinzu, »er ist wirklich ein schöner Mann, und es wundert nicht, daß er es dem Narziß nachmacht.«

Das Gespräch drehte sich dann um die jungen Damen, welche der Truchseß mit seiner Gunst beehrte. Vornan dabei stand die Fürstin Sapieha, die Schwester des Brazlawer Kastellanssohnes, der zu jener Zeit keinen Schritt von dem Truchseß wich und ihn bei allem ermutigte. Das Abendessen ward aufgetragen, und Brühl, mit heiterem Gesicht, als wäre an diesen Tage nichts Besonderes passiert, bat seine Gäste zu Tisch. Der Stoizismus des Ex-Gouverneurs und Ex-Generals übertrug sich bald auch auf die übrigen Anwesenden, und ruhigeren Gemütes zog man alltägliche Dinge in Betracht.

Trotz der Anstrengungen Radziwiłłs, des Hetmans, des Woiwoden Potockis war es allen inzwischen klar, daß sie verloren hatten. Der Primas in tiefer Trauer wiederholte seine Klagen gegenüber Frankreich, Mokronowski bemühte sich, einen Bruderstreit und Bürgerkrieg aufzuhalten, man raunte etwas von gewissen Aktivitäten des Hetmans, von wilden Bestrebungen des Fürst-Woiwoden. Es genügte jedoch, die Kräfte zu überrechnen, um vorherzusehen, welcher Seite der Sieg zufiele. Alle Hoffnungen Sachsens und Ermelindas schwanden mit dem Tod des Kurfürsten dahin, aus dem regierenden Hause meldete sich kein

Kandidat für die Dornenkrone. Alle Welt debattierte lebhaft über die unmittelbar bevorstehende Königswahl, Brühl hörte schweigend zu, spielte des Abends Haydn-Quartette und schien sich um das Schicksal der Krone nicht zu bekümmern.

V

Bei der Starostin M., die wir wie allgemein üblich Dido nennen wollen (weil sie der Gatte bald nach der Heirat aus nicht erklärbaren Gründen verließ), versammelte sich an einem Maiabend des Jahres 1764 eine zahlreiche Gesellschaft, die sich unablässig wandelte. Während die einen kamen, gingen andere eilig davon, in den Winkeln wurde geflüstert, man spähte aus den Fenstern, jede Bewegung auf der Straße elektrisierte die Anwesenden und lockte sie hinaus, um nachzusehen, was in der Stadt geschah. Die Stadt selbst befand sich in einem Zustand ungewöhnlicher Erregung, und auch die Herren Warschauer Bürger betrachteten die zu Fuß und zu Wagen herzuströmenden Menschenmengen wie etwas Fremdes und Unbekanntes. Kutschen, von Soldatenabteilungen umgeben und von Dienern, die auf dem hinteren Trittbrett standen, mit brennenden Fackeln erleuchtet, fuhren dicht an dicht auf den Hauptstraßen aneinander vorbei. Im Vorbeifahren sahen lächelnde Gesichter heraus, man machte einander Zeichen, dann und wann flog ein Wort in die Luft hinaus, ward aufgegriffen und weitergetragen wie eine Losung. Das einfallende nächtliche Dunkel hielt dieses Treiben nicht auf, ja, es schien sich mit jedem Augenblick noch zu steigern. In den Fenstern der bedeutenderen Palais' in der Stadt und außerhalb ihrer Tore brannte helles Licht. Nur die Palais' der Radziwiłłs, des Hetmans Branicki und der Potockis waren dunkel.

Die größte Menschenmenge, Zivile und Soldaten, drängte sich

beim Krakauer Tor und beim Schloß. Hier waren sogar ein paar Zelte aufgeschlagen und mehrere Lagerfeuer entfacht. Aus den Fenstern des Hauses der schönen Dido sah man genau diesen Teil der Stadt. Die Hausherrin im vollen Glanz ihrer Jugend und ihrer üppig erblühten Reize empfing ihre Gäste in einer Weise, als wollte sie sich vorführen. In der Tat war sie des Ansehens wert, und der Gatte, welcher sie so bald verlassen hatte, konnte nur bemitleidet werden.

Ein anmutigeres Geschöpf ist schwer vorstellbar. Die Natur hatte ihr alles geschenkt, was ihr zur Verfügung stand, sogar einen Liebreiz, wie er nicht immer die Schönheit begleitet. Ihr Antlitz erinnerte an eine ideale, kokett strahlende, lebenssprühende, zu Umarmungen herausfordernde göttliche Bacchantin. Ihre schwarzen Augen schauten im Wechsel bald lachend und sengend und bald voller sehnsüchtiger, beunruhigender Melancholie. Die roten Lippen schienen wie für Küsse geschaffen, die schmalen weißen Hände dafür, gedrückt zu werden, und die aus den Spitzen hervorlugenden wie gemeißelten Schultern hätten einer marmornen Diana angestanden.

Ihr Anputz war so schön wie sie selbst – das Kleid von meerblauer Farbe, zu rosa changierend, dazu weiße Spitzen und Brillanten. Zu den wie zwei Kohlestückchen schwarzen Augen standen das gepuderte helle Blondhaar in wundervollstem Kontrast. In diesem Augenblick war sie vielleicht schöner als irgendwann sonst, weil ein Gefühl des Triumphes und des Glückes sie umglänzte. Inmitten des Gewimmels wirkte sie nachdenklich, wie entrückt, und wenn sie aus dem Nachsinnen wiederkehrte, lächelte sie glücklich, ohne zu wissen, warum und wem dieses Lächeln galt.

Ein ganzer Kranz schöner Damen umringte sie, ohne daß eine davon ihr den Vorrang hätte streitig machen können. Die Blicke der Damen enthielten Eifersucht, bisweilen auch verborgenes

Mitgefühl, und bei genauerem Hinsehen fiel auf, daß diese Schar guter Freundinnen in Wahrheit gleichsam eine Phalanx von Kämpferinnen war, die zum Krieg auszogen. Sie zählten ein reichliches Dutzend, und eine jede war auf andere Weise schön, reizvoll, anziehend. Die schwarzen Augen der einen, die blauen der anderen sowie braune, Goldblitze ausschickende, wetteiferten miteinander. Die ansehnliche Statur und Figur der einen begeisterten mit ihrer Kraft, die zarten Gestalten der anderen verlockten durch federige Leichtigkeit.

Männer waren an diesem Tag nicht viele zugegen, ein paar ältere kamen für einen kurzen Moment herein, sprachen leise etwas und zogen sich eilig wieder zurück.

In einer Ecke des Salons saß jemand, der offensichtlich zum Hause gehörte. Es war dies ein Onkel der Gastgeberin, welche als eine Dido des Schutzes und einer Autorität im Hause bedurfte und ihn daher zu sich genommen hatte.

Der vorzeitig vergreiste Mann stützte sich auf einen Stock, seine Wangen über den zahnlosen Kiefern waren eingesunken, die müden Augen fielen immer wieder zu, die Geselligkeit strengte ihn sichtlich an, weshalb er sich in diesen Winkel verkrochen hatte, dennoch saß er da und erfüllte seine Pflicht als Beschützer der Nichte. Bisweilen, wie erwachend, sah er sich erschreckt im Salon um und versank danach erneut in tiefes Nachsinnen.

Er suchte nicht das Gespräch, er schien es sogar eher zu meiden. Die Schar der schönen Damen ging ihn nichts an, und wenn seine Augen zufällig auf einen ihrer Blicke stießen, wandte er sie rasch ab, um nicht angesprochen zu werden. Aus seiner düsteren Miene konnte jeder lesen, daß ihm in der Rolle des Beschützers eines koketten jungen Frauenzimmers nicht sonderlich wohl sein mußte.

Der Alte erinnerte sich an bessere Zeiten unter den Sachsen,

an ein verwöhntes Leben, inzwischen aber war, was er besessen
hatte, verloren. Daher hatte er sich in Didos Dienste begeben,
ihrer guten Tafel und der kleinen Bequemlichkeiten des Lebens
wegen. Gewißlich spürte er seinen Fall und die Demütigung und
machte deshalb inmitten der fröhlichen Gesellschaft eine so saure
Miene. Sein Verdruß indessen verbarg sich im Schatten und
wirkte nicht auf die Anwesenden.

Der Alte döste so vor sich hin, als neben ihm ein Seidenkleid
raschelte, und von dem Geräusch aufgeschreckt, verkroch er sich
gleichsam noch tiefer in seinen Armlehnstuhl. Immerhin öffnete
er die Augen, um die drohende Gefahr abzuschätzen, und da
begegnete ihm das lächelnde Gesicht einer runzligen Alten.
Ungeachtet ihrer Jahre war sie aufgeputzt, wie man es bei einst
schönen Damen findet, die nicht aufhören wollen, schön zu
sein.

Die Alte hielt sich dank Schnürmieder und Fischbeinstäben
noch sehr aufrecht, ihr Kopf aber wackelte, und ihre einst
schwarzen Augen in den jetzt karmesinroten Ringen wirkten geradezu furchterregend. Wo einstmals Liebesgötter mit ihren Fingerchen Grübchen aushöhlten, bedeckten heute Bartflaum und
Warzen tiefe Furchen. Die Alte sah sich um und setzte sich Didos Onkel gegenüber.

»Schämt Euch, Kammerherr, hier zu dösen, pfui! Ich komme,
Euch zu unterhalten, damit Ihr nicht vom Stuhl fallt.«

»Ich? Aber wer sagt, daß ich döse! *Ma foi!* Es ist eine Lüge, Ehrenwort.«

»Ich habe es mit eigenen Augen gesehen, wie Euch der Kopf
ein paarmal auf die Brust gesunken ist.«

»Aber nein«, empörte sich der Kammerherr. »Beileibe nicht,
das denkt Ihr Euch aus, Frau Vorschneiderin!«

»Nun, ärgert Euch nicht. Ihr solltet guter Laune sein. Eure
Nichte … Haha! Ihr lacht eine Zukunft.«

»Hoffentlich verhöhnt dieselbe sie nicht später«, lispelte schnell und undeutlich der Kammerherr.

»Morgen wird der Truchseß gewählt.«

»Ja, und?«

»Sie macht mit ihm, was sie will«, fügte die Vorschneidersfrau leise hinzu.

»Wie lange? Wie lange?« erwiderte, unruhig auf dem Stuhl hin und her rutschend, der Kammerherr. »Gebt Ruhe, Frau Vorschneiderin. Alle Auguste sind von launischem Gusto.«

»Ihr betreibt immer noch Wortspielereien.«

»Das kommt ganz von selbst.«

Der Kammerherr winkte ab und schlug sich auf das Knie.

»Der Salon der Starostin ist heute ein Korb voller Blumen«, fuhr die Vorschneidersfrau fort.

»Sie warten auf den Gärtner, der sich daraus einen Strauß erwählt, daran riecht und sie auf den Müll wirft. Diese Flatterhaften, diese Wildfänge!«

Die Vorschneidersfrau lachte und beugte sich zum Ohr des Kammerherrn.

»Jede von ihnen erhofft sich, ein bißchen Königin zu sein. Seht nur, wie sie sich gegenseitig mit den Blicken fressen! Oh, was für eine grandiose Komödie.« Und die Stimme senkend, sagte sie: »Man könnte es den Harem des Sultans nennen, der das goldbestickte Tüchlein zu werfen hat!«

Der Kammerherr redete so schnell, daß er schwer zu verstehen war, zudem lispelte er, da er keine Zähne mehr im Mund hatte. So mußte sich die Vorschneidersfrau noch weiter vorbeugen, als er leise auf ihre Bemerkung einging.

»Wir sind alte Bekannte«, sagte er. »Vor Euch kann ich *à coeur ouvert* sprechen. Mir tut nur meine Nichte leid. Sie hätte nach der Scheidung wieder heiraten können, aber dieser Celadon hat ihr mit seiner künftigen Krone den Kopf verdreht. Sie glaubt, ihn

445

bezwingen und festhalten zu können, ich aber habe ihr ein ganzes Register solcher Geliebten, wie sie es ist, präsentiert, die sich ebensolchen Hoffnungen hingegeben haben und enttäuscht worden sind. Seht, liebe Vorschneiderin, das sind doch alles Rivalinnen um sie herum. Die erste ist die Fürstin Sapieha, weiter … Zählt!«

Er wies mit dem Finger auf die Damenschar. Da öffnete sich geräuschvoll die Tür, und einer Meereswelle gleich brandete die Schar, wie von Zauberkraft angezogen, dagegen, aller Augen gingen in die eine Richtung, man sah zarte Hände erbeben und manch herausforderndes Lächeln über die Lippen huschen. Weiße Finger richteten eilig etwas an der Frisur oder am Kleid, was der Korrektur gar nicht bedurfte.

Zwei junge Herren, zwei Adonisse, betraten raschen Schrittes den Salon, beide bestens gekleidet, beide in der Blüte und Kraft ihrer Jahre. Der erste von ihnen, mit schönem Gesicht und schwarzen Augen, war ein wenig kleiner, von wendiger Gestalt und kokettem Charme, der andere, welcher ihn womöglich an Schönheit und Statur noch übertraf, war kräftig, breitschultrig, hatte ein männliches Antlitz und besaß soldatischen Schneid.

Es waren dies der Herr Truchseß und der Sohn des Brazlawer Kastellans, sein Busenfreund. Am Vorabend der Königswahl hatten sich die beiden für einen kurzen Besuch von unendlich wichtigeren Dingen losgerissen, um einen Blick auf die Damen hier zu werfen und aus ihren Augen Mut und Kraft für den kommenden Tag zu schöpfen. Eine jede der Damen drängte nach vorn, um einen Blick des Truchsesses zu erhaschen, über die Stirnen der einen zogen Wolken, die Gesichter der anderen erstrahlten in sonnigem Glanz. Der Truchseß schaute, lächelte, zwinkerte, beglückte.

Auf dem Antlitz der Gastgeberin loderte Freude. Sie reichte dem Truchseß die Hand, denn ihretwegen war er gekommen. Sie

446

war so selbstsicher, daß das Gefolge der Rivalinnen sie nicht bekümmerte. Sie als erste sprach er an, ihr als erster lächelte er zu.

Jedoch hinter ihren weißen Schultern schaute ein entzückendes Gesicht, er begrüßte es mit verstohlenem Blick, und weiter weg sah er ein trauriges Mädchenantlitz mit schwarzen Augen und schickte ihm einen heimlichen Gruß. Unterdessen umringten die Damen seinen Kameraden, klammerten sich an seine Arme und bestürmten ihn mit Fragen. »Was gibt es Neues?«

»Nichts, außer daß wir unserer sicher sind und morgen einstimmig wählen werden.«

»Und die anderen? Die anderen?«

»Sie befinden sich in Auflösung. Ha, schlimmer noch, sie debattieren und würden sich gern aussöhnen.«

»Das kann nicht sein.«

»O doch, genauso ist es.«

»Was meint Ihr dazu?«

»Wir brauchen weder sie noch ihre Zustimmung, die Herren sind wir.«

In einem Winkel des Salons, abseits der Gottheiten, welche den Olymp bildeten, saß, in das Dunkel vor dem Fenster hinaussehend, die schöne Frau Sołłohubowa und hinderte niemanden daran, schöner zu sein als sie. Mit Dido verband sie eine Blutsverwandtschaft; sie hatte sich eher zufällig hier eingefunden, von dem Gast hatte sie nichts gewußt, das Ganze war ihr gleichgültig, aber zu flüchten hätte sie sich geniert.

Wo jetzt Tausende Augen den Truchseß herausforderten, alles ihm entgegenstrebte, entdeckte der so Angehimmelte, Glückliche in der Ecke die so Gleichgültige, so Kalte, und sie vergällte ihm all seinen Triumph.

Er wirkte auf einmal ganz zerstreut. Man sprach ihn an, er verstand nichts. Man fragte ihn, er erwiderte nichts. Man sandte ihm Blicke, er sah nichts. Das Gesicht dort im Schatten zog ihn an.

Der Truchseß ging von der Gastgeberin zur Fürstin Sapieha, von dieser weiter zu einer anderen Schönheit dahinter, danach zu einer dritten, und so fort, bis er sich nahe bei der Sołłohubowa befand, die ihn aber nicht zu sehen schien oder nicht sehen wollte. Er nahm neben ihr Platz.

Didos Brauen zogen sich zusammen, als ob ein Blitz daraus hervorschnellen sollte.

»Der Undankbare!« flüsterte sie.

Die Fürstin Sapieha stampfte mit dem Füßchen auf, andere Damen wandten die Augen ab. Die Sołłohubowa schenkte dem Truchseß keinen Blick, er aber begrüßte sie.

»Ihr liebt es also, stets Veilchen zu sein?« fragte er.

Die schöne Maria sah ihn lange an.

»Da mir dies heute noch erlaubt ist«, antwortete sie, »frage ich: Und Ihr seid stets ein Schmetterling?«

Der Truchseß lächelte.

»Wie sollte man es hier nicht sein«, sagte er seufzend. »Inmitten so vieler wundervoller Blumen!«

»Wie wahr«, begann die Sołłohubowa langsam, ohne sich im geringsten um die Blicke der eifersüchtigen Damen zu scheren. »Wie wahr! Ihr tut mir aufrichtig leid, Graf, denn Ihr seid zu den Qualen eines Tantalus verurteilt und werdet ewig etwas begehren, was Ihr nicht zu fassen bekommt.«

Der Truchseß, lächelnd, bückte sich und hob ihr heruntergefallenes Tüchlein auf, eine Geste, die unerhörte Eifersucht auslöste.

»Mit scheint«, führte er das Gespräch fort, »die Mythologie hat die Tantalusqualen schlecht erklärt. Für mich ist Tantalus der Glücklichste unter den Sterblichen – kann es Schlimmeres geben, als nichts zu begehren? Etwas begehren heißt bereits glücklich sein.«

»Eine neue und sehr witzige Theorie«, entgegnete die Sołło-

hubowa. »Aber, Graf, bitte erbarmt Euch der Damen, die mir so
zornige Blicke zuwerfen. Geht zu ihnen, sonst erschlagen sie
mich.«

»Ich stehe zu Eurem Schutz bereit«, erklärte der Truchseß,
»denn ich bete Euch an.«

»Ach, in der Tat!« Die Sołłohubowa lachte kalt auf. »Was für
ein weites Herz! Dido, die Fürstin Sapieha, die Kastellanin, zwei
Prinzessinnen, sie alle betet Ihr im Wechsel an, Graf, das nenne
ich eine wirklich jupiterhafte Liebe.«

Der Sarkasmus in diesen Worten ließ einen Schatten über das
Antlitz des Truchsesses huschen. Er wurde ernst und nachdenklich.

»Mit Euch kann ich offen sein«, sagte er leise. »Eurer Schönheit nach gehört Ihr zu jener Schar dort, nach dem Verstand steht
Ihr weit darüber. Keiner von jenen schönen Damen würde ich
meine unvollkommene Natur so offenbaren wie Euch. Hört mich
an! Ich bin an nichts schuld. Ich bin ein Verehrer des Schönen.
Bei der einen sehe ich die Augen, welche gleichsam mit göttli-
cher Sprache zu mir reden, wie könnte ich ihnen widerstehen?
Bei der anderen entzückt mich der Mund, dessen Lächeln mich
verlockt, betört, hinreißt. Eine hat eine Hand voller geheimnis-
voller, bezaubernder Reize, Finger, die man ewig küssen möchte,
eine andere das Füßchen eines Engels. In einer jeden von ihnen
verehre ich einen Ausdruck des Schönen.«

»Dann aber entdecke ich einen Makel oder ein Fleckchen, und
der Reiz ist zerstoben«, unterbrach ihn die Sołłohubowa. »In diesem Schmetterlingsleben als Verehrer des Schönen, Graf, habt
Ihr Augenblicke glücklicher Täuschungen, bis der Makel auf-
taucht. Solche Augenblicke machen von Liebe träumen, von ewi-
gen Banden, und sie machen Tränen vergießen.«

Der Truchseß stand auf.

»Ich werde mich nicht länger entschuldigen«, versetzte er

ernst. »Ich sage nur, was ich Euch seit langem sagen möchte. Ich wäre der Allerunglücklichste, wenn das Schicksal und die Umstände mir Eure Wertschätzung nähmen. Wartet bitte, bevor Ihr mich verurteilt und verdammt. Viele Eurer Freunde habe ich mir abgeneigt gemacht, das waren die Zwänge meiner Lage, der morgige Tag aber kann alles ändern und wiedergutmachen.«

Mit diesen Worten verbeugte er sich und ging eilig davon, es war höchste Zeit, dies zu tun, denn unter den weißen Spitzen tobten bereits furchtbare Stürme, und schreckliche Verwünschungen entrissen sich zarten Mündern. Der Held dieses Tages wandte sich sogleich an die Dame des Hauses, als die schöne Fürstin Sapieha ihren Bruder, den Kastellanssohn, beim Arm ergriff und ihn voller Zorn in einen fernen Winkel des Salons entführte.

»Sag ihm«, rief sie, am ganzen Leibe bebend, »daß ich das nicht dulde, nicht hinnehme! Soll er wählen zwischen mir und Dido … oder dieser aufgeblasenen Pute, dieser Sołłohubowa. Aber er macht sich lustig über mich! Ich bin wütend.«

Der Kastellanssohn hörte zu – die Hände in den Taschen, starrte er zur Decke hinauf.

»Bist du fertig?« fragte er dann, von oben auf sie herabblickend. »Meine liebe Schwester, *c'est du plus mauvais genre*, eine solche Eifersucht. Laß ihn ein wenig kokettieren … und er kommt zu dir zurück, wenn du nur gescheit bist. Lächle einem anderen zu. Seine Flatterhaftigkeit hat keine Bedeutung. Das ist seine Natur, er wird bis in alle Ewigkeit allen die Cour schneiden.«

»Und meine Natur ist es, das nicht zu ertragen«, erwiderte die Fürstin Sapieha. »Sag ihm das!«

Der Kastellanssohn flüsterte der Schwester etwas ins Ohr und erhielt einen Klaps mit dem Fächer, Röte übergoß ihre Wangen. Der Bruder grinste spöttisch und zynisch.

Beide schwiegen.

450

Die Damen rissen sich um den Truchseß. Für eine jede hatte er ein heimliches Wort, und eine jede ging beglückt von dem Zauberer davon, mit einem stolzen und spöttischen Blick für die Rivalinnen.

Als der Salon von ersticktem Lachen und lebhaften Gesprächen erfüllt war, sahen der Truchseß und der Kastellanssohn einander an, letzterer zog eine Uhr aus der Tasche, und beide verschwanden fast unbemerkt. Nur die Hausherrin reichte ihnen am Ausgang die Hand. Im Salon wurde es dunkel und kalt, als ob die Sonne erloschen wäre. Die schönen Damen begannen eine nach der anderen einen Stuhl zu suchen, um auszuruhen, eine jede verspürte das Bedürfnis, sich abzusondern und ein wenig jenem hoffnungspendenden Wort nachzuträumen, welches ihr gegönnt worden war.

Die alte Vorschneidersfrau beugte sich zu dem nachdenklichen Kammerherrn.

»Woran denkt Ihr?« fragte sie.

»Warum wird das Abendessen nicht gereicht?« brach es aus dem Gefragten heraus. »Es ist längst Zeit, ich bin hungrig.«

»Wißt Ihr, Ihr seid großartig«, bemerkte die Alte lächelnd. »Ich dachte, Ihr würdet mir ein Kompliment sagen, Ihr jedoch …«

Der Kammerherr schien nicht zu hören.

»Ihr habt eine große Zukunft vor Euch«, sagte die Vorschneidersfrau, das Thema wechselnd. »Das hat etwas zu bedeuten, wenn er in solch einem Moment Eure Dido besucht.«

»Sicherlich, sicherlich!« erwiderte der Alte zerstreut. »Ich glaube doch, jetzt wird der Tisch gedeckt.«

Er stand auf.

Statt der Tür zum Eßzimmer öffnete sich jedoch die Eingangstür, und weitere Gäste erschienen mit neuen Nachrichten. Einige von ihnen kehrten von Wola wieder, andere von jenen Orten, wo sich die gehorsame Schlachta in Erwartung des kommenden

Tages versammelte. Alle brachten Beruhigendes mit. Die Kuriere vermeldeten Gutes aus den Provinzen.

Im entstehenden Durcheinander schlüpfte die Sołłohubowa in den Vorraum, der Diener warf ihr ihren schwarzen Pelz über, und schon sauste die Kutsche davon und brachte sie zum Sächsischen Palais.

Sie war sicher, daß man hier an diesem Abend lange wach bleiben und sie die Brühls ebenso auf neue Nachrichten begierig vorfinden würde, wie es alle in dieser entscheidenden Stunde waren. Sie irrte sich nicht. Im leeren Salon saß die Gräfin noch bei ihrer Handarbeit, die Dumont hielt die Arme verschränkt. Mitten im Raum stand Godziemba und berichtete in ehrerbietigster Haltung von seinen Beobachtungen in der Stadt. Dann und wann hob die Gräfin den Blick von ihrer Handarbeit zu ihrem Sekretär und senkte ihn wieder, als fürchte sie selbst ihre Kühnheit, dabei sah sie nicht, wie ungeduldig die Französin ihre Arme verrenkte.

Godziemba, als er die Sołłohubowa sah, verbeugte sich und strebte langsam zur Tür, die Eingetretene aber wandte sich noch an ihn und bat, er möge dem Grafen von ihrem Kommen Bescheid geben. Brühl erschien prompt, mit einem so gelösten, lächelnden Gesicht, als wüßte er nicht, daß am nächsten Tag sein persönlicher Feind und Peiniger zum Herrscher über Polen ausgerufen werden sollte.

»Mein lieber Graf«, begrüßte ihn die Sołłohubowa, ihm entgegengehend, »ich bringe Euch schlechte Neuigkeiten. Ich war bei Dido, dort hatte ich das Glück, den Kandidaten zu sehen, und das Unglück, mit ihm zu sprechen, was mir viele neue Feindinnen eingebracht hat. Es besteht kein Zeifel daran, daß morgen die einstimmige Wahl erfolgt. Ich habe Angst um Euch, sowohl um Euch selbst, als auch um den Woiwoden, der offen gegen diese Kandidatur aufgetreten ist. Wäre es nicht sicherer, nicht besser, obwohl ich aus dem Munde des Kandidaten beruhigende Worte vernommen habe, wenn Ihr Euch zurückzögt, solange Zeit dazu ist, und Euch nicht einer Rache aussetztet?«

»Was können sie mir noch tun?« fragte Brühl. »Sie haben mir alles genommen, ich bin ein Privatmann, und wenn ich auch kein polnischer Schlachtschitz mehr bin, verliere ich doch nicht das Recht auf Gastfreundschaft, wie es ein sächsischer Untertan und Graf des Römischen Reiches hat. Warum legt Ihr mir nahe zu fliehen?«

»Weil sie sich an Euch für den Woiwoden rächen werden, auch für Radziwiłł, der über sie herfällt und vor Wut kocht, und schließlich für Euren seligen Vater.«

»Seid nur ruhig«, versetzte Brühl. »Ich verspüre nicht die geringste Sorge, denn ich habe keinerlei Ehrgeiz. Ich stehe niemandem im Wege, ansonsten lebe ich hier ruhig, und es geht mir gut.«

Als dieses Gespräch begann, legte die Gräfin ihre Handarbeit zusammen und übergab einen Teil derselben der Dumont. Beide gingen gleichsam in voller Absicht hinaus, um Brühl mit der Besucherin allein zu lassen. Maria blickte den Hinausgehenden nach.

»Ich bitte Euch, Graf«, sagte sie leise, »nicht zum erstenmal bemerke ich, daß Eure Gattin, wenn ich hierherkomme, mit einer gewissen Auffälligkeit den Salon verläßt. Soll das eine Mahnung an mich sein?«

Der Graf lachte laut auf.

»Nehmt Euch das nicht zu Herzen«, erwiderte er. »Sie wird gleich wiederkommen, sie hat nur irgendwelche religiösen Verrichtungen, zu bestimmten Uhrzeiten.«

Die Sołłohubowa schwieg.

»Ihr wollt mir einreden, Graf«, fuhr sie nach einer Pause fort, »daß Ihr keine Gefahr für Euch seht, indessen fordert Ihr eine solche heraus, indem Ihr hartnäckig am Ort verweilt. Mir kommt vor ...«

Als sie das sagte, trat Brühl langsam auf sie zu, den Blick auf die Tür gerichtet, durch welche seine Gattin hinausgegangen war.

»Mir kommt vor«, griff er die Worte auf, »daß die gescheiteste, die gewitzteste aller Damen, kurz, die Sołłohubowa, ihren Diener nicht verstehen will und seinem Starrsinn und seinem Dünkel zuschreibt, was von einem anderen Gefühl herrührt. So ist es, ich könnte in aller Ruhe von hier weggehen und mir in meinem sächsischen Schlößchen oder aber im Dresdener Palais ein stilles Nest schaffen, aber dort« – hier senkte er die Stimme – »dort sähe ich nicht diese Augen und hörte nicht diese melodische Stimme. Dank beidem aber lebe ich, daher müßte ich dort vor Sehnsucht vergehen.«

Maria senkte den Blick, und erst nach einer Weile sagte sie: »Wäre dies nicht ein höfliches Kompliment für eine alte Freundin, es wäre fürwahr ein zu großes Opfer.«

»Ich brächte gern ein weit größeres«, sprach Brühl, »um nur Euren Anblick nicht zu verlieren. Vielleicht sollte ich solches nicht sagen, bitte vergebt mir, aber Ihr selbst habt dieses Bekenntnis provoziert, es erklärt zugleich mein Verhalten.«

Die Sołłohubowa, stark errötet, reichte ihm schweigend die Hand, und Brühl küßte dieselbe.

»Es sind rachsüchtige Menschen«, bemerkte sie. »Ich glaube nicht an ihre lieblichen Worte. Ich sorge mich, sorge mich um Euch, und ich sähe Euch zu dieser Zeit lieber in Sachsen als hier, obgleich ich den Freund mit den Gedanken in weiter Ferne suchen müßte.«

Die Uhr schlug halb zwölf, die Sołłohubowa erhob sich und streifte die Handschuhe über.

»Ach, wie spät es ist!« rief sie. »Und die Gräfin ist noch nicht wieder da!«

»Sie spricht mit der Dumont eine Litanei«, flüsterte Brühl mit einem Lächeln. »Die brave Französin langweilt sich entsetzlich dabei und gähnt, aber sie ist so gutherzig und gefügig, daß sie den spannendsten französischen Roman sofort hinlegt, um der Gräfin gefällig zu sein.«

Die Sołłohubowa traf ihre Vorkehrungen zur Abfahrt mit Vorbedacht sehr geräuschvoll, um so die Dame des Hauses herbeizulocken, und alsbald erschien dieselbe auch mit ihrer unzertrennlichen Gefährtin.

Die beiden Damen verabschiedeten sich mit jener gewöhnlichen Zärtlichkeit, wie sie die Höflichkeit und die vornehmen Umgangsformen geboten. Die Gräfin trug der schönen Frau besorgt auf, sich gut einzuhüllen, letztere untersagte der Hausherrin, ins Vestibül hinauszutreten, damit sie sich nicht erkälte, und nachdem sich beide an der Tür noch einmal geküßt hatten, verabschiedeten sie sich mit einem Händedruck bis zum folgenden Tag.

VI

Um die zehnte Stunde am Abend war bei Peszel am Schloß kein Hereinkommen. Der Tag war herbstlich, jedoch warm und schön. Das Stimmengewirr unter den Gewölben in den beiden Wirtsstuben war so unglaublich, daß die Schankburschen nicht mehr wußten, wo ihnen der Kopf stand. Lärmende, fröhliche Vivatrufe erschollen, wurden nachgegrölt und endeten mit furchtbarem Gläsergeklirr. Bald würde es wohl auch keine Kelche und Gläser mehr geben.

»Ach, Teufel noch mal, dann trinken wir eben aus Flaschen!« rief ein Schlachtschitz, welchem Peszel persönlich in aller Demut eine solche Bemerkung gemacht hatte.

In der kleineren Schankstube, jener Zuflucht unserer Bekannten, waren dieselben an diesem Abend nicht anzutreffen. Sie hätten auch nichts dabei gewonnen, dort Platz zu suchen, denn die

Tür stand sperrangelweit offen, und immer mehr Menschen drängten hinein.

»Was einem bestimmt ist, dem entrinnt man nicht«, sagte ein schnurrbärtiger Schlachtschitz zu braven, schon ein wenig angetrunkenen Masuren, die ihm ehrerbietig und ergriffen zuhörten. »Alle Welt weiß, was ihm der berühmte italienische Wahrsager noch in der Wiege geweissagt hat – daß er einst die Krone tragen werde. Und es bewahrheitet sich. *Habemus regem!* Vivat!«

»Wenn es nur kein Sachse ist, kein Deutscher, sondern ein Piast, ein Unsriger, dann soll es gut sein, da gibt es Zustimmung! Da kommt es zur allgemeinen Befriedung, und wir reichen uns die Hände. Vivat!«

»Es heißt, er sei ein Verwaltersabkömmling. Aber was schert mich das!« bemerkte einer der Männer.

»Das ist Lüge«, versetzte ein anderer. »Die Poniatowskis stammen von den italienischen Torricellis ab, einem Fürstengeschlecht.«

»Es genügt, ihn anzusehen«, mischte ein dritter sich ein. »Ganz und gar ein Pan, eine königliche Gestalt, ein Kopf und ein Verstand, der Krone würdig, und wer ihn hat reden hören, kann nicht genug die wie Honig flüssige Beredtsamkeit loben. Ein zweiter Chrysostomos. Er spricht zehn Sprachen.«

Von der anderen Seite wurde noch ungestümer »Vivat« gerufen. Der Zwischenrufer wurde überschrien. Es herrschte allgemeine Beglückung.

In einem Winkel besprachen sich leise die Vorsichtigeren sowie frisch Bekehrte.

»Fürst Radziwiłł hat sich beileibe nicht ergeben. Mitsamt seinen Truppen und seinen Schätzen hat er sich dem Schutz des Österreichers unterstellt. Mal sehen, wie das weitergeht. Von den Potockis haben sich auch nicht alle akkommodiert. Wer weiß, was da noch kommen mag. Mokronowski sagt: ›Es wird leichter sein, ihn zu stürzen, als es gewesen wäre, seine Wahl zu verhindern.‹«

»Psst! Psst!« machten die Umsitzenden. »Wozu so etwas laut werden lassen? Heute ist nicht der Zeitpunkt dazu.«

Żudra stand da, die Hände in den Taschen, er wirkte sehr erschöpft, alle Augenblicke wischte er sich mit einem blauen Taschentuch das rotgefleckte Gesicht, schwieg jedoch. Etwas war ihm nicht nach dem Geschmack, er spuckte aus.

»Ihr wart es doch, der zu dieser Predigt geläutet hat«, flüsterte ihm jemand zu.

»So ist es«, brummte der Brückenaufseher. »Aber *sic vos non vobis*, man hat das eine gedacht, aber etwas anderes wurde daraus gemacht. Hm! Es hat Ältere und Geeignetere für diese Ehre gegeben, die aber haben sich zurückgezogen. Es ist eine große Bürde, man kann dem neuen Herrn nicht gratulieren. Wenn etwas Gutes dran wäre, hätte der Fürst-Kanzler nicht abgelehnt, und sie hätten auch Fürst Adam nicht davon abgebracht.«

Er verstummte jäh.

Von allen Seiten dröhnten Vivatrufe.

»Hat man das je gehört«, sagte ein alter Schlachtschitz, »daß so eine Königswahl, die immer blutig gewesen ist, so ganz ohne Beule abgeht? Was sagt Ihr dazu, meine Herren? Kein einziges Veto! Der Fürst-Primas fährt in der offenen Kalesche die Woiwodschaft ab und sammelt die Vota ein wie reife Früchte.«

»Daraus schließe ich, der Herrgott hat es so gewollt.«

Der Kämmerer Laskowski saß mit dem Schatzmeister in einer Ecke, die beiden hörten sich um, sie schwiegen und tauschten verständnisvolle Blicke. Der Schatzmeister, sobald jemand ihn etwas fragte, bejahte mit einem Wort und einem Kopfnicken.

»Kaum zu glauben«, sagte er. »Heute ist der Tag der Eintracht. Wenn mir einer gesagt hätte, daß ich einen Hundsfott ... Ich gebe es zu, um des lieben Friedens willen.«

»Aber was denkt Ihr so ganz unter uns, im Vertrauen?« erkundigte sich Laskowski.

»Ich meine, wenn es so geschehen ist, mußte es so kommen. Nun haben wir Eintracht«, erwiderte Zagłoba, dabei zog er die Schultern hoch, senkte aber den Kopf.

»Da habt Ihr recht, nur auf den Provinziallandtagen hat man sechs oder sieben Leute in Stücke gehauen. Da hat es schon Schlimmeres gegeben. Es sind unwesentliche Prozente, mit großer Wirkung, wenn die Femegerichte aufhören und Friede eintritt. *Tandem*, wo er zwei solcher Onkel hat, wird auch ein leichtfertiger Mensch es schaffen. Denn nicht er, sondern die beiden werden regieren.«

Der Schatzmeister grinste. Auch wenn er vorgab, bei zustimmender Laune zu sein, verzog sich doch ironisch sein Mund.

»Was einer immer sagen mag«, begann er. »Solange man die Macht nicht hat, wäre man bereit, sie zu teilen, aber wenn einer sie kriegt, kommt Eifersucht auf! *Tandem*, man soll den Tag nicht vor dem Abend loben!«

So wurde bei Peszel disputiert, überall auf den Straßen standen Häuflein beisammen und schrien beglückt: »Vivat!« Nur sechzehntausend Schlachtschitzen hatten sich zur Königswahl eingefunden, und es waren sehr verschiedene Menschen darunter, zum größten Teil aber Landwirte, welche es eilig hatten, nach Hause zu kommen, denn die Aussaat rückte heran. Also riefen sie »vivat!«, froh, von der schweren Pflicht endlich befreit zu sein. Viele von ihnen hatte das Interregnum mit dem drohenden Bürgerkrieg ermüdet, jetzt schien das alles zu Ende zu sein, die Befriedung hatte sich von selbst gefügt, da der größere Teil der Opposition von sich aus die Aussöhnung wünschte.

An diesem selben Abend erfuhr man bei den Brühls von dem Ausgang der Königswahl in Wola, aber man hatte denselben ja seit einigen Tagen vorausgesehen, und so beeindruckte er nicht

458

sonderlich. Nahezu gleichzeitig mit der Nachricht von der Königswahl erschien im Sächsischen Palais ein Bote aus Krystynopol mit einem Brief an die Tochter sowie einem Brief des Woiwoden an den Schwiegersohn. In letzterem verlangte der Kiewer Woiwode vom Grafen Brühl, sofern es diesem möglich wäre, heimlich, ohne etwas von der Reise verlautbaren zu lassen, nach Krystynopol zu kommen.

Der Graf verspürte wenig Lust zu solchem Ausflug, schließlich waren vieler Augen auf ihn gerichtet, und eine Reise zu dem nur mühsam zur Aussöhnung bekehrten Schwiegervater konnte ihn verdächtig machen. Jedoch entsprach es seiner Erziehung, den Woiwoden zu respektieren, und allein dessen Verlangen weckte seine Neugier. Zum Glück waren an diesem Tage alle so sehr mit sich und dem neuen König befaßt, daß das Sächsische Palais von Besuchern verschont blieb. Der Graf begab sich sofort zu seiner Frau, welche soeben, stark berührt, einen Brief von der Mutter las.

»Bitte verzeiht mir vielmals, Gräfin«, sagte Brühl, »daß ich so aufdringlich bin, aber ein Befehl des Woiwoden zwingt mich dazu. Er möchte, daß ich heimlich nach Krystynopol reise. Ich würde ihm den Wunsch gern erfüllen, ohne Euch aber kann ich es nicht tun. Aller Wahrscheinlichkeit nach breche ich noch heute nacht auf, jedoch sollte niemand von meiner Reise erfahren. Es wäre gut, den Leuten zu sagen, daß ich krank sei und niemanden empfange, und Ihr mögt so gefällig sein und …«

Die Gräfin, welche den Brief der Mutter in Händen hielt, beeilte sich, mit leiser Stimme hinzuzufügen, daß auch die Woiwodin die Reise wünsche.

»So bitte ich Euch denn«, fuhr Brühl fort, »mein Geheimnis nicht preiszugeben und die Besucher zu empfangen.«

Mit diesen Worten küßte er ihr die Hand und fragte, ob sie nicht etwas nach Krystynopol zu übermitteln habe. Nachdem ihm die Antwort zuteil geworden war, daß die Gräfin binnen einer Stunde einen Brief verfaßt haben und ihm denselben zukommen lassen würde, ging er hinaus und dachte an seine Reise. In allen solchen Fällen war Godziemba sein Vertrauter, und so schickte Brühl auch jetzt nach ihm.

»Mein lieber Herr Tadeusz«, sprach er zu dem Eintretenden. »Vor Euch habe ich keine Geheimnisse. Der Kiewer Woiwode ruft mich nach Krystynopol. Obgleich eine Reise zum Schwiegervater nichts Außergewöhnliches ist, wünsche ich nicht, daß jemand davon erfährt. Ich breche noch heute auf, jetzt gleich, in aller Heimlichkeit. In Warschau herrscht starker Verkehr, die Schlachta verläßt in Scharen die Stadt, da stehle ich mich unbemerkt davon. Ihr bleibt natürlich hier und werdet sagen, ich sei krank.«

Godziemba schüttelte den Kopf.

»Sprecht«, sagte Brühl, der ihn ansah. »Meine Idee scheint Euch nicht zu gefallen.«

»Wohl nur, wenn Ihr sterbenskrank wärt, könnte der Zutritt zu Euch untersagt sein. So könnte sich jemand darauf versteifen, Euch sehen zu müssen, und die Schwindelei käme heraus.«

»Was also dann?« fragte Brühl.

»Ihr könntet nach Dresden gefahren sein, um Vermögensfragen zu regeln.«

»Ja, ist vielleicht besser – geht bitte zu meiner Frau und unterrichtet sie von dieser Änderung, dann kommt zurück und helft mir bei der Abreise.«

Godziemba entfernte sich entsprechend dem Befehl und ging zur Gräfin.

Frau Brühl, wie jedesmal, wenn sie Godziemba begegnete, errötete wie ein junges Mädchen, Angst und Verwirrung pflegten sie zu überkommen, besonders dann, wenn der Herr Sekretär sie allein antraf. Sie empfing ihn verschreckt, lief von dem begonnenen Brief fort und hörte an, was er ihr zu sagen hatte. Der Graf ließ der Gattin zudem noch ausrichten, sie möge sich, was das Ziel der Reise anbetraf, auf keinen Fall der geschwätzigen Französin anvertrauen.

Als der Befehl ausgeführt war, eilte Godziemba sogleich zur Tür, ohne es auch nur zu wagen, Frau Brühl anzusehen. Der Graf unterdessen rüstete für die Reise, und Godziemba erklärte er, daß er zunächst die Landstraße nach Dresden nehmen und hinter der Poststation die Richtung nach Krystynopol einschlagen würde.

Brühl, ein ausgezeichneter Reiter, wollte einen Teil des Weges zu Pferde zurücklegen und später Postpferde nehmen, bis zu den Gütern des Schwiegervaters, auf denen ihn die Verwalter mit Wechselpferden ausstatten konnten.

In dem Augenblick, da Warschau noch vom Echo der Königswahl widerhallte, verließ Brühl in der Nacht das Sächsische Palais und begann eine Reise, deren Zweck er nicht verstand.

Ihm war lediglich bekannt, daß sich der Kiewer Woiwode Franciszek Salezy Potocki und Eustachy Potocki, außerdem Michał Radziwiłł, der Majoratsherr von Kleck, Antoni Lubomirski, der Woiwode von Lublin, Twardowski, der Woiwode von Kalisz, bereits gemeinsam mit dem Hetman Branicki den Gegebenheiten, welche stärker waren als sie, gefügt hatten. Daher war diese geheime Reise für ihn ein Rätsel.

Tag und Nacht jagte Brühl seinem Ziel entgegen, und dank der Eile, mit welcher er die Strecke zurücklegte, dank der günstigen Jahreszeit und der Pferde der Herren Gutsverwalter erreichte er am Morgen des vierten Tages die Residenz, welche einen seltsam stillen und düsteren Eindruck machte. Alles war hier an seinem Platz, jedoch der einstige Hochmut und Dünkel des Hofmilitärs, seine prahlerischen Mienen und seine Selbstsicherheit erschienen beträchtlich verblaßt. An der Hauptwache war es still, die Soldaten bewegten sich schläfrig, rings um das Schloß waren nur wenige Menschen zu sehen.

Allen Hiesigen spürte man eine gewisse Bedrückung an. Der Starost von Zawidy, der den Grafen, welcher den Blicken des neugierigen Hofes zu entgehen suchte, in Empfang nahm, verkündete demselben, daß sich der Woiwode, nachdem er soeben die Gebete verrichtet habe, in der Kanzlei befinde, und führte ihn sogleich dorthin.

Potocki schien den Schwiegersohn zu erwarten, aus der Betriebsamkeit am Tor hatte er auf dessen Ankunft geschlossen, und so begrüßte er ihn bereits an der Tür, mit offenen Armen, jedoch mit einem Gesicht, in dem die jüngsten Ereignisse unterdrückte Wut und Niedergeschlagenheit hinterlassen hatten.

Der Starost, der Brühl zur Kanzlei geführt hatte, zog sich sogleich zurück, und Brühl und Potocki waren allein. Beide hatten sich seit einigen Monaten nicht mehr gesehen, inzwischen hatten sich die Umstände stark gewandelt. Der Woiwode hatte sich eines anderen besonnen und sich ergeben. Er schämte sich dessen nahezu, und eine ganze Weile konnte der alte Klein-König von Ruthenien keine Worte finden.

»Nun, was sagt Ihr zu all dem, Graf?« fragte er schließlich. »Was sagt Ihr? Sollten wir ihnen den Krieg erklären? Das wäre doch nicht gegangen. Hätte ich, ohne Hoffnung auf Hilfe von irgendwoher, außer Landes gehen und ihnen meinen Besitz als Beute dalassen sollen? Ich mußte die Plage annehmen, die der Herrgott mir geschickt hat, aber, glaubt mir« – hier preßte er heftig Brühls Arm – »glaubt mir, dabei hat es noch nicht sein Bewenden. Wir werden sie nicht so über uns triumphieren lassen! Wir finden Mittel und Wege, diesen Hätschling von dem usurpierten Thron zu werfen!«

Der Woiwode, zornbebend, erhob sich, im selben Moment wurde vorsichtig eine kleine Geheimtür zur Kanzlei geöffnet, und das strenge, von scharfen Zügen geprägte Antlitz der Woiwodin Anna zeigte sich darin. Als die Woiwodin Brühl sah, trat sie rasch ein und ging auf denselben zu. Der Graf küßte ihr die Hand und übergab ihr den Brief von seiner Frau. Die Woiwodin steckte denselben, ohne ihn zu lesen, in den Kleidausschnitt und betrachtete eindringlich den eingetroffenen Schwiegersohn und das bei der Erinnerung an die erlittene Demütigung bleich ge- wordene Gesicht des Gatten.

»Wie geht es Marynia?« fragte sie.

»Sie ist gottlob gesund, wie ihr Brief beweist.«

»Hustet sie noch immer?«

»Ein wenig, aber die Frühlingsluft …«

Ohne auf die Antwort zu hören, wandte sich die Woiwodin ihrem Gatten zu, welcher düster aus dem Fenster starrte.

»Seht nur, lieber Graf«, sagte sie mit einer Stimme, durch die sich der Zorn Bahn brach, »seht, was die Verbündeten aus mei- nem Franciszek gemacht haben! In diesen wenigen Monaten ist er so gealtert und kaum wiederzuerkennen. Das sind alles Verrä- ter, Menschen ohne Charakter, ohne Mut, ohne Entschlußkraft! Ich bin eine Frau, aber ich hätte es niemals zu solch einer Schmach für die Potockis kommen lassen!«

Der Woiwode, der sich wieder gesetzt hatte, sprang erneut auf.

»Kein Wort, meine Liebe, von Schmach! Kein Wort!« rief er mit immer lauterer Stimme. »Das Ganze ist noch nicht zu Ende, das letzte Wort nicht gesprochen. Entweder, wir werfen diesen Verwalterabkömmling von dem vergoldeten Stuhl, oder wir selbst werden nicht mehr sein!«

»Warum habt ihr ihn erst darauf Platz nehmen lassen?« schrie die Woiwodin.

Eine Weile herrschte Schweigen.

»Es ist nicht meine Schuld«, sprach, noch immer voller Grimm, der Woiwode. »Der alte Hetman, dieser Schwachkopf und Schwelger, hat alles den Białystoker Behaglichkeiten geopfert. Mokronowski ist ein Feigling, obwohl er den Draufgänger spielt.

Der Primas, dieser Trottel, hätte eher zum Mönch getaugt als zu einem Kirchenfürsten, alle anderen haben eine flotte Zunge, aber wenn's ans Handeln geht … Was konnte ich allein da ausrichten, und was Radziwiłł als zweiter?«

Die Woiwodin ging langsam zum Sofa, sie setzte sich, und den Kopf auf die Arme gestützt, sah sie Brühl an und hörte resigniert die Klagen des Gatten an, der sich an der eigenen Rede immer mehr entzündete.

Dann erhob sich der Woiwode, brummte etwas Undeutliches zum Abschluß und begann im Raum auf und ab zu gehen.

»Ich habe vor meiner Frau keine Geheimnisse«, sagte er plötzlich, innehaltend. »Wir können offen sprechen. Euch, Herr Graf, hat man so gründlich geplündert, man hat Euch der Ehren und der Besitztümer beraubt, Ihr habt nichts mehr zu verlieren. Schlimmer geht es nicht! Ich – obwohl man mir gleichsam verziehen hat, erwarte nichts Gutes von denen. Wenn jemandem der Kommandostab gebührt, dann mir, aber zum Henker mit ihnen, wenn wir auch anders zum Ziel kommen. Ich habe die Hoffnung nicht aufgegeben. *Patientia*! Der Wilnaer Fürst-Woiwode hat in Ungarn Zuflucht gesucht, er gedenkt nicht, um Pardon zu bitten. Er hat seinen Hof mitgenommen, seine Schätze, die Familie. Wohl nicht umsonst, er wird darauf gefaßt sein müssen, daß sie ihn in der Zwischenzeit plündern.«

Der Woiwode machte eine Pause und sah seine Frau an, die aber schwieg hartnäckig.

»Tja, auch wir wüßten gern, was er denkt und vorhat«, endete Potocki. »Aber wir können nicht irgendwen zur Erkundung hinschicken, um die Sache nicht zu verderben.«

Er sah Brühl prüfend an.

»Wozu lange drumherumreden«, meldete sich die Woiwodin impulsiv zu Wort, und ihre Augen blitzten jäh. »Sag, mein Lieber, geradeheraus, worum es geht. Nämlich Ihr, Herr Graf, sollt nach

Prešov fahren, um Fürst Karol persönlich zu treffen, mit ihm zu sprechen und uns Nachricht von ihm zu bringen.«

Der Woiwode heftete den Blick auf Brühl – der erhob sich, es war ihm aber weder Zustimmung noch Ablehnung anzusehen. Er dachte noch über das Begehren nach, wobei ihm die Reise als solche verlockend vorkam. Überdies war er daran gewöhnt, den Forderungen des Schwiegervaters nachzukommen.

»Was meint Ihr dazu?« fragte der Woiwode.

»Ich werde den Befehl ausführen«, sagte Brühl und verbeugte sich.

»Das genügt mir nicht«, erwiderte der Woiwode. »Sagt bitte Eure Meinung, und zwar offen. Ich setze sehr auf Fürst Karol, denn keiner hat solchen Mut bewiesen wie er und eine solche Hochherzigkeit.«

»Am Mut des Fürsten zweifle ich keineswegs«, versetzte Brühl. »Ich habe ihn stets unerschrocken gesehen, und ich zweifle auch nicht an seinem edlen Charakter. Ich fürchte nur seine Leidenschaftlichkeit und seine Unbesonnenheit, deretwegen Fürst Karol nicht immer die Folge unternommener Schritte abschätzen konnte.«

»Und ich sage Euch, Herr Graf«, unterbrach der Woiwode Brühl, »daß sein Rückzug nach Ungarn nicht ohne Bedacht geschehen sein kann, und es vermag mir auch niemand einzureden, daß er die Mutter, den Bruder und fünf Schwestern in die Heimatlosigkeit entführt hätte ohne die Hoffnung auf Rache und eine triumphale Rückkehr. Hätte er sich ergeben wollen, wäre dies jetzt die Zeit dazu gewesen. Die Kaiserin empfängt ihn mit großen Ehren. Man müßte also auch in die geheimen Gedanken des österreichischen Hofes vordringen, die so allerlei zum Inhalt haben können, darum habe ich beschlossen, Euch nach Prešov zu entsenden.«

Brühl verbeugte sich.

»Ich werde die Reise mit Vergnügen unternehmen«, sagte er. »Ich werde erfreut sein, Fürst Karol zu sehen, der mir stets reichlich Wohlwollen entgegengebracht hat. Ich erlaube mir nur die Bemerkung zu machen, daß ich mich gern incognito auf den Ausflug begäbe, möglichst mit kleinem Gefolge und ohne alles Aufsehen. In Prešov mangelt es gewiß nicht an Spionen.«

Die Woiwodin verzog verächtlich den Mund.

»Ha, einem Geächteten, wie Ihr es seid«, sagte sie, »wird es wohl nicht als Sünde angerechnet, einen Freund zu besuchen.«

»Aber er hat recht«, warf der Woiwode ein. »Soll er reisen, wie er es für richtig hält. So ist es besser. Ich werde ihm zuverlässige Begleiter aussuchen, und die Reise unternimmt er nach eigenem Belieben.«

»Ja, aber«, fügte die Woiwodin hinzu, »er muß sich würdig als Euer Schwiegersohn präsentieren und darf auch Radziwiłł gegenüber, der dort, wie ich höre, königlich auftritt, nicht kümmerlich erscheinen.«

Brühl lachte laut auf.

»Mich mit Radziwiłł zu messen«, erklärte er, »dazu habe ich weder Lust, noch sehe ich dazu die Möglichkeit.«

»Überlassen wir das ihm«, entschied der Woiwode. »Soll er es sich selbst überlegen. Ich gebe dem Starost von Zawidy Befehl, Euch ein Geleit, so wie Ihr es wünscht, aus zuverlässigen Leuten zusammenzustellen, und damit soll es gut sein. Mein Rat ist nur der, daß der Starost selbst Euch begleiten möge, denn er kennt das Land, den Weg, auch ein wenig die Sprache – *bassa teremtete*, und er ist ein Mann von nicht alltäglicher Beherztheit.«

So war mit wenigen Worten das Vorhaben, dessentwegen man den Grafen Brühl herbeordert hatte, erklärt, und der Rest des Tages verging bei endlosen Klagen über die Ereignisse, welche der Familia und ihrem Auserwählten den Sieg gebracht hatten.

Erst am Abend machte die Woiwodin, die schon lange auf

466

Brühl gelauert zu haben schien und deren Mißstimmung den Gatten stark beunruhigte, dem Schwiegersohn ein Zeichen, damit er ihr in ihr Kabinett folgte. Es war dies jener selbe Raum, in welchem auch jetzt die abendlichen Konferenzen mit der alten und der jungen Terlecka sowie mit anderen Günstlingen stattfanden. Die Woiwodin überprüfte die Tür, denn niemand sollte sie belauschen, und nach solcherlei Vorkehrungen, nach etlichen Seufzern und rätselhaften Anläufen stellte sie sich wie ein Richter vor Brühl hin und fragte unvermittelt: »Sagt mir, Herr Graf, seid Ihr glücklich?«

»Ich?« fragte er. »Mir scheint doch, ich gebe nicht den geringsten Anlaß, daran zu zweifeln.«

Die Woiwodin schüttelte abwehrend den Kopf.

»Sicherlich, sicherlich«, sagte sie. »Aber ich bin um meine Marynia besorgt, ich habe meine Berichte. Ihr, Herr Graf, befaßt Euch allzusehr mit Büchern und mit der Musik, und zu wenig mit Eurer Frau. Wie kann es sein, daß Ihr noch immer keine …« An dieser Stelle versagte der Woiwodin ein wenig die Stimme, und sie ergänzte leise: »Nun, daß Ihr keinen Nachwuchs habt?« Sie sah dem Grafen forschend in die Augen. »Zu diesem Zweck wurde in Krystynopol schon ein Gottesdienst abgehalten. Aber unnütz, nämlich Ihr, meine Herrschaften, liebt Euch nicht, wie es sich gehört, und Ihr, Graf, seid ein Schürzenjäger.«

Brühl geriet in Verlegenheit, die Antwort fiel ihm schwer, zudem kannte er die Woiwodin und wußte, daß sie keinen Widerspruch ertrug und sofort ihre Krampfanfälle bekam. Ihr Blick schien bereits einen Ausbruch zu prophezeien.

»Fürwahr, ich«, versetzte Brühl demütig, »ich fühle mich in keiner Schuld.«

»Aber, aber, das könnt Ihr jemand anders erzählen«, entgegnete die Woiwodin. »Ich habe meine sicheren Informationen.«

»Ich zweifle, daß sich meine Frau über mich beklagen könnte.«

Die Woiwodin klatschte ärgerlich in die Hände, ihr Zorn wuchs.

»Was kommt Euch in den Kopf! Marynia, und sich beklagen? Sie? Da würde sie es erst von mir kriegen! Sie wird es weder wagen, sich zu beklagen, noch wird sie es können. Ich weiß, daß Euch dem Augenschein nach nichts vorzuwerfen ist. Darum geht es nicht. Aber Ihr bemüht Euch nicht um ihre Liebe, Ihr laßt sie im Stich, vernachlässigt sie und buhlt mit anderen.«

Der sonst so geduldige Brühl fühlte sich beleidigt.

»Aber, liebe Mutter«, rief er aus, »das sind Verleumdungen und Gerüchte!«

Die Woiwodin trat rasch an den Schwiegersohn heran und flüsterte triumphierend: »Und die Sołłohubowa?«

Brühl errötete.

»Wir sind mit ihr befreundet, sowohl ich als auch meine Frau, aber in diesem verwandtschaftlichen Verhältnis …«

»Liebesverhältnis, Liebesverhältnis!« betonte die Woiwodin nachdrücklich und stemmte die Arme in die Hüften. »Was ich weiß, das weiß ich, es ist eine Sünde und Gotteslästerung! Ich ließe die Person mit Ruten peitschen, bei Gott, wenn sie mir in die Hände fiele.«

Brühl war empört.

»Mich verteidige ich nicht«, sagte er. »Aber, gnädige Mutter, Ihr werdet mir erlauben, für eine verleumdete und unschuldige Frau einzutreten. Ich gebe Euch mein Ehrenwort«, er sprach jetzt mit Nachdruck, »daß zwischen Frau Sołłohubowa und mir keine andere Beziehung besteht als eine solche, wie sie zwischen Verwandten und Freunden billig ist. Im übrigen«, ergänzte er mit gewissem Stolz, während er sich zur Tür wandte, als ob er gehen wollte, »ich respektiere die elterliche Macht, wofür ich schon des öfteren Beweise geliefert habe, wenn aber meinen Worten kein Glaube geschenkt wird, werde ich mehr nicht sagen, aber auch nicht länger zuhören. Ich bitte mich zu entlassen.«

Die Woiwodin musterte den Erbosten zunächst hochmütig, in der Meinung, ihn damit zu schrecken, da sie aber sah, daß er sich zu gehen anschickte, befahl sie ihm zu bleiben.

»Bleibt hier! Keinen Schritt!«

Brühl wischte sich die Stirn mit einem Taschentuch und hielt inne.

»Ihr habt mich nicht verstanden, Graf«, sagte die Woiwodin. »Ich bin eine Mutter, und einer Mutter muß man vieles vergeben. Marynia ist nicht glücklich.«

»In diesem Fall hängt ihr Glück nicht mehr von mir ab«, entgegnete Brühl. »Ich weiß da keinen Rat.«

Wie üblich, wenn sich die Woiwodin nicht durchsetzen konnte, warf sie sich geschwächt auf das Sofa, bedeckte die Augen und bekam Krämpfe. Sie setzte sich auf, ihre Hand schüttelte heftig die Klingel, und auf das Läuten stürzte erschrocken Fräulein Terlecka herbei. Ein Blick auf die Herrin genügte ihr, um ihren Zustand zu erraten. Die Anwesenheit Brühls, der nicht wußte, was er mit sich beginnen sollte, erklärte ihr gewissermaßen die Krämpfe.

Ohne das Tuch vom Gesicht zu nehmen, machte die Woiwodin dem Schwiegersohn irgendwelche Zeichen, und mit kaum hörbarer Stimme rief sie: »Geht bitte hinaus, geht fort!«

Die Terlecka wiederholte schließlich den Wunsch der Herrin noch einmal lauter, und Brühl, verwirrt, traurig, fast erniedrigt und aus seiner gewohnten Gemütsruhe gebracht, entfernte sich und kehrte in den Salon zurück.

Erst eine Stunde darauf kam die Woiwodin dazu, sie war wieder ruhig, jedoch maß sie den Schwiegersohn mit mißtrauischem Blick, trat dann an ihn heran und flüsterte: »Ich bitte Euch, kein Wort mehr darüber.«

Sie reichte ihm die Hand zum Kuß, die seltsame Szene ward damit beendet, und am folgenden Tag brach Brühl, begleitet vom Starosten vom Zawidy, von Dragonern des Woiwoden, sechs Höflingen und einer entsprechenden Zahl von Fuhrwerken, zu Pferde nach Ungarn auf, Fürst Radziwiłł zu besuchen.

VII

Brühls Abreise aus Warschau war der Dumont ein willkommener Anlaß für einen Versuch, den liebenden Herzen nützlich zu sein. Schon an die hundert Mal hatte sie sich geschworen, keinen Schritt mehr zu tun und die beiden, die Hände in Unschuld waschend, ihrem Schicksal zu überlassen. Leider, dieser ihr fester Beschluß zerschellte an der Lust, diesen Unglücklichen zu dienen.

Sie beschloß also, mit Godziemba offen zu sein, dessen gewiß, daß er sie nicht verraten würde, und ihn auf diese Weise gewissermaßen zu zwingen, sich der Gräfin zu nähern. Bisher hatte sie ihm gegenüber in Andeutungen gesprochen, ihm zu verstehen und zu denken gegeben – nunmehr wollte sie aufs Ganze gehen. Es sollte ihr letzter Versuch sein.

Eines Nachmittags rief die Dumont den Sekretär auf einen Kaffee in ihr Zimmer. Godziemba hatte ihr derlei schon oft abgeschlagen, aber dieses Mal hatte sie ihm ausrichten lassen, er müsse unbedingt kommen, da sie mit ihm zu reden habe. Wohl oder über folgte er dem Befehl. Die Französin versetzten bereits ihre Gedanken in fieberhafte Erregung. Sie schenkte Godziemba Kaffee ein und nahm selbst vor ihm Aufstellung, in der festen Absicht, ihm unumwunden alles zu sagen.

»Ich weiß«, sagte sie, »daß ich es mit einem Ehrenmann zu tun habe, daher werde ich offen sein. Es ist mir um das Glück einer Frau zu tun, die ich über alle Maßen liebe. Ich will unverblümt die Wahrheit sagen. Die Gräfin liebt Euch seit langem. Das Schick-

470

sal hat Euch wieder in ihre Nähe versetzt, Ihr seid freiwillig blind, Ihr versteht es nicht, das zu nutzen, oder wollt es nicht. Ihr begreift ja wohl, daß Ihr es seid, der den ersten Schritt zur Annäherung tun muß.« Hier mäßigte sich die Dumont ein wenig, und lebhaft fügte sie hinzu: »Um Gottes willen, es geht hier nicht darum, verbotene Beziehungen zu einer so frommen und gottesfürchtigen Person anzuknüpfen, das versteht Ihr doch, aber als Euch die Geschicke trennten, die Umstände erneut zusammenführten, da hättet Ihr Euch, um ihr das Leben zu versüßen, ein wenig vertraulicher nähern sollen. Ich kann Euch versichern, es würde Euch nicht verübelt werden.«

Sie sah Godziemba ins Gesicht. Blaß und gleichsam entsetzt starrte er die Französin an.

»Versteht Ihr mich noch immer nicht?« fragte sie ungeduldig.

»Ach, ich bitte Euch!« stöhnte Tadeusz. »Ich traue meinen Ohren nicht!«

»Ihr scheint sie nicht zu lieben«, schloß die Französin.

»Mehr als mein Leben!« rief Godziemba. »Aber weil ich sie liebe und achte, würde ich es niemals wagen.«

Die Französin spuckte vor Zorn aus.

»Wieso nicht wagen, was nicht wagen? Ihr ein zärtliches Wort zu sagen? Eure Anbetung zu offenbaren? Ihr die Hand zu küssen? Der Vertraute ihres Herzens zu sein? Um mehr geht es doch gar nicht. Sie liebt Euch, sie verdorrt, sie krankt an dieser Liebe, und Eure Gefühllosigkeit, Achtung genannt, bereitet ihr Qualen. Darum sage ich Euch: Versucht es, erklärt Euch, und Ihr werdet sehen.«

Die Dumont unterbrach sich plötzlich und überlegte.

»Freilich«, fuhr sie dann fort, »dürft Ihr nicht erwarten, daß sie sich Euch sofort an den Hals wirft. Sie ist eine züchtige und fromme Frau. Sollte sie anfangs kühl reagieren, darf Euch das nicht entmutigen. Zu bedenken ist, daß dies nicht zu Eurem

Glück geschieht, sondern um sie glücklich zu machen. Etwas
solltet auch Ihr dieser stillen Liebe opfern. Ein anderer an Eurer
Stelle …«

Sie zuckte die Schultern, und da Godziemba schwieg, fügte sie
hinzu: »Ich sage es ja immer – die Menschen hier im Norden haben kaltes Blut wie Fische, oder aber in ihren Adern fließt Wasser. Wahrhaftig!«

Herr Tadeusz stand wie vom Blitz getroffen da.

»Nun sagt doch etwas! Was meint Ihr dazu?«

»Ich kann es kaum glauben«, erwiderte Godziemba endlich.
»Und doch bin ich überzeugt, daß Ihr damit nicht an mich herantreten würdet, wenn es keine Beweggründe dafür gäbe. Ich bin
so glücklich, daß ich den Kopf zu verlieren drohe.« Er griff sich
an die Stirn und fuhr entzückt fort: »Ja, ich bekenne es Euch,
schon manches Mal, wenn die Gräfin so freundlich und gütig zu
mir war, habe ich mich Hoffnungen hingegeben, am nächsten Tag
aber schämte ich mich, weil ich mir so etwas hatte einbilden können.«

Die Dumont näherte sich ihm vertraulich und flüsterte: »Nun
seid kein Kind. Erklärt ihr bei der ersten Gelegenheit voller Respekt Eure Liebe. Das bringt sie ein wenig zum Leben, macht sie
gesund. Es ist schließlich keine Sünde, wenn Menschen sich lieben. Das gibt es überall auf der Welt. Brühl kümmert sich so ganz
und gar nicht um seine Frau. Ihr wärt lächerlich, wenn Ihr irgendwelche Skrupel hättet.«

Diese Art höchst geschickter Aufwiegelung dauerte eine gute
Stunde. Der Kaffee war unangerührt erkaltet, Godziemba
glaubte, wahnsinnig zu werden, und träumend, flammend, halb-
verrückt verließ er die Dumont. Die Französin, darauf zählend,
daß man das Eisen schmieden müsse, solange es heiß ist, legte
noch am selben Abend die Beschäftigungen so an, daß der Sekretär gebraucht wurde.

472

Für gewöhnlich, wenn Godziemba auf Geheiß der Gräfin in das Kabinett gerufen wurde, blieb die Dumont entweder dabei, oder sie hielt sich im Nebenzimmer auf, zu welchem die Tür offenstand. Die Kerzen waren schon gereicht, das Buch zum Vorlesen lag bereit, daneben stand ein Glas mit Zuckerwasser. Godziemba trat ein, am ganzen Leibe zitternd, er nahm Platz und begann die Lektüre, als die Dumont der Gräfin zuflüsterte, sie habe plötzlich heftigen Zahnschmerz, und hinausging.

Frau Brühl saß mit ihrer Handarbeit auf dem Sofa, in einiger Entfernung von ihr las Godziemba, die Lider gesenkt, mit vor Aufregung bebender Stimme aus dem Buch. Ihm flimmerte es vor Augen, und die Stimme drohte ihm zu versagen. Die Gräfin betrachtete ihn aufmerksam. Seit die Französin hinausgegangen war, befand sich Godziemba, fest entschlossen, an diesem Tage ihren Rat zu befolgen, nun, im Augenblick der Ausführung, in unsäglicher Verwirrung, er errötete, stockte.

»Was ist mit Euch?« fragte die Gräfin. »Seid auch Ihr vielleicht krank? In dem Falle bitte ich Euch, das Lesen zu lassen.«

Godziemba starrte sie an, er wagte es noch nicht, den Mund zu öffnen.

»Ach, ich bitte Euch!« sagte er endlich, den Blick senkend. »Wenn es eine Sünde ist, jemanden anzubeten, für ihn Zuneigung zu empfinden und niemals den Mut zu haben, durch ein Wort seine Gefühle mitzuteilen, dann bin ich in der Tat sterbenskrank, denn mein Leben lang muß ich schweigen und möchte doch jeden Augenblick sprechen.«

Er blickte hoch, der Gräfin war die Handarbeit entglitten, so sehr hatten die Äußerungen sie erschreckt. Totenblässe bedeckte ihr Gesicht. Godziemba sah ihr Entsetzen, und gern hätte er den Rückzug angetreten, aber nach diesen ersten zweideutigen und zugleich deutlichen Worten war es dafür zu spät.

»Verzeiht mir meine Kühnheit, gnädige Frau«, setzte er hinzu.

»Lange, lange hielt ich den Mund verschlossen, da ich aber das Glück habe, Euch näher zu sein ...«

Die Gräfin erbleichte noch mehr, sie zitterte immer merklicher, ihr verstörter Blick irrte durch den Raum, als suche er Schutz und Rettung, indessen Godziemba haspelnd, mit immer größerer Inbrunst weitersprach: »Bitte, straft mich nicht für meine Verwegenheit, ich fühle, daß ich einen Frevel begehe, aber ...«

Unwillkürlich, ohne nachzudenken, fiel er auf die Knie, nahm Marias herabhängende Hand und bedeckte dieselbe mit Küssen.

»Um des Herrgotts willen, Herr Tadeusz, steht auf! Ich flehe Euch an, beruhigt Euch bitte, laßt mich zu mir kommen!«

Die Gräfin hielt sich die Hand vor das Gesicht und begann zu weinen, Godziemba erhob sich verwirrt.

»Meine Augen, mein Blick, meine Worte müssen mich verraten haben«, stieß Frau Brühl abgehackt hervor. »Und Ihr habt erahnt, was ich zu unserer beider Seelenfrieden zu verbergen bemüht war. Ich bedurfte nicht Eures Bekenntnisses, denn ich weiß von Euren Gefühlen, so wie Ihr von den meinen wißt.«

Durch Tränen hindurch sah sie Godziemba ängstlich an. Er stand vor ihr wie ein Übeltäter und rang die Hände.

»Setzt Euch«, sagte die Gräfin. »Reden wir, wie es die Pflicht, nicht die Herzen verlangen. Ich bin eine verheiratete Frau, ich habe Treue gelobt. Ihr seid unser Hausgenosse und ein Freund meines Mannes. Mit den Augen, mit den Herzen hat uns die Liebe einander nähergebracht, bevor wir gebunden waren. Wir haben dieselbe bewahrt, denn es stand nicht in unserer Macht, die Herzen vor ihr zu verschließen. Heute müssen wir einzig schweigen und dulden, denn weder will ich eine Meineidige sein noch Ihr ein Verräter. Der Herrgott schaut auf uns!«

Godziemba schwieg beschämt.

»Ach, gnädige Frau«, sagte er langsam. »Gott ist ein strenger, aber gerechter Richter. Das Gelöbnis war ein gegenseitiges. Der

474

Graf ist einer der besten Menschen, aber er mißt weder seinem noch Eurem Gelöbnis Bedeutung bei – wir indessen, Ihr, ich, wir müssen leiden.«

»Sprecht nicht so«, antwortete die Gräfin. »Ihr wißt, daß Ihr zu einer schwachen Frau redet, die Ihr vom Weg der Pflicht abbringen wollt.«

»Nein, gnädige Frau«, erwiderte Godziemba lebhaft. »Ich begehre nichts, außer Euch nahe sein und frei heraus bekennen zu können, was ich empfinde.«

Die Gräfin überlegte.

»Wer von uns weiß, wenn die Liebe beginnt, wo ihr Ende sein wird? Wird es in unserer Macht stehen, die Grenze nicht zu überschreiten? Weiß ich denn, ob das, was ich hier sage, nicht bereits Sünde sind?«

»Möge alle Last dieser Sünde mir aufs Haupt fallen!« rief Godziemba. »Ich berufe mich feierlich auf den Herrgott und nehme ihn als Zeugen dafür, daß, sollte, was ich tue, eine gemeinsame Sünde sein, ich sie allein auf mich nehme.«

Frau Brühl lächelte düster.

»Ihr könnt dem Herrgott nicht befehlen, die Schuld meines Herzens von diesem zu nehmen. Die Sünde und der durch sie erkaufte teure Augenblick müssen etwas Gemeinsames sein.«

Sie schüttelte den Kopf, und ihr Gesicht, gewöhnlich traurig und blaß, rötete sich und erstrahlte in ungewohnter Anmut.

»Was habt Ihr getan!« rief sie aus und faltete die Hände wie zum Gebet. »Hat uns denn das stumme Glück nicht genügt? Warum habt Ihr gesprochen? Glaubt mir, Ihr habt mir nicht mehr gesagt, als ich seit vielen Jahren weiß, Ihr habt mir nur Kummer und Angst bereitet!«

Godziemba fühlte Bedauern mit ihr.

»So befehlt mir, sagt es, und ich werde mein Leben lang schweigen, ich tue keinen Schritt gegen Euren Willen. Ich bin schon glücklich genug, aus Eurem Munde zu hören, was Ihr mir gesagt habt. Das ist fürs Leben genug. Soll ich gehen, jagt Ihr mich fort?«

Die Gräfin saß gesenkten Hauptes da, sie rang sichtlich mit sich und sagte lange kein Wort. Der Atem ging schnell, das Herz raste. Sie schaute, bedeckte die Augen, ein leiser Schrei und ein Hochwerfen der Arme gingen einer Ohnmacht voraus. Godziemba, aus Furcht, es könne jemand dazukommen, befeuchtete eilig ein Taschentuch in dem dort stehenden Wasser und suchte die Geschwächte selbst zu sich zu bringen. Die Gräfin öffnete die Augen, und wie geistesabwesend schlang sie die Arme um seinen Hals, dabei vergessend, daß jeden Moment die Französin zurückkehren konnte. Doch kaum näherten sich ihrer beider Lippen, schrie sie erneut auf und stieß Godziemba mit großer Heftigkeit zurück. Sie setzte sich auf, als sei sie aus dem Schlaf gefahren, angstvoll, zornig, und ihr Blick, soeben noch zärtlich, wurde irrsinnig und drohend.

Tadeusz, ergriffen, aber auch beschämt, versuchte ihre sich ihm immer wieder entreißenden Hände zu fassen und um Verzeihung zu bitten. Die Lippen der Gräfin bebten krampfhaft.

»Ich beschwöre Euch, bitte, laßt mich allein!« rief sie.

Godziemba konnte sich dem Befehl nicht widersetzen, er stand auf, um fortzugehen, als er sich aber zu ihr umwandte, blickten seine Augen so flehentlich, daß Maria sich erbarmte.

»Nein, geht noch nicht!« rief sie. »Setzt Euch an Euren Platz! Sprechen wir miteinander, so will ich Euch nicht wegschicken. Laßt mich zur Besinnung kommen.«

»Herr Tadeusz«, sprach sie dann langsam und ohne ihn anzusehen, »was geschehen ist, läßt sich nicht rückgängig machen, denken wir also an die Zukunft. Ich fürchte Euch, und ich habe Angst vor mir. Ihr wolltet uns einander näherbringen, dabei habt Ihr die Bande für immer zerrissen. Mögen Reue und Sühne die-

476

sen Tag des Sichvergessens auslöschen und gebt mir Euer Wort, nie wieder den Mund aufzutun, stets Herr über Euch selbst zu sein und Euch fern von mir zu halten.«

»Ihr habt das Recht zu befehlen«, entgegnete Godziemba. »Ich bin Euer Diener.«

»Wer aber befiehlt mir Unglücklichen?« unterbrach ihn die Gräfin. »Werde ich so stark sein?«

Sie rang die Hände, wagte nicht, ihn anzusehen, und Tränen fielen auf ihre Hände. Der Schuldige befand sich in einer unangenehmen Lage, er fühlte sich wie ein Frevler, und Unruhe wegen der Zukunft bemächtigte sich seiner.

»Ich werde nie mehr ein Wort sagen«, versetzte er leise. »Ich werde schweigen, bitte straft mich nicht.«

Die Gräfin gab ihm die Hand, die er erneut auf Knien küßte, und mit veränderter Stimme sagte sie: »Laßt mich jetzt allein, ich bitte Euch, ich befehle es.«

Langsam, beschämt ging Godziemba hinaus. Als er über die Schwelle trat, machte ihm die neben der Tür lauernde Französin ein Zeichen der Ungeduld, welches er nicht verstand, und sie selbst stürmte ins Kabinett. Sie fand ihren Zögling in Tränen und der Verzweiflung nahe. Sofort setzte sie sich neben Maria.

»Was habt Ihr, Gräfin?«

»Ach, rühr mich nicht an, sieh mich nicht an, ich bin die nichtswürdigste aller Frauen, ich verabscheue mich!«

Die Französin begann zu lachen.

»Aber, meine Liebe, ich war doch Zeugin der ganzen Szene. Kein Wort ist mir entgangen.«

Die Gräfin schlug mit einem Aufschrei die Hände vor das Gesicht.

»Was für eine Kinderei«, fuhr die Französin rasch fort. »Wie lächerlich, solch ein Aufheben davon zu machen, weil er die Hand geküßt hat! Ja, das hätte doch längst passieren müssen. Auch

477

Euch steht in Eurem Leben wenigstens ein Augenblick des Glückes zu.«

Dies sagend, begann sie die Weinende zu streicheln und zu beruhigen, wie nur sie das verstand.

»Ihr nehmt alles tragisch, dabei wird überall auf der Welt Komödie gespielt.«

Frau Brühl schien gar nicht zuzuhören.

»Wie soll ich es wagen, dir in die Augen zu sehen, ich erbärmliche öffentliche Sünderin!« schrie sie voller Schmerz.

Die Französin antwortete ihr mit Lachen.

»Trinkt ein wenig Wasser, beruhigt Euch und denkt nicht daran, meine Liebe, außerdem …«

Hier beugte sie sich zu ihrem Ohr und flüsterte ihr etwas zu.

Alles dies war umsonst, die Gräfin stand plötzlich auf, und wie von einer unaufhaltsamen Kraft gestoßen, lief sie rasch in ihr Zimmer. Die Französin folgte ihr, sie sah aber nur, wie Maria, die Hände ringend, auf die Gebetbank niedersank, und mußte sich verwirrt zurückziehen.

Godziemba rannte wie ein Wahnsinniger irgendwohin in die Stadt. Unterdessen kniete die Gräfin bis Mitternacht beim Gebet, sie erschien nicht zum Abendessen, und sie verbrachte die ganze Nacht – wie sich die an der Tür spionierende Dumont überzeugen konnte –, indem sie im Zimmer umherging oder aber auf der Gebetbank stöhnte. Es schien, als habe sie Fieber.

Am nächsten Morgen wurde nach dem Kaplan und Beichtiger geschickt, einem alten Kapuziner, welchen man zu der Zeit für seine Gabe rühmte, geängstigte Gewissen zu besänftigen. Man meinte, die Beichte habe fast eine Stunde gedauert, und bei der heiligen Messe, als die Gräfin die Kommunion empfing, weinte sie erneut. Nach dem Gottesdienst legte sie sich hin, und der Arzt wurde geholt. Es stellte sich heraus, daß sie leichtes Fieber hatte.

Die Dumont war darüber erschrocken. Godziemba wütete vor

Verzweiflung. Die Französin konnte wenigstens bei der Kranken sitzen, jedoch ließ dieselbe den ganzen Tag kein Wort zu ihr verlauten. Am anderen Morgen, nach einer ruhigeren Nacht, ging es der Gräfin besser, und der Doktor erlaubte ihr, aufzustehen. Sie empfing jedoch niemanden, nicht einmal die Sołłohubowa, die unbedingt zu ihr vorgelassen werden wollte.

Die Dumont war erschrocken und fürchtete für sich; sie wollte sich nur in ihrer Stellung halten. So entschlüpfte ihr denn auch kein weiters Wort über das vorgestrige Geschehen.

Ein beträchtlicher Teil des Tages verging bei Bußgebeten. Das Gesicht der Gräfin wirkte beruhigt, es war düster und trug den Ausdruck von Energie sowie von einem festen Entschluß. Der Husten verstärkte sich, Wangen und Augen glühten.

»Ich habe eine Bitte an dich, meine liebe Dumont«, sagte die Gräfin in der Dämmerung. »Ich kann nicht anders, nur dir vermag ich es anzuvertrauen, denn du weißt leider von allem. Ich bin auf das festeste entschlossen, von diesem Menschen zu verlangen, daß er sich fortbegibt.«

Die Dumont wagte vor Angst nicht den Mund aufzutun.

»Jawohl, anders kann es nicht sein. Ich habe meinen Beichtiger um Rat gebeten, dieses ist meine Pflicht. Jetzt sofort kann er nicht gehen, erst wenn mein Mann wieder zurück ist. Er selbst wird ihn um die Entlassung ersuchen und sich dann aufs Land zu seinen alten Godziembas begeben. Kein Wort des Abschieds. Das erlaube ich nicht. Bis zur Rückkehr meines Mannes soll er nicht zu mir kommen.«

Die Französin schwieg, seufzte jedoch.

»Ich bitte dich, ihm dies heute zu eröffnen, jetzt gleich, nur unter dieser Bedingung kann er sich meine Achtung und ein gutes Andenken bewahren. Das ist mein Wille und Befehl.«

Die Gräfin hatte mit einer solchen Anspannung und Erregung gesprochen, daß die Dumont es für unerläßlich hielt, sie zu

479

beruhigen, daher sagte sie: »Regt Euch nicht so auf, Gräfin, niemand widersetzt sich Euren Befehlen. Das ist ein stiller, bescheidener, gehorsamer Mensch. Ich sage es ihm, bestimmt.«

»Noch heute, liebe Dumont, sofort, denn ich glaube, es wird mir mein Gewissen sehr erleichtern, zu wissen, daß es so sein wird, daß du es ihm übermittelt hast und wie er es aufgenommen hat.«

Die Französin antwortete nur mit einem Kopfnicken und eilte sogleich in ihr Zimmer, um nach Godziemba zu schicken, der eine solche Aufforderung wohl erwartet hatte, da er unverzüglich erschien. In diesen wenigen Tagen hatten ihn Kummer und Gewissensbisse verändert. Er stand vor der Französin und rang die Hände.

»Was habt Ihr angerichtet? Ach, ich Unglücklicher!«

»Ich? Na, das ist ja großartig!« schrie die Dumont, und beide Arme auf den Tisch aufstützend, starrte sie ihm ins Gesicht. »Ich? Ich habe Euer Glück gewollt, nur bin ich mit einer Frömmlerin und einem so skrupulösen Menschen schön hereingefallen! Aber lassen wir das. Ich hatte geglaubt, Ihr beide hättet mehr Liebe füreinander und mehr Verstand. Aber das zu erörtern hat keinen Zweck mehr. Hier nun sind die Befehle der Gräfin: Ihr sollt ihr bis zur Ankunft des Gatten nicht mehr unter die Augen treten, ihn danach um Eure Entlassung bitten und zu Euren Alten fahren – *pour planter les choux!*«

Godziemba stand da wie angewurzelt, das Urteil war niederschmetternd.

»Ich habe den Auftrag, Eure Antwort zu überbringen und zu beschreiben, wie Ihr den Befehl aufgenommen habt.«

Die alte Französin lachte laut los, und ohne Godziemba anzuhören, plapperte sie drauflos: »Gleich am nächsten Morgen hat sie den Kapuziner gerufen und ihm alles beichten müssen, und das ist nun die Folge seines Rates. Da habt Ihr es, denn Ihr seid ungeschickt und nochmals ungeschickt! Mehr sage ich nicht. Beinahe wäre auch ich durch Euch noch kompromittiert worden, jedoch …«

Sie unterbrach sich. »Also, was soll ich ihr sagen? Sprecht!«

»Daß ich mich natürlich auch dem strengsten Urteil fügen werde.«

Nach dieser Antwort begann die Französin gleichsam zu sich selbst zu reden: »Ich gebe mein feierliches Ehrenwort, daß ich in diesem Land niemandem mehr mit einem freundschaftlichen Rat und sonstiger Hilfe dienen werde.«

Godziemba brummte etwas, aber die wütende Dumont hörte nicht auf ihn.

»Ich wünsche eine gute Nacht«, sagte sie. »Ich muß zu meiner Herrin gehen, sie erwartet mich ungeduldig.«

So trennten sie sich, und die Dumont, nachdenklich und mit traurigem Gesicht, begab sich zu ihrer einstigen Schülerin.

Bereits der Miene, mit welcher sie das Zimmer der Gräfin betrat, konnte dieselbe entnehmen, daß die Mission erfüllt war, jedoch wagte sie nicht, danach zu fragen. Die Dumont beeilte sich nicht mit ihrem Rapport.

Nach einigen Minuten endlich brach die Gräfin das Schweigen.

»Hast du ihn gesehen? Mit ihm gesprochen?« fragte sie.

»Ich habe Euren Willen erfüllt.«

»Und er?«

Die Französin überlegte, ob sie die Wahrheit sagen oder schwindeln sollte. Letzteres dünkte sie tröstlicher für ein empfindsames Herz.

»Ach, ich sage Euch!« begann sie. »Ich stehe noch unter dem Eindruck seiner Verzweiflung, er hat mit dem Kopf gegen die Wand geschlagen, er wurde fast ohnmächtig, er wälzte sich auf dem Boden, daß ich dachte, er würde irrsinnig.«

Maria erbleichte.

»Schließlich konnte ich ihn ein wenig beruhigen. Er sagte mir, er werde sich Euren Befehlen fügen, werde es aber nicht überleben.«

»Wie das? Meinst du, er könnte sich das Leben nehmen?!« rief die Gräfin und begann am ganzen Leibe zu zittern. »Und ich wäre der Grund für seinen Tod!«

»Wer versteht schon einen Mann!« versetzte die Dumont. »Als ich ihn in diesem Zustand sah – ich gestehe es Euch, daß mich das Mitleid packte. Ich habe ihm eine ganz, ganz ferne Hoffnung gemacht, daß das Urteil vielleicht ein klein wenig gemildert werden könnte.«

Die Gräfin erwiderte nichts, sie versenkte sich in ihre traurigen Gedanken. Vergeblich suchte die Dumont dieselben zu erraten, um sie sich geschickt zunutze zu machen. Die arme Gräfin aber verriet sich mit keinem Wort und keinem Blick, sie saß da, wie gedemütigt, gequält, sie schämte sich, den Blick zu heben und den heftigen Kampf preiszugeben, der in ihrem Herzen tobte.

Weder an diesem noch am nächsten Tag ward Godziemba gerufen, am Morgen des dritten jedoch schickte man nach ihm, damit er einen Brief an eine Fürstin Lubomirska schreibe. Der Dumont ward aufgetragen, zugegen zu sein. Die Gräfin zeigte sich beherrscht. Godziemba bemühte sich, keine Rührung zu offenbaren, es kehrten die alten Zustände wieder, mit dem Unterschied, daß die Französin die Order hatte, sich keinen Augenblick zu entfernen.

Mal sehen, womit das Erbarmen endet, sagte sie sich – mal sehen.

VIII

Nachdem Graf Brühl glücklich die Gebirgskette überquert hatte, welche Ruthenien von Ungarn trennte, näherte er sich an einem schönen Frühlingsabend mit seinem bescheidenen Gefolge der Stadt Prešov.

Soeben kündete der Starost von Zawidy, von fern auf die Reste der Stadtmauer und den Turm der St.-Nikolas-Kirche weisend, vom glücklichen Ende der Reise, und der Graf, der die Natur liebte, betrachtete interessiert die Landschaft, welcher die grellen Strahlen der untergehenden Sonne etwas besonders Malerisches verliehen, indem sie die Turmspitzen der alten Kirchen und Klöster vergoldeten und auf den Wassern der Tarca glitzerten, als die Reisenden auf der Ebene hinter der Stadt so etwas wie eine berittetene Soldatenabteilung bemerkten, die eine geradezu phantastisch anmutende Schwenkung vollführte. Schon aus der Ferne beeindruckten diese Reiter den Grafen Brühl durch das Außergewöhnliche ihrer Tracht sowie der Ausstattung der Pferde. Brühl war in Polen an die märchenhaftesten ritterlichen Präsentationen gewöhnt, aber dieses ungarische Exerzieren – denn er hielt es für ein ungarisches – dünkte ihn seltsam. Unlängst noch General der Artillerie, ward die Neugier in ihm geweckt. Er bat den Starosten von Zawidy, unbemerkt heranreiten und diese wohl auf sechshundert Mann zu schätzende Soldatenabteilung näher in Augenschein nehmen zu können.

Der Starost hieß die ihn begleitenden Dragoner, die Bediensteten und die Wagen ein wenig zurückbleiben und schlug selbst mit Brühl den mit Weidenbüschen und Pappeln beschirmten Weg ein, welcher schräg zum Ort des Manövers hinführte.

Je näher sie kamen, um so mehr wuchs die Neugier auf diese seltsamen ungarischen Soldaten. Der Starost von Zawidy, der schon manches Mal in Ungarn gewesen war, schüttelte den Kopf, und Brühl, der im Siebenjährigen Krieg auch Abteilungen von Honvéd-Kämpfern begegnet war, erkannte dieselben in diesem glanzvollen Ritterzug, welcher eher an Turniere zu Zeiten der Sachsenkönige erinnerte, nicht wieder. Ein paar abseits stehende alte Bäume, um deren Stämme dichtes Gesträuch wucherte,

erlaubten Brühl nahe jener Stätte, an der sich offenbar der Be-
fehlsstab befand, eine bessere Beobachtung. Es war dies der
Augenblick des Ausruhens nach den Manövern. Befehlshaber
und Soldaten, in gelockerter Ordnung, standen da, plauderten
und lachten.

Erfreut erkannte der Graf von weitem Fürst Karol auf einem
prachtvollen orientalischen Hengst, in goldenem, mit hellrotem
Samt ausgeschlagenem Sattel, das Geschirr glänzend von Gold
und Edelsteinen. Der Fürst selbst trug einen weißen Kontusz mit
goldenem Zubehör, einen Kalpak mit einem Helmbusch aus Brillanten. Ausgelassen tollte er auf seinem Hengst umher und trieb
seine Späße.

Allein das Pferd war des Ansehens wert, nicht nur wegen seiner Schönheit und Rasse, sondern eher seiner besonderen Farbe
wegen. Der Hengst hatte ein sogenanntes Zobelfell, die Hälfte
des Kopfes aber und ein Ohr waren von orangener Farbe, auf der
Brust hatte er vier Stellen, rötlichen Blättern ähnlich, mit einer
rosa Umrandung. Ebensolche Stellen sah man auf der Kruppe.
Die Beine waren gestiefelt und orangefarben gesprenkelt, die
Hufe schwarz. Dieser eigentümliche Schecke bewegte sich so
kraftvoll und behend unter seinem Reiter, daß der Anblick eine
Freude war.

Daneben, auf einem zierlichen Falben von besonderer Schönheit, saß ein vielleicht zehnjähriger Knabe in Husarentracht – in
grüner Uniform mit einem Dolman, auf dem Kopf eine Kappe
mit Federbusch, am ganzen Körper silberglänzend. Den starken
Fürsten Karol zu sehen, wie er das Pferd und sich selbst beherrschte, war nichts gegen den Knaben, welcher ihn mit seiner
Forschheit, seinem Wagemut, seiner ritterlichen Haltung und
dem hübschen Gesicht schlicht in den Schatten stellte. Er hatte
seinen kleinen Säbel gezogen und fuchtelte wild damit herum,
gleichsam um sein Geschick und seinen Mut zu beweisen. Sein

Pferdchen und er verstanden sich glänzend, beider Wesen harmonierten ganz und gar. Beide hielt es nicht ruhig an einem Platz, und Fürst Karol, den Blick auf das hübsche Kind gerichtet, lächelte voller Freude.

Etwas weiter weg, auf einem stämmigen Rappen, welchem das edle Blut leicht anzumerken war, denn er hatte eine wunderschöne Stirn, eine lange Mähne, sehnige Beine und ein wie Samt leuchtendes Fell, saß, in einer sonderbaren Uniform mit Generalsepauletten, auf dem Kopf einen Hut mit Federn, eine Frau von mehr als fünfzig Jahren, mit einem Gesicht von nicht schönen, aber ausdrucksvollen Zügen. Sie blickte auf den vor ihr stehenden Trupp und schien stolz zu sein. Die eine Hand hatte sie in die Hüfte gestützt, mit der anderen hielt sie die Zügel ihres schwarzen Mustafa leicht angezogen.

Wie Adjutanten saßen neben ihr auf vier gleichfarbigen orientalischen Pferden vier ebenfalls nicht schöne, aber aristokratisch aussehende junge Damen; sie waren militärisch ausstaffiert, trugen blaue, karmesinrote und grüne Uniformen mit Epauletten, Achselschnüren, Federn, Tressen. Die Antlitze der Damen, jüngere und ältere, ließen in ihnen Schwestern erkennen.

Befehlshaberin dieser Abteilung war ein junges Mädchen mit geröteten Wangen und großer Verve. Alle vier salutierten so gewandt und handhabten den Säbel so geschickt, als ob sie nie im Leben eine Nähnadel in der Hand gehalten hätten.

Drei Herren in Generalsuniform, schöne, stattliche Männer, standen, gleichsam Befehle erwartend, hinter den vier Damen.

Noch etwas weiter weg erkannte Brühl bei genauerem Hinsehen ein nur aus Mädchen bestehendes Regiment. Alle diese Damen saßen so wacker und ungezwungen auf ihren Pferden, zogen so flink und effektvoll den Säbel oder die Pistole, um ihre Kampfbereitschaft zu bezeugen, daß sie, obwohl es im Scherz geschah, unwillkürlich Amazonen ähnelten.

In der Tat war dies das Amazonenregiment Ihrer Durchlaucht der Fürstin Kunegunda Radziwiłłowa, Fürst Karols Mutter, von welchem Brühl schon hatte erzählen hören, an dessen Existenz er aber nicht hatte glauben wollen. Nun hatte er das Regiment mit all seinem Glanz hier vor Augen, und die Mädchen, die diese Phalanx bildeten – unter ihnen waren sowohl entzückende Halbwüchsige als auch reife Fräulein –, lachten beglückt über jedes Lob, rückten ihre Kalpaks zurecht, stemmten die Arme in die Seiten, reckten sich empor und posierten, daß es eine Freude war.

Die ein wenig abseits stehenden Magyaren zwirbelten ihre Schnurrbärte, griffen an die Säbel, zwinkerten mit den Augen, und wäre nicht der Respekt vor dem hochwürdigen Exilierten, einem Gast der Kaiserin, gewesen, wäre so mancher der Grünschnäbel am liebsten allein auf dieses ganze Regiment losgegangen. Brühl glaubte seinen Augen nicht zu trauen. Dies erinnerte ihn an eine Posse oder Komödie, nichtsdestotrotz nahmen Fürst Karol, die alte Fürstin und alle anderen Anwesenden das alles sehr ernst und erlaubten nicht, über diese neue und höchst sonderbare Institution, diese Truppe aus Nieśwież, zu scherzen.

Die Ungarn dünkte das dennoch bei allem Respekt für den Fürsten recht seltsam. Der Starost von Zawidy, welcher ein wenig Ungarisch verstand, hörte jenseits des Gebüsches Ungarn sagen: »Kein Wunder, daß der Fürst außer Landes gehen mußte, wo seine Truppe aus solchen Mädelchen besteht. Die wären wirklich für den Feind zu schade. Die sind so hübsch, so fröhlich und könnten wohl zu was anderem gut sein.«

Aus den Reihen des Regiments zielten tödliche Schüsse aus schwarzen Augen zu den aus der Umgebung von Prešov hier Versammelten, und auch die Ungarn antworteten mit Blicken wie brennende Fackeln.

»*Bassa terem tete*!« wurde hier und da durch die Zähne gepreßt.

Daneben sah man ärmere Slowaken in Hüten mit Federn, in

enganliegenden Hosen und mit kurzen Mäntelchen um die Schultern; seufzend betrachteten sie die hübschen, munteren und unerreichbaren Amazonen.

Der Starost von Zawidy, welcher mehr von den hier Anwesenden kannte als Brühl, wies denselben auf das Persönchen des zehnjährigen hübschen Knaben hin – auf Fürst Karols Bruder Hieronim, und unter den Damen auf die »Nymphe« gerufene Prinzessin Zofia, die Befehlshaberin der Damentruppe, in einer anderen Gruppe auf die unlängst mit dem General Mokronowski verheiratete Teofila, auf die Gräfinnen Czapska und Brzostowska, deren Gatten hier gleich neben ihnen standen.

Brühl betrachtete dieses wahrlich seltsame Schauspiel mit ironischem Lächeln, als die seitlich aufgestellte Militärkapelle, Trompeter mit silbernen Trompeten und Paukenschläger mit silbernen Pauken, dröhnend den Marsch zur Rückkehr spielte.

Sogleich setzte sich die befehlshabende Prinzessin an die Spitze ihrer Abteilung, die Mädchen drängten in ihre Reihen, die Fürstin Kunegunda richtete sich auf, Fürst Karol und Hieronim plazierten sich an ihrer Seite, und das Regiment, welches in Europa nicht seinesgleichen hatte, ritt, die Köpfe emporgereckt, im Schritt zurück zur Stadt.

Die Reisenden waren unbemerkt geblieben, sie verweilten noch ein wenig, um den Dragonern und Fuhrwerken Gelegenheit zu geben, nachzukommen, dann setzten sie sich langsam und in einigem Abstand ebenfalls in Richtung Stadt in Bewegung. Die Sonne verschwand bereits hinter den Hügeln, die Menschen, die aus der Stadt geströmt waren, folgten schwatzend Fürst Radziwiłłs Truppe nach, und die einem märchenhaften Theaterspektakel gleichende Parade verschwamm unter den fernen Klängen der Marschmusik.

Die Fuhrwerke und die Mannschaft hatten aufgeholt. Der Starost von Zawidy überprüfte letztere und richtete sie in Reih und

Glied aus, damit sie ihm neben Radziwiłłs Soldaten keine Schande bereitete, wußte er doch, daß der Fürst eine große Abteilung in Prešov hielt. Das Brühlsche Gefolge näherte sich dem Tor der noch von einer alten Mauer umgebenen Stadt. Auf den Straßen wimmelte es von Schaulustigen, welche Fürst Karols Hof gern in Augenschein nahmen, und dem Fürsten waren diese Zuschauer, da es ihm an anderen ermangelte, nur recht. Doch auch ungarischer Adel ritt in größerer Zahl hinter seinem Gefolge.

Fröhliches Gelächter ertönte, und muntere *Eljen*-Rufe galten dem Fürsten, welcher so hochmütig, gesund und heiter aussah, als ob er beileibe kein Vertriebener war oder als ob er jetzt sofort heimkehren würde.

Brühl wollte hier nicht sehr in Erscheinung treten, und dem Rat des Starosten folgend, der gewohnt war, im Gasthaus zum Schwarzen Adler zu logieren, stiegen sie dort ab und gaben sich als Weineinkäufer aus Polen aus. In Prešov wurde viel Weinhandel betrieben, und polnische Kunden waren hier gern gesehen. Am späteren Abend sollte der Starost von Zawidy allein zu Fürst Karols Hofmarschall gehen und mit ihm eine Geheimaudienz verabreden.

So geschah es auch. Brühl begann sich umzukleiden, und schon eine halbe Stunde später kehrte der Starost zurück und teilte mit, der Fürst lade noch am selben Abend zum Essen ein, der Geheimhaltung wegen im Kreise der Familie, welcher er Brühl als einen in diplomatischer Mission aus Frankreich eingetroffenen Chevalier vorstellen wolle.

Der Starost von Zawidy konnte sich nicht genug darüber auslassen, wie herrschaftlich, ja, wie königlich sich Radziwiłł in Prešov eingerichtet hatte, welche Zuneigung er sich in der kurzen Zeit seines Aufenthaltes bereits hatte erwerben können, wie er mit Geld um sich warf, was für einen großen Hof, dessen Leute nach Tausenden zählte, er mit sich führte. Die Ungarn waren begeistert von der ritterlichen Familie, deren Mitglieder, angefangen von der alten Mutter bis hin zu dem zehnjährigen Knaben und den Mädchen, alle ritten und aus Pistolen schossen, in deren Hause den Gästen tagtäglich Fässer voll Wein spendiert wurden und wo man mit Gold bezahlte.

Es war bereits dunkel auf den Straßen, nur hier und da fiel durch einen Türspalt ein Lichtstreifen auf den ziemlich löcherigen Weg, als sich der Graf und der Starost von Zawidy, in weite Mänteln gehüllt, zum Marktplatz begaben, wo der von Fürst Karol bezogene große Palast, zu dem noch mehrere Nebengebäude gehörten, stand. Hier brannten zwei große Laternen, und zwei grüne Husaren hielten an der Tür Wache. Unweit befand sich die mit der ganzen Pracht und Form einer regulären Truppe gehaltene fürstliche Hauptwache. Zwei Pagen, ein Höfling und der Hofmarschall, letzterer eine hochwichtige Figur mit kahlrasiertem Vorderschädel und säbelgeschmückt, erwarteten Brühl. Im Hausflur wimmelte es von Zimmermädchen und Pagen, sie alle waren gleichartig gekleidet und zeichneten sich durch Geschick und Anmut aus. Der Hofmarschall ging dem Gast voraus, der Starost von Zawidy verabschiedete sich von Brühl an der Tür und versprach, im Salon des Marschalls auf ihn zu warten. Die beiden Pagen öffneten die Tür, und der Graf betrat einen mit türkischen Wandteppichen ausgeschlagenen Raum, in welchem ihn Fürst Karol und die Herren Morawski, Czapski und Brzostowski erwarteten.

Der Fürst-Woiwode umarmte Brühl und fragte ihn: »Wie möchtet Ihr Euch nennen, Graf?«

»Comte de la Grange«, sagte Brühl leise.

Der Woiwode wandte sich an seine Schwäger: »Ich habe die Ehre, liebwerter Herr, Euch den soeben aus Paris eingetroffenen Comte de la Grange vorzustellen, welcher, *intra parenthesim*, da er in Polen geweilt hat, unsere Sprache gut versteht und dieselbe nicht übel spricht. Der Chevalier ist Eurer Freundschaft würdig.«

Der Schwindel bei der Vorstellung war jedoch völlig nutzlos, da Brzostowski Brühl seit langem kannte, und mit einem verständnisinnigen Lächeln kam er auf ihn zu und drückte ihm zur Begrüßung die Hand.

Morawski und Czapski maßen den Gast mit neugierigen Blicken. Brühl hätte dem Antlitz des Exilierten gern dessen Gedanken und Pläne abgelesen, indessen war das Gesicht des Woiwoden nie leuchtender und heiterer gewesen und seine vergnügte Laune so zum Übermut geneigt. Der Fürst schien der Glücklichste auf Erden zu sein. Kaum hatten alle Platz genommen, sagte er: »Wißt Ihr, Herr Graf, da ich *pro peccatis* Bußandachten halten muß, ha, da bin ich dem Herrgott dankbar, daß mir das in Ungarn zuteil geworden ist. Das Volk hier ist sympathisch wie zu Hause, nur eben, daß es eine so gräßliche und holprige Sprache hat, dafür aber Wein in Fülle, fette Ochsen, schöne Frauen, wo man, wenn man sie ansieht, liebwerter Herr, sich die Augen nicht verdirbt, nun ja, es geht uns hier gut, denn auch die Kaiserin ist äußerst huldvoll. Alsdann, Herr Graf, wenn mir das Schicksal es auferlegen würde, mich hier nach den Wäldern von Naliboki und Biała zu sehnen, nach meinem Nieśwież und Ołyka … Alles zusammengestottert …«

Er zwirbelte an seinem Schnurrbart.

»Ein paar Groschen, liebwerter Herr, haben wir von zu Hause mitgebracht, einiges werden die Freunde beisteuern, das übrige liegt in Gottes Hand.«

»Schade nur«, meldete sich Morawski zu Wort, »daß Herr Graf de la Grange nicht schon zur Parade hiergewesen ist.«

»He, wenn er nur möchte, liebwerter Herr, würde ihm die Fürstin schon eine zweite veranstalten. Den Mädchen macht es Vergnügen, angeschaut zu werden!«

»Aber ich hatte das Glück, Zeuge des hübschen Exerzierens der Amazonen zu sein«, versetzte Brühl.

»Ja, wie denn?« erkundigte sich der Fürst. »Da müßtet Ihr
Euch eingeschmuggelt haben, liebwerter Herr!«

»Eben zu der Zeit bin ich angekommen und habe hinter Gebüsch gestanden.«

»Na, bitte!« rief der Fürst fröhlich. »Wenn das herausgekom-
men wäre, hätte die Generalin Morawska eine Atacke aufs Gebüsch befohlen, und die Mädchen hätten Euch gefangengenommen. Aber, liebwerter Herr, bei denen Spießruten zu laufen, Gott,
vergib mir, ist schlimmer als der Tatare!«

Alle lachten. Der Fürst zwirbelte seinen Schnurrbart. Unterdessen erschien der Hofmarschall und bat zum Abendessen. Im
oberen Stockwerk warteten auch die Damen. So nahm denn der
Woiwode seinen Gast beim Arm und führte ihn zur Treppe.

Der Hausflur und die Korridore waren von Licht überflutet,
die Diener standen in Reihen. Im ersten Stockwerk in dem etwas
kahlen, aber doch eilig für die Fürstenfamilie mit welken Krän-
zen aus Eichenzweigen und Blumen geschmückten Salon saß an
einem sehr großen runden Tisch, der mit einem Teppich überdeckt war, die Fürstin Kunegunda auf einem Armlehnstuhl mit
hoher Rückenlehne und wickelte Garn auf. Wie ein Kranz umgaben sie ihre fünf Töchter sowie zehn Edelfräulein aus ihrem
Hof. Die Radziwiłł-Töchter waren nicht hübsch, aber von den
Hoffräulein war eine entzückender als die andere, und alle waren
sie frisch wie Rosen.

Als der Woiwode eintrat und seinen Gast vorstellte, erhob sich
die Fürstin nur knapp und neigte das Haupt, die Damen, die älteren wie die jungen, begrüßten ihn ziemlich kühl. Prinz Hieronim
paradierte in seiner Husarenuniform durch den Salon und klirrte
mit den Sporen.

Da das Alter und die Würde des vermeintlichen Grafen de
la Grange ihn nicht dazu qualifizierten, von der stolzen Fürstin
Kunegunda die Hand gereicht zu bekommen, schritten auch die

Damen allein, gefolgt von den Männern, zur bereits geöffneten Tür des Speisesaales, in welchem einige Ausgewählte des Hofstaates bereits an der Tafel warteten. Hinter den Stühlen der würdigeren Gäste standen Pagen dienstbereit.

Die Fürstin nahm den Thronsessel am Ende der Tafel ein. Brühl erhielt einen Platz zwischen der Generalin Morawska und der Prinzessin Nymphe. Neugierig betrachtete er die Tafel, an der mehr als dreißig Personen Platz nahmen, nicht gezählt den ungleich stärker besetzten Tisch des Hofmarschalls.

Man prunkte mit dem Fürstensilber, die Tafel aber war nicht erlesen. Nur an Feiertagen und Festtagen traten französische Köche in Aktion, im Alltag wurde polnisch gekocht, so war man es in diesem Hause gewöhnt. Da aber Brühl als Franzose galt, fanden sich für ihn einige besondere Vorspeisen. Die Generalin Morawska fühlte sich verpflichtet, den Fremden zu unterhalten, und sie fragte ihn, ob er vielleicht beim Militär gedient habe, denn sie liebte solche Ritter mit Leidenschaft und hatte dasselbe bewiesen, indem sie sich in ihren Mann verliebte, über den ihr Blick wachte, damit er nicht zu dem weiblichen Hof hinüberäugte. Sie selbst, die etwas von dem Radziwiłłschen Hochmut besaß und im Gesicht, in den Bewegungen und im Benehmen etwas Männliches hatte, zeichnete sich nicht eben durch Anmut aus. Graf de la Grange antwortete ihr, er habe als Dilettant das Glück gehabt, im Siebenjährigen Krieg ein wenig Pulver zu verderben. So entspann sich ein Gespräch über das Militärische, in welches sich auch die jüngeren Prinzessinnen einschalteten.

Noch über verschiedene Dinge wurde gesprochen, die Angelegenheiten des Hauses aber blieben unberührt, und das Abendessen war bald vorüber. Gleich danach führte der Fürst Brühl in sein Kabinett, und gewiß hatte er den Schwägern mit einem Zeichen bedeutet, sie beide allein zu lassen.

Brühl indessen wollte an diesem Abend nicht mehr ein Gespräch beginnen, welches längere Zeit beanspruchte, und er bat den Woiwoden, dasselbe auf den nächsten Tag zu verschieben.

»Aber herzlich gern, liebwerter Herr«, erwiderte der Woiwode und läutete. »Wir lassen uns ein Fläschchen Tokaier bringen, süffeln den Nektar tröpfchenweise und plaudern ein wenig *de quibusdam aliis*.«

Auf das Läuten hin erschien der Höfling Herr Korejwa, er vermeldete zugleich, daß die Fürstin Kunegunda in den Salon einlade, wo die Fräulein sich noch ein wenig vergnügen sollten, damit ihnen das Abendessen nicht für den Schlaf schädlich sei.

Im Salon trafen noch mehr Menschen zusammen als bei der Abendtafel, gewiß war auch ein Teil jenes Regimentes dabei, welches auf dem Exerzierplatz zu sehen gewesen war, denn die Damen bewegten sich überaus geschickt bei einigen Gesellschaftsspielen sowie beim Vortanzen zur Unterhaltung der werten Zuschauer. Zudem ward der kleineren Kapelle, welche verschiedene Sinfonien zu Gehör bringen konnte, geheißen, auf der Galerie im Saal zu spielen. Und da die Fenster zum Garten offen standen und die Musik weithin dröhnte, fanden sich viele Ungarn und Slowaken vor dem Palast ein, und der Fürst ließ sie mit einfachem Wein bewirten.

Nicht im mindesten war hier das Schicksal zu spüren, welches die Fürstenfamilie betroffen hatte, es sah aus, als ob sie auf einem ihrer Schlösser der Erholung pflegte, ohne sich um den morgigen Tag zu sorgen.

Fürst Karol sprach lachend davon, was er doch für ein Pechvogel sei – gerade dieses Frauenregiment, von welchem er sich Wunder versprochen hatte, vor allem von den kampfversessenen alten Jungfern, hatte er ins Ausland retten müssen, damit es sich nicht die Massalskis *jure caduco* aneigneten, ebenso mußte er das Meer, welches er in Alba hatte anlegen wollen, *ad feliciora* verschieben.

»Außerdem hatte ich viele andere nützliche Neuerungen vor«, fügte der Fürst hinzu, »aber damit warte ich, bis wir den Verwalterabkömmling entthront haben, die alte Ordnung wieder einführen und selbst, liebwerter Herr, im Hause bestimmen können. In den Pinsker Sümpfen säen wir dann Reis, und in Podolien wird es nichts als Weingärten geben.«

IX

Am folgenden Morgen war Brühl kaum erwacht, als schon ein Bote des Fürsten erschien und ihn zum Frühstück einlud, und obwohl der Weg vom Schwarzen Adler bis zum Palast nicht weit war, standen ein gesatteltes Pferd unter prunkvoller Schabracke sowie zwei Husaren als Ehrenwache bereit.

Der Starost von Zawidy meldete, der Fürst sei schon früh aufgestanden und mustere seine Truppen, und die alte Fürstin befinde sich mit den Töchtern, den schönen Tagesanbruch nutzend, auf einem Morgenritt.

Ganz Prešov lebte seinerzeit mit den Radziwiłłs, begleitete sie in allen Dingen und erntete reichlich Früchte aus solcher Zuwendung und Aufmerksamkeit. Der Fürst hatte sich hier nahezu so eingerichtet wie in Nieśwież, und da man ihm in Wien hohe Achtung zuteil werden ließ, hatte dies seine Wirkung auf die ungarische Befehlsgewalt sowie auf die allen üppig bezahlten Launen stattgebenden Lokalbehörden.

Als der Graf angekleidet war und das Pferd bestieg, um sich zum Palast zu begeben, zogen soeben die von der Musterung wiederkehrenden Soldaten der Radziwiłłschen Hoftruppen durch die Stadt, allesamt in prachtvollen goldbestickten Uniformen. Gaffer in Mengen strömten ihnen hinterdrein. An der Auffahrt des Palastes spielte die vollzählige Kapelle; zur Freude der Einwohner pflegte dieselbe des Abends, des Morgens sowie in der Kirche zu den Gottesdiensten zu musizieren. Ein zahlreicher herrschaftlicher Hof machte sich um den Palast zu schaffen. Der Fürst persönlich, in sommerlichem Morgenanzug, begrüßte Brühl am Eingang.

»Ich habe verboten, irgend jemanden zu empfangen, liebwerter Herr«, sagte er. »Wir werden unter vier Augen sprechen.«

Brühl setzte sich, es wurden Kaffee und das Frühstück serviert.

»Nun denn, was bringt Ihr mir, Graf?« fragte der Woiwode. »Ich höre.«

»Vielmehr, Euer Liebden, bin ich gekommen, um zu erfahren, ob Ihr hier bestimmte Hoffnungen hegt, daß uns der österreichische Hof oder Frankreich beistehen könnten. Der Kiewer Woiwode zieht aus Eurem energischen Schritt den Schluß, daß demselben ein Kalkül zugrunde liegt, Fürst.«

»Hm«, brummte Radziwiłł. »Gewiß doch, liebwerter Herr, aber ich weiß nicht, ob Ihr mich versteht.«

Brühl sah den Fürst stumm an.

»So wahr ich Gott liebe!« bekräftigte dieser. »Nämlich, ich habe meine eigene Politik, und obwohl sie klug ist, wird sie Euch dumm vorkommen, liebwerter Herr. Ich denke so: Vertraue dem Herrgott und schlage drein! Das ist meine Politik. Wenn sich von Euch einer schmeichelt, ein Geschäft zu betreiben, da irrt er. Der Herrgott hält die Zügel in der Hand, und die Peitsche dazu, und wir alle, wir gehen im Kumt. Also hat er uns auch jetzt, liebwerter Herr, den Säbel an den Gürtel gehängt und gesagt: ›Vertrau auf mich, und mit dem Säbel schlag zu ohne Gnade!‹ So hört denn, Herr Graf, hört genau zu«, sagte Radziwiłł, zog die Stirn in Falten und schien angestrengt nachzudenken. »Folgt mir! Ich habe mich hier unter die Obhut Ihrer Majestät der Kaiserin zurückgezogen und warte ab. Wenn der richtige Moment da ist, werden wir zu zweit, der Herr Woiwode und ich, mit

495

unseren Mannen losmarschieren und das Pack in alle Winde vertreiben!«

»Aber«, wandte Brühl ein, »es sieht nicht danach aus, daß uns die Umstände günstig sein könnten. Auch ohne Pazifikation strebt, um des lieben Friedens willen, alles von selbst zur Versöhnung. Jeden Augenblick gibt einer in Warschau klein bei, alle erkennen den König an. Bei der Wahl herrschte Einmütigkeit. Branicki fährt gedemütigt nach Białystok zurück. Mokronowski ist für Unterwerfung.«

Der Fürst sprang vom Sessel auf.

»Sollen sie ihm doch, mit Verlaub, die Pfoten lecken, wenn ihnen das nach dem Geschmack ist, liebwerter Herr!« rief er. »Aber wir warten ab! Gott ist geduldig, sagt man, denn er ist ewiglich, wir halten es mit IHM und müssen uns diese Geduld nützlich machen.«

»Aber wie sind die Aussichten?« fragte Brühl.

»Die Aussichten, liebwerter Herr? Die sind in Gottes Barmherzigkeit und in der Säbelklinge! Ich glaube an den Säbel und an den Herrgott, alles Weitere ist nicht meine Sache.«

Brühl blickte erstaunt, der Fürst plusterte sich auf und wiederholte mit größter Selbstsicherheit: »*Spes unica Deus!*«

Er seufzte, und auf den Tisch gestützt, ließ er sich schwer niedersinken.

»Es kann nicht sein, daß sich der Herr Truchseß halten sollte«, fuhr er fort. »Nein! Auf dem Thron hat es Piasten gegeben, liebwerter Herr, Leszczyńskis, Sobieskis, Wiśniowieckis, aber doch nicht irgend so einen, der der Elster unterm Schwanz herausgefallen ist ... Die Schlachta errötet vor Scham. Das wäre ja, liebwerter Herr, schlimmer als ein Polanowski, denn die Polanowskis haben wenigstens vier, fünf adlige Generationen vorweisen können, aber der hier ...«

Der Woiwode unterbrach sich plötzlich, er legte Brühl die

Hand auf die Schulter und sagte leise: »Der Herr Kiewer Woiwode soll nur seine Hoftruppen beieinanderhalten, um sie jederzeit zur Verfügung zu haben. Es kommt der Augenblick, da wir die Säbel schwingen werden. Ich habe hier nicht mein ganzes Regiment durchfüttern können, es ist nach Polen zurückgegangen, aber die Ordonnanzen sind da und stehen auf einen Wink bereit. Sobald, liebwerter Herr, aus Prešov der Appell an sie ergeht, wird keiner fehlen.«

Die trostlosen Gemeinplätze konnten Brühl nicht befriedigen. Er wußte nicht mehr, was er denken sollte: Wollte sich der Fürst ihm nicht anvertrauen, oder überließ er tatsächlich die Zukunft irgendwelchen ungewissen Geschicken? Wenn Brühl jedoch alles bedachte und sich vor Augen führte, wie sich der Fürst in Prešov niedergelassen hatte, mußte er annehmen, der Fürst sei guten Glaubens.

»Sie haben ihn gewählt«, ließ sich Radziwiłł wieder vernehmen. »Nun gut, ich lache dazu, sie werden ihn krönen, auch gut, ich lächle, aber soll er bloß versuchen zu regieren. Da liegt der Hund begraben, dabei wird er scheitern. Die Familia wird nach der einen Richtung ziehen, er nach einer zweiten, und wir nach einer dritten. Irgendwer findet sich, der zieht nach einer vierten, und das Ganze kracht zusammen. Dann kommen wir mit unseren Regimentern und legen dieses Sodom und Gomorrha in Schutt und Asche. Amen ...«

Der Woiwode sprach mit einer Überzeugtheit, als ob er in die Zukunft schaue.

»*Tandem*«, sagte er und erhob sich, »und wenn wir hier den lieben langen Tag säßen und Ihr, Graf, versuchtet, mir etwas aus der Nase zu ziehen, Ihr würdet nicht mehr von mir erfahren, liebwerter Herr, als ich selber weiß – nämlich daß ich an die Vorsehung glaube und den Säbel nicht aus der Hand lege. So hilf mir denn, Gott, mehr weiß ich nicht, und ich lasse mich auch auf keine andere ferne Politik ein. Aber, wißt Ihr was? Damit Ihr Euch nicht langweilt, gehen wir in die Ställe. Ich zeige Euch meine Pferde. Wir können uns welche aussuchen und ein bißchen ausreiten, ehe die Hitze kommt. Gestern habt Ihr bestimmt meinen Zobel gesehen. Ein besonderes Geschöpf, unbezahlbar, einzigartig, eine Rarität. Es lohnt sich, das Tier aus der Nähe zu betrachten. Ein zweites Mal wird Euch, liebwerter Herr, so etwas nicht begegnen.«

So gern Brühl in der Tat mehr aus dem Fürsten herausbekommen hätte, um dem Schwiegervater Konkreteres mitzubringen, so mußte er doch leicht feststellen, daß Radziwiłł mehr nicht mitteilen würde.

Die Ställe waren schon zur Besichtigung fertig, denn als sie auf den Hof kamen, standen an den Stalltüren Wachen, Bereiter, festlich gekleidetes Gesinde, jeder war an seinem Platz, auch der Stallmeister, und außer ihm der junge Fryczyński und Kuszelewski, und nachdem sie sich vor dem Fürsten verbeugt hatten, folgten sie ihm und dem Gast nach. Die Ställe waren riesig, mindestens vierhundert bis fünfhundert Pferde hatten darin Platz. Hier herrschten Ordnung und peinliche Sorgfalt, aber keines der Pferde war so verhätschelt wie jener vom Fürsten über alles geschätzte Zobel.

Die Box, in welcher er allein und nicht angebunden stand, war schmuckvoll, geräumig und bequem. Die Krippe war aus Marmor, eine zweite enthielt fließendes frisches Wasser, die Streu war neu und weich, und Tag und Nacht stand ein Türke hier, um nur dieses eine Pferd zu beaufsichtigen. Als Zobel von weitem den Fürsten erkannte, reckte er den Kopf über den Lattierbaum und wieherte. Seiner Stimme folgten andere, und schon ging ein lautes Wiehern, wie zum Appell, durch den ganzen Stall. Der Woiwode holte Zuckerstücke aus seiner Tasche und hielt dieselben dem Pferd ans Maul. Das Tier schnappte danach, und der Fürst streichelte seine Nüstern.

Nachdem der Liebling begrüßt war, gingen sie weiter zu den Pferden der Prinzessinnen und zum Rappen Mustafa, dem Favoriten der Fürstin-Mutter, der sich nur von ihr allein streicheln und liebkosen ließ, schließlich zu etlichen besonderen Pferden, von denen der Woiwode interessante Geschichten zu erzählen wußte, kannte er doch eines jeden Stammbaum, Charakter, Preis und Eigenschaften. Es waren in der Tat königliche Ställe. Fryczyński und Kuszelewski sekundierten dem Fürsten bei den Berichten, zählten manche Namen und Genealogien auf, falls der Woiwode ins Stocken geriet.

So schritten sie den großen Marstall ab und gelangten schließlich zum Fahrstall, auch er war des Ansehens wert. Man hatte aus Nieśwież das Schönste und Wertvollste in Sicherheit gebracht. Beginnend beim sechzehnten Jahrhundert, fanden sich hier mit Silber und Gold beschlagene und mit Samt bezogene Sättel, mit Edelsteinen besetztes Geschirr, golddurchwirkte Schabracken, Federbüsche und Flitter als Kopfschmuck der Pferde bei Paraden, verschiedene Sitze, Sättel, Sattelhölzer, Teppiche – alles lag wohlgeordnet und machte den Fahrstall einer Schatzkammer ähnlich. Brühl, der allerlei prächtige Hinterlassenschaften Augusts II., diesen hier ähnlich, in Dresden gesehen hatte, mußte dennoch den unermeßlichen Reichtum des Woiwoden bewundern. An viele der alten Stücke knüpften sich Kriegslegenden, Hofgeschichten und treffende Anekdoten; einige davon, wie die von dem zerspaltenen und blutenden Türkensattel, muteten fast märchenhaft an.

Jenen Türkensattel, mit breiten silbernen, vergoldeten Steigbügeln, sollte einst einer der Radziwiłłs vom Pascha von Silistra erbeutet haben. Jener Radziwiłł hatte, mit einem an die Mutter Gottes gerichteten Seufzer, dem Türken einen Hieb auf den Kopf versetzt, welcher den Mann glatt in zwei Hälften spaltete – die eine Hälfte fiel rechts vom Pferd, die andere links davon nieder.

Da aber jener Pascha, angeblich ein Renegat, im Augenblick der Gefahr noch den Himmel um Hilfe angerufen hatte, kamen jene Körperhälften sogleich wieder zueinander und verwuchsen dergestalt, daß der bekehrte Pascha von Silistra lediglich einen über Gesicht und Körper verlaufenden roten Strich zum Andenken zurückbehielt. Der Pascha beendete sein Leben als Büßender in einem Kloster.

Der Fürst berichtete von dem Wunder in vollem gutem Glauben; der Sattel übrigens besaß noch jene Eigentümlichkeit, daß er sich am Jahrestag jenes Vorkommnisses zu der Stunde, da der Pascha zerspalten worden war, gleichsam wie mit frischem Blut beschmiert zeigte; das Blut aber trocknete jedesmal rasch ab.

Fryczyński und Kuszelewski sowie auch der Stallmeister bestätigten mit ernstem Schweigen die Worte des Fürsten. Nach dem Anhören dieser und anderer Anekdoten verließ Brühl recht ermüdet die Ställe, und da die Zeit des Mittagessens herankam, bat der Fürst in den Palast, wo bereits die Damen warteten. Irgendwer mußte wohl das Geheimnis des vermeintlichen Grafen de la Grange gelüftet haben, denn man empfing Brühl jetzt viel höflicher und mit weit größeren Ehren.

Um die Fürstin-Mutter hielt man sehr auf die Etikette, man zollte ihr außerordentlichen Respekt, die Ehrenbezeigungen entsprachen ihrer hohen Geburt. Wie bei königlichen Empfängen erschienen die Gäste in festlichen Gewändern, ihre Anmeldung und Begrüßung geschah nach festgelegtem Reglement. Stühle und Taburette dienten den Damen und Herren nach dem Range, allein die Fürstin-Mutter und Fürst Karol verfügten über Armlehnen zu ihrer Bequemlichkeit.

Zur Tafel erklang Musik; Pagen, Gefolge und das Essen an diesem Tage waren höchst erlesen, das Tafelgeschirr prachtvoll. Nach dem Essen folgte ein Konzert, und für den Abend waren ein Ballett und eine Theateraufführung angesagt, an welcher die Fräu-

lein des Gefolges, Pagen und Höflinge teilnehmen sollten. Brühl
jedoch, der dem morgendlichen Gespräch hatte entnehmen können, daß er dem Kiewer Woiwoden nichts Tröstliches von der
Reise mitbringen würde, beschloß, nicht länger zu verweilen und
sich nach dem Mittagessen vom Fürsten zu verabschieden. Er
hatte Gründe für eine alsbaldige Rückkehr nach Warschau, er
sorgte sich um seine Existenz und um seine Zukunft, hier indessen hatte er über einen angenehmen und recht ermüdenden Zeitvertreib hinaus, zwischen Paraden und Vergnügungen, nichts zu
tun.

Als er dann den Speisesaal verließ – die Musik schickte sich soeben an, das Konzert zu beginnen –, flüsterte er dem Fürsten
noch einmal zu, daß er seine Befehle, die Mitteilungen für den
Woiwoden betreffend, erwarte, und daß er unverzüglich zur
Rückkehr nach Krystynopol aufbrechen wolle. Es war ihm auch
darum zu tun, seinen Aufenthalt hier nicht allzu bekannt werden
zu lassen.

Der Fürst zeigte angesichts der eiligen Abreise zunächst lebhaften Unwillen, jedoch ließ er sich davon überzeugen, daß Potocki es nicht liebte, zu warten, und daß Brühl hier nicht dem
eigenen Willen folgte, sondern sich dem Schwiegervater zu fügen verpflichtet war.

So gingen sie noch einmal in das Kabinett, obgleich es den Fürsten »Liebwerter Herr« sichtlich in Verlegenheit brachte, erneut
seine Politik erläutern zu müssen, die er ja auf nur zwei Grundsätze zu beschränken pflegte.

Von Brühl noch einmal auf die Botschaft für den Kiewer Woiwoden angesprochen, antwortete Radziwiłł: »Was soll ich Euch
sagen, liebwerter Herr? Ich bin nicht dazu geschaffen, politische
Pläne zu destillieren, ich, ein *simplex servus Dei*, habe einen starken Glauben, einen harten Schädel, einen scharfen Säbel, und das
wär's! Mehr weiß ich nicht zu sagen.«

Er fuchtelte mit den Armen.

»Ich gehe den geraden Weg, liebwerter Herr. Nicht nach rechts und nicht nach links, das ist die Radziwiłłsche Maxime, und Schluß!«

Brühl schwieg. Radziwiłł, der sich auch im Exil als ein souveräner Fürst und herrschaftlich zeigen wollte, zwirbelte seinen Schnurrbart und trat an den Grafen heran.

»Wollt Ihr unbedingt heute reisen?« fragte er.

»Ich muß, denn ich habe mein Wort gegeben, keinen Augenblick zu verlieren«, erwiderte der Graf.

»Ihr müßt – das verschließt mir den Mund«, versetzte Radziwiłł. »Aber Eure Pferde sind erschöpft, die armen Teufel müssen sich unterwegs schinden, bergauf, bergab, über Stock und Stein. Erlaubt wenigstens, Euch für den Fall, daß eines lahmt, ein Handpferd zum Wechseln zu schenken. Ich sage es ehrlich, lieber Graf, Ihr tut mir eine Gnade, es anzunehmen, nämlich hier in Ungarn wird der Hafer immer teurer, und ich kann mit den Pferden nichts anfangen. Ich bitte Euch.«

»Aber, lieber Fürst!«

»Es hilft nichts, das Pferd steht bereits an Eurer Krippe. Keine Ausrede.«

Brühl war verlegen, jedoch konnte er das Geschenk nicht ablehnen. Da die Abreise herankam, wurde Wein gereicht, es erschienen die Herren Morawski, Czapski und Brzostowski, ein fröhliches Gespräch um allgemeine Dinge begann, man scherzte und lachte wie in guten Nieświeżer Zeiten. Man erzählte von Besuchen bei ungarischen Magnaten und Empfängen auf alten Schlössern, von allerlei mutwilligen Späßen des Fürsten, schließlich aber leerte Brühl sein Glas auf das Wohlergehen, auf den Erfolg und auf eine baldige triumphale Heimkehr der ganzen Familie, und erschöpft zur Auffahrt hinausgeführt, fand er dort den Starosten von Zawidy und eilte mit ihm zum Schwarzen Adler.

Auf dem Wege berichtete der Starost bereits von dem geschenkten Pferd, einem bildschönen goldfarbenen türkischen Hengst, und dazu gehörte, was noch schlimmer war, ein Paradesitz, welcher zweimal soviel wert war wie das Pferd. Die fürstliche Gabe versetzte Brühl in die übelste Laune, jedoch mußte er sie annehmen. Am Schwarzen Adler war schon alles bereit, sogar die Pferde standen auf der Straße. Brühl und seine Begleiter saßen auf und machten sich sogleich auf den Weg. Kaum aber hatten sie das Stadttor passiert, als hinter ihnen lautes Hufgetrappel erscholl. In einer Staubwolke ritten Fürst Karol, der kleine Hieronim, fünf der jüngeren Damen und drei Schwiegersöhne heran, umstellten Brühl und nahmen ihn gefangen.

Die Generalin Morawska befehligte die Abteilung mit solcher Leidenschaft, daß sie über dem Haupt des Grafen aus der Pistole feuerte. Es gab viel Lärm und Gelächter. Der Graf wollte sich schon an den Fürsten wenden und ihm bezeugen, daß er keinerlei feindliche Absichten hege und nicht gefangengenommen zu werden brauche, als »Liebwerter Herr«, ihm zuzwinkernd, zu verstehen gab, daß es hier lediglich um ein Vesperbrot in einer unweit stehenden Hütte gehe. Die ganze Kavalkade jagte denn auch dem nahen Wäldchen zu, in welchem sich schon die Fürstin-Mutter und die Hälfte ihres weiblichen Hofes befanden. Die Mädchen, als Schäferinnen verkleidet, hielten Kränze in den Händen und begrüßten sie mit Gesang und Tanz, was ein durchaus schöner Anblick war. Die reichlich gedeckten, vor Kristall und Silber glänzenden, mit Blumen geschmückten Tische, an die auch einige zu Gast weilende Ungarn geladen waren, lockten zu sich.

Brühl, der eingefangene Flüchtling, wurde der Fürstin Kunegunda zugeführt, und sie hieß ihn neben sich sitzen. Gläser machten die Runde, es spielte Musik, die Mädchen sprangen umher, und die Männer befaßten sich mit Zielschießen. Kaum waren mehrere Pistolenschüsse ertönt, als sämtliche Prinzessinnen herbeieilten, um gleichfalls Beweise ihrer Geschicklichkeit zu liefern. Eine Schießscheibe wurde aufgestellt, und ein munteres Geknalle ging los. Der Reihe nach wurde geschossen, und schließlich fragte Frau Morawska den Grafen de la Grange, ob nicht auch er als einstiger Soldat ihnen vormachen wolle, wie man in Frankreich schießt.

»Mit dem größten Vergnügen«, antwortete Brühl, erhob sich und ging lächelnd zur Schießscheibe. »Nur sind wir Franzosen an ein etwas ferneres Ziel gewöhnt.«

Eine gewisse Schwierigkeit ergab sich, weil der Graf Pistolen verlangte, die er, um sicher zu gehen, selbst laden wollte, so daß die Generalin ihrem Gatten zuraunte, daß einer schlechten Tänzerin eben schon das Schürzchen im Wege sei.

Schweigen trat ein, als Brühl nach so vielen Vorkehrungen Aufstellung nahm und aus vier Pistolen, die er seinen Satteltaschen entnommen hatte, vier Schüsse abgab und dabei Kugel auf Kugel setzte. Diejenigen, die sich schon hatten lustig machen wollen, erklärten ihn mit Geschrei zum Schützenkönig. Dies gab neuen Anlaß zu Vivatrufen und zum Aufschub der Reise, so daß es schon recht spät am Abend war, als sich der Graf, nach feierlichem Abschied von den höflichen Gastgebern, endlich in den Sattel schwang und, begleitet von neuen Zurufen und Schüssen, auf seine weite Reise aufbrechen konnte.

In Krystynopol angelangt, wurde er sogleich dem Woiwoden gemeldet. Potocki eilte, ihn zu umarmen, und verlangte mit großer Neugier nach den mitgebrachten Nachrichten. Auch die Woiwodin kam herzu, und das Ausfragen begann. Brühl wich der Wahrheit zunächst aus, um den Woiwoden, der Tröstliches zu hören hoffte, nicht zu betrüben. Das Woiwodenpaar hörte ihn geduldig an, schließlich jedoch empfanden sie die Beschreibungen des Hofes, der Truppen, der prächtigen Vergnügungen als ermüdend.

»Aber, letztlich, was bringt Ihr mir mit? Welche Hoffnungen macht mir der Fürst?« fragte Potocki.

Brühl lächelte.

»Mit dem Fürst-Woiwoden muß man so reden, wie er es gewöhnt ist«, versetzte er. »Auf jede meiner Fragen erhielt ich die stets gleiche Antwort, daß er dem Herrgott und dem Säbel vertraue, daß man die Hoffnung nicht aufgeben solle und die Vorsehung Rat schaffen werde. Der Woiwode möge bereitstehen, wir alle sollten Geduld haben.«

»Wie das? Keinerlei Beistand, von nirgendwoher? Keine Aussichten darauf?« fragte der Woiowde.

»Keine, außer jenen, von denen ich sprach«, erwiderte Brühl. »Eine ritterliche Seele, herrschaftliche Pracht, jedoch eine Politik, die ich eine kapuzinerhafte nennen würde.«

Potocki zuckte die Achseln.

»Auch Kapuziner können sich zu einer klügeren aufschwingen«, sagte er düster. »Aus der Ferne gesehen, ließe sich mutmaßen, daß er etwas im Schilde führt und sich dabei auf eine gewisse Basis stützt.«

»Und aus der Nähe kann man sich davon überzeugen«, schloß Brühl, »daß er, während er auf andere wartet und hofft, weder klar vor Augen hat, wohin er gehen soll, noch wo ihn das alles hinführen kann.«

Die Woiwodin und ihr Gatte wechselten betrübte Blicke, sie sahen niedergeschlagen aus.

»Also muß man sich einstweilen ergeben«, sagte Potocki entrüstet. »Muß dasitzen, schweigen, auf der Trense kauen, dulden und seine Demütigung dem Herrgott überlassen. Ich habe zu Branicki geschickt, der will von nichts mehr etwas wissen, und in Warschau macht man uns zur Bedingung, daß wir den Nacken beugen und vor dem neuen Herrn feierlich Abbitte leisten.«

Der alte Woiwode seufzte.

505

»*Fiat voluntas Tua!*«, setzte er leise hinzu.

Der ganze Abend verging so unter Wehklagen. Es wurde beschlossen, für die Zukunft auszuharren.

»Er hat keine Politik«, sagte der Woiwode. »Also müssen wir eine solche für ihn und für uns haben.«

Am nächsten Morgen reiste Brühl, im voraus von allen Sünden freigesprochen für den Fall, daß er sich versöhnen wollte, zurück nach Warschau.

X

Nach langer Unruhe, Zerrissenheit, erschöpfender Anarchie hatte vielleicht noch niemals eine glanzvollere, mit größeren Hoffnungen verbundene neue Herrschaft begonnen als nach Stanisław Augusts Thronbesteigung. Ein anderes, erneuertes Leben, so schien es, zog in die gesamte Gesellschaft ein. Die unversöhnlichen Parteien streckten die Waffen und taten sich zusammen. Alles erwachte, alle sahen die Notwendigkeit von Reformen und schienen bereit, denselben einiges von den entbehrlichen Rechten und Privilegien zu opfern. Der Widerstand, den es vor der Königswahl gegeben hatte, schwand und ging in dem starken, einem neuen Leben zustrebenden Strom unter.

Vom Mai bis zum September, da die Krönung den Wahlakt vollendete, und bis zum Dezember und zum Reichstag herrschte die Familia über die Rzeczpospolita und verstand es, die allgemeinen Sympathien für sich zu gewinnen. Die anfangs für bedrohlich und sturmschwanger gehaltene neue Königsherrschaft stieg an einem heiteren Himmel und unter einer belebenden Sonne empor.

Brühl, nach seinem Ausflug wieder in Warschau, sah sich in der Verlegenheit, daß er, wo er doch in Krystynopol geweilt hatte, Dresdener Neuigkeiten, nach welchen er befragt wurde, vorweisen mußte, und so hielt er sich wie schon zuvor abseits und verzichtete auf eine Teilnahme am öffentlichen Leben. Es war dies kein Opfer für ihn, und Ehrgeiz verzehrte ihn nicht. Er betrachtete, ein gleichgültiger, kühler Zuschauer, die Vorgänge um sich herum. Das Leben floß für ihn gemächlich dahin, indessen es für die anderen mit Blitzesschnelle sauste. Nachrichten aus jener Welt, in die er sich nicht drängen mochte, die er aber auch nicht floh, wurden ihm zugetragen. Wer weiß, vielleicht hätte er sich nach dem Verlust der früheren Stellung in der Rzeczpospolita auf seine sächsische Staatszugehörigkeit und die väterlichen Beziehungen besonnen, hätte ihn nicht zum einen die Ehe mit der Potocka und zum anderen jenes für damalige Zeiten sonderbare und fast komisch anmutende Verhältnis zu einer Frau gebunden, für die er eine stille, dauerhafte Zuneigung bewahrte. Zwar schwand ihm diese Frau immer wieder aus den Augen, manchmal für lange Zeit, das Gefühl aber für sie wurde nicht schwächer. Beide wußten sie, daß zwei unüberwindliche Schranken sie trennten, daß sie vom Schicksal nichts erhoffen konnten, dennoch minderte nichts diese Liebe, über welche die Leute anfangs viel geredet, die sie dann aber vergessen hatten, da sie nicht mehr an sie glaubten.

Nach der Rückkehr des Grafen Brühl war es Godziembas Beschluß, dem Befehl der Gräfin zu folgen und seine Entlassung aus dem Dienst an Brühls Hof zu erwirken. Die Französin jedoch teilte ihm insgeheim mit, daß er den Befehl nicht buchstäblich nehmen müsse, daß er für einige Zeit ins Pinskische zu seinen alten Leuten reisen und danach wiederkehren könne. Ob sie das auf Anordnung ihrer Herrin tat oder aus eigener Mutmaßung, wurde nicht deutlich, sie versicherte nur, es werde dies keine bösen Folgen nach sich ziehen. Die Dumont gab sich diesmal sehr zurückhaltend, sie lächelte, räusperte sich, segnete Godziemba und mahnte ihn, nicht wieder so lange fortzubleiben. Der Herr Sekretär hielt es für angebracht, der Gräfin seine

Abreise mitzuteilen und sich zu verabschieden. Frau Brühl, hochrot, empfing ihn stumm, als er sich aber bereits zur Tür hin entfernte, hauchte sie kaum hörbar, er möge nicht zu lange fortbleiben und wiederkommen.

Godziemba reiste ab, ließ sich jedoch von den beiden Alten nicht festhalten, erlaubte ihnen nicht, ihn zu verheiraten, und kehrte klopfenden Herzens nach Warschau zurück, ohne zu wissen, was ihn erwartete. Die Begrüßung verlief kühl, das einstige zeremonielle Verhältnis ward unverändert wiederhergestellt. Godziemba, in dem Wunsch, dasselbe aufrechtzuerhalten, schwieg.

Wir sprachen bereits von der wie eine Mutter geachteten alten Amme, die Godziemba in Warschau untergebracht hatte und die er fast täglich besuchte. Sawaniha, die einfache Landfrau, vom Alter, von der früheren Arbeit und den Leiden gebrochen, hatte ihren klaren Verstand und ihre schnelle Auffassungsgabe aber bewahrt. Vieles, was ihr Godziemba niemals anvertraute, erahnte sie dennoch. Allerdings versuchte sie nie, denjenigen, den sie ihren Sohn nannte, zu lenken. Manchmal warf sie ein Wort hin, gleichsam in den Wind, wissend, daß es in ihm haftenbleiben würde. Sie brauchte ihn nur anzusehen und las in seinem Gesicht jedes Gefühl – Freude, Unruhe, Trauer.

Wie auch andere Geheimnisse hatte Sawaniha längst die verborgene Liebe zu der Gräfin erkannt, hütete sich aber, ihm zu zeigen, daß sie davon wußte. Sie hörte nur geduldig zu, wenn er von der Dame sprach und sich bewundernd über sie äußerte. Als die alten Godziembas ihn mit ihrer Tochter verheiraten wollten und nach deren Tod ihre Liebe auf ihn übertrugen und mit ihrem Besitz beschenkten, erteilte Sawaniha nie einen Rat, nur so nebenher, auf Dörflerart, malte sie ihm gelegentlich das ruhige Leben auf dem Lande, wo jeder sein eigener Herr sei, und beklagte bisweilen, daß ihrem Fadejek das Leben verkümmere.

Ihrer Ansicht nach mußte Godziemba ahnen, daß sie Bescheid wußte. Als er nach jenem tragischen Abend, welcher beinahe seine Vertreibung aus Warschau zur Folge gehabt hätte, zur Amme kam, erbleichte die Alte, sie bekreuzigte sich und betete, entsetzt über seine Verzweiflung. Erst zwei Tage darauf begann sie lebhafter als sonst vom Lande zu erzählen. Tadeusz antwortete nichts. In späteren Gesprächen kam sie ständig darauf zurück. Als ihm jetzt die Französin vorschlug, ins Pinskische zu fahren, und Sawaniha, als er bei ihr saß, ihm ihren Segen mit auf den Weg gab, redete sie mit leiser Stimme so dringlich auf ihn ein wie niemals zuvor.

»Gott allein weiß, wann er das Ende schickt für meine alten Tage und mich zu sich ruft. Danach wird dir keiner mehr aufrichtig die Wahrheit sagen. Gib zu, mein Fadejek, daß ich alte Frau dich immer angehört habe wie eine Dienerin, nie hab ich etwas gefordert, ich hab stillgeschwiegen, denn du bist ein Mann und solltest deinen Verstand haben. Bei mir aber steht der Tod vor der Tür, darum muß die Wahrheit einmal aus mir heraus. Warum sollte ich sie dir verhehlen? Für dich sind dieser Hof und die feinen Damen nichts, wo du selbst dein Herr sein kannst. Hättest du nicht längst heiraten, dich an Kindern erfreuen und in aller Ruhe wirtschaften können? So aber werden die Jahre vergeudet, sie kommen nicht wieder!«

Sawaniha weinte, Godziemba schwieg, dann erhob er sich und sagte nur kurz: »Ich kann nicht.«

Als Godziemba von der Reise zurückkehrte, fand er die Alte krank und schwach im Bett liegend. Das Wiedersehen erfreute sie so sehr, daß sie aufstand und sich, während sie sich von der Reise berichten ließ, wie gewohnt an das Spinnrad setzte. Ihre Hände aber zitterten, sie warf den Spinnrocken fort, und am Abend mußte sie sich wieder legen. An einem der folgenden Tage traf Godziemba sie kurzatmig an, mit glühenden Augen und ausgedörrten Lippen. Er lief sofort los, einen Doktor zu holen, der kam, sah, verschrieb etwas und sagte im Hinausgehen, die Lampe müsse erlöschen, da sie ausgebrannt sei.

Sie erlosch in derselben Nacht, denn die Alte erwachte nicht mehr aus dem fiebernden Schlaf. Godziemba kümmerte sich selbst um das Begräbnis und legte Trauer an. Sawaniha hinterließ eine große Leere in seinem Leben. Nichts konnte ihre mütterliche Liebe ersetzen. Godziemba erinnerte sich jetzt an jedes ihrer Worte und behielt es im Herzen. Er wurde noch niedergedrückter. Als er zum erstenmal während seiner Trauer zur Gräfin kam und dieselbe nach dem Grund der schwarzen Kleider fragte, erzählte er ihr zunächst in wenigen Worten, dann ausführlicher und aufrichtiger von dem erlittenen Verlust.

Die Gräfin hörte ihm zu, eine heimliche Träne glitzerte in ihrem Auge.

»Ihr tut mir leid«, sagte sie und ging gerührt hinaus.

Mitleid und Traurigkeit brachten die beiden einander wieder ein wenig näher, jedoch war der Umgang der Gräfin mit ihrem Sekretär streng und bedacht, sie gab ihm keine Gelegenheit, sich vertraulicher zu äußern. Bisweilen gönnte sie ihm ein längeres Gespräch, allerdings über Gegenstände, die keinerlei gefährliche Wendung zuließen.

Im Sommer jenes Jahres mußten die Sołłohubs nach Italien und in die Schweiz fahren. Die Reise war von den Ärzten nicht der wie eine Rose blühenden und noch immer seltsam jungen Frau Sołłohubowa anempfohlen worden, sondern ihrem bedauernswerten Ehemann, welcher zusehends erlosch.

Sein Gesundheitszustand rührte das mitleidige Herz der Ehefrau, sie brachte ihm mehr Zartgefühl entgegen und bot an, ihn selbst auf der Reise zu begleiten. Der arme Kranke aber konnte keine Illusion hegen und ihren Entschluß einem anderen Gefühl zuschreiben als dem Erbarmen. Vor der Abreise besuchten beide

Sołłohubs die Brühls, die schöne Maria vermied jedes vertrauliche Wort an den Grafen, um dem Gatten nicht weh zu tun. Tiefbetrübt und schweigsam, hatte sie bisweilen unnatürliche, fast peinlich anmutende Ausbrüche von Fröhlichkeit. Sie war sichtlich darum bemüht, zu verbergen, was in ihrem Innern vorging. Als Sołłohub mit Brühl allein war, nahm er wehmütig von ihm Abschied und machte nicht einmal Hoffnung auf eine Wiederkehr.

»Nur eines könnte mich kurieren«, sagte er. »Aber das ist leider etwas Unmögliches. Maria wird mich niemals lieben. Sie ist gut wie ein Engel, aber sie hat nicht zwei Herzen, und das eine, welches ihr der Herrgott gegeben hat, muß sie an jemanden verschenkt haben.«

Er sah Brühl an und schwieg. Der zog den krankhaften Humor des Freundes ins Scherzhafte, er sprach von Italien, über die Reise und ließ nicht zu, daß Sołłohub auf das Thema zurückkam.

Entgegen allen Vorahnungen des Kranken taten Italiens Luft, die Bäder, die Heilwasser Sołłohub gut, seine Frau genoß die Zerstreuung, und im Herbst kehrten beide nach Warschau zurück. Er gekräftigt und resigniert, sie wieder gleichmütiger und heiterer.

Zu Marias ersten Unternehmungen gehörte ein Besuch bei den Brühls. Da sie die Gräfin kannte, brachte sie ihr geweihte Rosenkränze mit, Ablaßgegenstände, Reliquiare und Brühl das hübsche Gemälde eines italienischen Meisters, der, obwohl er unbekannt zu sein schien, alle Merkmale eines vorzüglichen Künstlers aufwies. Kostbarer indessen als alle Geschenke war Marias Rückkehr, ihr fröhliches Zwitschern, ihr belebender Blick, ihr lächelnder Mund, ihr Herz, welches im Einklang mit einem anderen schlug. Brühl war an diesem Tage so strahlend und glücklich, daß selbst die Gräfin dies spürte und verstand. Am Abend sprach sie ein wenig länger, ein wenig ungezwungener mit dem Sekretär.

Das ruhige Haus der Brühls, in welchem jedoch zahlreiche zur Familie gehörende Personen verkehrten, belebte sich merklich mit Frau Sołłohubowas Wiederkehr und mit der Eröffnung des Krönungsreichstages. Es war dies jener mit großen Hoffnungen erwartete Sejm, mit welchem sich Reformen und eine Erneuerung des Geistes ankündigten. Nichts indessen wies darauf hin, daß er Brühls Verhältnis zur Familia und zum Regierenden beeinflussen würde. Der Graf hatte seinen Stolz und zeigte keine Eile, sich zu versöhnen. Mniszech und andere Freunde deuteten wiederholt an, er solle vergessen. Er erwiderte darauf, er wolle keinen Zank, das erlittene Unrecht sei vergessen, da es sich für ihn zum Guten ausgewirkt habe.

»Genau so ist es«, pflegte er lächelnd zu betonen. »Ich genieße das häusliche Glück in vollen Zügen. Ich habe keine Pflichten, die mich von seinen Annehmlichkeiten fortreißen, das verdanke ich meinen Feinden.« Er zuckte die Achseln.

Die prachtvolle Krönung, welche die damalige Hauptstadt bewegte und so viel weiblichen Enthusiasmus für den schönen jungen König weckte, ging an Brühl beinahe unbemerkt vorüber. Er war nicht einmal neugierig, dieselbe mit anzusehen. Die Sołłohubowa überredete die Gräfin fast gewaltsam, mit ihr auf die Estrade zu kommen, und von den zurückkehrenden Damen erfuhr Brühl von den Einzelheiten der Feierlichkeit, die ihn sonst nicht berührte. Danach folgte der Sejm, der ihn ebensowenig interessierte.

Brühl befaßte sich intensiv mit Musik, er veranstaltete Vortragsabende in seinem Haus, als eines Tages im Dezember unverhofft Mniszech auftauchte. Es war dies ein zu dieser Stunde seltener Gast. Er begrüßte im Salon kurz die Hausherrin und zog dann den Grafen beiseite.

»Ich bin in hoher Mission zu dir gesandt«, sagte er leise.

»Was gibt es denn?«

»Der König möchte dich sehen.«

Brühl blieb stumm.

»Er hat es mir selbst gesagt«, setzte Mniszech hinzu.

»Denk an den Reichstag von 1762«, erwiderte Brühl ruhig. »Ich bin nicht der Angreifer gewesen, nicht ich habe den Kampf begonnen, ich habe nicht den geringsten Anlaß für einen so wütenden Auftritt gegen mich gegeben. Erinnere dich an die Rolle, die der Truchseß gespielt hat, danach an den Konvokationsreichstag und wie man mir den polnischen Adel abgesprochen, mich der Ämter und Würden beraubt hat. Nach all dem, nach dem Unrecht, welches meinem Vater angetan wurde, glaub mir, da steht es dem erstgeborenen Sohn nicht an, sich vor dem Sieger zu demütigen und Eintracht zu suchen.«

»Die Verhältnisse haben sich geändert«, entgegnete Mniszech. »Nicht du suchst Eintracht, sondern der, welcher sich schuldig gemacht hat.«

»Wer wird davon wissen, wenn er mich bei ihm sieht?« fragte Brühl gelassen.

»Vielleicht bedenken wir die Wege, wie man euch zusammenführen kann; zeige nur guten Willen. Wir alle benötigen die Eintracht, und du kannst Polen nützlich sein.«

»Überlege es und richte es ein, wie du willst«, erklärte Brühl. »Aber bedenke, daß ich nicht den ersten Schritt tue und auf dem Schloß erscheine.«

»Du wirst nicht verlangen können, daß der König zu dir kommt!« erwiderte Mniszech lachend.

»Oh, kaum!« rief Brühl aus und verabschiedete den Schwager.

Das Gespräch bewegte ihn nicht sehr. Mniszech sprach mit niemandem darüber, alles blieb geheim. Am nächsten Tag jedoch erhielten die Brühls für den Abend eine Einladung des Kammerherrn Potocki und seiner Gattin. Der Kammerherr, ein Enkel des Hetmans und ein Verwandter des Woiwoden, war auch mit dem

König verschwägert. Brühl gab dies zu denken, er wollte Ausflüchte machen, aber die Sołłohubowa kam offenbar absichtlich vorbei und nötigte ihm das Versprechen ab, zu dem Abend zu fahren. Sie schmeichelte sich bei Frau Brühl als Begleitung ein und mahnte den Grafen, sie nicht zu enttäuschen.

Als der Abend herankam, begaben sich alle zu den Potockis. In deren Palais, welches unweit vom Schloß stand, hatte sich bereits eine zahlreiche Gesellschaft eingefunden, vor allem viele Frauen waren hier, elegant gekleidete, fröhliche, lächelnde, kokette. Die Traditionen Augusts des Starken lebten wieder auf.

Brühl indessen wußte weder, noch ahnte er es, daß der König kommen würde. Im Salon gab es plötzlich Bewegung, die Damen formierten sich zu einer Reihe, die Hausherrin, eine Nichte des Königs, schritt auf die Tür zu, und an der Schwelle erschien Seine Majestät.

Alles lächelte dem König zu, und er lächelte zurück, darüber froh, die Herzen zu gewinnen, die Menschen an sich zu ziehen, Ruhm zu erwerben – kurz, das Glück, welches ihm hold war, zu rechtfertigen.

Auf den Gesichtern der Umstehenden war Bewunderung zu sehen, bei den Frauen Enthusiasmus. Mit dem König betraten der junge Branicki, ein Adjutant und ein Kammerherr den Saal, aber letztere tauchten sofort in der Menge unter. Der König mochte sich nicht mit einem allzu offiziellen Gefolge umgeben, die Damen umringten ihn, so daß es schon schwer war, an ihn heranzukommen.

Brühl, der etwas entfernter am Fenster stand, war leicht verwirrt, als er den König eintreten sah, jedoch mußte er bleiben. Stanisław August begrüßte zunächst die Damen, bald aber drängten alle Anwesenden zu ihm, besonders jene, die noch unlängst seine heftigsten Widersacher gewesen waren. Plötzlich fand man an ihm besondere Eigenschaften, und der leise geäußerten Lo-

514

besworte war kein Ende. Jeder wollte gesehen, mit einem Wort oder zumindest einem Kopfnicken beehrt werden. Der überaus höfliche König erfüllte mit großer Sorgfalt die schwere Pflicht, niemanden zu kränken, und so wie sich die einstigen Feinde am tiefsten vor ihm verbeugten, so gönnte er ihnen das liebenswürdigste Lächeln.

Von seinem Platz am Fenster aus betrachtete Brühl die stets gleiche und stets amüsante höfische Komödie. Er dachte nicht daran, sich hinzudrängen und in Erinnerung zu bringen, jedoch wollte er sich auch nicht feindselig und grob benehmen, indem er das Feld verließ. Er blieb, wo er war. Die Begrüßung zog sich eine Weile hin, da die Damen den König mit Beschlag belegten und jede ihn einen Augenblick lang für sich haben wollte. Eine jede ließ er beglückt, mit klopfendem Herzen und voller Hoffnungen zurück. Nachdem der Blumenkranz abgeschritten war, nahm der König den Gastgeber beim Arm und flüsterte ihm etwas zu. Sein Blick richtete sich auf den abseits stehenden Brühl, und beherzt ging er auf denselben zu.

»Lieber Graf!« rief er lächelnd. »Ich bin sehr glücklich, daß wir uns hier begegnen. Schon längst habe ich den Wunsch, Euch zu sehen und die unliebsame Erinnerung an Ereignisse auszulöschen, die auch ich gern vergäße. Ich wünschte von Herzen, Ihr möget sie vergessen. Den unglückseligen Truchseß, der sich Eure Gunst verscherzt hat, gibt es nicht mehr auf der Welt, an seiner Stelle ist jetzt der König, der Euch und Eure Eigenschaften hoch schätzt, der Hilfe benötigt und Euch entgelten möchte, was Ihr erlitten habt.«

Diese Worte, in allerfreundlichstem und allerhöflichstem Ton gesprochen, nahm Brühl mit der gleichen Bereitschaft auf, das Vergangene vergessen zu machen.

»Ich bin Eurer Königlichen Majestät sehr dankbar für die gunstvolle Gesinnung. Es ist mein Wunsch, meiner Wahlheimat, mit der mich so vieles verbindet, zu dienen und zugleich Eurer Königlichen Majestät.«

»Und dazu, lieber Graf, werdet Ihr reichlich Möglichkeit haben, bei Euren vorzüglichen Fähigkeiten«, begann der König. »Ich gebe Euch sofort den Generalsposten zurück, denn die Artillerie verdankt Euch viel und braucht Euch, ich setze Euch wieder als Gouverneur von Warschau ein, wofür Ihr ein erstes Recht habt, schließlich wird das Indigenat die Grafenfamilie fest in der Bürgerschaft Polens verankern.«

Brühl wollte danken.

»Ich bitte Euch, dies anzunehmen, ohne zu danken, als eine Euch gebührende Wiedergutmachung«, sagte Poniatowski. »Eines verlange ich, um eines bitte ich – seid mir ein Freund. Unsere Geschmäcker sind ähnlich. Ihr liebt die Kunst, ich ebenfalls. Ihr befaßt Euch mit Literatur, die mir die liebste Beschäftigung ist. Nach unseren Auffassungen, unserer Lebensart, sogar hinsichtlich unserer Jugenderinnerungen gehören wir zu einer Welt.«

Brühl war bezaubert.

»Majestät, Ihr könnt sicher sein, keinen treueren Freund zu haben«, sagte er. »Ich besitze keinen Ehrgeiz, daher bin ich niemandem im Weg, und arbeiten werde ich gern, denn daran bin ich gewöhnt.«

Das Gespräch, auf welches sich König Poniatowski offenbar vorbereitet hatte, wie er dies gewöhnlich tat, wenn er mit Ausländern oder Menschen besonderer Profession zusammentreffen sollte, wandte sich sogleich der Artillerie zu, ihren Fortschritten, Erfordernissen, dem Mangel an Festungen in Polen, dem Zustand von Kamieniec Podolski, der Möglichkeit der Befestigung Częstochowas usw. Der König bemühte sich, Brühl seine Kenntnis vom Land und vom Zustand der Artillerie vorzuführen, aber auch von den Anforderungen der Zeit und den Bedürfnissen des Militärwesens. Er besaß ein nichtalltägliches

Talent, mit Leichtigkeit und einer Scheingelehrsamkeit über alles zu reden, mit Frauen über Blumen, mit Soldaten über das Militär, mit Handwerkern über Werkstätten. So manches Mal wurde sein enzyklopädisches Wissen bewundert, welches er einer leichten Auffassungsgabe und zugelieferten Notizen verdankte. An diesem Abend wurde er für Brühl zum Artilleristen und verstand es, außer mit seiner Erudition zu glänzen, auch eine Reihe von Kenntnissen von ihm zu erlangen.

Poniatowski kannte ebenso die Leidenschaft des Grafen für das Theater, und er wußte über die Autorenschaft seiner Bühnenstücke Bescheid. Nachdem denn die Artillerie und die Feuerwerkstechnik ausgeschöpft waren, widmete er sich sogleich der Kunst, sprach über die Dresdener Galerie und danach über das Theater, welches er in Warschau zu schaffen gedachte.

»Es ist die Aufgabe meiner Regierungszeit«, erklärte er, »aus der Rzeczpospolita einen europäischen Staat zu machen, dem Volk zu geben, was ihm fehlt oder was es verloren hat: eine Literatur, ein Theater, die Liebe zur Kunst. Ihr werdet mir dabei helfen, Graf, aus Warschau, dieser Anhäufung von Häusern, eine Stadt zu machen, die würdig ist, sich Hauptstadt zu nennen. Wir müssen die an uns festgewachsene mittelalterliche Schale sprengen und den Fährten anderer Völker folgen – in den Fortschritt.«

Alle diese schönen Zukunftspläne flossen nicht nur aus dem Munde des Königs, sondern auch aus seinem Herzen. Ohne Zweifel hatte er zu Beginn seiner Regierung solche Absichten und Hoffnungen, ein solches Ziel vor sich. Ob immer die geeigneten Mittel zur Erreichung desselben gewählt wurden, ist eine andere Frage. Der König begeisterte sich, während er sprach: »Jawohl, Euch und alle anderen bitte ich, mich zu untersützen, mir Gedanken beizugeben, meine Schwäche mit Euren Kräften zu stärken. Die Aufgabe ist groß, schön und eines edlen Volkes würdig.«

Brühl sagte nicht viel, die wenigen Worte aber, die der König vernahm, überzeugten ihn davon, daß von dem alten Hader keine Spur mehr übrig war. Der Graf schätzte die Ruhe und liebte die Arbeit, politische Intrigen hatten ihm genügend das Leben vergällt, sie schreckten ihn ab für alle Zeit.

»Ich bitte Euch, Graf«, schloß der König. »Seid auch ein Mittler zwischen mir und dem Herrn Woiwoden. Er soll keinen Groll gegen mich hegen.«

Poniatowski drückte Brühl die Hand, und nachdem er ihn für den folgenden Tag zum Mittagessen eingeladen hatte, begab er sich zur Gräfin Brühl, um sich auch vor ihr zu verneigen und sie mit einigen freundlichen Worten für sich einzunehmen. Ganz von selbst lief ihm dabei die Sołłohubowa in den Weg.

»Majestät«, sagte sie, sich verbeugend, »ich komme, mich in Erinnerung zu bringen und Euch zu bitten, mir für den Herrn Truchseß nicht böse zu sein.«

»Und doch habe ich«, antwortete der König liebenswürdig und küßte das hübsche Händchen, »von ihm die Bewunderung für Euch geerbt, und fürwahr, ich werde dieselbe wohl nie aus meinem Herzen reißen können.«

Ohne eine Erwiderung trat die Sołłohubowa beiseite und gab den Blick auf die Fürstin Sapieha frei, die sich, noch immer entzückend wie eine blühende Rose, den Fächer an die Lippen hielt und, mit dem Finger an ihr Näschen tippend, dem König drohte.

Seine Majestät bemerkte dies, er lächelte der abtretenden Sołłohubowa zu und näherte sich jener, die zu der Zeit als eine der Ephemerischen des Königs galt.

Frau Sołłohubowa entwand sich geschickt der Damenschar und, gleichsam durch den Salon irrend, gelangte sie wie unabsichtlich zu Brühl, der nach dem Gespräch mit dem König viele gute Freunde gefunden hatte, solche, die ihn, als er den Salon betrat, nicht zu begrüßen gewagt hatten.

»Lieber Graf«, flüsterte sie, »ich komme, um Euch vielleicht als erste zur Rückgabe der alten Ämter und Würden zu gratulieren. Ich freue mich aufrichtig darüber. Aber, ach, der Artilleriegeneral, der den ganzen Tag über im leeren Zeughaus sitzt, wird uns den liebenswerten Brühl nehmen, den wir so gern haben.«

Sie blickte ihn an, und der Graf lächelte.

»Glaubt mir«, sagte er leise, »sogar wenn ich das Unglück hätte, König zu werden, so könnte mich auch das nicht davon abbringen, Euch zu bewundern und Euch zu treuen Diensten zur Verfügung zu stehen.«

»Ein Kompliment!« seufzte die Sołłohubowa.

»Aber es enthält die für mich traurige Wahrheit, die Ihr kennt und von der ich Euch nicht sprechen kann.«

Der König, der zum Fürst-Kanzler eilen mußte, rüstete zum Aufbruch, und wieder erbebte, zu ihm hindrängend, der ganze Salon. Bald nach Poniatowskis Abfahrt jedoch leerte er sich, denn die Mehrzahl der Gäste war, wie sich zeigte, nur in der Hoffnung gekommen, die Majestät zu sehen.

Brühl wurde umringt, man gratulierte ihm, denn inzwischen wußten alle, daß er zu den alten Ehren zurückkehren sollte, nur wunderte man sich ein wenig, daß er diese Nachricht mit solcher Gelassenheit aufnahm.

XI

Einige lange Jahre waren seit Brühls Wiedereinsetzung in seine alte Stellung in der Rzeczpospolita vergangen. Das rosa Morgenlicht der Königsherrschaft verschwand alsbald hinter drohenden Wolken. Der General der Artillerie blieb Zuschauer der Ereignisse und ein eifriger Arbeiter für die ihm übertragenen Dinge. Er hatte nicht die geringste Lust, sich in die inneren Kämpfe und Krisen, die das Land schüttelten, einzumischen. Er verkroch sich im Zeughaus und in seinem Palais, widmete sich als Gouverneur von Warschau tatkräftig den Angelegenheiten der Hauptstadt, aber weder der Schwiegervater noch Fürst Radziwiłł, noch andere Freunde vermochten es, ihn in irgendeinen Kampf hineinzuziehen und für eine Partei einzuspannen. Er war nicht geschaffen für politische Kabalen, und das, was er von klein auf hatte mit ansehen müssen, hatte ihm den Geschmack daran verdorben.

Die Gleichgültigkeit wurde ihm verübelt – Brühl jedoch schwieg.

»Um ehrlich zu sein«, pflegte er zu antworten, wenn man ihm seine Neutralität vorwarf, »könnte ich nicht sagen, was besser ist und zum Guten führt. Lieber bleibe ich untätig, als mir Irrtümer und Fehler vorwerfen zu müssen.«

So schrieb er denn Komödien, goß Kanonen und spielte Quartette. Zu Hause verband ihn das stets gleiche Verhältnis zartfühlender Höflichkeit mit seiner Frau, deren Gesundheit ungeachtet ärztlicher Bemühungen immer stärker bedroht erschien. Mit bewundernswerter Geduld ertrug die Frau Generalin ihren Husten, das leichte Fieber und die Schwäche. Mehrere Male schickten sie die Ärzte in Heilbäder und an die italienische Luft, sie reiste gehorsam in Begleitung der Dumont und einem mitgegebenen Gefolge, kehrte ein wenig gekräftigt zurück, aber nach kurzer Zeit war die alte Schwäche wieder da. Dann und wann fuhr die Gräfin, wenn man sie rief, nach Krystynopol, und manchmal zog sie es vor, sich in Warschau ganz zurückzuziehen, wo die Kirche nahe war und der geliebte Beichtiger.

Die Woiwodin seufzte, wenn sie die Tochter ansah, und empfand Groll gegen den Schwiegersohn, nie aber beklagte sich dessen Frau mit nur einem Wort, sie nahm eindeutig für ihn Partei und hielt ihm aufrichtige Freundschaft. Aber es war dies eine eiskalte Ehe, wo die Hände zusammengefügt waren, die Herzen aber einander nicht nahekommen, sich verstehen und verbinden konnten.

Der Kiewer Woiwode verübelte es womöglich dem Schwiegersohn, daß dieser sich gänzlich mit dem König ausgesöhnt hatte und es vermied, sich seiner Mißgunst auszusetzen, jedoch wußte er Brühls Charakter zu schätzen und verblieb mit ihm im besten Verhältnis.

Im Verlaufe dieser Jahre erkrankte Sołłohub erneut, an ihm zehrten irgendeine Krankheit und Lebensüberdruß. Der arme Jaś, obwohl noch jung, stand allem gleichgültig gegenüber, und sich immer elender fühlend, suchte er im Spiel Zerstreuung, welches damals zur Leidenschaft und zu einer gesellschaftlichen Katastrophe wurde.

Überall wurde gespielt – im Schloß, in den Wirtshäusern, in silbernen und goldenen Salons. Spieler aus Passion strömten in Scharen nach Warschau, legten für die leichte Verlockung Haufen von Gold auf die Tische, an die sich zu drängen ein Ding der Unmöglichkeit war. Sołłohub brauchte das Spiel nicht zu suchen, er hatte es überall und tagtäglich. Diese Arznei gegen Langeweile, Überdruß, Verzweiflung war schlimmer als die Krankheit, sie ersetzte die Apathie durch Fieber. Seine Schwäche und die Auszehrung nahmen zu. Die Lebensweise, die das Spiel begleitete, tötete ihn allmählich. Entkräftet kam er nach Hause, mußte manches Mal mehrere Tage liegen, dann stand er auf und kehrte zu dem suchtartig benötigten Gift zurück. Seine Frau versuchte ihn sanft davon abzubringen, auch Brühl bemühte sich darum – er hörte sich die Erklärungen an, lächelte, schwieg, stimmte bisweilen sogar zu, und anderntags verschwand er erneut, und man fand ihn in derselben Gesellschaft und in derselben fieberhaften Erregung.

Brühl, von Frau Sołłohubowa ersucht, bat den Freund, beschwor ihn, aber die Sucht war nicht zu besiegen.

521

»Was schadet es dir?« rief Sołłohub, Brühl umarmend. »Mir schmeckt nichts auf der Welt außer diesem verbissenen Kampf mit dem törichten Schicksal, und diese einzige, letzte Freude wollt ihr mir nehmen?!«

»Aber sie bringt dich um!«

»Und wenn ich umgebracht werden will?« erwiderte Sołłohub.

Schließlich geriet der arme Jaś dahin, daß er sich nicht mehr aus dem Haus rühren konnte. Da versammelte er Freunde und Abenteurer um sein Bett und verbrachte ganze Nächte beim Kartenspiel. Seine Frau weinte.

Eines Tages nach solch einer wahnwitzigen Erschöpfung stand es schlecht um ihn. Ärzte wurden geholt, aber er war bereits am Verlöschen, es gab keine Rettung. Das Fieber stieg, Schläfrigkeit trat ein, Ohnmacht, dann das Ende des zerrütteten Lebens.

Frau Sołłohubowa wurde eine junge, entzückende Witwe, sie verschloß sich zu Hause, hörte auf, in Gesellschaft zu gehen und selbst zu empfangen. Man erwartete, daß dies nicht länger als die Trauerzeit dauern werde, die sie genau einhalten wollte, um so mehr, als man allgemein wußte, daß sie den Gatten nicht geliebt hatte. Aber auch nach dem Abtrauern blieb Frau Sołłohubowa im engen Kreis der Verwandten und Bekannten. Diejenigen, denen ihre Reize, ihr Vermögen, ihr Witz und alle ihre Eigenschaften zusammen keine Ruhe ließen, versuchten auf allerlei Weise, sich ihr zu nähern, doch umsonst – sie erklärte unumwunden, daß sie nicht zu heiraten gedenke.

Im schlichten schwarzen Kleid, welches sich seltsam von den Gewändern abhob, für die man damals alles aufbot, fuhr sie zu den Brühls, oder sie zeigte sich in der Kirche, auf Spazierfahrten und erweckte dabei allgemeines Interesse. Boshafte Damen wähnten, sie wolle die Welt täuschen, indem sie Liebe für den Gatten vorspielte, jedoch konnten sie das mit keinem Kommentar erläutern, da das Benehmen der Witwe dafür nicht den geringsten Anlaß bot. Zwar wurde von der Freundschaft zum Grafen Brühl getuschelt, von dessen Bewunderung für sie, aber das waren alte Geschichten, die nicht von neuen Beobachtungen gestützt wurden.

So ging das Leben hin, wurde, wie in der Wirklichkeit üblich, aus grauen Fäden gesponnen, hier und da mit Goldstaub, einem roten Fleckchen, einem schwarzen Streifen durchwoben. Mindestens einmal in der Woche fuhr die Witwe zu Frau Brühl und verbrachte mit ihr den Tag, versuchte ihr bei den Arbeiten für die Kirche zu helfen oder sie mit einem Gespräch zu zerstreuen.

Auch der Graf erschien dann im Salon, und der kleine Kreis verschloß Fremden die Tür und vertrieb sich die Zeit bei Lektüre und Musik. Frau Sołłohubowa war emsig und spielte schön. Frau Brühl hörte gern zu, der Graf war begeistert.

In Krystynopol wuchs unterdessen der künftige Erbe und Nachfolger des Woiwoden heran, der geliebte einzige Sohn Feliks, in welchen die größten Hoffnungen für die Zukunft gesetzt wurden. Gerade war Polen nach dem Bürgerkrieg ein wenig zur Ruhe gekommen, als Graf Brühl eines Tages durch einen Eilboten aus Krystynopol eine vom Woiwoden selbst mit zitternder Hand beschriebene Karte empfing, auf der nur wenige Worte standen: »Ich bitte Euch, lieber General, kommt sofort nach Entgegennahme dieses Schreibens nach Krystynopol. Es ist dringend notwendig.«

Brühl ahnte, daß etwas sehr Wichtiges vorgefallen sein mußte. Um mehr zu erfahren, ließ er durch Godziemba den Boten rufen. Es war dies einer der Kosaken des Woiwoden, der auf die Frage, was in Krystynopol geschehen sei, antwortete, er wisse nichts zu sagen, alle seien gottlob gesund, und er habe Befehl, sobald das Pferd gefüttert sei, sofort zurückzureiten und die Antwort zu bringen.

Brühl, den Befehlen des Woiwoden stets gehorsam, ordnete

an, alles für die Reise vorzubereiten, da er aber am selben Tag nicht losfahren konnte, verschob er den Aufbruch auf den nächsten Morgen. Die Antwort des Kosaken hatte ihn weitgehend beruhigt. Er kannte den Woiwoden als aufbrausenden Menschen, den bisweilen auch ein weniger gewichtiger Umstand in Wallung zu bringen vermochte.

Es war schon ziemlich spät am Abend, als Frau Sołłohubowa, die schon am Abend zuvor bei den Brühls gewesen war und daher nicht erwartet wurde, noch einmal kam. Sie war so blaß und verschreckt, daß man ahnen mußte, eine schlechte Nachricht von ihr zu hören.

Auf die besorgte Nachfrage hin murmelte sie nur, daß ihr nicht recht wohl sei und daß das vorbeigehen werde. Indessen machte sie Brühl ein Zeichen, daß sie ihn allein sprechen müsse. Das war nicht schwer, da Frau Brühl mehrmals im Laufe des Abends verschiedener obligatorischer Gebete und Andachten wegen den Salon verließ und die Dumont sie fast immer begleitete, denn auch sie hatte Geschmack an der Frömmigkeit gefunden.

Nachdem die Gräfin hinausgegangen war, erhob sich die Sołłohubowa, holte aus dem Kleidausschnitt ein Blatt Papier, und mit dem Blick auf jene Tür weisend, durch die Frau Brühl verschwunden war, bedeutete sie ihm, er solle das Schreiben lesen.

Darin stand:

»Ich werde nicht die tragische Geschichte beschreiben, über welche sich landesweit die Nachricht verbreitet, da letztere jedoch *ad Regiam Majestatem* gedrungen ist, will ich dieselbe Euch zu Wissen redlich skizzieren. Herr Starost von Bełz, Sohn der Kiewer Woiwoden, welcher seit acht Monaten mit Wissen seiner Eltern drei Meilen von Krystynopol entfernt an der Jagd teilgenommen, verkehrte im Hause der Komorowskis, der Starosten von Nowosiołki, wo er sich in deren Tochter, die älteste ist mit dem Herrn Rachodowcer Starost verheiratet, verliebte, die ja von guter Erziehung und großer Schönheit sein soll, er bestürmte die Eltern derselben, sie heiraten zu dürfen, und als die Bedingung der Eltern lautete, den Entschluß nicht ohne Wissen und Erlaubnis der Kiewer Woiwoden zu fassen, bestürmte der Herr Bełzer Starost die Eltern, die Heirat bis zur Vollziehung geheimzuhalten, und wegen der heftigen Forderung unternahmen es die Eltern der Dame, die Erlaubnis zu erwirken, wozu auch Warschau beigetragen haben und daher im voraus von der beabsichtigten Eheschließung gewußt haben soll, welche am Tag des hl. Stephan erfolgte, und die Eltern der Dame hatten von jener Stelle aus Protektion für den Erhalt der *validitatis* der Ehe zugesagt bekommen. Nach der Trauung dann wurde die Ehe öffentlich bekanntgegeben und auch, daß sie *inpugnata* sei, wovon die Konsequenz ist, daß es eine Scheidung nicht geben kann.

Nun ist es am Aschermittwoch zum Einritt und zum *raptus* der Dame gekommen, mit einer Schießerei, bei welcher mehrere Personen verletzt wurden, die Dame aber hat man entführt, bei starkem Frost in Sommerkleidung und ohne Pelz, und da sie von zarter Konstitution ist, ist die größte Sorge, es könnte ihr durch Erkältung ein Unglück zustoßen, und überhaupt gibt es keine Spur, wohin sie verschwunden.«

Brühl, der bis zu dieser Stelle gelesen hatte, erblaßte und sah die Sołłohubowa an, die sich zu ihm beugte und flüsterte: »Furchtbare Nachrichten. Es heißt, man habe sie erschlagen oder ertränkt, über Krystynopol tobt ein Sturm, man bezichtigt den Starosten von Śniatyń der Gewalttat.«

»Soeben wurde ich durch ein Schreiben zum Woiwoden gerufen. Ich wollte morgen reisen, aber ich fahre sofort.«

Es war dies das erste Echo der schrecklichen Geschichte von Gertruda Komorowska, welche bald ganz Polen bewegen und allgemeine Empörung gegen den Kiewer Woiwoden auslösen sollte, denn ihm wurde das Ertränken der unliebsamen Schwiegertochter

525

zugeschrieben. Die der Tat verdächtigen Kosaken verschwanden über Nacht von seinem Hof, und einige Bedienstete des Woiwoden bestätigten die schlimmsten Ahnungen durch ihre Flucht.

Brühl und die Sołłohubowa beschlossen, die Generalin mit der Nachricht zu verschonen. Die Witwe wechselte noch ein paar Worte mit Brühl, ging dann, sich von der Cousine zu verabschieden, und fuhr davon. Brühl rief Godziemba, dem allein er alles anvertrauen und auch ans Herz legen konnte, über seine Frau zu wachen. Herr Tadeusz, der das Ungestüm des Woiwoden am eigenen Leibe erfahren hatte, zweifelte keinen Augenblick an der Wahrheit der Geschichte. Die Abreise wurde beschleunigt, Brühl verabschiedete sich mit einem Brief von der Gräfin, stahl sich aus dem Palais und rannte mit einem Diener zur Poststation. Noch in der Nacht verließ er Warschau.

Die Verbindungen der Komorowskis und der seit langem in Polen herrschende Unwille gegenüber dem überheblichen Woiwoden machten es, daß die Kunde von der Ermordung der unglücklichen Schwiegertochter alle Welt gegen die Potockis aufbrachte. Unterwegs konnte Brühl sich davon überzeugen, wie stark allseits der Ruf nach Rache war. Tag und Nacht jagte der Gouverneur über die vom Frühlingstauwetter aufgeweichten Straßen und erreichte schließlich die Krystynopoler Residenz. Wie in Kriegszeiten war das Tor durch Militär gesichert, auf den Wällen standen Soldaten, die Wachen vor dem Schloß und die Hauptwache waren bewaffnet. Im Schloß selbst herrschte unheilvolles Schweigen, überall an den Türen standen Diener mit düsteren Mienen auf Wacht.

Als der Graf Potockis Kanzlei betrat, fand er dort den Woiwoden auf einem Stuhl sitzend, um den Kopf einen Verband, den Arm nach einem Aderlaß in einer Schlinge. Bei ihm waren die Woiwodin und Doktor Macpherlan. Das Gesicht der Woiwodin war blaß und zornig, der Mund zusammengepreßt. Als Brühl auf die Anwesenden zuging, um sie zu begrüßen, sagte niemand ein Wort.

»Wie geht es Marynia?« fragte endlich die Woiwodin wie üblich.

»Sie ist gesund.«

Der Arzt verließ den Raum, und sofort rang Frau Anna die Hände, wies auf ihren Mann und rief voller Verzweiflung: »Seht nur, seht, was uns böse Menschen getan haben!«

Brühl wagte nicht, den Mund zu öffnen.

»Ihr wißt schon von allem«, sagte mit schwacher Stimme der Woiwode.

»Nur gerüchteweise, was bedeutet, ich weiß gar nichts«, erwiderte Brühl.

Potocki schien seine Kräfte zu sammeln und sich durch Blicke mit seiner Frau zu beraten, wer von ihnen den großen Schmerz der Familie schildern sollte.

»So hört!« sagte die Mutter, und ihre Augen funkelten.

»Ich bin der Ruhigere«, unterbrach sie der Woiwode. »Ich habe den Schmerz schon mit dem Verstand besiegt, laßt mich reden … Das war ein Komplott gegen uns, ausgeheckt in Warschau durch unsere Feinde, um mir den Sohn zu nehmen, um den reichsten Erben in Polen Abenteurern in die Hände zu spielen. Er ist noch ein Grünschnabel, man hat sich seine Jugend zunutze gemacht, hat Hausgenossen in das Komplott hineingezogen. Ihr kennt Szczęsny, er ist noch ein Kind, aber er hat unser Blut und Temperament. Schon früh hat es in ihm zu brodeln begonnen. Ihr wißt, wie er erzogen wurde. Ich war töricht, als ich ihm auf inständiges Bitten hin erlaubte, für zwei oder drei Tage mit dem Starost von Zawidy auf die Jagd zu gehen, ohne zu wissen, wo er seine Zeit verbringt. Die Komorowskis haben ihn nach Nowosiołki gelockt, ihm ihr Mädchen zugeschoben. Der Starost von Zawidy war dabei behilflich. Der Junge ist übergeschnappt, man hat ihm die Erlaubnis aus Warschau geschickt, und die Trauung fand heimlich statt. Die Trauung eines Minderjährigen ohne Wissen von Vater und Mutter!«

Die Woiwodin warf ein: »Solange ich lebe, hätte ich das nicht erlaubt, niemals, eher ...«

»Was sollte man tun?« fuhr, Schweigen gebietend, der Woiwode fort. »Diese Unglaublichkeit hinnehmen und sich den Sohn entreißen lassen?«

Der Woiwode verstummte und stützte den Kopf in die Hand.

»Gott ist mein Zeuge, ich habe nicht mehr gewollt, als daß sie ergriffen und ins Kloster gesteckt werden sollte, und die Scheidung hätte ich notfalls mit einer Million erkauft, denn um Gold ging es denen doch, um nichts anderes!« Und mit gesenkter Stimme fuhr er fort: »Es ist etwas passiert ... ein Unglück.«

Die Woiwodin, kühner und leidenschaftlicher, ergänzte: »Der Herrgott hat die Komorowskis für das gestraft, was sie uns zugefügt haben. Die Leute, die das Mädchen entführten ..., um ihr Schreien zu ersticken ... Nun, sie ist gestorben ... unterwegs ... Schluß, aus!« rief die Woiwodin und breitete ratlos die Arme aus.

»Gott weiß es«, wiederholte Potocki, »wir haben ihren Tod nicht gewollt.«

»Aber si? hat ihn verdient ... Sie alle! Geschieht ihnen recht! Nicht wir, nicht die Leute, sondern die Komorowskis selbst haben ihr Kind getötet!«

Die Woiwodin begann im Sturmschritt auf und ab zu gehen. Brühl stand verlegen da.

»General«, sagte der Woiwode, »seid mir eine Hilfe! Szczęsny kann nicht hierbleiben. Man droht mir, man kann ihn vorladen, ihm das Herz erweichen, ihn schrecken, aus ihm einen Zeugen wider den eigenen Vater machen. Nehmt ihn mit Euch, bringt ihn ins Ausland, kümmert Euch um ihn! Ihr seid ihm ein Bruder, Ihr seid unser Sohn, wir verlangen Sohneshilfe von Euch!«

Dem Woiwoden rannen Tränen aus den Augen. Die Mutter schwieg zornig.

»Unsere Feinde werden sich freuen, sie streuen Verleumdungen gegen uns aus, wer weiß, was noch kommt. Szczęsny muß gerettet werden. Ihr könnt ihn beruhigen, besänftigen, wir müssen streng mit ihm sein. Er hat sich gegen die elterliche Macht vergangen.«

Brühl hörte sich die Klagen an.

»Wo ist Szczęsny?« fragte er.

»Hier, unter Bewachung«, antwortete der Woiwode. »Wir dürfen ihn nicht eine Sekunde aus den Augen lassen. Die Komorowskis lauern, schicken Briefe, wenn sie ihn entführen oder zur Flucht bewegen könnten, nähmen sie uns den Sohn unter dem Schein liebevoller Zuwendung.«

Die Woiwodin stampfte mit dem Fuß auf.

»Morgen, nicht später, geht's auf die Reise!« entschied der Woiwode. »Um des Herrgotts willen, laßt uns nicht im Stich. Rettet uns!«

»Kann ich Szczęsny sehen?« fragte Brühl, dem das Gespräch unangenehm war.

Die Potockis sahen einander an.

»Ihr solltet ihn sehen und ihn auf die Reise vorbereiten«, bestimmte der Woiwode. »Aber bitte, kein Gespräch über das Vorgefallene, sprecht über gleichgültige Dinge, als ob Ihr von nichts wüßtet. Beruhigt ihn, er wird leiden.«

»Das ist verdient«, brummte die Woiwodin. »Und wir?«

Der Graf, in der Ansicht, zur Beruhigung beizutragen, indem er sich für eine Weile entfernte, griff nach seinem Hut. An der Tür stieß er auf den Höfling Bistecki, welchem sogleich aufgetragen wurde, ihn zu Szczęsny zu führen. Auch an diesem Ort, so wie vor den Zimmern des Woiwoden, ja, sogar um den ganzen Schloßflügel herum, standen in einigem Abstand von den

Fenstern Wachen. Der französische Kammerdiener döste in sich versunken an der Tür.

Bei seinem Eintreten fand der Graf Szczęsny, einen jungen, schlanken Burschen mit lebhaften Augen, der für seine Jahre vielleicht ein wenig zu kindlich wirkte, halb sitzend und halb liegend auf dem Sofa. Etwas abseits, mit einem Buch in den Händen, welches er sich dicht vor die Augen hielt, stand der alte Priester Wolff, er betete oder las eifrigst. Am Fenster stand ein Höfling von unscheinbarer Gestalt, dessen winzige Äuglein bei genauerem Hinsehen einen versteckten Witz erkennen ließen. Es war dies Herr Benedykt Hulewicz, ein Spielgefährte des Starosten, beliebt bei ihm wie bei den Eltern.

Bei Brühls Anblick erhob sich Szczęsny langsam und verwirrt und ging ihm zur Begrüßung entgegen. Wolff legte sein Buch hin, Hulewicz zog sich zur Tür zurück. Der Graf bemühte sich um eine möglichst heitere Miene.

»Der Woiwode sagt mir, Ihr wäret nicht gesund«, begann er das Gespräch, »aber zum Glück sehe ich keine Spur von Krankheit in Eurem Gesicht.«

Szczęsny , verlegen, rückte einen Stuhl heran, wie um die Antwort hinauszuzögern.

Brühl setzte sich.

»Es stimmt, ich habe mich ein wenig krank gefühlt«, sagte Szczęsny leise. »Aber das geht vorbei.«

»Die Eltern sind um Eure Gesundheit besorgt«, fuhr der Graf fort. »Sie möchten Euch ins Ausland schicken, und es ist auch Zeit für Euch, etwas von der Welt zu sehen. Der Woiwode redet mir zu, Euch zu begleiten.« Brühl sah dem jungen Mann in die Augen.

»Ich wäre darüber sehr froh«, erwiderte Szczęsny trocken.

»Es fügt sich recht gut«, sprach Brühl weiter, »da ich ohnehin vorhabe, in Richtung Frankreich zu reisen, so könnten wir zumindest einen Teil der Reise gemeinsam zurücklegen.«

Mit kühlem Lächeln wiederholte Szczęsny, daß es ihm lieb wäre, einen so erfahrenen Reisegefährten zu haben.

Das so begonnene Gespräch wurde jäh unterbrochen. Szczęsny stützte sich auf den Tisch, ließ den Kopf hängen und machte sich zerstreut daran, ein Stück Papier, das ihm in die Hände geraten war, zusammenzurollen und wieder zu entfalten.

Priester Wolff, da er sich nicht mehr zur Aufsicht verpflichtet sah, schlich sich zu einer Ruhepause ins Nebenzimmer. Auch Hulewicz verschwand, und die beiden blieben allein. Brühl schien ein vertraulicheres Bekenntnis zu erwarten, Szczęsny hingegen ein solches zu fürchten – so schwiegen sie denn.

»Ihr hättet nichts gegen eine Reise?« fragte Brühl noch einmal behutsam. Er hätte gern etwas von dem Unglücklichen erfahren, mit dem er Mitleid empfand.

Szczęsny sah ihn an.

»Es ist Vaters Wille«, sagte er knapp.

»Und Ihr?«

Erneut rollte Szczęsny das Papierstück zusammen.

»Ich? Ich weiß nicht.« Er zuckte die Schultern, dann lehnte er sich unlustig auf dem Sofa zurück.

Brühl vermochte offensichtlich kein Zutrauen in ihm zu wecken, das bedauerte er. So wagte er einen kühneren Schritt.

»Ich wüßte gern, wie Ihr darüber denkt und was Euer Wunsch ist«, sagte er. »Um mich darauf einzustellen und mich zu bemühen, Euch Verdruß zu ersparen.«

»Vielen Dank«, antwortete Szczęsny langsam, immer noch mit dem Papier beschäftigt. »Mir ist alles egal, wahrhaftig, alles egal.«

»Meiner Ansicht nach wäre es gut für Euch, zu verreisen, Ihr wäret freier als hier, hättet Zerstreuung«, fuhr der Graf fort. »Und ich wäre ja auch kein schrecklicher Mentor.«

»Bestimmt hätten wir noch andere Reisegefährten?« erkundigte sich Szczęsny schüchtern.

»Ich weiß bisher gar nichts.«

Der junge Potocki schüttelte den Kopf.

»Und wohin fahren wir?«

»Ich denke, nach Deutschland und in die Schweiz.«

Das Gespräch, ebenso kühl wie wenig ersprießlich, zog sich noch eine halbe Stunde hin, dann wurde zu Tisch gerufen. Szczęsny, unter dem Vorwand, sich schwach zu fühlen, nahm die Mahlzeit bei sich ein. Brühl verabschiedete sich und ging traurig davon.

Im Salon wartete bereits die Woiwodin mit den Zwergen, mit Fräulein Terlecka und Priester Russjan. Frau Anna streifte Brühl mit prüfendem Blick und fragte leise: »Wie habt Ihr ihn vorgefunden?«

»Sehr ruhig.«

Die Woiwodin schüttelte ungläubig den Kopf.

»Er tut so, aber ich weiß, daß er sich nachts umherwirft und weint.« Sie unterbrach sich, als sie den Speisesaal betraten, wo der übrige Hof schon beisammen war. Bei Tisch, obgleich alle von dem Unglücksfall wußten, war man darum bemüht, denselben nicht zu erwähnen und auch keine Namen zu nennen, weder den des jungen Potocki noch den des Starosten von Zawidy, welcher, der Beihilfe zu dem Geschehen bezichtigt, den Hof hatte verlassen müssen. Auf allen Gesichtern aber malten sich Unruhe und Neugier, bei den Gesprächen herrschten Zurückhaltung und Ernst, was von der Zucht im Hause zeugte.

Die Unterhaltung war stockend, gezwungen, fade, und sooft der noch immer zornige Blick der Woiwodin auf einen der Hausgenossen fiel, wandte dieser die Augen ab, um nicht neugierig zu erscheinen.

Für Brühl war die Mahlzeit eine Qual, schließlich aber endete sie, Priester Russjan erhob sich und begann mit gefalteten Händen das *Gratias agamus*, und alle sprachen im Stehen das Dankgebet leise nach. Die Zwerge Bebuś und Beba, die an einem gesonderten Tisch gegessen hatten, knieten bei dem Gebet nieder, danach kamen sie zur Herrin und küßten ihr die Hand.

Da der Woiwode nach dem Mittagessen ein Schläfchen zu machen pflegte, nahm Frau Anna jetzt den Grafen beiseite und erteilte ihm Instruktionen für die Reise. Das Woiwodenpaar befürchtete, die Komorowskis könnten die Herrschaft über Szczęsny gewinnen und ihn auf ihre Seite ziehen. Besonders die Woiwodin verdächtigte ihn der Schwäche für die Tote und der Abneigung gegen die Eltern. Brühl sollte daher stets bei ihm bleiben, mindestens so lange, bis sie die Landesgrenzen hinter sich gelassen hätten.

Die Woiwodin weinte, und allein der Gedanke, Szczęsny könnte sich von den Komorowskis einwickeln lassen, verursachte ihr Krämpfe. Damals schon ward eine Mniszech-Tochter aus Dukla für ihn in Aussicht genommen und ihm bestimmt. Dem Grafen machte man entsprechende Andeutungen.

So verging die Zeit bis zum Abend, und der Woiwode, wieder munter, rief den Grafen zu einer letzten Konferenz zu sich. Seine Hinweise, die Reise betreffend, waren die genaue Wiederholung dessen, was bereits die Woiwodin gesagt hatte, also kamen die Anordnungen von ihr.

Die Abreise war für den nächsten Tag bestimmt. Brühl ging noch einmal zu Szczęsny, er fand ihn bei einem Glas Limonade und vor einem Bogen Papier voller gezeichneter Figuren. Letzteres räumte er, als er den Schwager kommen sah, eilig fort. Sein Gesicht zeigte eine gewisse Trauer, aber mehr noch Müdigkeit und Ungeduld. Wieder nahm das Gespräch keine vertraulichere Wendung, wurde nicht über den Vorfall gesprochen. Vermutlich war darüber Schweigen befohlen, und niemand getraute sich, den Mund zu öffnen.

Da von den Höflingen Hulewicz und Bistecki die beiden auf

der Reise begleiten sollten, machte Brühl, ermüdet nach diesem
Tag, Hulewicz ein Zeichen, ihm in sein Zimmer zu folgen. Er
hoffte, mehr von ihm zu erfahren und danach seinen Umgang
mit dem jungen Potocki zu bestimmen. Hulewicz getraute sich
nicht, sogleich mitzukommen, er deutete aber an, später zu Diensten zu sein. Erst, als alle schliefen, schlich er sich zu Brühl.

Der junge Mann war in Szczęsnys Alter, er war flink, scharfsinnig, lebhaft, und zweifellos wußte er über alles besser Bescheid
als andere. Als er erkannte, wozu Brühl ihn gerufen hatte, beschwor er ihn zunächst bei allem, was heilig ist, ihn nicht zu verraten, seufzte dann und begann leise zu erzählen.

Nach Hulewicz stimmte es, daß der Starost von Zawidy als erster, um Szczęsny die Zeit zu vertreiben, einen Besuch im Hause
der Grafen Komorowski vorgeschlagen hatte. Die Fräulein dort
waren schön, rege, fröhlich, Szczęsny aber streng gehalten und
genau in dem Alter, in welchem die Leidenschaften erwachen.
Nach dem zweiten und dritten Aufenthalt hatte er sich rasend in
Gertruda verliebt. Er war durch nichts aufzuhalten und bereit,
alles zu wagen. Die Komorowskis zählten darauf, daß sie ein altes
und ehrbares Geschlecht waren, daß sie hohe angeheiratete Verwandte hatten und in Krystynopol stets gut aufgenommen worden waren. So hofften sie, daß die Eheschließung zunächst wohl
Zorn aufkommen lassen, schließlich aber anerkannt werden
würde. Als erste erfuhr die Woiwodin von der Heirat, vor Wut
fiel sie in Ohnmacht und konnte nur mit Mühe gerettet werden.

Wäre der Starost von Zawidy nicht geflohen, wäre er ein Opfer der Rache geworden, denn gegen ihn, den zur Aufsicht Beigegebenen, richtete sich der ganze Zorn. Der Woiwode berief
viele Leute zur Beratung ein. Die Woiwodin tobte. Der Sohn
durfte ihr nicht unter die Augen kommen. Der Vater scholt ihn
aus wie ein kleines Kind und sperrte ihn unter Bewachung ein.

Es begannen Laufereien, geheime Umtriebe, Boten wurden

ausgesandt. Auch die Woiwodin war unendlich aktiv, sie schickte Spitzel aus und ließ alles Treiben des gegnerischen Lagers erkunden. Schließlich verschwanden eines Nachts aus Krystynopol: der Kosakenoberst Dambrowski, der Unterstallmeister Wilczek, Grabowski, der Kosakentruchseß, ein paar beherzte und gewiefte Leute wie Satyrko und Szpilka, wahrscheinlich begleitet von den Juden Abramek Jodko und dem rothaarigen Wolf Szmujlowicz. Am folgenden Tag schien das Woiwodenpaar in großer Unruhe auf eine Nachricht zu warten. Der Tag verging unter Schweigen. In der Nacht gab es am Tor und auf dem Schloßhof irgendeinen Tumult, Stimmen wurden laut, die alsbald verstummten. Dambrowski, Wilczek und Grabowski wurden nie mehr gesehen. Es hieß nur, man habe sie auf die ukrainischen Güter geschickt.

Hulewicz berichtete, daß nach dem Gerücht, welches, anscheinend von den dreien herrührend, sich am Hof verbreitet hatte, Gertruda Komorowska mit Gewalt entführt worden sei, und beim Transport habe man auf die Schreiende Kissen geworfen, so daß dieselbe vor Angst und aus Luftmangel unterwegs gestorben sei. Die entsetzten Freibeuter hätten die Leiche durch ein aufgehacktes Loch im Eis in den Fluß geworfen.

Brühl war es darum gegangen, zu erfahren, wie Szczęsny die Nachricht, die ihn erreicht haben mußte, aufgenommen hatte. Nach Hulewiczs Erzählung aber war ihm klar, daß der Starost vom Schicksal seiner Frau gar nichts wußte. Das erklärte seine Resigniertheit und scheinbare Gleichgültigkeit.

Nachdem Hulewicz alles, was ihm vom Hörensagen bekannt war, dem Grafen übermittelt hatte, schlich er wieder leise davon.

Am nächsten Tag sollte auf Drängen des Woiwoden die Abreise sein. Seit dem Morgen wurden die Wagen beladen, wurde auch die Eskorte bis zur Grenze bereitgestellt. Potocki, der seiner Gewohnheit gemäß vor Tag aufgestanden war, rief den

Schwiegersohn zu sich, um ihm noch einmal aufzutragen, über den Sohn zu wachen und bis zur Grenze kein Auge von ihm zu lassen. Bei der Einkehr und beim Nachtlager sollte sich ihm kein Fremder nähern dürfen, niemand durfte an das Gasthaus, in dem sie abstiegen, herangelassen werden.

Als es Tag wurde und endlich alles für die Reise bereit war, wurde Szczęsny zu den Eltern gerufen. Brühl zog sich in ein Nebenzimmer zurück.

Das Woiwodenpaar empfing den Sohn mit Strenge.

»Fahr jetzt«, sagte der Vater, »und sei bemüht, dich von deinem Leichtsinn zu kurieren, und vergiß den Herrgott nicht. Dein Benehmen hat deine Mutter und mich beleidigt, es zeugt davon, daß du dich von unbesonnenen Menschen vom Weg der Pflicht hast abbringen lassen. Es tut not, zur Religion, zum schuldigen Gehorsam gegen die Eltern und zu einem besseren Leben zurückzukehren. Ich will glauben, daß du dich besserst, daher verweigere ich dir nicht meinen Segen.«

Szczęsny, der stumm vor den Eltern kniete, küßte Vater und Mutter die Hand, und noch lange hörte man die Woiwodin zornig und lebhaft sprechen, unterbrochen von Anfällen heftiger Erbitterung. Sie konnte sich nicht enthalten, die Komorowskis und alle, die an der Heirat mitgewirkt hatten, zu schmähen. Endlich brachte der Woiwode den galligen Erguß zum Stehen, und der Ausbruch endete mit Tränen und Krämpfen.

Als sie zur Auffahrt hinausgingen, war Szczęsny blaß wie die Wand. Er und Brühl bestiegen die Kutsche, und von einem Dragonergefolge umgeben, fuhr dieselbe von dannen.

Lange herrschte drinnen im Wagen Schweigen. Brühl wagte nicht, es zu brechen. Szczęsny wußte wohl nicht, wie der Schwager gestimmt war. So mieden denn beide das Gespräch. Bei den Mahlzeiten wieder erlaubte die Gegenwart Doktor Macpherlans und der Höflinge keine Unterhaltung. Auch der Altersunterschied der Schwäger behinderte eine Vertraulichkeit. Der wesentlich ältere Brühl machte Szczęsny schüchtern.

Als sie ihr Nachtlager erreichten, fanden sie das im voraus bestellte Gasthaus, vermutlich auf Befehl des Woiwoden, von Wachen umstellt. Hulewicz behauptete später, aufgehetzte Leute hätten sich herangeschlichen und versucht, zu Szczęsny zu gelangen, aber ihre Bemühungen seien erfolglos geblieben.

In dieser so traurigen Rolle eines Mentors und Aufpassers sollte Brühl auf Befehl des Schwiegervaters Szczęsny bis nach Straßburg begleiten. Erst am zweiten Tag der Reise machte der junge Potocki den Mund auf und bekannte ihm seine Liebe zu Gertruda, deren Miniaturbildnis er heimlich auf der Brust trug. Er schwor, daß er niemals aufhören werde, sie zu lieben, und er war sicher, daß sie lebte. Noch wagte es niemand, ihm die furchtbare Wahrheit zu sagen, eine Wahrheit, die er vielleicht nicht geglaubt hätte.

Nachdem das Bekenntnis einmal heraus war, wollte sich der Mund nicht mehr schließen, und des Erzählens war kein Ende. Die Reise linderte auch allmählich den Schmerz, die Neugier erwachte, die Jugend forderte ihre Rechte, die Fröhlichkeit kehrte wieder. Der Graf bemühte sich, den Starosten zu zerstreuen, und konnte dies leicht erreichen, da Szczęsny alles für den Augenblick feurig aufnahm und sich von den immer neuen Eindrücken der Reise beeinflussen ließ.

Gern sah Brühl das nahende Ende der Reise voraus, während derer er mehrere Male zur Beruhigung nach Krystynopol hatte schreiben müssen. Als der General sich schließlich von Szczęsny verabschiedete, fiel ihm eine schwere Last von der Seele, und ohne Zögern begab er sich auf die Heimfahrt nach Warschau.

Im Ausland war die Geschichte mit der Komorowska wenig bekannt, je näher Brühl aber Polen kam, um so mehr konnte er sich davon überzeugen, was für einen furchtbaren und abträglichen Ruf sie dem Kiewer Woiwoden eingebracht hatte. Sämtliche

Feinde der Potockis und alle Verfechter der Menschenrechte riefen den Herrgott um Rache für den grausamen Magnaten an, der es gewagt hatte, die verhaßte Ehe des Sohnes mit einem Mord zu lösen. Es war dies ein vortreffliches Thema für die Feinde der Institution der Adelsrepublik, für diejenigen, die radikale Reformen verlangten.

Die kleinen deutschen Tageblättchen, handgeschriebene Zeitungen, Briefe waren voller Histörchen, die dies zum Hintergrund hatten. Darin wurde der Woiwode als ein noch schlimmerer Tyrann geschildert, als der er war. Wie zuvor das Thorner Blutgericht oder die Entführung des Königs durch die Konföderierten kehrte sich die Geschichte mit der Komorowska gegen das ganze Land und machte ihm Feinde. An der Grenze traf Brühl auf noch größere, bedrohlichere Krawalle. In Polen befaßte sich jedermann mit der Angelegenheit.

Die niedere Schlachta forderte eine erbarmungslose, exemplarische Bestrafung für den Magnaten; Polen zerteilte sich gewissermaßen in Lager, wobei die Verteidiger der Potockis, auch eher zaghafte, sich nur in geringer Zahl fanden. Brühl eilte um so schneller nach Hause, als er sich, auch wenn ihn nur Achtung und Freundschaft mit seiner Frau verbanden, ihretwegen ängstigte, wußte er doch, was sie litt, wenn sie von den Krystynopoler Ereignissen erfuhr. Er bezweifelte, daß man die entsetzliche Tragödie vor ihr hatte verbergen können.

Bei der Ankunft fragte er sofort nach seiner Frau und erfuhr, daß sie krank nach Krystynopol gefahren sei. Godziemba, nach welchem er schickte und dem er zunächst, außer sich geraten, vorhalten wollte, die Gräfin nicht begleitet zu haben, berichtete ihm traurig, daß die Kranke, nachdem sie vom Schicksal der Gattin ihres Bruders erfahren hatte, zu den Eltern gereist sei.

Der Brief, den man ihm aushändigte, enthielt von alledem nichts, es war nur ein kurzes, förmliches Schreiben, welches erklärte, daß die Gattin bald wiederzukommen gedenke. Nach wenigen Tagen auch kehrte sie blaß und schweigend zurück und lebte ihr übliches Leben, dabei wagte sie weder, den Gatten nach ihrem Bruder zu fragen, noch ein Wort über das Geschehene zu verlieren. Auch Brühl sagte nichts darüber, und Außenstehende mieden jegliche Anspielung. Die verweinten Augen und die tiefe Trauer der Generalin zeugten davon, wie grausam sie litt. Trotz aller Vorsicht erreichten sie diffamierende Briefe, Druckwerke, in denen man ihre Eltern schmerzhaft attackierte, die Ärmste verschloß sich im Haus und in der Kirche und empfing außer Familienangehörigen niemanden. Man ersparte ihr, soweit möglich, den Kummer, den ihr jede Erwähnung der Komorowska-Geschichte bereiten mußte, aber es war dies der letzte Schlag, der die bereits Kraftlose, Gemarterte traf und ihr den Todesstoß versetzen sollte. Das grausame Urteil des Kiewer Woiwoden sollte an seinem Kind gerächt werden.

Frau Brühl erkrankte schwer, der herbeigeholte Arzt verhehlte nicht, daß die Gräfin die Schwindsucht hatte. Der Schwächezustand konnte andauern, ein Versprechen auf Heilung wagte er nicht zu geben. Die Dumont, welche hartnäckig die Ursache alles Bösen in der unharmonischen Ehe und in dem verborgenen Herzeleid begründet sah, rang die Hände, im Bedauern über das Schicksal ihrer Herrin und womöglich auch über das eigene.

Brühl zeigte sich wie stets besorgt, zartfühlend, und niemand hätte ihm Gleichgültigkeit vorwerfen können. Die Kranke wurde mit der größten Fürsorge umgeben. Die Französin saß unablässig bei ihr, der Sekretär las vor, indes – auf das Fieber folgten Erschöpfung, Teilnahmslosigkeit, Apathie und jener Frieden, welcher die Stille ist, die dem Sturm des Hinscheidens vorausgeht.

EPILOG

Nach langem Leiden, entsagungsvoll und in christlichem Frieden, schied Maria Brühl aus dem Leben. In ihrer letzten Stunde lächelte sie dem aufgetanen Himmel entgegen, den sie im Traume sah. Die Dumont blieb bis zum Ende bei ihr, und als der Tod schon nahe war, wollte das gute Herz der Französin der Sterbenden einen letzten Trost bringen. Sie rief den im Vorzimmer weinenden Godziemba, auf daß er noch einmal ihre abgemagerte, erkaltende Hand an die Lippen presse. Die Sterbende lächelte ihm zu und schloß rasch, gleichsam ängstlich, die Augen, in der Nacht aber, schon im Scheiden, ließ sie den Priester rufen, um noch einmal diesen Blick, dieses Lächeln zu beichten.

Nach dem Begräbnis bat Godziemba, den nun nichts mehr in Warschau hielt, den Grafen um seine Entlassung. Er fuhr zu seinen Alten und kehrte nie mehr zurück. Ein Dutzend Jahre später kannte man ihn im Pinskischen als einen noch gutaussehenden alten Hagestolz, der allem Zureden und allen Versuchungen seiner Gönner und Freunde widerstanden hatte und unbeweibt geblieben war.

In dieser entlegenen Gegend galt Godziemba als ein Mann der großen Welt, und seiner Autorität wegen, und weil er vom Charakter her allgemeine Achtung genoß, wurde sein Haus später ein Ort, der von allen Umwohnenden gern besucht wurde, und man rechnete es sich zur Ehre an, vom Herrn Kämmerer emp-

fangen zu werden. Diesen Titel erhielt er im dritten Jahr seines
Aufenthaltes auf dem angetretenen Erbe.

Die Dumont, der Frau Brühl im Testament ein größeres Legat
und eine lebenslange Pension auf ihren Gütern überschrieben
hatte, blieb zunächst in Warschau in einem Zimmerchen, welches
zu bewohnen ihr der Graf erlaubt hatte, bald aber, um ihre Zukunft besorgt, heiratete sie den Unterstallmeister des Grafen
Brühl, einen etwa um zehn Jahre jüngeren gewissen Meller. Das
Paar setzte sich auf ein eigenes Landgut, später aber hörte man
munkeln, die Dumont habe durch den Gatten, welcher eine Vorliebe für allzu gute Dinge gehabt, alles verloren und auf ihre alten
Tage Obdach in Tulczyn suchen müssen.

Nach dem Tod der Gräfin verschwand Sołłohubs Witwe, die
man noch auf dem Begräbnis der Cousine gesehen hatte, schon
am andern Morgen aus Warschau. Brühl wagte nicht sogleich,
sich nach ihr zu erkundigen, wenngleich das Herz ihn, der alten
Neigung treu, zu ihr hinzog. Beide waren nunmehr frei und
konnten, wenn auch spät, sich die Hand für den Rest des Lebens
reichen. Das Schicksal, welches die Herzen geprüft, hatte gleichsam mit Bedacht alle Hindernisse aus dem Weg geräumt.

Frau Sołłohubowa aber war nicht da, es schien, als habe sie aus
Furcht vor dem Glück die Flucht ergriffen. Ein halbes Jahr später konnte Brühl, als er sich beunruhigt nach der Witwe erkundigte, keine genaueren Nachrichten erhalten. In ihrem Hause
wußte man nur, daß sie ins Ausland gereist war, den Aufenthaltsort aber, den sie oft wechselte, vermochte niemand zu nennen.
Vergeblich versandte der Graf mehrere Briefe, eine Antwort blieb
aus. Auch die fernere Verwandtschaft wußte nichts über Ziel und
Richtung ihrer Reise, welche man für eine Grille oder etwas
Schlimmeres erachtete.

Noch ein paar Monate vergingen, und Brühl, dem die Sehnsucht zusetzte, beschloß, zu seiner Zerstreuung und Erholung

541

eine Reise zu unternehmen, und vielleicht hatte er dabei im Sinn, es könnte ihm das Schicksal eine zufällige Begegnung mit der Sołłohubowa bescheren. Allzu viele wollten ihn unbedingt in Warschau verheiraten; vor allem die Mniszchowa, seine Schwester, bestand darauf, er solle eine neue Ehe eingehen, und so verlangte es ihn danach, sich von diesen aufdringlichen Versuchen zu befreien und aller Augen zu entschwinden.

Die Marschallin Mniszchowa meinte, der Bruder habe die Pflicht, sich eine neue Frau zu suchen, konnte er doch eine glänzende Partie machen usw. Der Graf indessen hatte nicht vergessen, daß er zum Teil seiner Schwester seine erste Heirat und damit verlorene Lebenszeit verdankte. Er wollte ihr dies nicht vorwerfen, jedoch von ihr bedrängt, küßte er ihr, sich verbeugend, die Hand und sagte: »Wenn es denn sein muß, daß ich mich verheirate, meine liebe Amelia, dann erlaube, daß ich es selbst tue. Beim erstenmal habe ich mich dem Vater geopfert, habe die Frau unglücklich gemacht und selbst viel gelitten, jetzt möchte ich frei sein und meinem Herzen folgen.«

Die Marschallin lächelte boshaft.

»Mir will scheinen«, sagte sie ihm ins Ohr, »daß die schon ein wenig welke Sołłohubowa in deinen Augen Gnade finden würde, aber ...«

Brühl brach das peinliche Gespräch ab, er wollte nicht, daß ein Fremder, und sei es die Schwester, das ihm heilige und unantastbare Gefühl verletzte.

Die Mniszchowa, welche eine Prinzessin Lubomirska im Auge hatte, fügte noch gehässig hinzu, daß die Witwe wohl darum verreist sei, um seinen Bemühungen um ihre Hand zu entgehen, da sie eine gewisse Beziehung unterhalte, zu der sich zu bekennen ihr schwerfiele, eine heimliche Liebe, die mit einer schrecklichen Mesalliance drohe und mit der sie sich deshalb verbergen müsse.

Die Verleumdung berührte Brühl nicht, dafür kannte er Maria

zu gut. Im Spätherbst begab er sich nach Sachsen und nach Italien. Der Zweck der Reise war ein wissenschaftlicher und künstlerischer, außerdem hatte ihm der Arzt zu Seeluft geraten. Unterwegs mußte der Graf auch seine Besitzungen in Forst und in Pförten in der Niederlausitz aufsuchen, wo er bedeutende Eisenfabriken hatte, er mußte seine thüringischen Besitztümer in Gangloffsömmern kennenlernen, mußte über die Geschicke seines Palais' und des Parkes in Dresden nachdenken, beides wollte er gern zusammen mit der Albuzzi-Rotunde und anderem Eigentum in Dresden, welches ihm als väterliches Erbe zugefallen war, verkaufen.

Sachsen nahm mit der Besichtigung der dort gelassenen Kunstsammlungen und der Verfügung über dieselben ziemlich viel Zeit in Anspruch, schließlich aber brach der Graf mit kleinem Gefolge nach Italien auf. In dem Bemühen, auf dem Wege dorthin alles sich Bietende mitzunehmen, überall, wo es etwas zu sehen gab, einen Blick hineinzutun, die Reise in die Länge zu ziehen, die nicht nach Bequemlichkeiten verlangte, da Brühl der enthaltsamste Mensch war und nur wenig zum Leben benötigte, gelangte er schließlich zum Karneval nach Venedig.

Es war dies beinahe am Vorabend des Falls der Adelsrepublik, dieses lebenden Leichnams, der sich verzweifelt gegen die von allen Seiten anrückende Fäulnis wehrte. Die Königin der Adria war damals ein Sammelpunkt von Abenteurern, die hier, angelockt vom Ruhm der Freiheit, Zerstreuung suchten – hier konnte man sich aufspielen, sich austoben und mit den schönen Italienerinnen anbändeln.

Wie immer, wie beinahe überall, ging hier die Orgie dem Ende voraus, dem Wahnsinn aber leuchteten die wundervollen Mosaiken der Meister, herrliche Gemälde einer Schule, die keine Schüler mehr hatte, die prächtigen Bauten Sansovinos, das azurblaue Meer, die großartigen Denkmäler einer heroischen

Vergangenheit. Venedigs Macht war nur noch ein Schatten, seine Anmut aber noch Wirklichkeit.

Abends, wenn die Fremden in Schwärmen auf den vom Mond erleuchteten Markusplatz kamen, wenn halb verhüllte Gestalten unter den Säulengängen der Prokurazien dahinglitten und aus den Fenstern Lieder und Gitarrenspiel ertönten, konnte man sich noch für einen Augenblick im alten Venedig der Dandolos, Contarinis, Falieris wähnen. Der Reiz dieser auf dem Meer errichteten, einzigartigen Stadt, die so seltsam war wie ein Traum und so schön wie ein Märchen, begeisterte auch Brühl in den ersten Tagen seines Aufenthaltes.

Wie bei jedem, der hierherkam, versuchten es auch bei ihm betitelte, elegante Abenteurer, die nur auf leichtgläubige Reisende lauerten und mit Geld um sich warfen, um dieselben danach auszuziehen, ihn in ihre Fänge zu bekommen. Brühl aber entledigte sich höflich der Bedränger. Als Kenner und Liebhaber der Kunst widmete er sich ganz der Besichtigung von Kirchen und Palästen, die noch voller Meisterwerke von Paolo Veronese, Tizian, Tintoretto, Bellini waren.

Ausflüge zum Lido, zu den benachbarten kleinen Inseln, später die Bekanntschaft mit einigen Patriziern, für die er Empfehlungsschreiben bei sich hatte, erlaubten es ihm, sich die Zeit recht angenehm zu vertreiben. Obgleich Brühl große Menschenansammlungen und rauschende Vergnügungen mied, wollte er doch jenes berühmte venezianische Maskenfest sehen, und um keinen Zeugen dieses Einfalls zu haben, der ihm selbst sehr leichtfertig vorkam, begab er sich heimlich dorthin.

Die damaligen Maskenbälle fanden nicht in den geschlossenen Sälen eines Theaters statt, sondern auf dem Markusplatz, in Cafés, in privaten Häusern, in der ganzen Stadt, überall. Die fröhlichen Masken fuhren in Gondeln herbei, liefen über den Markusplatz und die Piazetta, verloren sich bisweilen in lärmenden

Gäßchen, verschwanden in einem Haus oder nahmen eilig eine Gondel, wenn jemand sie verfolgte. Das Volk und die *signoria*, Fremde und Einheimische vermischten sich hier miteinander.

Der Graf, der im alten Gasthaus Luna Wohnung genommen hatte, brauchte bis zum Markusplatz nur wenige Schritte zu gehen, um sich in der lärmenden Menge zu befinden. Eine Maske benötigte er nicht, schien ihm doch, daß ihn hier niemand erkennen würde. Lärm und Lachen beherrschten den Platz, den ein buntes und vergnügtes Publikum füllte, als Brühl sich unter das Volk mengte. Es fehlte nicht an Pulcinellas, die ihre Streiche trieben, und an niedlichen Masken, die gern einen Fremden neugierig machten. Der Graf verneigte sich vorsichtig, als ihn eine schwarzgekleidete Frau von schöner Gestalt und offenbar der besseren Gesellschaft zugehörig, vor dem Gesicht eine Samtmaske und einen Schleier, mit verstellter Stimme bat, ihr die Hand zu zeigen. Brühl, erstaunt, streckte ihm dieselbe hin. Mit zartem Finger schrieb sie darauf die Buchstaben F. A. B.

Das Ganze war rätselhaft. Die Maske kicherte leise. Die in eine weite Mantille gehüllte Unbekannte verriet sich weder durch ihre Gestalt noch durch die Stimme. Brühl, im sicheren Glauben, jemand von den Patriziern müsse ihn verraten haben, schlug höflich einen Spaziergang über den Platz vor, die Dame indessen lehnte es ab, ihm ihren Arm zu reichen, sie wollte nur neben ihm gehen.

»Zwar wißt Ihr die Anfangsbuchstaben meines Namens«, sagte der Graf, »jedoch zweifle ich, das Glück zu haben, Euch bekannt zu sein.«

»Oh, doch! Sehr gut!« antwortete eine feine Stimme.

»Könnt Ihr mir dafür Beweise liefern?« fragte Brühl.

»Mit Leichtigkeit«, erwiderte die Maske. »Ihr seid der Sohn eines großen Ministers, ihr habt zwei Länder, die sich zu Euch bekennen, Ihr wart verheiratet, seid nicht glücklich gewesen, Ihr habt alles, was Glück bringt, aber bisher habt Ihr dasselbe vergeblich gesucht.«

Brühl war ein wenig verwundert.

»Das alles«, versetzte er, »können Auskünfte sein, die man leicht, ohne mich kennen zu müssen, aus dem Munde anderer erfahren kann.«

»Ach, aber ich kenne Euch, lieber Graf«, fuhr die Maske fort. »Ihr liebt die Kunst, Ihr malt, Ihr liebt die Musik und spielt selbst, Ihr liebt das Theater und schreibt Komödien. Nicht wahr?«

Brühl verlor sich in Mutmaßungen.

»Ja, ich kenne Euch«, wiederholte die schwarze Maske. »Und weil ich ein wenig Wahrsagerin bin, könnte ich Euch auch die Zukunft vorhersagen.«

»Nein, darauf bin ich nicht neugierig«, antwortete Brühl lachend. »Die Zukunft ist uns zu unserem Glück verschlossen, ich möchte den Schleier nicht lüften. Das Leben wäre ohne Geschmack, wenn wir die Speisenfolge schon wüßten. Danke …«

»Schade«, erwiderte die Maske. »Ich wollte Euch, der Ihr offenbar nicht glücklich gewesen seid, der Ihr nie geliebt habt …«

Brühl protestierte.

»Aber ja, ja!« wiederholte die Maske rasch. »Ihr habt nie geliebt, Ihr habt Euch nur ein wenig amüsiert. Wißt Ihr noch, mit jener Engländerin, und dann mit der, nun, das sage ich nicht … Das war Getändel, keine Liebe. Jetzt sollt Ihr Euch in ein junges, hübsches Mädchen verlieben und … nun, und sehr glücklich werden. Ladet mich zur Hochzeit ein!«

»Leider, meine liebe Maske«, rief Brühl, »Ihr beweist mir, daß Ihr weder mich kennt, noch eine Prophetin seid! Ich habe einmal im Leben geliebt und nicht aufgehört zu lieben, und sollte ich diejenige, die ich meine, nicht finden, werde ich eher ein Kapuzinermönch als ein Ehemann.«

»Ihr scherzt«, sprach noch immer die Maske, zog ihn aus der

Menge heraus und wandte sich der Piazetta zu. »Diejenige, die Ihr zu lieben glaubt, ist nicht mehr jung und vom Leben verhärmt. Wer weiß, ob sie Euch würde haben wollen, und ob Ihr, wenn Ihr sie jetzt säht, nicht enttäuscht wärt.«

Mit dieser Art Gespräch gelangten sie zum Ufer, an welchem Gondeln lagen; die Dame nickte Brühl zu, stieg rasch in eine, und bevor Brühl sich besinnen, ihr nachspringen konnte, war sie verschwunden.

Die Gondolieri umringten ihn und riefen: »Gondola, signore, gondola!«

Brühl nahm die erstbeste Gondel und befahl, der voraneilenden nachzufahren. Der Gondoliere verstand entweder nicht oder scherte sich nicht darum, jedenfalls hatte das Nachjagen keinen Erfolg. Der Graf, angeregt und voller Neugier, kehrte spät in das Luna zurück und konnte sich seine Ungeschicklichkeit nicht verzeihen. Die Dame war offensichtlich aus Polen und aus jenen Sphären, in denen er verkehrte. Aber wer war sie? Zwar kam der Graf auf den Gedanken, es könnte die Sołłohubowa gewesen sein, aber weder die Stimme noch die Statur schienen zu ihr zu passen.

Ein paar Tage waren bei vergeblicher Suche vergangen, als der französische Sekretär, der ihn auf seiner Reise begleitete – ein ehemaliger Bediensteter seines Vaters –, eines Morgens mit seltsam heiterer Miene bei Brühl eintrat.

»Herr Graf«, sagte er, die Hände reibend. »Ich glaube, daß ich eine Neuigkeit bringe, für die mir Dank gebührt. Zufällig habe ich hier von einer Person erfahren, die Ihr, wenn ich mich nicht irre, gewiß gern besuchen würdet.«

»Wen meint Ihr?« fragte Brühl gleichmütig. »Eigentlich habe ich nicht die geringste Lust, Besuche zu machen.«

»Frau Gräfin Sołłohubowa ist hier.«

Der General sprang vom Stuhl auf, er konnte seine Freude nicht verhehlen.

»Wo? Wie?« erkundigte er sich.

Der Verkünder der guten Nachricht berichtete, die Gräfin weile seit langem in Venedig und bewohne einen großen Teil des Palazzo Contarini am Canal Grande.«

Brühl kleidete sich sogleich an, er ließ eine Gondel holen und fuhr los, ohne Zeit zu verlieren. Da er befürchtete, er könnte nicht empfangen werden, nannte er dem Diener nicht seinen Namen und hieß denselben nur ausrichten, er komme aus Polen und habe Briefe und Empfehlungen von der Familie zu übergeben.«

Eine Viertelstunde später bat man ihn in einen altmodisch möblierten Salon voller Gemälde, deren abgesplitterte Rahmen ebenso wie die verschlissenen Einrichtungsgegenstände von langer Vernachlässigung und Verfall zeugten.

Mit klopfendem Herzen wartete er, den Blick auf die Tür geheftet, als dieselbe sich öffnete und die Sołłohubowa eintrat. Sie erblaßte bei seinem Anblick, einen Augenblick stand sie starr da, dann lief sie auf ihn zu.

Die Begrüßung war stumm.

»Ist das ein Traum?« fragte schließlich die Witwe mit zitternder Stimme.

»Nein, es ist eine seltsame Fügung des Schicksals, etwas, das man als Fingerzeig der Vorsehung bezeichnen muß. Ich kam nach Venedig ohne Hoffnung, Euch hier zu begegnen, sogar ohne den Gedanken, diejenige zu suchen, die sich anscheinend absichtlich vor mir verbirgt. Heute morgen erfuhr ich dank eines glücklichen Zufalls, daß Ihr hier seid.«

Die Witwe schwieg, sie blickte zu Boden.

»Ich bitte Euch«, sagte Brühl. »Ziemte es sich, in einem Moment vor mir davonzulaufen, da ich Euch am innigsten zu sehen wünschte? Da ich das größte Recht dazu hatte? Das war grausam.«

Er hielt inne, als ihm in den Sinn kam, was er von seiner Schwester gehört hatte.

»Ich will offen sein«, fuhr er fort. »Wenn ich Euch aufdringlich erscheine, wenn es wahr ist, was die Leute bei uns vielleicht erfunden, vielleicht aufgeschnappt haben, daß Eure Flucht ein Verlangen des Herzens war, daß eine Neigung, eine Beziehung, Pflichten, die Hoffnung auf Glück dieselbe erklärt, werde ich mich entfernen und Euren Frieden nicht stören.«

Die Sołłohubowa war empört, sie sah Brühl an und versetzte zornig: »Was sind das für Verleumdungen! Wer denkt sich so etwas aus? Wer sollte das sein? Was für eine Beziehung? Das ist mir unbegreiflich!«

»In Warschau spricht man sogar schon von einer Mesalliance«, sagte Brühl. »Obwohl ich dort, wo sich Herzen verbinden, keine Mesalliance sehe.«

»Aber wer kann so etwas erfinden!« rief die Gräfin. »Habe ich vielleicht den geringsten Anlaß dafür gegeben, mich so etwas wie heimlicher Liebschaften zu bezichtigen? Mich, die ich, wenn ich jemanden liebte, meine Liebe auf dem Marktplatz kundtäte, da ich mich ihrer nicht schämen würde. Mich, ausgerechnet mich!«

Brühl sagte nichts. Die schöne Maria atmete heftig, ihre Wangen waren gerötet. Sie rang sichtlich mit sich, schwankte zwischen dem Bedürfnis zu sprechen und dem Beschluß zu schweigen.

»Der Anlaß zu solch ungereimten Vermutungen war Eure seltsame Flucht aus Warschau«, sagte der Graf, »der Umstand, daß Ihr die Spuren hinter Euch verwischtet, den Aufenthaltsort geheimhieltet. Die Menschen suchten nach einem Grund dafür und kamen auf diesen, von ihnen aus gesehen, sehr naheliegenden Gedanken.«

»Ja, natürlich, sie haben mich nach ihren Maßstäben beurteilt. Jene Damen hätten ja auch so gehandelt. Ihnen wären die

Witwenkleider lästig gewesen, sie hätten sich Zerstreuung gesucht, notfalls in einer Mesalliance nicht der Namen, sondern der
Herzen und des Geistes ... Zum Vergnügen ... Was tut man nicht
aus Langerweile!«

Frau Sołłohubowa, erschrocken über die eigene Boshaftigkeit,
hielt sich die zarte Hand vor den Mund.

»Also stimmt es nicht«, sagte Brühl. »Das macht Eure Flucht
noch weniger verständlich. Ich als alter Freund, vielleicht der
älteste, der auf diesen Titel ein Recht hat, dürfte nicht fragen?«

»Ach, mein Gott, gibt es denn nichts, was einfacher wäre, was
keines Kommentares bedürfte?« versetzte, gezwungen lächelnd,
die Hausherrin. »Mich hat schlicht die Eintönigkeit in Warschau
angeödet. Als eine in der Tat leichfertige Frau – *c'est convenu*,
leichtfertig müssen wir sein – suchte ich Unterhaltung, etwas
Neues, vielleicht auch Einsamkeit, Stille, Ruhe oder etwas, das
sich nicht bestimmten läßt.«

»Und das ausgerechnet in dem Moment«, unterbrach Brühl
ihre Rede, »da Euer armer alter Freund die Hände nach Euch aus-
streckte, um Trost zu erlangen, ein Wort, einen Blick, und wenn
er es wagte, vielleicht auch mehr!«

»*Halte-là*«, unterbrach ihn die Sołłohubowa ernst. »Wir wollen
nicht Versteck spielen. Dafür sind wir beide zu alt, sprechen wir
offen, wie es guten Freunden zukommt. Wißt Ihr, warum ich
Warschau verlassen habe, geflohen bin, verschwunden? Weil ich
Euch liebe.«

Brühl ergriff ihre Hand, die sie ihm sofort entzog.

»Ich werde so mutig sein, alles zu beichten«, sprach die Witwe
weiter. »Ich liebe Euch ehrlich, von Herzen, ich wollte das Glück
für Euch, nicht für mich. Wäre ich in Warschau geblieben, hätte
ich mir vorwerfen müssen, eine mir gebührende, eine erratene,
vielleicht schon erkaltete Liebe anzumahnen, Euch ein Joch über-

werfen zu wollen. Ich bin Euch aus den Augen verschwunden, weil ich wünsche, daß Ihr Euch ein junges Herz sucht, ein Gesicht, welches frischer ist als meines, eine neue Liebe, die Euch die langen Sehnsüchte des Lebens vergilt. Eben das war der Anlaß meiner Reise«, schloß sie bewegt, mit Tränen in den Augen, »und auch der Grund, weshalb ich morgen Venedig verlasse.«

Brühl warf sich ihr zu Füßen und ergriff ihre Hände.

»Du willst mich für ewig unglücklich machen?« rief er. »Ich liebe nur dich allein und werde dich bis an mein Lebensende lieben, mein Herz ist für niemand anderen da. Du bleibst für mich immer jene Marynia, die mir einstmals lächelnd das Händchen gereicht hat, wie ein Versprechen, daß ich diese Hand dereinst für immer erhalte. Liebe Maria, bitte, töte nicht den, der durch dich lebt und für dich!«

Frau Sołłohubowa schwieg.

»Zweifelst du denn an meiner Zuneigung?« fragte er vorwurfsvoll.

»Nein, nein«, flüsterte sie, und Weinen unterbrach ihre Worte, »aber ich würde nicht wollen, daß das Leben dich enttäuscht und mir dieselbe nimmt. Wer weiß, ob du mich lieben wirst, wenn ich die Deine werde, wenn der Rest der Reize dahin ist und jeder Tag mich dieser Zuneigung beraubt. Bleiben wir lieber die beiden, die sich von fern nacheinander sehnen, so wird es besser sein.«

»Nein, ich lasse dich nicht, wie ein Schatten, wie ein Alptraum werde ich mich dir nachschleppen«, erwiderte Brühl. »Du mußt die Meine werden! Es wäre Wahnsinn, ein Sakrileg, mich für irgendein Hirngespinst als Opfer zu schlachten!«

»Steh auf«, sagte die Sołłohubowa, »ich weiß nicht, was mit mir los ist, soll geschehen, was du willst.«

Sie schlang die Arme um seinen Hals.

Nach dieser Umarmung faßte Brühl ihre Hand, zog einen Ring ab und steckte sich denselben an den Finger. Maria wehrte dem

551

nicht, ihr Heldentum zerfloß in Tränen – der Wunsch nach einem wenn auch nur kurzen Glück auf Erden hatte gesiegt.

»Und jetzt komm«, sagte sie und zog ihn an der Hand mit sich. »Sieh dir den an, dessentwegen ich aus Warschau geflohen bin.«

Mit diesen Worten öffnete sie die Tür und führte ihn in ihr Kabinett. Auf der einen Seite des Raumes stand eine Gebetbank, auf der anderen, auf einem Tisch, ein von Blumen gerahmtes Porträt Brühls.

Am späten Abend dieses Tages kehrte der Graf ins Luna zurück und erteilte noch an der Tür Befehl, für den Aufbruch zu packen. Im Palazzo Contarini herrschte ebenso Bewegung, denn die beliebte Herrin verließ die ihr herzlich zugeneigten Italiener.

An den folgenden drei Tagen besichtigte Brühl keine Paläste und Kirchen mehr, er verbrachte die Zeit mit der Sołłohubowa. Sie sollte ihm um einige Tage nach Warschau vorausfahren. Brühl war an nichts außer den eigenen Willen gebunden. Auch die Witwe hatte nur entferntere Verwandtschaft.

Bevor die Starostin von Ejszyż, denn so nannte man Sołłohubs Witwe, Warschau erreichte, eilten ihr bereits sonderbar schnelle Nachrichten von ihrer Heirat mit Brühl voraus. Alle schönen Damen Warschaus, die dazumal unbeschwert nicht nur ihre Liebhaber, sondern sogar die Ehemänner wechselten, konnten sich nicht genug über diese beständige Liebe wundern, von der es hieß, sie reiche bis in die Kindheit zurück. Sie sahen darin etwas Ungeheuerliches. Während die einen Eifersucht zeigten, lachten die anderen darüber, und die dritten zuckten ungläubig die Achseln.

Brühls Stellung in der Rzeczpospolita, seine wachsende Bedeutung, seine jüngst erfolgte Wahl in den Ständigen Rat als Mitglied der Heereskommission machten ihn zu einer glänzenden Partie, welche Eifersucht wecken konnte. So nahm es nicht wunder, daß man die Witwe mit neidischen Blicken betrachtete und sich den Reiz nicht erklären konnte, den sie für Brühl besaß. Mit allen Mitteln wurde versucht, diese Ehe lächerlich zu machen.

Brühl, zurückgekehrt, gab seine Verlobung bekannt, und die Hochzeit fand mit Prunk und größtem Aufwande statt, unter zahlreicher Teilnahme der Verwandtschaft. Der General, einer der vermögendsten Bürger der Adelsrepublik, scheute keine Mittel, diesen Tag, auf welchen er so lange gewartet, zu heiligen.

Es begannen Tage der Glücks, aber sie dauerten nicht wie erhofft.

Nach einem Jahr ward dem Grafen ein Sohn geboren, welchen das gesamte Artilleriecorps im Zeughaus in großer Feierlichkeit über die Taufe hielt. Drei Tage später erbaten die Offiziere, die dem General wie einem Vater verbunden waren, vom König ein Oberstenpatent für das Kind. Der Sohn des Gouverneurs, welcher zwölfjährig für erwachsen erklärt worden war, erhielt drei Tage, nachdem er auf die Welt gekommen, den Rang eines Befehlshabers, und zur Erinnerung daran wurden Medaillen geprägt.

Noch ein Jahr brachte neue Hoffnungen. Frau Brühl war zu glücklich, um an eine Fortdauer dieses Lebens glauben zu können, und Todesahnungen quälten sie.

Derselbe Priester, der sie getraut hatte, segnete sie auch für den Weg in die Ewigkeit, und die Stola, welche sie für die Hochzeit bestickt, diente dem Kaplan bei der Letzten Ölung.

Zwei Grabmale zweier Frauen Brühl, das der Mutter und das der Gemahlin, standen nunmehr nebeneinander in der Kirche der Kapuziner. *Sic transit gloria – sic transit vita – sic transit amor et omnia.*

553

ANMERKUNGEN

7 *Haur* – Jakub Kazimierz Haur (1632 – 1709), Verfasser von »Oekonomika ziemiańska generalna« (dt. Allgemeine Gutswirtschaft), Krakau 1675. Das populäre Werk erlebte in der Sachsenzeit sechs Auflagen.

8 *omina* – (lat.) Vorzeichen.

9 *Bartholomäi* – Der 24. August; sprichwörtlich hieß es damals: Ein guter Landwirt beginnt das Jahr zu Sankt Bartholomäi.

Tandem – (lat.) schließlich.

ad vocem – (lat.) was ... betrifft.

Rzeczpospolita – Der aus (lat.) res publica polonisierte Begriff bezeichnet die polnische Adelsrepublik.

Seit wir uns die Sachsen ... – Die Sachsenherrschaft in Polen begann 1697 mit der Wahl Augusts II. zum König von Polen und endete 1763 mit dem Tod Augusts III.

10 *nego* – (lat.) ich verneine.

Żupan und Kontusz – Männliche polnische Nationaltracht im 18. Jh.; der Żupan, ein langes, vorn geknöpftes Obergewand aus Tuch, Seide oder Leinen mit schmalen Ärmeln und niedrigem Stehkragen, wird unter dem Kontusz getragen, einem bis über die Knie reichenden Kleidungsstück, das, vorn mit Schnallen oder Knöpfen zusammengehalten, im oberen Teil stets offen ist, damit der Żupan sichtbar bleibt. Charakteristisch für den Kontusz sind die Schlitzärmel, die herunterhängen oder auch über die Schulter nach hinten geworfen werden. Die Farbe des Kontusz ist leuchtend, jedoch dunkler als die des Żupan.

12 *Mirabilia fecit Deus* – (lat.) Der Herrgott hat wundersame Dinge getan.

13 *de publicis* – (lat.) über öffentliche Dinge, über Politik.

14 *Graf Brühl* – Heinrich Graf von Brühl (1700–1763); entstammte einem thüringischen Uradelsgeschlecht, avancierte vom Leibpagen Augusts des Starken zum Premierminister Augusts III., den er völlig unter seinen Einfluß brachte. Durch Heirat mit der Gräfin Kolowrat-Krakowski wurde er in den Reichsgrafenstand erhoben. Seine politische Karriere beschrieb J. I. Kraszewski in dem Roman »Brühl«.

Habicht – Der Name Jastrzębiec ist von (poln.) jastrząb (dt. Habicht) abgeleitet; die Eule ist eine Anspielung auf die geistigen Fähigkeiten Brühls.

Rücktritt des ruthenischen Woiwoden – August Aleksander Czartoryski (1697–1782); einer der hauptsächlichen Begründer der Macht des Geschlechtes der Czartoryskis im 18. Jh.; er trat als Gouverneur von Warschau zurück, um vom Minister Brühl weitere Gunst zu erlangen. Hauptstadt der ruthenischen Woiwodschaft war Lwów.

15 *processionaliter* – (lat.) wie in einer Prozession.

ein mächtiger Konföderierter – Konföderationen als Adelsbündnisse gab es vielfach im alten Polen, um z. B. politische Interessen des Adels gegen den König oder gegen die Hetmane zu verteidigen.

16 *clara pacta* – (lat.) Der vollständige Satz lautet: Klare Absprachen schaffen aufrichtige Freunde.

vicissitudines – (lat.) Wechselfälle des Lebens.

19 *gratia status* – (lat.) die Gnade des Standes.

nobilitas – (lat.) der Adel.

misteria – (lat.) Geheimnisse.

21 *non curo verba malorum* – (lat.) Ich schere mich nicht um die Worte schlechter Menschen.

verbum nobile – (lat.) das Wort des Edelmannes.

stabile – (lat.) fest, unerschütterlich.

26 *Stanisław Poniatowski* – (1676–1762); entstammte einer zunächst wenig bedeutenden Familie. Offizier in den Diensten des schwedischen Königs Karl XII. , wechselte er auf die Seite Augusts II.

über; er war Woiwode von Masowien, am Ende seines Lebens Burgvogt von Krakau und damit der erste weltliche Senator der Rzeczpospolita. Seine Frau entstammte dem Geschlecht der Czartoryskis; er war der Vater von Stanisław August Poniatowski (1732–1798), dem letzten polnischen König.

26 *rasierte Häupter* – Kontusz und der zur Hälfte kahlrasierte Kopf kennzeichnen die polnischen Herren, die ihre Adelstracht beibehalten, im Gegensatz zu den nach französischer Mode gekleideten Ausländern.

27 *Silvestre* – Louis de Silvestre (1675–1760); franz. Maler des Barock; 1716 von August dem Starken nach Dresden berufen, war er bis zu seiner Rückkehr 1748 nach Paris Hofmaler von August II. und August III. In Warschau schmückte er Räume des Sächsischen Palais; er schuf repräsentative Porträts, u.a. von August III. in polnischer Tracht.

Brühls, Flemmings, Vitzthums – Namen der höchsten Würdenträger am Hofe Augusts II. In der Geschichte Polens verewigten sich die Flemmings: Jakob Heinrich, Graf von Flemming (1667–1728), sächsischer Gesandter in Warschau, verschaffte dem Kurfürsten Friedrich August I. durch geschickte Verhandlung und Bestechung des Adels die polnische Königskrone (1697) und beeinflußte unter August dem Starken erheblich dessen Innen- und Außenpolitik. Er war Oberbefehlshaber der ausländischen Aushebung in Polen. Sein Neffe Johann Georg Detlof (1699–1771) war litauischer Schatzmeister und pommerscher Woiwode. Beide waren durch Eheschließung mit den polnischen Magnatengeschlechtern der Czartoryskis, Sapiehas und Radziwiłłs verschwägert.

28 *Familia* – Bezeichnung der Czartoryski-Partei zur Zeit Augusts III.; dazu gehörten vor allem die mit den Czartoryskis verschwägerten Familien Ogiński, Poniatowski, Sapieha u.a.

29 *sardanapalischer Schlaf* – Anspielung auf den Assyrerkönig Asurbanipal (griech. Sardanapal) aus dem 7. Jh. v.Chr., der als Schwelger galt und für seine großartigen Festmahle sprichwörtlich wurde.

30 *Mirandola* – Giovanni Pico della Mirandola (1463–1494), italienischer Gelehrter der Renaissancezeit, setzte ungeachtet seines
jungen Alters die Zeitgenossen durch sein großes Wissen in Erstaunen.
Vivat in aeternum – (lat.) Er möge ewig leben!

31 *kochajmy się* – (poln.) lieben wir uns.

36 *Exorbitanz* – (lat.) Übermaß, Übertreibung.
Präpotenz – (lat.) Übermacht, Überlegenheit.

37 *Tertia, quarta qualis, tota lunatio talis* – (lat.) So wie die dritte, die
vierte (Phase) ist, wird der ganze Mondwechsel sein.

40 *Orden des Weißen Adlers* – Von August II. 1705 gestifteter Orden, mit dem er ihm ergebene Magnaten auszeichnete; der Orden blieb die höchste polnische Auszeichnung bis 1939.
Primas Teodor – Teodor Potocki (1664–1738) war längst nicht
mehr am Leben; als der junge Brühl 1750 Gouverneur von Warschau wurde, war Adam Ignacy Komorowski Primas.

42 *Herr Kronmundschenk* – Der Kronmundschenk Ignacy Potocki
war nicht der Enkel, sondern der Sohn von Stefan Potocki
(gest. 1730), Woiwode von Masowien und Kronhofmarschall,
sowie der Neffe des Primas Teodor; er war verheiratet mit Pe-
tronela Sułkowska, einer Tochter Aleksander Józef Sułkowskis
(1695–1762), der einige Jahre lang vertrauter Minister unter
August III. gewesen war, bis ihn 1738 Heinrich Brühl mit seinen
Intrigen um diesen Posten brachte, um seine Stellung einzunehmen.

43 *cum debita reverentia* – (lat.) mit dem nötigen Respekt.
Valois – Henri de Valois (1551–1589); 1573–1574 als Henryk III.
Walezy polnischer Wahlkönig; bereits ein Jahr nach seiner Wahl
verließ er heimlich das Land, um als Heinrich III. den franzö-
sischen Thron zu besteigen.
Báthory – Stephan Báthory (1533–1586); 1571–76 Fürst von
Siebenbürgen, 1576–86 König von Polen; gewann 1579–82 im
Kampf gegen den russischen Zaren Iwan den Schrecklichen Liv-
land, gründete 1578 die Universität in Vilnius. Sein Versuch, Po-
len eine Machtstellung auf der Ostsee zu verschaffen, scheiterte.

46 *dicta* – (lat.) Ausspruch, Aphorismus.

51 *turbator chori* – (lat.) Unruhestifter, Störenfried.

 spectator – (lat.) Zuschauer.

52 *spes magna* – (lat.) die große Hoffnung.

54 *proprio motu* – (lat.) auf eigene Faust.

55 *timeo Danaos et dona ferentes* – (lat.) Ich fürchte die Danaer, selbst wenn sie Geschenke bringen. Zitat aus der »Äneide« von Vergil.

60 *Panzerbanner* – Gemeint ist die Ernennung des jungen Brühl zum Oberst des Panzerbanners.

 Alexander-Newski-Orden – Dritthöchster Orden des russischen Kaiserreiches, gestiftet 1722 zu Ehren des Großfürsten und Heiligen Alexander Newski (1220–1263), der 1240 an der Newa die Schweden und 1242 auf dem Eis des Peipussees den Deutschen Ritterorden besiegte.

 roher Friedrich – Friedrich II. (1712–1786); preußischer König seit 1740.

62 *Fürst-Kanzler* – Michał Fryderyk Czartoryski (1696–1775), seit 1752 Großkanzler von Litauen; einer der mächtigsten Magnaten in der Mitte des 18. Jh.; war zusammen mit seinem Bruder August (vgl. Anm. zu S. 14) Anführer der Familia.

63 *Hetman Branicki* – Jan Klemens Branicki (1689–1771), Krongroßhetman und Kastellan von Krakau; im Alter von 60 Jahren heiratete er die achtzehnjährige Izabella Poniatowska, Tochter von Stanisław, Woiwode von Masowien, und Schwester des späteren Königs Stanisław August. Branicki erbaute das Schloß in Białystok und übertraf in seiner Hofhaltung den Königshof in Warschau. Branicki war ein Gegner der Czartoryskis und 1763/64 Gegenkandidat von Stanisław August Poniatowski bei der Königswahl.

 Maria Amelia – (1737–1772); Brühls Lieblingstochter, verheiratet mit dem Hofmarschall Jerzy Wandalin Mniszech, unterstützte den Vater bei seinen politischen Intrigen.

 Winckelmann – Johann Joachim Winckelmann (1717–1768), deutscher Archäologe und Kunsthistoriker.

66 *non tam libenter …* – (lat.) weniger aus Lust, als vielmehr aus Respekt.

74 *Woiwodin* – Gemeint ist Anna Potocka, die Frau von Franciszek Salezy Potocki (vgl. Anm. zu S. 77).

75 *entendons-nous* – (franz.) wir verstehen uns.

77 *Franciszek Salezy Potocki* – (gest. 1772); Kiewer Woiwode seit 1756; einer der Anführer der altadeligen Partei und der gegen den König und die Reformen der Familia gerichteten Konföderation von Radom (1767).

78 *Tympf* – Die erste (seit 1663) in Polen geprägte Münze, benannt nach Andrzej Tümpe bzw. Tympfa, dem Pächter der Münzanstalt. Die Münze bestand je zur Hälfte aus Silber und Kupfer, letzteres minderte stark ihren Wert.

82 *de nomine* – (lat.) der Bezeichnung nach.

83 *Starost von Kaniów* – Gemeint ist Mikolaj Bazyli Potocki (um 1712–1782); er soll eigenhändig mindestens vierzig Menschen erschlagen, andere lustvoll ausgepeitscht und danach mit Geld beschenkt haben. Sein Lebensende verbrachte er mit Andachtsübungen in einem Basilianerkloster. Von ihm handelt Kraszewskis Erzählung »Herr Starost von Kaniów«.

91 *proprio motu* – (lat.) aus eigenem Antrieb.

94 *maître* – (franz.) Herr, Gebieter, Herrscher; hier der Privatlehrer gemeint.

Feliks – Gemeint ist Stanisław Szczęsny Potocki (1751–1805), der spätere ruthenische Woiwode; General der Kronartillerie, Mitschöpfer und Marschall der Konföderation von Targowica 1792.

98 *Frau Cetnerowa* – Ludwika Cetnerowa, geb. Potocka; Frau des Woiwoden von Bełz; war an den politischen Intrigen in der Zeit der Konföderation von Bar beteiligt.

100 *Ora pro nobis* – (lat.) Bete für uns (lat.); in Litaneien wiederholte Gebetsworte.

107 *Lwów* – dt. Lemberg.

summa cum laude – (lat.) mit höchstem Lob, d. h. »mit Auszeichnung«.

108 *Antinoos* – Ein schöner Jüngling aus Klaudiopolis in Bithynien, Liebling des römischen Kaisers Hadrian, der, nachdem sich An-

tinoos in den Nil gestürzt hatte, einen Stern nach ihm benannte (s. das Sternbild Antinous).

108 *expedite* – (lat.) ausgezeichnet.

110 *chère Marie* – (franz.) liebe Maria.

113 *post festum* – (lat.) nach dem Fest.

116 *Sobieski, Wiśniowiecki, Leszczyński* – Jan III. Sobieski (1629 bis 1696), Michał Korybut Wiśniowiecki (1640–1673), Stanisław Leszczyński (1677–1766) – polnische Könige.

123 *Młociny* – Dorf am nördlichen Stadtrand von Warschau, heute zum Warschauer Stadtgebiet gehörig.

134 *Hymenäus* – Hochzeitsgott in der griechischen Mythologie.
finita la commedia – (ital.) aus ist die Komödie.

153 *Humań* – Stadt in der Ukraine.

169 *gaudium magnum* – (lat.) große Freude.
Kagale – jüdische Gemeindebehörden.

170 *liberum veto* – Das freie: ich verbiete (lat.), im alten Königreich Polen seit 1652 das Recht jedes Sejm-Mitgliedes, durch seinen einzelnen Einspruch Beschlüsse des Sejms aufzuheben. Häufig erhob einen solchen Einspruch ein unvermögender Schlacht-schitz, der im Dienst eines Magnaten stand.
insperate – (lat.) unverhofft.
Invitation – (lat.) Einladung.

171 *bei Olkienniki* – Im Jahre 1700 wurde eine mehrere tausend Mann starke Truppe der Fürstenfamilie Sapieha durch das zahlenmä-ßig überlegene Heer der Schlachta unter Führung der Familie Wiśniowiecki geschlagen. Die Wiśniowieckis rächten sich damit für Kränkungen, die sie von dem damals mächtigsten Geschlecht in Litauen erfahren hatten. Die Auseinandersetzungen standen im Zusammenhang des Kampfes der polnischen Adelsparteien für bzw. gegen den polnischen König Jan III. Sobieski.

200 *»Die Nachfolge Christi«* – Autor ist der deutsche Mystiker Tho-mas a Kempis (1380–1471).
der hl. Franz von Sales – Franz von Sales (1567–1622), Bischof von Genf, bekannt durch seine Fastenpredigten; Verfasser von Erbauungsschriften; Stifter des Ordens der Salesianerinnen.

226 *Cela sera fade* – (franz.) Das wird fade.

229 *assommantes* – (franz.) todlangweilige.

230 *Ogiński* – Fürst Michał Kazimierz Ogiński (1728–1800), litauischer Magnat, seit 1768 Großhetman in Litauen; erbaute am Ende
des 18. Jh. den Ogińskikanal, eine Verbindung von Memel und
Dnepr.

231 *Fürst Adam* – Adam Kazimierz Czartoryski (1734–1823), Sohn
von August Aleksander Czartoryski, Rivale von Stanisław
August Czartoryski als Kandidat für die polnische Königskrone;
später Kommandant der Ritterschule und General des Gebietes
Podolien.

der junge Truchseß von Litauen – Stanisław August Poniatowski
(1732–1798), Sohn von Stanisław Poniatowski und Konstancja,
geb. Czartoryska; später (1764–1795) letzter polnischer König
vor den Teilungen; seine Königswahl unterstützten die Familia
und die russische Kaiserin Katharina II.

C'est un galant homme – (franz.) Das ist ein Ehrenmann.

Fürst Karol – Karol Stanisław Radziwiłł (1734–1790); nach seiner Redensart genannt »Panie kochanku« (dt. »Liebwerter
Herr«); er war der vermögendste Magnat im Polen des 18. Jh.,
bekannt für seine pomphafte und ausschweifende Lebens-
führung, für seinen beschränkten Intellekt und sein an Verlo-
genheit grenzendes Spintisieren. Bei der Schlachta war er beliebt,
da er sich trotz des Standesdünkels mit ihr befreundete. Die Radziwiłłs waren viele Male Woiwoden von Wilna, u. a. war es Karols Vater, Michał Kazimierz Radziwiłł, nach dessen Tod 1762
Karol trotz fehlender persönlicher Voraussetzungen die Senato-
renstelle einnehmen wollte. Er soll Brühl für die Ernennung zwei
Millionen Taler gezahlt haben.

232 *Mokronowski* – Andrzej Mokronowski (1713–1784), General,
hielt sich ständig am Hof von Hetman Branicki auf und lenkte
dessen politische Tätigkeit. Zugleich unterhielt er eine Romanze
mit Branickis junger Frau Izabella, geb. Poniatowski.

234 *j'ai eu la faiblesse de ne pas refuser* – (franz.) ich hatte die
Schwäche, ihn nicht zurückzuweisen.

244 *eine Zoilos-Natur* – Zoilos (4. Jh. v. Chr.), griechischer Rhetor; boshafter Kritiker der homerischen Gedichte.

246 *pacta conventa* – (lat.) hier in der Bedeutung: Übereinkunft; eigentlich die staatsrechtliche Vereinbarung zwischen dem Wahlkönig und den Wählern, d. h. der Schlachta.

Hetman Greif – Der Vogel Greif ist das Wappen von Hetman Jan Klemens Branicki (vgl. Anm. zu S. 63)

247 *activitatem in passivitate ...* – (lat.) aktiv bzw. passiv; die Rede ist hier vom Gebrauch des Liberum Veto durch einzelne Sejm-Abgeordnete (vgl. Anm. zu S. 170), der den Sejm arbeitsunfähig macht.

248 *ni fallor* – (lat.) wenn ich mich nicht täusche.

250 *Infaustum* – (lat.) Ungünstig, ein Unglück.

mediator intra potestatem et libertatem – (lat.) ein Mittler zwischen Macht und Freiheit. Mit diesen Worten bezeichnete man im 18. Jh. die politische Rolle des Hetmans als Mittler zwischen dem König und der Schlachta.

de publico bono – (lat.) um das öffentliche Wohl.

251 *de republica reformanda* – (lat.) über die Erneuerung der Republik.

At tandem – (lat.) Und dann.

Dii minores – (lat.) Wörtlich: die kleineren Götter, hier: die geringeren Adelsgeschlechter.

Dictum acerbum – (lat.) Ein scharfes Wort, ein schmerzlicher Spruch.

253 *Audiatur et altera pars* – (lat.) Man muß auch die andere Seite hören.

254 *geht es versaille'isch zu* – Hetman Jan Klemens Branicki richtete seinen Hof in Białystok nach Versailler Vorbild ein.

264 *Ainsi va le monde* – (franz.) So geht es zu in der Welt.

267 *bei mir in Alba* – Im Dorf Alba bei Nieśwież hatte Radziwiłł ein Landhaus mit einem Park, dort weilte der Fürst gern mit seinen Freunden, der sogenannten »Albaer Bande«, die für ihre Trinkereien und Mutwilligkeiten bekannt war.

268 *Mengs* – Anton Raphael Mengs (1728–1779); von 1745 bis 1746 und von 1749 bis 1753 Hofmaler Augusts des Starken; in dieser

Zeit noch reiner Barockmaler, schuf er u. a. Pastellbildnisse und Altarbilder für die Hofkirche in Dresden.

269 *Zawisza* – Gemeint ist Zawisza der Schwarze aus Garbów (gest. 1428); Starost der Zips, Symbol ritterlicher Tugenden; er tat sich in Kriegen und Turnieren durch Rechtschaffenheit und Mut hervor, Teilnehmer an der Schlacht bei Grunwald 1410.

272 *simplex servus Dei* – (lat.) ein schlichter Diener Gottes.

279 *französischer Musketier* – Wie viele Söhne reicher Magnaten diente auch Jan Klemens Branicki mit etwa zwölf Jahren in der aus zwei Kompanien von Musketieren bestehenden Leibgarde Ludwigs XIV. Es war dies die einzige militärische Ausbildung des Hetmans, des Oberkommandierenden des polnisches Heeres.

280 *Parc aux cerfs* – (franz.) Hirschpark; ein Viertel in Versailles, wo Ludwig XV. ein Haus besaß, in dem über fünfzehn Jahre lang für den König ein kleiner Harem gekaufter oder sogar geraubter Mädchen gehalten wurde.

282 *von der kurländischen Angelegenheit* – Nach dem Erlöschen der Dynastie Kettler 1737 und längeren Schwierigkeiten bei der Bestimmung eines Regierungsnachfolgers für das Herzogtum Kurland ernannte August III. seinen jüngeren Sohn Karl zum Lehnsherzog. Katharina II. entfernte diesen 1763 und setzte erneut Ernst Johann Reichsgraf von Biron als Herzog von Kurland ein.

283 *s'il y en a* – (franz.) so es solche gibt.

286 *bel esprit* – (franz.) ein geistreicher Mensch.

Ma foi – (franz.) Meiner Treu.

288 *sur le retour* – (franz.) hier: alternde.

Madame Geoffrin – Marie Therese Geoffrin (1699–1777); eine der geistreichsten und gebildetsten Frauen des 18. Jh.; als reiche junge Witwe versammelte sie in ihrem Pariser Salon alle Kunst- und Literaturfreunde. König Stanisław August Poniatowski unterhielt mit ihr eine ständige Korrespondenz. 1776 besuchte sie den König in Warschau.

Williams – Englischer Botschafter in Polen während der Regierungszeit Augusts III.

irresistible – (franz.) unwiderstehlich.

297 *Arbiter* – (lat.) Schiedsrichter, Vermittler; sie waren beim Sejm zugegen, gehörten jedoch nicht zu dessen Personalbestand.

302 *Es gibt Barszcz, Bigos* – Hier wird der typisch polnische Speisezettel betont: Barszcz ist eine Suppe aus roten Beeten, Bigos ein Gericht aus Sauerkraut und Fleisch.

303 *Crimen laesae Majestatis* – (lat.) Ein Vergehen der Majestätsbeleidigung.

308 *der alte Małachowski* – Adam Małachowski (1712–1767); ein Anhänger der Sachsen, nahm über drei Jahrzehnte an Landtagen, Reichstagen und Tribunalen teil und war für seine Redekunst, aber auch für seine Trinkfreudigkeit berühmt; er war Marschall von fünf abgebrochenen Reichstagen. Bei dem im Jahre 1762 stattfindenden Sejm war er erst fünfzig Jahre alt.

314 *Ad videndum* – (lat.) auf Wiedersehen.

317 *intra potestatem et libertatem* – (lat.) zwischen Macht und Freiheit.

320 *Allez-donc, et demandez …* – (franz.) Geht also bitte und sagt dem Grafen, daß er mich besuchen soll.
   Est-ce possible? – (franz.) Ist das möglich?

341 *se laissera faire une douce violence* – (franz.) wird sich eine sanfte Gewalt antun lassen.

345 *Iterum iterumque* – (lat.) Erneut und noch einmal.
   seit dem letzten Einritt – Auch Einreiten oder Einlager genannt. Im alten Polen eine Form der Selbsthilfe zur Erlangung von Rechten; 1. Ein kollektiver Überfall durch den Eigentümer auf einen zahlungsunfähigen Besitzer oder Pächter mit dem Ziel, diesen zu entfernen, 2. Eine Form der Teilnahme der (vom Starosten zusammengerufenen) gesamten Schlachta bei der Vollstreckung von Gerichtsurteilen.

349 *summo mane* – (lat.) in aller Frühe.

352 *seit den Zeiten der Zygmunts* – Im 15. und 16. Jh. gab es litauische Fürsten dieses Namens; Zygmunt II. August war auch König von Polen.

354 *Herr Dawid Budny* – Einer der Vorfahren des genannten Schlachtschitzen, Szymon Budny, war im 16. Jh. ein Ideologe der polnischen Brüder, auch Arianer genannt, und ihr Anführer in

565

Litauen; er übersetzte die Bibel ins Polnische. Das Geschlecht blieb dem Protestantismus verbunden.

355 *Factum est* – (lat.) Ist getan.

364 *zog fremde Hilfe ins Kalkül* – Die Czartoryskis, die sich Brühl entgegenstellten, rechneten bei ihrem politischen Kalkül auf die Unterstützung Rußlands.

369 *ad futura* – (lat.) in die Zukunft.

modus exeundi – (lat.) Art und Weise des Hinausgehens.

370 *seit Zygmunt III.* – Zygmunt (Sigismund) III. aus dem Hause Wasa (1566–1632); König von Polen (1587–1632) und Schweden (1592–1604); wurde 1587 gegen den Erzherzog Maximilian zum Nachfolger des polnischen Königs Stephan Báthory gewählt. Er förderte die Gegenreformation, führte Kriege gegen Schweden, Moskau und die Türken.

371 *Ne kupiw batko schapki, nechaj uschy mersnut* – (ukrain.) Sollen mir doch die Ohren frieren, wo der Vater mir keine Mütze gekauft hat.

376 *sub poena infamiae* – (lat.) unter der Strafe der Schmach.

377 *necesitates* – (lat.) Notwendigkeiten.

Dank der Sieniawskis – Ein Magnatengeschlecht aus Podolien. Der letzte Sieniawski, Adam Mikolaj (1666–1726), Großkronhetman und Kastellan von Krakau, verheiratete seine einzige Tochter Zofia mit August Czartoryski (vgl. Anm. zu S. 14). Das große Vermögen, das sie in die Ehe einbrachte, erleichterte es den Czartoryskis, im 18. Jh. politische Bedeutung zu erlangen.

378 *Bischof* Sołtyk – Kajetan Ignacy Sołtyk (1715–1788), Bischof von Krakau seit 1759; ein Zögling und Protegé des Primas Teodor Potocki; ein Anhänger und Ratgeber Augusts III. und Gegner der Familia und ihrer Reformen.

383 *Fornica* – Angeblich ein schwedischer Astrologe, der Stanisław August Poniatowski bei seiner Geburt prophezeit haben soll, daß er König werden würde und daß ihm großes Unglück bevorstünde.

Praga – Warschauer Stadtteil auf dem rechten Weichselufer.

400 *Hasses »Siroë«* – Johann Adolf Hasse (1699–1783), Opernsänger und Komponist; aus Hamburg stammend, erhielt er seine musi-

kalische Bildung in Italien. Von 1740 bis 1763 war er Hofkapellmeister an der Italienischen Oper in Dresden.

»Talestris, regina delle Amazoni« – Die Oper wurde von Maria Antonina Walpurgis (1724–1780), Tochter des Kurfürsten Karl von
Bayern und Gemahlin des ältesten Sohnes Augusts III., komponiert.

Der nachfolgende Kurfürst – Kurfürst Friedrich Christian, ältester Sohn Augusts III.; er starb am 17. Dezember 1763.

402 *schloß Brühl die Augen* – Heinrich Brühl starb am 28. Oktober
1763.

404 *»C'est du grec pour moi«* – (franz.) Für mich ist das wie Grie-
chisch, d. h. unverständlich.

407 *eine Schülerin des berühmten Porpora* – Niccolò Porpora
(1686–1766), italienischer Komponist und Gesangslehrer,
stammte aus Venedig; war in Venedig, Wien, London, Neapel
tätig und von 1748 bis 1752 Hofkapellmeister in Dresden.

Fürst von Siewierz – Die Krakauer Bischöfe führten diesen Titel
seit dem Beginn des 15. Jh., als Bischof Zbigniew Oleśnicki den
schlesischen Fürsten das Fürstentum Siewierz und Zator abge-
kauft hatte.

409 *Batonis »Büßende Magdalena«* – Pompeo Batoni (1708–1787),
italienischer Maler; er war befreundet mit Mengs und Winckelmann; »Die büßende Magdalena«, eines der Hauptwerke, befindet sich in der Dresdener Gemäldegalerie.

412 *ein starker Verbündeter* – Gemeint ist die Zarin Katharina II.

413 *auctoritas* – (lat.) hier soviel wie Autorität.

414 *quod Deus avertat* – (lat.) was der Herrgott abwenden möge.

beatus, qui tenet – (lat.) glücklich ist, wer besitzt.

415 *Horrendum* – (lat.) Eine Scheußlichkeit.

wo es auf den Konvokationsreichstag zugeht – Ein während des Interregnums vom Primas zur Erledigung eiliger Angelegenheiten
einberufener Reichstag.

der Name Polanowski – Aleksander Polanowski, Truchseß von
Danzig, Kastellan von Lublin; als Oberst ein Waffengefährte des
späteren Königs Jan III. Sobieski; bei der Königswahl im Jahre

1669 schlugen ihn seine Soldaten als Kandidaten vor, gewählt
wurde damals Michał Korybut Wiśniowiecki.

417 *Chrobrys Krone* – Boleslaw I. Chrobry (»der Tapfere«, um
967–1025), Herzog von Polen, Sohn Mieszkos I.; erweiterte in
Feldzügen gegen den deutschen Kaiser, gegen Böhmen und die Kiewer Rus sein Staatsgebiet und schuf Polens Machtstellung. Er legte
den Grund für die polnische Kastellaneiverfassung, errichtete mehrere Bistümer und machte sich 1025 zum ersten polnischen König.

418 *Femegerichte* – Interimsgericht, Gericht in der Zeit des Interregnums im alten Polen.

419 *Gurowski* – Józef (oder Roch) Władysław Gurowski (1717–1790);
suchte mit allen Mitteln politische Karriere zu machen; war eine
Zeitlang Agent Augusts III. in Petersburg, später wurde er Groß-
marschall von Litauen.

Prorex – (lat.) Stellvertreter des Königs; so nannte man die politische Funktion des Primas' während des Interregnums.

421 *mit fremder Aushebung* – Gemeint sind die Truppen Katharinas II., die von den Czartoryskis nach Polen gerufen wurden.

422 *Centum laudes* – (lat.) Hundertmal Lob.

423 *praepotentia* – (lat.) Übermacht, Überlegenheit.

428 *die eigensinnigen Massalskis* – Ein Fürstengeschlecht in Litauen,
das im 18. Jh. durch Michał Józef Massalski (gest. 1768), Großhetman von Litauen und ein eifriger Anhänger der Czartoryskis,
große Bedeutung erlangte. Der Sohn, Ignacy Józef Massalski
(1729–1794), wurde 1764 zum Bischof von Wilna ernannt, 1794
wurde er während des Kościuszko-Aufstandes als Vaterlands-
verräter gehenkt.

436 *c'est peu dire* – (franz.) das ist wenig gesagt.

437 *welches mir Esterházy geschickt hat* – Nikolaus Joseph, Fürst von
Esterházy (1714–1790), ungarischer Magnat, österreichischer
Feldmarschall; ein Freund und Förderer der Musik; von 1761 bis
1769 war Joseph Haydn sein Kapellmeister.

439 *excusez du peu* – (franz.) verzeiht, daß es so wenig ist.

440 *die Fürstin Sapieha* – Elżbieta Sapieha, geb. Branicka, Frau von
Jan Sapieha und Schwester von Franciszek Ksawery Branicki (um

1730–1819), dem späteren Großkronhetman, der, zunächst ein Freund Stanisław Augusts, später sein Gegner wurde und ein Mitschöpfer der Konföderation von Targowica (1792), einer Magnatenverschwörung, die, unter dem Patronat der russischen Zarin Katharina II. stehend, schließlich zur zweiten Teilung Polens führte.

441 *die wir wie allgemein üblich Dido nennen wollen* – Dido nannte man die Starostin von Małogoszcz, weil sie in ähnlicher Weise wie die Königin Dido, die sagenhafte Gründerin Karthagos und Heldin von Vergils Epos »Äneis«, von ihrem Gatten verlassen wurde.

444 *Ma foi!* – (franz.) Meiner Treu!

445 *à cœur ouvert* – (franz.) mit offenem Herzen.
Celadon – Anspielung auf die Gestalt des schmachtenden Liebhabers aus dem berühmten französischen Schäferroman »Astrée« von Honoré d'Urfé (1568–1625).

450 *c'est du plus mauvais genre* – (franz.) das ist von sehr schlechtem Geschmack.

456 *Habemus regem!* – (lat.) Wir haben einen König.
ein Piast – Eigentlich der sagenhafte Ahnherr der Piasten, des ältesten polnischen Herrschergeschlechts. Mieszko I. (Ende des 10. Jh.) ist die erste geschichtliche Persönlichkeit dieses Hauses, das im 14. Jh. ausstarb. Hier bedeutet Piast soviel wie: ein Pole, ein König aus einem polnischen Geschlecht.
Verwaltersabkömmling – Nach der Wahl Stanisław August Poniatowskis zum König führten seine Schmeichler seine Herkunft auf das italienische Grafengeschlecht der Torellis (Kraszewski spricht fälschlicherweise von den Torricellis) zurück, und seine Gegner machten seinen Großvater zu einem illegitimen Sohn eines der Sapieha, bei welchem er später angeblich Verwalter gewesen sei. Beides stimmt nicht.
Ein zweiter Chrysostomos – Dion Chrysostomos (»Goldmund«), griechischer Rhetor (um 50–um 117).

457 *sic vos non vobis* – (lat.) so (tut) Ihr es nicht für Euch. Anspielung auf ein Gedicht, das Vergil anonym zu Ehren des Kaisers Augustus verfaßte, worin er ihn mit Jupiter verglich. Ein ande-

rer Dichter gab den Vers als seinen aus und erhielt eine Auszeichnung. Vergil, verärgert, wandte einen Kniff an, um sein Autorenrecht wiederzugewinnen.

464 *Patientia* – (lat.) Geduld.

Der Wilnaer Fürst-Woiwode hat in Ungarn Zuflucht gesucht – Während des Interegnums wurden Karol Radziwiłł und seine Truppen von den Soldaten der von der Familia organisierten Generalkonföderation geschlagen, er verlor seine Ämter und seinen Besitz. Er ging über das noch türkisch beherrschte Moldawien nach Ungarn, das unter österreichischer Herrschaft stand, und blieb eine Zeitlang in Prešov (heute Slowakei). Zwei Jahre später erhielt er in Polen seine Güter und Würden zurück, mußte dafür aber die Politik Katharinas II. unterstützen. Während der Konföderation von Bar (1768–1772) ging er erneut außer Landes, nach der Rückkehr nahm er nicht mehr am politischen Leben Polens teil.

465 *Die Kaiserin* – Maria Theresia (1717–1780), Königin von Ungarn und Böhmen, Erzherzogin von Österreich, seit 1745 deutsche Kaiserin. Sie beteiligte sich an der ersten Teilung Polens 1772 und schlug Galizien Österreich zu.

466 *bassa teremtete* – Ein vulgärer ungarischer Fluch.

480 *pour planter les choux!* – (franz.) um Kohl zu pflanzen.

ein vielleicht zehnjähriger Knabe – Hieronim Radziwiłł (1759–1786), ein Halbbruder Fürst Karols; sein Sohn Dominik erbte das gesamte Vermögen des kinderlos gestorbenen Fürsten Karol Radziwiłł.

Fürstin Kunegunda Radziwiłłowa – Ein in der engeren Familie von Karol Radziwiłł nicht bekannter Name. Nach Prešov könnte ihn seine Stiefmutter, Hieronims Mutter und die Mutter seiner jüngeren Halbschwestern, Anna Ludwika Radziwiłłowa, geb. Mycielska, begleitet haben. Fürst Karols Mutter war Franciszka Urszula Radziwiłłowa, geb. Wiśniowiecka (1705–1753), eine für ihre Zeit hochgebildete Frau, Dichterin und Autorin von Dramen und Komödien, die für das Hoftheater in Nieśwież geschrieben wurden.

488 *Eljen*-Rufe – (ungar.) Hoch-, Vivatrufe.

489 *intra parenthesim* – (griech.-lat.) nebenbei bemerkt.

490 *pro peccatis* – (lat.) für die Sünden.

493 *de quibusdam aliis* – (lat.) hier: über einiges andere.

jure caduco – (lat.) unrechtmäßig.

ad feliciora – (lat.) auf glücklichere Zeiten.

496 *Spes unica Deus* – (lat.) Die einzige Hoffnung ist Gott.

498 *der junge Fryczyński* – Jakub Fryczyński, Offizier, später General der Radziwiłłschen Truppen und Hofmarschall des Fürsten. In jungen Jahren Mitorganisator der Theatervorstellungen am Hof in Nieśwież, gab er nach dem Tode der Fürstin Franciszka Urszula deren dramatische Werke im Druck heraus.

499 *vom Pascha von Silistra* – Silistra, Stadt und wichtige türkische Festung am rechten Donauufer in der Dobrudscha.

501 *simplex servus Dei* – (lat.) ein einfacher Diener Gottes.

506 *Fiat voluntas Tua* – (lat.) Dein Wille geschehe.

die Krönung – Im Mai fand der (vom Primas einberufene) Reichstag statt, Stanisław Augusts Königswahl am 6. September 1764, die Krönung hingegen war am 25. November, dem Namenstag der Zarin Katharina II.

508 *Fadejek* – Ukrainische Koseform von Tadeusz.

516 *das Indigenat* – Heimat-, Bürgerrecht; hier: die Verleihung des polnischen Adels an einen Ausländer adliger Herkunft.

519 *die inneren Kämpfe und Krisen, die das Land schüttelten* – Gemeint ist die Barer Konföderation (1768–1772), die zum Ziel hatte, den russischen Einfluß zu mindern und Stanisław August zu stürzen. Nach mehrjährigem Bürgerkrieg kam es 1772 zur ersten Teilung Polens.

524 *ad Regiam Majestatem* – (lat.) zur Majestät dem König.

525 *validitatis* – (lat.) Gültigkeit.

inpugnata – (lat.) nicht anfechtbar.

raptus – (lat.) Raub, Entführung.

die schreckliche Geschichte von Gertruda Komorowska – Kraszewski stellt das Geschehnis gemäß den erhaltenen Dokumenten und der Memoirenliteratur dar. Der lange Gerichtsprozeß gegen den Kiewer Woiwoden endete dank einflußreicher Mittler damit, daß die Potockis dem Vater der ermordeten Gertruda einen größeren Geldbetrag zahlten. Szczęsny (Feliks) Potocki war bei der heimlichen Eheschließung erst achtzehn Jahre alt, später heiratete er, entsprechend dem Willen des Vaters, Marianna Józefina Mniszchówna, nach deren Tode 1798 die dem General Witt abgekaufte Ehefrau Sofia Clawona Celice, eine Griechin.

530 *Herr Benedykt Hulewicz* – Benedykt Hulewicz (1750–1817), ein Höfling Szczęsny Potockis, später königlicher Kammerherr und Abgeordneter von Łuck beim Vierjährigen Reichstag (1788–1792); er war für seinen boshaften Witz berühmt.

532 *Gratias agamus* – (lat.) Sagen wir Dank.

536 *Er und Brühl bestiegen die Kutsche* – Die Reise mit Szczęsny Potocki im Jahre 1771 unternahm nicht Alois Brühl, sondern sein jüngerer Bruder Karl Adolf.

538 *das Thorner Blutgericht* – 1724 wurden in Toruń (dt. Thorn) kraft eines Sejm-Urteils elf Lutheraner für die Anzettelung eines Überfalls auf das Jesuitenkolleg trotz entschiedenen Einspruchs des preußischen Königs enthauptet, darunter der Bürgermeister Johann Gottfried Rößner. Anlaß für die Erstürmung und Verwüstung des Kollegs waren häufige Streitigkeiten zwischen Schülern des Jesuitenkollegs und der protestantischen Bevölkerung.
die Entführung des Königs durch die Konföderierten – Die Teilnehmer der Barer Konföderation entführten Stanisław August am Abend des 3. November 1771, um ihn zum Beitritt zur Konföderation zu bewegen. In der Nacht verschwanden seine Angreifer, und der leicht verletzte König kehrte am nächsten Tag nach Warschau zurück.

540 *schied Maria Brühl aus dem Leben* – Maria Brühl, geb. Potocka, starb 1779.

541 *Tulczyn* – Eine Kleinstadt in der Brazlawer Woiwodschaft (Ukraine); hierhin verlegte Szczęsny Potocki seinen Sitz.

543 *Albuzzi-Rotunde* – Eine Villa in der Vorstadt von Dresden, die Heinrich Brühl für die Opernsängerin Teresa Albuzzi erbauen ließ.

545 *signoria* – (ital.) die Herrschaft.
550 *c'est convenu* – (franz.) das ist so ausgemacht.
    Halte-là – (franz.) Genug!
553 *und Todesahnungen quälten sie* – Brühls Ehe mit der Sołłohubowa
    dauerte zwei Jahre; die Hochzeit fand am 24. August 1780 statt,
    die zweite Gemahlin starb am 23. November 1782.
    Sic transit gloria … – (lat.) So vergeht der Ruhm, so vergeht das
    Leben, so vergehen die Liebe und alles andere.

Audienz am Dresdner Hof
Ignaz Kraszewski bei AtV

JÓZEF IGNACY KRASZEWSKI (1812-1887), in Warschau geboren, stammt aus einer wenig begüterten polnischen Adelsfamilie. Als Anhänger der polnischen Unabhängigkeitsbewegung flüchtete er nach dem Januaraufstand 1863 ins Exil nach Dresden, wo er zwanzig Jahre lebte. Kraszewski hinterließ ca. 240 Romane und Erzählungen, aus denen die Sachsen-Romane zu den bis heute meistgelesenen gehören.

König August der Starke
Kraszewski erzählt vom prunkvollen Dresdner Hof, den rauschenden Festen und unzähligen Mätressen Augusts des Starken, eines der schillerndsten Herrscher des europäischen Barocks.
Historischer Roman. Aus dem Polnischen von Kristiane Lichtenfeld. 320 Seiten. AtV 1309

Gräfin Cosel
Ein Frauenschicksal am Hofe August des Starken
Anna Constantia von Brockdorff (1680-1765), als Geliebte August des Starken zur Gräfin Cosel erhoben, war eine der schönsten Frauen ihrer Zeit. Neun Jahre lang war sie die mächtigste Frau Sachsens, danach wurde sie 49 Jahre auf der Festung Stolpen gefangengehalten. Kraszewski erzählt ihr anrührendes Schicksal und zeichnet ein prachtvolles Bild der königlichen Residenz in Dresden.
Historischer Roman. Aus dem Polnischen von Hubert Sauer-Žur. 305 Seiten. AtV 1307

Graf Brühl
Heinrich Graf Brühl (1700-1763) begann seine Karriere am sächsisch-polnischen Hof als Page Augusts des Starken. Bereits mit 31 Jahren war er Geheimrat und Minister. Auch nach dem Tod des Kurfürsten gelang es Brühl, sich unentbehrlich zu machen. Er übernahm die politischen Geschäfte für den trägen Friedrich August II. und diente sich an die erste Stelle im Staat.
Historischer Roman. Aus dem Polnischen von Alois Hermann. 303 Seiten. AtV 1306

Aus dem siebenjährigen Krieg
1757: Am Hofe Friedrichs II. ist man besorgt über die vielen Geheimdepeschen, die zwischen Dresden und Wien kursieren. Ziemlich naiv begibt sich ein junger Schweizer auf das spiegelglatte höfische Parkett. Brühls Pläne werden verraten, und die Preußen marschieren ohne Kriegserklärung in Sachsen ein.
Historischer Roman. Aus dem Polnischen von Liselotte und Alois Hermann. 311 Seiten. AtV 1308

Weitere Informationen erhalten Sie unter www.aufbau-verlag.de oder in Ihrer Buchhandlung